上城年鉴

2023

SHANGCHENG YEARBOOK

中共杭州市上城区委党史研究室
（杭州市上城区地方志编纂研究室）
编

方志出版社
Publishing House of Local Records

图书在版编目（CIP）数据

上城年鉴. 2023 / 中共杭州市上城区委党史研究室（杭州市上城区地方志编纂研究室）编. —北京：方志出版社，2023.12

ISBN 978-7-5144-5954-8

Ⅰ. ①上… Ⅱ. ①中… Ⅲ. ①区（城市）—杭州—2023—年鉴 Ⅳ. ①Z525.54

中国国家版本馆CIP数据核字（2023）第238612号

责任编辑： 陈 菁
责任校对： 张玉霞
责任印制： 梅中英
出 版 者： 方志出版社
地　　址： 北京市朝阳区潘家园东里9号（国家方志馆4层）
邮　　编： 100021
网　　址： http：//www.zgfzcb.cn
发　　行： 方志出版社图书营销中心（010-67110500）
制　　作： 浙江清音文化艺术有限公司
印　　刷： 浙江海虹彩色印务有限公司
开　　本： 889毫米×1194毫米 1/16
印　　张： 27.75
字　　数： 844千字
版　　次： 2023年12月第1版
印　　次： 2023年12月第1次印刷
定　　价： 300.00元

上城区地方志编纂委员会

《上城年鉴（2023）》编辑部

编辑说明

一、《上城年鉴（2023）》以马克思列宁主义、毛泽东思想、邓小平理论、“三个代表”重要思想、科学发展观、习近平新时代中国特色社会主义思想为指导，坚持辩证唯物主义和历史唯物主义的立场、观点和方法，全面反映2022年上城区在加快建设独具韵味的国际化现代化共同富裕典范城区过程中的基本情况及重大事件。

二、《上城年鉴（2023）》是中共杭州市上城区委员会、杭州市上城区人民政府主办，中共杭州市上城区委党史研究室（杭州市上城区地方志编纂研究室）承编的地方综合年鉴，系逐年记述上城区自然、政治、经济、文化、社会和生态文明建设等方面的基本情况，为社会各界了解和研究上城区提供丰富、翔实的信息资料。

三、《上城年鉴（2023）》编排采用分类法，主体内容由类目、分目、条目3个层次构成。全书框架结合上城区实际情况，对部分分目设置进行适当调整，将“电子机械功能区”“杭州钱塘智慧城”合并为“杭州钱塘智慧城”；在专记中特设“中共二十大精神学习宣传贯彻”“亚运会、亚残运会服务保障”“楼宇经济”“未来社区建设”等分目。卷首载有“美丽上城”“热点聚焦”“创新·发展”“社会·民生”“文化·体育”等照片。

四、《上城年鉴（2023）》记载时限为2022年1月1日至12月31日，特载部分提前收录2023年1月17日政府工作报告，以保持内容的完整性。

五、全书内文中，除“民主党派与工商联”类目外，“党员”均指“中共党员”，“党建”均指“中国共产党建设工作”。“省”“市”“区”分别指“浙江省”“杭州市”“上城区”。

六、全书内文中数字用法、标点符号用法分别采用国家标准《出版物上数字用法》（GB/T 15835—2011）、《标点符号用法》（GB/T 15834—2011），计量单位用法采用国家技术监督局1993年12月发布的《量和单位》系列国家标准。全书涉及的主要数据以区统计局数据为准。区统计局未统计的数据由各业务部门及各承编单位提供。因统计范围、统计口径的调整，部分数据与往年不具可比性，部分单位提供的数据也会与区统计部门提供的数据不尽相同，引用时请注意。

七、文中“特载”“附录”中文件（文献）和“统计公报”内容照原文登载，不做编辑规范方面的处理。

数字上城2022

全区区域面积122平方千米
辖街道14个
户籍人口88.28万人
流动人口77.11万人
居民人均可支配收入79105元

年平均气温18.5℃
年降水量1450毫米
年日照时数1943.1小时
森林覆盖率22.5%
空气质量优良率78.3%
$PM_{2.5}$年度平均值29微克/立方米
市控以上断面水质优良率100%

地区生产总值2560.53亿元
人均生产总值（按常住人口）189248元
三次产业结构0：26.2：73.8
规模以上工业总产值1056.39亿元
规模以上工业增加值479.84亿元
数字经济核心产业增加值100亿元
文化产业增加值74.2亿元
金融业增加值626.08亿元
健康产业增加值299.19亿元
高端装备制造业增加值68.62亿元
建筑业增加值136.01亿元
固定资产投资增长5.5%

财政总收入405.63亿元
一般公共预算收入210.56亿
一般公共预算支出152.21亿元
社会消费品零售总额1073.09亿元
货物进出口总额639.49亿元
实际利用外资10.9亿美元

新认定国家高新技术企业142家
发明专利授权量5524件，其中高价值发明专利1981件

区属学校206所，学生15.98万人，教职工1.59万人
公共图书馆（含省、市）3个，藏书量58.4万册
文化馆（含省、市）1个，区属博物馆、纪念馆15个
全国重点文物保护单位9家
医疗卫生机构660家（含综合医院、专科医院各22家）
专业卫生技术人员40218人
职工基本养老保险参保人数65.1万人
城镇职工基本医疗保险户籍人口参保人数69.0万人
生育保险户籍人口参保人数65.35万人
职工工伤保险参保人数71.6万人
居家养老服务照料中心191个
有体育设施2800多处
新增绿道15万千米、体育场地51万余平方米
新建、改建健身苑（点）50个

钱江新城灯光秀（摄于2022年）

（潘劲草 摄）

钱塘江（摄于2022年）

（吴海平 摄）

大运河与钱塘江交汇处（摄于2022年）（徐舜阶 摄）

大运河杭州段二通道（摄于2022年）（徐舜阶 摄）

丰收湖公园（摄于2022年）　（徐舜阶 摄）

皋城村（摄于2022年）　（王水明 摄）

千桃园全景（摄于2022年）　（徐舜阶 摄）

南星桥风貌（摄于2022年）　（徐舜阶 摄）

太庙遗址公园（摄于2022年）　（徐舜阶 摄）

河坊街夜景（摄于2022年）　（胡　鉴摄）

湖滨步行街（摄于2022年）　（胡　鉴摄）

2022年9月28日，彭埠大桥开通　　（彭埠街道 供稿）

彭埠大桥夜景（摄于2022年）

彭埠大桥全貌（摄于2022年） （彭埠街道 供稿）

（徐舜阶 摄）

沪杭甬高速入城口（摄于2022年）
（上城城发集团 供稿）

改建后的解放东路（摄于2022年）
（区住建局 供稿）

幸福·横塘里文创园（摄于2022年）
（区委宣传部 供稿）

2022年2月14—17日，杭州市上城区第一届人民代表大会第一次会议召开

（区人大常委会办公室 供稿）

2022年2月13—16日，中国人民政治协商会议第一届杭州市上城区委员会第一次会议召开

（区政协办公室 供稿）

2022年2月9日，中共杭州市上城区纪委一届二次全体会议暨全区作风建设大会召开

（区纪委区监委 供稿）

2022年2月21日，上城区“我为上城建新功”暨2022年度“八大行动”推进会召开

（区委组织部 供稿）

2022年11月，中共二十大代表、中国铁路上海局集团有限公司杭州客运段高铁一车队列车长车菲菲（左）宣讲中共二十大精神（区委宣传部 供稿）

2022年11月16日，区委统战部、区工商联举办“学习宣传贯彻党的二十大精神‘潮起上城，共富先行’企业家分享会”活动（区工商联 供稿）

2022年6月30日，上城区庆祝中国共产党成立101周年主题活动举行　（区委宣传部 供稿）

2022年8月26日，“红领上城，争星晋位”上城区社区党组织书记大比武活动举行

（区委组织部 供稿）

2022年，钱塘银座大厦成为全省首幢税收月亿元、营收千亿元的“双亿大楼”

（四季青街道 供稿）

2022年9月，钱江新城获评“中国商务区综合竞争力”20强　　（胡　鉴 摄）

2022年1月，东方电子商务园数字时尚产业加速中心建成

（区委宣传部 供稿）

2022年，西子清洁能源装备制造股份有限公司成为杭州第19届亚运会、第4届亚残运会官方服务供应商　　（区发改经信局 供稿）

2022年，上城信息智能高新技术产业园区（钱塘智慧城）被纳入省级高新区创建名单

（钱塘智慧城管委会 供稿）

2022年7月25日，玉皇山南基金小镇机构杭州礼瀚投资管理有限公司投资的杭州楚环科技股份有限公司上市

（玉皇山南基金小镇管委会 供稿）

2022年6月6日，杭州万事利智能科技有限公司AI“未来工厂”奠基　　（区发改经信局 供稿）

2022年11月10日，上城区首届“金靴奔跑”创新创业大赛总决赛举行　　（区科技局 供稿）

2022年7月，区审管办深化“网厅融合”，打造联办式综合窗口　　（区审管办 供稿）

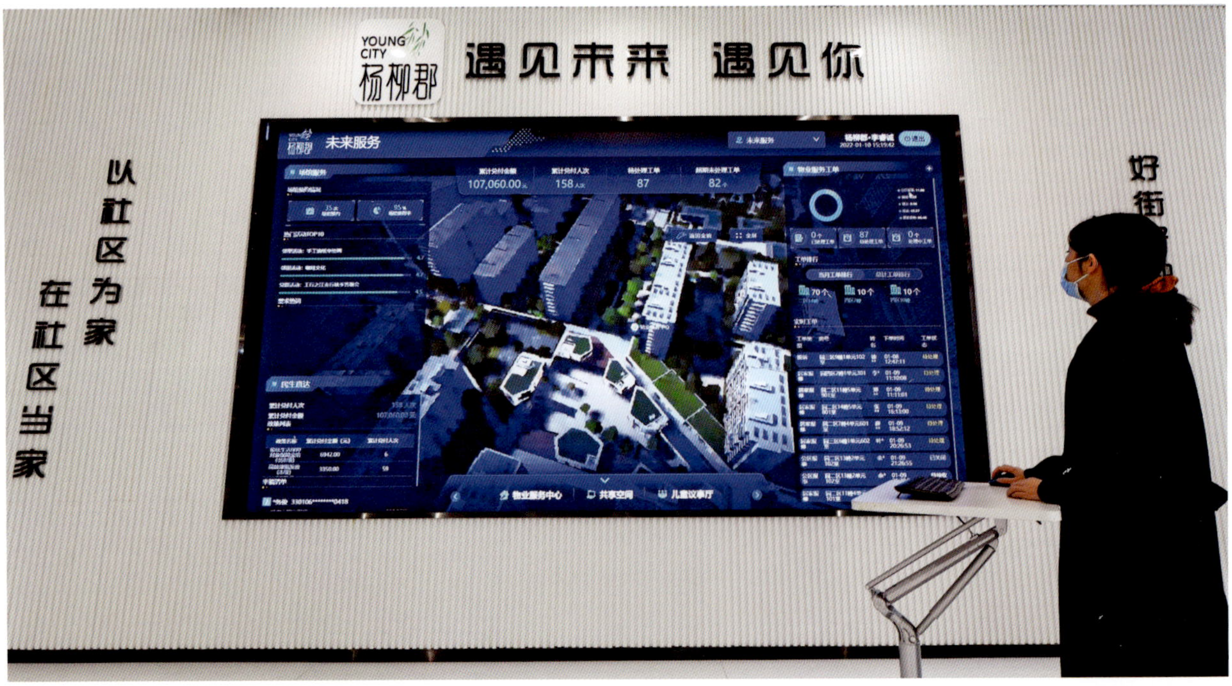

工作人员操作社区智慧服务平台（摄于2022年）　　（区委改革办 供稿）

浜河安置房（摄于2022年） （区住建局 供稿）

2022年，丁兰街道超额完成加装电梯目标。图为加装电梯后的丁桥家苑小区 （丁兰街道 供稿）

2022年10月26日，小营街道“红巷·幸福邻里坊”揭牌。图为揭牌仪式和坊内老年人惠民食堂

（李　忠摄）

2022年，红梅社区“幸福邻里坊”为居民提供老年活动、政策咨询、医疗自助等养老服务（组图）

（李　忠 摄）

2022年2月11日，湖滨街道在辖区“爱心驿家”为环卫工人举办元宵活动

（湖滨街道 供稿）

2022年1月21日，外国友人在大马弄参加“赏味杭州年，逛吃大马弄”活动

（吴海平 摄）

2022年9月28日，杭州孔庙祭孔大典举行

（吴海平 摄）

望江托育园（摄于2022年）
（李 忠摄）

“幸福邻里坊”——“儿童成长驿站”亲子活动（摄于2022年）
（区委改革办 供稿）

2022年7月18日，弯湾托管中心的孩子们开设凉茶摊 （采荷街道 供稿）

2022年7月1日，小营街道红书房向居民开放

（李　忠摄）

2022年8月29日，上城区首届中小学生运动会中学生足球比赛在区青少年活动中心举行

（区教育局 供稿）

杭州市钱江外国语实验学校附属幼儿园运河泮园区（摄于2022年）

（区教育局 供稿）

2022年11月19日，“2022年文旅市集·宋韵杭州奇妙夜”活动在南宋德寿宫遗址博物馆举行
（区委宣传部 供稿）

2022年4月22日，清波街道举办宋韵传世活动
（李 忠摄）

2022年11月5—7日，“风雅宋韵，茶香上城”第10届南宋斗茶会在清河坊历史街区举行
（区委宣传部 供稿）

2022年8月21日，横渡钱塘江活动在钱江新城城市阳台附近江面举行　（潘劲草 摄）

上城区全民健身中心（摄于2022年）
（吴海平 摄）

定安路体育中心（摄于2022年）
（区文广旅体局 供稿）

市民在闸弄口街道天运社区健身点运动健身（摄于2022年）　　（吴海平 摄）

九堡文体中心（摄于2022年）
（区文广旅体局 供稿）

丁兰文体中心（摄于2022年）
（区文广旅体局 供稿）

上城区体育中心（杭州第19届亚运会比赛场馆）（摄于2022年）　　（徐舜阶 摄）

杭州市全民健身中心（摄于2022年）　　（胡　鉴摄）

李宁体育园（摄于2022年）　　（吴汝华 摄）

2022年11月18日，南宋德寿宫遗址博物馆开馆　　（上城城投集团 供稿）

南宋德寿宫遗址博物馆夜景（摄于2022年）　　（潘劲草 摄）

目 录

特 载

专 记

大事记

上城概览

中国共产党上城区委员会

上城区人民代表大会

上城区人民政府

中国人民政治协商会议上城区委员会

纪检·监察

民主党派与工商联

群众团体

法 治

军 事

特色产业

工 业

现代产业生态圈选介

经济贸易与区域合作

综合经济监管与服务

人力资源与社会保障

城区建设

城区管理

环境保护

科学技术

教 育

文 化

卫生与健康

体 育

社会生活

街　道

附　录

索　引

Contents

People's Congress of Shangcheng District

People's Government of Shangcheng District

CPPCC Committee of Shangcheng District

Discipline Inspection & Supervision

Democratic Parties & Federation of Industry and Commerce

Economic Trade and Regional Cooperation

Comprehensive Economic Supervision and Service

Human Resources and Social Security

Urban Development

Urban Management

Sports

Social Life

Streets

Characters

Appendix

Index

《上城年鉴（2023）》部分组织机构全称、简称对照

全　称	简　称
中共杭州市上城区委办公室	区委办公室
杭州市上城区人民代表大会常务委员会办公室	区人大常委会办公室
杭州市上城区人民政府办公室	区政府办公室
政协杭州市上城区委员会办公室	区政协办公室
中共杭州市上城区纪律检查委员会、上城区监察委员会	区纪委区监委
杭州市上城区人民法院	区法院
杭州市上城区人民检察院	区检察院
中国人民解放军杭州市上城区人民武装部	区人武部
中共杭州市上城区委组织部	区委组织部
中共杭州市上城区委宣传部	区委宣传部
中共杭州市上城区委统一战线工作部	区委统战部
中共杭州市上城区委政法委员会	区委政法委
中共杭州市上城区委全面深化改革委员会办公室	区委改革办
中共杭州市上城区委机构编制委员会办公室	区委编办
中共杭州市上城区委直属机关工作委员会	区委直属机关工委
中共杭州市上城区委巡察办公室	区委巡察办
中共杭州市上城区委、上城区人民政府信访局	区信访局
中共杭州市上城区委老干部局	区委老干部局
杭州市上城区档案馆	区档案馆
杭州市上城区党群服务中心	区党群服务中心
中共杭州市上城区委党史研究室 （杭州市上城区地方志编纂研究室）	区委党史研究室 （区地方志编纂研究室）
杭州市上城区发展改革和经济信息化局	区发改经信局
杭州市上城区教育局	区教育局
杭州市上城区科学技术局	区科技局
杭州市公安局上城区分局	区公安分局
杭州市上城区民族宗教事务局	区民族宗教事务局
杭州市上城区民政局	区民政局
杭州市上城区司法局	区司法局

续表

全　称	简　称
杭州市上城区财政局	区财政局
杭州市上城区人力资源和社会保障局	区人力社保局
杭州市上城区住房和城市建设局 （杭州市上城区人民防空办公室）	区住建局 （区人防办）
杭州市上城区商务局	区商务局
杭州市上城区文化和广电旅游体育局	区文广旅体局
杭州市上城区卫生健康局	区卫生健康局
杭州市上城区退役军人事务局	区退役军人事务局
杭州市上城区应急管理局	区应急管理局
杭州市上城区审计局	区审计局
杭州市上城区市场监督管理局	区市场监管局
杭州市上城区人民政府金融工作办公室	区金融办
杭州市上城区统计局	区统计局
杭州市上城区综合行政执法局	区综合行政执法局
杭州市上城区数据资源管理局	区数据资源局
杭州市上城区投资促进局	区投资促进局
杭州市上城区行政审批服务管理办公室	区审管办
杭州市城站广场管理委员会	城站广场管委会
杭州市南宋皇城小镇管理委员会	南宋皇城小镇管委会
杭州钱塘智慧城管理委员会	钱塘智慧城管委会
杭州市东站枢纽管理委员会	杭州东站枢纽管委会
杭州市上城区机关事务中心	区机关事务中心
杭州市玉皇山南基金小镇管理委员会	玉皇山南基金小镇管委会
杭州上城区国有资本运营集团有限公司	上城资本集团
杭州上城区国有投资控股集团有限公司	上城国投集团
杭州上城区城市建设投资集团有限公司	上城城投集团
杭州上城区城市建设发展集团有限公司	上城城发集团
杭州上城区市政工程集团有限公司	上城市政集团
杭州市上城区总工会	区总工会
中国共产主义青年团上城区委员会	团区委
杭州市上城区妇女联合会	区妇联
杭州市上城区科学技术协会	区科协

续表

全　称	简　称
杭州市上城区残疾人联合会	区残联
杭州市上城区工商业联合会	区工商联
杭州市上城区红十字会	区红十字会
杭州市上城区关心下一代工作委员会	区关工委
杭州市上城区社会科学界联合会	区社科联
杭州市上城区文学艺术届联合会	区文联
杭州市上城区归国华侨联合会	区侨联
杭州市上城区人民政府湖滨街道办事处	湖滨街道
杭州市上城区人民政府清波街道办事处	清波街道
杭州市上城区人民政府小营街道办事处	小营街道
杭州市上城区人民政府望江街道办事处	望江街道
杭州市上城区人民政府南星街道办事处	南星街道
杭州市上城区人民政府紫阳街道办事处	紫阳街道
杭州市上城区人民政府闸弄口街道办事处	闸弄口街道
杭州市上城区人民政府凯旋街道办事处	凯旋街道
杭州市上城区人民政府采荷街道办事处	采荷街道
杭州市上城区人民政府四季青街道办事处	四季青街道
杭州市上城区人民政府笕桥街道办事处	笕桥街道
杭州市上城区人民政府彭埠街道办事处	彭埠街道
杭州市上城区人民政府九堡街道办事处	九堡街道
杭州市上城区人民政府丁兰街道办事处	丁兰街道
国家税务总局杭州市上城区税务局	区税务局
杭州市规划和自然资源局上城分局	上城规划资源分局
杭州市生态环境局上城分局	上城生态环境分局
杭州市公安局交通警察支队上城大队	上城交警大队
杭州市上城区消防救援大队	上城消防救援大队
杭州市交通运输行政执法队上城执法大队	上城交通执法大队
中国邮政集团公司杭州市上城区分公司	邮政上城区分公司
中国电信股份有限公司杭州分公司上城分局	电信上城分局
中国移动通信集团浙江有限公司上城分公司	移动上城分公司

政府工作报告

——在杭州市上城区第一届人民代表大会第二次会议上

（2023年1月17日）

上城区人民政府区长　惠海涛

各位代表：

现在，我代表上城区人民政府向大会报告工作，请予审议，并请区政协各位委员和其他列席人员提出意见。

一、2022年工作回顾

2022年是新一届政府开局之年，也是极具考验、极不平凡的一年。面对复杂严峻的发展环境和交织叠加的风险挑战，我们坚持以习近平新时代中国特色社会主义思想为指导，深入学习贯彻党的十九大、十九届历次全会和党的二十大精神，在市委、市政府和区委坚强领导下，在区人大、区政协监督支持下，围绕加快建设独具韵味的国际化现代化共同富裕典范城区战略目标，迎难而上、奋力拼搏，全力以赴战疫情、促发展、抓改革、保安全、优民生，推动经济社会发展取得新进展。

一年来，我们按照疫情要防住、经济要稳住、发展要安全的总要求，坚决执行中央和省市疫情防控各项决策部署，全面落实“七大机制”和“五快”要求，迭代完善平战一体指挥体系，以最快速度、最小范围、最小代价处置每起疫情。根据防控形势变化，我们第一时间全面落实优化疫情防控措施，做好保健康、防重症重点工作，最大程度保护人民群众生命安全和身体健康。面对疫情反复冲击带来的超预期因素影响，我们高效统筹疫情防控和经济社会发展，落实落地经济稳进提质攻坚行动，助力市场主体凝聚信心，先后出台4轮助企纾困政策，落实扶持资金82.5亿元，惠及市场主体19.9万户次，以超常规力度稳住了经济大盘，巩固了高质量发展态势。预计全年实现地区生产总值2525亿元，增长3.3%，其中规上工业增加值480亿元，增长3%，服务业增加值1860亿元，增长4%；固定资产投资增长5.5%；社会消费品零售总额1069亿元，增长

8.4%；完成财政总收入405.6亿元，增长7.4%，其中一般公共预算收入210.6亿元，增长4.6%。

一年来，我们的工作主要取得以下成效：

（一）区域经济发展呈现坚强韧性。“3+2”产业优势持续放大。新增省级以上持牌金融机构12家，集聚私募机构632家，资产管理总规模达1.2万亿元，金融业增加值占GDP比重超1/4。“三大商圈”实现营业额287.9亿元，增长5.8%，新引进品牌首店、旗舰店87家，湖滨商圈获评首批全国示范智慧商圈。新增国家级专精特新“小巨人”企业6家，西子洁能等3家企业入选市级“未来工厂”。新招引落地上海美商会、润物德荫等一批专业服务业、大健康产业重点项目。总部经济、楼宇经济集聚发展，实现税收亿元楼宇62幢、税收十亿元楼宇11幢，获评中国楼宇经济（总部经济）标杆城区。“双招双引”成效显著。成功引进葛兰素史克、美国强生等世界500强浙江区域总部和三峡能源投资总部等一批优质项目，落地亿元以上产业项目191个、10亿元以上产业项目11个，实际利用外资10.9亿美元。引育市级以上领军人才39名、市级高层次人才1700名。创新活力加速释放。成功举办首届“金靴奔跑”创新创业大赛，新增国家高新技术企业148家、省级科技型中小企业455家、有效发明专利授权1017件，预计数字经济核心产业增加值增长45%。上城信息智能高新技术产业园区（钱塘智慧城）纳入省级高新区创建名单。

（二）重点领域改革迈出坚实步伐。政务服务改革推陈出新。在全省率先完成政务服务全量全要素全应用“数据图谱”，实现102个事项区内全域通办，助企服务“126”体系持续健全，获批公平竞争审查工作国家级试点。数字化改革成果涌现。杭州东站“探索构建大型综合交通枢纽多跨协同智治体系”获评省改革突破银奖，“时间银行”等4个应用场景入选全省“一本账S_2”，“云联勘”等16项应用入选省级试点，玉皇山南基金小镇创投股权报价平台获评省自贸区优秀创新案例，数字化改革获全省五星最高评级。“大综合一体化”行政执法改革扎实推进。创新“365”行政执法改革体系，全市首创“五赋权、一约束”工作机制，打造直播电商数字治理平台等特色监管一件事，累计开展综合查一次1756次，实现街道一支队伍管执法。国有企业改革全面深化。五大区级国有集团发展主业更加清晰，探索开展多元化经营，资产总额达1556.2亿元，新增融资总额187亿元。上城资本、上城城投成为全国首个区县级母子公司均为AAA主体信用评级案例。

（三）文化传承创新彰显独特韵味。宋韵文化传世工程加快实施。南宋德寿宫遗址博物馆精彩亮相，“宋韵最杭州”传统风貌区成为省级样板，南宋临安城址入选新时代浙江考古十大发现，古海塘遗址入选杭州市申遗备选名录。第二届宋韵文化节成功举办，韵味百巷、走向吴山、宋韵薪传非遗大秀等活动创新开展。文化惠民出新出彩。打造品质文化生活圈，建成杭州书房21家、文化客厅31个、邻里图书馆13家，南宋书房入选首届浙江最美公共文化空间。公共文化服务现代化发展指数、非遗保护评估指数均居全省前十，文博事业发展水平排名全省第五。红色文化、钱塘江文化、蚕桑文化、孝爱文化共生交融，美美与共的文化体验深入街头巷尾。文商旅深度融合。“跟着地名游上城”、皋亭山观桃节等品牌活动深入人心，清河坊历史街区获评首批国家级旅游休闲街区。精心打造《华灯夜宴》《钱塘今朝更繁华》等文艺佳作235件，荣获省级奖项12项、市级9项。引进亿元以上文化产业项目56个，万事利数字文化中心等重大项目有序推进，之江文化产业带“两极”融合效应持续显现。

（四）城区功能品质加快重塑优化。城市空间进一步拓展。科学谋划调整“三区三线”，新增城市可开发面积9.9平方公里，再开发低效用地2613亩。征迁扫尾历史遗留点位609个，收储地块16宗457亩，出让地块22宗562亩。三堡、五堡留用地项目顺利开工。基础设施建设进一步加快。全面改造完成亚运保障项目124个，宣家埠入城口、彭埠互通全新亮相。新建重建道路36条，打通“断头路”3条。新增公共泊位12251个、公共充电桩589个，电网供电可靠率达99.9%以上，开发完成连堡丰城一期等地下空间196万平方米。开工安置房47.6万平方米、竣工41万平方米，回迁安置3720户，海潮雅园、坤塘悦府等9个项目获评全市首批最美安置房。人居环境进一步改善。实施老旧小区改造提升项目180个、538.5万平方米，改造工作获评全省优秀。完成既有住宅加装电梯127台、二次供水改造小区12个，治理危房19处。杨柳郡、红梅2个社区获评全省首批未来社区，彩霞岭、三卫等27个社区列入省级未来社区创建名单，数量居全省第一。“美丽上城”环境整治深入开展，丰收湖、桃花湖分别获评省、市级“美丽河湖”，运河上城段成为省级“最美绿道”。创建省级垃圾分类示范小区22个，拆除违法建筑54.4万平方米，新增公共绿地70.1万平方米、城市公园8座，整治工地围挡209个，改造国际化标识标牌7850块。成功创建省级生态文明建设示范区，捧回全市主城区首个大禹银鼎。

（五）民生保障事业取得全面进步。优质教育均衡发展。采实、天长、胜利等名校品牌向城东区域辐射扩面，开办新校新园14所。长幼随学、淘活动、家校社协同等创新工作全面推进，5所“公参民”学校治理有序完成，顺利通过全国义务教育优质均衡发展区省级评估，教育现代化发展水平监测全市第一。健康上城建设持续深化。改造提升社区卫生服务站5个，“暖心助孕”工作入选全市唯一试点，“两慢病”全周期管理系统全市推广，获评省级健康县区。新改建体育健身设施299处，嵌入式体育场地设施面积达39.2万平方米，开展群众文体活动3098场，荣获首批省体育现代化区。养老托育服务体系日趋完善。创新推出“幸福邻里坊”品牌，青荷苑、青年路等17个社区项目建成运行，入选全省高质量发展建设共同富裕示范区最佳实践。建成原居安养中心23家、社区康养驿站169家，新增认知障碍照护专区床位180张。创新“悠悠托”品牌，全域推进托幼一体化，开设幼儿园托位1156个。社会保障更加有力。城镇新增就业3.4万人，成功创建市级高质量就业社区14个。设立全省首个慈善信托，区“残疾人社会融合共享体”获评首批全国阳光助残志愿服务基地。建成AAAAA级婚姻登记服务中心，婚俗改革获评省首批优秀实验区。落地全省退役军人优待证试点。“帮帮摊”等对口帮扶项目广受好评。

（六）社会治理水平实现稳步提升。社区治理更加精细。构建“1126”现代社区工作体系，完成濮家联合社区规模调整，优化村社网格1360个、微网格9201个，完善社会工作者阶梯化职业成长机制，“五社联动”列入省级试点，成功创建省级城乡社区治理和服务创新实验区。首创“金牌管家”物业管理模式，南肖埠社区居委会获评全国先进基层群众性自治组织。风险化解有力有序。区街两级社会治理中心全面建成，“141”基层治理体系不断优化。历史信访积案有效化解，教育、金融、房地产等重点领域风险处置平稳有序，圆满完成党的二十大等重大节点平安护航任务。安全基础不断巩固。区、街、社、企四方责任体系持续深化，重点领域安全监管进一步加强，生产安全事故起数和死亡人数均下降50%。社会治安大局平稳，刑事、治安警情分别下降18.4%和18.1%，群众反映强烈的电信网络诈骗发案、案损分别下降29.2%和30.9%。防汛防台抢险救灾体系进一步健全，有效防御“轩岚诺”“梅花”台风。成功创建省食品安全示范区。实现省级平安区接续连创。

一年来，我们持续加强政府自身建设，深入学习贯彻党的二十大精神，坚定捍卫“两个确立”，坚决做到“两个维护”。全力提升运行效能，深入开展比学赶超赛马活动，项目化、清单化、节点化推进各项任务，政府执行力进一步增强。严格履行依法行政，自觉接受各方监督，承办人大代表建议181件、政协提案121件，面商率、办结率、满意率均达100%。不断改进工作作风，全面落实党风廉政建设责任制，持续抓好省委巡视反馈意见和“七张问题清单”内容整改，风清气正劲足的干事创业氛围更加浓厚。

此外，民族宗教、对台、侨务、科协、工会、青年、红十字、老龄、关心下一代等事业稳步发展，保密、档案、地方志、人防、国防动员、人民武装、双拥共建等工作有序推进。

各位代表，过去一年的历程充满艰辛，取得的成绩来之不易。这是习近平新时代中国特色社会主义思想指导的结果，是上级党委政府和区委正确领导的结果，是区人大、区政协监督支持的结果，也是全区广大干部群众奋发进取、团结拼搏的结果。在此，我代表区人民政府，向参与上城开发建设的全体劳动者和全区人民，向给予政府工作大力支持的人大代表、政协委员、各民主党派、工商联、无党派人士、群团组织以及省市驻区各单位，向所有关心支持上城经济社会发展的社会各界人士，致以崇高的敬意和衷心的感谢！

在肯定成绩的同时，我们也清醒地看到，当前发展还存在不少困难和挑战，主要体现在：区域发展不平衡不充分的问题依然存在，都市经济高质量发展的基础还需进一步夯实；创新驱动的要素支撑保障体系尚未完全形成，科技创新生态还需进一步优化；历史文化底蕴优势仍有待挖掘，宋韵文化辨识度和体验感还需进一步提升；优质公共服务供给与群众期待仍有一定差距，养老、托育、住房保障等方面还需进一步改善；安全生产、社会稳定等方面还面临风险挑战。对此，我们一定高度重视，不避不畏，采取坚决有力措施加以解决。

二、2023年重点工作

2023年是贯彻党的二十大精神开局之年，是“八八战略”实施20周年，也是杭州亚运会、亚残运会举办之年。新一年工作的总体要求是：坚持以习近平新时代中国特色社会主义思想为指导，全面学习贯彻党的二十大精神，坚决落实中央和省市决策部署，在区委坚强领导下，坚定捍卫“两个确立”，坚决做到“两个维护”，坚持稳中求进工作总基调，完整、准确、全面贯彻新发展理念，更好统筹经济高质量发展与区域内涵式发展，在加快建设共同富裕典范城区中奋力谱写中国式现代化上城篇章。

2023年全区经济社会发展的主要预期目标是：地区生产总值增长5.5%左右，社会消费品零售总额增长7%，固定资产投资增长完成市下达任务，财政总收入、一般公共预算收入与经济增长基本同步，城镇新增就业3.2万人。

实现上述目标，必须牢牢把握五个方面：一是必须坚持发展要务。强化大格局中谋划发展的机遇意识，深度融入国家和省市重大战略，聚精会神谋发展，全力以赴拼经济，夯实优势产业基本盘，推动都市经济高质量发展，以上城的“稳”和“进”为全省全市大局多作贡献。二是必须坚持改革创新。从大处着眼、新处发力、难处攻坚，推动改革向更深层次挺进、创新向更高层级跃升，进一步破除路径依赖、本位主义、守成不前，以改革优化制度供给，以创新激发内生动力，更好地把体制机制优势转化为引领未来的发展胜势。三是必须坚持人民至上。坚决践行以人民为中心理念，深入开展调查研究，求真务实谋定政策，做好打基础、利长远、补短板的实事好事，让政府做的事成为百姓满意的事，努力使人民群众获得感、幸福感、安全感更加充实、更有保障、更可持续。四是必须坚持提质提速。始终保持只争朝夕、奋发有为的奋斗者姿态，争分夺秒跑出加速度，争先创优干出高质量，千方百计把疫情耽误的时间抢回来，把各项工作的质效提上去，努力在新一轮发展竞争中走在前列、勇立潮头。五是必须坚持实绩论英雄。牢固树立用数字说话、凭实绩交卷、以成效检验的工作导向，不为不办找理由，只为办成想办法，敢做敢为、敢抓敢管，努力干成一些牵一发动全身的大事，全力交出经得起实践检验、群众检验、历史检验的高分答卷。

具体来说，要全力抓好六个方面工作：

（一）坚定不移推进都市经济高质量发展

围绕打造都市经济标杆区目标，在高质量、高能级、高效益上持续发力，全力以赴推动经济实现质的有效提升和量的合理增长。

加速总部经济集聚。推进全域总部建设，聚焦19公里沿江岸线，推动钱江新城二期和杭州国际金融中心、杭州金融城、杭港高端服务业示范区、玉皇山南基金小镇等片区一体发展，集中力量打造以钱塘江总部经济集聚地为核心的国际化中央商务区。积极推动枢纽数字贸易总部、钱塘智慧城和笕丁新城未来产业总部集聚成势。加大世界500强、中国500强、民企500强、上市公司和拟上市公司等龙头企业招引，力争落地总部项目10个，新增上市企业4家。以五堡站、海潮站等TOD项目为重点，推动高端特色商务楼宇建设，新增商务楼宇150万平方米，着力提升楼均效益，税收亿元楼宇总量突破66幢。以三堡、五堡留用地项目为试点，推动土地招商从“供地”向“供地+供楼”转变，力争出让商业商务用地6宗、工业用地5宗。完善宜居宜业宜学服务配套，营造总部经济集聚发展的良好生态。

强化高端产业引领。发挥钱塘江金融港湾核心区优势，积极布局新金融赛道，招引持牌金融机构、投资总部、金融科技、公募基金和私募机构，新增省级以上持牌金融机构6家、投资机构50家，推动合格境外有限合伙人（QFLP）试点基金落地。加快时尚消费、数智消费聚势蓄能，擦亮四季青“中国服装第一街”品牌，持续发展“四首”“四美”经济、直播经济，引育首店、旗舰店、快闪店等70家。聚力发展都市型工业，推动工业上楼，探索“总部+生产基地”招商模式，招引制造业项目20个，实现制造业投资增长15%。大力发展高端专业服务业，构建以工程设计、供应链服务、咨询评估为重点，法律、会计、审计等为支撑的商务服务产业体系，招引高端生产性服务业企业25家。推动大健康产业积厚成势，围绕数字医疗、中医药、健康促进等领域，持续招引优质项目落地，力争健康产业增加值增长20%。积极谋划量子通信、人工智能、元宇宙等未来产业布局。

提升重点平台能级。推动杭州金融城与玉皇山南基金小镇“金玉良缘”融合发展，抢抓区域性股权市场创新试点契机，加强与浙股集团合作，深化创投股权与私募基金份额报价转让平台建设，形成项目路演强磁场，探索设立S基金，更好发挥金融服务实体作用。全面启动钱塘智慧城城北园区改造提升，推进低效用地“腾笼换鸟”，做大做强光电传感、高端装备、数字能源等智能制造产业，实现园区规上企业总营收增长6.5%，主导产业集聚度达60%以上。加快东站枢纽商务区建设，放大杭州东站长三角南翼桥头堡辐射效应，不断做大数字贸易产业，加快数字内容新消费发展，引进数字贸易类重点企业10家。推动丁兰智慧小镇特色发展，发挥西子智慧产业园、中科院资本数字经济创新中心等集聚效应，招引培育专精特新“小巨人”企业3家。

（二）坚定不移服务和融入新发展格局

完整、准确、全面贯彻新发展理念，持续优化营商环境，加快创新转型，扩大开放合作，不断激发内生动力、释放发展潜力。

营造最优营商环境。实施营商环境优化提升“一号改革工程”，深入开展冲刺抢市场、快赢修复战十大新行动，统筹产业扶持资金20亿元，推动降本减负政策精准直达快享。落实支持民营经济发展政策，激发民营企业创新活力。提升为企服务中心运作效能，搭建“五找一提”供需互通服务平台。深化政务服务改革，率先实现市场监管、税务、经信、商务等企业年报多报合一，持续优化工业用地“拿地即开工”机制。努力营造公平有序的法治环境，创新“互联网+信用+双随机”监管模式，慎用查封、扣押、冻结等措施，坚决防止将经济纠纷当作犯罪行为处理，减少行政执法对企业正常生产经营干扰，依法保障市场主体合法权益。试点建设“准入准营一件事全程电子化勘查平台”，出台合规指导清单，帮助市场主体稳健经营、健康发展。扎实开展第五次全国经济普查工作。

激活创新创业平台。加速开展科技企业“双倍增”计划，积极构建“众创空间+孵化器+加速器”体系，打造科技创新平台，引进和培育“独角兽”和“准独角兽”企业13家，新增国家高新技术企业120家、市级以上研发平台25个。做优就创发展环境，发放就业创业扶持资金1亿元。激发青年创新创业活力，争创青年发展型城区。积极争取承办全国颠覆性技术创新大赛总决赛。深入实施“鲲鹏行动”“金靴计划”“海外引才”，办好第二届“金靴奔跑”创新创业大赛，发挥清华系、浙大系等创新平台引才作用，引进市级以上人才200名，落地人才项目20个。

畅通内外双向循环。完善出台促消费、扩内需政策，支持住宿、餐饮、零售、旅游等行业迅速回暖。以数智时尚消费第一区引领消费焕新升级，提升商业特色街业态，打造社交+消费、数字消费等消费新模式，举办各类主题促消费活动100场。积极培育夜间经济、青春经济等消费新方式，加快推进新世界、工联二期、劝业里等新商业项目。鼓励支持内贸发展，力争招引营收百亿级以上项目5个。加大跨境电商扶持力度，实现跨境电商进出口增长5%以上。大力拓市场、抢订单，设立1亿元出海基金，全年组织外贸企业出境50家次，支持巨星科技、海兴电力等龙头企业抢占海外市场。办好全球私募基金西湖峰会、中国大宗商品金融服务创新峰会和长三角C9联盟大会。

拓展招商引资路径。整合优化六大招商专班，充分发挥产业招引与要素配套联动功能，推进多元招商，招引亿元以上产业项目200个、10亿元以上产业项目10个，力争实际到位外资10亿美元。全方位拓展楼宇土地推介渠道，实现供需双方即时精准对接，推动上下楼变上下游。设立高质量发展产业基金，撬动资本助力招商，形成产业投资、项目落地、集群发展良性循环。

（三）坚定不移推动文化大繁荣大发展

坚持把文化作为彰显城区韵味、精神品格的核心基因，持续推进文化强区战略，实现优秀文化创造性转化、创新性发展。

厚植宋韵文化底蕴。加大南宋皇城大遗址综合保护力度，推动德寿宫、太庙、二十三坊巷、五柳巷等历史遗存串珠成链。发挥宋韵文化研究传承中心等智库作用，构建宋韵话语体系，推出一批具有辨识度的重大研究成果。高质量承办宋韵文化节，持续提升“宋韵文化看上城”的影响力。以文化拾遗、记忆修复和城市展览为载体，整合文保、历保、文博等文化资源，全域建设“没有围墙的博物馆”。深入实施“品质上城、韵味百巷”创建行动，挖掘古街、古巷、古井文化，打造百条韵味街巷。

深入推进文化惠民。依托小营红巷、海塘遗址博物馆等重要文化阵地，推动宋韵文化、钱塘江文化、红色文化等多元文化传播。开展“上城有意思”系列活动，统筹推进文化进社区、进家庭、进企业、进机关。加强非遗活化利用，创建浙江省“非遗助力共同富裕”试点区。深化“书香上城”品牌建设，新增品质文化生活圈35个，打造邻里书房20家，开展全民阅读、艺术普及、舞台创演等活动3000场，积极创建省首批“幸福文化馆”。

大力发展文化产业。积极发掘培育文旅IP，做优“6+X”游线矩阵，创建省级AAAA级景区街道2个，争创全国首批文化产业和旅游产业融合发展示范区。壮大以宋韵美学为基因的时尚产业，完善老字号新国潮、宋韵美妆、国潮美服等文化业态布局。鼓励非遗、工艺美术等领域创新发展，开发德寿宫、古海塘、夏衍等主题文创产品。加快毛戈平、特美刻、群核信息等企业上市步伐，打造文化企业“航母”“独角兽”。着眼影视产业集聚发展，推进国家（杭州）短视频基地建设，加快幸福·横塘里等重点项目落地。

加强精神文明建设。完善全域文明城市创建机制，深化“上城尚礼”区域文明品牌建设，广泛开展新时代文明实践活动。持续做好“最美”选树工作，推进道德模范品牌建设，深入挖掘选树各类先进典型。放大“最美人墙”“最美凉茶摊”等服务品牌社会效应，提升志愿服务精准化、项目化、专业化水平，全力创建文明典范的最美窗口。构建社区邻里文化纽带，促进精神生活共同富裕。

（四）坚定不移打造更加美丽宜居生态城区

自觉把人民城市理念贯穿融入城市规划、建设、管理等各方面，加快推进城市现代化和管理精细化，共筑高品质人居环境。

加快优化空间布局。以新一轮国土空间总体规划为指引，深度融入特大城市新型空间格局，强化中心城区核心功能。坚持多规融合，加快笕桥等5个控规单元和各类专项规划修编，优化住宅、产业和配套空间。强化土地资源要素保障，确保20个民生保障和基础设施类项目、300亩新增建设用地指标落地。清理批而未供、供而未用、低效用地6400亩。充分盘活存量项目和空间，加快十三湾巷、肉联厂宿舍、笕桥老街、蓝创园等空间开发利用。

加快推进项目建设。协调推进清江路改造抬升工程、潮王路—新风路隧道等重大基础设施项目，持续优化路网结构。加强与市城投集团、市地铁集团等市级主体合作，加快钱江新城二期、地铁四期2条线路11个站点建设，完成杭创中心、牛田过渡房等19个项目93个点位征迁“清零”，收储地块350亩。加大回迁安置力度，竣工安置房39万平方米，确保安置2100户。完善保障住房体系，筹建公租房5万平方米、保障性租赁住房3000套、共有产权房1000套。

加快改善城区环境。持续推进老旧小区改造提升，实现开工60个、面积150万平方米，完工80个、面积200万平方米，完成既有住宅加装电梯80台，新增停车泊位3900个、新能源汽车充电桩800个，治理存量危旧房16处，扩绿23万平方米。大力推进未来社区建设，申报创建省市未来社区15个，成功命名5个。深入开展居民住宅二次供水设施改造行动，完成改造项目36个。开展环境品质提升惠民工程，推动中山中路、富春路等道路形象提升，争创省级高品质示范街区。构建大综合城管体系，巩固省级生态文明建设示范区创建成果，全力创建省级全域无废城市。严格落实田长制、林长制，高质量推进“五水共治”，打造河道一体化治理和“污水零直排区”标杆。开展重点区域交通精准化治堵，探索道路、绿化等一体化保洁模式。做精做细垃圾分类工作，建设区绿色低碳循环产业中心，加强固废资源化利用。打好“三改一拆”攻坚战，持续开展违法建筑拆除整治。

（五）坚定不移健全和完善优质共享服务体系

牢固树立民生所需就是发展所向理念，完善“十分优享”公共服务圈层体系，用心用情用力解决群众急难愁盼，让共同富裕更加真实可感。

提升教育健康事业。争创全国义务教育优质均衡发展区、全国学前教育普及普惠区，建成新校新园9所。创新探索“育共体阳光行”项目，家校政社协同助力青少年阳光成长。深化亚运场馆综合利用和惠民开放，新增嵌入式体育场地4.5万平方米。积极推进医疗机构均衡布局，着力构建“1+3”分层分类区域化健康服务体系，提升社区卫生服务站14家，打造全生命周期健康服务创新区。认真落实新阶段疫情防控举措，突出保健康、防重症，建立网格化健康服务最小单元，强化医疗物资储备，提高重点群体疫苗接种率，全力守护人民群众生命健康。

强化民生兜底保障。深化“幸福邻里坊”建设，启动83处，建成40处。创建“幸福+”养老服务品牌，持续推进安居守护行动，新建街道康养联合体3家，加快“幸福食堂”系列等老年助餐服务点建设，初步形成“居家+社区机构+智慧养老”家门口养老模式，争创全国医养结合示范区。打造儿童友好城区，推动托幼一体化建设，新增托位600个，实现普惠性婴幼儿照护服务社区全覆盖。深化“暖心网”救助，构建以“慈共体”为核心的慈善体系，推进“弱有众扶”市级试点。优化“特优爱”残疾人全生命周期服务模式，更加注重对特殊人群、困难群体精准帮扶。打造“就创群落”新模式，促进离校未就业高校毕业生、退役军人等重点群体就业创业，动态“清零”“零就业”家庭。养老保险和医疗保险参保率达到99%以上。

着力办好民生实事。按照群众提、代表定、政府办、人大评、政协议原则，在广泛征求意见的基础上，形成了12个民生实事候选项目（详见《区政府2022年度民生实事项目完成情况和2023年度民生实事候选项目情况的报告》），区人大代表票选结束后，我们将定点定时、定标定责，细化目标任务、压实工作责任、实时公布进度、接受群众监督，确保每一件民生实事都做实做细做好，确保言必信、行必果，让人民群众早受益、多受益、常受益。

（六）坚定不移提升特大城市核心区治理现代化水平

坚持人民城市人民建、人民城市为人民，在共建共治共享中凝聚合力，构建政府领治、部门协治、群众共治的社会治理格局。

创新社会治理模式。以数字化改革为牵引，提升省级重大应用贯通度，推动重点领域“基层治理一件事”应用全流程线上运行，形成更多具有上城辨识度的最佳实践案例。纵深推进“大综合一体化”行政执法改革，加强基层执法人员管理保障，优化执法事项清单动态调整机制，提高综合查一次实施率，全面提升执法质效和公信力。深化“五社联动”，建立完善社工管理体系，探索多元主体参与社区空间运营，提升社会组织活跃率，持续擦亮新中国第一个居委会品牌。

增强风险化解能力。全力打造新时代“枫桥经验”区县样板，迭代升级“141”基层治理体系，实体化运行区社会治理、行政执法协调指挥“两个中心”，探索升级“小脑+手脚”基层整体智治模式。深入开展信访“清零”攻坚行动，压实首接首办责任，从源头控增量减存量。健全完善多元纠纷化解机制，提升矛盾纠纷就地化解能力。强化现代警务体系建设，常态化推进扫黑除恶、反恐防暴、全民反诈。继续稳妥推进教育、金融、房地产等重点领域风险处置。巩固根治欠薪工作成效，切实保障劳动者合法权益。

守牢城区安全底线。巩固“1+9+X”安全生产责任体系成效，深入开展安全生产“四大行动”，提升突发公共事件和各类灾害预警响应能力。探索推广“智慧工地”数字应用场景，全面压实企业主体安全责任。从严从快开展高层建筑、出租房等重点领域消防安全专项整治，打通生命通道，推进微型消防站末端延伸至单元楼道，提升救早救小能力。切实抓好燃气、交通等领域安全大整治。加强“天网工程”建设和校园、医院等重点部位防控，强化联防联治、智防智治、群防群治。压实食品安全“两个责任”，保障群众饮食安全。努力实现平安建设继续连创。

此外，继续加强和支持人民武装、民族宗教、对台、侨务、工会、妇女、红十字、老龄、关心下一代、档案、地方志等工作。继续做好对口支援、东西部协作、山海协作等帮扶工作，实现互促共赢。

各位代表，今年是杭州亚运会、亚残运会举办之年，我们将全面贯彻简约、安全、精彩的办赛理念，高质量落实城市侧和赛事侧各项保障任务，以国际标准运营好亚运场馆和涉亚酒店，全力做好赛事组织、安全保卫、交通保障、后勤服务、宣传推介、志愿服务等工作。持续放大亚运综合效应，积极争创浙江省赛事集聚区，加快国际化标识系统、街区商圈、交通枢纽建设，集聚更多国际化资源落地，加快国际化城市形态、城市业态、城市内涵的全面提升，推动区域综合实力和竞争力迈上新台阶。

三、切实加强政府自身建设

新时代赋予新使命，新征程更待新作为。我们将坚持把党的政治建设贯穿政府自身建设全过程，勤勉敬业、务实担当，着力打造人民满意的现代政府。

坚决践行政治忠诚。深刻领悟“两个确立”的决定性意义，增强“四个意识”，坚定“四个自信”，做到“两个维护”，忠诚核心、拥戴核心、捍卫核心、紧跟核心，不断提高政治判断力、政治领悟力、政治执行力，更加深入贯彻落实上级党委、政府和区委决策部署，以实际行动体现对党的绝对忠诚。

坚决践行效能优先。强化分秒等不起、时刻坐不住、处处慢不得的效率意识，倡导事不过夜的工作作风，杜绝“三不”、拒绝躺平，把时间效益最大化，把工作效率最优化，紧扣重大时间节点倒排工期、挂图作战，营造立说立行、马上就办的浓厚氛围。坚持政府过“紧日子”，严格控制和压减一般性支出，让每一分钱都花到刀刃上。

坚决践行依法行政。深入学习贯彻习近平法治思想，善于用法治思维和法治规则想问题、做决策、办事情，切实做到法定职责必须为、法无授权不可为。依法接受人大监督，自觉接受政协监督，主动接受监察监督、法律监督、社会监督、舆论监督，加强审计监督。严格执行重大行政决策程序，大力推进政务公开，全力打造“阳光政府”。

坚决践行清正廉洁。严格履行全面从严治党主体责任，锲而不舍落实中央八项规定精神，驰而不息纠治“四风”，特别是形式主义、官僚主义问题，坚决防反弹回潮、防隐形变异。持续加强党风廉政建设和反腐败斗争，积极构建亲清政商关系，让廉洁用权、干净干事在政府系统蔚然成风。

各位代表，使命催人奋进，实干成就未来。让我们更加紧密团结在以习近平同志为核心的党中央周围，在市委、市政府和区委坚强领导下，坚定信心、抢抓机遇，脚踏实地、埋头苦干，加快建设独具韵味的国际化现代化共同富裕典范城区，奋力谱写中国式现代化上城篇章，为浙江推进“两个先行”、杭州打造城市范例作出新的更大贡献！

《政府工作报告》有关名词解释

“七大机制”：指浙江省疫情防控工作领导小组制定的工作机制，包括精密智控指挥决策、预防早期发现、“三责”联动快响激活、“三区”最小单元管控、“五快”循环落实、分阶段“清零”和“三情”联动机制。

“五快”要求：指快检测、快流调、快编组、快转运、快隔离要求。

“3+2”产业：“3”指金融服务、消费服务、智能制造。“2”指专业服务、大健康产业。

“三大商圈”：指湖滨商圈、吴山商圈、钱江新城商圈。

专精特新“小巨人”企业：专精特新指企业具有专业化、精细化、特色化、新颖化的发展特征。专精特新“小巨人”企业指位于产业基础核心领域和产业链关键环节，创新能力突出、掌握核心技术、细分市场占有率高、质量效益好的中小企业。

“126”体系：“1”是强化区为企服务中心主平台功能。“2”是做深做细政务服务、做实做强商务服务。“6”是完善工作部署推进、诉求协调解决、工作晾晒比拼、工作督查考核、业务能力提升、成果宣传六大工作机制。

“探索构建大型综合交通枢纽多跨协同智治体系”：指运用数字孪生的方法理念，按照“一图一库五场景”架构，全面归集相关数据，实现数据双向赋能、风险自动发现、决策模拟推演、预案精准执行、资源层级共享的多跨协同智治体系。

“时间银行”：指上城区承接“志愿浙江”重点应用场景试点、创新打造的“时间银行”志愿服务数智平台，从志愿服务精准触达、志愿者技能专业化培训、志愿服务激励生态圈构建等方面出发，推动低龄老年志愿者“老有所为”“老有所乐”。

全省“一本账S_2”：指2022年6月公布的第三版全省数字化改革重大应用清单。

“云联勘”：指运用视联网、云计算、5G等技术，将传统的线下交互转变为线上非接触、低成本的视频交互，多跨协同市场监管、卫健、文广旅体、综合行政执法等部门打造的全流程电子化场地勘查平台。

“大综合一体化”行政执法改革：是党中央赋予浙江的一项国家试点重大改革，即按照整体政府理念，以数字化改革为牵引，通过优化配置执法职责、整合精简执法队伍、下沉执法权限和力量、创新执法方式等途径推进的综合行政执法改革。

“365”行政执法改革体系：是上城因地制宜探索形成的行政执法改革实施路径。“3”指“一体三更”，即大空间一体化，协调更有效；管执服一体化，支撑更强大；大综合一体化，保障更有力。“6”指“六能六得”，即条抓能块统、上下能贯通、业务能承接、多跨能协同、数据能打通、数字能赋能，数量减得下来、力量沉得下去、队伍融得起来、基层管得起来、治理强得起来、成效显得出来。“5”指“五促五强”，即改革促治理、治理强改革；民主促民生、监督强执法；执法促监管、监管强执法；执法促治理、综管强执法；块统促条抓，条抓强块统。

“五赋权、一约束”工作机制：“五赋权”指赋予街道指挥协调权、管理考核权、推荐提名权、反向否决权和街道对部门的法制支撑反向评价权。“一约束”指部门对街道的考核结果纳入区综合考评。

之江文化产业带“两极”融合效应：指推动之江文化产业带“上城发展极”和“九乔发展极”的资源互通共融，形成空间布局南北呼应、影视传媒等传统产业与数字时尚等新兴产业并行发展的新态势。

“三区三线”：“三区”指农业空间、生态空间、城镇空间3种类型的国土空间。“三线”分别对应在农业空间、生态空间、城镇空间中划定的永久基本农田、生态保护红线、城镇开发边界3条控制线。

“幸福邻里坊”：指通过整合社区资源，立足居民需求，建立起集党群服务、公共服务、文化服务、养老服务、健康服务等内容于一体的社区美好生活服务平台。

“悠悠托”：是优质的婴幼儿照护托育服务模式。上城区通过做优医育、托幼一体、强化服务，推动婴幼儿照护服务全域覆盖。

区“残疾人社会融合共享体”：是由政府建设、品牌社会组织运营的公益场所，集合康复指导、培训就业、公共服务、文体生活、社会体验等多类功能，为上城区残障人士提供全类别、全生命周期服务。

“帮帮摊”：指上城区、剑阁县运用东西部协作机制，按照“政府搭平台、市场化运营、社会化发动”原则，依托就业帮扶车间创新实施的一系列项目，通过组织培训低收入人群发展地摊经济、小店经济，带动人均月增收3000元以上。

“1126”现代社区工作体系： 第一个“1”指1个实施意见，即《关于高质量推进共同富裕现代化基本单元建设全面打造现代社区的实施意见》。第二个“1”是指1套重要指标清单，即《2022年度现代社区建设重要指标清单》。“2”指“幸福邻里坊”和“争星晋位”两大载体。“6”指六大抓手，即“上统下分强街优社”“党建统领网格智治”“社区公共服务优化提升”“社区应急体系建设”“五社联动提质增效”“社区除险保安护航”。

“五社联动”： 是以社区为平台、社会工作者为支撑、社区社会组织为载体、社区志愿者为辅助、社区公益慈善资源为补充的新型社区治理机制。

“金牌管家”： 指立足社区基层治理最小单元，通过引入专业物业企业实行老旧小区整体打包管理，打造“片区式划分、一体式管理、标准式服务、无缝式对接、双重式考核、竞争式淘汰、社会化运作”的老旧小区治理模式。

“141”基层治理体系： 指基层治理体系的基本架构。纵向分为县级社会治理中心、乡镇（街道）“基层治理四平台”、基层网格3个层级。

“四首”“四美”经济： “四首”经济指首店经济、首发经济、首秀经济、首牌经济。“四美”经济指美服经济、美妆经济、美食经济、美艺经济。

冲刺抢市场、快赢修复战十大新行动： 是上城区为提振信心、加速奔跑，全面打赢经济修复战推出的十大行动计划，包括召开一次提振经济“圆桌会”、制定提振经济助企稳企“一揽子”政策、推出“一十百”专项发展资金扶持政策、开展一次金融助力上市行动、开展一次文旅重启行动、开展一批促消费系列活动、举办一次重大项目集中签约开工仪式、推出一个供需互通服务平台、开展一次助企服务大走访、开展一次安商稳企专项行动。

“五找一提”供需互通服务平台： 是微信平台“上城企服”小程序，设置找政策、找空间、找资金、找订单（供需）、找服务、提需求6个服务模块。

“准入准营一件事全程电子化勘查平台”： 是用于群众开餐馆、食品销售等高频准入准营一件事场地勘查的数字化平台，通过“互联网+”全程电子化、非现场模式实现勘查痕迹可保留、过程可掌握、数据可溯源，减少勘查过程中的自由裁量空间，打造标准化、统一化的场地核查标准。

科技企业“双倍增”计划： 指《浙江省科技企业“双倍增”行动计划（2021—2025年）》。其中“双倍增”指到2025年，实现全省高新技术企业和科技型中小企业数量较“十三五”规划目标增长1倍以上。

“鲲鹏行动”： 是浙江省引进和支持顶尖技术人才创业，激发创新活力的一项重磅人才工程，围绕数字经济、生命健康和新材料等战略性新兴产业和未来产业，通过“一事一议”“一人一策”方式引进支持一批全球顶尖人才。

“金靴计划”： 是指2021年上城区《关于打造一流人才生态城区的实施意见》提出的人才政策，目标是集聚一批高端领军人才、特色产业人才、海内外创业人才、青年拔尖人才。

“6+X”游线矩阵： 即线上和线下旅游线路体系。6条游线主要是研·德寿宫、雅·清河坊、潮·湖滨街、味·百县千碗、运·皋亭山、城·南宋皇城。“X”即“寻宋记”混合现实数字游线，搭载“我的世界·宋韵游线宇宙”数字化平台，实现沉浸式游览体验。

大综合城管体系： 是以构建“大城管、大监管、大环保、大交通、大市政”为目标，系统赋能城市精细化管理要求，实现资源最优化、联动一体化、业务融合化、队伍专业化、成效显著化的城市治理新格局。

“十分优享”公共服务圈层体系： 是以辐射1公里治理服务半径、步行10～15分钟可达为标准，以人的全生命周期公共服务优质共享为目标，实施规划研究、资源回归、资源清底、绩效评估、系统优化5个专项行动，提升养老、托育、教育、医疗、文体等公共服务覆盖面和质量，因地制宜落地服务功能形成的公共服务圈层体系。

"育共体阳光行"项目：是以全域推进"儿童友好型、青年友好型、青春发展型"城区建设为目标，构建家庭、学校、政府、社会协同育人的新共同体，全面实施协同共育、全员执证"1+1"、心灵成长助力等12项工程，打造全周期管理青少年健康成长服务体系。

"1+3"分层分类区域化健康服务体系：是以各街道社区卫生服务中心为主阵地，涵盖慢性病管理、中医药服务、妇幼健康服务的体系。

"慈共体"：指企业、社会组织和个人等慈善事业参与者在共享一套慈善文化理念和建立在慈善文化认同基础上形成的共同社会行动，具有现代慈善理念、多元参与主体、共同社会行动等特征。

"特优爱"：指聚焦特殊困难的残疾人群体，统筹推进优阵地、优服务、优联盟、优平台、优环境"五优"服务体系，迭代升级残疾人预防、教育、就业、照护、康养、文体、保障、出行、志愿助残9个方面的无忧服务，建立让爱直达的残疾人全生命周期服务模式。

"小脑+手脚"：是以派出所综合指挥室为"小脑"，巡防中队、专业中队为"手脚"的派出所勤务机制。

"1+9+X"安全生产责任体系："1"是安全生产委员会。"9"指建设工程、道路运输、消防、危险化学品和工业企业、文化旅游、城市运行、商贸、医疗机构和职业病、教育行业9个安全生产专业委员会。"X"指安全生产重点单位。

安全生产"四大行动"：消防安全集中攻坚整治行动、重点行业风险隐患排查管控行动、安全生产责任传导落实行动、安全生产共建共治共享行动。

食品安全"两个责任"：食品安全属地管理责任和食品安全企业主体责任。

"三不"：指不担当、不作为、不落实。

中共二十大精神学习宣传贯彻

【概况】2022年10月16日，中共二十大开幕当天，上城区组织党员群众7万余人收听收看。大会闭幕后，上城区召开全区领导干部大会，传达学习中共二十大精神。在全区开展“六学六进六争先”学习实践活动，精心安排各项学习宣传活动，掀起学习贯彻中共二十大精神的热潮，激励干部群众以勇立潮头、守正创新的精神深化践行“八八战略”。整合各类资源，构建由“区领导+区管干部+专家学者+先锋模范+群团组织+青年代表+基层干部”等群体组成的“大宣讲团”，组织宣讲力量到基层一线、企业等场所开展宣讲，形成上下联动、覆盖全区的大宣讲格局。发挥和整合“报、网、端、微、屏”等宣传平台资源，打造全方位立体化沉浸式全媒体矩阵，用群众喜闻乐见的语言提升中共二十大精神传播效果。坚持干在实处，以“典范城区”目标定位，全面迅速落实中共中央总书记习近平擘画的行动纲领，推动全区上下团结一致、万众一心，坚持好、运用好中共二十大精神指导实践、推动工作。依托“八大行动”载体抓实抓细省、市重点工作任务落实，全力全速冲刺全年，把中共二十大做出的重大决策部署付诸于行动、见之于成效。

资料

“六学六进六争先”：学深悟透过去5年重大成就和新时代10年伟大变革的里程碑意义，进一步增强对中共中央总书记习近平的忠诚之心、爱戴之情、捍卫之志，在坚定拥护“两个确立”、坚决做到“两个维护”中奋力争先；学深悟透习近平新时代中国特色社会主义思想实现的发展新跨越，进一步坚持好、运用好贯穿其中的立场观点方法，在践行党的创新理论上奋力争先；学深悟透引领新时代新征程的中心任务和宏伟目标，进一步把握中国式现代化的中国特色、本质要求和重大原则，在高质量发展推进共同富裕和现代化先行上奋力争先；学深悟透全面建设社会主义现代化国家的系统部署，进一步把握团结奋斗的时代要求，在践行“八八战略”、打造“重要窗口”中奋力争先；学深悟透坚持党的全面领导和全面从严治党的新形势新要求，进一步强化以党的自我革命引领社会革命的清醒与坚定，在打造新时代党建高地和清廉建设高地上奋力争先；学深悟透“五个必由之路”规律性认识和抓关键、补短板、防风险的战略考量，进一步弘扬伟大建党精神和红船精神、浙江精神，在以浙江之答回应中国之问、世界之问、人民之问、时代之问上奋力争先。

“八大行动”：指亚运保障、数字化改革、指标争先、品质城区、宋韵传世、民生福祉、平安护航、党建引领八大行动。

【“六学六进六争先”学习实践活动】2022年，上城区围绕学习宣传贯彻中共二十大精神主线，开展“六学六进六争先”学习实践活动。区委制定具体方案部署实施，以“六学六进六争先”为主题开展中共二十大精神学习实践活动。区四套班子领导通过集中收看中央宣讲团宣讲、集中自学等形式全面学习领会。11月4日，在省委主要负责人到小营巷社区宣讲中共二十大精神后，区委常委会召开（扩大）会议传达学习其讲话精神。全区各级各单位以干部大会、理论中心组学习、主题党日活动等形式开展党员干部专题学习2000多场。创建“青尚新语”青年学习品牌，以读书沙龙、青年说、情景剧等形式开展青年群体主题学习活动，基层干部、企业家、青年群体在线上和线下分享学习心得体会。成立青年学习小组，开展“追随足迹”现场学活动，统计梳理中共中央总书记习近平调研指导过的地方13个，把其有关重要论述、批示指示精神与中共二十大报告相结合，在多个点位开展青年理论宣讲，并及时形成宣讲作品10多个。

【中共二十大精神理论宣讲培训】2022年，上城区围绕学习宣传贯彻中共二十大精神主题，举办宣讲骨干培训活动，推进中共二十大精神学习研讨和宣讲工作。11月9日，中共二十大代表、中国铁路上海局集团有限公司杭州客运段高铁一车队列车长车菲菲在铁路杭州站站史陈列室开展基层理论宣讲活动。活动中，来自上城区“红巷新声”理论宣讲团的20名骨干宣讲员组建青年学习小组在活动现场聆听宣讲，畅谈感悟。11月14日，上城区“党的二十大精神宣讲集中备课会”在上城区新时代文明实践中心举行，区青年宣讲员倪圆媛传达中共二十大精神研讨班暨宣讲骨干培训班精神，分享学习体悟。上城区“红巷新声”青年理论宣讲团负责人熊侃针对“青年宣讲骨干如何讲好中共二十大精神”主题为宣讲骨干进行系统培训，提升青年宣讲员的宣讲能力和水平。

【中共二十大精神理论宣讲】2022年，上城区围绕学习宣传贯彻中共二十大精神主题，组织1300多名宣讲力量到基层一线开展宣讲，形成上下联动、覆盖全区的大宣讲格局。重点发挥“红巷新声”“上城青年说”“红星少年说”等青年宣讲队伍作用，以“线上+线下”“对话+直播”等形式，组织学习宣讲，将中共二十大精神讲进群众心坎里。汇编《习近平同志调研视察上城和指示批示精神》，用好《干在实处，勇立潮头——习近平浙江足迹》等理论教材，坚决把中共中央总书记习近平的嘱托转换为上城奋发笃行的思想指引。探索“红巷新声”宣讲品牌培育机制，开展宣讲500多场，打造上城区新时代文明实践中心、小营巷社区文化家园等示范基层理论宣讲点20个，培育全省理论宣讲成绩突出个人1人，组织青年宣讲员参加省、市微型党课比赛，获省一等奖2人次、市特等奖2人次、市一等奖1人次。开展“学习区第一次党代会精神学习”“共同富裕”“省第十五党代会精神学习”“学习二十大，奋进新征程”线上知识竞赛，5万余人次参与互动答题。组建“精彩尚宣”代表队参加省、市“学习强国”专项比赛，该代表队作为全市唯一的基层宣传队伍晋级全省“学习达人”挑战赛，获全省亚军。

【区委理论学习中心组专题学习中共二十大精神】 2022年11月7日，区委理论学习中心组（扩大）举行“学习贯彻党的二十大精神”专题学习会，区委理论学习中心组成员根据自身工作领域，结合中共二十大精神相关内容开展交流发言。专题学习会旨在全面学习、全面把握、全面落实中共二十大精神，把学习贯彻落实中共二十大精神的成果转化为动力，把所有思想、所有精力、所有力量集中到全面推动“典范城区”各项工作开创新局面上来。

（熊　侃）

【“学习宣传贯彻党的二十大精神”主题报道】 2022年，上城区围绕“学习宣传贯彻党的二十大精神”主题，开展系列报道。开展“上城这十年”主题新闻发布会，20家中央及省、市媒体共30多名记者参加发布会，刊发报道95篇，发布会围绕中共十八大召开后，上城全面深化改革的探索和成效、新冠疫情下稳经济促发展、宋韵文化传承展示、推动共同富裕等做主题发布。联合《杭州日报》推出“喜迎二十大·上城篇”系列报道10篇；联合《钱江晚报》推出“打造人民幸福美好家园的‘上城实践’”相关报道2篇。围绕“学习贯彻党的二十大精神”主题在各级主流媒体刊发报道62篇。“上城发布”全媒体平台推出“新上城新征程”专题，推送稿件90多篇，阅读量超过100万人次。

（李凌婧　吕　啸　王豪文）

亚运会、亚残运会服务保障

【概况】 2022年，上城区贯彻“简约、安全、精彩”办赛要求，一体推进亚运会筹办各项任务。数智赋能亚运会筹办，自主研发“亚运E览”平台，集成项目展示、报送、预警、督查、反馈功能，实现349项任务线上闭环管理，推进城市环境品质提升行动9类、124个项目、755个项目颗粒，城市基础设施建设21项任务高效落实。完成涉亚运场馆建设、赛事功能验收、周边环境整治，以及地铁重建道路25条、涉亚运酒店提升28家、亚运通勤“一路一品”打造47条（段）。全方位扮靓景区沿线、入城口、火车站、赛事场馆、涉亚运特色亮点项目等重点区域颜值，实现外在“美化、洁化、亮化”目标和内在“序化、畅化、文化”追求，实现“一次提升、多维成效”。常态化开展清河坊“亚运宋韵”大型主题夜景灯光秀，组织社会各界人士共同绘制4千米“亚运宋韵文明”钱塘江江堤墙

“迎亚运”窗口道路——富春路改造后面貌（摄于2022年）

（孙艳菲　摄）

绘。区大型商业中心和交通枢纽“两运（韵）”氛围日益浓厚，全区村社、工地围挡、主次干道亚运元素全覆盖。区纪委亚运督查督导工作组、区亚（残）运会运行保障指挥部办公室、城建专班多级联动，落实网格化监督，检查项目951个次，发现问题186个并落实整改。跟踪落实省、市区督办单52个，完成涉亚运工程建设项目现场审计58个。系统制定区标志性项目工作方案，靶向发力智能亚运、绿色亚运、城市体验等6个方向，启动首批23个项目的标志性成果培育，其中“幸福邻里坊”打造基层公共服务新模式获省、市领导批示肯定。“最美人墙”“上城family家庭志愿者联盟”入选市级亚运标志性成果。年内，上城区3次获评全市“迎亚运”道路“赛马”月度优秀城区，并获亚运会筹办工作突出贡献集体、亚运城市行动赛事突出贡献单位、体育场馆公共服务大提升突出贡献单位等荣誉。全区获评市级优胜项目7个、优秀项目2个；创建亚运示范样板路11条、省市“最美绿道”5条。“亚运场馆在线”平台活力值保持全市前三。

（李心怡）

【亚运项目推进】 2022年，区综合行政执法局根据市亚运专班布置的任务，组织各责任单位开展亚运保障区域立面整治行动，编制《上城区涉亚道路沿街立面整治导则》，层层落实各方责任，按期完成76条保障道路、28家涉亚运酒店、3个场馆、2个交通枢纽的立面整治任务。按照《杭州市国际化标识系统设置导则》规范要求，组织开展国际化标识系统改造建设工作，重点对路名牌、交通信息牌、公厕指示牌、河道信息牌、门牌等道路沿线标识标牌进行整改，改造标识标牌7800多块。根据杭州第19届亚运会和第4届亚残运会杭州市运行保障指挥部“扮靓家园”行动要求，组织各街道全面整改辖区各住宅小区内的不规范宣传栏，拆除公示牌、宣传栏等宣传设施4171块，整改5342块。

（刘　晓）

2022年8月，小营公园以“党建引领，喜迎亚运”为主题进行提升改造，在全市“美丽杭州迎亚运”城市环境品质提升第四期“赛马”中获评优秀　　（支雨婷　摄）

【“美丽杭州迎亚运”城市环境品质提升】 2022年，区综合行政执法局牵头推进“美丽杭州迎亚运”城市环境品质提升行动，涉及亚运通勤道路47条（段）、比赛场馆1个、训练场馆2个、亚运宾馆28家、入城口2处、铁路沿线11条、建筑工地28个及“两站”（杭州东站、火车城站）、“三线”（钱塘江沿线、西湖东望线、运河沿线），共9类、124个项目、755个项目颗粒。其中，亚运通勤道路主干道路面标准差值被控制在1.5毫米以内，次干道被控制在2.4毫米以内，检查井盖与路面高差被控制在5毫米以内，提高路面平整度。年内，颗粒度总体完成率100%。2月，上城区环境整治与交通运行保障组专班成立，下设“一办十四专项组”，主要负责无障碍环境建设、道路修缮、“最后一公里”体验区、景观亮化、公厕服务提升、环境整治、城市国际化标识系统、城市风貌改善、城市基础设施运行安全、城市亚运氛围营造、执法保障、城市河道保障、环境质量保障、交通运行保障14项工作。5月起，推进“扮靓家园”子行动，针对卫生死角、立面整治、城市家具、标识标牌、乱停乱放、车容车貌、乱搭乱建、绿化提升、口袋公园、无障碍环境十方面开展整治行动，开展“社区各类宣传设施整治提升”专项行动，将亚运保障与环境整治有机结合。制定专项督查方案，抽调城管、住建、环保、规资、残联等业务骨干组建督查力量，落实“每天报人头、每天点人头、每天督人头”通报机制，全面把握项目进展。在全市6期“美丽杭州迎亚运”城市环境品质提升“赛马”活动中，青年路社区尚农里小区“幸福邻里坊”项目、三里亭苑三区扮靓家园项目、小营巷老旧街巷提升项目、闻潮公园景观提升项目、机场路和秋涛路口自然花镜改造项目、复兴路项目、大农港路项目7个项目先后获评优秀，富春路（三新路—清江路）改造项目获评优良，全区“赛马”总成绩居全市第1位。（孙毓文 余丽燕）

【“迎亚运”城市环境综合治理行动】 2022年，区综合行政执法局实施“迎亚运”城市环境综合治理行动，重点提升亚运会场馆周边公共厕所和道路保洁，根据每个场馆周边环境特点，制定“一馆一方案”，重点建强一线队伍体系、道路作业体系、应急保障体系和监管考核体系“四大体系”，形成保洁工作闭环。完成9座“迎亚运”专项公厕和2座涉亚运保障公厕服务提升，完成全域范围内公厕问题大整改。全年排查公厕463座，整改问题2201个，新增小厨宝、除臭设备、便民充电设备、大功率烘手机等智能设施255件，更换日夜两用指示牌91块。全区425座公厕完成“两个礼让”（礼让盲道、礼让无障碍卫生间）提示标语设置。上城市政集团通过“3+X”保洁模式、“东坡七步法”、“家居式保洁”等创新保洁模式，提升城市环境品质，保障亚运会筹办。

资料

“3+X”保洁模式：“3”代表快车道、慢车道和人行道3种不同的作业模式。“X”代表电动巡回保洁车。首先由洒水车在中间车道将路面杂物冲向两侧，高压冲洗车对路面进行深度冲洗，多功能清扫车将道路两侧杂物清扫干净。环卫工人手持吹风机将人行道上的落叶、灰尘吹向慢车道，慢车道上小型吸扫车将路面落叶、杂物扫吸干净。电动巡回保洁车负责解决路面动态垃圾。

“东坡七步法”：该方法最先在东坡路实施，称作“东坡七步法”。“七步”指“辨、调、摆、化、刷、冲、收”7个步骤。“辨”即辨别路面污渍类别；“调”即根据污渍类别和污渍重度调配相应种类和浓度的清洗剂；“摆”即作业区域摆放安全维护；“化”即清洗剂静置作用至道板，分解化去污渍；“刷”即对路面进行刷洗，刷除污渍；“冲”即使用高压水枪冲净刷洗后的路面；“收”即使用吸污设备收干路面水分，使路面快速清洁干爽。

“家居式保洁”：将室内保洁的理念延伸至室外。在湖滨步行街区内，将手推式保洁车、无人驾驶扫地机器人、手持式洗地机这些原先常见于酒店、高级写字楼等室内环境的保洁设备带入步行街区。

（周雅仙 余丽燕 方逸卿）

【亚残运会残疾人事业展示点提升工作】2022年，上城区持续推进辖区内“弯湾·爱生活残疾人社会融合共享体”、“智慧树”服务社、阳光艺术中心、星巴克手语咖啡（城市之星店）4个杭州第4届亚残运会残疾人事业展示点提升工作。区残联通过完善设备设施、丰富展示内容、制作宣传物料、建立讲解队伍、制定接待方案等举措，快速推进提升改造任务，以最优内容呈现展示效果。年内，杭州电视台综合频道全英文栏目《走近亚运》第二季讲述“弯湾·爱生活残疾人社会融合共享体”里“心青年”们的故事。

（程　力）

【亚运会、亚残运会志愿服务筹备】2022年，团区委（区志愿者指导中心）针对亚运会、亚残运会志愿服务保障，牵头组建志愿者团队，编制志愿者人员计划417人。先后完成2轮亚运会、亚残运会上城场馆社会志愿者面试选拔工作，综合形象礼仪、外语口语、综合素质等维度，从4321名报名志愿者中择优选出61人进入赛会志愿者及小语种志愿者预录用名单。对接杭州职业技术学院，就通用礼仪、纪律规范、应急应对、急救知识等内容完成志愿者通用培训。按杭州第19届亚运会组委会要求，制定场馆特色型培训教材，印发《志愿服务英语100句》等实用教材，确保全体成员尽快熟悉工作、适应岗位、融入角色，全面提升志愿者服务质量。明确工作职责，制定工作方案，细化工作任务，强化突发事件应急管理体系化、规范化建设，组织志愿者全面、深度参与中超女子联赛等测试赛，通过以赛代练、以赛促练，提升志愿者组织管理能力。在杭州东站、城市阳台等重要交通枢纽、地标区域打造首批18个地标性“亚运青年V站”，在该基础上整合核酸小屋、公交站台等资源，将其作为青年助力城区形象展示的品牌阵地和重要窗口，同步推出“V笑计划”，通过记录志愿服务中的笑脸，传递好客态度。组建医疗保障、应急救护、青年宣讲等专业志愿服务队8支，发挥各自特长，以专业素质展示青年志愿者风采。推动青年志愿组织“浙里有街舞”选送霹雳舞《为亚运齐舞》，该舞蹈入选亚运会开幕式和闭幕式暖场节目。

（华依文）

【工会亚运保障行动】2022年，区总工会成立以工会主要负责人为行动指挥长、各副主席为副指挥长的建功亚运行动领导小组，落实工会亚运保障行动任务。倒排建功亚运行动计划表，申报全区涉亚运重点任务清单，报送亚运活动信息。举办全区职工“迎亚运”系列活动暨首场职工嘉年华活动，向全区劳模工匠发出“建功杭州亚运会，劳模工匠我先行”倡议。承办区首届社区运动节暨全民迎亚运健身主题活动。组织职工参与杭州市第10届职工运动会，获自行车团体第一名。成立劳模工匠亚运志愿服务队，开展迎亚运平安督查。推动“上工学堂”品牌建设，为职工送上“迎亚运”系列精品课程100节。开展“职工展风采，亚运添精彩”职工运动健身系列活动，为职工送上乒乓球培训、瑜伽培训、职工迷你马拉松、趣味运动会等体育项目。开展流动服务进基层，举办“迎亚运”急救培训活动，共建迎亚运良好氛围。

（戴　菁）

【安全生产亚运保障】2022年，区应急管理局根据《2022年亚运会和亚残运会上城区安全工作组总体方案》中明确的工作职责和内容，制定亚运上城区公共安全组工作方案、亚运上城区安全生产和自然灾害专项组工作方案、亚运上城区消防安全工作方案及各专委办（组）工作方案，全面部署亚运会和亚残运会安全生产、消防安全、应对自然灾害等工作，明确责任和各时间节点重点工作安排。开展风险摸排，制定风险隐患排查表，全面排查3个场馆500米、1000米范围和全区的风险隐患，把建筑工地、企业、医疗机构、学校、专业市场、商业综合体等重点场所进行标注，制定风险点位分布图。各行业部门和各属地街道管委会排摸梳理重点区域，严控区域企业场所底数。全面排查辖区涉及亚运场馆、接待酒店周边2000米的风险点，制定"上城区亚运风控图"，落实"一点一方案"。

（吴 盈）

数字化改革

【概况】 2022年，上城区以数字化改革引领全方位系统性变革，体系化、规范化推进改革，改革工作连续10个月在全省数字化改革综合评价中获评五星，在2022年全省全面深化改革考评中获优秀等次。坚持以数字化改革行动为抓手，构建全面深化改革"1612"体系架构，健全项目生成机制、项目绩效星级评价机制、清单管理机制、首席数据官和数据专员机制等改革机制，实行月度张榜排名、季度比武晾绩、年底综合考评的督考联动模式，推动各领域、各方面工作实现制度重塑、流程再造，一体化智能化公共数据平台及五大综合系统高效运行、紧密互动，数字化改革核心任务全面达成。坚持综合集成打造重大典型应用，形成具有上城辨识度和省、市影响力的改革成果。其中，杭州东站"大型综合交通枢纽智治应用"在全省数字化改革推进会上作典型演示，获评2022年省数字化改革"最系列"成果最佳应用、2022年度省改革突破奖银奖；"智慧商圈（未来市场）"、"大型综合交通枢纽智治应用"、"未成年人心理健康关爱服务"、志愿成长营+助老助残"时间银行"4个场景入选全省重大应用"一本账S_2"，19项工作被列入重大应用地方试点；"凤凰金融智审""社会矛盾风险防范化解""东站未来枢纽安全智控""数智报表（一表通）"4个应用入选全省数字化改革成果展；"社会矛盾风险防范化解""浙里党外代表人士全链条管理服务场景""残疾人之家"全省推广；"检察数字卷宗""凤凰智审应用"等5项工作被纳入省数字法治系统重大应用任务，数量居省、市前列；"一表通"迭代升级被列为全市人口专题库治理试点；"地下隐患智防应用体系"试点建设推进，上城区成为全国首个路面塌陷数字化智防全域管控城区；未来社区建设、促消费工作、防范化解金融风险3项成效明显工作获省政府督查激励；上城数字化改革经验案例多次被《新闻联播》《人民日报》专题报道；《残疾人之家服务与管理规范》《浙里矛盾风险防范化解体系操作规程》《绿色直播间管理规范》等成为省、市级标准规范；《浙江法院"凤凰金融智审"系统调研报告》入选中国科学院蓝皮书"智慧审判执行"模块典型案例。

> **资料**
>
> **"1612"体系：** 即数字化改革工作体系。第一个"1"指一体化智能化公共数据平台。"6"指党建统领整体智治、数字政府、数字经济、数字社会、数字文化、数字法治六大系统。第二个"1"指基层治理系统。"2"指理论体系和制度规范体系。
>
> **五大综合系统：** 指党政机关整体智治系统、数字政府系统、数字经济系统、数字社会系统、数字法治系统。

【《上城区深入推进基层社会治理和公共服务数字化能力提升专项行动计划》制定印发】 2022年3月24日，区委改革办制定印发《上城区深入推进基层社会治理和公共服务数字化能力提升专项行动计划》。该计划分为指导思想、基本原则、建设目标、主要任务、组织保障5个部分。指导思想是围绕全面建设独具韵味的国际化现代化共同富裕典范城区目标，推进基层社会治理和公共服务数字化、基层治理体系和治理能力现代化。基本原则是坚持党建统领、人民中心、问题导向、系统集成，通过数字赋能，使基层治理更高效、公共服务更精准、群众和企业更有获得感。建设目标主要分为两个时间点：至2022年末基层治理和公共服务数字化能力有效提升，至2023年末形成区、街道、社区一体的整体智治工作格局。主要任务指通过党建引领构建整体智治格局、数字驱动提升基层治理水平、赋能赋权夯实街道基层基础、需求导向优化公共服务供给、系统集成建强数字基础设施、聚焦中心培养数字应用能力六大任务，提升基层行政执行、为民服务、议事协商、应急管理、平安建设、促进共富六大能力。组织保障主要是加强组织领导、完善工作机制、建立标准体系、落实有关保障，为专项行动迅速、有序推进提供保障支撑。

【“区街一体、条抓块统”改革】2022年，上城区全面推开“区街一体、条抓块统”改革，发布上城区关于深化“区街一体、条抓块统”改革、推进基层治理系统建设的实施意见、分工方案和《上城区“141”体系迭代升级工作方案》等改革配套文件。成立并实体化运作区级社会治理中心，迭代基层治理综合应用，推动党建统领整体智治、数字政府、数字经济、数字社会、数字文化、数字法治六大系统在基层综合集成、协同赋能，形成高效协同、整体智治的基层治理格局。至年末，形成重大实践成果11项，总结提炼出理论成果16项。其中，“幸福邻里坊”工作入选杭州市争当浙江高质量发展建设共同富裕示范区城市范例第二批试点；基层智治大脑“云上智控涉众型风险预警引擎”智能模块获全市典型智能模块案例路演铜牌（列区县第一）；综合行政执法和卫生健康执法被纳入全省执法监督应用平台试点项目；基层智治“141”体系迭代升级和“除险保安”协同推进相关工作经验专报在《浙江信息工作交流》刊发。创新制度成果4项，初步形成上城区基层智治“141”平战一体指挥运行体系，“大综合一体化”行政执法改革首创“五赋权、一约束”执法人员管理保障制度，构建“法制专家委员会+法制监督办公室”的审核体系。

【基层治理“一件事”集成改革】2022年，区委改革办着眼“深化‘区街一体、条抓块统’改革推进基层治理系统建设”工作要求，聚焦高权重、高频率、高需求的跨领域、跨部门、跨层级基层治理事项，全面展开“一件事”集成改革。改革通过数字赋能、流程再造、制度重塑，将若干个相关联的治理事项集成为高效联办、闭环运转的“一件事”，推动基层履职效能最大化、负担最小化，为数字化改革“162”体系中省级重大应用向“141”体系延伸贯通提供重要补充。制定《上城区基层治理“一件事”集成改革实施方案》，编制《基层治理“一件事”集成案例集》，明确任务清单和推进路径。改革以重大需求、多跨场景应用、重大改革“三张清单”为抓手，指导梳理“一件事”业务流程、完善工作规程、制作业务流程图，并形成全区基层治理“一件事”“一本账S_0”，在该基础上，依托“基层智治综合应用”平台，推进“一件事”场景化应用，实现校外培训纠纷化解、办展、预付卡监管服务、独居老人安全守护、老旧小区住宅电梯加装、“大综合一体化”监管6个“一件事”全流程线上运行，总结形成《上城区基层治理“一件事”集成改革案例汇编》等制度理论成果。

资料

“162”体系：指浙江省数字化改革的总体架构体系。“1”即一体化智能化公共数据平台。“6”即党建统领整体智治、数字政府、数字经济、数字社会、数字文化、数字法治六大领域。“2”即理论体系和制度体系。

（吴 琼）

【“数智报表（一表通2.0版）”场景建设】 2022年，上城区聚焦基层实有人口管理难点，依托“一表通”基层数据汇聚能力，以一体化智能化公共数据平台为数据底座，基于“基层治理四平台”，形成“一库两端一舱”应用架构，推动“区—街道—社区”三级人口库建设，实现人房实时在线、扫楼一键入库、数据上下贯通、治理精准高效，夯实基层人房基础数据。新增“楼小通”“社区仓”查询等功能，为基层工作人员提供数据随时可查、工作实时留存的“掌上工作台”。支撑全区“网格走亲、党群融心”大走访活动、“幸福邻里坊”建设、60岁老人健康包发放等重点任务，支撑网格员200多万次走访，形成全区136.27万人人口底库，人户关联率95.4%；构建问题流转闭环机制，发现2.9万个问题，办结率98.8%，推动基层应急处置能力提升。10月，该应用被市数据资源管理局提级全市统建，8个区县跨区域申请共享复用。

资料

“一库两端一舱”：“一库”指人口专题库。“两端”指PC端和移动端。“一舱”指人口治理驾驶舱。

（毛 勇 吴 琼）

【“智慧商圈（未来市场）”应用全省推广】 2022年3月，湖滨“智慧商圈（未来市场）”应用作为全省唯一试点，由省商务厅和上城区联动开发、共建共推。该应用按照“1+4+1+N”整体架构，通过1个区级智慧商圈应用，面向政府、运营机构、商户及消费者，一体化贯通区内每1个基层智慧商圈，赋能“消费、商业、金融、平安、畅行、便民、党群”等商圈密切相关的N个子场景。该应用汇集公安、交通运输、应急管理、市场监管等10多个部门数据，整合人流、车流、支付等13类社会数据，集成治理端、服务端和互联网端等相关能力标准化软件工具，构建商圈人流风险指数、竞争力指数、客流吸引力指数、业态匹配度分析等模型，实现街区治理一屏管控、一键调度、即时响应。相关经验在省委改革办《竞跑者》刊发。省商务厅以湖滨智慧商圈为例上报的文章《浙江破局传统商圈难题，推进智慧商圈创建实现5个全国第一》被省《专报国办信息》录用；湖滨街道参与编写全国首发的省级地方标准《智慧商圈建设与管理规范》，湖滨智慧商圈成为全省唯一获国家级、省级“双示范”称号的商圈。湖滨“智慧商圈（未来市场）”应用在全省推广贯通，年内，杭州、宁波、温州等城市的商圈实现贯通。

（吴 琼）

楼宇经济

【概况】 2022年，上城区持续深化长三角楼宇标准一体化成果，引导带动全区楼宇转型升级、提质增效，加快打造高能级楼宇经济标杆城区。上城区在中国国际服务贸易交易会·中国楼宇经济北京论坛上做“打造楼宇经济标杆范例”经验分享，展示上城楼宇经济特色和打造长三角楼宇标准项目的创新做法。上城区获评中国楼宇经济（总部经济）标杆城区30强，钱江新城获评“中国商务区综合竞争力”20强，均系全省唯一。全年全区实现税收亿元楼（含持牌金融机构税收）62幢、区级亿元楼（不含持牌金融机构税收）49幢，钱塘银座大厦成为全省首幢税收月平均亿元、营收千亿元“双亿大楼”，富春路成为全省首条楼宇税收规模超过百亿元的“百亿大道”（150亿元）。至年末，全区竣工商务楼宇260多幢，总建筑面积2000万余平方米。

（黄雨璐）

【上城区获评中国楼宇经济（总部经济）标杆城区】 2022年9月2日，在中国国际服务贸易交易会·中国楼宇经济北京论坛上，上城区获评中国楼宇经济（总部经济）标杆城区30强，为全省唯一。上城区锚定“全国楼宇经济标杆城区”目标，推动楼宇经济高质量集聚发展，围绕以金融服务、消费服务、智能制造为支撑，以专业服务、大健康为特色的“3+2”产业体系，打造优质楼宇产业生态圈，形成推动区域经济发展新的增长极。至年末，全区有竣工商务楼宇260多幢，实现税收亿元楼宇62幢，其中税收10亿元楼宇11幢，沿富春路2千米培育全省首条“百亿大道”。

（许红霞）

【楼宇经济稳进提质行动暨楼宇资源推介会】 2022年6月16日，由市投资促进局、区政府主办，区投资促进局承办的“产业新思维，楼宇新高地，共富新窗口”2022年上城区楼宇经济稳进提质行动暨楼宇资源推介会举行。推介会以“线下活动+线上直播”全覆盖形式开展，现场推介重点楼宇资源80万余平方米，金融、高端服务等产业龙头及总部型企业代表、知名中介机构、商会代表等100多家企业参加。上城区通过活动搭建楼企相知、供需相符的交流合作平台，梳理形成楼宇资源意向企业名录，后续通过定向联系、跟踪回访和全流程服务，促成项目落地。

【楼宇经济“杭州标准”】 2022年6月30日，由区投资促进局牵头起草、历时近1年的《楼宇平方效益评价规范》杭州市地方标准（修订版）正式发布。该标准修订后对6个维度（党建引领、经济效益、硬件设施、绿色环保、智能管理、营商环境）的指标进行提升，加入“双碳”目标、节能减排等元素，更加适配楼宇标准在全市可复制、可推广的需求。

【标准化楼宇创建】 2022年，区投资促进局通过调研走访、全域排摸、深度剖析、加强宣传贯彻等措施，鼓励楼宇主体参与评定，华峰国际商务大厦等23幢楼宇入选第二批上城区标准化楼宇。其中A级楼宇1幢、B级楼宇7幢、C级楼宇15幢。至年末，全区有标准化楼宇40幢。上城区对列入等级名单的楼宇在招商推介、精准服务、政策扶持等方面予以支持。对标上海、广州、深圳等一线城市城区，结合楼宇标准化建设和等级评定，围绕税收规模、平方效益、产业集聚、标准化打造等方面，形成楼宇经济扶持政策；加强资源统筹，整合区级、部门、街道等信息资源，精准采集楼宇及企业基础数据，制作发布楼宇招商手册，搭建楼宇信息系统和楼宇微信地图，实现“一个楼宇一张三维地图”，通过“线上+线下”场景互动，汇总重点楼宇资源总面积2000万余平方米，实现招商资源的精准匹配。

【《长三角商务楼宇一体化评价体系》发布】 2022年7月22日，长三角主要城市中心城区高质量发展联盟召开第二次联席会议暨碳达峰碳中和绿色经济发展论坛。上城区联合上海市黄浦区、南京市鼓楼区等9个中心城区共同编制发布《长三角商务楼宇一体化评价体系》。该评价体系是全国首次跨省级行政区域共同提出的一个能够衡量长三角楼宇经济发展水平、体现商务楼宇综合品质的楼宇评价体系，在楼宇经济“杭州标准”基础上，分析长三角地区楼宇经济发展趋势，通过设置38个细化指标构建区位支撑力、科技引领力、服务软实力、经济贡献力、品牌影响力“五力”模型，实现对商务楼宇的综合评价。

（李依晴）

宋韵文化传承

【概况】 2022年，上城区锚定“狠抓宋韵文化新高地建设”目标定位，坚持新思维引领、全过程重塑、多领域协同，聚焦文化研究、品牌塑造、文旅融合、产业赋能“四位一体”整体推进，在宋韵文化建设规划、研究、传播、转化等方面取得一批标志性成果，推动宋韵文化传世工程落地见效。年内，省、市、区三级共建的宋韵文化研究传承中心运转高效，宋韵文化思想、制度、经济、社会、百姓生活、文学艺术、建筑、宗教八大形态专项课题全面启动，全方位、立体化、系统性地提炼宋韵文化的核心内涵与时代价值。南宋德寿宫遗址博物馆开馆，创新开展宋韵风貌集中展示区建设，加快推进219个、477万平方米老旧小区改造，全域创建“韵味百巷”。整合提升辖区60多家博物馆资源，使“没有围墙的博物馆”成为展示宋韵文化的独特窗口。举办首届宋韵金牌导游大赛，打造首支宋韵金牌导游队伍。发布十佳“宋韵薪传”非遗“潮”榜，开放南星·有意思书房、新侨文旅书房等特色宋韵书房，打造“清河坊奇妙夜”“鼓楼宋韵灯光秀”“宋韵·送运进万家”等文旅融合项目，助力提振消费。2022年宋韵文化节举行，一批文化企业和文创产品出圈、出位，群众性文化活动掀起热潮，再现富有中国气派、东方特质的“南宋遗韵”，为杭州建设一流历史文化名城贡献上城力量、彰显宋韵典范。

【宋韵文化研究传承中心运营】 2022年2月11日，宋韵文化研究传承中心成立会议在区文化中心召开，宣布该中心投入运营。会上，审议通过宋韵文化研究传承中心指导委员会、学术咨询专家委员会委员名单及工作规则，并向30名首批学术咨询专家委员会委员发放聘书。宋韵文化研究传承中心由省、市、区共建，主要职责是围绕宋韵文化的八大形态，开展课题研究、学术研讨、学术交流，努力形成一批标志性系列研究成果，挖掘宋韵文化的历史意义、精神内核和时代价值；围绕宋词、宋画等与“宋韵杭式”生活密切相关的领域，编纂出版宋韵文化系列通俗读物，举办讲座、直播、短视频制作推广等宋韵文化传播推广活动；为政府决策、项目建设、陈列展示、文旅融合、文艺创作、宋韵主题文化活动、宋韵文创产品开发等提供咨询、策划等服务。全年该中心立项论文67篇，编发《宋韵文化研究专报》16期，“宋韵生活系列丛书”等15项课题入选2022年浙江文化研究工程，内容涉及宋画、宋诗、宋茶、宋书、宋酒等生活美学方面。

【宋韵文化节】 2022年11月18日，2022年宋韵文化节开幕式在南宋德寿宫遗址博物馆举行。开幕式打造“古今交融”的数字虚拟沉浸式宋韵空间，凝练宋韵视觉元素，展现800年前的宋代都城繁华景象，阐述南宋德寿宫遗址博物馆建设历程，发布“2022‘梦溪杯’宋韵文化IP转化大赛”征集令，推出数字新创、形态多元、底蕴深厚的精品演艺节目。开幕式期间，上城区同时在清河坊历史街区等区域开展“宋韵时尚·等你来秀”、“宋风来·宋韵文创市集”、“宋韵薪传·非遗大观园”、第10届南宋斗茶大会、吴山庙会等群众参与性强的活动。活动吸引各类媒体和群众关注，中央、省、市各级媒体刊发宋韵文化相关报道680多篇，微博上榜话题总阅读量2536.1万次，上榜话题总讨论量4661次，上榜省级、同城热搜4个。2022年宋韵文化节主题为“宋韵今辉”，按照“全域联动、全民互动、宣传带动”的总体思路，联合温州市、绍兴市、衢州市、台州市等地共同举行。活动持续至12月末，围绕1个开幕式，“梦溪杯”宋韵文化IP转化大赛等5个主体活动，“华夏衣裳·宋韵时尚”2022年全国宋韵服装时尚设计大赛等6个配套活动，以及“宋韵时尚·等你来秀”等其他系列活动开展。

（张玉瑛）

【南宋德寿宫遗址博物馆开馆】2022年11月18日，南宋德寿宫遗址博物馆开馆，并举行开馆仪式。该博物馆位于望江路北、中河中路东，杭州市方志馆东北侧，用地面积2.14万平方米，总建筑面积1.23万平方米，露明展示面积4590平方米，建筑高度18.6米，是依托德寿宫遗址原址，以遗址本体及出土文物的保护、研究、收藏和展示为主，同时展示南宋历史文化和文物遗产的遗址专题博物馆。博物馆设五大展区，分别是重华宫正殿复原陈设展区、南宋历史文化陈列专题展区、重华宫正殿遗址本体及德寿宫遗址考古成果展区、慈福宫正殿南宋临安城专题展区，以及慈福宫及相关苑囿遗址区本体展示区。开馆当日，以“德寿集珍，锦绣重华——宋代文物珍品展”为主题的特展在馆内亮相，该展取意南宋赵希鹄《洞天清禄集》，通过“艺术鉴藏”与“设计美学”视角，反映“清、雅、古、奇”4个美学范畴，使游客感受宋代文物之美。德寿宫VR灯光秀同步上线，以“德寿重华”为主题，运用数字化展示手段，以AR（增强现实）技术展现古典建筑的美学，重现“东风夜放花千树”的南宋盛景，发布1小时内各平台点赞超过1500多次，观看量近万次。通过“数字技术+互动内容”融合手段，推出“数探德寿”等混合现实游线及“北宫德寿”精品研学线路。开馆后，上城区以南宋德寿宫遗址博物馆为核心，统筹打造南宋书房、宋代玉器馆等宋韵雅生活体验点20多处，形成一批宋韵文化旅游体验新热点、新地标。（许红霞）

南宋德寿宫遗址博物馆（摄于2022年）　（区委改革办 供稿）

【杭州图书馆宋韵分馆揭牌】2022年5月13日，杭州图书馆宋韵分馆揭牌仪式暨宋韵文化体验活动在乾嘉书房·和苑举行。杭州图书馆宋韵分馆由杭州图书馆与乾嘉书房文化产业有限公司合作共建，是杭州图书馆第29家主题分馆。该馆位于钱江新城核心区域城市阳台乾嘉书房内，整体面积1123.74平方米，藏书2万余册，配有联通全市借书、还书系统的图书自助借阅机，实现全市有杭州书房标识的图书通借通还。该馆以宋韵为主题，挖掘宋朝深厚的历史文化，收藏宋韵相关内容的图书。同时开展各类宋韵主题活动，传播宋韵文化，探索宋韵文化的内涵及如何传承、保护和利用。

【“宋韵大秀场”】2022年，上城区推出宋韵文化品牌惠民活动“宋韵大秀场”，挖掘两宋文化中蕴含的优秀文明元素、内在精神和延传至今的文化价值，在群众身边演绎岳飞、陆游等宋代名人小故事，传播“精忠爱国、开放包容、变革创新、诗意匠心”等宋韵文化精神。6月7日，由区文广旅体局、上城国投集团主办，区文化馆、杭州上城文商旅集团承办的“宋韵大秀场”首场演出在清河坊历史街区亮相。全年推出“宋韵大秀场”活动50场。

2022年9月10日，“宋韵大秀场”中秋活动在南宋御街举行

（区文广旅体局 供稿）

【上城宋韵文化亮相省文化标识建设成果展】 2022年7月14日，由浙江省文化和旅游厅主办，浙江省旅游职业学院、浙江图书馆、衢州市文化广电旅游局、衢州市南孔文化发展中心承办的2022年浙江省文化标识建设成果交流展在衢州·中国儒学馆开幕。上城区作为全省10个参展单位之一，耗时2个月筹备宋韵文化展厅。上城区担负传承和发扬宋韵文化的责任，聚焦建设共同富裕示范区，坚持以“宋韵+”思维赋能城区规划、产业发展、项目建设和百姓生活，打造推出一批具有中国气派、浙江辨识度的宋韵文化研究成果、品牌活动、文旅项目、文艺精品等，并通过上城宋韵文化展厅展出。

【第4届中国浙江（宋韵文化）国际摄影大展】 2022年12月15日，由浙江省摄影家协会、杭州文化广播电视集团和区委、区政府主办，区文广旅体局承办，区文化馆执行承办的第4届中国浙江（宋韵文化）国际摄影大展在杭州市党群服务中心开幕。摄影展分为宋韵文化组、纪实体育组、画意单色组等主题。自启动作品征集后，收到来自29个国家和地区，境内28个省（自治区、直辖市）的7000多幅参赛摄影作品。大赛组委会邀请来自英国、德国、希腊，以及中国北京、浙江、广东等地的9位国内（国际）摄影专家担任评委。经过评审，最终173幅获奖作品入展。其中，宋韵文化组的获奖作品体现宋代人文风俗、社会发展、百姓生活、建筑风貌、宗教礼仪等方面，展现两宋文化中传延至今的优秀文明元素和内在精神。

【“指尖上的宋韵”——年俗特展】 2022年1月28日至2月28日，“指尖上的宋韵”——年俗特展在上城区非物质文化遗产馆举行。该年俗特展由区文广旅体局（区文物局）、杭州市民间文艺家协会主办，区非遗保护中心承办。该展围绕传承和创新两大主题，通过展示朱炳仁铜雕、南宋官窑瓷器、邵芝岩毛笔等具有宋韵特色的非遗产品，用说、唱、品、赏、展等形式，带领市民游客沉浸式感受“宋韵”年。活动吸引1万余人次参与。

【“方寸华美”——宋韵陶模展】 2022年7月27日，“方寸华美”——宋韵陶模展开幕式在杭州海塘遗址博物馆举行。该陶模展由区文广旅体局主办，区政协文史研究会、南星街道、区文物保护中心、浙江美术网、杭州国力雕塑艺术有限公司承办。该展以“方寸华美”为主题，展出陶模作品98件，展览分为“陶模的起源”“发展与演变”“传承与创新”3个部分，系统表现陶模的制作手艺、文化内涵、精神价值及新时代下陶模的传承与创新。陶模展持续至9月17日，吸引1.83万人次观展。

（王　哲）

未来社区建设

【概况】 2022年，上城区坚持“把未来社区建成以人为核心的共同富裕现代化基本单元和人民群众幸福美好家园”的理念，聚焦社区公共服务体系建设，统筹推进邻里、教育、健康、服务和治理等场景落地，全域开展未来社区创建。至年末，全区有30个项目被列入省、市未来社区创建名单。年内，杨柳郡未来社区和红梅未来社区入选全省首批未来社区名单，小营巷未来社区、三卫未来社区、海月桥未来社区陆续通过省、市风貌专班验收。6月，上城区未来社区工作获2021年省政府督查激励。8月25日，上城区被列入全省全域推进未来社区建设和城镇社区公共服务集成落地改革第一批试点。

【红梅未来社区建设】 闸弄口街道红梅未来社区于2021年6月被列入全市首批老旧小区改造型未来社区试点，于2021年12月入围省级第四批未来社区创建名单。项目规划单元总面积68.97万平方米，实施单元总面积20.06万平方米，包含红梅社区、杭州市天杭实验学校、三里亭农贸市场、1737建筑街区等地块，建筑面积21.63万平方米，容积率约1.08，有居民2608户，常住人口5453人。项目将“一统三化九场景”融入红梅未来社区创建过程，以数智化改革为牵引，全力构筑“文化筑魂、智慧筑家、生活共融”的智慧红梅“五福家园”，探索社区渐进式改造与治理提升模式，共绘“旧韵谱新曲”的共同富裕画卷。2022年，街道坚持“党建统领、空间拓展、需求导向、数字牵引、长效运营”原则，丰富未来社区项目内涵。建立“红色联盟”小区党建体系，创新“红梅指数”积分兑换系统，优化“邻里坊”居民自治模式。与杭州市城建发展集团有限公司开展党建共建，重建5层约4300平方米的社区邻里服务综合体，打造承载文化融和、社区服务、老年康养、商业便民的“5分钟服务圈”。依托“一表通”数字化应用场景集成数据底座，树立“24小时+全人群”服务理念，建立居民“一户一档”，通过老年人、残疾人、幼儿等各类型的标签管理，推动“人找政策”向“政策找人”转变。全域安装“全息式”感应设备，通过前端AI摄像头实时

红梅未来社区俯瞰（摄于2022年）　（区住建局 供稿）

抓拍现场异常信息，通过“空间码事件引擎”推送给小区网格员及物业，实现问题闭环处理“零时差”。以“空间换服务”，引进专业企业入驻邻里中心，提供普惠性服务，探索可持续运营模式。4月，项目通过验收。5月30日，红梅未来社区成功创建为浙江省首批未来社区。

资料

“一统三化九场景”：即坚持党建统领，以人本化、生态化、数字化为价值导向，构建未来邻里、教育、健康、创业、建筑、交通、低碳、服务和治理九大场景。

（张一婷）

【杨柳郡未来社区建设】彭埠街道杨柳郡未来社区于2021年5月被列入全省第三批未来社区创建名单。项目位于彭埠街道艮北新城，规划面积65万平方米，建筑面积82.47万平方米，有住宅53幢、居民4647户。未来社区常住人口1.2万人，平均年龄35.2岁，以年轻人群、核心家庭和活力老人为主，社区居民来自全国15个省份地区，外来人口占比达80%，具有“年轻活力、复合多元”两大显著特征。社区按照“好街好邻好生活，共建共享共富裕”理念，以“全景治理、全链服务、全民合伙”为特色，逐步形成生态、智慧、人本的“治理共同体”，努力构建管理现代化、服务精准化、社群生态化的“青春杨柳·潮邻生活”美好家园。2022年，街道在社区中心位置集中资源打造800平方米的邻里客厅，将其作为文化交流主阵地。通过“政府+市场”多元运作，构建“普惠+市场”结合的托育服务体系。整合社区灰空间，增补儿童游乐天地、运动设施等。创新医养结合服务模式，打造家门口的康养联合体，在社区嵌入式居家养老服务机构内部创设智慧健康站，开通市级医保，与浙江大学医学院附属邵逸夫医院共建“云诊室”，以数字化手段助力优质医疗资源下沉。新建未来健康屋，提供血压、肤质等自助检测，并实时上传健康档案，实现“小病不出小区，养老不出远门”。5月30日，杨柳郡未来社区成功创建为浙江省首批未来社区。

（张一婷 王 冠）

【小营巷未来社区建设】小营街道小营巷未来社区于2021年12月被列入省级第四批未来社区创建名单。项目实施单元面积24.7万平方米，内有居民3661户、1.07万人，其中60岁以上人口2578人，占户籍总人数的30.8%，具有显著老龄化特征。2022年，小营巷未来社区结合社区“红巷精神”底蕴，以“红色小营，烟火坊巷”为定位，“小巷大爱”为主题，从“一老一小”（普惠性托育中心、居家养老服务中心）及未来社区九大场景出发，围绕社区“人、文、地、景、产”五大发展方向，因地制宜匹配社区文化精神与物质需求，打造居民需要、文化传承、主客共享的区域生活空间。社区以居民需求为核心导向，挖掘区域内可用场地，改造落地“幸福邻里坊”、红书房等便民邻里空间，结合红巷生活馆、小营公园等社区既有配置，引入浙江绿城筑乐美城市发展有限公司统筹运营，策划开展小营巷“正当红”古风生活节、小营巷迎重阳邻里关爱活动、二手童玩集市等活动400多场，构建起以“幸福邻里坊”、红巷生活馆为核心的“两点多园”未来邻里生活新生态。12月20日，小营巷未来社区成功创建为浙江省第二批未来社区。

（张一婷）

【三卫未来社区建设】2022年5月，九堡街道三卫未来社区被列入浙江省第五批未来社区创建名单，规划单元面积102.4万平方米，实施单元面积25.57万平方米，受益群众1.28万人。社区内有东苑、北苑、南苑3个安置房小区，是典型的撤村建居社区。三卫未来社区基于社区产业、亲邻、配套、治理四大优势，通过保留历史底蕴与市井韵味，营造具有人情味、烟火气的人文地标和乐龄社区生活样板，依托“物管+社管+智管”治理模式，以“乐活融居、智汇卫来”为主题，通过睦邻“卫”家、服务“为”民、数智“未”来三大特色策略，探索回迁安置房小区可复制、可推广、可持续运营的共同富裕发展之路。通过未来社区九大场景落地，结合数字化的全方位融合，打造群众看得见、摸得着、感受得到的共富场景，使三卫社区成为便捷共享、健康幸福的共富社区单元。建成“一老一小”、便民食堂、数字驾驶舱，改造提升“幸福邻里坊”、架空层活动空间。12月20日，三卫未来社区成功创建为浙江省第二批未来社区。

（张一婷 赵心怡）

【海月桥未来社区建设】 南星街道海月桥未来社区于2021年6月被列入全市首批老旧小区改造型未来社区试点。项目规划面积33.1万平方米，实施单元面积27.67万平方米，总建筑面积35.09万平方米。项目结合“市井、杭儿风、慢生活、智慧、文旅”等民生所盼关键词，优化“15分钟步行生活圈”，实现幼有所育、学有所教、病有所医、老有所养、弱有所扶，健全社区居民衣食住行、教育、医疗、养老等基本服务。2022年，社区构建“和睦互助”特色睦邻文化，统筹建设邻里中心、社区活动室、城市书吧等场所10多个，形成多维度、多主题、全年龄的邻里共享空间体系，增强社区的认同感和凝聚力。11月25日，海月桥未来社区成功创建为市级第一批未来社区。

（张一婷）

【始版桥未来社区建设】 望江街道始版桥未来社区于2019年8月被列入全省首批未来社区试点创建名单，项目规划单元面积150万平方米、实施单元面积23.6万平方米，总建筑面积110万平方米，其中，地上建筑面积70万平方米、地下建筑面积40万平方米。项目按功能结构划分为“一主三副九街区”，以“立体市井、立体花园、立体联通”为三大核心特色，划分为9个地块同步进行建设。2022年，杭港高端服务业示范区推进该项目建设，在始版桥未来社区打造空中连廊，配备超大型邻里中心，让居民看得见“立体市井”“立体花园”。依托K11购物艺术中心、瑰丽酒店人气优势，打造高端商业、高档酒店、高效交通的多层级融合空间体系。串联始版桥直街、海潮路、婺江路、近江路形成“四纵四横”车行交通组织网，构建城站火车站、未来社区、示范区“三位一体”互联互通的以公共交通为导向的多功能复合城市组团模式。至年末，未来社区项目整体施工进度接近70%。其中，1号地块主体结构基本施工完成；2号地块2期主体结构结构施工完成；4号地块主体结构基本施工完成，开始进行装饰装修、水电安装施工，室外市政管道、立体绿化施工；9号地块安置房项目接近竣工。

资料

“一主三副九街区”：“一主”即以城市年轮绿带为串联，以邻里公园与邻里中心复合形成邻里核心，成为居民生活交流的社区公共客厅。“三副”即运动健康副中心、特色文化副中心、颐乐服务副中心。“九街区”即利用上城区的文化、医疗、教育、商业等资源，联合阿里巴巴（中国）有限公司等高新技术企业，刻画未来邻里、教育、健康、创业、建筑、交通、低碳、服务和治理九大场景。

“立体市井”：即多首层、高复合、人本化的邻里与生活场景。

“立体花园”：即全绿色、自循环、生态化

的建筑与低碳场景。

立体联通：即多通道、超时空、数字化的服务与治理场景。

（张一婷 王 颖）

【彩霞岭未来社区建设】 2022年5月，紫阳街道彩霞岭未来社区被列入浙江省第五批未来社区创建名单，规划单元面积80.1万平方米，实施单元面积22.6万平方米，总建筑面积28.66万平方米，项目总投资1.14亿元。项目以“理想家园，彩霞飞扬”为设计目标，按照标配与选配相结合的指导原则，打造邻里、教育、健康、服务、治理五大彩霞岭核心场景，交通、创业2处惠民便民场景，建筑、低碳2处优化提升场景。依托以江城路小区为生活轴，小区东西侧两条场景为环线，社区活动中心与社区服务驿站为双核心的“一轴两环双核心”邻里服务体系，以及社区业委会建设、“四大传统特色”（传统科普特色品牌、阿奎志愿服务品牌、科教中心、生活安全科普馆）、“银尚霞光”金秋驿站、物业统管等社区特色内容，打造“5分钟品质生活圈”，将彩霞岭社区打造成“空间共融、管理共治、居民共富、场景共享”的老旧小区改造类未来社区示范样板。年内，街道完成彩霞岭未来社区治堵补漏、景观优化、建筑美化等区域内基础项目改造，并于12月启动彩霞岭二期工程，针对社区服务配套补齐、社区服务驿站打造等工作进行进一步优化。

（殷博达）

【荷花塘未来社区建设】 采荷街道荷花塘未来社区于2019年8月被列入全省首批未来社区试点创建名单。项目规划单元用地面积159.46万平方米，实施单元面积35.9万平方米，总建筑面积81.7万平方米。该项目将未来社区、老旧小区中的物理空间、服务空间创新融合，实现老旧小区整体建筑风格和周边未来社区相协调，同时互联互通，将老旧小区场景和未来社区九大场景有机结合，资源共用、服务共享。2022年，荷花塘未来社区邻里中心、文化中心建设完成，开展九大场景的集中展示、启动运营等前期谋划工作；配套幼儿园、小学完成主体建设；安置房01、08、09地块地上部分开展施工；荷花塘社区、青荷苑社区老旧小区改造基本竣工。

（张一婷）

基层社会（区）治理

【概况】 2022年，上城区把握坚持和完善共建共治共享的社会治理制度总要求，成立上城区社会治理中心，探索具有上城特色、市域特点、时代特征的“平安365”现代基层治理体系新模式。建立一个高效指挥体系、一套闭环管控流程、一系列特色创新项目，有效应对日益复杂的基层治理局面。上城区在2022年度杭州市智治基础建设、城市大脑基层社会治理应用和“小脑+手脚”警网协同专项工作排名考核中居全市第1位。 （刘 畅）

【上城区入选省级现代社区建设专项改革试点】 2022年8月18日，浙江省民政厅公布现代社区建设有关试点单位名单，上城区成功入选“五社联动”提质增效行动试点单位，成为杭州市“五社联动”提质增效行动试点的唯一代表。上城区坚持以社区、社会组织、社会工作者、社区志愿者、社会慈善资源五要素联动为重点，在原“三社（社区、社会组织、社会工作者）联动”国家级社区治理和服务创新实验区的基础上积极探索、精准发力，进一步推动“五社”在构建基层治理“共同体”中优势互补、有机融合，有效激活现代社区治理的内生动能。

【省级城乡社区治理和服务创新实验区建设】 2022年8月18日，浙江省民政厅公布第四批省级城乡社区治理和服务创新实验区名单，上城区以“社区公共空间运营机制与模式探索——幸福邻里、十分优享”为选题，成功入选。上城区通过全域打造“幸福邻里坊”社区共富综合体，扩大品质公共服务的辐射范围，优化完善“十分优享”公共服务圈层体系，创新社区幸福共同体的运行机制，高质量推进共同富裕现代化基本单元建设。

（赵雨静）

【上城区社会治理中心成立】2022年，上城区在区级组建正处级单位——上城区社会治理中心作为区级指挥中枢。该中心由区纪委、区信访局、区司法局等20个部门、85名工作人员联合入驻（常驻），实现信访事项、矛盾纠纷化解“一站式联合接待、一揽子调处纠纷、一条龙服务群众”。全年区社会治理中心接待群众1.99万批次、2.7万人，处理各类诉求1.82万件，办结率99.6%，群众满意率98.4%，系统录入事项2.43万件，其中受理量较高的分别是劳动纠纷类1.55万件、法律服务类5865件、信访综合类1867件。

【“平安365”现代基层治理体系打造】2022年，区委政法委牵头相关部门、属地街道，打造具有上城特色的“平安365”现代基层治理体系。建成统一事件处理中枢，高标准打造区、街道两级社会治理中心，作为统筹社会治理事件的主责部门。健全全局性指挥体系，实现纵向上区、街道两级上下联通，横向上部门间协调联动的基层治理架构。统合全区基层治理力量，推动打造覆盖全部街道、延伸至网格的基层治理队伍力量，探索出“网格内小事网格员处理、难事综管队伍支撑、急事部门联动处置”的网格事件处置模式。拓展矛盾纠纷处置新渠道，引入律师调解、品牌调解室，依托该线下阵地打造“一窗受理台”，线上通过“浙江解纷码”运行，推动多元调处力量融合，健全高效调解“全生态”。

【基层智治】2022年，上城区以基层智治综合应用建设为契机，迭代完善“141”体系和“162”体系贯通融合。运用统一地址库实现社会治理单元精细化落图，即确认划分镇街级、村（社区）级、基础网格、户外院落等边界范围并在地图上进行绘制，对楼宇户室进行编码，保证基础网格地图的准确性和有效性，夯实网格化管理基础。全面承接全省2批、10个重大应用落地贯通，调用数位居全市前列，任务完成率100%。汇集楼栋地址数据2.32万条、户室地址数据86.73万条、人口数据136.17万条。制定上城区社会治理中心建设运行指导意见（试行）和上城区街道综合信息指挥室工作规程指导意见（试行），细化5类、16项重点任务和6项应急指挥机制。夯实基层智治综合应用在基层治理的主干平台作用，推动各类社会治理事件的闭环处置管理。同时通过“一网格三联动三落实”举措，开展区域风险隐患大排查、大起底、大整治，做到源头识别，提前介入，联动处置，有效维护辖区面上安全稳定。年内，上城区获杭州市推进城市大脑基层社会治理应用专项考核第一名。

资料

“一网格三联动三落实”：“一网格”即打造灵敏高效的最小作战单元，实现全要素厘清职能、全链条强化力量、全方位夯实基础。“三联动”即迭代平战结合的最优作战体系，推动区街联动、系统联动、队伍联动。“三落实”即推动落地见效的应用实践，确保事件闭环“实”、应用贯通“实”、改革场景“实”。

【镇街版“小脑+手脚”基层治理体系】2022年，上城区围绕“141”基层治理体系迭代升级，持续完善“小脑+手脚”基层治理体系，探索基层治理“治变”“智变”最优解，实现“小脑灵敏、手脚灵活、处置灵动”的目标，始终确保辖区面上持续稳定。镇街版“小脑+手脚”基层治理体系被中央、省、市、区各级领导调研。全区14个街道均建成综合信息指挥室，并实行24小时运转。全区整合应急管理站、派出所、交警中队、司法所、城管执法、市场监管、交通执法、劳动监察、信访办、禁毒办10支专业队伍1600多人，以及矛盾纠纷调处队伍300多人，建立专职网格员队伍1360人。全年全区分流处置非警务类警情1.37万起，占总警情的8.1%，非警务类警情处置效率提升。九堡街道入选全市首批“小脑+手脚”警网协同工作体系建设示范街道。

（刘　畅）

【人大街道工委参与社会治理】 2022年，人大各街道工委贯彻落实《浙江省街道人大工作条例》，推进“全过程人民民主”在基层探索实践和创新发展，发挥代表作用、健全工作机制、创新工作品牌，推动街道人大工作上新台阶。湖滨街道将代表联络中心站收集民意、约见代表、协调问题、监督解决的“四式”（多点式、点将式、认领式、精准式）工作法与晴雨议事坊的“四随时”（随时出诊、随时问诊、随诊就诊、随时诊断）工作模式相结合，做到“民有所呼、我有所应”。清波街道发挥区人大代表专业特长，创新“轻骑兵”及“小群多路”监督方式，全周期盯紧督牢民生实事项目。小营街道依托“红墙门议事”“陈文英工作室”“万安夜话”“邻里茶坊”等居民议事平台，拓宽民意收集渠道，消除群众反映诉求的盲区和死角。望江街道锚定财政预算、民生实事、亚运会保障项目开展监督。南星街道依托“有事找代表”平台流转系统，接收、流转、交办、处理民生热点、难点问题。紫阳街道根据代表工作性质、从事行业和专业特长建立代表小组，制定相关工作制度，推动代表议案、选民意见办理专业化、精细化、高效化。闸弄口街道深化“居民议事七步法”，推进代表联络站提档升级，助力代表更好履职。凯旋街道试点建设“街道人大工作”场景通过验收，向全市推广使用。采荷街道依托中国服装第一街人大代表联络站无缝链接市场主体，以“驻站人大代表牵头提+专业部门联合干”模式助力企业纾困解难。四季青街道建立代表工作有遵循、履职有目标、评价有标准、服务有平台的“四有”履职评价体系，激发代表履职热情。笕桥街道建立民生实事“四公开”（项目公开、票决公开、资金公开、监督公开）工作法，规范工作程序，完善工作流程，确保票决过程公正。彭埠街道坚持工委例会制度，就经合社股份制改革和回迁安置等重点工作提出工作建议。九堡街道针对年度重点工作，采取“一年三问”（年初问安排、年中问进度、年末问结果）监督形式，全覆盖、全过程监督。丁兰街道建立完善“会议机制”“协同机制”“监督机制”，发挥街道居民议事会职能作用。

（张华峰）

大事记

1月

4日 经省文旅厅公布，确定上城区文化基因解码成果为优秀等次，德寿宫遗址、杭州海塘等11个项目入选文化基因解码“优秀解码项目”名单；“宋韵文化·南宋皇城”入选首批“浙江文化标识”培育项目。

7日 上城区启动“助企开门红”走访活动，区领导面对面倾听企业诉求，帮助企业解决问题，助推企业高质量发展。

12日 上城区入选首批浙江省数字生活新服务样板区县。

同日 浙江省工商联发布万家民营企业评营商环境结果榜单，上城区列全省工业大县（市、区）营商环境综合排名前20强。其中，要素环境和市场环境分项指标分别列全省第二名和第六名。

13日 上城区“我为年夜饭添道菜”慈善项目首发启动，收到杭州羊汤饭店、四季青服装集团有限公司、杭州四季青苏杭服装市场有限公司和杭州钱江陵园首批项目捐赠款。

同日 钱塘江金融港湾核心区（上城）发展联盟成立并召开第一次大会，将发挥金融服务首位优势，放大金融产业集聚效应，合力助推全省产业升级、项目招引、人才引育、科技创新和区域经济转型发展。

14日 “共富新岁，宋韵消费”上城区福虎迎春消费季启动，推出消费补贴，涵盖汽车、餐饮和超市三大领域。

同日 上城区“文艺送万家，文明助共富”志愿服务活动启动仪式在丁兰街道皋城村文化礼堂广场举行。

15日 “品宋韵·迎亚运”西泠春运会@非遗中心分会场在上城区西泠印社非物质文化遗产展示中心举行。

17日 上城区重点文创企业杭州佳平影业有限公司出品的重大革命历史题材电视剧《大浪淘沙》入选“2021中国电视剧选集”。

18日 在2022年世界经济论坛的达沃斯议程周上，上城企业——杭州老爸评测科技有限公司的创始人魏文锋获2022年度社会企业家奖项，为唯一中国企业家，是浙江人首次获该奖项。

21日 上城区学习宣传贯彻中共十九届六中全会精神“六讲六做”大宣讲“红巷新声”青年理论宣讲大赛决赛举行。

同日 由上城区内60多家（个）特色产业园、孵化器、高新技术企业、科技服务机构、投资机构等创新创业代表组成的上城区创业创新协会成立。

22日　上城区召开全区党史学习教育总结会议，贯彻落实中共中央总书记习近平关于党史学习教育的重要论述重要指示精神和中央、省、市党史学习教育总结会议精神，统筹部署巩固深化党史学习教育重要成果。

26日　住房和城乡建设部办公厅、中央文明办秘书局公布全国“加强物业管理，共建美好家园”典型案例，上城区紫阳街道康都紫轩小区为浙江省唯一入选的商品房小区。

27日　杭州市区首个道路停车ETC收费试点落户上城区三里亭片区。

29日　清河坊历史街区上榜首批54个国家级旅游休闲街区名单，系全市唯一。

2月

6日　上城区召开区属国企（平台）工作推进会。

8日　上城区被省妇联确定为2022年全省首批开展社区家庭教育指导服务体系标准化建设试点城区。

9日　区纪委一届二次全体会议暨全区作风建设大会召开。

同日　上城区采荷街道社区卫生服务中心、小营街道社区卫生服务中心被国家卫健委、国家中医药管理局评为2021年“优质服务基层行”活动中表现突出、服务优质机构。

10日　上城区3所中学、5所小学和5所幼儿园入选2021年浙江省现代化学校名单。

同日　上城区9个安置房项目上榜全市首批“最美安置房”名单，数量位居全市第1位。

11日　由省、市、区共建的宋韵文化研究传承中心在区文化中心投入运营。

14—17日　杭州市上城区第一届人民代表大会第一次会议召开。

14—16日　中国人民政治协商会议第一届杭州市上城区委员会第一次会议召开。

17日　2022年上城区十大民生实事发布，内容涵盖教育、医疗、环境、老旧小区综合改造提升等方面，其中“花园城区”亚运道路、城市公园建设项目位居民生实事项目榜首。

21日　上城区“我为上城建新功”暨2022年度“八大行动”推进会召开，细化落实“共同富裕典范城区”年度任务。

22日　浙江省商务厅公布两批共34个商务领域共同富裕试点项目，上城区“社区商业标准化打造共富基本单元”上榜。

同日　上城区举办“助企稳岗·杭向未来”长三角高层次人才招聘大会上城区专场活动，参会单位近90家，提供岗位600多个。

28日　上城区茶文化研究会成立暨第一次会员代表大会举行。

同日　“筑梦上城，成就未来”——杭州上城2022年土地推荐会举行。

3月

3—4日　上城区在凯旋街道景芳未来社区雷锋广场开展第59个“3·5”学雷锋纪念日活动。

4日　上城区纪念“三八”国际妇女节112周年活动在区行政中心举行，对获各级先进的妇联组织、妇女干部和家庭进行表彰授奖。

8日　上城区2021年度城乡风貌整治提升行动和未来社区建设工作被评定为省级优秀等次。

11日　由上城卫健执法队研发的宾馆二次供水智慧在线检测系统项目获国家版权局颁发的计算机软件著作权登记证书。

同日　由上城企业——蒲惠智造科技股份有限公司建设的“机械制造工业互联网平台”入选2022年度省级重点工业互联网平台名单，全市仅2个。

15日　上城区“看笕蓝天”笕桥退役军人社区关爱服务项目入选2021年度全国学雷锋志愿服务“四个100”“最佳志愿服务项目”。

同日 上城区位于富春路庆春东路交叉口西南侧的涵影公厕提前完成提升改造，成为主城区首座完成改造的迎亚运会、亚残运会服务提升公厕。

17日 位于候潮东路165号的上城区全民健身中心水球馆竣工验收。

18日 上城区正式完成全区基层医疗机构电子票据管理2.0升级改造，就诊居民可通过“浙里办”查询就医产生的票据，实现票据电子化。

同日 玉皇山南基金小镇获评全国2021年度最受关注基金小镇，为全市唯一上榜特色小镇。

21日 上城区被省政府命名为首批浙江省体育现代化县（市、区）。

22日 上城区召开数字化改革推进会。

23日 上城区召开2021年度履行党风廉政建设主体责任专题汇报会。

同日 杭州李宁体育园试运营。

29日 区委宣传部、区委直属机关工委、区总工会联合举行亚运进机关知识宣讲会，区直46家单位130多人参加。

同日 “浙里社会矛盾风险防范化解体系改革”“数智减负‘一表通’”分别获2021年度杭州市改革创新最佳实践案例特等奖和优秀奖。

30日 上城区“小营·江南红巷”获评2021—2025年第一批全国科普教育基地。

31日 佑圣观路（河坊街—解放路）、马市街（解放路—庆春路）等3条道路修缮项目完工。至此，上城区迎亚运“三年行动计划”54条道路修缮工作全部完成。

是月 由上城区策划创作的党员教育电视片《凉茶不“凉”》在中央组织部举办的第16届全国党员教育电视片观摩交流活动中获典型事迹片类二等奖。

4月

1日 全省首场《浙江省公共数据条例》宣传贯彻会在上城区召开。

同日 上城区四季青街道参与起草的国家标准《可持续城市建立智慧城市运行模型指南》（GB33/T 41150—2021）开始实施。

2日 杭州（上城）第9届皋亭观桃节在千桃园景区开幕。开幕式首次采取线上直播形式。

同日 杭州市暨上城区退役军人、其他优抚对象优待证发放仪式在上城区小营街道退役军人服务站举行。上城区为全市唯一试点单位。

同日 “宋韵Talk·我最‘上乘’”2022年上城区首届宋韵金牌导游大赛启动。

6日 上城区召开专题会议研究部署中小微企业纾困帮扶工作。

8日 2022年上城区美德少年（新时代好少年）风采展示活动在杭州天地实验小学举行。

11日 上城区举办“我为上城建新功、金靴领跑征新程”暨街道工作大比武活动。

12日 上城区作为全省代表在2022年度全省“五水共治”找短板寻盲区查漏洞挖死角行动动员部署会上进行“找寻查挖”专项行动经验交流，分享上城做法，输出特色经验。

同日 杭州上城区城市建设投资集团有限公司被中证鹏元资信评估股份有限公司评定为AAA主体信用等级，评级展望为“稳定”，成为区第二家获国内最高信用级别的主体，并成为全国首个区县级城投母子公司均为AAA的案例。

13日 上城区“‘数智乐龄’培训系列读本”和“微信常聊常亲”两项课程在教育部开展的“智慧助老”优质工作案例、教育培训项目及课程资源推介工作中入围全国首批优质课程资源名单。

15日 上城区财通直播文化产业园入选第二批省级直播电商基地名单。

17日 上城区产品“双歧杆菌四联活菌片”“万事利蚕丝子母被”上榜2021年度“浙江制造精品”名单。

18日 沪杭甬高速改建工程彭埠大桥主体结构完成。

同日 上城区入选第一批浙江省食品安全示范县（市、区）名单。

19日 区全民健身中心项目完成场馆移交，标志着上城“一场两馆”亚运场馆建设全面完工及“一园五中心”体育场馆布局正式成型。

20日 上城区启动党建统领基本单元治理试点暨融合型大社区大单元党建工作。

同日 上城区在四季青服装特色街区举办“云上四季青”纾困行动发布会，启动为期3个月的纾困行动。发布会上，区委主要领导向“云上四季青”战略合作伙伴杭州抖音电商直播基地授牌。

21日 “假如南宋有亚运”系列主题活动在凤山水城门旁启动，推动亚运文化与宋韵文化有机结合。

27日 2022年上城区直机关党员春训冬训暨中共十九届六中全会精神学习集中轮训开班。

29日 杭港高端服务业示范区地标项目——“杭州新世界·城市艺术中心”首个高端国际社区“江明月朗园”销售展示中心开放。

5月

1日 区综合行政执法局参与主编的浙江省《城市河道景观设计标准》（DB33/T 1247—2021）开始施行。

6日 上城区召开2022年劳模表彰大会。

7—13日 上城区开展防灾减灾宣传周系列活动。

11日 全省首张“云勘查”食品经营许可证于15分钟内在上城区办结。

同日 上城区“智慧树咖啡”“福援启智就业服务”被中残联列为国家级残疾人组织助残就业项目并推广。

12日 上城区召开2022年综合考评大会暨“八大行动”推进会，总结成绩、表彰先进、分析形势，部署工作。

13日 上城区举行都市经济高质量发展暨助企惠企“六个一”行动推进大会，第一时间传达中央和省委、市委决策部署，传递上城助企惠企政策举措，汇聚“政企同心、同舟共济”合力。

同日 杭州图书馆宋韵分馆揭牌仪式暨宋韵文化体验活动举行。该馆是杭州图书馆落地上城的第9家分馆，位于城市阳台乾嘉书房内，面积1000多平方米，藏书2万余册。

15日 上城区的中共杭州小组纪念馆、全国爱国卫生运动纪念馆、夏衍旧居入选杭州市第一批50家乡村（社区）博物馆名单。

16日 上城区“直播电商数字治理平台”正式上线。

17日 上城区举办学习贯彻中共中央总书记习近平庆祝中国共产主义青年团成立100周年大会重要讲话精神暨“青春心向党、走读新上城、建功新时代”主题团日活动。

20日 上城区博物馆联盟在杭州海塘遗址博物馆成立，同时举办“风华宋韵”博物馆文创作品展。

同日 上城区桃花湖公园一期（南区）开园。

21日 2022年浙江省暨杭州市科技活动周在钱江新城启动。

同日 由省教育厅主办，区教育局、杭州市杭州中学承办的“浙里问学”免费在线答疑服务启动仪式在上城区举行。

24日 “南宋梦华”书市开市典礼在鼓楼旁的南宋书房举行。

同日 上城区召开“双招双引”（招项目、招人才）工作推进大会。

26日 上城区红十字会召开第一次会员代表大会。

同日 上城区完成首笔差旅费“浙里报”平台报销试点，从事项申请到资金支付的全链路电子化运行，全程用时8分钟。

27日 上城区召开深化共富基本单元建设暨党建统领全域打造“幸福邻里坊”现场推进会。

同日 上城区举办首场“周末圆桌会”活动，区委主要领导与区企业家代表共话发展，共绘上城发展最大“同心圆”。

同日　由上城重点影视企业——儒意影业（杭州）有限公司出品的浙产电影《热烈》开机。

同日　钱学森故居被命名为首批浙江省科学家精神教育基地。

28日　首届上城·大家——上城教育智库汇智会召开，10位教育智库专家作观点报告，为上城教育高质量发展建言献策。

30日　上城区工会第一次代表大会召开。

同日　由区委宣传部（区文明办）、紫阳街道承办的杭州市“我们的节日·端午”主题活动启动。

31日　上城区完成西湖大道、解放（东）路、南山路等8条（段）“迎亚运”窗口展示道路的提升改造工作。

同日　上城区6个项目被纳入省“六个千亿”产业投资工程，项目主要涵盖数字经济、生命健康、文化旅游、新材料和高端装备四大产业领域。

6月

2日　由区政府、市商务局主办的“宋韵生活、时尚消费”——上城区i尚城·数智生活节活动在湖滨步行街举行。

同日　杭州首家文旅主题书房——新侨·有意思书房开业。该书房位于上城区解放路226号（杭州新侨饭店大堂）。

同日　省政府办公厅对在2021年落实有关重大政策措施中真抓实干、取得明显成效的10个设区市、71个县（市、区）予以督查激励。上城区获3项督查激励，分别是推进促消费工作成效明显的县（市、区），推进未来社区建设工作成效明显的县（市、区），实施融资畅通工程、“凤凰行动”升级版，防范化解金融风险成效明显的县（市、区）。

7日　上城区启动“宋韵大秀场”文艺演出暨文化惠民巡演文艺演出活动。活动持续至12月。

同日　由浙江日报报业集团《钱江晚报》筹办的小时健康小站全省首家示范点、小时健康小站直播间在上城区九堡街道社区卫生服务中心全面启动。

9日　区委全面深化改革委员会2022年第一次会议暨全区数字化改革、“大综合一体化”行政执法改革推进会召开。

同日　上城区2022年文化和自然遗产日非遗宣传展示活动在湖滨88开幕。

10日　杭州南宋临安城址被评为“新时代浙江考古十大发现”，杭州古海塘遗址被评为“新时代浙江考古重要发现”。

12日　2022年“潮创青春杭向未来”大学生潮创季——上城区“双创”YOUNG-MARTS系列活动创业圆桌会·文创集市在钱唐农园开幕。

13日　由市城管局联合上城区共同主办的“红色领杭橙献新时代”暨“认领一棵树洁美一条街”党建共建活动在湖滨步行街举行。

14日　浙江省暨杭州市庆祝第19个世界献血者日宣传活动在湖滨步行街举行。

16日　全区深化“大综合一体化”行政执法改革会议暨街道综合行政执法队授牌仪式举行。

同日　上城交易分中心“云直播”网上直播开标模式实施，首个试运行项目“上城区小营街道马市街社区老旧小区综合提升改造设计项目”网上开标工作完成，实现公共资源交易全流程数字化见证、全过程翔实记录。

同日　上城区2022年全国低碳日宣传活动举行。活动主题为“落实‘双碳’行动，共建‘美丽家园’”。

同日　全省土地储备工作现场会在上城区召开，提出将全面实行“多个渠道进水，一个池子蓄水，一个龙头放水”的土地储备统一管理新机制。会上，区领导围绕“以高效化储备赋能高质量发展”主题，代表上城区做交流发言。

同日 上城区打造的“宋韵薪传”工艺工作站入选浙江省传统工艺工作站创建名单，为杭州主城区唯一，涉及的非遗项目为杭罗织造技艺、杭纺织造技艺、杭州刺绣、杭州机绣、振兴祥中式服装制作技艺、传统戏剧服装制作技艺、南宋官窑烧制技艺、胡庆余堂中药文化、方回春堂传统膏方制作技艺、知味观中式点心制作技艺、点茶。“金石篆刻”非遗工坊、“铜雕技艺”非遗工坊、“杭罗织造”非遗工坊、“杭州刺绣”非遗工坊入选浙江省级非遗工坊创建名单。

17日 “数币新体验，精彩惠民生”湖滨商圈数字人民币红包体验活动启动仪式在湖滨步行街中心广场举行。

同日 上城区召开基层党建工作会议暨现代社区建设推进会。

同日 i杭州文旅服务中心授牌仪式暨上城·桐庐携手共富路活动在上城区凯旋街道景芳社区举行。

同日 世界500强企业葛兰素史克公司杭州分公司注册落户上城区。

18日 上城区年轻干部体系化培养“青·尚”工程暨“青尚学堂”开班。

19日 上城旅港同乡会第一届理事会就职典礼在上城、香港同步举行。

22日 杭州市机关“喜迎二十大，奋进共富路，建设新天堂”党员志愿服务启动仪式暨广场为民、社区集中报到服务活动在湖滨步行街举行。

23日 上城区召开街道党工委书记工作交流会暨“七张问题清单”推进会。

> **资料**
>
> **“七张问题清单”**：指中央要求整改的问题，区委、区政府领导要求纳入的问题，巡视、审计、督查等日常发现的问题，突发事件暴露的问题，媒体曝光、群众反映等社会监督问题，各单位主动上报要求纳入的问题，由清单主管部门整理提出的其他问题。

28日 上城区召开“幸福邻里坊，共富新典范——全力打造共富基本单元‘请你来协商·有事好商量’”专题协商会。

29日 上城区技能工匠联盟成立仪式在杭州市党群服务中心举行。该联盟是全市首个以辖区“技能大师+工匠”群体为主，自愿结成的联盟。

同日 杭州成年心智障碍人士支持性就业项目（二期）启动仪式在红巷生活馆举行，现场对“蜗牛之翼”就业支持服务站进行授牌。

同日 全省首支公益性“共富基金”在玉皇山南基金小镇签约，该基金由浙江省慈善联合总会与玉皇山南基金小镇共同发起成立，首期资金规模100万元。

同日 钱塘江金融港湾金融人才服务中心揭牌。

同日 上城区作品《抚今追昔饮水思源亲情服务暖夕阳》获评全省老干部系统宣讲大赛二等奖，是代表市委老干部局参加省级比赛的唯一作品。

30日 上城区举办庆祝中国共产党成立101周年主题活动。

同日 中共上城区委、市委党史研究室（市志办）、市社科联（市社科院）在“小营·江南红巷”联合举办“牢记新使命，奋进新时代，建设新天堂”学术研讨会，庆祝中共杭州小组成立100周年。

是月 上城区编纂完成《星火——纪念中共杭州小组成立100周年图册》。

7月

1日 上城区庆祝香港回归25周年国歌颂暨“新时代，新未来，香港青年中国梦”主题活动举行。

2日 上城区首届“金靴奔跑”创新创业大赛启动，聚焦金融科技、信息技术、高端服务、人工智能、智慧医疗、光电技术六大领域，面向全球征集优质创新创业项目。

3日 上城区笕桥街道的“天新社区小区码”治理数字系统入选《杭州数据安全联盟第一届数据安全“十佳优秀案例”》。

4日 上城区“宋韵文化云上社科普及项目”获评2021年度浙江省社科普及创新项目。

5日 杭州市钱投集团打造的首个社邻产业邻居中心标准旗舰店——邻居中心望江店开业，标志着聚焦社区全生活链服务需求，构建“15分钟便民生活圈”的全新社区商业中心落地上城。

8日 钱江路隧道延伸工程与原建成段钱江路隧道实现全线贯通，钱江路隧道正式通车。

同日 上城区获2021年度全省“五水共治”（河长制）工作优秀县（市、区）“大禹鼎”银鼎。

同日 上城区高端商务人才发布会暨西湖雅集活动举行。活动中，上城区人才服务驿站揭牌。

10日 上城区考察团到青海德令哈市考察对口支援工作。

11日 浙江省首个专业领域社会工作站——儿童社会工作站在南星街道挂牌成立。

13日 上城区慈善总会第一届一次会员大会召开。

15日 上城区举办“周末圆桌会”第二期活动。区委主要领导与企业家代表面对面交流，“零距离”倾听，协调解决企业发展急、难、愁问题。

同日 中国社会福利基金会安宁缓和医疗专项基金“芳香呵护安宁疗护病房”项目启动仪式在四季青街道社区卫生服务中心举行，为该项目首次落户杭州。

18日 上城区首个金融企业大学生实习联盟基地启用仪式在玉皇山南基金小镇举行。

同日 上城区盲人板铃球项目落地暨区盲人协会板铃球训练营开营活动在区残疾人综合服务中心举行。

同日 近江金融大厦结顶。

21日 上城区将区属公建民营养老机构——上城区瑞和颐养中心作为建设点位，建成全区第一个智慧养老院，正式上线“智慧养老院数字化平台”，并投入运营。

22日 上城区为企服务联盟成立大会召开。

同日 由上海市黄浦区、杭州市上城区共同牵头打造的《长三角商务楼宇一体化评价体系》在长三角主要城市中心城区高质量发展联盟第二次联席会议上发布，宣告长三角楼宇经济一体化取得首发成果。

同日 上城区的新禾联创数字时尚产业园、四季青“网红”孵化基地入选2021年度浙江省电子商务产业示范基地名单。

25日 上城区举行儿童友好城区建设启动仪式，全面推进儿童友好城区建设阳光行动。活动以“尚儿优享·共富童行”为主题，命名认定一批儿童友好实践基地，推出上城儿童友好城区建设实施方案，发布《上城儿童友好十条》，实施儿童友好创新单元项目签约。

26日 上城区获评杭州市绿道建设先进区，贴沙河绿道被评为杭州市“最美绿道”（都市精品型），四季青街道被评为绿道建设最佳配合镇街。

28日 上城区领导干部会议召开，第一时间传达学习市委十三届二次全体（扩大）会议精神。

29日 上城区社会组织服务中心（尚益“178”）启用仪式暨全区社会组织高质量发展推进会举行，市级社会组织服务中心同步落地上城区。

8月

1日 上城区“街道人大工作应用场景”获全省人大数字化改革创新暨第3届“浙江人大工作与时俱进通报表扬”优秀奖。

4日 全省婚俗改革成果展暨上城区婚姻登记服务中心新址启用仪式在丁兰街道桃花湖公园举行。

同日 在电商中国·第9届中国（杭州）国际电子商务博览会——2022年产业区块链数智经济发展论坛上，全省首个“元宇宙产业基地”落户笕桥街道，授牌米果·未来产业社区。

5日 上城区开启首个健康驿站——康桥人家健康驿站，并运行管理。

8日 中共杭州市上城区委一届二次全体（扩大）会议举行，提出要抓都市经济、宋韵文化两大主线。会议审议通过《关于高水平推进现代社区建设，筑牢奋进“两个先行”、打造“共富典范”基层基础的实施意见》。

资料

“两个先行”：指共同富裕先行和省域现代化先行。

同日 由商务部、省政府主办，省商务厅、区政府承办的“拥抱绿色智能，乐享美好生活”2022年全国家电消费季在上城区启动。

同日 区政府、市民政局联合举行2022年钱塘善潮·金融港湾慈善基金发布仪式，全省首个由金融机构以慈善信托形式与政府共同发起设立的信托基金落户上城。

同日 由市体育局主办，13个县（市、区）联合承办的“喜迎二十大·2022杭州市全民健身日”主题活动主会场仪式在上城区体育中心举行。

9日 省民政厅公布第一批浙江省婚俗改革实验县（市、区）评估结果，上城区获优秀等次，并被列为持续深化婚俗改革重点推进区。

10日 “花漾·美力共生”国家花样游泳队授权仪式暨亚运新品发布会在杭州举行。上城区重点文创企业毛戈平化妆品股份有限公司旗下主品牌MAOGEPING与国家花样游泳队达成战略合作，被授予“国家花样游泳队官方赞助商”“国家花样游泳队美妆用品及化妆服务”称号。

11日 浙江省文化和旅游厅发布《2021年度公共文化服务现代化发展指数（CMDI）评估报告》。在全省90个县（市、区）总排名中，上城以总分72.8211分进入浙江省前10位，居杭州市第2位、主城区第1位。

14日 全国首批科学家精神教育基地揭牌仪式在钱学森故居举行。

17日 上城区白石庙路（天城路—空港大道）、源聚支路（德胜东路—空港大道）、明石路（六号港桥—开创街）开通。

同日 上城区“幸福邻里坊打造社区共富综合体”项目入选“关于争当浙江高质量发展建设共同富裕示范区城市范例第二批试点”成果展示类试点。

18日 玉皇山南基金小镇在2022年（第8届）中国产业投资峰会上获评2021—2022年度“中国最佳基金小镇”，小镇机构益祥资本获评2021—2022年度“中国最佳创新投资机构”。

同日 《上城区限额以下公共资源交易专业咨询及技术服务人员管理公约》发布。

同日 上城区被省民政厅确定为现代社区建设专项改革试点和第四批省级城乡社区治理和服务创新实验区。

21日 由上城区援建的四川省首个松茸交易中心在四川甘孜州雅江县开园，雅江县松茸产业步入数字发展时代。

同日 上城案例《项目化运作：“信息技术提升工程2.0”区域推进的上城实践》入选2021年全国中小学教师信息技术应用能力提升工程2.0典型案例。

同日 2022年横渡钱塘江活动在上城区钱江新城城市阳台与滨江区奥体中心外市公安局水上交通分局码头之间江面举行。

22日 杭州市儿童友好商圈试点暨上城区儿童友好商圈建设启动仪式在四季青街道天虹购物中心举行。

24日 上城区完成18个无物业小区“清零”工作，全域所有小区都拥有“专业管家”。

同日 上城区在由区政府、市文化广电旅游局、美国摄影学会（中国）、浙江省摄影家协会主办的第4届中国浙江（宋韵文化）国际摄影大赛中获宋韵文化组唯一金奖。

25日 上城区尚农里小区“幸福邻里坊”建设项目在全市“美丽杭州迎亚运”城市环境品质提升“赛马”活动中获评优秀，为主城区唯一。

26日 上城区举办“周末圆桌会”第三期活动。区委主要领导与企业家代表围绕“以美丽经济助力都市经济高质量发展”深入交流，共同探讨新业态引领新消费的机遇与趋势，为加快打造都市经济标杆区集智聚力。

同日 上城区举办“红领上城·争星晋位”社区党组织书记大比武活动。

30日 上城区案例报告《打造“尚城·红星系”党建阵地助力“小个专”高质量发展》入选中国个体劳动者协会《非公党建工作案例选编》，为全国二十大案例之一。

同日 上城区打造的钱塘智慧城智能制造内外贸一体化基地入选浙江省第三批内外贸一体化改革试点产业基地。同时，杭州巨星科技股份有限公司等10家企业获评浙江省第三批内外贸一体化“领跑者”企业。

31日 上城区召开“八大行动”推进会。

同日 上城区的铁道望江门小公园、聚邻公园、桃花湖公园、运河闸弄口公园、蜻蜓公园、运河严家弄公园、钱江二苑东公园、顺福公园、普德公园、李宁体育园入选杭州市第三批公园名录。

是月 上城区培育全国首批“持证上岗”城市管理网格员，标志网格化模式从业人员拥有“官方认可”的职业晋升通道。

9月

2日 上城区获评浙江省“中国楼宇经济（总部经济）标杆城区”30强，钱江新城获评浙江省“中国商务区综合竞争力”20强，均为全省唯一。

同日 上城区入选国家婴幼儿营养喂养咨询指导能力提升培训项目示范区。

3日 全省县域共青团基层组织改革现场教学在四季青街道钱江新城“青春荟”青年之家举行。

5日 上城区和淳安县在王阜乡胡家坪村召开“携商推进·‘帮共体’协作奋进共富路”“请你来协商·有事好商量”专题协商会。

同日 上城区申报的“小学生综合评价改革”项目入选浙江省深化新时代教育评价改革试点项目。

6日 上城区—开化县山海协作工作座谈会召开。座谈会致力于念好新时代“山海经”，携手打造“山海共富”合作典范。

同日 上城区首批共有产权保障住房进入规划公示期，公示至20日。

8日 杭州首个网络直播行业工会联合会——杭州钱塘智慧城网络直播行业工会联合会成立仪式在新禾联创数字时尚产业园举行。

同日 上城区举办“寻美遇宋韵·中秋话同心”中秋茶话会活动。

同日 杭州市崇文实验学校机器人战队——“水龙会喷火”队代表上城区在教育部全国学生信息素养提升实践之中央电化教育馆举办的乐高教育科创活动FLL青少年机器人挑战项目中获全国一等奖“创新之星”。

同日 上城区弯湾托管中心被中国残联认定为首批10个阳光助残志愿服务基地，为全省唯一。

9日 上城区召开庆祝第38个教师节表彰大会。

同日 杭州上城区国有资本运营集团有限公司获国际评级机构穆迪授予的Baa2发行人评级，评级展望为“稳定”。

同日 上城区“学后乐园”课后服务管理系统入选浙江省教育领域数字化改革2022年创新试点项目名单。

同日 上城区上榜11项非遗项目入选第七批杭州市非物质文化遗产代表性项目名录，数量居全市第一。

10日 教师节“为教师亮灯”公益活动——钱塘江畔灯光秀开启。

14日 上城区“红巷精神放光芒，共同富裕铸典范”庆祝“红巷精神”发布10周年暨“喜迎二十大”主题活动在小营街道党群服务中心举行。

同日 上城区小营街道申报的《面向共同富裕的社区公益慈善发展新路径：多彩公益圈的探索》入选“全国社会治理创新案例（2022）”。

同日 上城区南宋书房入选首届“浙江省最美公共文化空间”最美商圈文化空间，为全市唯一一家。

15日 上城区召开街道党工委书记工作交流会暨“双招双引”专题会。

同日 上城区开启“网格走亲、党群融心”大走访活动。

同日 以“喜迎二十大，科普向未来”为主题的2022年全国科普日暨上城区科普宣传周启动仪式在上城区举行，会上，成立全区首个公益科普联盟。

同日 上城区彭埠街道杨柳郡社区卫生服务站获评全省第一批五星级智慧健康站，为主城区唯一。

同日 省建设厅和省风貌办公布2023年度城乡风貌样板区试点建设名单，上城区“千年横塘”传统风貌区、“宋韵杭州”传统风貌区入选传统风貌区类，“杭儿风”特色产业风貌区上榜。

16日 上城区政协“同心·共富”委员工作室在丁兰街道皋城村农村文化礼堂揭牌成立。

同日 由区政府等单位承办的“浙里来消费·金秋购物节”在湖滨步行街启动。活动持续至11月，融合商旅文农、吃穿住行、游购娱健等多维度，助力消费市场稳进提质。

17日 中共杭州市上城区委“杭州这十年·上城”主题新闻发布会举行。

同日 “汇聚万千爱心，走向共同富裕”第17届杭州市“公民爱心日”现场活动在吴山广场举行。

同日 上城区“湖滨新就业形态联合工会建在爱心驿家”项目入选全省工会十佳改革创新项目，系全市唯一。

19日 一届区政府召开第二次全体（扩大）会议。会议深入贯彻落实中央和省委、市委、区委有关会议精神，发放省政府督查激励项目“揭榜挂帅”任务清单。

同日 上城区召开平安护航中共二十大誓师大会暨“除险保安”信访攻坚动员部署会。

同日 上城区小营·江南红巷、钱塘江水上游入选“三江两岸”十大文旅共富体验场景推荐体验点。

21日 上城区举办庆祝“9·26工匠日”主题活动暨2022年“上城工匠”认定发布会。

22日 上城区企业——万事利集团有限公司获评全国和谐劳动关系创建示范企业，系主城区唯一。

23日 上城区首届邻里节活动在湖滨街道红色港湾举行。

24日 上城区陈何胜、李晓东、钱晓良3人入选第6届“杭州工匠”，入选人数居主城区第1位。

26日 位于上城区艮山西路90-2、90-4号的宁巢新塘路蓝领公寓改造项目完成联合验收。

同日 由市关工委、市总工会联合主办，区关工委、区总工会、区教育局承办的“我和劳模工匠面对面”主题活动在杭州市茅以升实验学校举行。

28日 沪杭甬高速公路杭州市区段改建工程，即空港高架路（德胜互通至萧山收费站）、空港大道（杭州收费站至通惠北路段）开通试运行。彭埠大桥同时开通。

同日 壬寅年杭州祭孔大

典在杭州孔庙举行，纪念孔子2573年诞辰。活动分为上午场和下午场，其中下午为市民专场，是杭州祭孔大典以来首次开放市民专场。

29日 云上“宋韵颂廉”发布暨线上捐赠仪式活动在上城举行，区纪委区监委打造的深植宋韵文化和廉洁因子的云上平台——“宋韵颂廉”亮相。

同日 杭州市级海塘安澜工程（三堡船闸段海塘）取得水土保持批复。

同日 上城区举办“周末圆桌会”第四期活动。区委主要领导与企业家代表聚焦金融产业高质量发展，畅谈金融资本服务实体经济、助力创新创业的新路径，合力打造玉皇山南基金小镇3.0版，持续擦亮钱塘江金融港湾核心区“金名片”。

同日 上城区“创客天下·杭向未来2022杭州市海外高层次人才创新创业大赛”参赛项目云上路演对接活动在平安金融中心ISO标准化会议基地举行。

同日 上城区召开中共二十大期间“除险保安”工作部署会。

30日 上城区湖滨步行街、清河坊历史街区、杭州大剧院、杭州大厦501漫生活街区4个点位入选浙江省“文艺星火赋美工程”杭州试点。

是月 由上城区参与编写的全球首个商务区可持续发展国际标准——《城市和社区可持续发展商务区本地实施指南》正式发布。

10月

1日 上城区在湖滨步行街和清河坊历史街区启动“国风雅聚，悦赏风华”迎国庆特别活动。

10日 上城“宋韵最杭州”传统风貌样板区入选浙江省第二批城乡风貌样板区名单。

同日 上城区杨柳郡未来社区、小营巷社区、红梅未来社区3个项目入选浙江省首批300个浙江省共同富裕现代化基本单元“一老一小”场景城镇社区养老服务场景。

同日 复兴南街洋泮路口的港湾式公交车站上线。

13日 杭州市首个针对居民开放的社区级“医保视频办”服务点在丁兰绿园弄邻里中心落地。

18日 上城区选送的三里亭苑三区“构建美好生活新图景”改造提升项目和小营·江南红巷“百年薪火路”风貌提升改造项目获评全市“美丽杭州迎亚运”城市环境品质提升第四期“赛马”评比优秀项目。

19日 中国成人教育协会公布全国“百姓学习之星”和终身学习品牌推介名单，上城区吴关荣被推介为2022年全国“百姓学习之星”；“五柳雅扇、宋韵传习”项目被推介为2022年全国终身学习品牌。

同日 上城区杭州钱塘智慧城被认定为2022—2024年度浙江省跨境电子商务产业园。

同日 上城区采荷街道社区卫生服务中心获2022年首批“国家标准化体外反搏中心”认证，是全国唯一一个入围的社区卫生服务中心，同时是全省首家入围单位。

同日 上城区皋城村被评为2022年全国示范性老年友好型社区。

20日 上城区“打造社会融合共享体，创新残疾人就业‘一网包’”和“构建宋韵标识体系，打造精神共富体验高地”2个实践案例分别入选杭州市争当浙江高质量发展建设共同富裕示范区城市范例最佳实践（第一批）公共服务优质共享先行示范领域、社会主义先进文化先行示范领域最佳实践。

22日 上城区“农宝惠”优质农产品进社区展示展销活动在丁兰街道三义路16号三义苑社区公园内举行。

23日 上城区浙江省杭州第十中学2016届毕业生马宏达在法国举办的2022年世界技能大赛“抹灰与隔墙系统项目”中获金牌，实现中国在该项目上金牌“零”的突破。

24日 湖滨银泰in77获第5届金灯奖卓越品质奖、城市夜经济奖。

25日 区委召开领导干部会议，传达学习中共二十大精神，对学习宣传贯彻工作作出部署，推动全区上下迅速掀起学习宣传贯彻中共二十大精神热潮。

同日 上城产动画片《济公之降龙降世》在第35届东京国际电影节的“2022东京·中国电影周”中获金鹤奖最佳动画片奖。

同日 上城区庆祝浙江省第26个环卫工人节活动举行，现场对全区100名“优秀城市美容师”、20名“最美环卫工人”及20个环卫先进集体进行表彰。

27日 上城区5家单位入选全省第二批低（零）碳乡镇（街道）、村（社区）及减污降碳协同试点创建单位名单，分别是湖滨街道、凯旋街道景新社区、彭埠街道杨柳郡社区、闸弄口街道闸弄口社区、紫阳街道彩霞岭社区。

同日 区委主要领导率队到绍兴市越城区学习考察产业发展、数字创新、老城改造、文化建设等工作。

28日 上城区召开深化全国文明城市创建暨争创全国文明典范城市动员会。

29日 上城区“大型综合交通枢纽智治应用”获评2022年浙江省数字化改革“最佳应用”。

30日 上城区与杭州市人力社保局联合主办的以“有梦想，一起跑”为主题的“钱投·2022杭州创业马拉松”在杭州大剧院广场鸣枪开跑，来自在杭州的知名企业、投资机构、高等学府、红色菁英（政府部门创业服务工作人员）、初创小微企业和创业服务机构的近1000名选手参赛。

31日 上城区残疾人联合会召开第一次代表大会。

是月 上城区凯旋街道景新社区、湖滨街道青年路社区成功入选全市第一批“五社联动”试点名单，试点时间为期半年。

11月

1日 上城区首家清廉主题图书馆进驻桃花湖公园。

3日 上城区首届“宋韵食尚杯”长者美食厨艺大赛在景芳三区邻里中心广场开赛。

同日 上城湖滨商圈、吴山商圈、钱江新城商圈入选首批杭州市夜间经济集聚示范区，运河·映巷影视文化商业特色街被授予“市级商业特色街”称号。

4日 上城区被省政府命名为第六批省级生态文明建设示范区。

5日 “牵手亚运，遇见成长”冠军家庭·迎亚运亲子运动会公益巡回赛在上城区凯旋街道凯富中心等点位开幕，标志着杭州首创、规模最大的迎亚运亲子运动主题文化IP正式亮相。

5—10日 上城区九堡街道的“福兴杭罗”携非遗技艺亮相第5届中国国际进口博览会“灵动浙江”主题展区。

6日 上城区被授牌浙江省进口贸易促进创新示范区，系杭州市唯一，并作为全省示范区唯一代表做交流发言。

同日 “上城区启动‘星级家长执照’工程”作为“动态帮弱力推群体共富”现象代表获评“奋进新时代·建设新天堂——2022年杭州生活品质总点评”年度事件。

7日 上城区发布《街道法治化综合改革工作手册》。

同日 上城区2022年“11·9”消防宣传月启动仪式暨上城区社区应急体系建设工作成果展示活动在湖滨步行街举行。

8日 上城新一轮居民住宅二次供水设施改造工程启动，辖区四季青街道江南御府、紫阳街道江枫苑、南星街道紫花苑、彭埠街道新风丽都北苑、闸弄口街道沁园雅舍小区二次供水设施改造项目集中开工。

9日 上城企业——杭州天迈网络有限公司入选全国十佳“2022智慧旅游创新

企业”。

同日 上城区智谷·人力资源产业园携浙江外企德科人力资源服务有限公司等6家机构集体参展在上城区举行的中国（浙江）人力资源服务博览会。

9—11日 杭州市园林文物局联合上城区开展“书香换花香”暨“生活像花儿一样”花事活动。

10日 2022年杭州国际人才交流与项目合作大会上城区分会场系列活动——上城区首届“金靴奔跑”创新创业大赛收官。

10—11日 上城区考察团到衢州市开化县对接山海协作工作，举行乡镇结对签约仪式。

11日 由上城区联合国科大杭州高等研究院举办的“遇见科学·杭向未来”江畔雅集活动在上城举行。辖区龙头企业、私募机构、创新平台围绕产业人才融合和科技成果转化主体进行交流分享。

11—15日 “食在杭州”系列活动暨杭州（上城）国际咖啡生活节在吴山广场举行。

12日 2022年上城区全民终身学习活动周暨第19届终身教育节开幕式在彭埠街道杨柳郡社区邻里客厅举行。

12—13日 上城区“益起舞动——街舞进校园”志愿服务项目和“迎亚运益起来——倡导无烟西湖（景区）”志愿服务项目进入第6届中国青年志愿服务项目大赛终评路演答辩。

14日 上城区召开“一老一小”服务工作专题调研会，研究当前总体情况，部署下阶段重点工作，推动全区“一老一小”服务工作高质量发展。

同日 上城区21个小区入选杭州市“美好家园”住宅示范小区名单。其中，商品房小区10个，老旧小区4个，保障房小区7个。

16日 上城区召开中共二十大精神专题宣讲暨优秀年轻干部集体座谈会。

同日 2022年上城区科学家精神教育基地授牌暨钱学森科技文化节启动仪式举行。活动中，对杭州市钱学森学校、杭州市茅以升实验学校、杭州市蒋筑英学校授牌上城区科学家精神教育基地，该3所学校与区科协、区教育局签约，成立上城区科学家精神教育基地联盟。

17日 上城区“4+1”退役军人关爱志愿服务项目获全省2022年度退役军人志愿服务项目大赛第一名（金奖）。

18日 2022年宋韵文化节开幕暨南宋德寿宫遗址博物馆开馆仪式举行。

19日 以“风雅宋韵，茶香上城”为主题的第10届南宋斗茶会暨茶消费日活动在清河坊历史街区举行。

20日 “宋韵时尚，等你来秀”时尚文化大赏之“裳雅致美·潮起尚城”荷风SHOW在南宋德寿宫遗址博物馆工字殿广场举行。

同日 “华夏衣裳·宋韵时尚”2022年全国宋韵服装时尚设计大赛决赛大秀暨颁奖仪式在鼓楼、南宋御街举行。

23日 “上城发布”和“清廉上城”微信公众号同步推出“我说亲清”栏目，报道展示上城区相关部门、街道为企服务、推动构建亲清政商关系的特色做法和阶段性成效，并持续公开征集构建亲清政商关系优秀案例。

同日 上城区召开区委议军会、党管武装工作会议暨国动（教）委全体会议，并开展军事日活动。

24日 浙江省“浙有众扶”助联体规范化建设现场教学观摩会在上城召开，区“助联体”建设经验向全省示范推广。

25日 上城区召开“周末圆桌会”第五期活动。区委主要领导与海归创业企业家、海归人才共谋创新创业，共话人才发展，为建设独具韵味的国际化现代化共同富裕典范城区集智聚力。

27日 杭州亚运会“倒计时300天+”主题活动在上城区体育中心举行。省委主要领导出席并发布“亚运数字火炬手”形象。亚奥理事会总干事向世界发出争当“亚运数字火炬手”的邀请。

同日 “运动活力健康幸福”杭州市上城区首届“城发杯”社区运动节开幕式在上城区体育中心举行，着力发展“社区体育+”模式。

28日 上城区凯旋街道南肖埠社区入选全国先进基层群众性自治组织，系全市唯一。

29日 上城区笕桥单元JG0607-R21-02地块项目、牛田单元JG1606-R21-04地块（原牛田单元R21-02地块）共有产权保障住房项目、丁桥单元JG0407-08地块公共租赁住房项目同时领取施工许可证，其中笕桥单元JG0607-R21-02地块项目和牛田单元JG1606-R21-04地块共有产权保障住房项目为上城区首批共有产权房。

12月

1日 上城区召开现代社区建设领导小组第二次会议暨重点任务推进会，会议全面落实省、市关于加强社区建设的最新部署要求，研究深化推进现代社区建设重点任务，以高质量的城乡社区现代化建设，为推进中国式现代化提供上城范例。

2日 2022年度杭州市“12・5”国际志愿者日暨志愿服务最美典型宣传推荐活动在上城区举行。活动中，上城区5名志愿者获评“最美志愿者（志愿服务工作者）”，2个组织获评“最美志愿服务组织（单位、团队）”，3家单位获评“最美新时代文明实践志愿服务基层站（点）”。

5日 上城区南宋德寿宫遗址博物馆项目入选浙江省首批20项文化基因解码成果转化利用示范项目。

8日 位于秋涛北路和庆春东路交界口的蜻蜓公园启用，进入试营业阶段，该座公园集新零售、娱乐休闲、科技展示于一体，内有500个停车泊位。

9日 2022年杭州（上城）第8届“登皋节”暨上城区第1届“小孝星”、第7届“丁兰十大孝星”线上发布仪式在丁兰街道西子音乐厅举行。

同日 上城区闻潮公园景观建设项目和机场路、秋涛路口自然花镜改造项目在全市“美丽杭州迎亚运”城市环境品质提升第五期“赛马”评比活动中获评优秀项目。

10日 由上城区主办的2022年“潮起钱江，走进上城”投资环境推荐会在钱塘江畔举行。

12日 由上城区与物产中大集团联合打造的物产天地新消费产业园交付仪式举行。

同日 上城区在“国际数字服务与数字产品交易论坛”上获“2022WDD全球数据资源开发者大赛最佳组织奖”。

13日 上城区举办提振经济圆桌会。

14日 “杭州邻里图书馆”项目启动暨首批试点授牌仪式在闸弄口街道红梅社区“幸福邻里坊”举行。其中，上城区有13家“杭州邻里图书馆”被授牌。

15日 2022年第4届中国浙江（宋韵文化）国际摄影大展在位于钱江新城的杭州市党群服务中心开幕。

16日 上城区召开“清廉上城”建设推进会。

26日 2022年杭州一台湾“创意对话创意”雅集暨海峡两岸文化创意产业交流对接会在南宋德寿宫遗址博物馆举行。

27日 上城区助联体和凯旋街道助联体服务站、丁兰街道助联体服务站入选首批杭州市星级助联体名单。

29日 位于上城区解放路的思澄堂在中央统战部首届全国宗教界先进集体和先进个人表彰大会上获评全国宗教先进集体。

30日 中共上城区委召开区委一届三次全体（扩大）会议暨区委经济工作会议，区委常委会做题为《全面学习贯彻党的二十大精神，在加快建设典范城区中奋力谱写中国式现代化上城篇章》的报告。

上城概览

地情概貌

【建置沿革】 春秋时，今上城区境域初属越。周敬王二十六年（前494）属吴，周敬王三十年（前490）复属越，周显王三十五年（前334）属楚。秦王政二十五年（前222），于今杭州地置钱唐县，属会稽郡。今上城区境域属钱唐县。

西汉高帝五年（前202），钱唐县先后属楚王国、荆王国、吴王国。西汉前元四年（前153），钱唐县复属会稽郡，隶江都国。西汉元始四年（4），改钱唐县为泉亭县。东汉初，复钱唐县旧名。东汉建武六年（30），钱唐县并入余杭县。东汉光和二年（179），钱唐县复置（一说107—125年钱唐县已复置）。今上城区境域先属钱唐县，后为泉亭县，复为钱唐县。三国时，钱唐县属吴国。

两晋，钱唐县仍属吴郡。南朝宋大明三年（459），以扬州所统六郡为王畿，吴郡属之，钱唐县隶王畿。南朝梁太清三年（549），以吴郡置吴州。是年，侯景升钱唐县为临江郡，隶吴州，此为钱唐设置郡级行政建制之始。今上城区域属临江郡。南朝陈祯明元年（587），置钱唐郡，隶吴州，郡治钱唐县，今上城区域属钱唐县。

隋开皇九年（589），废钱唐郡，置杭州，州治始设余杭县，次年迁至钱唐县，杭州之名始于此。今上城境域属钱唐县，隶杭州。隋大业三年（607），改杭州为余杭郡，郡治钱唐县。

唐武德四年（621），改余杭郡置杭州。至唐末，今上城区均为杭州之钱塘县辖地。

五代后梁开平元年（907），封钱镠为吴越王，次年升杭州为大都督府。后梁龙德二年（922），置钱江县，与钱塘县同城设治，同为杭州州治。龙德三年（923），吴越国建都杭州。今上城区境域为钱塘、钱江两县辖地。

北宋太平兴国三年（978），吴越王钱俶纳土归宋，杭州复降为州，次年改钱江县为仁和县。今上城区境域属钱塘、仁和两县。

南宋建炎三年（1129），宋高宗赵构为避金兵，自扬州南渡至杭州，以州治为行宫，升杭州为临安府。南宋绍兴八年（1138），南宋正式定都临安，临安府治所在钱塘、仁和两县升赤县，今上城区境域为赤县所辖地。

元至元十三年（1276），元军攻占临安府，次年改临安府为杭州。至元十五年（1278）又改为杭州路。至元二十一年（1284），自扬州迁江淮行省治于杭州，次年改称江浙行省，杭州为省治始此。杭州路治钱塘、仁和两县。今上城区境域属钱塘、仁和两县。

元至正二十六年（1366），朱元璋攻占杭州，改杭州路为杭州府。是年，置浙江等处行中书省，治杭州府。明洪武九年（1376），改浙江行中书省为浙江承宣布政使司。今上城区境域属杭州府治钱塘、仁和两县。

清顺治二年（1645），置浙江巡抚，驻杭州。清康熙元年（1662），浙江承宣布政使司改为浙江行省。清宣统三年（1911），钱塘、仁和两县撤裁，由杭州府直辖。今上城区境域为杭州府直辖。

民国元年（1912），废杭州府，以原钱塘、仁和县地并置杭县，直属浙江省，并为省会所在地。今上城区境域属杭县辖地。民国16年（1927），划杭县所属城区等地设杭州市，杭州置市始此。是年10月，杭州市设城区、西湖、江干、会堡、湖墅、皋塘6个区，杭州置区始此，今上城区境域分属城区、江干区、会堡区。

民国19年（1930）8月，杭州市改设为13个区（第一区至第十三区）。民国23年（1934），杭州市13个区合并为8个区（第一区至第八区）。今上城区境域分属第一区、第二区和第五区。

1949年5月3日，杭州解放，杭州市为浙江省会。原杭州市第一区至第八区依次改为上城区、中城区、下城区、西湖区、江干区、艮山区、笕桥区、拱墅区。1950年6月，上城、中城、下城3个区撤销，由市直辖。1952年11月，杭州市复置上城、中城、下城3个区。1957年5月，杭州市撤销中城区，中城区所属岳王路等5个街道划归上城区。

2021年3月15日，杭州市人民政府印发《杭州市人民政府关于调整杭州市部分行政区划的通知》，撤销上城区、江干区，设立新的上城区，以原上城区、江干区的行政区域（不含下沙街道、白杨街道）为新的上城区行政区域。4月9日，杭州召开部分行政区划调整实施动员部署会议，宣布正式启动实施部分行政区划调整。

（刘　毅）

【位置与面积】 上城区东与钱塘区为邻，南濒钱塘江，与萧山、滨江两区隔江相望，西与西湖区、拱墅区接壤，北靠黄鹤山、皋亭山，与临平区相接。2022年，上城区区域面积为122平方千米，包括耕地、园地、林地、草地、湿地、城镇村及工矿用地、交通运输用地和水域、水利设施用地。

【地形地貌】 上城区地形以平原、丘陵为主，地势西南和北部高、中部和东部低。区内西南侧有玉皇山、白塔山、乌龟山、金家山、将军山等低山丘陵，北部有皋亭山，最高海拔361.1米，其他区域均为低丘和平原，高程集中在5米～8米，整体自然坡度较小，在3%以下。系石灰岩构成，地势低矮，岩溶地貌。吴山、凤凰山、紫阳山、玉皇山、皋亭山等林木覆盖、郁郁葱葱，平地以柳浪闻莺、望江公园、城东公园为代表的各大公园分布于辖区。

【森林植被】 2022年末，根据年度“林草湿”（森林、草原、湿地）资源监测数据，上城区有森林面积2694.4公顷，森林覆盖率22.5%。全区活立木总蓄积量30.43万立方米。其中乔木林蓄积29.45万立方米，占96.78%。全区有国家级重点公益林（地）面积85.73公顷、省级重点公益林（地）面积160.27公顷。全区有名木古树89株，其中一级古树8株、二级古树5株、三级古树76株。

上城区植物资源总计128科、367属、607种。按照乔木、灌木、草本、藤本、竹类五大植物类型划分，有乔木树种179种、灌木植物126种、草本植物245种、藤本植物48种、竹类植物9种；

按照蕨类植物、裸子植物、被子植物划分，有蕨类植物6种、裸子植物20种、被子植物571种。全区树种基本为乡土树种，依堤、依渠、依路、依房种植。乔木树种主要有樟、刺槐、柳树、水杉、枫香、苦楝、乌桕、泡桐、悬铃木、枫杨、意杨、青冈、栎类、杜英、乐昌含笑、樱花、桂花、广玉兰等。经济树种主要有杨梅、枇杷、柚、柑橘、茶叶等。灌木树种主要有檵木、白栎、乌饭、杜鹃、红叶石楠、紫薇、红叶李、夹竹桃、黄杨、小叶栀子、十大功劳等。竹类主要以毛竹为主，哺鸡竹、雷竹、石竹等有少量分布。随着城市化推进，区内原有植被逐步被城市绿化植被取代，在已建设区内主要由道路绿化、河渠绿化、企业绿化及区内公园绿化等组成。

【湿地】 2022年，根据《上城区湿地保护“十四五”规划》调查编制结果，上城区湿地总面积为1322.91公顷，湿地率为11.05%。根据全区第三次全国国土调查（简称“三调”）数据对接融合情况，全区湿地初步划分为近海及海岸湿地、河流湿地和人工湿地三大类型。其中，自然湿地1242.92公顷，占93.95%；人工湿地79.99公顷，占6.05%。自然湿地中，近海及海岸湿地面积1114.51公顷，占全区湿地面积的84.25%；河流湿地面积128.41公顷，占全区湿地面积的9.71%。人工湿地中，库塘湿地面积20.71公顷，占全区湿地面积的1.57%；运河、输水河湿地面积59.28公顷，占全区湿地面积的4.48%。

2022年上城区湿地类型一览表

表1

《湿地公约》口径湿地		面积（公顷）	比例（%）
“三调”湿地地类	森林沼泽	—	—
	灌丛沼泽	—	—
	沼泽草地	—	—
	其他沼泽地	—	—
	沿海滩涂	—	—
	内陆滩涂	13.09	0.99
	红树林地	—	—
	小计	13.09	0.99
“三调”非湿地地类，但属于《湿地公约》口径的湿地地类归类	盐田	—	—
	河流水面	1286.97	97.28
	湖泊水面	2.14	0.16
	水库水面	—	—
	坑塘水面	20.71	1.57
	沟渠	—	—
	干渠	—	—
	低潮位至-6米浅海水域	—	—
	小计	1309.82	99.01
合计		1322.91	100

说明：表中内容根据杭州市《湿地公约》口径

【野生动物】 2022年末，根据野外调查统计，并结合历史资料记录，上城区有记录动物资源136种，隶属34目、64科、136种。其中，鸟类15目、33科、75种，爬行类4目、8科、11种，两栖类2目、2科、5种，哺乳类6目、10科、12种，鱼类7目、11科、33种。国家二级以上保护动物有14种，有赤腹鹰、红隼、凤头鹰、普通鵟、穿山甲、雀鹰、雕鸮、红角鸮、卷羽鹈鹕等。浙江省重点保护鸟类有11种，有白鹭、夜鹭、大斑啄木鸟、红嘴相思鸟、棕背伯劳、喜鹊、牛头伯劳、红尾伯劳等。

（余寅华）

【行政区划】 2022年7月29日，上城区根据《杭州市上城区人民政府关于同意闸弄口街道濮家联合社区规模优化调整的批复》，撤销濮家联合社区，成立濮家社区、机神社区、天成社区，全区社区数增加2个。至年末，全区有街道14个、社区199个、村4个。其中，湖滨街道有社区6个，清波街道有社区5个，小营街道有社区12个，望江街道有社区11个，南星街道有社区8个，紫阳街道有社区12个，闸弄口街道有社区17个，凯旋街道有社区15个，采荷街道有社区16个，四季青街道有社区11个，笕桥街道有社区20个，彭埠街道有社区21个，九堡街道有社区21个、村2个，丁兰街道有社区24个、村2个。

（全　德）

2022年上城区行政区划一览表

表2

街道	所辖社区（行政村）
湖滨	涌金门、青年路、东平巷、岳王路、东坡路、吴山路
清波	清河坊、定安路、劳动路、清波门、柳翠井巷
小营	小营巷、金钱巷、西牌楼、紫金、马市街、大学路、葵巷、老浙大、长明寺巷、茅廊巷、梅花碑、姚园寺巷
望江	大通桥、始版桥、兴隆、莫邪塘、清泰门、婺江、耀华、近江东园、近江西园、在水一方、徐家埠
南星	美政桥、海月桥、馒头山、玉皇山、紫花埠、复兴街、水澄桥、白塔岭
紫阳	上羊市街、彩霞岭、十五奎巷、太庙、候潮门、北落马营、新工、海潮、木场巷、凤凰、春江、甬江
闸弄口	春晖、红梅、天仙、京惠、闸弄口、闻皇庙、万家花园、蓝天、天运、兰苑、麦苗、天杭、董家、三里亭、濮家、机神、天城
凯旋	景昙、景芳、景华、景秀、景新、景湖、凯西、景苑、庆和、南肖埠、金兰池、庆春门、金秋花园、华家池、凯华
采荷	静怡、江汀、夕照、绿茗、健风、红菱、洁莲、芙蓉、双菱、人民、常青苑、青荷苑、商教苑、荷花塘、新凯苑、钱杭
四季青	钱塘、城星、运新、钱江苑、江锦、三叉、五福、水湘、三堡、钱运、钱景
笕桥	笕桥、机场、省农科院、枸桔弄、天新、东港、明桂、范家、同心、黄家、浜河、草庄、白石、花园、俞章、横塘、黎明、水墩、笕新、金色黎明
彭埠	普新、王家井、明月桥、杨家桥、茶亭苑、六堡、七堡、云峰、普福、章家坝、御道、建华、新风、红五月、兴隆、皋塘、新塘、五堡、建和、杨柳郡、建隆
九堡	九塘、金海、丽江、兴安、九华、魅力城、红苹果、和华、江涛、相江、新江花园、金雅苑、景蓝、蓝桥、蚕桑、八堡、牛田、格畈、三卫、九堡、杨公，三村村、宣家埠村
丁兰	丁兰、勤丰、河西、蕙兰、明珠、美辰、长虹、枫景园、东林桥、白马庄、华鹤、华亭、三义苑、后珠苑、丁桥苑、大唐苑、长睦苑、建塘苑、赵家苑、五会港、同协苑、华睦、桃花湖、兰茵，沿山村、皋城村

【人口】 2022年末，上城区户籍家庭291574户，常住人口882797人，户籍家庭和常住人口分别比2021年增加5920户、16684人，户均家庭人口3.03人。其中男性431886人、女性450911人。从年龄结构看，18岁以下、18～34岁、35～59岁和60岁以上人口分别占总人口的18.4%、18.0%、36.8%、26.8%。全年出生人口6731人，按户籍人口计算，出生率7.62‰，下降0.2‰；死亡人口6034人，死亡率6.84‰，上升0.7‰。人口自然增长率0.78‰，下降0.9‰。全区暂住人口771139人，下降0.9%。全区有少数民族人口10507人，分属43个少数民族。其中，回族2652人，满族2311人，畲族1311人，土家族920人，蒙古族730人，壮族584人，苗族485人，朝鲜族370人，侗族227人，瑶族148人，布依族124人，彝族98人，白族80人，黎族58人，藏族55人，达斡尔族56人，锡伯族45人，纳西族10人，其他少数民族243人。

（蔡　勤）

2022年上城区人口分布一览表

表3

街道	户籍人口（人）	流动人口（人）
湖滨街道	28206	9995
清波街道	30395	6273
小营街道	71814	28050
望江街道	68404	38913
南星街道	34765	20905
紫阳街道	84436	31318
闸弄口街道	63513	44545
凯旋街道	44665	33478
采荷街道	79928	32163
四季青街道	62272	57005
笕桥街道	71341	118262
彭埠街道	80356	91587
丁兰街道	88005	91800
九堡街道	74697	166845
全区	882797	771139

2022年上城区户籍人口按年龄段分布一览表

表4

年龄段	人数（人）	占总量比重（%）
18岁以下	162427	18.40
18~34岁	158560	17.96
35~59岁	325037	36.82
60岁以上	236773	26.82
合计	882797	100

【气候】 上城区地处亚热带季风气候区，冬季受蒙古高压控制，盛行西北风，以晴冷、干燥天气为主，是低温少雨的季节。夏季受太平洋副热带高压控制，以东南风为主，海洋带来充沛的水气，空气湿润，是高温、强光照的季节。春秋两季为过渡期，气旋流动频繁，锋面雨甚多。2022年，上城区气候变暖趋势持续，全年有8个月平均气温高于常年（指1991—2020年30年的平均气候状况），年平均气温18.5℃，比常年（17.5℃）偏高1.0℃，是2000年以后第23个连续偏暖年份。全年出现高温日数59天，打破2013年53天的历史纪录，其中超过40℃高温日数14天，与2013年并列历史第1位。7月20日至8月23日连续35天出现高温天气，打破历史连续高温天数最长纪录。全年极端最高气温41.8℃，打破历史最高温度纪录，出现在8月14日；极端最低气温为-3.1℃，出现日期为12月18日。年雨日数150天，比常年均值（146.8天）偏多3.2天。年日照时数1943.1小时，比常年（1635.3小时）偏多近20%。梅雨量少、梅期短，于6月10日入梅，历时16天，比常年偏短10天；伏秋连旱，受旱日数近100天，为历史最严重干旱，给农业带来明显不利影响。全年霾日数47天，比2021年减少3天，未出现中度和重度霾天气；平均能见度12683米，增加484米，大于10千米的高能见度天气出现概率为53.3%，稍低于2021年的53.7%；小于2千米的低能见度天气出现概率为4.8%。

（年鉴编辑部）

经济建设

【概况】 2022年，上城区始终坚持稳中求进工作总基调，践行新发展理念，落实稳进提质攻坚行动，区域经济承压突围，提量增质。全区全年实现地区生产总值2560.53亿元，比2021年增长3.8%，增速居全市第1位、总量居全市第2位。其中，数字经济核心产业增加值100亿元，增长29.9%，增速全年保持全市首位；规模以上工业增加值479.84亿元，增长3.0%；服务业增加值1889.49亿元，增长4.2%；社会消费品零售总额1073.09亿元，增长8.8%。财政总收入405.63亿元，增长7.4%，其中一般公共预算收入210.56亿元，增长4.6%。湖滨、吴山、钱江新城三大商圈实现营业额287.9亿元，增长5.8%，新引进品牌首店、旗舰店87家，湖滨商圈获评首批全国示范智慧商圈。实现税收亿元楼宇62幢，其中税收10亿元楼宇11幢，获评中国楼宇经济（总部经济）标杆城区。全年新集聚省级以上持牌金融机构12家，新培育境内外上市企业2家。落地亿元以上产业项目191个，其中10亿元以上产业项目11个，实际利用外资10.9亿美元。新认定国家高新技术企业142家、省级科技型中小企业455家、有效发明专利授权1017件。新增市级及以上科技企业孵化器、众创空间3个，新增市级及以上企业研发平台34个；新引育市级以上领军人才39人、市级高层次人才1700人；新设省级博士后工作站1个，新进站博士后12人。

（杨绍临 金　磊）

【产业经济质效提升】 2022年，上城区产业经济质效提升。金融业业态丰富，新集聚省级以上持牌金融机构12家，新培育境内外上市企业2家；集聚私募机构632家，资产管理总规模达1.2万亿元。商贸服务业释放活力，引进品牌首店、旗舰店87家，湖滨商圈入选首批全国示范智慧商圈。专业服务、大健康等特色产业稳步发展，新招引落地上海美国商会杭州中心、润物德茵（杭州）健康科技有限公司等一批重点项目。文商旅深度融合，引进亿元以上文化产业项目56个，清河坊历史街区入选首批国家级旅游休闲街区；打造《华灯夜宴》《钱塘今朝更繁华》等作品235个，其中获省级奖项12个、市级奖项9个。

【产业平台发展稳健】 2022年，上城区全面深化金融服务、时尚消费、宋韵文化赋能，加快重点产业平台稳健发展。钱塘江金融港湾核心区立足核心定位，设立“金融港湾共富基金”，完成创投股权与私募基金份额报价转让平台项目验收；成立钱塘江金融港湾核心区（上城）发展联盟，举办新财富券商研究年会、私募投资基金合规论坛、“山南”系列路演等活动，引进浙江农商联合银行、深圳高远资本等项目。钱塘智慧城发挥创新主引擎作用，先后落地杭能控股集团有限公司、特雷西能源科技股份有限公司、杭州迪视医疗生物科技有限公司等项目，新增杭州柯林电气股份有限公司、杭州华塑科技股份有限公司等国家级专精特新“小巨人”企业6家。丁兰智慧小镇产城融合加速，成立“桃花湖商圈联盟”；启迪（杭州·丁兰）国际创新港项目落地，中国科学院资本数字经济创新中心打造的莫比斯加速器启用。

（金　磊）

政治建设

【概况】 2022年，上城区坚持以习近平新时代中国特色社会主义思想为引领，全面贯彻中共二十大精神，落实中央和省委、市委重大决策部署，持续强化政治担当，推动全面从严治党向纵深发展。全区上下巩固政治生态，压实管党治党政治责任，深化作风建设，加强惩治腐败力度，推进“清廉上城”建设，加快建设独具韵味的国际化现代化共同富裕典范城区。

【政治生态净化优化】 2022年，上城区严明政治纪律和政治规矩，扛起党内政治生活重要责任、巡视整改政治责任、新冠疫情防控和经济发展政治责任，进一步净化优化全区政治生态。区委领导班子以上率下，做实“第一议题”制度，做实贯彻中共中央总书记习近平重要批示指示精神的闭环管理机制。落实民主集中制、述职述廉等党内监督制度，执行《关于新形势下党内政治生活的若干准则》，开好区委常委会民主生活会，坚持批评与自我批评。严格执行省市防止利益冲突规定及个人重大事项报告、“三重一大”重要事项集体决策和党政主要领导干部“五不直接分管”等制度。重视巡视反馈意见和巡视问题整改，成立巡视整改工作领导小组，落实14名党政班子成员每人领办一个整改重点问题，印发巡视整改任务集中攻坚工作方案，统筹推进巡视整改工作。立足八大类、25个问题，列出整改措施117条，明确责任领导和承办单位，14个街道落实巡视整改“同题共答”，由点及面、举一反三，推深压实整改责任，扩大巡视成果。全面实施助企惠企“六个一”专项行动，创新推出“云上四季青”“千人联千企”“企业圆桌会”等暖心举措，举办“数智生活节”等特色活动4轮，以最大力度稳主体、保就业、优服务，全区经济稳健稳进、蓄势向好。

资料

“三重一大”重要事项集体决策机制：指重大事项决策、重要干部任免、重要项目安排、大额资金的使用，必须经集体讨论做出决定的制度。

“五不直接分管”制度：指部门、单位“一把手”不直接分管财务、人事、工程项目建设、行政审批、物资采购。

【管党治党政治责任压实】 2022年，上城区通过发挥区委领导模范作用、聚焦“一把手”关键少数、推动政商关系亲清与共，严格落实省市关于全面从严治党主体责任的制度规定，压实管党治党政治责任。制定《2022年全面从严治党主体责任清单》，细化区委、区政府领导班子成员“一人一单”具体职责79项。健全完善“365”闭环机制，制定加强对“一把手”和领导班子监督的责任清单和实施方案，并延伸至各街道、区直属各单位。落实区委常委会季度会商制度，坚持专题研究全区党风廉政建设和反腐败相关工作，定期听取区党政领导班子成员履行“一岗双责”情况汇报。召开主体责任专题汇报会，听取区直单位落实全面从严治党主体责任报告和“第一责任人”履责报告，面对面点评反馈，指出问题四大类、12个。成立区为企服务中心，制定为企服务手册，制定下发《关于深化清廉民营企业建设的若干举措》，发挥好“亲清直通车·政企恳谈会”“亲清直播间”“尚小二”等平台作用，完善政企沟通联络机制。建立亲清廉情观察员队伍，举办“清风汇——亲清政商关系监督交流论坛”，打造上城版亲清政商关系。

资料

“365”闭环机制：以“365”闭环机制为抓手，加强对“一把手”和领导班子监督。厘清责任清单、任务清单和风险清单“3张清单”强化目标管理，完善定期研判、数字监督、线索传递、动态评估、廉政抄告、挂号督改6项举措强化过程管控，推进政治生态自查自评、主体责任汇报、班子作风状况评价、党风廉政建设评议、政治监督报告5项评议深化结果运用。

【作风建设深化】2022年，上城区坚决贯彻中央八项规定及其实施细则精神和省委、市委有关规定，深化作风建设。围绕重要节点，加大对违规公款吃喝、公车私用等情况的检查力度。全年查处违反中央八项规定精神问题4起、9人，群众身边腐败和作风问题6起、6人。加大通报曝光力度，达到通报一起、震慑一片、警醒一方的良好效果。聚焦重点领域环节，以贯彻落实中央和省市重大决策部署落实情况为重点，以“七张问题清单”为牵引，围绕常态化疫情防控、亚运服务保障等中心工作，实行专班化运作，查处疫情防控方面问题9起，问责16人；督查亚运项目951个，督促整改问题186个。针对省委巡视“回头看”反馈的25个问题，开展党员干部违规借贷、国有房产管理等20个专项治理，发现问题293个，推动解决问题257个。强化正面激励，梳理好干部具体标准建议，制定街道和部门班子及“一把手”、军转干部等13个类别干部的正负向清单。开展“担当作为好干部”推选评选，表彰20名干部和10个集体，对在新冠疫情防控、经济建设等重点工作中表现突出的13人进行提拔或转任重要岗位，激发全区干部争先进位的干事热情。

【“清廉上城”建设】2022年，上城区高标准谋划、一体化推动清廉单元建设，细化各清廉单元建设的颗粒饱满度，全方位、全覆盖推进“清廉上城”建设。坚持点面结合全域共建，压实清廉建设主体责任，推动形成党委牵头主抓、纪委监督推动、部门具体落实、社会共同参与及“区、街道、社区”三级联动的共建格局。召开“清廉上城”建设推进会，建成各类清廉示范点28个，编纂清廉单元优秀实践案例，推动清廉单元整体建设提质增效。挖掘历史文化，以构筑“宋韵传世”文化新高地为契机，系统打造“宋韵颂廉”廉洁文化品牌。线上研发“宋韵颂廉”云上平台，围绕文物古迹遗址、清官廉吏故事等内容，设置五大板块、40多项用户体验功能。线下梳理排摸市、区两级主题馆84个，重点打磨“御见南宋”“博物生辉”等“宋廉十景”示范样板。针对区域内股份经济合作社资金密集、权力集中、监管薄弱等实际，创新“清廉经合社”建设、“清廉小区”建设，制定村社小微权力清单、廉洁履职负面清单，绘制股份经合社小微权力规范运行流程图，编制监督履职规范化手册，整理《经合社领域常见案例汇编》。

【腐败惩治】 2022年，上城区发挥区委反腐败协调小组作用，运用监督执纪“四种形态”，加大案件查办、政治巡察力度，深化以案促改促治，增强反腐败合力。开展重复检举控告“清零”专项行动，完成14件重复检举控告“清零”任务，为4名干部澄清正名。处置问题线索390件、立案157件，给予党纪政务处分121人，挽回经济损失5207.23万元。探索板块巡察、重点巡察、交叉巡察等形式，开展常规巡察4轮，涉及区直单位7家、街道7个、村社（经合社）17个；推进社区交叉巡察1轮，涉及社区20个。实施“亚运攻坚”专项巡察及市、区上下联动巡察（民政系统）各1次，发现问题865个，推动立巡、立改问题24个，处置移交问题线索10条。制定以案促改工作制度化常态化实施意见，发出纪检监察建议书98份，完善制度机制9项。拍摄警示教育片7部，组织集中观看140场次，教育党员干部4000多人次，开展新提任区管领导干部集体廉政谈话66人，为180多名年轻干部做廉政专题党课，发挥警示教育作用。

（季玳弘）

文化建设

【概况】 2022年，上城区加快实施宋韵文化传世工程，南宋德寿宫遗址博物馆开馆，“宋韵最杭州”传统风貌区成为省级样板，南宋临安城址入选“新时代浙江考古十大发现”，古海塘遗址入选杭州市“申遗”备选名录。年内，举办第2届宋韵文化节，创新开展“韵味百巷”“走向吴山”和“宋韵薪传”非遗大秀等活动。建设55个品质文化圈，建成杭州书房21家、邻里图书馆13家，南宋书房入选首届浙江“最美公共文化空间”。公共文化服务现代化发展指数、非遗保护评估指数均居全省前十，文博事业发展水平排名全省第五。红色文化、钱塘江文化、蚕桑文化、孝爱文化共生交融。文商旅深度融合，“跟着地名游上城”、皋亭山观桃节等品牌活动深入人心，清河坊历史街区获评首批国家级旅游休闲街区。

（杨绍临 施芳人）

【上城区博物馆联盟成立暨文创展】 2022年5月17日，上城区博物馆联盟成立暨2022年“风华宋韵”博物馆文创作品展在杭州海塘遗址博物馆开幕。该活动由区文广旅体局主办，区文物保护中心、杭州海塘遗址博物馆承办。夏衍旧居、杭州胡庆余堂中药博物馆、杭州万事利丝绸文化博物馆等15家国有、非国有博物馆为该联盟成员单位。该联盟秉持共商、共享、共赢的理念，坚持协同联动、展览共通、项目共研、教育共推、平台共用，发挥博物馆群在研究、展示宋韵文化，打造“宋韵文化传承展示中心”的独特作用，协力打响宋韵文化金名片。“风华宋韵”博物馆文创展以“宋韵”“亚运”为主题，展出文创作品92件。该文创作品展展览持续至7月3日，其间，设置首届“海塘杯”文化创意大赛优秀作品展、寻宋·上城宋韵研学线路和杭州市宋韵迹忆研学路线图片展，吸引8101人次观展。

（施芳人）

【影视作品创作生产】 2022年，上城区持续推进主旋律影视文艺作品创作生产高地建设。年内，电视剧《大浪淘沙》、动画片《口袋森林》获浙江电视“牡丹奖”优秀作品奖，动画电影《济公之降龙降世》获东京国际电影节“2022东京·中国电影周”金鹤奖。电影《排雷部队》、纪录片《苏东坡》等14个项目入选杭州市文艺精品工程项目，电视剧《冬与狮》、话剧《马叙伦》等6个项目入选浙江省文化艺术发展基金项目。电视剧《问天》入选全国精神文明建设“五个一工程”奖，越剧《钱塘里》等7部作品入选浙江省精神文明建设“五个一工程”奖，纪录片《武汉日夜》等8部作品入选杭州市精神文明建设“五个一工程”奖，全国、省、市“五个一工程”入选数居全市第1位。

（伍乐健）

社会建设

【概况】 2022年，上城区优化机制，提升教育、医疗、养老、托幼、文体等公共服务优质均衡水平。全年开办新校新园14所，5所“公参民”学校（公办学校举办或参与举办民办义务教育学校）治理有序完成，上城区通过全国义务教育优质均衡发展区省级评估。创新“悠悠托”品牌，开设幼儿园托位1156个。“健康上城”建设持续深化，上城区获评省健康区。新建、改建体育健身设施299处，新增体育场地面积51万余平方米，其中新增嵌入式体育场地4.65万平方米，上城区获评首批省体育现代化区。深化“幸福邻里坊”品牌，青荷苑、青年路等17个社区项目建成运行。建成原居安养中心23个、社区康养驿站168个，新增认知障碍照护专区床位180张。设立全省首个慈善信托，“弯湾·爱生活残疾人社会融合共享体”获评首批全国阳光助残志愿服务基地。区婚姻登记服务中心迁址桃花湖公园，建成全省首个AAAAA婚姻登记服务中心。构建“1126”现代社区工作体系，完成濮家联合社区规模调整，完善社会工作者阶梯化职业成长机制，“五社联动”列入省级试点，上城区创建为省级城乡社区治理和服务创新实验区。南肖埠社区居委会获评全国先进基层群众性自治组织。

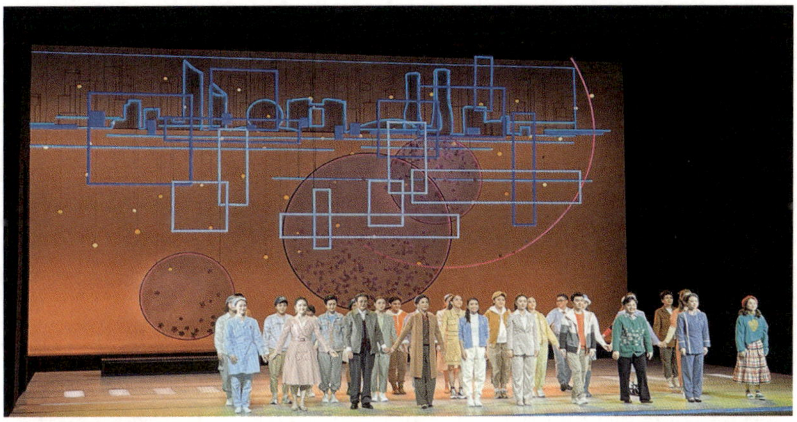

2022年5月20日，越剧《钱塘里》在浙江小百花越剧院蝴蝶剧场首演

（区委宣传部 供稿）

（杨绍临）

【共富基本单元建设】 2022年，上城区全域推进共富基本单元建设。年内，14个社区获评市级高质量就业社区，30个未来社区项目入选省、市创建名单，数量居全省第1位，杨柳郡社区、红梅社区建成全省首批未来社区，“幸福邻里坊”入选全省高质量发展建设共同富裕示范区最佳实践。强化老旧小区重塑优化，实施老旧小区改造提升项目180个，新建成安置房41万平方米，回迁安置3720户，改造工作获评全省优秀，创建省级垃圾分类示范小区22个，全市率先实现无物业管理小区“清零”，海潮雅园、坤塘悦府等9个项目获评全市首批“最美安置房”。

（季玳弘）

【社会工作站（室）打造】2022年8月，上城区制定发布《上城区开展街道社会工作站和社区特色社会工作室建设的实施意见》。该意见指导完善社会工作专业服务、督导支持、职业培育和项目发展四大支撑体系，构建常态化服务、长效化发展的社会工作参与社区治理格局。至年末，全区建成运营街道社会工作站14个、社区社会工作室202个，实现高标准建设全覆盖，构建“区—街道—社区（村）”三级规范化服务体系，建成“15分钟就创服务圈”“15分钟医保办事圈”。社会工作站（室）提供“一站式”就业创业服务，形成上下对口的公共服务工作体系，统筹推进覆盖全民的社会保障体系建设，在青少年、司法、优抚、协商自治、社区营造和志愿者培育等社会工作专业领域形成特色鲜明的服务品牌。

（赵雨静 刘佳辰）

生态文明建设

【概况】2022年，上城区深入开展“美丽上城”环境整治，推进“美丽河湖”建设，成功创建省级生态文明建设示范区。年内，丰收湖、桃花湖分别获评省、市级“美丽河湖”，运河上城段绿道成为省级“最美绿道”，“五水共治”工作获“大禹鼎”银鼎。创建省级垃圾分类示范小区22个，拆除违法建筑54.4万平方米，新增公共绿地70.1万平方米、城市公园8座，整治工地围挡209个，改造国际化标识标牌7850块。

（杨绍临）

【省级生态文明建设示范区创建】2022年，区委、区政府高度重视省级生态文明建设示范区创建工作。分管区领导两次带队到省生态环境厅主动汇报对接创建有关工作，两次召开专题工作会议，形成多方协同推进合力。上城区坚持贯彻创新、协调、绿色、开放、共享五大发展理念，坚决打好生态环境巩固提升持久战，推动精准治气、精细治水、协同治废，持续改善生态环境质量。“美丽上城”建设领导小组办公室对照创建标准，高质量编制申报材料并通过专家评审。11月4日，上城区被浙江省人民政府命名为省级生态文明建设示范区。

【低（零）碳发展和减污降碳】2022年，上城区加快市对区综合考评“美丽杭州”建设任务落实，生态保护和环境治理业投资比2021年增长38.1%。以低（零）碳发展和减污降碳协同增效为导向，湖滨街道及杨柳郡社区等5家单位被纳入全省低（零）碳试点创建名单。奥的斯机电电梯有限公司做好减污降碳协同示范工程，加速推进工厂节能项目落地，获ISO 50001能源管理体系证书，全年减少二氧化碳排放200吨。上城企业参照《浙江省绿色园区建设评价导则（暂行）》《浙江省绿色工厂建设评价导则（暂行）》，开展绿色低碳工厂培育建设。年内，西子清洁能源装备制造股份有限公司入选省级绿色低碳工厂，西子清洁能源装备制造股份有限公司、杭州海兴电力科技股份有限公司入选市级绿色低碳工厂。

（吕淑萍）

中国共产党上城区委员会

综　述

【典范城区建设】 2022年，中共上城区委认真学习贯彻中共二十大精神、中央经济工作会议精神和省委、市委全会精神，以深度融合与改革创新为着力点，全面推动独具韵味的国际化现代化共同富裕典范城区建设。全区地区生产总值2560.53亿元，比2021年增长3.8%，居全市第1位，完成财政总收入405.63亿元，增长7.4%。项目招引实现新跨越，全年落地亿元以上产业项目191个，其中10亿元以上产业项目11个，总部经济、楼宇经济集聚发展，成功创建全省首条“百亿大道”和首幢“双亿大楼”，获评全省唯一“中国楼宇经济（总部经济）标杆城区”。营商环境再创新一流，构建“1个中心+15个分中心+1000名亲清服务员”的立体式为企服务体系，依法保障市场主体合法权益，制定扶持政策4轮，落实减税降费等政策82.5亿元，惠及市场主体19.85万家次。年内，上城区创建省级生态文明建设示范区，获评省级健康县（市、区）和首批省级体育现代化区等荣誉，城区知名度、美誉度、影响力提升。

【党建引领加强】 2022年，上城区坚定不移抓好党风廉政责任制，制定加强对“一把手”和领导班子监督责任清单，细化区委、区政府领导班子成员“一人一单”具体职责79项。系统落实干部队伍建设，制定13个类别干部的正负向清单，实施年轻干部体系化培养“青尚”工程，加强专业化干部和老中青梯次配备，深化匹配典范城区要求的干部队伍建设。落实人才引育工作，加快释放“黄金二十条”人才新政红利，牵头举办江畔雅集、中国（浙江）人力资源服务博览会、杭州创业马拉松、“周末圆桌会”等活动，成立产业引导基金、推出留用地管理办法，做优人才服务生态。做好宣传意识形态工作，推动文化繁荣兴盛，落实宋韵传世工程，完善全域文明城市创建机制，文化高地建设成果成效逐步显现。巩固统一战线成果，打造思想政治引领同心系列品牌，研究制定党外干部队伍建设三年规划，民主党派基层组织标准化规范化建设深入推进。

资料

“黄金二十条”人才新政：上城区为进一步完善人才引育留用体系，制定《关于打造一流人才生态城区的实施意见》（即“黄金二十条”），推出领军人才引育工程、产业人才培养工程、高层次人才项目引进计划、青年人才招引工程四大“金靴计划”。

【重点领域改革创新】 2022年，上城区重点领域改革不断创新，获一系列突破性成果，数字化改革获全省五星最高评级，在全省率先完成政务服务全量、全要素、全应用“数据图谱”，获批公平竞争审查工作国家级试点；“大型综合交通枢纽智治应用”获评省改革突破银奖；“凤凰金融智审”“数字检察”“尚小易”等全省推广。社会治理效能显著提升，“大综合一体化”行政执法改革稳步推进，“1126”现代社区工作体系建设进一步完善，“五社联动”列入省级试点，南肖埠社区居委会获评全国先进基层群众性自治组织。完成中共二十大等重大平安护航任务，上级交办重复信访积案化解量居全省第1位，成功创建省级城乡社区治理和服务创新实验区。国有企业改革全面深化，五大区级国有企业发展主业更加清晰，战略支撑作用更加凸显，自主创新能力明显增强，资产总额1556.2亿元，上城资本集团、上城城投集团成为全国首个区县级母子公司均为AAA主体信用评级案例。

【领导体制完善】 2022年，区委坚持在全区发挥总揽全局、协调各方的领导作用，以“全面建设独具韵味的国际化现代化共同富裕典范城区”为总目标，对全区经济建设、政治建设、文化建设、社会建设、生态文明建设实行全面领导，对全区党的建设全面负责。谋划“八大行动”体系赛道，牵引“政、纪、组、宣、统”冲在一线、各司其职，人大和政协督查指导、步调一致，各领域工作在“加速度、精准度、首位度”上同题共答、勇建新功。成立杭州第19届亚运会、杭州第4届亚残运会上城区服务保障工作、区现代社区建设等领导小组，调整杭州市上城区“大综合一体化”行政执法改革等领导小组、委员会组成人员，以及杭州钱塘智慧城管理体制，制定中共上城区委员会工作规则等制度，党的领导体制进一步完善加强。

【机要保密工作】 2022年，区委办公室按照中央和省、市保密工作要求，先后开展主体责任制落实检查、微信和钉钉群整改、保密自查自评等工作。引进全市党政话机项目容灾备份B节点落户上城区，建设完成杭州市党政专用新型语音普网项目二期一阶段项目，区行政中心、区综合服务中心和区公安分局新址1663部专网电话完成替代，查办违规案件6件。微视频《金萧十二烈士》被评为全省“保密故事大家讲”主题讲述竞赛优秀作品，区委办公室获全省“优秀组织奖”。区委办公室（区委机要局）被授予杭州市“集体嘉奖”和杭州市党政系统“五星级机要室”称号。

【“周末圆桌会”】 2022年5月13日，上城区召开都市经济高质量发展暨助企惠企“六个一”行动推进大会。会上，发布“周末圆桌会”活动，旨在更好搭建政企交流平台，让政企“零距离”沟通；为企业实现资源共享、机会共寻、信息共用，在发展中互相赋能、彼此成就；让街道、部门能第一时间了解企业诉求需要和发展现状，实现对接更高效、服务更精准。“周末圆桌会”设在周五，不定期举办，邀请企业家代表与区领导围坐圆桌，开展交流讨论。全年举办5期“周末圆桌会”，聚焦企业发展急难愁困、“美丽经济”助力高质量发展、金融产业高质量发展、海外人才“引育用留”等主题，区委主要负责人及区领导同企业家代表、海归人才“零距离”对话、面对面交流，共同探讨机遇与趋势，为加快打造独具韵味的国际化现代化共同富裕典范城区集智聚力，画出最大“同心圆”。

（季玳弘）

【区委理论中心组学习】 2022年，上城区开展区委理论中心组学习20次、交流研讨8次，中心组成员交流研讨全覆盖。学习内容涵盖中共二十大精神、省第十五次党代会精神、习近平法治思想、习近平经济思想、加强党内法规制度建设、中华文明探源工程、中国人权发展道路、总体国家安全观、“双碳”工作及《习近平浙江足迹》《习近平谈治国理政》等书籍学习研讨。其间，落实巡听旁听、重大决策前专题学习等制度，加强对党委党组中心组督导，汇编中心组学习资料21期。

（熊　侃）

2022年中共上城区委重要文件题录一览表

表5

文　号	发文日期	文件标题
上委〔2022〕1号	2022-01-23	中国共产党杭州市上城区委员会工作规则
上委〔2022〕7号	2022-01-30	中共杭州市上城区委杭州市上城区人民政府关于成立2022年亚运会、亚残会上城区服务保障工作领导小组的通知
上委〔2022〕18号	2022-03-31	中共杭州市上城区委杭州市上城区人民政府关于深化国有企业负责人薪酬制度改革的实施意见
上委〔2022〕19号	2022-04-15	中共杭州市上城区委关于印发《中共杭州市上城区委法律顾问工作规则》的通知
上委〔2022〕23号	2022-05-06	中共杭州市上城区委杭州市上城区人民政府关于印发《杭州市上城区推进“大综合一体化”行政执法改革实施方案》的通知
上委〔2022〕42号	2022-08-16	关于印发《关于高水平推进现代社区建设 筑牢奋进“两个先行”打造“共富典范”基层基础的实施意见》的通知
上委〔2022〕63号	2022-12-20	中共杭州市上城区委杭州市上城区人民政府印发《杭州市上城区青年发展型城区建设实施方案》的通知
上委办〔2022〕1号	2022-01-12	中共杭州市上城区委办公室关于建立2022年度区领导联系街道、村社工作制度的通知
上委办〔2022〕3号	2022-02-09	中共杭州市上城区委办公室关于调整“百千万”民情联系活动区直单位结对街道社区（村）的通知
上委办〔2022〕4号	2022-02-18	中共杭州市上城区委办公室杭州市上城区政府办公室关于印发上城区2022年度“八大行动”实施方案的通知
上委办〔2022〕6号	2022-02-18	中共杭州市上城区委办公室关于印发《杭州市上城区干部大监督工作联席会议实施办法》的通知
上委办〔2022〕16号	2022-04-25	中共杭州市上城区委办公室杭州市上城区政府办公室关于印发《杭州钱塘智慧城管理体制调整方案》的通知
上委办〔2022〕19号	2022-05-06	中共杭州市上城区委办公室杭州市上城区政府办公室关于印发《上城区2022年度综合考评实施方案》的通知
上委办〔2022〕20号	2022-05-09	中共杭州市上城区委办公室杭州市上城区政府办公室关于印发《上城区聚力助企、亲清惠企“六个一”行动方案》的通知

续表5

文　号	发文日期	文件标题
上委办〔2022〕24号	2022-05-23	中共杭州市上城区委办公室杭州市上城区政府办公室关于建立上城区保障物流畅通促进产业链供应链稳定总指挥部的通知
上委办〔2022〕26号	2022-06-10	中共杭州市上城区委办公室杭州市上城区政府办公室关于印发《中共杭州上城区九堡街道工作委员会杭州市上城区人民政府九堡街道办事处职能配置、内设机构和人员编制规定》的通知
上委办〔2022〕27号	2022-06-14	中共杭州市上城区委办公室杭州市上城区政府办公室关于关于成立上城区现代社区建设领导小组的通知
上委办〔2022〕28号	2022-06-14	关于调整杭州市上城区“大综合一体化”行政执法改革领导小组组成人员的通知
上委办〔2022〕29号	2022-06-15	中共杭州市上城区委办公室杭州市上城区政府办公室关于成立上城区为企服务工作领导小组的通知
上委办〔2022〕30号	2022-06-15	中共杭州市上城区委办公室杭州市上城区政府办公室关于印发《上城区招商引资百日攻坚行动方案》的通知
上委办〔2022〕31号	2022-06-24	中共杭州市上城区委办公室杭州市上城区政府办公室关于印发《上城区关于深化“区街一体、条抓快统”改革推进基层治理系统建设的实施意见》的通知
上委办〔2022〕32号	2022-06-24	中共杭州市上城区委办公室杭州市上城区政府办公室关于印发《杭州市上城区规范民办义务教育发展专项工作实施方案》的通知
上委办〔2022〕33号	2022-06-28	中共杭州市上城区委办公室杭州市上城区政府办公室关于印发《2022年区领导重点联系事项》的通知
上委办〔2022〕35号	2022-07-05	中共杭州市上城区委办公室关于全面学习省第十五次党代会精神开展践行“八八战略”投身“两个先行”学习宣讲活动的通知
上委办〔2022〕36号	2022-07-06	中共杭州市上城区委办公室杭州市上城区政府办公室关于印发信访事项办理全生命周期压力传导责任追溯工作机制的通知
上委办〔2022〕37号	2022-07-19	中共杭州市上城区委办公室杭州市上城区政府办公室关于印发《杭州市上城区落实国家统计督察反馈问题整改方案》的通知
上委办〔2022〕39号	2022-07-19	关于成立杭州市上城区“大综合一体化”行政执法改革协调工作领导小组的通知
上委办〔2022〕41号	2022-08-03	中共杭州市上城区委办公室杭州市上城区政府办公室关于成立上城区地方志编纂委员会的通知
上委办〔2022〕42号	2022-08-03	中共杭州市上城区委办公室中共杭州市上城区委直属机关工作委员会关于深化开展“百千万”民情联系活动的通知
上委办〔2022〕46号	2022-08-15	中共杭州市上城区委办公室关于成立上城区宋韵文化工作建设领导小组及领导小组办公室的通知
上委办〔2022〕51号	2022-09-16	中共杭州市上城区委办公室关于印发《深化“上门看、当面谈、马上干”机制在全区开展“网格走亲、党群融心”大走访活动实施方案》的通知
上委办〔2022〕58号	2022-12-06	中共杭州市上城区委办公室杭州市上城区人民政府办公室关于进一步推动社会组织高质量发展的实施意见
上委办〔2022〕62号	2022-12-16	关于印发《上城区贯彻落实全国大统一市场建设重点任务措施清单》的通知
上委办〔2022〕64号	2022-12-20	关于印发《上城区实施“天网工程”加强和完善社会治理感知体系集中攻坚行动方案》的通知

区委重要会议

【区委全体（扩大）会议】2022年，区委召开全体（扩大）会议2次。8月8日，区委一届二次全体（扩大）会议召开。会议坚持以习近平新时代中国特色社会主义思想为指导，深入学习贯彻省第十五次党代会、市第十三次党代会和市委十三届二次全会精神，动员全区上下稳进提质、融合争先，在奋进“两个先行”中加快建设独具韵味的国际化现代化共同富裕典范城区。全会审议并通过《关于高水平推进现代社区建设，筑牢奋进“两个先行”、打造“共富典范”基层基础的实施意见》。12月30日，区委一届三次全体（扩大）会议暨区委经济工作会议召开。会议坚持以习近平新时代中国特色社会主义思想为指导，深入学习贯彻中共二十大和中央经济工作会议精神，落实省第十五次党代会、省委十五届二次全会暨省委经济工作会议、市第十三次党代会、市委十三届三次全会暨市委经济工作会议决策部署，总结区委一届一次全会后的工作，听取和讨论区委常委会工作报告，审议通过《中共杭州市上城区委关于全面学习贯彻党的二十大精神，在加快建设典范城区中奋力谱写中国式现代化上城篇章的决定》，研究部署2023年各项工作。

【区委常委会会议】2022年，区委召开区委常委会会议29次。会议深入学习贯彻中共二十大会议精神，省第十五次党代会、省委十五届二次全会暨省委经济工作会议和市第十三次党代会、市委十三届三次全会暨市委经济工作会议精神，围绕“在加快建设独具韵味的国际化现代化共同富裕典范城区中奋力谱写中国式现代化上城篇章”目标，把方向、谋大局、抓改革、干实事，发挥辖区党组织中的领导核心作用，就事关经济社会发展的重大问题进行研究。

（季珉弘）

综合考评工作

【概况】2022年，上城区市对区考评成绩良好。其中，亚运筹办居全市第1位，民生实事项目居全市第2位，全面深化改革居全市第2位，文化繁荣兴盛居全市第3位，满意度评价居全市第2位。上城区以“八大行动”为牵引，依托“绩效e考通”，聚焦每月工作清单，以月赛、季赛、排名晒绩等方式督考联动，加速推进各项工作。围绕市、区两级目标任务，完善考评机制，精简指标体系，优化区目标考核立项管理制度，实行月报追踪，实现创优“一本账”。以区领导领办制、“一把手”总责制、整改进度月报制整改市、区两级社会评价意见，791条意见全部整改完成，市对区重点意见年终测评良好，市考评办录用区整改经验（优秀案例）5篇。迭代升级“绩效e考通”，打通市、区、街道、社区四级数据壁垒，实现基层减负、政府管理绩效提能，在全市交流推广，获《杭州日报》头版报道。组织两轮社会评价，邀请各界代表近3万人开展满意度评价。完成两场“公述民评问政”活动，现场满意度测评“两连胜”。

【综合考评情况通报】2022年5月12日，上城区召开全区综合考评大会，通报区2021年度综合考评结果，表彰优秀单位、良好单位，总结和点评各街道、部门工作，部署2022年度综合考评工作。2021年度上城区综合考评得分92.289分，居全市第7位，获良好等次。其中，民生福祉行动居第2位，文化兴盛行动居第3位，市县评议居第2位，获重要经济指标攻坚（良好）、民生福祉工作和文化兴盛工作3个单项奖。

【“1483”综合考评模式实施】 2022年，上城区综合考评工作围绕“八大行动”建设，按照“1483”模式对全区78家单位实施综合考评。“1”是围绕“全面建设独具韵味的国际化现代化共同富裕典范城区”中心目标。“4”是执行“重点攻坚”“日常履职”“创新创优”“满意度评价”四大考核维度。“8”是落实区委、区政府“八大行动”，助推市对区指标落地落实。“3”是落实省、市规范，严格执行奖励最高不超过3项。建立、健全综合考评运行机制，凝聚全区各方面、各领域、各条线合力，坚持突出党建统领政治导向、经济指标成长性导向、重点专项引领导向、日常履职规范性导向、创新创优先进性导向、满意度评价人民性导向六大导向。根据考核结果，区直单位优秀、良好单位分别占15%、20%；街道优秀4个、良好6个；市属垂直部门优秀、良好各1个。

【意见整改按期完成】 2022年，区委办公室推进全区意见整改工作，根据2021年度市对区、区直单位社会评价实施情况，将791条整改意见通过“绩效e考通”下达给各整改单位，每月填报整改完成情况及进度，整改完成率100%。其中，提前完成的整改意见可线上提交相关印证材料，现报现结，和市数字考评实现直报；对整改滞后、效果不佳的12条意见由区“八大行动”督查组现场复核督促、加速整改。同时，委托第三方对意见整改实效进行测评，将表现不佳单位纳入负面清单扣分项，通过考核奖惩提升工作实效。

【公开问政】 2022年，区考评办落实“公述民评”面对面电视问政工作。成立以区委书记、区长为组长的“公述民评”协调小组，分头组织召开专题部署会，明确任务，部门联动，完成两场问政活动，现场测评两次获五星好评。对曝光的问题进行立整立改，7条意见建议于年内100%完成点位整改目标。对同类问题进行举一反三，在全区范围内持续开展专项整改提升工程。

【数智考评】 2022年，上城区重视数智考评工作，迭代开发“绩效e考通”（升级版）应用场景，实现综合考评“一屏统览、实时掌控”。9月，该应用被纳入市“数智考评”试点，覆盖全区14个街道、56个机关部门、7家直属单位。该应用系统运行后，聚焦中心凸显，“八大行动”加速推进；基层减负体验感增强，数据填报实现“一网报”；移动办公交互便捷，任务督办实现“一键催”；市、区、街道、社区四级数据共享互通，考评任务、考评单位、考评事项、考评人实现“四联通”，机关干部精准画像。上城区相关工作经验刊登在《杭州信息》《杭州日报》做交流推广。

（季玳弘）

重要活动

【“走读新上城”系列活动】 2022年1月4日，上城区“我为上城建新功”暨“开门红开新局”动员会部署建立“走读新上城”融心融情机制，从了解上城的区情区况、风土人情、底蕴特色入手，定期组织四套班子、街道部门“一把手”走山水、访经典，推动领导干部从行走中起步，读懂上城、爱上上城、建设上城。全年8家牵头单位组织开展“走读新上城，奋进共富路”“走读新上城，奔跑向未来——高层次人才专场”等“走读新上城”系列活动500多场次，参与对象涵盖教师、学生、党员人才、企业家、工匠、“两代表一委员”（党代表、人大代表、政协委员）、医护人员，以及部门单位和街道、社区干部等群体1.8万人次。

（季玳弘）

【庆祝中国共产党成立101周年主题活动】 2022年6月30日，上城区在杭州市职工文化中心五一剧场（东宁路501号）举办庆祝中国共产党成立101周年主题活动。活动分为“红色根脉薪火传承”“同心聚力最美担当”“独具韵味共富典范”“实干争先勇立潮头”4个篇章，安排青年说《走读新上城》、影像志《战疫》、微党课《一线对话》、音诗画《觅宋》、情景剧《幸福邻里坊》、微访谈节目《服务有约》、新说唱节目《新征程、新作为》及大合唱《没有共产党就没有新中国》等节目。活动现场，为党龄达到50周年的10名老党员代表颁发“光荣在党50年”纪念章，表彰上城区“担当作为好干部”“担当作为先进集体”。

【社区党组织书记大比武】 2022年8月26日，上城区举办“红领上城，争星晋位”社区党组织书记大比武活动。14个街道选派社区党组织书记组成6支队伍参加大比武活动，每支队伍由4名社区党组织书记组成。社区党组织书记通过“社区治理风采晾晒”“政策民情通关”“实干争先比拼”3个环节的比拼，最终决出九星揽月队、清荷凯歌队、紫丁馨香队3支队伍分列前三名，并评选出“最佳风采展示奖”“最佳互学互鉴奖”“最佳团结协作奖”3个单项奖。现场，还举行导师帮带仪式，4名导师分别向徒弟赠送“工作宝典”并寄语。

（马天洋）

【首届“金靴奔跑”创新创业大赛】 2022年7月2日，上城区首届“金靴奔跑”创新创业大赛启动仪式在杭州洲际酒店举行，来自上城区的创业人才、重点企业、金融投资机构、创新平台运营机构，以及关心上城发展的各领域代表400多人通过线上、线下的方式参加。大赛由市委人才办、市经信局、市科技局指导，区委、区政府主办。大赛主题为“智荟上城、创享未来”，旨在吸引集聚更多海内外高层次人才到上城创新创业。大赛紧扣国家“十四五”规划中的战略目标及新兴产业，聚焦金融科技、信息技术、高端服务、人工智能、智慧医疗、光电技术六大领域，面向全球征集优质创新创业项目。启动仪式上，创业人才、企业家、投资机构代表分享他们参赛落地上城、筑梦奔跑上城、助力上城企业发展的经历和感受，讲述上城与人才携手共谱“产才融合共兴”的故事，同时“金靴奔跑”创业者联盟揭牌。大赛遵循公开、公平、公正、择优的原则，经海选、初赛、复赛、决赛，最终评选出12个项目进入总决赛。11月10日，大赛总决赛在浙江广播电视集团（莫干山路111号）举行，市、区相关领导及区相关单位负责人、重点平台企业投资机构、人才代表等参加。经过现场路演评选，以及首席评委、行业顶级专家现场评审打分和项目估值，最终由万春锋带来的“节能低碳的膜法溶剂处理与回收”项目获

2022年11月10日，上城区首届“金靴奔跑”创新创业大赛总决赛举行

（区委组织部 供稿）

一等奖，获二等奖项目4个、三等奖项目7个、优胜奖项目18个，获奖项目落地后将给予最高1500万元的资金资助及相关配套扶持。

（许红霞）

【2022年杭州—台湾“创意对话创意”活动】 2022年12月26日，由海峡两岸企业家峰会现代服务业及文化创意产业合作推进小组、杭州市人民政府、浙江省人民政府台湾事务办公室主办，杭州市人民政府台湾办事处、杭州市文化创意产业发展中心、上城区人民政府承办的2022年杭州—台湾“创意对话创意”暨海峡两岸文化创意产业交流对接会活动在南宋德寿宫遗址博物馆举行。活动以“中华文化的传承与创新”为主题，通过线上和线下互动交流形式进行。海峡两岸文创专家和企业家代表通过沉浸式体验，深入了解南宋政治、文化、艺术及生活美学，对继承弘扬中华文化、共同携手将更多富有中国特色的文创产品和项目推向世界达成共识。

（丁剑宇）

组织工作

【概况】 2022年末，上城区有基层党组织4280个。其中，党委286个，党总支147个、党支部3847个。有党员7.49万人，其中新发展党员500人。年内，区委组织部承办全省首次现代社区建设领导小组办公室主任会议；临时党组织建设、楼宇党建等3项工作获中共中央组织部调研肯定；两新工作、基层党建工作等6项工作在全市做经验交流，获省、市领导批示肯定5次；组织工作被《人民日报》、中共中央组织部《组工情况》等省级以上主流媒体、内参信息刊载近50篇次。

【干部队伍优化】 2022年，上城区梳理9.4万条好干部具体标准建议，制定街道和部门班子及“一把手”、军转等13个类别干部的正负向清单，形成具有上城辨识度的“好干部”践行标准。开展“担当作为好干部”推选评选，表彰20名干部和10个集体，对在新冠疫情防控、经济建设、征迁安置等重点工作中表现突出的13人进行提拔或转任重要岗位。探索实行“五比五选五看”活动，面向全市范围开展区属国有企业领导干部综合比选，从50多名来自市、区两级不同条线的优秀干部中遴选出区属国有企业正职2人、副职4人。分层分类谋划年轻干部、中层干部等不同干部类别的比选交流工作，激发全区干部争先进位的干事热情。加强干部队伍分析研判，注重加强专业化干部和老中青梯次配备，在区管干部和全区中层干部选拔任用工作中，注重优先考虑全日制大学以上学历和专业型干部。年内提任的37名区管干部中，全日制大学以上学历25人，占提任总人数的67.6%。实施年轻干部体系化培养“青尚”工程，实行“一季一考一训”，常态化开展理论测试3次，覆盖“85后”区管副职、中层正职、党政储备人才和选调生等层面年轻干部258人，动态考察年轻干部综合能力素质。全年全区结合干部考试成绩、口碑经历、走访谈话，提拔“85后”区管正职1人、区管副职9人、转任重要岗位3人。

资料

“五比五选五看”： 通过上下交流、综合比选的方式，比党性、看品行，选出忠诚干净的干部；比作风、看服务，选出实干亲民的干部；比担当、看破难，选出锐意进取的干部；比业务、看实绩，选出专业精湛的干部；比学习、看创新，选出勤学善思的干部。

【基层组织体系建设】 2022年，上城区成立由区委书记和区长任“双组长”的区现代社区建设领导小组，系统构建现代社区建设“1126”工作体系，推进网格智治、“五社联动”等六大攻坚行动，细化98项指标、29个揭榜挂帅项目。网格履职“40条清单”、楼道长管理“10项机制”、红色物业“金牌管家”模式在全市推广。区、街道联动打造“幸福邻里坊”社区共富综合体，形成辐射1千米、10分钟步行可达的“十分优享”公共服务圈层，全区公共服务空间新增和拓展5万余平方米。探索深化党建统领“双网双全”网格智治模式，全面优化调整全区1360个网格、9201个微网格，配齐配强1360名由村社党支部委员会、村（居）民自治委员会干部担任的网格长和2722名专职、兼职网格员队伍，其他入网力量1.72万人。对照8项职能细化制定“网格员履职40条清单”。制定实施“楼道（栋）长队伍管理十条举措”，完善楼道（栋）长作用发挥和保障激励体系，楼道（栋）长选配率100%，推动网格智治工作贯通到底、直达终端。

【党建品牌优化】 2022年，上城区放大“尚城红盟”引领效应，推动资源整合、能量聚合、产业融合。新成立钱塘江金融港湾核心区（上城）发展联盟，吸引40家金融头部机构加入该联盟。近400家民营医疗机构应急支援核酸检测工作，2.7万名两新党员投身该项工作；万事利集团有限公司党委定制冬奥会奖牌绶带1600条。做细做实新就业群体组团包联、报到纳管、作用发挥等工作，引导全区2556名快递员到社区报到，推动“兼职网格员”“凯旋红骑士”“萤火虫”等志愿服务队成为新冠疫情防控“硬核力量”，相关做法获市委组织部《组工情况反映》刊登，快递员参与抗疫案例获《中国组织人事报》头版报道。

【数字组工建设】 2022年，上城区纵深推进数智赋能，迭代深化组织工作系统性重塑、高质量发展，打造“红色十二时辰”数字党建系统，赋能村社干部全周期管理，建立公职人员服务管理平台，树立区组织工作品牌。打造“线上一点通，线下10分钟”的党群服务阵地数字化应用场景，实现“浙政钉”“浙里办”两端上线，市、区、街道、社区四级数据协同，做到“需求一手掌握、供给一键调度、服务一触直达、运维一屏全览”。围绕“从数字化转向实战化”，推进全区公共服务场馆纳管工作，新增可共享使用场馆357个，总数增至589个，开发上线“场馆码”，在全区数字化改革推进会上作演示交流。打造社区（村）干部全景式管理系统，围绕社工进入、发展、晋升、调岗、退出全周期全方位采集数据，动态建立社区（村）干部“线上名册”。全覆盖录入全区203个社区（村）干部2.5万条数据，实现203名社区（村）书记和2683名社工信息在线动态管理、集中数智管控。围绕破解干部管理中存在的抓落实难、精准考核难等问题，建设公职人员服务管理平台，推动形成决策、部署、执行、评价、监督等全流程闭环化的数字工作流，实现从关注核心业务到所有任务，从管理单位到管理个人，使基层工作效率更高、任务协同更顺、干部任用更科学、绩效考核有依据。全年区委组织部填报日报1803份，处理区级重点任务64项、街道重点任务82项、常规任务5186项。

（马天洋）

【“幸福邻里坊”社区共富综合体建设】 2022年，上城区全域推进“幸福邻里坊”社区共富综合体建设。上城区以“幸福”为标尺，以“邻里”为主体，以“坊”为空间，以服务为主线，整合党群服务、公共服务等社区资源，结合老旧小区改造项目和配套用房，加强公共空间发掘，合理选址布局，科学配置功能，设置托育、颐养、

湖滨街道“幸福邻里坊”（摄于2022年）　　（区住建局 供稿）

健身、康复、小饭桌、小修理、小剧场、小书房八大个性化服务场景，因地制宜打造集聚式、分散式、嵌入式“幸福邻里坊”共富综合体。该综合体形成辐射1千米、10分钟步行可达的“十分优享”公共服务圈层，为群众提供教育、医疗等40多类公共服务，助力共同富裕基本单元建设。同时，在全区统一建设“幸福邻里坊”数字综合平台，推动服务“一键直达”、需求“一屏掌握”、治理“一网统管”，让“幸福邻里坊”成为24小时服务综合体。至年末，“幸福邻里坊”实现街道全覆盖，惠及群众6万余人，入选杭州市争当浙江高质量发展建设共同富裕示范区城市范例成果展示类试点，并被《人民日报》点赞。6月16日，闸弄口街道红梅社区在全市基层智治系统推进会上演示汇报“幸福邻里坊”应用场景。

（许红霞）

宣传工作

【概况】 2022年，上城区围绕“学习贯彻党的二十大精神”“宋韵文化”“迎亚运”“共同富裕”“五个新高地”等重大主题推出一系列报道，全年在各级媒体发稿8000多篇，其中中央媒体报道1300多篇，《南宋德寿宫遗址博物馆海外传播项目》获2022年度浙江省县（市、区）新闻国际传播一等奖。区融媒体中心各大平台设置专题专栏50多个，发文3万余篇，总阅读量超过3.4亿人次，阅读量超过10万人次的优质图文和视频报道数量423条，平台传播力、影响力居全市前三。全年《上城报》出报96期，上城网更新新闻2100多条，上城供稿中心稿件被“学习强国”全国、省、市三级学习平台录用3700多篇，其中全国学习平台录用300多篇。区融媒体中心选送的作品多次获中央、省、市级荣誉，其中，《宋韵最杭州》获2021年度浙江政务融媒体作品评选一等奖，《谢谢你，毛毛！》新媒体作品获2022年度杭州重大主题报道评选优秀新闻作品二等奖，“宋韵上城系列主题报道”获2022年度杭州重大主题报道评选优秀融媒体项目三等奖。“学习强国”上城供稿中心被“学习强国”浙江学习平台评为2022年度优秀供稿单位。

（王　灵）

【意识形态工作】 2022年，上城区高质量完成省委巡视“回头看”意识形态反馈意见整改与市委宣传部专项督查反馈意见整改。健全全区“1+14+N”（区+街道+社区）工作管理体系，推出区委落实意识形态工作责任制清单26条，制定《进一步加强意识形态工作责任制落实情况监督检查工作的实施办法》等配套文件，编发《加强党委（党组）高质量全面落实意识形态工作责任制管理手册》，为落实意识形态工作责任制提供针对性指导。以区委巡察专项检查和意识形态专项督查、“回头看”等工作为抓手，完成全区15家单位专项督查与29家单位专项检查。　（杨　帆）

【共同富裕主题报道】 2022年，上城区围绕“共同富裕”主题，在中央、省、市媒体刊发报道1000多篇，其中中央媒体刊发100多篇，《人民日报》报道上城区加快推进现代社区建设，做优共同富裕现代化基本单元，满足群众多元化需求，更好地为老百姓服务；中央广播电视总台新闻频道《朝闻天下》报道上城区对无障碍老旧设施进行排查和整改，全区1.06万个点位全部整改到位。“上城发布”全媒体平台开辟“庆祝建党百年”“我在红巷学党史”“上城红色印记”等专题，重点展现中共十八大召开后上城区在经济、文化、民生各领域取得的成就。推出适合网友参与、网络传播的新媒体产品——“献礼建党百年，我在上城送祝福”H5网页，受到市民欢迎。

（李凌婧 吕 啸 王豪文）

【宋韵文化主题报道】 2022年，上城区以宋韵为主题策划“主播说宋韵”“宋韵十二时辰”“寻宋上城”等系列报道。11月14日，组织媒体集中探营，为宋韵文化节暨南宋德寿宫遗址博物馆开馆做预热，中央、省、市36家媒体、100多名记者参加，刊发报道70多篇。宋韵文化节开幕暨南宋德寿宫遗址博物馆开馆当天，《人民日报》等中央、省、市主流媒体对宋韵文化开展密集宣传报道，刊发报道30多篇。组织“杭州有约，打卡宋韵”国际传播活动，通过“第三只眼”看宋韵、看上城，用外国人的视角和语言传播宋韵文化，并借助新华社全球通讯社联盟，在美洲地区、亚太地区的36个国家，以6种语言发文宣传南宋德寿宫遗址博物馆，展示宋韵文化魅力。“上城发布”全媒体平台开设“宋韵最杭州”专题，汇总“宋读”“宋听”“宋视”“宋韵文化节”“宋韵日历”“宋韵最杭州话题互动”等栏目，以图文、视频、音频、知识分享、线上话题互动等形式，推送宋韵相关稿件、信息100多篇（条），其中“宋韵最杭州话题互动”总讨论量1.2万人次，话题总阅读量2996.4万人次。

【上城全媒体矩阵发展】 2022年，上城区打造载体多样、覆盖广泛的上城全媒体矩阵，“上城发布”各平台关注人数118万余人次。鼓励指导各子平台、达人（大咖）资源入驻“上城发布”上融号矩阵，有45家单位常态化运营上融号，发文近2万篇，客户端日活跃度全省排名前十五。全年“学习强国”上城供稿中心被“学习强国”全国、省、市学习平台录用稿件3700多篇，稿件阅读量超过1000万次。组织开展“学习强国”学习课堂进校园活动，第一批“学习强国”学习课堂试点学校有杭州天杭教育集团、杭州市杭州中学、杭州市建兰中学等10所学校，掀起以“学习课堂”为纽带开展的各类线上和线下展示活动新高潮。组织选送“我的博物馆之旅”“温暖我的瞬间”等主题征文100多篇，有3篇分别获全国二等奖、三等奖。

（吕 啸 王 灵）

统战工作

【概况】 2022年，上城区统战工作以中共中央总书记习近平关于做好新时代党的统一战线工作的重要思想为指引，丰富统一战线思想政治引领形式，发布区统一战线思想政治引领十大品牌，打造基层统战品牌2.0版，推出全省首个自由职业人员统战工作特色街区，在加快建设独具韵味的国际化现代化共同富裕典范城区中发挥统战智慧、贡献统战力量、彰显统战作为。举办中共二十大精神宣讲会、“学习二十大，奋进新时代”党外代表人士培训班。坚持把服务中心工作作为工作重点，落实区领导联系民主党派、知联会，区政府部门对口联系民主党派、知联会，建立“上策·建言直通车”制度，围绕宋韵文化、共同富裕、助力亚运等重点工作开展课题调研，召开区委组织部、区委统战部两部联席会议，推动各民主党派围绕发展大局开展参政议政、建言献策、社会服务等活动。制定《关于支持区民主党派基层组织规范化标准化建设的方案》《2022—2024年党外干部队伍建设规划》，为民主党派组织履职尽责和持续发展提供制度保障。全年各民族党派提交调研课题33项，形成高质量建言成果600项。其中，《关于传承与展示宋韵文化的建议》《关于缓解医院“停车难”问题，抓好群众“关键小事”的建议》《关于完善我省核酸采样和隔离管控工作的建议》《关于进一步加强我市新型智慧城市建设的建议》和《关于杭州市防汛防台工作的建议》获省、市领导批示，《关于助推科技型初创企业集群健康发展》《关于完善我国游戏行业监管立法的建议》和《关于强化短视频平台审查监管，减少对青少年不良影响的建议》被列为全国政协提案。

（严　琰 谷晓成）

【区统一战线思想政治引领】2022年7月6日，上城区丰富统一战线思想政治引领形式，发布上城区统一战线思想政治引领十大品牌，即“同心大讲堂”学习品牌、“同心上策”调研品牌、“同心宣讲团”宣讲品牌、“同心走读”游学品牌、“同心成长”育才品牌、“同心走亲”联谊品牌、“同心共富”实践品牌、“同心微课”读书品牌、“同心竞技”比学品牌、“同心最美”示范品牌。全年推出“同心大讲堂”6期、“同心微课”12讲、“同心走读”14次、《统战人物风采》61期。指导各街道、统战团体、行业系统通过中秋茶话会、走读毅行等形式开展“喜迎二十大”活动25场。聚焦“共富”，组织民营企业家到四川雅江县开展东西部协作，达成建桥、修亭、网络直播等新的项目意向，10名企业家受聘为名誉村长。

（严　琰）

2022年4月14日，上城区“尚品新品”街道统战示范点提升行动现场会暨全区基层统战工作会议召开　（区委统战部 供稿）

【“尚品新品”基层统战示范点建设工程】2022年，区委统战部实施“尚品新品”基层统战示范点建设工程，制定《关于开展“尚品新品”（一街一品2.0）街道统战示范点提升行动的实施方案》，通过立项答辩、互学互评等方式，指导各街道立足街情、强化特色，打造一批“组织强、阵地佳、机制优、活力足、队伍精”的基层统战工作品牌。4月14日，召开“尚品新品”（“一街一品”2.0）街道统战示范点提升行动现场会暨全区基层统战工作会议，总结回顾前期“一街一品”建设工作，各街道分别汇报辖区“尚品新品”街道统战示范点的品牌建设目标和具体计划与措施。同时，对蹲点街道申报项目提出意见建议，并就基层统战工作要点进行部署。建立领导班子成员挂包街道蹲点调研工作机制，由区委统战部6名领导班子成员分别挂包14个街道，开展调查研究，听取意见建议，形成高质量调研报告，指导街道找到开展基层统战工作的着力点。制定《关于挂包街道暨蹲点调研工作方案》，按月召开座谈会、恳谈会，与街道分管领导、统战干事碰头研究分析，厘清工作思路，明确工作任务，细化工作方案，整合各方资源，根据自身实际，按照新建、提升、改扩建等不同情况，分类制定计划表，确保建设按各时间节点有序推进。将“尚品新品”评比结果纳入大党建考核，并结合每年度考核要求，以季度为周期对品牌提升行动进行考核验收，细化评分标准，推进基层统战示范点创建工作，发挥统一战线“帮助、团结、引导、服务”功能，创新统战工作思路，凝聚统战工作合力，打造出一批具有辨识度的标杆统战品牌。

（李　冉）

【党外代表人士全链条服务管理应用建设】 2022年，上城区全力建设党外代表人士全链条服务管理应用。党外代表人士全链条服务管理应用是省委统战部以系统重塑党外代表人士队伍建设为目标，以数字化改革为牵引，全力构筑党外代表人士发现储备、培养锻炼、安排使用、履职管理、综合评价全链条服务管理新模式的数字化应用。区委统战部作为主要试点单位参与其建设工作，助推多个子场景上线全省贯通；作为培育单位，完成履职管理子场景开发建设并上线运行，建立与统战系统各单位、人大、政协和组织部多跨协同的党外人士履职情况分析管理平台。10月19日，该应用被评为2022年全省数字化改革最佳应用。

（张天琦）

【上城区数字统战体验馆升级为市级馆】 2022年12月，上城区数字统战体验馆由区级馆改造提升为市级馆，由望江街道承担日常运营管理。该体验馆位于中豪望江国际3号楼3楼，面积650平方米，设望江统战之家、同心书屋、多功能报告厅、数字统战直播间等七大功能区域。望江街道统战工作人员全部入驻现场办公，七大功能区域向辖区企事业单位、统战成员免费开放，整合党建、统战、商会、文化、总工会、为企服务中心等资源力量，创设“E·智同心课堂”、新联会客厅等载体，将阵地活动与数字统战有机结合。体验馆以多媒体、线上线下集成、互动等方式，展现杭州市数智统战“1+6+N”体系架构，展示杭州市党建统领的统战工作整体智治成果，凸显全市数字统战工作深化业务协同和数据治理的成效，成为杭州数字统战工作对外展示的窗口。全年该数字统战体验馆接待参观团、组织各类活动158场次，参与人数4000多人次。

资料

“1＋6＋N”体系：“1”即数字统战的综合应用“浙统云”，是统一战线各个领域、各个数据的综合集成平台和门户。“6”即“彰显我国新型政党制度优势城市之窗”“民营经济‘两个健康’发展城市之窗”“新阶层人士统战工作创新实践城市之窗”“铸牢中华民族共同体意识城市之窗”“宗教中国化和宗教事务治理现代化城市之窗”“新侨创新创业城市之窗”6个城市之窗。“N”即对标多党合作、党外人才、民宗智治、同心共富、“两个健康”、为侨服务6条跑道谋划的N个重点应用。

（王　颖）

【“清河·同心坊”启用】 2022年，上城区立足吴山北麓南宋皇城核心区，以宋韵文化为黏合剂，以网络直播为赋能手段，整合吴山广场、河坊街、南宋御街区块内自由职业人员特征明显的23家文化单位、老字号企业，串珠成链、辐射成片，创新推出全省首个自由职业人员统战工作特色街区——“清河·同心坊”，实现统一战线代表人士、阵地、平台的高效融合及特色呈现，打造“最杭州、最韵味”的自由职业人员统战工作样本。至年末，“清河·同心坊”吸纳自由职业人员代表人士200多人，其中国家级非遗或工艺美术大师3人、省级15人、市级27人、区级39人，知名文化学者35人，开展各类活动600多场，并承办2022年全市统战部部长现场会。

【区领导列名联系新乡贤制度建立】 2022年，上城区贯彻省委落实统战条例细则，创新建立区领导与新乡贤代表人士列名联系制度。14名党政领导与王水福、屠红燕等14名新乡贤一一列名结对，定期开展走访联系，进一步加强党委、政府与新乡贤代表人士的联系，引导新乡贤参与区域治理、助力共同富裕、发挥示范引领作用。全年组织开展新乡贤领域活动150多场，惠及3000多人次，招引超过1000万元大项目5个，成立规模达3000万元的乡贤基金1个。

【统战力量助力共同富裕】 2022年7月8日，区委统战部、民建上城区基层委员会共同主办的“喜迎二十大，湖上绘同心”统一战线“传宋韵，助共富”主题活动在湖滨步行街举行。民建上城区基层委员会、杭州上城文商旅集团有限公司、中国美术学院共同签署“传宋韵，助共富，促消费”战略合作协议，明确三方将在文化推广、书画艺术活动、商业促销等方面开展深度合作。当天，湖滨步行街区统战阵地——“湖上同心荟”统战工作平台揭牌成立。该平台汇聚党派成员、“网红”主播、带货达人、优质商户、营销专家等各具专业特长的统战力量，将围绕经济稳进提质、为企纾困、宋韵文化传承等区委、区政府中心工作贡献智慧和力量。11月22日，上城区统一战线“学习贯彻二十大·同心共富实践月”系列活动启动，发布12个同心共富实践基地、13个民主党派和统战团体实践团、25项助力共富项目清单等，为进一步优化统战资源配置、服务中心大局提供“上城方案”。

（严　琰）

【民主党派基层组织规范化标准化建设】 2022年，上城区深化民主党派基层组织规范化标准化建设，助力上城区高质量发展。年内，推出《关于支持区民主党派基层组织规范化标准化建设的方案》，梳理制定党派规范化标准化制度24项，为党派配备专职人员8人，打造“党派之家”6个，“知联之家”1个，解决民主党派、知联会组织发展建设中的痛点问题。分党派逐一召开座谈会，全链条加强党外干部队伍建设，相关专报获市领导批示肯定，形成的经验总结《新型政党制度规范有序运转的探索与思考——以杭州上城区为例》，获省委统战部理论创新二等奖。以“平台+智库”模式整合统一战线渠道作用和人才优势，为全区经济社会发展提供更精准的资源支持。6月7日，上城区创新建立“上策·建言直通车”制度，规范推进民主监督，为党外人士参政议政搭建快捷通道，全年报送意见建议6篇。依托“上策·建言直通车”平台，从区各民主党派、无党派、工商联中推举、遴选出12位专家，组建成立区统一战线专家智库，涵盖民营经济、数字经济、涉企法规等领域。智库专家通过“上策·建言直通车”开展建言献策，发挥自身专业特长，围绕“助企纾困”开展调研、指导、协调等工作。

（严　琰　谷晓成）

【无党派人士工作】 2022年，上城区按照全市无党派人士工作部署和实际工作需要，认定无党派人士61人，全区无党派人士增至282人。282人中，有区人大代表13人、区政协委员68人、区政协常委12人、省人大代表2人、省政协委员2人、市人大代

表1人、市政协委员3人。完善无党派人士“一人一档”，依托党外代表人士全链条管理系统，动态了解部分无党派人士基本情况，动态掌握双走访、政治安排、职务安排、教育培训等情况。

【党外代表人士队伍建设】 2022年2月16日，区委统战部会同区委组织部召开联席会议，专题研究党外干部队伍情况，研究制定《2022—2024年全区党外干部队伍建设计划》，明确党外干部培养目标思路。全年举办“我为上城建新功”党外干部座谈会8场，63人次参加，近距离了解党外干部能力素质和工作情况。开展党外人才大排摸，着力在“掌握存量、挖掘增量，提高质量”下功夫，为党外人才队伍建设选好“苗子”。建立党外人才教育机制，举办党外代表人士主体培训班，开展外出学习考察，选派优秀党外代表人士参与区重点项目、重要平台、关键岗位锻炼。年内，培养输送市管领导1人，新提任区管干部4人、科级干部5人。

（谷晓成）

【党外知识分子工作】 2022年末，全区有区、街道（企业）党外知识分子联谊会（简称知联会）组织16个，理事285人，其中新发展理事30人。年内，区、街道两级知联会组织深入开展政治思想引领行动、共同富裕助力行动、创业创新助力行动、文化传承助力行动、社会治理助力行动“五大行动”，围绕“尚知”五大品牌（尚知·研学社、尚知·共富路、尚知·双创行、尚知·宋韵集、尚知·助推器），开展“喜迎二十大、奋进新征程”主题走读活动，举办区知联会“学习二十大践行共同富裕”、“迎亚运、毅骑来”骑行等活动30多场。围绕区委中心工作开展建言献策、课题调研、专项监督、社会服务等履职活动。参加区委召开的征求意见座谈会，对区委全会报告、区委常委民主生活会、区两会代表委员建议人选等提出意见建议。发挥区知联会理事中50名代表委员作用，围绕教育、传统文化、旅游等重点工作递交建议提案。全年形成调研报告《关于加快我省“双碳”行动，助力共同富裕示范区建设的若干建议》《关于残障人士金融保障类产品需求的调查报告》《关于进一步加强我区留用地开发建设的建议》。加强与区住建局、区审计局的对口联系，提出意见、建议10多条。开展走访理事单位活动，收集意见建议，帮助解决问题，推动杭州协创电力设计有限公司、杭州多典生物科技有限公司等企业落户上城区。开设“知联之家”，打造学习教育、履职尽责和宣传平台。依托党外代表人士全链条管理系统，建立包括党外知识分子代表人士及培养对象在内的254名党外知识分子代表人士组成的数据库。

（高　静）

老干部工作

【概况】 2022年末，上城区有离休干部86人，最大年龄100岁、最小年龄87岁，平均年龄92.31岁，其中抗战离休干部14人、易地安置离休干部25人。有副区级以上四班子老领导66人，年龄最大的96周岁，年龄最小的60岁，平均年龄为73.95岁。有省、市托管服务的离休干部162人。全区离退休干部党员3326人，离休干部党支部6个、退休干部党支部88个，离退休干部合编党支部20个。区委老干部局以党建统领老干部工作高质量发展，做到“四个坚持”，做强“银字号”功能，凝聚老干部力量为上城建新功贡献智慧力量。

资料

“四个坚持”：坚持用心用情精准服务，惠老行动入细入微；坚持党建统领凝心聚力，红色教育走深走实；坚持融心融情发挥作用，服务中心同向同行；坚持文化养老乐龄乐活，老年教育共建共享。

【老干部“三项建设”】2022年，上城区坚持政治统领，推进离退休干部政治建设、思想建设、组织建设“三项建设”。推选紫阳、采荷等7个街道退休干部党支部作为“三强六好”支部；以“六好”为标准，规范化建设离退休干部党支部，规范化建设率90.4%，推进区税务局、区文广旅体局退休干部党支部和丁兰皋城村、省中交通力工程设计公司党支部结对。全年新建金秋驿站21个，增至41个，全区覆盖率20.5%，其中16个金秋驿站融入青荷苑、红梅、景芳等社区的“幸福邻里坊”。劳动路社区、十五奎巷社区的“银领”项目入选市级项目库。区委老干部局组织红色讲师团、“五老”（老干部、老战士、老专家、老教师、老劳模）宣讲团等开展中共二十大、省党代会宣讲吟诵90多场次。承办杭州市新时代离退休干部党的建设课题研究座谈会，在全市老干部工作者政策业务培训会上做题为《红巷力量淬“银”成金，奔跑姿态破旧立新——奋力谱写上城区老干部工作高质量发展新篇章》经验交流。组织全区老干部读书会2次，主题党日活动17次。组织机关党委、纪委和所属各党支部委员到浙西南革命根据地纪念馆开展党史学习教育活动。参加全省老干部工作宣讲大赛，上城区代表队获全省二等奖、全市一等奖。

资料

“三强六好”：“三强”即凝聚力强、引领力强、组织力强。“六好”即组织设置好、班子建设好、党员队伍好、学习活动好、作用发挥好、制度坚持好。

【老干部服务管理】2022年，区委老干部局为离退休干部提供全方位服务。坚持规范、就高、平衡、渐进原则，确保落实好老干部政治待遇和生活待遇“两项待遇”。全年为离退休干部配备助老员18人，发放“三替”服务券、“援通”服务券（家政服务券）、华数电视卡各112份。强化“医养护”一体化服务，落实省、市、区离休干部社区医生签约工作，签约96人。开通配药绿色通道，提供大型医疗检测设备预约、健康评估等服务81人次。坚持“六必访”（重大节庆日必访、家庭重大变故必访、生日必访、生病住院必访、身故必访、不满情绪必访），全年走访慰问离休干部966人次。协调落实居家智能化改造、健康“E”站等惠老实事8件。启动困难帮扶机制，惠及因病、因家庭重大变故致困老干部7人，金额6.5万元。

【老干部作用发挥】2022年，上城区坚持融心、融情，发挥老干部正能量作用。全年区委老干部局组织区级老领导“走读新上城·助力共富路”主题活动6次，先后到皋城村、区公安分局、朗和银江国际医养中心、“中信·信悦88”养老中心、南宋德寿宫遗址博物馆、“幸福邻里坊”等地调研，促进老干部聚智聚力。整合、优化老干部志愿者队伍22支，重塑“银亮尚城、爱暖上城”老干部志愿服务工作品牌，累计服务时长20万小时。围绕“喜迎亚运会”主题，举办“学雷锋·迎亚运”专场志愿服务活动、书画篆刻作品巡展、“喜迎亚运会、银龄展风采”、“迎亚运，共发展——我是亚运小主人”等老干部、青少年助力亚运活动5场次。全年区老干部活动中心开展急救培训、反诈、“银龄跨越数字鸿沟”等线上和线下培训活动18场次，约2500人次参加。

【老年大学教学管理】2022年，区老年大学（老干部活动中心）通过嵌入金秋驿站总站、校史陈列室、“连心廊”、茶咖课堂、烘焙课堂等功能区块，推进两个阵地“一厅一室一坊”建设。实施《上城区老年大学管理办法（试行）》，制定学校章程，规范和探索“双校区多点”办学模式和“双下沉”管理模式。推进“家门口老年大学”建设，挂牌成立区老年大学湖滨分校，开设课程班次51个，授课教师44人，在册学员1220人。建立临时党支部11个，党员学员353人，以“党建+班级、党建+团队”模式组建功能型老干部党支部。推进启动“四名工程”（名课堂、名教师、名学员、名教材），发布“云尚课堂”70节，时长40多小时，录制视频《古巷宋韵——新上城古巷文化系列讲座》。

（杨信可）

关心下一代工作

【概况】 2022年，区各级关工委以喜迎“二十大”为契机，学习贯彻中共中央办公厅、国务院办公厅《关于加强新时期关心下一代工作的意见》，以立德树人为根本，坚持党建引领，主动服务中心，发挥“五老”作用，创新驱动，深度融合，关爱同行，推进全区关心下一代工作迈上新台阶。全区有关工委组织472个。其中，区级关工委组织1个（区关工委），区关工委成员单位20家；街道部门关工委组织17个；基层关工委组织434个，其中，社区关工委201个，中小学、幼儿园关工委206个（含公办和民办学校），民营企业关工委27个。

【关心下一代教育基地建设】 2022年，区关工委建立优选推荐区、市、省三级青少年校外教育基地制度，巩固提升老阵地，创新打造新基地。9月25日，省、市关工委领导到杭州市钱学森学校调研青少年爱国主义教育基地建设，实地参观钱学森纪念馆。年内，钱学森纪念馆先后于10月、12月被命名为第四批杭州市关心下一代教育基地、第四批浙江省关心下一代教育基地。上城区依托海塘博物馆、杭州孝道文化馆、钱学森纪念馆、茅以升纪念馆等辖区青少年教育场馆，建立红领巾宣讲团，开展教育实践活动，促进青少年健康成长。将青少年校外教育重心下沉到街道、社区，集聚“五老”和活动项目资源，主动融入街道党群服务中心、“幸福邻里坊”建设，为青少年建好家门口的活动阵地。笕桥街道关工委助力打造辖区架空层青少年服务文化圈，开展“一月一主题”活动。全年全区各类活动阵地开展活动592场次，覆盖青少年1.35万人次。

【爱党爱国爱社会主义主题教育】 2022年，区关工委以“传承红色基因，赓续红色根脉”为工作重心，开展爱党爱国爱社会主义主题活动。3月29日，联合清波街道在浙江革命烈士纪念馆开展

2022年5月29日，区关工委与湖滨街道联动，在杭州维景国际大酒店举办“寻梦宋都”六一亲子互动之旅活动　（区关工委 供稿）

“2022年清明祭英烈”主题活动，组织辖区党员干部、驻地部队官兵和两新党组织代表120人参加。5月20日至6月10日，与区文广旅体局联合主办的“钱江少年，歆馨向荣”迎六一书法展在区文化中心展出，吸引3000人参观。5月29日，与湖滨街道联动，在杭州维景国际大酒店举办“寻梦宋都”六一亲子互动之旅活动。7月19日，与区文广旅体局、区妇联、清波街道联合主办的2022年上城区暑期小候鸟“潮阅读”活动举行。9月26日，“我和劳模工匠面对面”主题活动在杭州市茅以升实验学校举行，市关工委、市总工会有关领导参加活动。组织开展首届孝星评选工作，全区各中小学开展形式多样的“传承中华美德，争当小孝星”活动。12月9日，会同区教育局、丁兰街道在西子音乐厅举行首届“小孝星”线上发布仪式，50名中小学生入围获奖，其中10人被评为上城区首届“小孝星”、40人获提名奖，杭州市采荷第一小学、浙江省杭州第十中学获优秀组织奖。线上发布仪式吸引在线观众达40万人。全年全区各街道关工委以街道党群服务中心为圆点，辐射带动各社区开展科普市集、宋风雅韵、读书分享、非遗制作等沉浸式体验活动120多场，开展各类主题活动1178场次，3.13万人次受益，获人民网、浙江新闻、《杭州日报》、杭州电视台等主流媒体宣传报道。

【青少年服务】2022年，区关工委协同区民政局、各街道关工委联合摸排困境青少年，上门走访了解实情，统筹区财政、区关心下一代基金会帮扶资金，筹资14万元，资助105名中小学生，于9月开学前全部发放到位。与司法、教育等部门协同建立“共·育”家庭教育指导站，合力推进未成年人共同体保护建设。组建“五老”心理健康服务团、彩霞家庭教育工作室和梁缘工作室，多维度设计开展心理咨询、家庭教育辅导、婚恋交友、平安健康等面对面服务。暑期，“五老”组团服务青少年家庭11户、87人次，缓解家庭矛盾、舒缓学生焦虑。区关工委讲师团老师黄慧芳创建夕阳残红志愿服务队，与17名残疾、失独家庭子女结对，定期送上课业辅导、心理疏导、航模制作等专题课程。实施“反哺计划”，32名受助青少年参与志愿关爱、为老服务等社会实践活动45次。关注服务“新杭州人”子女。区关工委联合区总工会、团区委、区妇联及14个街道关工委，深入街道、社区开展服务青少年活动20多场次、900多人次。共同办好“小候鸟”夏令营。8月1日，与紫阳街道联合举办的第2届“传承宋YUN·爱在紫阳”小候鸟成长夏令营在尚蓝公寓开营。夏令营为期3天，25名“小候鸟”参加。

【青少年普法教育】2022年，区关工委开展“宪法至上，守法光荣”普法宣传。与区公安分局、区检察院、区法院、区司法局等单位联动，以“关爱明天，普法先行”为抓手，发挥校园主阵地和主渠道作用，结合国家宪法日、国际禁毒日等重要时间节点，因地制宜开展以案释法、以案普法等法治教育活动，引领青少年学法、知法、守法，提升青少年法治素养。支持“五老”以担任校外辅导员、成长导师、合适成年人等形式，参与普法宣传、心理健康、安全防护、法律援助、结对帮扶等活动，履行《中华人民共和国未成年人保护法》《中华人民共和国预防未成年人犯罪法》《中华人民共和国家庭教育促进法》等法律法规赋予关工委的法定职责。全年“五老”关爱团与以合适成年人身份参与失足青少年审查起诉、审判帮教工作，帮教38人次。

【“五老”队伍建设】2022年，区关工委以加强“五老”队伍建设为着眼点，发挥

“五老”作用、展示“五老”风采，组建具有上城特色的讲师团、红巷宣讲团、关爱团、科技服务团、心理辅导团。组织开展“五老”集体备课会、专题培训会，优选高品质课程、组织高质量活动、组建高质量师资，走进社区、企业、学校，开展宣讲活动。创设“上城红巷大讲堂”，开列课题菜单25个，供全区关工委选择。举办上城区首届“香樟树奖”评选表彰活动，向16名获奖“五老”致敬。红巷宣讲团团长陆建忠获评全国“最美‘五老’”，区关工委、丁兰街道关工委等7家单位及施德明等16人获评市级先进。

（宋晓莺）

机构编制管理

【概况】 2022年，上城机构编制工作从“立柱架梁”转向“提质增效”。区委编办作为推动改革的先行者和服务保障的主力军，坚持问题导向、服务导向和结果导向，推进“大综合一体化”行政执法改革、基层管理体制改革、统筹街道编制资源、配套国有企业改革、重点经济板块体制调整研究等重点改革任务，助力全区经济社会高质量发展。

【行政执法体制改革】 2022年，区委编办思考在先、谋划在前，与区改革专班同频互动，围绕构建“金字塔形”行政执法队伍体系改革目标，坚持定原则、建架构、理体系，科学配置相应力量，优化执法功能，理顺全区执法层级体系。根据改革总体框架，按照“强化区级统筹职能、纵向厘清执法层级、横向精简执法机构”原则，有序完成区综合行政执法指导办公室机构调整及市场监管、文化市场执法队伍执法层级调整工作，落实劳动监察、房产监察两支队伍机构撤销和人员转隶工作。全区基本构建成“综合执法+市场监管、文化市场、应急管理、卫生健康、自然资源”的“1+5”执法队伍体系。人员编制上实施执法队伍人员、编制“双下沉”，推动街道“一支队伍管执法”。以“整体政府”理念，提升基层治理效能，为街道扩权赋能。根据各执法领域的监管对象、监管方式、执法频率等执法特点及各执法队伍人员力量配置实际，按照“基层队所应沉尽沉”、专业执法“划片驻点”和自然资源“因势乘便”3个原则，差异化确定各执法队伍力量的下沉比例和下沉方式。全区“1+5”执法队伍（站所）下沉编制594人，占比70.9%；下沉人员540人，占比71%，超标准完成上级明确的“县级65%以上的执法队伍编制和人员下沉街道”的改革要求。依托机构编制数字化监管平台，实现执法人员实时动态精准管理。在事项调整上，率先完成监管事项调整，促进线上和线下步调一致。抓实权力事项库、执法监管事项库“两库”管理，完成2903项在库在用行政处罚事项与1738项综合行政执法事项的对比、调整工作，连续两年在全市率先完成行政检查和行政执法“两个100%”全覆盖任务，确保监管事项库（省级）动态维护与改革推进步调一致。

【基层管理体制改革】 2022年，区委编办坚持基层导向，结合区情实际，围绕“差异化配置街道编制资源”和“变革型组织”两个改革核心，针对改革难点，开展前期调研、测算谋划、政策执行衔接等工作，为基层管理体制改革总体推进厘清思路框架和实现路径。按照全省特大、较大、一般3种街道分类要求，与区委组织部、区委政法委、区财政局、区统计局、区市场监管局、区数据资源局及相关街道加强同频互动，结合区情开展数据采集、构建分类模型，围绕4个核心指标权重（人口、面积、一般公共预算收入、经营主体数）、街道班子职数和重点街道、社会面的管理难度、街道历史沿革4个维度，进行差异化配置街道编制资源建模。建立街道编制专项周转池，以解决街道政策性、结构性、急需性、阶段性等用编需求为主要目的，以“总量控制、动态调节、周转使用、限期收回”为原则，与组织、人力社保部门设计起草街道编制周转使用的规范流程，为做强街道编制资源保障提供遵循。按“141”基层治理体系开展街道岗位设置设计，从业务运行角度将原有职责拆解至23个岗位，明确岗位名称、岗位职责、对应街道分管领导、对应区级部门、对应跑道及下通网格等要素，理清“条与块”“上与下”“统与分”的相互关系和运转模式，经10多轮修改完善，形成《街道岗位清单》《街道岗位设置示意图》《街道“基层治理四平台”运行架构图》系列模型。在此基础上，与组织、人力社保部门设计起草街道岗位管理制度，为人员编制统筹管理打下基础。

【体制机制优化调整】2022年，区委编办以推动机构整体优化、协同高效运转为着力点，重点关注平台运行、部门履职等关键领域和重点环节，做好改革助力和机构编制保障。根据国有企业改革总体框架，会同组织、国资、人力社保等部门，牵头完成5855名国有企业人员系统摸底、1141名原有管理人员结构分析，指导各国有企业平稳有序开展人员分流整合。年内，358名国有企业人员按规定程序完成人员进控制数工作、104名中层干部完成组织备案，配套制定国有企业机构人员管理办法，规范国有企业人员进控制数流程。根据省级高新区创建要求和国有企业改革框架，聚焦开发区管理范围、组织架构、事权划分、财政体制、考核机制等核心要素，厘清开发区管委会、属地街道相互关系，为钱塘智慧城发挥区域发展主平台、主引擎作用提供支撑。做好重点领域的机构编制服务保障。主动对接沟通，做深、做实论证报告，上城区将区为企服务中心升格为副处级单位；及时加强南宋德寿宫遗址博物馆管理机构和力量，保障博物馆按时开馆；优化区医疗保障服务中心机构设置，强化区级医疗保障工作与省、市的有机衔接；及时跟进区社会治理中心机构设置、领导体制和职能衔接研究，保障“1612”体系迭代升级。

【机构编制资源盘活利用】2022年，区委编办面对超编消化整改要求高、压力大和全区人员队伍结构相对老化的现状，在有限的资源中做好统筹调度和结构优化。在完成近400名超配中小学教师年度消化任务基础上，通过市委编办支持和区内挖潜，市、区两级统筹调剂1018名事业编制用于保障全区教师编制。调配有限编制资源，保障德寿宫遗址项目、优秀社区书记纳编、共富示范区建设等中心工作用编。支持政策性安置任务，为有关随军家属、军转干部安置提供用编保障。先后3次从不同角度对全区编外聘用人员现状进行全面分析，为领导研究决策提供支撑。按照编外聘用人员全方位全流程闭环管理的思路，牵头制定符合区情实际的编外聘用人员管理“1+3”政策体系，明确各部门职责分工，全面实现编外聘用人员动态精细化管理。结合“大综合一体化”行政执法改革，选取实行不同执法模式的街道综合行政执法中队开展机构编制评估，为制定“区属街用共管”制度打好基础。同时，主动开展应急体系评估，细化量化评估指标，全面探索机构编制质效评估新路径，加强机构编制资源使用效益，提升机构编制管理水平。

资料

“1+3”政策体系：“1”指《杭州市上城区机关事业单位编外聘用人员管理细则（试行）》。“3”指配套的文件《杭州市上城区机关事业单位特定岗位、专项岗位编外聘用人员管理工作实施意见（试行）》《杭州市上城区机关事业单位编外聘用人员经费保障办法（试行）》《杭州市上城区机关事业单位编外聘用人员公开招聘指导意见（试行）》。

（施利君）

信访工作

【概况】 2022年，区信访局贯彻落实中共中央总书记习近平关于加强和改进人民信访工作的重要论述精神，围绕中央、省、市信访工作决策部署，结合全区信访工作实际，坚决贯彻《信访工作条例》，全面落实信访工作责任。全区信访总量（不含电话）3.09万件次，比2021年上升31.9%。其中，四级走访登记1983人次，下降58.3%。来信、网上信访2.89万件次，上升39.5%。区社会矛盾纠纷调处化解中心接待群众1.99万批次、2.7万人，处理各类诉求1.82万件，办结率99.6%，群众满意率98.4%。年内，重大信访问题清单指数年度考核首次进入全省前30名；区信访局被省委、省政府评为2022年度人民网网上群众工作民心汇聚单位；区长公开电话受理中心获评区级“担当作为先进集体”。

【信访积案“清零”】 2022年，区信访局全面落实领导挂包、每日接访、责任追溯等机制，推动信访积案“清零”。区委、区人大、区政府、区政协班子成员和区法院院长、区检察院检察长轮流每日在区社会治理中心值守接访。区信访工作联席会议办公室对重大、复杂、疑难信访事项进行全面回溯，还原信访问题原来面貌，明晰产生根源，核查化解过程，分清是非责任。全年完成上级交办2415件重复信访积案动态“清零”，连续3年化解量居全省第1位，其中攻坚化解一批国家和省、市挂牌10年以上历史积案的工作成绩受到市委主要负责人的批示肯定。

【信访治理与信访保障】 2022年，区信访局深化信访“同心圆”工程，加大“双向规范”力度，推动信访生态持续优化，四级走访总量比2019—2021年平均值下降59.6%，降幅居全市第2位，连续4年下降30%以上。全年信访工作交出“零聚集、零登记、零扰序”的“三零”高分答卷。区信访局获评市级先进集体。

（黄睿清）

党史工作

【概况】 2022年，区委党史研究室把握“党史姓党”的正确方向，聚焦“以史鉴今、资政育人”根本任务，为加快建设独具韵味的国际化现代化共同富裕典范城区贡献党史力量。围绕庆祝中共杭州小组成立100周年、庆祝“红巷精神”发布10周年、“喜迎二十大”等主题，通过举办图片展和党史知识竞赛等形式，开展系列庆祝活动。结合党史学习教育，开展党史学习、党史编研和党史宣传教育活动，发挥党史工作存史、资政、育人作用。推进全区红色资源活化利用，推进红色场馆建设和红色资源点数字化、宣传利用等工作。年内，区委党史研究室获评全省党史和文献部门先进集体，2022年度杭州市党史、地方志宣传教育供稿工作一等奖。

【党史编研】 2022年，区委党史研究室编印完成《上城大事记（2021）》，启动《上城大事记（2022）》资料搜集整理工作。完成《杭州市江干区改革开放简史（1978—2021）》前四章统稿工作，确定第五章纲目。组建上城简史编辑部，启动《杭州市上城区改革开放简史

（1978—2021）》编纂工作，开展资料的搜集整理工作。与团区委合作编印《百年风华，红色群英》，汇编上城区优秀共产党员的口述史料。拓展党史资料征编范围和主题，落实中共中央总书记习近平等国家领导人到上城指导视察工作有关史料的征编项目。完成《中国历史在这里转了个弯——浅谈中共在西湖会议前后对国共合作态度的转变》等3篇资政课题，其中《赓续红巷精神赋能共同富裕典范城区建设》《从三个维度探索中共杭州小组建立与发展经验对上城区党建事业发展的引领作用》分别获庆祝中共杭州小组成立100周年学术征文二等奖、三等奖。

【党史宣传教育】 2022年，区委党史研究室结合党史学习教育，线上、线下相融合开展系列党史宣传教育活动。全年举办“守好红色根脉，践行初心使命——中国共产党杭州市历次代表大会”图文展6场。推动党史学习教育常态化，依托短信平台，每周两次向全区机关党员干部及区“两代表一委员”推送“党史今日”系列等微党史短信；通过“上城史志”微信公众号等平台，开展“喜迎二十大，学党史跟党走”“学习二十大，奋进新征程”知识竞赛，推送党史知识。将图片展、主题党课、党史书籍送进区少年宫、小营巷社区、杭州市滨江第一小学、杭州市开元中学、大通桥社区等地，推进党史“七进”（进社区、进农村、进机关、进学校、进军营、进企业、进网络）活动。

（楚克静）

2022年10月16日，区委党史研究室在杭州市开元中学举办“守好红色根脉，践行初心使命——中国共产党杭州市历次代表大会”图文展

（区委党史研究室 供稿）

【红色资源保护和利用】 2022年，区委党史研究室以开展重要庆祝活动为契机，推进红色场馆建设，加强红色场馆保护和利用，强化红色资源数字化赋能。编印完成《星火——纪念中共杭州小组成立100周年图册》，《钱学森与杭州》被《足迹》（2022年第1期）采用。6月30日，承办“牢记新使命，奋进新时代，建设新天堂”——庆祝中共杭州小组成立100周年学术研讨会。研讨会由市委党史研究室主要负责人主持，区委组织部主要负责人出席并致辞，10位专家学者受邀探讨相关议题，县（市、区）党史部门主要领导、区委相关单位代表等参加会议。9月10日，联合小营街道开展“红巷精神放光芒，共同富裕铸典范”上城区庆祝“红巷精神”发布10周年暨“喜迎二十大”活动，邀请中共杭州小组创始人徐梅坤和于树德的后人到现场分享父辈“对党忠诚，矢志不渝”的革命情怀。推进红色场馆建设，参与“四·二六”十二烈士纪念室迁址建设项目，协调省新四军历史研究会金萧分会、闸弄口街道开展场馆现状调研、新馆选址调研

与座谈，参与新馆概念设计讨论，挖掘补充图文史料，推动展陈大纲撰写。与市委党史研究室合作，完成中共杭州小组专题纪录片优化，以及《钱学森故居》《茅以升事迹展览馆》等云游博物馆系列视频5期。丰富红色场馆参观形式，推进红色资源手绘地图数字化，完成上城区红色资源手绘地图绘制与系统搭建，上线VR全景导览、语音导览等功能，完成红色资源简介、导航功能全覆盖，以及钱学森故居等5个场馆VR全景导览和语音导览覆盖。

（高明明）

机关党建工作

【概况】 2022年末，区委直属机关工委下辖15个党委、10个党总支、30个党支部，党员3523人（含离退休党员）。年内，区委直属机关工委以习近平新时代中国特色社会主义思想为指引，学习贯彻中共二十大精神，以“建设清廉机关、创建模范机关”为总牵引，紧扣“围绕中心、建设队伍、服务群众”的核心任务，围绕“八大行动”，发挥机关党组织战斗堡垒和党员先锋模范作用，坚持以高质量机关党建引领高质量发展，为独具韵味的国际化现代化共同富裕典范城区建设贡献机关党建力量。年内，上城区深化机关党员培养使用、推进民情联系、优化主题党日等创新做法被《浙江信息》录用3次，获省、市领导批示肯定2次。

【新时代好干部标准研究】 2022年，区委直属机关工委围绕“新时代好干部标准的上城探索与实践”，完善并推广运用好干部标准，通过探索标准引领共识，凝聚攻坚克难合力。依托“专家深研+立体画像+成果运用”模式，重点围绕街道党工委书记、军转干部等11类对象，形成118条正向指标、82条负向指标及432个要点的具象化描述，形成《新时代好干部：上城探索与实践》阶段性理论研究成果，并运用于班子检验和干部考核中。

【机关党建基础夯实】 2022年，上城区坚持把学习宣传贯彻中共二十大精神作为首要政治任务，创新成立以新转正党员、入党积极分子为主体的“尚学新韵”机关党员理论宣讲队，培育机关党员学习实践基地3个，为打造机关党建高地夯实基础。围绕“红色根脉强基工程”，高质量开展党员春训冬训、党务干部培训等，全年培训4100多人次。推进“先锋品牌引领工程”三年行动计划，以“尚领红潮”品牌为总牵引，打造“尚领学堂”“尚学新韵”等学习教育品牌、“党员先锋365”等志愿服务品牌、“尚警风华”等机关品牌、“红领筑家”等两新党建品牌，串点成线，形成机关工作品牌矩阵。实施支部建设提升工程2.0版，完善以“七张问题清单”为牵引的党

2022年3月29日，区委直属机关工委成立“尚领学堂”，并聘请专业导师为机关干部职工提供个性化培训指导。图为导师聘请仪式

（区委直属机关工委 供稿）

建统领工作机制，用好“西湖先锋”等数智机关党建系统，推进《上城区机关党支部工作规范（试行）》实施。做优主题党日载体，制定、印发《关于深化“双建争先”做优主题党日活动的通知》，把机关党建与亚运保障、宋韵传世等深度融合，培育“党建领共富，先锋助杨柳”等主题党日范本。每月滚动播放当月政治生日党员名单，并为党员送上定制书籍及贺卡，提升机关党员荣誉感。

【机关党员干部服务水平提升】2022年，上城区持续深化“先锋领杭双报到”“百千万”［联百社（村）、进千企、访万户］等民情联系活动，机关党员干部服务基层水平进一步提升。机关党员社区报到率和“微心愿”认领均保持100%。召开全区“百千万”推进会、双向交流会400多场次，结对帮扶800多户，“网格走亲、党群融心”走访25万余户，协调解决民生问题450个，完成二次供水等民生实事项目136个。落实“千名干部助千企”精准服务，发动全区机关党员干部走访企业4200多家次，协调解决问题1300多个，企业满意率95%。

【清廉机关建设】2022年，上城区多举措推进清廉机关建设。开展清廉机关示范点创建，由点及面，促进全区机关廉洁办公，打造区政府大院内清廉阵地。全年创立示范点7个，征集宣传案例9个。运用微信公众号、微博等新媒体，形成清廉文化宣传矩阵。拓展反腐倡廉教育的内容和形式，开展清廉文化学习会、“我的家书”评选、清廉摄影比赛等活动，使清廉教育真正“入心”。深化“四责协同”机制，借力区“廉情码”落实机关效能、干部作风等监督纠治，全年开展各类专项督查43次，整改问题22个，有效转变机关工作作风，优化清廉工作环境。

资料

“四责协同”机制：指党委主体责任、纪委监督责任、党委书记第一责任人责任和班子成员“一岗双责”统一联动、合力运行的责任落实机制。

【机关群团活动】2022年，区委直属机关工委开展“走读新上城”活动，创办“尚领学堂”，牵头开展各类活动，激发机关群团活力。着眼机关干部职工需求，结合“迎亚运、展宋韵”等主题，组织开展“亚运进机关”主题宣讲、“三小球”（羽毛球、乒乓球、网球）培训、宋韵系列专题讲座及点茶体验等活动50多场次，参与人员1.42万人次，促使机关干部融心融情、互学互鉴。针对机关困难党员、职工，在春节、七一等节点开展走访慰问等活动，全年发放慰问金10万余元。同步推进医疗互助全员保险、职工疗休养等工作，营造暖心“家”氛围。

（陈志君 孙　哲）

党员干部教育培训

【概况】2022年，区党群服务中心通过一套立体式培训体系、三大培训工程、两大共享平台升级打造党员干部教育培训“上城样板”。打造“三个三”立体式培训体系，面向全区区管干部、年轻干部、社区（村）书记、军转干部等八大层面、12类培训对象开展调训。全年开办主体班16个、33期，培训5100多人次，做实干部全链条培养重要一环。推进“网上定班”“课程定制”“名师点单”三大工程建设，为区综合行政执法局、笕桥街道等82家单位和基层党组织“量身定制”各类课包450多个，惠及基层党员2.86万人次，“点对点”推送省委党校、市委党校、知名高校专家主讲的课程，助推基层教育培训提质增效。推动“数智培训间”“云上阅览室”两大共享平台延伸覆盖，有效破解基层教育培训“课程难设”“名师难约”“场地受限”等难题，“1+N”联办组训覆盖4万余名场外学员，协助部门、街道办班23个，共享教学资源172个。

资料

“三个三”立体式培训体系：指培育“三色”课程体系（立根铸魂，打造“红色”课程；蓄力赋能，健全“绿色”课程；聚智立新，完善“蓝色”课程），推行“三式”教学方法（实战式、互动式、分享式教学），创新“三联”办班模式（“联袂”合作，深耕高校资源；“联网”开课，拓展线上服务；“联动”保障，重塑服务流程）。

【党群服务阵地建设运维】2022年，区党群服务中心发挥党群服务矩阵作用，推动全区党群组织力、凝聚力提升。制定《全区党群中心综合评价标准》，做实“尚城·红星系”“336”党群服务矩阵及工作机制。上城区闸弄口街道“闸们家”党群服务中心获评全省最有创意党群中心，钱江新城中央商务区（CBD）党群服务中心获评全省数字赋能集成服务示范党群中心，笕桥街道党群服务中心、彭埠街道党群服务中心等29个中心获评市级示范中心和实践基地。推动各级党群服务中心发挥政治引领作用，使党群服务中心成为基层党组织严肃党内生活、规范开展“三会一课”、主题党日的重要承载地。发挥各级党群服务中心服务功能，全年开展志愿服务565场次，组织各类活动800多场，惠及党员群众6.35万人次，党群组织力、服务力、活动力、宣传力等12项综合指标排名居全市第1位。细分各级党群服务中心的社团功能，推出公益、文艺、运动、学习四大类、12个子类“区—街道—社区”三层级社团469个，培育“领袖+骨干”两类社团人才梯队。推出“党群里的温暖”等特色品牌项目20个，提升社团影响力、先锋凝聚力。

资料

“336”党群服务矩阵：第一个“3”指党群服务中心、党群服务驿站、党群服务微站三级党群服务阵地联动。第二个“3”指沿山、沿湖、沿江3条党建示范带。“6”指集约、开放、融合、共治、数字、人文“六型”家园。

【全媒体宣传推进】2022年，区党群服务中心持续开展基层党建“立体式”宣传。推进“小屏党建”进特色小镇、两新组织、互联网企业等新型领域，推动辖区商场、楼宇、广场、小区等阵地的6240块“电子屏”成为“党建屏”。该项工作获上级肯定，获市委组织部党员教育中心专题调研。发挥电视端、电脑端、手机端和远教广场、党群阵地“3+2”全媒体平台作用。区教育培训、党群服务等特色做法在《人民日报》客户端、共产党员网、《浙江日报》、《浙江共产党员》杂志等中央、省市媒体报道40多篇。“上城党群”公众号全年采编、报道党群信息推文630篇，“上城党群”视频号宣传党群视频1073个。年内，党员教育电视片《凉茶不“凉”》获评第16届全国党员教育电视片观摩交流活动二等奖，并作为全国党员学习资料纳入共产党员网展播，《15分钟》获评全省党员教育电视片观摩交流活动三等奖；与市委组织部合作拍摄的《领导干部个人有关事项填报》在全市推广。

（黄晨懿）

上城区人民代表大会

综　述

【区人大常委会履职】 2022年，区人大常委会以习近平新时代中国特色社会主义思想为指导，贯彻中共二十大精神，围绕推进区域治理体系和治理能力现代化的需求，依法履职、勤勉敬业、守正创新、争先创优，为加快建设独具韵味的国际化现代化共同富裕典范城区做出积极贡献。全年区人大常委会召开常委会会议7次、主任会议14次，做出决议决定9个，听取和审议区政府、区监委、区法院和区检察院专项工作报告29项，开展视察和执法检查18项。

【区人大常委会自身建设】 2022年，区人大常委会把加强自身建设作为夯实人大工作基础、提高人大及其常委会履职能力和水平的重要抓手，推动新时代人大工作迈上新台阶。发挥党组作用，履行全面从严治党主体责任，落实中央八项规定精神，严守《中国共产党章程》和党的各项纪律，提高政治判断力、政治领悟力、政治执行力。落实党建、党风廉政建设和意识形态工作责任制，支持派驻纪检监察组工作，推动管党、治党各项工作落地见效。加强对常委会机关各级党组织的领导和工作指导，推进机关思想政治建设、纪律作风建设、干部队伍建设。制定区人民代表大会、常委会会议工作程序，讨论决定重大事项暂行办法等工作规程，规范实施常委会会前学法举措，修订机关党组“三重一大”议事规则、机关后勤管理办法等规章制度，确保常委会和机关运行依法有序、务实高效。加强对人大街道工委的工作指导，构建上下联动、整体发力的格局。加强人大新闻宣传，全年在新华网、《人民代表报》、《浙江日报》等媒体刊发人大工作新闻稿件256篇。全年在省市人大专题会议上做典型发言5次，人大信息宣传工作名列全市第一、全省第二。加强调查研究，完成优化城市规划和平台布局、推进区街财政体制改革、提速征迁“清零”和回迁安置等专题调研报告22篇，助力全区高质量发展。《从“制度密码”到“民生红利”——上城区全过程人民民主路径探索》调研报告获评省人大工作理论研究优秀论文奖。“街道人大工作数字化应用场景”获第3届浙江人大工作与时俱进优秀奖。　（张华峰）

2022年上城区人大常委会文件题录一览表

表6

文　号	发文日期	文件标题
上人大〔2022〕1号	2022-01-13	关于出席杭州市上城区第一届人民代表大会第一次会议的通知
上人大〔2022〕2号	2022-01-27	关于列席杭州市上城区第一届人民代表大会第一次会议的通知
上人大〔2022〕3号	2022-02-08	关于2021年区政府民生实事项目完成情况测评结果的通知
上人大〔2022〕4号	2022-02-18	上城区选举杭州市第十四届人民代表大会代表选举结果的报告
上人大〔2022〕5号	2022-04-14	杭州市上城区第一届人大常委会2022年工作要点
上人大〔2022〕6号	2022-04-14	关于印发《杭州市上城区人民代表大会常务委员会讨论决定重大事项暂行办法》等文件的通知
上人大〔2022〕7号	2022-04-14	关于设立杭州市上城区第一届人民代表大会常务委员会代表资格审查委员会的决定
上人大〔2022〕8号	2022-04-14	关于调整区人大常委会各工作委员会组成人员的决定
上人大〔2022〕9号	2022-04-14	关于湖滨等14个街道工委工作报告的决议
上人大〔2022〕10号	2022-04-25	关于表扬2021年全区人大信息工作成绩突出的单位和个人的通报
上人大〔2022〕11号	2022-08-08	关于批准上城区2021年度决算的决议
上人大〔2022〕12号	2022-09-23	关于接受诸劲松辞去区一届人大代表职务的决定
上人大〔2022〕13号	2022-11-30	关于批准2022年度区本级预算调整和政府债务限额调整方案的决议
上人大〔2022〕14号	2022-12-19	关于召开杭州市上城区第一届人民代表大会第二次会议的决定
上人大〔2022〕15号	2022-12-19	关于接受周邱忆等辞去区一届人大代表职务的决定
上人大〔2022〕16号	2022-12-19	关于补选区一届人大代表的决定
上人大常干〔2022〕1号	2022-04-14	关于任免周红星等同志职务的通知
上人大常干〔2022〕2号	2022-04-14	关于决定任命杨盛强等同志职务的通知
上人大常干〔2022〕3号	2022-04-14	关于任命任平同志法律职务的通知
上人大常干〔2022〕4号	2022-05-26	关于决定任命姚洪华同志职务的通知
上人大常干〔2022〕5号	2022-05-26	关于决定任命余焱等同志职务的通知
上人大常干〔2022〕6号	2022-05-26	关于陶琳同志职务任命的通知
上人大常干〔2022〕7号	2022-05-26	关于免去韩涛等同志法官职务的通知
上人大常干〔2022〕8号	2022-07-27	关于决定免去薛鸿翔等职务的通知
上人大常干〔2022〕9号	2022-07-27	关于任免徐枫等同志法官职务的通知
上人大常干〔2022〕10号	2022-07-27	关于免去张清同志法律职务的通知
上人大常干〔2022〕11号	2022-11-11	关于免去周景峰等同志人民陪审员职务的通知
上人大常干〔2022〕12号	2022-11-11	关于决定任免陈安等同志职务的通知
上人大常干〔2022〕13号	2022-11-11	关于任命朱凌佳等同志法官职务的通知
上人大常干〔2022〕14号	2022-11-11	关于任命王颖等同志法律职务的通知
上人大常干〔2022〕15号	2022-12-19	关于决定任免徐争光等同志职务的通知
上人大常干〔2022〕16号	2022-12-19	关于赵海霞等同志职务任免的通知
上人大常干〔2022〕17号	2022-12-19	关于任命汪骏华等同志法官职务的通知
上人大常干〔2022〕18号	2022-12-19	关于任命张旭同志法律职务的通知

续表6

文　号	发文日期	文件标题
上人大常审议〔2022〕1号	2022-04-25	关于上城区2021年度法治政府建设情况的审议意见
上人大常审议〔2022〕2号	2022-04-25	关于政府重大投资项目2021年执行情况和2022年计划草案的审议意见
上人大常审议〔2022〕3号	2022-07-01	关于我区《中华人民共和国就业促进法》实施情况报告的审议意见
上人大常审议〔2022〕4号	2022-08-25	关于上城区人民检察院履行法律监督职责情况的审议意见
上人大常审议〔2022〕5号	2022-08-25	关于区人民检察院王瑛检察官履职评议意见的反馈
上人大常审议〔2022〕6号	2022-08-25	关于区人民检察院朱品艳检察官履职评议意见的反馈
上人大常审议〔2022〕7号	2022-08-25	关于我区贯彻实施《浙江省综合行政执法条例》的审议意见
上人大常审议〔2022〕8号	2022-08-25	关于上城区食品安全工作情况的审议意见
上人大常审议〔2022〕9号	2022-08-25	关于《中华人民共和国环境保护法》贯彻实施情况的审议意见
上人大常审议〔2022〕10号	2022-08-25	关于2022年上半年经济运行及审计等情况的审议意见
上人大常审议〔2022〕11号	2022-10-31	关于举全区之力推进“全面建设独具韵味的国际化现代化共同富裕典范城区”战略目标的议案办理情况的审议意见
上人大常审议〔2022〕12号	2022-10-31	关于区一届人大一次会议代表建议办理情况的审议意见
上人大常审议〔2022〕13号	2022-12-19	关于上城区法院全面构建案件质量管控体系情况的审议意见
上人大常审议〔2022〕14号	2022-12-20	关于上城区2022年环境质量状况和生态环境保护目标完成情况的审议意见

区人大重要会议

【区第一届人民代表大会第一次会议】 2022年2月14—17日，区第一届人民代表大会第一次会议召开。会议应到代表338人，实到代表335人。区政府各部门、机关团体负责人110人列席会议，实际到会107人，邀请37名离退休老干部出席开幕式。会议听取和审查批准区人大常委会、区政府、区法院和区检察院工作报告，审查和批准区国民经济和社会发展第十四个五年规划和二〇三五年远景目标纲要、区2022年国民经济和社会发展计划及预算，并通过相关决议。审议区政府2021年民生实事项目完成情况和2022年民生实事候选项目形成情况的报告，作出“举全区之力全面建设独具韵味的国际化现代化共同富裕典范城区”的决议，依法选举产生区人大常委会组成人员，区政府、区监委、区法院和区检察院领导、市十四届人大代表，通过专门委员会组成人员名单，

2022年2月14—17日，上城区第一届人民代表大会第一次会议召开。图为2月15日，与会人员在会议中听取区人民代表大会议事规则（草案）说明
（区人大常委会办公室 供稿）

票决产生区政府10件2022年民生实事项目。

【区人大常委会会议】 2022年，区人大常委会召开常委会会议7次。

1月27日，区人大常委会第八次会议召开。会议听取和审议区政府关于2021年国民经济和社会发展计划执行情况及2022年国民经济和社会发展计划草案、2021年预算执行情况和2022年预算草案、2022年民生实事候选项目情况等报告；表决通过区一届人大一次会议列席人员名单、邀请人员名单；审议区人大常委会工作报告、区一届人大一次会议筹备工作情况及有关事项。区人大常委会组成人员32人出席会议。区政府、区监委、区法院和区检察院领导，区人大常委会办公室、机关各工委、各街道工委负责人，区政府办公室、区发改经信局、区财政局负责人及区一届人大一次会议筹备处各组组长列席会议。

4月14日，区一届人大常委会第一次会议召开。会议学习全国两会和市两会精神；听取和审议区政府关于重大投资项目2021年执行情况和2022年计划草案情况、2021年度法治政府建设情况的报告；表决通过区人大常委会2022年工作要点、各街道工委2021年度工作情况、2022年度工作计划及区人大常委会有关工作制度、区一届人大常委会代表资格审查委员会和区人大常委会各工作委员会组成人员名单；根据区人大常委会主任会议、区长、区检察院检察长提请，表决通过有关人事任免事项。区人大常委会为新任命的区人大常委会工作机构、区政府组成部门负责人颁发任命书，并举行宪法宣誓仪式。区人大常委会组成人员32人出席会议。区政府、区监委、区法院和区检察院领导，区人大常委会办公室、机关各工委、各街道工委负责人，区政府办公室、区发改经信局、区司法局负责人列席会议。

5月26日，区一届人大常委会第二次会议召开。会议听取和审议区政府关于“民生福祉”行动之全区就业工作情况的报告、区人大常委会执法检查组关于检查《中华人民共和国就业促进法》实施情况的报告；根据区人大常委会主任会议、区长、区法院院长提请，表决通过有关人事任免事项。区人大常委会为新任命的副区长、区人大常委会工作机构和区政府组成部门负责人颁发任命书，并举行宪法宣誓仪式。会前举办《中华人民共和国就业促进法》专题讲座。区人大常委会组成人员30人出席会议。区政府、区监委、区法院和区检察院领导，区人大常委会办公室、机关各工委、各街道工委负责人，区政府办公室、区人力社保局负责人及“湖滨晴雨”基层立法联系点的两名立法信息员列席会议。

7月27日，区一届人大常委会第三次会议召开。会议听取和审议区政府关于《中华人民共和国环境保护法》《浙江省综合行政执法条例》贯彻实施情况的报告、区人大常委会执法检查组关于检查《中华人民共和国环境保护法》《浙江省综合行政执法条例》实施情况的报告；听取和审议区政府关于食品安全工作情况、2022年国民经济和社会发展计划上半年执行情况、2021年度决算（草案）和2022年预算上半年执行情况的报告，以及2021年度区本级预算执行及其他财政支出的审计工作报告，表决通过关于批准上城区2021年度决算的决议；听取和审议区检察院关于履行法律监督职责情况的报告，对两名检察官进行履职评议；根据区长、区法院院长、区检察院检察长提请，表决通过有关人事任免事项。会前开展《中华人民共和国环境保护法》《浙江省综合行政执法条例》专题学习。区人大常委会组成人员31人出席会议。区政府、区监委、区法院和区检察院领导，区人大常委会办公室、机关各工委、各街道工委负责人，区政府办公室及有关部门负责人列席会议。

9月23日，区一届人大常委会第四次会议召开。会议听取和审议区政府关于国有资产管理情况、区一届人大一次会议代表议案建议办理情况的报告及区人大常委会代表工委关于区一届人大一次会议代表议案建议处理情况的报告；表决通过个别区人大代表辞职事项。区人大常委会组成人员30人出席会议。区政府、区监委、区法院和区检察院领导，区人大常委会办公室、机关各工委、各街道工委负责人，区政府办公室及区发改经信局、区民政局、区司法局、区财政局、区住建局、上城规划资源分局负责人列席会议。

11月11日，区一届人大常委会第五次会议召开。会议听取和审议区法院关于全面构建案件质量管控体系情况的报告，以及区本级2022年度预算调整方案、区政府关于2022年地方政府债务限额及债务预算调整支出的报告，表决通过关于批准2022年度区本级预算调整和政府债务限额调整方案的决议；根据区长、区法院院长、区检察院检察长提请，表决通过有关人事任免事项。区人大常委会为新任命的副区长颁发任命书，并举行宪法宣誓仪式。区人大常委会组成人员30人出席会议。区政府、区监委、区法院和区检察院领导，区人大常委会办公室、机关各工委、各街道工委负责人，区政府办公室、区财政局负责人列席会议。

12月19日，区一届人大常委会第六次会议召开。会议听取和审议区政府关于2022年环境状况和环境保护目标完成情况、2021年度审计发现问题整改情况的报告、2022年区政府民生实事项目完成情况的报告，并开展满意度测评；听取区监委关于强化村社领域监督提升基层治理质效工作情况的报告；听取和审议区人大常委会监察和法制司法工委关于2022年规范性文件备案审查工作情况的报告；表决通过关于召开上城区第一届人民代表大会第二次会议的决定及个别人大代表辞职、补选事项；根据区人大常委会主任会议、区长、区法院院长、区检察院检察长提请，表决通过有关人事任免事项。区人大常委会为新任命的区人大常委会工作机构和区政府组成部门负责人颁发任命书，并举行宪法宣誓仪式。区人大常委会组成人员25人出席会议。区政府、区监委、区法院和区检察院领导，区人大常委会办公室、机关各工委、各街道工委负责人，区政府办公室、区审计局、上城生态环境分局负责人列席会议。

（张华峰）

重大事项决定与任免

【重大事项决定】 2022年，区第一届人民代表大会第一次会议表决通过《关于上城区人民政府工作报告的决议》《关于上城区国民经济和社会发展第十四个五年规划和二〇三五年远景目标纲要的决议》《关于上城区2021年国民经济和社会发展计划执行情况及2022年国民经济和社会发展计划的决议》《关于上城区2021年预算执行情况和2022年预算的决议》《关于上城区人民代表大会常务委员会工作报告的决议》《关于上城区人民法院工作报告的决议》《关于上城区人民检察院工作报告的决议》《关于举全区之力全面建设独具韵味的国际化现代化共同富裕典范城区的决议》等8项决议，审查批准区人大常委会、区政府、区法院、区检察院工作报告和2022年预算，国民经济和社会发展计划报告等6个报告，票决产生10件2022年政府民生实事项目，以公告形式向社会发布。区人大常委会会议表决通过关于批准上城区2021年度决算的决议，批准区政府2021年度决算；根据区政府提交的报告，表决通过关于批准

2022年度区本级预算调整和政府债务限额调整方案的决议，结合实际调整区政府2022年度预算及政府债务限额；审议通过《杭州市上城区人民代表大会常务委员会讨论决定重大事项暂行办法》等文件，为区人大及其常委会依法行使职权提供制度保障。

【人事任免】 2022年，区人大常委会坚持党管干部与人大依法任免相统一，规范任免程序，为任命干部举行任命书颁发仪式，组织宪法宣誓，强化宪法意识、法治意识、责任意识。全年依法任免国家机关工作人员114人。

（张华峰）

监督工作

【财政经济监督】 2022年，区人大常委会加大财政经济监督力度。加强全口径预算监督，听取审议国民经济和社会发展计划执行情况、财政预决算情况的报告，审查批准财政预算调整方案，依法依规管好政府“钱袋子”。听取审议关于审计查出问题整改情况报告、国有资产管理综合报告和专项报告，推动审查问题整改到位。加强政府债务审查监督，审查批准新增地方政府债务，推动政府部门统筹做好项目谋划、规范用好债券资金、更好发挥财政撬动作用。实地视察未来社区、杭港高端服务业示范区、江河汇国际金融中心建设情况，加大政府重大投资项目和重点项目监督力度。综合督查风貌整治、城市更新、交通保畅等重点工作，高质量做好亚运服务保障。

【法治监督】 2022年，区人大常委会深化法治监督。专题审议法治政府建设情况，推动行政机关负责人出庭应诉常态化，有效提高行政机关领导干部法治理念和依法办事能力。首次听取区监委关于强化村社领域监督、提升基层治理质效的专项工作报告，持续关注扫黑除恶工作，推动区法院“共享法庭”建设、案件质量管控体系建设和执行工作。深化检察官履职监督，开展《中华人民共和国未成年人保护法》《中华人民共和国环境保护法》《中华人民共和国就业促进法》《浙江省综合行政执法条例》执法检查。调研视察法治宣传教育第八个五年规划、全民反诈情况，听取审议全区安全生产、食品安全保障等工作报告。专题听取规范性文件备案审查工作情况，推进备案审查工作规范化、制度化。

【民生监督】 2022年，区人大常委会推进民生实事监督。听取审议健全婴幼儿照护服务体系、推动全生命周期公共服务优质共享情况，助力打造家门口“幼有所育优质服务圈”。专题调研“双减”政策落实情况，推动提升教学质量、优化课后服务，促进学生全面发展、健康成长。跟踪南宋德寿宫遗址博物馆建设和运营情况，专题调研文旅融合工作，助推打造“宋韵文化新高地”。开展征迁“清零”、回迁安置专项监督，听取审议环境状况和环境保护目标完成情况，对道路提升整治、水生态环境建设、无障碍设施建设和提升改造等工作开展调研视察，助力打造高品质人居环境。

（张华峰）

人大代表工作

【基层单元建设】 2022年，区人大常委会坚持以全过程人民民主基层单元建设为载体，推动民主选举、民主协商、民主决策、民主管理、民主监督等全过程人民民主建设。构建区级代表联络总站、街道中心站、片区联络站和网格联系点四级体系，推进人大代表，区政府、区监委、区法院和区检察院负责人进站，深化民意收集处理，一大批涉及城市建设、优质教育、医疗保障和食品安全等方面的问题被较好解决。基层单元建设工作被省、市人大常委会主要领导批示肯定，接受全国人大常委会办公厅、长三角地区人大常委会等考察团调研视察。打造“湖滨晴雨”基层立法联系点升级版，扩大群众立法参与度，使民生需求成为立法考量，把更多民意“融”进法律。

【“数字人大”应用场景建设】2022年，区人大常委会加快“数字人大”应用场景建设。完成“执法检查”和“听取审议专项工作报告”2个市、区人大联建场景建设，有效推动制度重塑、流程再造，较好实现人大履职更加规范化、专业化、民主化。突出管用好用、实战实效，结合全过程人民民主基层单元建设，健全完善“街道人大工作”应用场景功能模块，在全市率先贯通“街道人大工作”应用场景与“基层单元”应用场景、“基层治理四平台”，推进数据共享、平台融合、数字赋能，较好提升各场景应用质效。年内，3个场景均面向全市推广。

【人大代表作用发挥】2022年，区人大常委会深化人大代表履职服务，发挥人大代表作用。组织人大代表集中开展初任培训、专项学习，邀请人大代表参加常委会会议、调研视察、工作评议，提升人大代表履职能力和水平。推动人大代表积极投身“我为上城献一计”等活动，接待选民群众，听取意见建议，化解风险矛盾，做到“民有所呼、我有所应”。贯彻《浙江省民生实事项目人大代表票决制规定》，推动区、街民生实事项目全面完成。全年区各级人大代表接待选民群众9138人次，帮助居民解决民生实事912件，化解基层矛盾366个，重点破解多年未解决难题74个。深化人大代表建议办理“四评”机制，全过程网上跟踪督办，推动人大代表议案建议“内容高质量、办理高质量”。年内，193件议案建议全部办结，解决率85.5%。

资料

“四评”机制：指区人大常委会在督办人大代表建议过程中，对建议交办合理性进行预先评议，对建议解决进度进行跟踪评判，对“无法解决”或“留作参考”建议进行合理评估，对建议解决满意度进行分类评价的工作机制。

（张华峰）

上城区人民政府

综　述

【经济社会稳步发展】 2022年，区政府围绕加快建设独具韵味的国际化现代化共同富裕典范城区战略目标，促发展、抓改革、保安全、优民生，推动经济社会发展取得新进展。全年地区生产总值2560.53亿元，比2021年增长3.8%，按常住人口计算，人均地区生产总值18.92万元。全年财政总收入405.63亿元，增长7.4%。全区居民人均可支配收入7.91万元，增长3.2%。湖滨、吴山、钱江新城三大商圈实现营业额287.9亿元，增长5.8%。实现税收亿元楼宇62幢，其中税收10亿元楼宇11幢，获评中国楼宇经济（总部经济）标杆城区。推进宋韵文化传世工程实施，南宋德寿宫遗址博物馆开馆，“宋韵最杭州”传统风貌区成为省级样板。教育、医疗、养老、托幼、文体等公共服务优质均衡水平不断提升。深化“幸福邻里坊”品牌，17个社区项目建成运行。加强基层治理，创建省级城乡社区治理和服务创新实验区。开展“美丽上城”环境整治，推进“美丽河湖”建设，创建省级生态文明建设示范区。

【政府信息公开】 2022年，上城区以公开促落实、强规范、补短板、优服务，提升政府信息公开工作水平。全区主动公开政府信息5175条，依申请公开办件469件，未发生依申请公开答复引发的行政复议纠错和行政败诉。新开设“共同富裕”“助企纾困”“公共企事业单位”“政策进万家进万企”等7个专题栏目，实现各领域政府信息有效公开。建设区域“1+N”精品政务新媒体矩阵，清理59个脱管漏管账号和51个弱运营账号，全面提升政务新媒体的传播力、引导力、影响力和公信力。主动接受区人大及其常委会的法律监督、工作监督和区政协的民主监督，坚持人大代表、政协委员列席区政府常务会议制度。

> **资料**
>
> **“1+N”精品政务新媒体矩阵：**指打造以“上城发布”为主，其他部门精品账号为支撑的政务新媒体矩阵体系，整体协同、集体发声，发挥聚合效应。

【行政效能提升】 2022年，上城区修订《政府工作规则》，优化区、街道财政体制，推进各项政策快落地、快兑现。开展“八大行动”

比学赶超“赛马”活动，项目化、清单化、节点化推进各项任务，政府执行力明显提升。区数字化改革取得实效，获批公平竞争审查工作国家级试点、全国市场监管数字化试验区建设试点，数字政府系统建设省、市领先。政府服务能力进一步提升，行政服务窗口平均等候时长缩短35%，“一网通办”实现102个事项区内全域通办。“大综合一体化”行政执法改革扎实推进，全市首创“五赋权、一约束”工作机制，开展“综合查一次”1756次。

【政务督查】 2022年，上城区围绕政府重大决策、重要工作部署，开展生态环境、重点指标、生命通道等方面专项督查，完成各类督导检查251次，形成各类报告通报60篇，各项政府工作有力落实。推动“七张问题清单”建设工作，其中重大督查问题清单排名全省第五。做实领导批示办理工作，306件省市领导批示、520件区主要领导批示按期办结。

【建议提案办理】 2022年，区政府办理市人大代表建议12件、市政协提案13件、区人大代表建议181件、区政协提案121件，所有建议提案在规定时间内办理完毕，办结率、面商率、满意率均100%。

【10件民生实事项目完成】 2022年，经区人民代表大会票决，确定“‘花园城区’亚运道路、城市公园建设项目”“‘安心乐居’安置房、保障性租赁住房建设，回迁安置项目”等10件实事为2022年上城区民生实事项目。区政府始终坚持以人民为中心的发展思想，践行“民呼我为”理念，用心、用情、用力办好民生实事。在集中力量做好新冠疫情防控工作的同时，坚持统筹兼顾，围绕民生所需和既定目标任务，第一时间对各项目进行任务分解，明确牵头领导、责任部门和配合部门，高标准、严要求、快速度推进民生实事工程。定期、不定期开展督查，针对督查中发现的问题，区政府领导多次深入工作一线调研，现场指导协调项目推进难题。年内，2022年度区政府10件民生实事项目全部完成。

（杨绍临）

2022年上城区10件民生实事项目及落实情况一览表

表7

实事项目名称	实事项目内容	实事项目完成情况
“花园城区”亚运道路、城市公园建设项目	完成地铁沿线道路重建24条，打造“迎亚运”窗口示范道路8条，提升改造城市公园5座	重建交付解放东路（钱江路—之江路）等地铁沿线道路24条；提升打造富春路等亚运窗口示范道路8条；建成（提升改造）甬江公园等城市公园8座
“安心乐居”安置房、保障性租赁住房建设，回迁安置项目	竣工安置房41万平方米，新增投入使用保障性租赁住房2000套（间）以上；完成目标项目回迁安置2600户以上	竣工备案浜河、牛田等5个地块41万平方米安置房；新增投用保障性租赁住房2145套（间）；回迁安置在外过渡家庭3288户
“明眸皓齿”学生近视防治、口腔健康建设项目	实现公办学校普通教室智能照明灯光改造率、近视防控瞭望点设立率、屈光仪配备率、公办小学一年级近视防控支架配备率100%，建成学校近视防控健康中心10个；对全区中小学生开展口腔窝沟封闭防龋补助	公办学校普通教室智能照明灯光改造率、近视防控瞭望点设立率、屈光仪配备率、公办小学一年级近视防控支架配备率均实现100%；建成杭州师范大学第一附属小学等10所学校的近视防控健康中心；对104所学校、18589名学生实施窝沟封闭，对20034名学生进行口腔状况检查复查

续表7

实事项目名称	实事项目内容	实事项目完成情况
“童乐上城”婴幼儿托育照护建设项目	新增婴幼儿照护托位700个，其中普惠型托位420个；建成社区成长驿站15个，其中示范型社区成长驿站6个	新增婴幼儿照护托位783个，其中普惠型托位582个；新建社区婴幼儿成长驿站15个，其中示范型社区成长驿站7个
“品质宜居”老旧小区综合改造提升、既有住宅加装电梯项目	开工老旧小区改造项目100个，完工63个；既有住宅加装电梯100台以上	开工老旧小区综合改造提升项目100个、完工63个；既有住宅加装电梯127台
“乐享优学”美好校园、阳光厨房建设项目	建成并开办中小学、幼儿园14所，新增学位12480个；建成学校智能“阳光厨房”33个	建成开办杭州市澎诚中学等新校新园14所，新增学位12480个；建成学校智能“阳光厨房”33个
“安心守护”微型消防救援站、电动自行车充电桩（口）改造提升，出租住房智能门禁安装项目	完成区域性微型消防救援站（应急管理服务站）改造提升19个、新建1个；优化提升老旧小区电动自行车充电桩（口）6万个以上；安装出租住房智能门禁10万套	改造提升东坡路等20个区域性微型消防救援站，建成北部分部区域性微型消防救援站；优化提升老旧小区电动自行车充电桩（口）7.2万个；安装智能门禁门锁10万套
“全民反诈”电信网络诈骗治理能力体系建设项目	建成上城反诈中心，升级精准劝阻反制系统，开展千场线下反诈宣传，完成百万人次防骗预警，提升诈骗案件发生时劝阻止损成功率	建成并实体化运行区级反诈中心，升级完善精准劝阻反制系统，开展“五进”线下反诈宣传1598场，完成168万人次防骗预警点对点宣防服务，成功劝阻电信网络诈骗案337件，止损4066.6万元，劝阻止损成功率提升115%
“文体惠民”基础设施建设、文娱活动演出项目	新（改）建文体基础设施54处、体育公园1座，建成绿道5千米，开展宋韵主题惠民活动200场	建成南星·有意思书房、婺江三园百姓健身房等文体基础设施54处；建成杨柳郡体育公园；建成绿道16条（段）28千米，完成率560%；开展“宋韵大秀场”惠民演出、“宋风·微旅”文化走读等宋韵主题惠民活动300场
“颐养上城”康养联合体、智慧养老院、认知症照护专区床位建设项目	建成康养联合体5000平方米，新增智慧养老院机构床位145张、认知障碍照护专区床位165张	建成笕桥、彭埠2个街道居家养老服务中心，总面积5000平方米；新增智慧养老机构床位145张、认知障碍照护专区床位180张

2022年上城区人民政府重要文件题录一览表

表8

文　号	发文日期	文件标题
上政函〔2022〕6号	2022-02-23	杭州市上城区人民政府关于印发《上城区民生政策目录》的通知
上政函〔2022〕50号	2022-08-29	杭州市上城区人民政府关于印发上城区危旧房项目权证办理办法的通知
上政函〔2022〕55号	2022-09-19	杭州市上城区人民政府印发关于进一步加强内部审计工作实施意见的通知
上政办函〔2022〕1号	2022-01-07	杭州市上城区人民政府办公室关于印发上城区政府投资建设项目概（预）算管理办法的通知
上政办函〔2022〕7号	2022-02-08	杭州市上城区人民政府办公室关于加强非物质文化遗产保护扶持的实施意见

续表8

文　号	发文日期	文件标题
上政办函〔2022〕15号	2022-03-31	杭州市上城区人民政府办公室关于印发杭州市上城区公共资源交易管理办法、杭州市上城区限额以下公共资源交易规则的通知
上政办函〔2022〕28号	2022-06-14	杭州市上城区人民政府办公室关于印发杭州市上城区人民调解“以奖代补”实施办法的通知
上政办函〔2022〕36号	2022-07-07	杭州市上城区人民政府办公室关于印发上城区区级行政事业单位公款竞争性存放管理办法的通知
上政办函〔2022〕50号	2022-09-19	杭州市上城区人民政府办公室关于印发上城区科技企业贷款风险池资金管理办法的通知
上政办函〔2022〕53号	2022-09-20	杭州市上城区人民政府办公室关于上城区深入推进品牌战略促进经济高质量发展的实施意见

区政府重要会议

【区政府全体（扩大）会议】2022年，区政府召开全体（扩大）会议2次。2月17日，区政府召开第一次全体（扩大）会议，区发改经信局等7家单位表态发言，会上颁发重点工作任务清单和安全生产责任书。9月19日，区政府召开第二次全体（扩大）会议，会议主题为“奋战一百天，冲刺全年红”，区发改经信局等6家单位表态发言，会上下发省政府督查激励项目“揭榜挂帅”任务书。

【区政府常务会议】2022年，上城区召开区政府常务会议16次，其中区两会换届选举前召开2次。

1月19日，区政府召开第九次常务会议，会议研究2022年《政府工作报告（审议稿）》、2021年区政府民生实事完成情况和2022年区政府民生实事候选项目、上城区2021年国民经济和社会发展计划执行情况与2022年国民经济和社会发展计划草案（审议稿）、2021年上城区法治政府建设年度报告（审议稿）等事宜。

2月9日，区政府召开第十次常务会议，会议研究三角地地块出让等事宜。

3月17日，一届区政府召开第一次常务会议，会议学习统计相关法律法规，研究《杭州市上城区人民政府工作规则》《杭州市上城区人民政府会议程序规范》《上城区政府财经工作联席会议制度》和《上城区政府规划、土地和数字管理工作联席会议制度》修订，以及《杭州市上城区推进“大综合一体化”行政执法改革实施方案（审议稿）》《杭州市上城区公共资源交易管理办法（审议稿）》《杭州市上城区限额以下公共资源交易规则（审议稿）》《关于进一步推进律师行业发展的实施意见》制定情况等事宜。

4月24日，一届区政府召开第二次常务会议，会议传达《河南郑州“7·20”特大暴雨灾害调查报告》、查漏补缺改进工作情况和落实国务院安委会十五条措施相关事宜，研究2022年一季度经济运行情况、《上城区关于进一步减负纾困助力中小微企业发展的若干意见》制定情况等事宜。

5月9日，一届区政府召开第三次常务会议，会议研究《上城区区属国有企业重大事项管理暂行办法（征求意见稿）》、设立上城区推进长三角主要城市中心城区高质量发展联盟工作领导小组及参与制定联盟2022年工作计划、共同富裕工作推进情况等事宜。

5月31日，一届区政府

召开第四次常务会议，会议研究开展规范财经秩序、进一步落实过“紧日子”工作方案、新一轮助企惠企举措、组织举办上城区首届“金靴奔跑”创新创业大赛等事宜。

6月17日，一届区政府召开第五次常务会议，会议研究有关涉密事宜。

6月28日，一届区政府召开第六次常务会议，会议学习《中华人民共和国行政处罚法》《浙江省内部审计工作规定》等相关法律法规，通报全区稳进提质攻坚行动有关指标情况、全区半年度安全生产和消防安全形势，研究加强基层应急管理体系和能力建设的实施意见等事宜。

7月20日，一届区政府召开第七次常务会议，会议研究近期全区安全工作形势、2022年上半年国民经济和社会发展计划执行情况报告（审议稿）、2021年度上城区本级预算执行和其他财政收支情况的审计工作报告（审议稿）、2022年上半年生态环境工作及下半年工作重点等事宜。

7月25日，一届区政府召开第八次常务会议，会议研究《2022年度全区存量安置房分配办法》制定情况、《上城区国有土地房屋征收（收购）补偿若干问题的处置意见》修订情况等事宜。

9月2日，一届区政府召开第九次常务会议，会议学习《中华人民共和国文物保护法》等相关法律法规，研究全区文物保护利用工作、全区消防安全工作形势、《上城区全国基础教育综合改革实验区建设行动方案（2022—2025年）（审议稿）》等事宜。

9月14日，一届区政府召开第十次常务会议，会议研究全区重点行业制定印花税政策、进一步鼓励重点企业做大产值（营业收入）扶持政策等事宜。

9月28日，一届区政府召开第十一次常务会议，会议传达全国安全生产电视电话会议及全省安全生产工作有关会议精神，研究《杭州市上城区产权交易规则（审议稿）》《上城区人民政府关于进一步加强文物工作的实施意见（审议稿）》等事宜。

11月2日，一届区政府召开第十二次常务会议，会议研究三季度全区经济运行情况、2022年度建设工程安全生产情况等事宜。

12月7日，一届区政府召开第十三次常务会议，会议研究进一步强化全区食品安全属地管理责任和企业主体责任落实工作、2022年度“五水共治”（河长制）工作情况、全区垃圾分类年度工作情况等事宜。

12月14日，一届区政府召开第十四次常务会议，会议研究《关于2021年度上城区本级预算执行和全区其他财政收支审计查出问题整改情况的报告（审议稿）》《关于杭州市上城区全面加强和改进新时代学校体育、美育、劳育工作的实施意见（审议稿）》等事宜。

（杨绍临）

应急管理

【概况】2022年，上城区以“大安全、大应急、大减灾”的基层应急管理格局落实应急管理保障工作。做好微型消防站提升、电动自行车充电桩（口）运维升级等区级民生实事项目，按照“统一指挥，协同作战，分级负责”的原则，统筹推进应急救援力量建设，完善各类应急预案，开展实战演练，提高应急救援实战能力，基本实现应急队伍快速响应、资源共享、协调联动，基层应急管理体系和能力建设深化拓展，在预防和处置各类突发事件中发挥作用。

【区级应急指挥中心建设】2022年，区应急指挥中心延续应急指挥系统“一张网”和“一盘棋”整体架构，推进单兵、布控球、无人机、移动指挥车等移动监控手段的应用，实现安全生产、自然灾害等突发事件的源头管控、过程监测、预报预警、应急处置。部署使用国家、省、市等各级平台11个，确保14个街道平台单兵、布控球配置到位，可视化调度指令发出后30分钟内将现场图像等数字信息传送至各级指挥中心，实现实时联动、在线指挥，优化高效、协同、科学的应急指挥调度系统，提升城市运行安全水平。

【基层应急管理体系和能力建设】 2022年，区应急管理局按照“统一指挥、综合协调、分级负责、防救结合、运转高效”的基础应急消防管理工作要求，理顺街道、社区（村）应急消防管理体制机制，强化安全防范治理、应急救援处置、自然灾害防御等整体功能，健全权责统一的基层应急消防管理责任制。制定《关于加强基层应急消防管理体系和能力建设的实施意见（征求意见稿）》。整合全区各街道、社区（村）安全生产、应急管理、消防安全等相关职能，运行街道应急消防管理委员会、街道应急消防管理站、区域性微型消防救援站、小区消防救援点四级基层应急消防管理体系。年内，九堡街道和彭埠街道应急消防管理站通过市级验收，14个街道应急消防管理站均按照新的建设标准要求完成规范化建设。

【社区应急体系建设攻坚行动】 2022年，区应急管理局以“实用、管用、可用”为标准，落实社区应急体系建设攻坚行动。按照省、市关于社区应急体系建设和区现代社区建设总体要求，指导街道发文明确辖区各社区应急消防管理领导小组和社区应急消防管理员，组建社区应急突击队、规模物业小区应急突击队。拟定《上城区社区应急体系建设试点工作实施方案》，在全区选定23个社区进行试点，指导试点社区形成可看、可复制，并结合各街道、社区实际的建设标准模板。指导199个社区整合辖区党员干部、社区工作者、网格员、志愿者等应急力量，每个社区组建不少于30人的社区应急突击队，统一服装标识。至年末，村社应急管理责任体系覆盖率、应急消防管理工作组建率、应急消防管理员配备率、应急突击队组建率、“多案合一”应急手册修订率、村社应急演练率、应急物资装备和减灾生活物资标准化配备率、“防汛防台在线”贯通率8个工作目标完成率均100%。

【应急值守与信息分级流传】 2022年，区应急管理局落实24小时应急值守制度，统筹信息研判流转处置。按照“早发现、早报告、早控制、早解决”要求，及时处置各类突发事件，实现上报、研判、流转、处置闭环管理，减少多层级上报信息导致的延误和信息失真，提高各类信息处置效率，为领导决策部署提供更高效的依据和参考，将突发事件造成的影响和损失降到最低。横向接入整合公安、城管、交警等部门视频资源，纵向打通省、市、区和14个街道，打破原有路径依赖，实现指挥调度可视化、智能化。

【突发事件应对处置】 2022年，上城区继续实施紧急信息接收、响应、流转、处置机制，发挥区级应急指挥中心“中枢大脑”和街道“小脑+手脚”平台共治模式，实行首席调度官制，通过上城应急处置工作群和“110”“119”“120”联动，实现信息互联互通、资源共享共用、处置作战协同化一体化，形成信息第一时间告知、处置第一时间布置、队伍第一时间联动的全链条处置机制。完善区、街道、社区三级应急处置联动响应机制。依托区应急救援机动队，将安全生产、防汛防台、防灾减灾等职责纳入日常工作巡逻范畴，与街道应急消防管理站、区域性微型消防救援站、社区（村）微型消防救援站协同提升应急处置能力，做强“1分钟接警、3分钟出动、5分钟启动处置”的“135快速救援圈”和“15分钟快速应急响应救援圈”。全年有效处置地铁施工突发事件、防汛和火灾警情等175起。

【区域性微型消防救援站建设】2022年，上城区继续将微型消防救援站提升改造纳入区政府民生实事项目。区应急管理局发挥牵头抓总作用，协同上城消防救援大队、各街道、各管委会，整合各社区微型消防资源。按照“135快速救援圈”建设要求，全区投入专项资金354万元，从人员优化、装备升级、机制健全、管理强化等方面入手，改造提升、新建区域性微型消防救援站（应急管理服务站）21个，每个点位配备8名队员及5类、128件消防设备，同时全区面上增配燃油版小型应急消防救援车10辆、两轮巡逻电动车40辆。加强基层应急管理服务站与消防、城管、公安、应急、物业保安、民间救援力量等资源的有效联动协作，完善相互补充、就近救援、“救早灭小”、处置高效的“大应急”救援体系。

【防汛防台工作】2022年，上城区针对防汛防台工作，落实防汛行政首长负责制和岗位责任制，实行“区领导包街道（管委会）、街道包社区（村）、社区（村）包户到人”。及时更新调整各防汛防台行政责任人，全区落实防汛行政责任人218人，各类基层网格责任人2197人。推进基层防汛防台体系标准化建设，初步建成组织健全完善、责任全面落实、风险精密智控、救援高效有序、灾后恢复迅速、运行保障有力的基层防汛应急体系“六张网”。上城区防汛防台抗旱指挥部办公室牵头协调各街道、部门落实汛期、台风期等防汛防台重点时段，以及馒头山、玉皇山、杭州第三福利院边坡等地质灾害重点区域的防汛检查，加强对地下空间、城市易涝点、在建工地、危旧房、客运中心、地铁站等重点区域的防汛隐患排查督查，实施防汛问题隐患“发现、交办、整改、督查、销号”全过程闭环整改。全年区、街道、社区综合队伍有210支、4052人，区、街道储备防汛防台物资11.5万件，更新社区防汛防台形势图194张，明确“8+28”风险场景，编制防汛防台应急操作手册和“五停”“五断”指导意见。承接省应急管理厅“城市内涝和运行安全智能协同”应用试点开发，实现监测预警“扁平化”和应急指挥智能协同化，形成全流程闭环管控。全年开展防汛防台演练354次，成功应对黄色以上强降雨13次及台风“轩岚诺”“梅风”考验。

> **资料**
>
> **“8+28”风险场景：**八大类风险并细分28种小场景，指道路积水（路面易积水点、涵洞下穿道、地下人行通道、隧道）、地下空间（小区地下空间、公共地下空间）、河道防汛（内河排涝、江堤安全、船只安全）、危旧房屋（危房、老旧房屋）、在建工地（市管工地、区管工地）、公共安全（户外集体活动、市场、商场超市、景区、中小学校、工业企业、加油站、杭州东站枢纽、杭州城站、“两客一危”运输）、强风易损体（大型广告牌、古树名木）、衍生风险（地质风险、电力设施、通信基站）。
>
> **“五停”：**停课、停工、停产、停运、停业。
>
> **“五断”：**断水、断电、断网、断路、断气。

【森林防火工作】2022年，上城区森林防灭火指挥部围绕重点路线、重点区域，开展森林防火工作。牵头组织丁兰街道、村社工作人员、巡山护林员及消防专员开展森林防火安全隐患排查，制定隐患整改清单，逐一落实“销号”整改。强化对皋亭山景区各场馆消防控制设施、上山游步道、入山口的安全巡查，加强野外火源管控，在每个入山口安排专人检查火源，联合上城规划资源分局、丁兰街道、沿山村、皋城村开展野外火源整治专项行动。以“110联动、微型巡逻车、巡山护林员、森林消防员、应急指挥平台”应急联动一体化工作模式，形成联防合力。强化队伍日常训练，经常性开展森林消防实战演练，提升森林消防队伍应急响应、指挥调度、协同配合和综合扑救能力。加强安全用火常识宣传，提高公众森林防火意识。全年全区未发生森林火灾。

【抗雪防冻工作】 2022年，上城区立足于抗大雪、防大灾、抢大险，做好抗雪防冻各项准备工作。及时开展抗雪防冻安全隐患排查，针对辖区高大树木、废旧广告牌及横幅进行修剪、拆除、加固；对道路易积雪结冰点位按“一点一方案”严格落实防范措施；对社区内住宅楼外挂式设备、雨棚、拆迁农居房、危旧房、在建工地等重点部位进行排查，落实隐患整改。落实物资装备检查，全区有抗雪防冻应急救援队员1262人，各类人工清雪物资、防滑物资、抗雪防冻物资装备储备充足，并保持值班值守期间人员在岗在位。12月16日，区应急管理局承办杭州市暨上城区抗雪防冻应急演练。年内，全区出动巡查人员4000多人次、抢险人员1400多人次，检查点位1200多处，处置积雪结冰点位211处，加固树木258株。

【抗震设防工作】 2022年，上城区开展抗震设防工作，根据《关于建立浙江省房屋设施抗震设防信息采集和动态更新机制的工作方案》等要求，由区应急管理局印发《关于下达上城区2022年房屋设施抗震设防信息采集任务的通知》，明确工作任务和加固工程及新建、改建、扩建工程抗震设防信息相关要求，制定并印发操作手册，促进辖区地震易发区房屋设施加固工程加快实施。全年全区完成新建房屋信息采集510幢、加固房屋信息采集14幢。通过现场抽查和书面检查方式，对辖区2021年11月至2022年10月完成审批的新建工程、学校工程等建设工程开展建设工程抗震设防检查，均符合抗震设防要求。

【自然灾害风险普查】 2022年，上城区第一次自然灾害综合风险普查领导小组办公室根据《国务院办公厅关于开展第一次全国自然灾害综合风险普查的通知》《浙江省人民政府办公厅关于开展第一次全省自然灾害综合风险普查的通知》，采用内外业相结合的方式，基本完成第一次自然灾害风险普查工作。普查数据包括承灾体（公共服务设施、危化品承灾体）、减灾能力（政府、企业与社会组织、乡镇与社区、家庭）、历史灾害、水旱致灾（干旱致灾、水利工程、山洪小流域）、市政设施（道路、桥梁、供水管网、供水厂）、城市内涝、气象调查、气象图件、房屋（城镇/农村、住宅/非住宅）、可燃物标准地、历史森林火灾、减灾能力调查数据、野外火源点。

【综合减灾示范社区创建】 2022年，区应急管理局按照《国家减灾委员会关于加强城乡社区综合减灾工作的指导意见》和《全国综合减灾示范社区创建管理暂行办法》，推进综合减灾示范社区创建工作。创新社区减灾工作方法和途径，组织社区居民开展防灾应急救援综合演练、避灾场所疏散救助演练等活动，社区居民参与防灾减灾的积极性增强。年内，九堡街道江涛社区被评定为2021年度全国综合防灾减灾示范社区。全区创建国家级综合减灾示范社区29个、省级综合减灾示范社区13个。

【避灾安置场所规范化建设】 2022年，区应急管理局以《避灾安置场所建设与管理规范（试行）》标准为基础，开展市级民生实事避灾安置场所规范化建设。规范避灾安置场所的标识牌制作、功能分区、配套设施、救灾物资储备及物资储备协议，完善避灾安置场所启用、入住登记、生活救助、人员回迁等工作流程，提升应对自然灾害的整体防御能力和突发公共事件的应急处置能力。全年新建规范化安置场所37个，拓展建设区级安置场所3个，均通过市级验收和省级审核。至年末，全区设立避灾安置场所206个，其中区级3个、区级临时安置场所2个、街道级14个、社区（村）级187个。206个场所中，有183个通过省、市规范化建设验收，区、街道、社区三级规范化率88.8%。

2022年6月22日，区应急管理局组织人员开展防汛突发停电应急演练

（区应急管理局 供稿）

【应急宣传培训与演练】2022年，区应急管理局开展应急宣传教育培训和演练，提高社会参与能力、全民安全素质和社会整体安全水平。在49个区域性微型消防救援站打造“上城区尚应学院”宣教点，每周固定1日设为公众开放日。开发上线“尚应学院”宣教微信小程序，与线下各应急安全体验场馆联动，推动身边的场景传递身边的安全知识。强化社会化服务功能，全区各部门、各街道投入670多万元，通过购买服务形式推动企业开展风险辨识防控、隐患排查治理等工作。邀请社会应急救援队伍开展“百场宣教进社区”活动，通过“订餐、点餐和送餐”模式，将200场应急（安全）宣教培训送进社区。开展街道“流动课堂”、网络直播课堂等活动，推出的《危险化学品安全管理条例》解读直播课被评选为区“十佳”网络普法精品课。指导协调各街道，联合各职能部门围绕防汛突发停电、氨泄漏、抗雪防冻、森林防火等重点领域开展应急演练。指导中小学、幼儿园等人员密集场所进行应急疏散演练，实地检验，积累经验，优化预案，强化应急处置能力。

【电动自行车充电桩（口）运维升级】2022年，区应急管理局推动区级民生实事项目电动自行车充电桩（口）优化，夯实充电场所消防基础、维护社会公共安全。优化设计“一街道一方案”，在青荷苑小区、景芳东区、农科院宿舍、坤塘悦府、颐景园等小区试点先行，并逐步扩大优化范围。全年投入专项资金160万元，优化充电桩口7.22万口，其中降费优化充电桩口5.51万口，新增充电桩口9358口，新增消防设施7386个（含烟感报警器2709个、灭火器3851个、监控探头609个、简易喷淋217个），新增室外集中充电棚88座，拆除废旧充电桩452个。

（吴　盈）

消防管理

【概况】2022年7月22日，原上城和原江干消防救援大队合并，成立上城消防救援大队，办公地点设在上城区凯旋街道新塘路178号。大队下辖近江、湖滨、复兴、鼓楼、景芳、艮山、闸弄口、七堡、九堡、笕桥10个消防救援站，有执勤消防车44辆。全年接警出动2710起，其中火灾扑救590起、抢险救援1314起、社会救助521起、其他285起，直接财产损失503万元，过火面积948平方米，受伤1人。全年出动队伍3186队次、人员3.39万人次、车辆5538辆次。

【消防安全责任体系构建】2022年，上城区全面构建消防安全责任体系。上城消防救援大队会同区安全生产委员会，与部门、街道签订安全生产和消防工作目标管理责任书。推出《上城区消防安全委员会成员单位和消防安全工作职责》和《上城区消防安全责任制实施办法》，完善安全事故防控综合治理体系。全年定期向区领导汇报消防工作10多次，提请区领导带队开展消防检查24次，并于8月在一届区政府第七次常务会议上做专题报告。联系区公安分局、区住建局分别制定火灾调查、建设工程领域消防安全监管等协作工作机制；强化与发改、教育、应急管理、住建等行业部门的信息交流和联合执法。依托“浙江省消防行业信用综合监管平台”，督促全区971家重点单位落实消防安全主体责任。借助“杭州市云治火高层建筑综合治理平台”，推进全区777家高层建筑单位、1237名楼道长经理人开展风险自查、隐患自改。发挥区消防安全委员会实体化办公工作职能，开展履职督查、隐患排查和结果通报，先后下发通报、督办函28份，督改隐患200多个。

【火灾风险防控体系建设】2022年，上城区加快推进火灾风险防控体系建设。上城消防救援大队结合密室逃脱类场所、大型城市综合体、中小学校、历史文物建筑等行业专项治理行动，推动行业部门制定实施指导意见，落实重点行业消防安全标准化管理。加大区域微型消防站建设投入，全年增配微型消防车20辆。依托“安心守护”——区民生福祉项目，推动上城区智慧消防监控联动系统更新升级，规范量化微型消防站日常管理。对接区委政法委，将“杭州云治火高层建筑综合治理平台”登记的高层建筑消防隐患同步流转到“基层治理四平台”，提升跟踪问效速度。与9个街道签订消防委托执法协议书，补齐基层有责无权短板；依托民生福祉、“智安小区”建设，推广技术防控措施智慧应用，全区377个居住小区非机动车车库增设火灾报警探测器，151个居住小区安装梯控阻车系统，2844幢高层建筑的消防控制室接入城市远程监控系统。对辖区28家技术服务机构开展专项执法打击行动，查处违法、违规行为22起，对16家单位、5名个人罚款43.9万元。

【消防监督执法】2022年，上城消防救援大队以“防患于未然”为目标，不定期开展消防监督执法行动，提升社会火灾防控能力，营造安全生产生活环境，重点针对密室逃脱类场所、消防技术服务机构、高层建筑生命通道等重点区域开展集中整治，依法严肃查处消防违法行为。全年监督检查单位5490家次，发现并整改隐患4358个，发出责令改正通知书2665份，办理行政处罚案件612件，处罚金额599.84万元，临时查封81家，责令停产停业152家，拘留违反消防安全行为人员8人。在执法过程中同步推进执法规范化建设，实现质和量的双重提升，整体工作居全市前列，上城消防救援大队被评为全省执法先进单位。围绕“创人民满意消防救援队伍”目标，开展服务指导，创造良好营商环境，全年受理投入使用营业前消防安全检查申请393个，其中合格345个。

【消防安全知识普及宣传】2022年，上城消防救援大队多渠道推进消防安全知识普及宣传工作。利用短信、微信公众号等宣传平台，针对不同的时间节点，发送消防安全知识短信6万余条、微信公众号文章2000多篇，印制、发放、张贴各类消防安全知识宣传资料8万余份。利用辖区LED户外大屏集中播放消防安全提示，节假日在工联CC（City Center）大屏播放消防安全提示。与杭州电视台合作，每月推出1期《蓝朋友请回答》，宣传日常生活中的消防小常识。杭州“00后”青年施某某延续父辈足迹重走“消防路”的故事被《人民日报》客户端浙江频道刊登。开展“消防隐患随手拍”活动，受理隐患信息684条，其中通道类230条、设施类148条、其他类306条。开展“敲门”行动，深入推动家庭消防“三清三关”（清走道、清阳台、清厨房；关电源、关气源、关门窗）宣传，对接区教育局落实“开学第一课”消防安全宣传。全年开展消防演练100多次，开展消防安全培训150多场，覆盖1万余人。

（马杭燕）

2022年5月12日，上城消防救援大队在杭州市濮家小学举行地震火灾等灾害发生时的应急疏散演练活动。图为活动后合影

（上城消防救援大队 供稿）

政务服务与公共资源交易

【概况】 2022年，上城区以打造独具韵味的国际化现代化共同富裕典范城区的一流政务服务窗口为目标，围绕区、街道、社区三级政务服务协同体系建设，纵深推进政务服务数字化改革，精简审批流程、减轻企业负担。以推动优化公共资源交易和招标投标营商环境为着力点，夯实制度体系、深化数智交易，推进交易平台信息化、智能化、标准化建设。全年全区完成公共资源交易项目2822个，比2021年增长21.6%，总成交金额111.76亿元，增长49.4%，实现节资率13%、产权增值率3.5%。全年产权项目499个，增长147%，组织政府采购1千万元以上项目20个，增长390.8%。全年投标企业数量超过2万家次，“尚小易”平台活跃投标企业9775家，中小企业中标率97.6%。年内，简报信息《上城区构建数字矩阵跑出“互联网+政务服务”改革加速度》《上城区依托“数据图谱”打造数字政务》在《浙江信息》刊登；文章《杭州市上城区精准提升限额以下交易“质效”》分别在“浙江发改”微信公众号、《公共采购》杂志、《浙江招标投标》刊载。杭州市公共资源交易中心上城分中心获评全国十佳公共资源交易机构（区县级），区审管办获评2021年度全国创新创优服务先进单位、杭州市国际一流营商环境创建突出贡献集体等荣誉。

【三级政务服务协同体系建设】 2022年，上城区分类构建区、街道、社区三级政务服务协同体系。深化区级大厅“网厅融合”，打造“联办式”综合窗口，实现“一次取号一次串联办事”，关联性业务重复取号率由75.4%降至

2022年7月，区政务服务中心互联网自助办理服务体验区上线
（区审管办 供稿）

2.1%，平均等候时长缩短35%。以街道便民服务中心星级创评为载体，推动14个街道平台标准化建设和数字化改造。依托“一网通办”系统，实现96.6%事项“网上办”“掌上办”，102项事项区内全域通办。试点“政银合作”，增设网点服务专区，涵盖51项个人及企业高频办事事项，全区布局180台综合自助服务机，覆盖居民小区、交通枢纽、综合商圈等，构建“15分钟便民服务圈”。

【政务服务改革推进】 2022年，上城区政务服务工作赛跑“整体智治”“数字政府”“数字经济”，试点全市唯一的政务服务数字化监测系统项目，通过串联市、区、街道、社区四级政务服务数据，打造全省审管系统首张“数据图谱”，构建政务服务“数字矩阵”。作为全省“食品经营许可+核查”工作唯一试点，打造“云联勘”线上核查审批应用，强化利用企业开办一件事“数字墙”，实现“分钟制”全域覆盖、全时感知、全效管理，提供营商环境无感监测。依托“数字驾驶舱”，运用“大智移云”等技术手段，测算窗口业务热力、事项关联程度、人流量时段分布等情况，针对性开展“远程协办”“导办帮办”“红色代办”等多样化服务，还上线互联网自助服务体验区，彰显政务服务数字化改革温度。

【数智交易】 2022年，上城区聚焦交易平台电子化，推动数智交易，实现交易“零距离”。领办市“云直播”联动攻坚项目，建设统一标准、共建共享的“云上开标直播系统”。该系统覆盖建设工程、国有产权、综合交易三大领域，全年完成“不见面开标”项目1899个。融合“互联网+公共资源交易”，实现工程建设电子招标投标项目评标专家电子签章全覆盖，缩短评标时长近20%。优化政府采购政采云系统功能，实现供应商线上演示，降低投标成本，实现采购项目“零次跑”。依托“尚小易”限额以下公共资源交易电子监管系统，实现交易环节全流程电子化，降低综合交易成本85%以上。开展“1+N”（1个主场、N个副场）省级、市级远程异地评标试点，有效防范围串标行为发生。全年完成“1+N”远程异地项目50个，涉及金额3.64亿元。

【公共资源交易环境优化】 2022年，上城区从制度上优化公共资源交易环境，推进制度规范建设。制定、完善上城区《公共资源交易管理办法》《产权交易规则》《限额以下公共资源交易规则》《公共资源交易管理专员制度》等制度、办法，公布《2022年度上城区公共资源交易目录》，发行《上城区公共资源交易制度汇编》，构建管理规范有效的公共资源交易制度体系，持续加强招投标动态监管，确保交易过程公正阳光。强化部门协同，研究涉亚运建设项目简易审批流程，开通“绿色通道”，推进审批提速增效，提高涉亚运项目电子化交易效率，为涉亚运项目保驾护航。

（杨晓婷）

数据资源管理

【概况】2022年，区数据资源局围绕“共富典范城区”建设目标，协同全区各单位建平台、管项目、优场景、强支撑，纵深推进数字化改革，优化“数智上城”建设。协助支撑区级重要场景建设，杭州东站“大型综合交通枢纽智治应用”在全省数字化改革推进会上做典型演示，并获评全省数字化改革最佳应用。“智慧商圈”“时间银行”等4个应用场景入选全省“一本账S_2”。全区实有人口治理工作被列为全市试点，“一表通”场景被市级提级统建并被多地跨区域复用共享。基层智治大脑“云上智控涉众型风险预警引擎”智能模块获全市典型案例路演铜牌，列县（市、区）第一。年内，区数据资源局获2021年度杭州城市大脑建设行政奖励集体嘉奖，获评2022年度上城区“担当作为先进集体”、上城区模范集体、2022年WDD全球数据资源开发者大赛最佳组织奖等荣誉。

【数字化项目审查】2022年，上城区推进全区数字化项目“五评五审”工作。全年组织召开数字化项目初审16场、专家评审16场，29个项目通过专家评审并立项，涉及资金6261.5万元，节约支出3907.55万元，高质量支撑全区数字化改革。启动区数字化（信息化）“三个一批”项目分析工作，由区数据资源局、区委改革办、区财政局等单位共同成立“加强（谋划）一批项目、完善（迭代）一批项目、清退一批项目”工作专班。全年调研数字化（信息化）项目112个，其中梳理加强类项目10个、完善类项目6个、清退类项目45个，完成11个验收项目的绩效评价，相关做法在全市做经验分享。

资料

“五审五评”：由区数据资源局、区委改革办、区发改经信局、区财政局、区审计局及项目对应“6+1系统”牵头部门进行联合初审，按照“总量控制、择优选用”的原则，出具初审意见书，完成“一审一评”；由区数据资源局牵头组织信息化专家评审，对项目进行“二审二评”；通过项目初审和专家评审的数字化项目，由区数据资源局牵头编制下年度数字化项目建设计划，报区数字化改革领导小组办公室讨论审核后，提出立项初步意见，对项目进行“三审三评”；审核通过的数字化项目建设计划和立项初步意见，提交区政府规划和土地管理工作联席会议讨论，对项目进行“四审四评”；在区政府规划和土地管理工作联席会议讨论通过后提交区委财经委员会会议讨论，完成“五审五评”。

【一体化智能化公共数据平台建设】2022年，上城区先后制定推出《上城区一体化智能化公共数据平台数据质量治理规范》《上城区一体化智能化公共数据平台数据仓建设规范》《上城区一体化智能化公共数据平台应用开发规范》等制度规范10多项。召开推进会、培训会50多场，发布自查报告9期，全区各单位首席数据官、数据专员参与建设任务70多次。依托IRS形成“目录联动e本账”，实现数据资源“一键授权”，上架智能组件6个，其中大数据客流组件实现跨区域共享。全年调用数据接口8449万次，数据全量全要素归集10.8亿条，归集量比2021年增长10倍。年内，上城区实现云资源“自动开通”，为主城区首个实现10分钟内100%

“自动开通”的区县；“利用IRS系统赋能云资源高效利用”被列为全省优秀案例。区特色“数据治理九色模型”赋能25个场景应用，入选全省优秀案例；在全省数据开放创新应用大赛中，浙江移动信息系统集成有限公司开发的“浙疫查查”应用获一等奖、华数传媒网络有限公司望江项目团队开发的“在线选房”应用获优胜奖。

资料

IRS：即一体化资源系统（Integrated Resources System），该系统将“四横四纵两端”相对离散的资源整合成一个有机整体，对外统一服务各类用户，对内统一调度各类资源。围绕应用全生命周期，实现要素关联、过程监测、闭环管理。

组件：是应用系统开发过程中可重复利用的标准化软件工具，是对数据和方法的封装，可实现某项具体功能，充分利用公共组件可以提升应用系统的开发效率和质量，减少重复开发，节约投资成本。

【多跨应用场景建设】2022年，上城区推进多跨应用场景建设。区数据资源局承接“幸福邻里坊”数字综合应用建设，该应用落地省、市、区优秀应用14个，居民端上线功能34项、公共服务资源2600多项，在17个试点社区落地推广。牵头技术支撑平战一体“无疫上城”数字化平台，接入8类省、市重点数据，发送预警1000多次。牵头“亚运行动”信息技术保障组，建设“亚运E览”系统，实现368个涉亚运项目“一屏总览”，发出督办单52次。牵头落实“1612”体系架构与“141”基层治理体系体系技术贯通工作，实现2批、10个省级重大应用在区级基层智治综合应用贯通落地。

2022年2月23日，上城区“亚运E览”数字驾驶舱上线

（区数据资源局 供稿）

【一网通办】2022年，上城区依托“一地创新、全省共享”机制，推进事项简表单、减材料、优流程改革，通过召开指标督查会、发布工作通知等方式助推部门工作提质增效。全年提交创新工单280多条，被采纳16条。推进政务服务便利化改革落地，开通上城片区9个联合银行网点的政务服务2.0线上大厅，上线电脑端高频事项75个、移动端事项40个，所有网点均成功产生办件。开展办事指南信息常态化抽检，全年开展办事指南人工抽查23期，抽查事项1000多个，整改600多个。全年全区线上和线下“一网通办”率、大厅“一网通办”率和综合自助机“一网通办”对接率均超过90%。

【信息化基础支撑】2022年，区数据资源局保障区行政中心和区综合服务中心政务网加快融合改造，主干互联带宽提升至20G，信息化基础保障和服务能力进一步增强。完成6500多台终端、外设日常维护和网络调试等工作，服务次数4000多次。全年联合区委网信办、区公安分局开展全区网络数据安全专项督查检查1次，网络数据安全专题培训2次。制定《杭州市上城区电子政务视联网管理暂行办法》，全年保障正式视频会议761次，保障技术联调883次，开展全区技术大联调6次。

（毛　勇）

侨　务

【概况】 2022年，区侨办创新活动载体和工作机制，拓展和深化侨务工作领域，健全做好服务侨资企业、侨界人士，以及团结引导海外侨胞、归侨侨眷在支持祖国发展、助力家乡建设上发挥积极作用的“双服务”机制。发挥侨界人大代表、政协委员积极性，围绕中共二十大精神学习和区委、区政府的重大决策重点项目及社会热点问题，深化调研、反应侨情，为全面建设独具韵味的国际化现代化共同富裕典范城区贡献侨界力量。

【新侨创新创业人才与企业招引、培育】 2022年，上城区开展新侨创业创新示范点建设，打造国际化、体系化、精准化的创新创业基地。全年开展招商引资和招才引智相关工作，培育领军企业13家，引入侨界创新创业企业29家，投资总额5.7亿元。围绕高标准打造新侨创新创业城市之窗的目标要求，培育新侨创新创业领军人物10人、授牌创新创业基地7家；引入侨界创新创业人才4人，A类人才2人，B类、C类人才各1人。

【侨企服务】 2022年，区侨办发挥海外联系广泛的优势，加强与省、市对口部门的联系，探索海外侨务工作及相关的交流合作机制，深入开展“双走访”活动，挖掘、培育侨界代表人士，做好困难侨企的帮扶工作，以问题导向为原则，畅通渠道，搭建舞台。全年走访侨界代表人士131人，了解企业、项目发展情况，听取意见建议；开展法律顾问进园区、进企业活动，帮助解决侨企遇到的法律问题。全年协助解决创业、经营、生活矛盾纠纷件近10件。

【华侨华人新生代研学活动】 2022年5月25—27日，华侨华人新生代“凝共识、促共富，筑梦新天堂”研学暨“相约杭州，共赢未来”杭州行活动在上城区举行。活动旨在让新生代的华人、华侨透过“上城之窗”看到建设共同富裕美好社会的火热实践和光明前景。活动吸引37名华侨华人新生代及青年侨商参与，参观华侨控股集团、世界钱币博物馆宋韵主题展、浙江清华长三角研究院杭州分院、杭州老爸评测科技股份有限公司、胡庆余堂中医药博物馆等地，聆听企业负责人的创业课程分享及南宋文化专题课。研学团从金融中心、创新创业中心到宋韵文化核心区，通过交流、研学、走读和授课，行走上城，穿越古今，体验上城“改革引领、高端产业、宋韵文化、品质生活、精细治理”5个新高地的精华部分。

【侨界权益维护】 2022年，上城区结合元旦、春节、端午、中秋等传统节假日，区、街道、社区分别开展归侨侨眷走访慰问工作，走访慰问侨界家庭230户次，发放慰问品价值9万余元。区侨办主动做好服务，切实维护侨界合法权益，帮助解决实际问题。借助于涉侨信访案件办理机制，配合政府有关部门妥善解决侨房房产纠纷、房产政策落实、劳资纠纷等涉侨重点、难点问题。完善“最多跑一次”政务服务事项，办理“三侨生”（归侨青年、归侨子女、华侨在国内的子女）中考、高考加分初审12件，华侨、归侨、归侨侨眷身份认定2件。

【区侨联协助开展乌克兰撤侨行动】 2022年3—4月，上城区侨联协助浙江省侨联开展撤乌侨胞暖侨行动，以乌克兰、巴基斯坦、斯里兰卡等华人华侨、留学生排摸为契机，排摸联系涉侨人员23人，确保每一名涉侨人员的人身安全。开展撤乌侨胞暖侨行动期间，以“高效、安全、暖心”的撤侨原则，通过“一对一”建群、全流程跟进、组织走访慰问，圆满完成任务。其中，笕桥街道乌克兰留学生在安全抵杭后，送来锦旗，感谢区侨联的关心帮助。

（李　冉）

港澳台事务

【概况】 2022年，区委统战部贯彻落实省委、市委有关对港澳工作的会议精神，发挥区港澳工作领导小组作用，统筹研究港澳交流相关工作。健全港澳工作领导小组和港澳工作联席会议制度，优化《港澳统战工作领导小组及成员单位工作职责制度》，推动区委把港澳工作纳入大党建工作考核，明确职责、细化任务，构建上下联动、横向联合的港澳工作网络。统筹资源、发挥优势，发挥好杭州上城旅港同乡会连接上城、香港两地的纽带作用，加深与港澳青年的合作交流，增进与港澳青年的情感认同。年内，区台办贯彻落实党中央对台方针政策和省委、市委工作要求，结合上城实际，发挥资源优势、聚焦重点任务，推动全区对台经济工作提质增效。组织14个街道走访核实涉台人员、企业底数，全区有存续台企55家、陆生35人、台胞台属93人。全年帮助20多人次解决子女就学、医疗救助等困难，慰问困难台属5人次。坚持“党建+信访”工作机制，发挥上城信访“同心圆”工作室优势作用，维护台胞合法权益，妥善化解涉台矛盾诉讼。

（季玳弘　李　冉）

【杭州上城旅港同乡会第一届理事就职典礼】 2022年6月19日，杭州上城旅港同乡会第一届理事就职典礼在上城、香港同时举行。100多名会员和香港嘉宾通过视频连线，共同庆贺同乡会成立。典礼上，同乡会会长为名誉会长颁发证书，上城区6个街道、社区与香港结对的基层社区继续签订三年合作计划，巩固友好合作关系，共同推动杭港合作发展。

【港澳青年交流活动】 2022年，上城区开展一系列港澳青年交流活动。4月20日，由市委统战部主办，浙江香港商会和区委统战部承办的“迎亚运、庆回归，我@杭州”活动举行。30多名在杭州学习、创业和生活的香港人走读西湖、大运河、良渚古城、城市阳台和杭州亚运会场馆，宣传推荐杭州，分享迎亚运、庆回归、爱杭州的喜悦。6月2日，上城区举办在杭州（上城）香港朋友交流座谈会，区委统战部领导、杭州上城旅港同乡会会长及在杭州香港同胞30多人参加活动。与会香港同胞讲述自己目睹香港回归25周年以来杭州的发展变化、香港近几年的发展历程等，对比杭港两地不同生活的感受。7月1日，庆祝香港回归25周年国歌颂暨“新时代、新未来，香港青年中国梦”主题交流分享会活动在上城举行。活动邀请100多名在杭州香港青年参加，邀请6名在杭州创业的优秀青年企业家作主题分享，让在杭州香港同胞感受到幸福感、获得感。7月28日，杭甬温舟港澳代表人士伙伴行国情研学活动在杭州举行，来自宁波、温州、舟山三地的40多名港澳青年参观南星街道“海归驿站”，调研新侨创新创业，了解杭州对港澳青年创业的政策扶持、平台助力等情况。11月24日，区委统战部有关领导陪同澳门侨界青年协会会长、青年代表和社团骨干一行30多人到上城区参访交流，先后参观湖滨步行街和胡庆余堂中医药博物馆，为澳门青年讲述上城的宋韵文化及新风貌，并作交流分享，促进澳门与浙江侨界青年交流合作。

【旅港同乡会关心关爱会员】2022年，杭州上城旅港同乡会关心关爱会员，在节日期间走访慰问会员及其在杭州亲属，帮助解决日常生活困难，与在港骨干会员保持联系。春节前，慰问在杭州港澳代表人士及亲属15人。年内，走访同乡会名誉会长所在企业意汇（杭州）装设设计有限公司、中国招商引资在线有限公司等港企，了解企业发展情况。中秋节期间，望江街道近江东园社区侨联分会向结对社区香港沙田区沙角邨居民协会派发具有杭州宋韵文化的中秋礼。

（李　冉）

【“悠悠宋韵味，浓浓两岸情”摄影展】2022年7月18—24日，“迎亚运、话共富”暨“悠悠宋韵味，浓浓两岸情”摄影展在区文化馆举行。活动由区台办、杭州市台湾同胞投资企业协会共同举办，清波街道、区文创发展中心、区文化馆、上城区摄影家协会承办。摄影展吸引海峡两岸摄影艺术家及民间摄影爱好者参与，征集摄影作品489件，展出72件，其中涉及台湾地区作品16件。作品多角度、全方位讴歌时代主旋律，反映幸福生活，描绘秀丽风景，定格瞬间感动，记录历史永恒，用光影呈现宋韵传世之美，用镜头联结海峡两岸血脉亲情，以独特视角讲好共富故事，以多彩画面迎接杭州第19届亚运会，展现新时代海峡两岸同胞同走共富之路、共享民族繁荣兴盛的华美乐章。活动吸引2000多人次观展，被中国台湾网、杭州电视台、《杭州日报》、《都市快报》等媒体报道。

【杭州市“宋韵千年”中华文化研习营在上城开幕】2022年8月26日，2022年杭州市“宋韵千年”中华文化研习营——“钱塘潮头觅宋韵”系列活动在上城区开幕。海峡两岸青年在西子湖畔着宋服、品宋宴、赏宋风，共同品尝国风宴席等宋韵美食，体验焚香操琴、点茶插花等宋代生活雅事，进行宋韵文化体验活动，感受杭州上城“宋韵文化高地”的独特韵味。

（季玳弘）

地方志工作

【概况】2022年，区委党史研究室聚焦主责主业，坚持多措并举，发挥地方志工作存史、资政、育人功能，推动地方志工作有序开展。年内，区委党史研究室完成《上城年鉴（2022）》出版工作，指导彭埠街道编纂出版《彭埠街道志》，支持区教育局推进《杭州市上城区教育志（2011—2021）》编纂工作。深化地方志资源开发利用，持续推出“城市记忆”系列短视频及“解码非遗”“杭州古代（近代）建筑赏析”等系列图文，依托“学习强国”各级学习平台，以及“方志浙江”和“杭州党史方志”微信公众号等新媒体平台，传承、弘扬宋韵文化和方志文化。提高方志理论研究科学化水平，撰写《从二轮修志组织形式的得与失看如何顺利推进第三轮修志》《乡镇（街道）志篇目设计的若干思考》2篇资政课题文章，为推动修志工作提供理论支撑。

【《上城年鉴（2022）》出版】2022年11月，《上城年鉴（2022）》由方志出版社出版。该年鉴是上城区行政区划调整后的首卷地方综合年鉴，编排采用分类法，主体内容由类目、分目、条目3个层次构成。全书框架结构结合上城区实际情况，设置“特色产业”“现代产业生态圈”等特色类目和“宋韵文化传承”“文物与历史建筑保护”等特色分目，在专记中特设“行政区划调整”“庆祝中国共产党成立100周年”等专题内容。全书在封面设计、书眉、内文分目边框、版式设计等方面创新表现形式，通过白塔公园、城隍阁等能够展示上城自然人文景观的高质量图片和上城元素进行体现，其中封面设计选用上城地标之一——圆球形的杭州国际会议中心和半月形的杭州大剧院组成的“日月同辉”，凸显上城地方特色。全书83.7万字，设类目27个、分目212个，收录条目1406条、随文照片132幅、表格23张、图片1张、附属资料87篇、地图1张。卷首刊有“美丽上城”“热点聚焦”“创新·发展”“社会·民生”“文化·体育”等照片。《上城年鉴（2022）》全面反映2021年上城区发挥原上城、原江干两区融合效应，推进政府运行、经济发展、城区面貌、文化内涵、民生福祉提质增效，以及在两区融合发展中的基本情况及重大事件。

（黎　颖）

【《彭埠街道志》出版】 2022年10月，《彭埠街道志》由浙江大学出版社出版。该志书于2017年启动编纂，记述1912—2019年彭埠镇（街道）内政治、经济、文化、社会等方面发展的历史进程。全书115万字，共42章、150节，由概述、大事记、专志各编、人物、附录组成。专志设建置政权人口、党群政法军事、经济、城乡建设、基础设施建设、教育科学卫生、文化广播出版体育、社会、人物9编，编内设置商贸服务业、交通、非物质文化遗产等章，体现彭埠镇交通便利，商品市场发达，文化历史悠久等特点。卷首设有图照86张。

（王云良）

【宋韵文化主题宣传】 2022年，区委党史研究室围绕打造宋韵文化新高地，深入挖掘史志资源，传播宋韵文化。与市委党史研究室、杭州电视台合作拍摄“城市记忆”系列短视频，并在杭州电视台影视频道播出，《南宋遗址陈列馆》《斗富桥》等4期视频被“学习强国”浙江学习平台录用，《南宋太庙遗址》《南宋御街》《城隍阁》等12期视频被“学习强国”杭州学习平台录用。精选宋韵文化选题进行研究和挖掘，《南宋皇城遗址所在地——杭州市上城区》《从沉睡中苏醒的“南宋皇家宫苑”——南宋德寿宫遗址保护与利用》等5篇文章被“学习强国”浙江学习平台录用，《杭州近代建筑赏析：思鑫坊》等5篇文章被“学习强国”杭州学习平台录用，《解码非遗·张小泉剪刀锻制技艺》等4篇文章被“方志浙江”和“杭州党史方志”微信公众号录用，其中《解码非遗·张小泉剪刀锻制技艺》还被“学习强国”省、市级学习平台录用，阅读量达10.3万人次。配合区委宣传部开发“云上宋韵”平台，提供相关视频和文字资料，使千年宋韵在新时代“活”起来、“传”下去。

（黎　颖）

机关事务

【概况】 2022年，区机关事务中心围绕区委、区政府中心工作，以规范和加强机关后勤工作的建设、管理、服务为抓手，坚持推进管理科学化、保障法制化、服务社会化，推动机关事务工作健康、有序、高效发展。顺应改革趋势，探索数智化后勤保障新模式，优化办公用房调配、食堂管理、车辆管理等工作，高效推进后勤服务保障。

【机关事务数智化管理】 2022年，上城区机关事务中心进一步探索数智化后勤保障新模式，贯彻“机关服务无小事”理念，通过整合机关事务管理各方面的信息与资源，以大数据应用为核心，利用智能互联、智能物联的方式，使后勤保障业务系统融合一体化，通过数据互联实现数据融合和数据交换，发挥数据应用价值，构建智能化服务保障管理体系。以数智化为牵引、以标准化为支撑、以现代化为目标，同步提升区行政中心和区综合服务中心服务品质，创建科学、高效、精准、人性化的机关事务管理工作模式。以智慧平台为依托，从电脑端、浙政钉端、微信公众号端等不同媒介，为机关单位及干部职工提供更便捷的“一站式”服务，陆续推动就餐互联互通、房产资产管理、车辆精准管理、安保防护、新能源充电改造、餐饮会务提升等基建设备升级和服务数字化转型，为干部职工提供便利。

【办公用房整合调配】 2022年，上城区机关事务中心持续开展行政区划调整后的办公用房调配工作，为机关干部提供办公用房服务保障。以集中统一管理为目标，按照办公用房调整方案，主动到单位对接，推进办公用房调整落实。规范后续管理，实行系统化思维完善办公用房管理长效机制。规范区级办公用房面积使用，根据省、市相关文件要求，联合区纪委对区级办公用房规范化使用情况进行全面检查，对存在问题的拟定相关整改方案并逐间推进整改，全部整改完成。完善制度建设，加强资源统筹，优化房产布局，推进办公用房规范高效保障。搭建“上城云仓”，通过分类登记“留存”资产，“搬迁”资产，粘贴“红”“蓝”标志，对各单位办公家具进行集中统一调剂使用，节约财政经费，确保资产有效配置。强化平台管理，扩大信息覆盖面，完善房产数据，对全区党政机关办公用房实施全方位动态管理。全区涉及整合办公区级单位54家，至年末，全部完成。 （刘逸思）

中国人民政治协商会议上城区委员会

综　述

【政协党的建设】 2022年，区政协坚持以习近平新时代中国特色社会主义思想凝心铸魂，学深悟透中共二十大精神，把加强和改进党对政协工作的全面领导作为首要政治任务。坚持落实“第一议题”制度，及时跟进学习中共中央总书记习近平重要讲话精神，将讲话精神作为推动政协工作高质量发展的根本遵循和行动指南。区政协两级党组、各级党组织围绕中共二十大精神、各级党代会和两会精神等开展线上、线下专题学习研讨25次。组织对口协商、专题调研、视察监督等重点履职活动33项，形成大会发言、建议案、专题调研报告等39篇。以“党建强、政协强”工作理念构建“一强三覆盖”党建工作新格局，强化“政协党组—机关党组—街道党员委员履职党支部”党建组织体系建设，实现党建工作向政协机关、街道委员小组、政协系统有效覆盖。相关做法在全市政协系统党建工作经验交流会上做典型发言，紫阳街道、闸弄口街道党员委员履职党支部工作案例入选全市政协系统首批20个党建精品案例。区政协党建、“书香政协”、“民生议事堂”等工作在省、市层面做经验交流发言8次，获省、市领导批示20多件，13个履职案例入选省、市政协专项工作精品案例；编辑出版《请你来协商》案例汇编，获全国政协领导圈阅肯定。

【基层协商议事新格局构建】 2022年，区政协构建“请你来协商”“民生议事堂”“协商驿站”“协商三代同堂、委员济济一堂”基层协商议事新格局。围绕党政中心工作和区域发展大局，在区级总平台定期举行全区层面的“请你来协商”专题协商活动。在全区14个街道推进民生议事堂、委员工作室、社情民意信息联系点“三位一体”建设，围绕共富基本单元建设、老旧小区提升改造、城区环境面貌改善等主题开展协商议事26次，并升级打造集党建、书香、议事、聚识、联谊于一体的区民生议事展示中心。4月2日，区政协以“践行全过程人民民主，打通基层履职‘毛细血管’”为题，在省政协“民生议事堂”工作推进会上做经验交流；5月26日，采荷街道委员小组在市政协系统“民生议事堂”“双百”首发仪式暨“民生议事堂”建设工作推进会上做交流发言，“数字赋能基层治理”“丰收湖提升改造”等10个案例入选2021年度全市100个优秀协商案例，其中清波街道“‘AI小清’数字社工”、彭埠街道“相约在‘九和之季’”入围20个精品案例。在社区层面实现“协商驿站”全覆盖，挂牌运行“同心·共富”“邻聚里”“爱馨公益”“侨见未来”“乐动新声”等特色驿站，聚焦老旧小区管理、社区普法宣传、消防安全维护等议题开展微协商76场，协调解决实际问题86个。

【“数智政协”建设】 2022年，区政协制定《上城数智政协建设总体方案2.0版》，形成上城数字政协“162+W”架构体系，即打造一个“上城数智政协”驾驶舱，建设“协商在线、提案在线、同心在线、社情民意在线、学习在线、委员履职在线”六大应用场景，构建数字政协理论和制度规范两大体系，实现“一屏统览、一掌统管、一仓集成、一码融通、一键直达、一窗协商、一触即发”七大功能，以数字化改革赋能新时代政协工作提质增效。其中，“协商云视窗”特色应用被市政协列为小切口应用场景试点。

【“书香政协”建设】 2022年，区政协围绕“书房建在堂上、书桌摆进驿站、书香赋能履职”总体思路，深入推进“书香政协”建设，制定《政协上城区委员会关于深入开展委员读书活动工作的实施意见》。线上搭建“钱潮书吧”云读书平台，线下推动“尚城书房”14个街道全覆盖，通过每月读书推荐、线上荐学等活动，营造政协书香氛围。年内，围绕共同富裕示范区建设、宋韵文化交流传播、政协理论学习探索等主题，开展线上和线下读书活动32场，参与委员5400多人次。2月22日，区政协以“书香助力共富路，活力奔跑新上城”为题，在全省政协委员读书工作推进会上做交流发言。

（张　凌）

2022年上城区政协重要文件题录一览表

表9

文　号	发文日期	文件标题
上政协〔2022〕1号	2022-01-29	政协杭州市上城区委员会关于召开一届一次会议的决定
上政协〔2022〕2号	2022-01-26	中国人民政治协商会议杭州市上城区第一届委员会委员名单
上政协〔2022〕3号	2022-02-16	关于政协第一届杭州市上城区委员会会议选举结果的报告
上政协〔2022〕4号	2022-03-18	政协杭州市上城区委员会2022年工作要点
上政协〔2022〕5号	2022-03-17	关于印发《政协第一届杭州市上城区委员会各专门委员会组成人员名单》的通知
上政协〔2022〕6号	2022-03-22	关于印发《政协第一届杭州市上城区委员会界别召集人名单》的通知
上政协〔2022〕7号	2022-06-01	政协杭州市上城区委员会关于宋韵赋能亚运，呈现“最美上城”的建议案
上政协〔2022〕8号	2022-06-16	政协杭州市上城区委员会关于2022年度委员读书工作实施方案
上政协〔2022〕9号	2022-07-05	政协杭州市上城区委员会关于区政协领导分工的通知
上政协〔2022〕10号	2022-07-06	政协杭州市上城区委员会关于落实区域“双减”工作高质量推进课后服务的建议案
上政协〔2022〕11号	2022-07-07	政协杭州市上城区委员会关于以“幸福邻里坊”为载体打造共同富裕现代化基本单元的建议案
上政协〔2022〕12号	2022-09-06	上城区政协街道委员小组工作考评办法

续表9

文　号	发文日期	文件标题
上政协〔2022〕13号	2022-09-06	上城区政协界别工作考评办法
上政协〔2022〕14号	2022-09-06	上城区政协委员履职考核办法
上政协〔2022〕15号	2022-09-16	政协第一届杭州市上城区委员会星级委员民情联络站（工作室）评定办法（试行）
上政协〔2022〕16号	2022-10-09	政协杭州市上城区委员会关于促进我区都市经济高质量发展的建议案
上政协〔2022〕17号	2022-11-10	政协杭州市上城区委员会关于“建立健全长效管理机制助力老旧小区美好家园建设”的建议案
上政协〔2022〕18号	2022-12-05	关于授予2022年度星级委员工作室的决定
上政协党组〔2022〕1号	2022-03-23	政协杭州市上城区委员会关于习近平宋韵赋能亚运，呈现“最美上城”的建议案
上政协党组〔2022〕2号	2022-12-15	关于召开政协第一届杭州市上城区委员会第二次会议有关事项的请示

区政协重要会议

【区政协一届一次会议】2022年2月13—16日，中国人民政治协商会议第一届杭州市上城区委员会第一次会议召开。会议听取并审议区政协常委会做的工作报告，选举产生政协第一届杭州市上城区委员会主席、副主席、秘书长和常务委员，听取政协第一届杭州市上城区委员会第一次会议提案收集和初审情况的报告，通过“关于宋韵赋能亚运，全力呈现‘最美上城’独特韵味的建议”全体会议建议案和政协第一届杭州市上城区委员会第一次会议决议。会议期间，委员列席区人大一届一次会议，听取区政府、区法院、区检察院工作报告及其他报告，通过提案、大会发言、社情民意信息、小组讨论等形式，围绕全区改革发展稳定大局和人民群众普遍关注的热点难点问题进行协商议政，积极建言。

【区政协常委会议】2022年，区政协召开常委会议3次。

1月26日，政协杭州市上城区委员会第三次常委会议召开。会议协商通过第一届区政协委员名单、召开区政协一届一次会议的决定；审议通过常委会工作报告（草案）及报告人，区政协一届一次会议议程、日程（草案），以及主席团、秘书长、提案审查委员会、主席团常务主席、大会执行主席分组、大会副秘书长、小组召集人等名单（草案），委员分组办法及分组名单（草案），列席、邀请人员名单等。

8月25日，政协第一届杭州市上城区委员会第一次常委会议召开。会议传达学习省、市政协主席暑期读书会精神，协商通过区政协委员履职、界别工作、街道委员小组工作等考核办法。

11月24日，政协第一届杭州市上城区委员会第二次常委会议召开。会议围绕“推进‘大综合一体化’行政执法改革”议政建言。会议邀请市“大综合一体化”行政执法改革专班负责人参会。会议期间，实地视察南星街道“大综合一体化”行政执法改革推进情况，听取区综合行政执法局、区委编办、区司法局、九堡街道相关工作汇报，围绕纵深推进改革、打造上城范例协商建言。

【区政协党组会议、主席会议、主席专题会议】2022年，区政协召开党组会议12次、主席会议6次、主席专题会议3次。

1月21日，政协杭州市

上城区委员会第九次党组（扩大）会议暨第五次主席（扩大）会议召开。会议听取区委统战部关于一届区政协委员建议人选名单的汇报；审议关于召开区政协一届一次会议的决定（草案），常委会工作报告及报告人（草案），会议议程、日程（草案），主席团、秘书长、提案审查委员会、主席团常务主席、大会执行主席分组、大会副秘书长、小组召集人等名单（草案），委员分组办法及分组名单（草案），列席、邀请人员名单（草案）等。

1月29日，政协杭州市上城区委员会第十次党组（扩大）会议暨党史学习教育专题民主生活会召开。区政协主要负责人代表班子做对照检查，党组成员逐一做个人对照检查。

2月22日，政协第一届杭州市上城区委员会第一次党组（扩大）会议暨以案促改以案促治专题民主生活会召开。区政协主要负责人代表班子做对照检查，党组成员依次做个人对照检查。

3月4日，政协第一届杭州市上城区委员会第二次党组（扩大）会议暨第一次主席（扩大）会议召开。会议传达学习杭州市第十三次党代会等有关会议精神；协商确定区政协领导分工，年度工作要点，政治协商、民主监督、参政议政计划及“请你来协商”总平台年度协商计划；协商通过提案审查情况报告，年度重点提案，区政协各专委会组成人员、各界别召集人名单等；听取一办六委关于1—2月工作完成情况及3月工作计划的汇报，协商确定3月工作安排。

4月28日，政协第一届杭州市上城区委员会第三次党组（扩大）会议暨第二次主席（扩大）会议召开。会议协商通过区政协委员履职、界别工作、街道委员小组工作等考核办法，各街道“民生议事堂”“议事邻里坊”名单；听取一办六委关于3—4月工作完成情况及5月工作计划的汇报，协商确定5月工作安排。

6月2日，政协第一届杭州市上城区委员会第四次党组（扩大）会议暨第三次主席（扩大）会议召开。会议传达学习中共中央总书记习近平关于全国政协委员读书活动的重要指示等讲话精神，协商通过区政协常委、委员培训方案和有关“三重一大”事项，听取一办六委关于5月工作完成情况及6月工作计划的汇报，协商确定6月工作安排。

9月8日，政协第一届杭州市上城区委员会第五次党组（扩大）会议暨党组理论学习中心组专题学习会召开。会议传达学习中共中央总书记习近平在省部级主要领导干部专题研讨班上的重要讲话、《中国共产党政治协商工作条例》等精神；集中研学《习近平谈治国理政》第四卷；审议通过有关“三重一大”事项及星级委员民情联络站（工作室）评定办法（试行）。

9月29日，政协第一届杭州市上城区委员会第六次党组（扩大）会议暨第四次主席（扩大）会议召开。会议传达学习中共中央总书记习近平在中共十九届五中全会第二次全体会议上的重要讲话精神、全省统一战线暑期读书会及全省“清廉浙江”建设推进会精神；协商通过“上城数智政协”迭代升级总体方案2.0版、关于“促进我区都市经济高质量发展”的建议；听取一办六委关于9月工作完成情况及10月工作计划的汇报，协商确定10月工作安排。

10月25日，政协第一届杭州市上城区委员会第七次党组（扩大）会议召开。会议专题传达学习中共二十大精神。

10月31日，政协第一届杭州市上城区委员会第八次党组（扩大）会议暨第四次主席专题会议召开。会议开展中共二十大精神专题研讨，集体研究“关于打造‘金玉上城’的建议”。

11月7日，政协第一届杭州市上城区委员会第九次党组（扩大）会议暨中共二十大精神专题学习研讨会召开。党组班子成员围绕学习中共二十大精神心得体会交流发言，结合分管工作提出贯彻落实中共二十大精神的具体举措。

11月28日，政协第一届杭州市上城区委员会第五次主席专题会议召开。会议传达学习区委常委会精神及区委关于新冠疫情防控有关工作部署要求。

12月1日，政协第一届杭州市上城区委员会第十次党组（扩大）会议暨第五次主席（扩大）会议召开。会议协商通过区政协一届二次会议筹备方案及2022年度星级委员工作室名单；听取一办六委关于2022年度工作总结及2023年工作思路汇报、11月工作完成情况及12月工作计划；协商确定12月工作安排。

12月8日，政协第一届杭州市上城区委员会第六次主席专题会议暨2023年工作思路务虚会召开。主席会议成员交流2023年工作思路。

【政情通报会】 2022年8月26日，上城区召开区“一府两院”工作通报会，全体区政协委员、机关干部，各界别、街道委员小组联络员参加会议。会上，区政府重点围绕打赢“八大硬仗”做上半年全区经济社会发展情况回顾，并就下半年工作安排通报“完成政府工作目标、落地区委重点工作、提升执行能力水平”三点思路；区法院、区检察院通报上半年工作开展情况和下半年工作思路。区政协主要负责人肯定“一府两院”上半年工作，并要求全体政协委员围绕下半年区政府主要工作，明确履职方向、助力服务大局。

（张　凌）

政治协商

【“请你来协商”专题协商】 2022年，区政协召开“请你来协商”专题协商会7次，通过协商建言，助力全区政治建设、经济建设、文化建设、社会建设、生态文明建设，服务保障杭州第19届亚运会、杭州第4届亚残运会。

5月12日，“宋韵赋能亚运，呈现‘最美上城’‘请你来协商’”专题协商会召开。会上，区政协课题组提出“提升筹办合力、精耕环境品质、厚植宋韵基因、突出‘绿色办亚’、加强氛围营造”五方面建议，9名政协委员围绕亚运道路平整、工地围挡美化、无障碍设施完善、运河景观亮灯、历史建筑修补等方面先后发言。协商会线上同步进行，“上城发布”直播间参与人员1.8万人次，留言171人次，委员钉钉群参与131人，建言137条。

5月27日，“落实区域‘双减’工作高质量推进课后服务‘请你来协商’”专题协商会召开。会上，区政协课题组提出“激发改革发展内驱力、汇聚家校政社协同力、增强教师发展支撑力、提升管理服务精准力、扩大科学育才影响力”等建议。6名区政协委员围绕提高教师综合素养、强化学生实践能力、开放社会体育场馆、树立科学人才观念、加强区域课后托管，完善教师队伍保障等方面建言献策。社区及家长代表分别从提供实践平台、激发孩子潜能等角度发言。

6月28日，“幸福邻里坊，共富新典范——全力打造共富基本单元‘请你来协商’”专题协商会召开。会上，区政协课题组提出“突出党建统领打造红色坊、突出居民主体打造自治坊、突出资源整合打造服务坊、突出“一社一品”打造文化坊、突出数字赋能打造智慧坊”等建议。协商会通过视频短片、主题访谈、现场连线等方式共商幸福之道、合议善治之策。协商会相关报道排名《人民政协报》“政能量”榜、“浙江政协同心苑”微信公众号的“同心榜”榜首。

7月13日，“深化‘N+X’民生议事协商体系建设‘请你来协商’”专题协商会召开。会上，区政协课题组提出“坚持正确政治方向、大力营造协商氛围、更好搭建协商平台、着力提升协商能力”等建议。2名街道委员小组负责人和2名委员工作室领衔委员围绕构建议事机制、数智赋能履职、拓展协商形式、发挥界别特长等方面献计献策。会议视频连线彭埠街道智汇钱潮·委员之家和丁兰街道委员民情联络站，相关负责人提出“强化党建引领、创新工作机制、确保渠道通畅、加强联动协作”等建议。市委党校法学与社会学教研部副教授付文科、杭州市政协智库专家张翼飞从完善机制、优化计划、丰富形式、建设品牌等方面提出建议，推动政协协商与基层协商有效衔接。

9月5日，“携商推进‘帮共体’，协作奋进共富路‘请你来协商’”专题协商会召开，系区政协首次开展跨区域（上城区—淳安县）联动协商。会上，两地政协委员围绕创新乡村康养路线、转化优质农业资源、实现农产品电商化、促进乡村旅游开发、共联共享两地品牌、深度协作社会事业等方面先后建言，协商“帮共体”协作共富新路径。《人民日报》以《浙江杭州开展区县协作，跨区域协商助力山区共富》为题，对该协商会作专题报道。

2022年9月28日，“促进经济高质量发展，助力国际化现代化共同富裕典范城区建设‘请你来协商’”专题协商会召开　（区政协办公室 供稿）

9月28日，“促进经济高质量发展，助力国际化现代化共同富裕典范城区建设‘请你来协商’”专题协商会召开。会上，区政协课题组提出“抓平台提升能级，抓楼宇提升效益，抓产业提升动力，抓服务提升环境，抓国企提升实力”等建议。1名企业家代表、6名区政协委员分别从元宇宙产业、楼宇经济、直播经济、美丽经济、智能制造、工业设计、产业振兴等方面建言献策。

10月27日，“建立健全长效管理机制，助力老旧小区美好家园建设‘请你来协商’”专题协商会召开。会上，区政协课题组提出“强化党建引领机制，构建共建共治共享新格局；强化指导监督机制，实现小区管理工作规范化；强化资金保障机制，推动物业企业发展可持续；强化智慧服务机制，促进基层治理效能再提升”等建议。5名区政协委员围绕推动物业管理规范化、强化资金长效保障力、加强三方联合协调性、发挥社会多方凝聚力、数字赋能助力精细化等方面献计献策；各界代表从织密织细组织网络、提升物业服务品质、缓解资金压力等角度提出意见和建议。

【对口协商】 2022年，区政协组织开展对口协商活动3次，通过协商建言，助力区产业平台升级、小区物业管理提质增效、“除险保安”工作落到实处。

3月9日，区政协城建和人口资源环境委员会与区住建局开展“提高‘三方’协同治理小区能力”对口协商。委员在听取区住建局有关物业管理工作的汇报后，提出“建立社区主导联合党支部、制定小区治理相关制度、完善对物业公司考核机制、提商业委会公信力”等建议，助推区老旧小区物业管理工作提质增效。

5月10日，区政协经济科技委员会与钱塘智慧城管委会开展“加快产业平台优化升级”对口协商。委员在听取钱塘智慧城产业平台基本情况介绍后，提出“加强机制统筹、深化功能定位、优化营商环境、深入推进项目、加快产业集聚”等建议。

9月28日，区政协社会法制和港澳台侨委员会与上城消防救援大队开展“消防基础设施建设”对口协商。委员实地调研四季青街道运新社区微型消防救援站、景芳社区消防救援站等，现场观摩微型消防站出警演练，参观相关救援设备，提出“强化消防安全意识、健全消防责任体系、提高消防救援能力、加强宣传教育力度”等建议，助力区“除险保安”工作走深走实。（张　凌）

民主监督

【主席会议视察】2022年10月14日，区政协以主席会议形式视察区金融产业发展工作，对2021年“打造基金小镇2.0版，擦亮钱塘江金融港湾核心区‘金名片’”专题协商成果进行“回头看”和再协商。区政协、区政府有关领导，区政府办公室、区政协办、区金融办、玉皇山南基金小镇管委会负责人及部分区政协委员参加。在实地视察基金小镇三期尼龙山地块及听取区金融办、玉皇山南基金小镇管委会对有关情况的汇报后，区政协主要负责人围绕区金融产业发展提出“保持战略定力，进一步坚定打造金融高地的信心决心；强化操盘能力，高质量续写金玉良缘‘强强融合’的时代新篇；挖掘服务潜力，精细化培育金融产业集聚发展的土壤环境；提升管理张力，多维度推进金融治理能力现代化”等建议。区政府有关领导做“贯彻落实好再协商成果，加快建设长三角南翼金融总部高地及财富管理高地”主题发言。

【专题视察】2022年，区政协组织委员开展专题视察6次，为加快建设独具韵味的国际化现代化共同富裕典范城区出谋划策。

3月29日，区政协经济科技委员会组织委员开展“加快共同富裕美丽乡村样板建设”专题视察。委员在实地察看丁兰街道皋城村环境综合整治工程后，与丁兰街道、皋城村相关人员开展座谈交流，提出“打造多元化志愿队伍、完善长效化管理机制、提升居民参与积极性”等建议。

6月24日，区政协城建和人口资源环境委员会组织委员开展“安置房建设和回迁安置”专题视察。委员在现场视察浜河社区海塘景轩安置房项目后，与区住建局、上城规划资源分局等单位的相关人员座谈交流，提出“强化党建示范引领、强化政策标准平衡、强化物业服务谋划、强化配套设施建设、强化文化内涵挖掘”等建议。

9月15日，区政协社会法制和港澳台侨委员会组织委员开展“亚残运会残疾人事业展示点打造提升工作”专题视察。委员在实地走访“弯湾·爱生活残疾人社会融合共享体”、阳光艺术中心和杭州市杨绫子学校等亚残运会残疾人事业展示点，听取区残联关于展示点打造提升相关情况的汇报后，提出“坚持问题导向，提高残障事业认识；立足兜住底线，加强残障群体保障；着力宣传引导，护卫‘有爱’亚（残）运会”等建议。

10月14日，区政协经济科技委员会组织委员开展“科技创新工作”专题视察。委员在实地走访杭州安誉生物科技股份有限公司并听取区科技局全区科技创新工作情况介绍后，提出“增强科技创新综合实力、完善科技创新平台建设、优化科技管理服务效能、提升政策措施精准度”等建议，为营造创新环境、集聚创新要素、构建创新生态集智聚力。

10月20日，区政协社会法制和港澳台侨委员会组织委员开展“促进就业创业工作”专题视察。委员在实地察看浙江清华长三角研究院杭州分院区块链交易操作员技能培训工作，听取区人力社保局、钱塘智慧城管委会相关情况介绍后，提出“关注重点群体，加强精准帮扶；适应数字变革，促进供需对接；落实惠企政策，打造‘乐业上城’；转变人才观念，培育技能人才”等建议，为稳就业促创业献计出力。

11月25日，区政协社会法制和港澳台侨委员会组织委员开展“共享法庭建设工作”专题视察。委员在实地调研彭埠街道、区社会治理中心“共享法庭”并听取区法院相关情况介绍后，政协委员提出“赋能基层社会治理，搭建司法服务平台，加强专业队伍建设”等建议，推动基层自治、法治、德治、智治“四治融合”。

【专项集体民主监督】2022年，市、区两级政协联动开展三大专项集体民主监督。

4—6月，开展“推进城市环境品质提升行动，实现‘美丽杭州迎亚运’”专项集体民主监督。区政协组织委员到亚运“一场两馆”（区体育中心体育场、区全民健身中心水球训练馆、杭州市全民健身中心手球训练馆）、钱江新城核心区、青荷苑社区等67个点位开展督查，召开相关座谈会议16次，收集意见建议104条，形成专项集体民主监督报告，提出“提高政治站位，扛起使命担当；坚持精益求精，强化品质提升；展现城市形象，凸显上城特色”等建议。

6—7月，开展“全面提升生活垃圾分类处理质量、推进无废城市建设”专项集体民主监督。区政协组织委员深入采荷街道青荷苑社区、紫阳街道彩霞岭社区和凤凰苑小区等地区，围绕老旧小区生活垃圾分类情况开展视察监督，针对人员管理、智能投放、考核奖惩等问题，提出“坚持垃圾智慧治理、更新前端分类设施、完善专项执法机制、营造人人参与氛围”等建议，并将紫阳街道彩霞岭社区、笕桥农副产品综合市场的垃圾分类作为典型案例报送市政协。

8—10月，开展“深化老旧小区改造，推进城市有机更新行动”专项集体民主监督。区政协发动委员到采荷街道青荷苑社区、紫阳街道新工社区、湖滨街道青年路社区和东平巷社区、凯旋街道南肖埠社区等44个点位开展监督活动，针对公共空间拓展受限、居民主体意识不强、物业管理水平较低等问题收集意见建议58条，形成专项民主监督报告，提出“党建引领多方协商，激发居民主体意识；资源优配片区联动，空间服务双向提升；建管同步完善机制，推动长效管理全覆盖”等建议。

（张　凌）

参政议政

【提案工作】2022年，区政协提案委员会收到以提案形式提交的意见和建议226件，经审查和并案处理，立案181件，其中，大会期间提案144件，闭会期间提案37件；经济科技类提案53件，城建城管类提案37件，教文卫体类提案56件，社会法制类提案35件。181件提案中，有集体提案27件。经区政协主席会议研究，确定《关于强化未来社区基层治理，探索共同富裕目标的建议》等6件提案作为年度重点提案。经全体承办单位共同努力，全部提案均按期办理完毕。提案所提建议已经解决或基本解决的（A类）176件，正在解决或已列入计划准备解决的（B类）3件，因受条件限制暂不能解决的（C类）2件，委员对提案办理工作的满意率为100%。区政协择优评选《关于加快推进上城区数字经济产业发展的建议》等19件选题精准、调研深入、建议务实的提案为年度优秀提案，并在两会期间给予表彰。

2022年上城区政协一届一次会议重点提案一览表

表10

序号	案　由	提案者	性质
1	关于强化未来社区基层治理，探索共同富裕目标的建议	孙益芳、胡益琴	联名
2	关于宋韵赋能亚运，全力呈现“最美上城”独特韵味的建议	紫阳街道委员小组、新闻文体界别、九三学社上城基层委员会	集体
3	关于加快推进数字经济产业发展的建议	民建上城区基层委员会	集体
4	关于建立3岁以下婴幼儿托育服务长效机制的建议	俞富根、聂建波、夏叶丽、陈丽丽、任亚、冯新恩、章蔚郓、傅昕辉	联名
5	关于完善垃圾分类专项执法机制的建议	慈玲、涂小莉、胡晓振、宋红朋、徐志清	联名
6	关于促进上城区合唱艺术健康快速发展的建议	俞宙	个人

2022年上城区政协一届一次会议优秀提案一览表

表11

序号	案　由	提案人
1	关于加快推进上城区数字经济产业发展的建议	民建上城区基层委员会
2	关于完善垃圾分类专项执法机制的建议	慈玲
3	关于建立3岁以下婴幼儿照护服务长效监管机制的建议	俞富根、聂建波、夏叶丽、 冯新恩
4	关于促进上城区合唱艺术健康快速发展的建议	俞宙
5	关于宋韵赋能亚运全力呈现“最美上城”独特韵味的建议	紫阳街道委员小组、新闻文体界别、九三学社上城区基层委员会
6	关于强化未来社区基层治理，探索共同富裕目标的建议	孙益芳、胡益琴
7	关于推进我区直播经济良性规范发展的建议	许新霞、钱磊、缪渭川
8	关于加强我区食品安全工作的建议	包良军、王芝芬、俞鑫红、陈潇潇
9	关于打造共同富裕典范城区中建立社区金融服务平台的建议	高艳、陶宏莉、陆洋、徐小平、陈晓亮
10	关于持续打造营商环境最优区的建议	冯世联
11	关于持续完善无障碍环境建设、高质量迎接亚残运会的建议	魏文锋
12	关于加强老旧小区改造后续管理的建议	潘晓岑
13	关于深化落实区域“双减”工作，推进课后服务升级的建议	缪先祥
14	关于开展失智关爱社区服务体系建设的建议	吴利泽、王勇
15	关于海外人才聚集，打造人才向往之地工作的建议	韩霄波、胡晓敏
16	关于进一步推进我区老旧小区加装电梯工作的建议	尹兆青、陈洁、章蔚郓、孙益芳
17	关于“以人为本”，促进楼宇经济发展的建议	四季青街道
18	关于强化外卖餐饮小作坊食品安全监管的建议	共青团界别
19	关于进一步推进基层政治协商工作 提升基层治理能效 创新完善基层协商平台体系的建议	彭埠街道

【调查研究】 2022年，区政协围绕“幸福邻里坊，共富新典范——全力打造共富基本单元”“宋韵赋能亚运，全力呈现‘最美上城’”“深化‘N+X’民生议事协商体系”“‘双减’背景下课后服务高质量发展”“狠抓都市经济”“杭州金融城、玉皇山南基金小镇‘双核’驱动打造‘金玉上城’”“上城区在萧山‘飞地’有关情况”等课题开展调查研究。区政协各课题组通过实地走访、座谈交流、专题研讨等方式，收集意见和建议，形成调研报告，为区委、区政府中心工作献计献策。其中“旅游业高质量发展”“加快非国有博物馆发展，助力打造新时代文化高地”为市、区联动调研课题。

【理论研究】 2022年，区政协推进新时代人民政协理论研究工作。年内，组织撰写《在构建协商议事新格局中积极践行全过程人民民主》《发挥人民政协在争当高质量发展建设共同富裕示范区的作用研究》等5篇理论调研文章，其中《关于基层政协“民生议事堂”建设的实践和思考》从民生议事堂建设的重要意义、定位特征、实践探索及深化推进举措等方面梳理总结区政协开展该项工作的经验做法，获2022年省政协深化民生议事堂平台建设征文优秀论文三等奖。

【社情民意信息工作】 2022年，区政协发挥反映社情民意信息工作履职“直通车”作用，拓宽信息收集渠道、提高信息报送质量、强化工作队伍建设。依托区政协委员、特邀信息员、民情联络员等力量，收集整理上报《关于加强区属国有企业对扶持小微企业的支持的建议》等社情民意信息200多篇，其中14篇被市政协录用，获市委、市政府领导批示3次，社情民意信息质量和录用数量在全市县（市、区）政协中居前列。

【委员工作】 2022年，区政协将系统建章立制、拓展载体渠道、提升履职能力作为委员工作的重点，常态化搭建委员理论学习、知情明政平台，组织委员年度培训，定期开展“委员活动日”“界别活动日”活动。结合新一届政协的工作要求和特点，修订政协街道委员小组工作、政协界别工作、政协委员履职考核办法和星级委员工作室评定办法，健全考核激励机制，提高政协履职的制度化、规范化、程序化水平。编制2022年委员履职计划汇编，为委员履职提供依据和保障。强化委员工作室建设，全年分批授牌委员工作室36个，并评定五星级6个、四星级14个、三星级10个。8月24—26日，开展委员年度培训。全体区政协委员、机关干部，各界别、各街道委员小组联络员参加培训。培训安排宋韵文化、履职能力提升等专题讲座，以及委员分享、区“一府两院”工作通报会等内容。

【文史工作】 2022年，区政协做好政协文史工作，发挥“存史、资政、团结、育人”的独特作用。宋韵丛书姊妹篇《宋风物语》《宋风流韵》入选“浙版好书”榜单，被浙江大学和浙江大学城市学院列为公选课教材书目。跟进落实2021年度“宋韵文化传承展示”专题协商会成果，促成区首届宋韵金牌导游大赛举行。承办杭州电视台综合频道《政协视点·我们圆桌会》“积极推进杭州宋韵文化传世工程”专场活动，使“宋韵看上城、上城最宋韵”深入群众。以“皇城根”——优秀传统文化山南学研基地为起点，培育“皇城根”优秀传统文化品牌阵地6个。推出上城区数字化人文行走地图，宣传推介宋韵经典走读线路。组织“传承千年文脉，焕发时代新辉”“开卷澄怀，集思传韵”“南宋铭刻传拓展”“宋韵陶模展”等文化雅集活动，全景式、多视角展示上城宋韵文化内涵和底蕴。 （张　凌）

纪检·监察

综 述

【全面从严治党纵深推进】2022年，区纪委区监委坚持稳中求进工作总基调，全面对标高质量发展要求，以高度的政治自觉、强烈的政治担当，坚定不移推进全面从严治党向纵深发展。突出政治监督，制定年度政治监督指引，开展杭州第19届亚运会筹备、新冠疫情防控和经济社会发展统筹等专项监督，围绕严肃换届纪律强化全过程监督，持续抓好省委巡视“回头看”反馈问题整改监督。落实省委关于加强“一把手”和领导班子监督“十三项实施意见”，推动健全配套监督制度体系。深化作风建设，高标准落实中央八项规定及其实施细则精神，严格把握“三个区分开来”，营造为担当者担当的良好氛围。推动构建亲清政商关系，创新打造“宋韵颂廉”廉洁文化品牌。注重“不敢腐、不能腐、不想腐”贯通融合，加大案件查办力度，深化以案促改、以案促治。深化政治巡察，发挥派驻监督优势，全面推行驻点监督，探索开展驻点访察。强化数智赋能，高质量推进公权力大数据监督应用场景全省试点工作。加强干部队伍思想建设，注重能力锤炼，深化全员培训，严格落实省纪委“九个严禁”要求，开展警示教育活动。

资料

“三个区分开来”：把干部在推进改革中因缺乏经验、先行先试出现的失误和错误，同明知故犯的违纪违法行为区分开来；把上级尚无明确限制的探索性试验中的失误和错误，同上级明令禁止后依然我行我素的违纪违法行为区分开来；把为推动发展的无意过失，同为谋取私利的违纪违法行为区分开来。

“九个严禁”：严禁拉帮结派，严禁拉票贿选，严禁买官卖官，严禁跑官要官，严禁造假骗官，严禁说情打招呼，严禁违规用人，严禁跑风漏气，严禁干扰换届。

【全面从严治党主体责任压实】2022年，区纪委区监委坚守主责主业，聚焦监督执纪问责和监督调查处置，严守职责边界，在狠抓全面从严治党主体责任落实上持续发力，政治生态持续向好。制定《2022年全面从严治党主体责任清单》，细化区委、区政府领导班子成员“一人一单”的具体职责79项。协助区委制定加强对“一把手”和领导班子监督“五张责任清单”，并延伸覆盖至各街道、区直属各单位。协助区委制定关于全面从严治党主体责任评议意见、廉情抄告单及重要廉政风险清单的整改措施报告。协助区委制定全区政治生态建设状况自评自查报告和关于对“一把手”和领导班子监督工作的自查报告。加大评责力度，召开履行党风廉政建设主体责任专题汇报会，听取落实全面从严治党主体责任报告和“第一责任人”履责报告，指出问题四大类、12个。督促各单位专题听取下级单位党组织履行全面从严治党主体责任的汇报，推动全面从严治党向基层延伸。强化结果运用，完成区级81家单位2021年度涉及党风廉政建设考核工作，对7家单位进行实绩扣分，对46家单位进行纪检工作加分，并排名赋分。完成81家单位党风廉政建设综合评价和领导班子作风评价两项党建评议工作。制定2022年“大党建”考核方案和2022年党风廉政建设具体考核条款，牵头做好各单位2022年度党风廉政建设考核工作。

【“宋韵颂廉”廉洁文化品牌】2022年，区纪委区监委以构筑“宋韵传世”文化新高地为契机，深挖活用清廉因子，有机结合“现代感云上数字平台”与“历史感宋韵廉洁文化”，培育“宋韵颂廉”廉洁文化品牌体系。研发“宋韵颂廉”廉洁文化云上平台，围绕文物古迹遗址、清官廉吏故事、廉洁制度规范、优秀家风家训等内容，设置“宋迹清风、宋贤清德、宋道清行、宋艺清心、宋脉清流”五大板块、40多项用户体验功能，呈现宋韵廉洁景观、故事作品、名家留声、3D展陈、VR全景等。串起“宋廉十景”（德寿养心、“御”见南宋、博物生辉、宋玉流光、海塘清风、钱王筑基、忠义孝廉、窑想千年、碑林清迹、南宋迹忆）廉旅线，打磨“宋廉十景”示范样板，设置“全景云游览”和“云听书小样”功能，提升廉洁文化的可及性和触达率。联合市公交集团开通510A路“小莲清风廉运”上城公交专线，嵌入“清廉上城、宋韵颂廉”相关内容，打造王家井社区清廉诗词长廊、钱塘江堤清官廉吏百米墙绘等廉洁景观，多渠道宣传廉洁文化。丰富廉洁文化产品供给，创作《宋韵颂廉》廉洁文化读本，改编《包拯是怎么被“黑”成“顶流”的?》《折槛进言广圣听》等宋朝廉洁故事60篇。全年举办走廉路、看廉景、赞廉官等群众文化主题活动5场、主题书画展1场。

【清廉经合社建设】2022年，区纪委区监委立足经合社资金密集、权力集中、监管薄弱等现状，补齐监管短板，推动权力规范运行。厘清经合社监察对象范围，为经合社监管奠定法律基础。落实严查快办制度，对涉及经合社干部问题线索第一时间研判、移交、查办。强化类案治理，整理形成《经合社领域常见案例汇编》，印发给街道。开展村社（经合社）运行问题专项治理，发现并推动九大类、13个问题整改。协调相关部门对全区60个经合社的财务收支情况开展全覆盖专项审计，发现问题55个，整改率95%；对玉皇、望江等14个村社（经合社）开展专项巡察，发现问题322个，推动立巡立改问题3个，移交问题线索9条。制定《经合社报账员（助理会计）交流任职实施方案》，规范交流对象、交流范围、任职方式等内容。督促主管部门抓好建章立制，指导经合社落实“三资”（资产、资金、资源）管理等工作。强化街道监管主体责任，通过探索委派街道党工委班子成员到经合社任党委书记、纳管经合社下属企业党员工作人员等形式，实现对经合社集中统一管理。强化街道纪工委监督责任，推进监督职能向经合社延伸拓展。推动职能部门制定印发《关于加强股份经济合作社规范管理的若干意见》，明确经合社组织体系、制度机制等内容。研发运用区级数字化平台，通过线上审核、智能预警，实现监督关口前移。

【公权力大数据监督】2022年，区纪委区监委打造数字化监督模式，高质量推进省纪委公权力大数据监督应用场景试点建设任务，聚焦模型构建，推行“全员建模”机制，构建高精准度的监督模型。推动业务部门行权数据归集，实现核心业务字段数字化、标准化。高效推进红色预警核查处置工作，制定预警处置流程图，实现红色预警分析研判、交办核查、跟踪反馈的全流程闭环管理，推动处理144人次，开展区域性领域性问题专项治理13项，督促主体责任部门强化内部管理、优化工作流程、健全工作机制，实现公权力大数据监督变革重塑的目标。该试点场景入选省纪委典型案例库案例8个，其中4个获通报表扬，经验做法获中纪委、省纪委网站及《廉政经纬》等主流媒体集中报道，并被省纪委评为2022年度“最佳场景”。

（王哲莹）

区纪委区监委重要会议

【区纪委一届二次全体会议暨全区深化作风建设大会】2022年2月9日，区纪委一届二次全体会议暨全区深化作风建设大会召开。大会以习近平新时代中国特色社会主义思想为指导，深入贯彻落实中共十九大和十九届五中、六中全会精神，按照十九届中央纪委六次全会、省纪委十四届七次全会和区党代会部署，回顾总结2021年纪检监察工作，部署2022年工作任务。会议由区纪委常委会主持，审议通过区纪委常委会《奋力推进纪检监察工作高质量发展，为全面建设独具韵味的国际化现代化共同富裕典范城区提供坚强保障》的工作报告。会议要求2022年要重点抓好6个方面工作，即自觉践行“两个维护”，坚决扛起政治责任；持续强化标本兼治，释放“不敢腐、不能腐、不想腐”一体推进综合效应；发挥专责监督作用，推进权力规范运行；巩固作风建设成果，弘扬新风正气；坚持政治巡察定位，发挥利剑作用；全面加强自身建设，锻造纪检监察铁军。

【2021年度履行党风廉政建设主体责任专题汇报会】2022年3月23日，上城区召开2021年度履行党风廉政建设主体责任专题汇报会。会议强调，要深入贯彻中央和省委、市委决策部署，扛起全面从严治党政治责任，推进党风廉政建设和反腐败工作，以“钉钉子”精神将全面从严治党不断引向深入，为加快建设独具韵味的国际化现代化共同富裕典范城区提供政治和纪律保障。要统一思想，提高站位，全面强化管党治党责任担当。要从“拥护‘两个确立’、践行‘两个维护’”的政治高度、以“永远在路上”的坚定清醒、以“典范城区”的标准要求把握主体责任落实。要突出重点，讲究方法，全面推动主体责任落实落细。

【“清廉上城”建设推进会】2022年12月16日，上城区召开“清廉上城”建设推进会。会议强调，要深入学习贯彻中共二十大精神和中共中央总书记习近平关于全面从严治党的重要论述，全面落实“清廉浙江”建设推进会和全市“清廉杭州”建设推进会部署，推动“清廉上城”建设上新台阶。会议强调，要在强化责任落实上再聚力，紧盯“关键少数”，用好数字化手段，推进权力“在线运行”“在线留痕”，持续深化“四责协同”机制；要在一体推进“不敢腐、不能腐、不想腐”上再聚力，通过执纪监督强化“不敢腐”，通过制度约束强化“不能腐”，通过教育引导强化“不想腐”；要在坚定不移正风肃纪上再聚力，坚持以严的基调强化正风肃纪，锲而不舍落实中央八项规定精神，持续深化纠治“四风”，整治“不担当、不作为、不落实”行为，严格执行省委、市委、区委各项纪律规定，确保坚守“底线”，不碰“红线”，争当廉洁自律的表率；要在加强清廉单元建设上再聚力，善于总结提炼、探索创新，培育示范样本，拓展延伸清廉单元创建，聚焦清廉建设重点项目任务书，实行项目化推进、“销账式”管理，按照时间节点要求加快推动落实；要在优化干部队伍管理上再聚力，落实新一轮加强干部教育监督管理“八大举措”，健全完善管思想、管工作、管作风、管纪律的全过程从严管理体系。

（王哲莹）

执纪审查和监察调查

【概况】2022年，区纪委区监委坚持无禁区、全覆盖、“零容忍”，坚持“严”的主基调不动摇，严肃查处重点领域和关键岗位腐败案件。全年处置问题线索491件，比2021年上升47.4%，了结297件，给予组织处理211人。全年立案审查调查192件，上升100%，其中委本级立案39件。结案189件，给予党纪政务处分177人。办理留置案件24件，移送检察机关20人。通过监督检查和审查调查，为国家和集体挽回经济损失5244.7万元。全年受理信访件181件次，下降24%。其中检控类信访106件次，下降19%。重大活动期间实施“零报告”制度，运用应急处置机制及时处置紧急突发情况，确保面上平稳有序。

【监督执纪“四种形态”运用】2022年，区纪委区监委依规、依纪、依法开展工作，坚持“惩前毖后、治病救人”方针，深化运用监督执纪“四种形态”，加强“抓早抓小”预防性工作，重点督促各级党组织把握运用好“第一种形态”，使监督更加聚焦、更加精准、更加有力，持续强化“不敢、知止”的氛围。至年末，运用监督执纪“四种形态”处理463人次。其中，运用“第一种形态”处理287人次，运用“第二种形态”处理112人次，运用“第三种形态”重处分或重大职务调整26人次，运用“第四种形态”处理38人次。

【全区重复检举控告件“清零”】2022年，区纪委以组织保障、排摸起底、办结落实“三到位”助推全区重复检举控告件“清零”。成立工作专班，分组开展排摸起底、处置治理、检查验收等专项行动。召开全区重复检举控告“清零”专项行动部署会，明确任务分工、工作要求和完成时限。每月专题分析办理、办结情况，研究具体推进举措。根据办理处置情况分为A、B、C、D四类。其中，A类为正在调查处置的；B类为需要重新调查处置的；C类为纪检监察问题已解决，需继续做好沟通解释或督促属地党委、政府、事权部门解决落实的；D类为问题已解决、息访罢访的。经专班分析研究，判定A、B、D类各1件，C类10件。采用“一件一策”机制，分类分级处置，推进A类、B类件提速提质办理，C类、D类全面严格核查；对实名检举控告，重点关注、优先办理，并由举报人、承办人签订双向承诺书，力促重复检举控告按期“清零”。年内，A、B、C、D四类“清零”件均办结。

【信访澄清正名】2022年，区纪委区监委严格落实“三个区分开来”和“谁核实谁澄清”的要求，准确把握严明纪律、严格执纪执法与鼓

2022年6月24日，区纪委区监委开展信访举报政策宣传

（区纪委区监委 供稿）

励改革创新、激励担当尽责的关系，依规、依纪、依法受理办理信访举报件，在严肃查处党员、监察对象违纪违法问题的同时，深化失实信访举报澄清正名机制，集中力量对2022年后办结的失实信访件进行全面起底梳理、分析排查、综合评估，对符合澄清条件的4名党员干部予以澄清正名，更好体现政治效果、纪法效果、社会效果。上报澄清正名典型案例，在全市范围公布宣传，营造为干事创业者担当鼓劲的良好氛围。

【信访举报政策宣传月活动】 2022年，区纪委制定《上城区纪检监察信访举报政策宣传月活动工作方案》，组织信访举报民情直通车进机关、进企业、进学校、进社区活动，开展信访举报政策宣传，通过流动式接访、“零距离”交流，接受群众咨询，现场释疑解惑，教育引导党员群众依法依规检举控告，推动信访举报问题及时有效化解。创作《廉洁清风话信访》快板，通过“云直播”讲解信访举报政策和相关案例，宣传纪检监察机关信访举报的处置方式、流程、机制等，全面提高居民群众知晓率，扩大宣传影响力。全年开展宣传活动26场，为1200多人次进行宣讲和答疑，现场接待来访群众70多人次。

（王哲莹）

党风政风监督

【概况】 2022年，区纪委区监委坚持严抓严管，持之以恒加强党风廉政建设。持续压实全面从严治党主体责任，聚焦重点领域开展政治监督，实施专项整治行动，牵头推进漠视侵害群众利益问题、党员干部违规征迁安置问题等专项治理19项，纵深推进清廉单元建设。全年出动人员5412人次，开展正风肃纪专项行动6次，检查单位1959家，查处违反中央八项规定精神典型问题7起、12人，以及群众身边的不正之风和腐败问题7起、7人。坚决整治形式主义、官僚主义，查处重点工作推进中的“不担当、不作为、不落实”问题57起，处理80人。持续完善区“廉情码”政治生态监督管理平台，推进基层小微权力“监督一点通”平台推广应用，靶向治理群众诉求高频事项，及时有效解决群众急难愁盼问题。

【重点领域政治监督】 2022年，区纪委持续开展重点领域政治监督工作，督促各牵头单位推进所负责的专项监督工作，推动限时问题整改。落实省委巡视整改工作，根据省委巡视“回头看”反馈意见整改监督相关任务，按照25个大类、117个问题进行梳理，汇总成清单下发至各相关纪检监察组织。全年梳理完成清单5期，对存在整改进度较慢等问题的50人进行集体约谈、提醒谈话及批评教育等问责。开展新冠疫情防控监督和“除险保安”工作，建立全时段、全覆盖协调联动督查体系，紧盯疫情防控重点工作和重点环节，以监督实效推动疫情防控工作高效开展。全年效能督查组出动督查人员7652人次，检查各类场所3.41万个次，发现问题2382个，查处问题事件9起，问责处理16人，其中通报曝光典型问题6起、党纪处分4人。开展廉政风险排查防控相关工作，印发《2022年度廉政风险排查防控工作要点》，推动责任单位对涉及征迁安置、工程建设等关键岗位和重点人员进行廉政风险排查，同时重点对责任单位是否存在风险排查不深入、防控责任不落实、防控措施不得力问题进行评估，持续推动责任单位健全发现问题、纠正偏差的制度和机制，防范廉政风险。全区排查廉政风险点3037个，制定防控措施3293条，建立防控制度746个，基本建立精细化、规范化、科学化的廉政风险排查防控体系。

2022年8月23日，区纪委区监委督查组以“天价月饼问题”为切口，在辖区大型超市开展监督检查（区纪委区监委 供稿）

【“一把手”和领导班子监督】 2022年，区纪委严格落实省纪委、市纪委关于加强对“一把手”和领导班子监督的实施意见，紧盯“关键少数”，探索完善具体化、常态化的监督机制。健全完善“365”闭环机制，制定加强对“一把手”和领导班子监督的实施方案。开列责任清单、任务清单和风险清单“三张清单”，优化目标管理。抓实定期研判、数字监督、线索传递、动态评估、廉政抄告、挂号督改6项举措，强化动态管控推动任务落实。用好政治生态自查自评、主体责任汇报、班子作风状况评价、党风廉政建设评议、政治监督报告5项评议，深化结果运用，推动责任落实。

【亚运会、亚残运会服务保障监督】 2022年3月，区纪委区监委召开亚运监督专题部署会，印发《关于2022年亚运会和亚残运会服务保障监督工作方案》，确立“1+N+X”亚运会监督工作机制，由11个派驻纪检监察组与14个街道纪工委分别组成日常督查小组，全域覆盖开展日常监督工作。各督查组以查验资料、听取汇报、实地走访为主要途径，对场馆建设、道路重建、环境整治等具体任务细化实施常态化检查，做到重要事项实时反馈、整体工作定期汇报，形成高效推进机制。全年下发监督专报14期，各级纪检监察组织出动人员1190人次，监督检查项目1043个次，发现问题329个，提出意见和建议173条，并督促落实整改。

资料

“1+N+X”亚运会监督工作机制：“1”即以党风政风监督室为监督中枢，向上与市纪委、区亚（残）运会运保指挥部对接，履行承接任务并汇报工作的职责；向下传递工作要求，强化监督重点。“N”即以派驻纪检监察组、街道纪工委为主成立督查小组，开展日常监督工作。“X”即整合委机关、派驻纪检监察组、街道纪工委的力量，根据不同阶段的工作任务短平快出战。

【新型亲清政商关系构建】 2022年，区纪委区监委围绕“全力打造全国营商环境标杆城区”目标，推动构建新型亲清政商关系，筑牢政商交往“防火墙”。全年开展监督检查12次，指导督促整改问题4个，以精准监督助力全区营商环境持续优化。落实正面清单、负面清单和倡导清单，围绕落实惠企政策、优化涉企服务等，明确数字化改革、加强行业党建引领、依法依规兑现政府承诺事项等10条“必须为”，以及不得违规在经济组织、社会组织等单位兼职取酬，不得利用或相互利用职务、职权上的影响谋取利益等10条“不能为”。将领导干部政商交往行为纳入政治生态评估、主体责任检查工作，细化领导干部与企业家交往行为规范，完善领导干部商事活动报告备案、监督等制度。6月，会同区工商联、北京盈科（杭州）律师事务所等单位，举办企业合规管理负责人培训班，结合近年查办的典型案例，深入剖析违规接受礼金、礼品、礼卡和违规投资入股等12种不正当政商交往的表现形式。召开清廉民企建设推进会，将万事利集团有限公司、杭州胡庆余堂国药号有限公司、杭州巨星科技股份有限公司、浙江威星智能仪表股份有限公司、浙江铭品装饰工程有限公司5家企业列为首批清廉民营企业创建培育试点单位，并授牌，打造具有上城辨识度的清廉民企展示窗口。开展“亲清直通车”“亲清座谈会”“圆桌对话”，构建问题收集、研判分析、督促落实闭环管理机制。紧盯重要时间节点，开展正风肃纪专项监督及党员干部违规借贷及违规收受礼金、礼品、礼卡问题专项整治。

【基层小微权力“监督一点通”平台推广应用】 2022年，区纪委持续推进基层小微权力全过程网上运行平台推广应用。到村社对小微权力平台应用及经合社“三资”系统进行调研，及时补录高频事项数据，重点对“监督一点通”平台进行宣传推广，提升群众知晓率和使用率。通报通过平台靶向治理群众诉求高频事项、及时有效解决群众急难愁盼问题、及时发现疫情防控措施落实不到位问题典型案例10个，展示街道纪工委推进工作中的好经验、好做法。全年“监督一点通”平台投诉量4869条，办结率100%。

（王哲莹）

巡察工作

【概况】 2022年，区委认真学习贯彻习近平新时代中国特色社会主义思想和中共二十大精神，坚守政治巡察定位，加强统筹谋划、制度建设，精心组织实施，分层分类推进巡察，加强巡察整改成果运用，推动全区巡察工作高质量开展。全年开展常规巡察4次、专项巡察1次，上下联动巡察1次，巡察区直单位8家、街道7个、社区（村、经合社）37个。

【巡察统筹谋划】 2022年，区委巡察办加强巡察统筹谋划，与区委组织部、区委直属机关工委、区委编办等部门联系沟通，厘清区委被巡察党组织底数，配合区委制定《中共杭州市上城区第一届委员会巡察工作规划（试行）》，明确2022—2026年区委巡察工作任务。制定2022年度区委巡察工作要点和巡察计划，围绕加快建设独具韵味的国际化现代化共同富裕典范城区目标定位，聚焦民生领域，重点推进街道、村社（经合社）巡察。

【巡察制度建设】 2022年，区委巡察办深化巡察制度建设，开展巡察制度废改立工作，全面梳理巡察工作制度机制，加强制度融合完善。制定完善《区委落实巡察工作主体责任职责清单》《关于区委常委会议、区委书记专题会议、区委巡察工作领导小组会议听取巡察情况汇报、研究巡察工作的实施办法》等制度，进一步明确巡察主体责任。建立、健全区委书记专题会议听取巡察整改汇报、分管区领导参加巡察反馈会议、巡察问题抄告分管区领导和职能部门等机制，进一步明确巡察整改责任。

【分层分类巡察】 2022年，区委巡察办制定《关于进一步加强对社区（村）、经合社巡察工作的方案》，综合考量社区（村）、经合社党组织实际情况，采取重点巡察、集中巡察、巡街带社等方式，分层分类开展巡察。巡中结合省委巡视“回头看”指出的村社、经合社存在问题，聚焦“三资”管理、村级留用地开发建设、经合社薪酬管理、津（补）贴违规发放等重点开展巡察，做到靶向发力，兼顾质效，推动解决个性化问题整改，督促部门建章立制，完善长效。

【巡察整改协同推进】 2022年，区委巡察办制定《关于协同推进区委巡察整改日常监督工作的操作办法》，健全整改监督区纪委、区委组织部、区委巡察机构“三方联动”机制，分类细化区直单位、街道、村（社区）及经合社党组织3个层面整改流程。梳理重点问题纳入区级重大巡视问题清单，运用数智化手段推动整改。结合省委巡视“回头看”反馈问题整改及省委第十四轮巡视共性问题通报，会同区纪委区监委、区委组织部，对房产租赁不规范、房屋租金收缴不到位、违规发放津补贴等问题整改情况进行重点督查，推动完成重难点问题整改。梳理通报2021年区委巡察发现的10个方面共性问题，组织全区各单位党组织开展自查自纠。建立每轮巡察情况分析研判机制，厘清重点问题和行业领域共性问题，抄报职能部门推动问题解决。

（沈玮玮）

2022年11月10日，区委巡察组实地走访了解望江街道存量安置情况

（区委巡察办 供稿）

党风廉政宣传教育

【概况】 2022年，区纪委区监委推进纪检监察宣传教育各项工作任务，全年在《人民日报》、中央广播电视总台新闻栏目、《中国纪检监察报》、中央纪委网站微信、《浙江日报》、省纪委网站微信、《反腐败导刊》等媒体上发表文章材料422篇次。围绕红色文化、宋韵文化、清廉名人、廉洁文化阵地，创作宣传作品，打造廉洁文化阵地，提升上城区廉洁文化建设影响力。重点针对领导干部和年轻干部开展廉政警示教育，对66名区管领导干部开展集体廉政谈话，以聆

听纪委书记谈话、观看警示教育片、线上测试答题、撰写清廉家书等方式，强化领导干部廉洁自律意识。部署开展“扣好第一粒扣子”年轻干部廉政教育“十个一”（开展一场廉政集体谈话、上好一堂廉政培训课、举行一次线上廉政测试、组织一场清廉主题演讲比赛、剖析一批典型警示案例、观看一部警示教育片、参观一次警示教育馆、组建一支清廉摄影队、阅读一本红色经典书籍、体验一次上城清风之旅）系列活动，全年1.29万人次参加。拍摄制作警示教育片4部，组织观看140场次，覆盖人员4000多人次，上城区基层干部警示教育馆接待参观人员900多人次。

【廉洁文化建设】 2022年，区纪委区监委持续创新廉洁文化建设的形式和载体，彰显清廉之美、放大清廉之效、形成清廉之风。年内，全区入选全省百个精品廉洁文化教育基地3个（钱学森故居、海塘遗址博物馆、皋亭孝廉文化园）、杭州市廉洁文化教育基地4个（中共杭州小组纪念馆、钱学森故居、海塘遗址博物馆、皋亭孝廉文化园）、“‘清廉杭州’建设优秀实践案例”和“杭州市小莲清风廉运学习点”各1个（均为小营红巷），开通“小莲清风廉运”上城公交线路。加大廉洁文化作品创作宣传力度，深入挖掘钱学森家风故事，创作的短视频《从江南小巷走向广阔世界的“人民科学家》获中央纪委网站头条刊播；围绕小营红巷、宋韵颂廉、清风海塘、清波廉韵、皋亭孝廉等廉洁文化品牌开展宣传，在省级以上主流媒体发表廉洁文化作品41篇次。统筹指导全区各单位、街道参加“玉琮杯”“钱潮杯”“藕花洲杯”等国家级廉洁文化赛事，创作投稿101篇次。承办大型廉政题材剧目《清清白白》上城站巡演活动，举办“迎亚运、承宋韵、助共富”上城区清廉主题书画展、上城区“颂廉于行”摄影大赛、“廉洁好家风”主题教育暨“我的家书”征集活动，指导各街道开展廉洁文化活动10多场。打造上城历代清官廉吏钱塘江百米江堤，指导相关单位、街道、社区打造干部群众身边的廉洁文化阵地。

【集体廉政谈话】 2022年6月20日，区纪委区监委对全区新提任区管干部开展集体廉政谈话。与会人员集体学习中共中央总书记习近平在中共十九届中央纪委六次全会上的重要讲话精神。区纪委区监委要求全区新提任区管干部准确把握全会释放的鲜明信号和当前反腐败斗争新的阶段性特征，充分认识中共十八大后全面从严治党的突出成效和新形势下的重点任务，围绕全区党风廉政建设和反腐败工作大局，结合自身岗位职责，积极投身“清廉上城”建设。其间，与会人员集体观看警示教育片《底线失守铸大错》，参加党纪法规线上测试，签订“廉政承诺书”。会后，区纪委区监委向新提任区管干部家属寄送“清廉家书”。

（王哲莹）

民主党派与工商联

民革上城区基层委员会

【概况】 2022年末，民革上城区基层委员会有支部7个、党员231人，其中新发展党员12人。党员中有12人为区政协委员、4人为区人大代表。年内，有考察培养对象26人，2名党员参加市委统战部举办的党外干部中青班学习，7名党员参加区委统战部组织的党外代表人士培训学习，10名党员进入民革浙江第十四届委员会专门委员会。年内，民革上城区基层委员会获评民革市委会2021—2022年参政议政工作先进集体特等奖、“同心·博爱”社会服务工作先进集体，民革省委会2022年度祖国统一工作先进集体。

【“上城民革党员之家”揭牌】 2022年10月13日，“上城民革党员之家”揭牌。“上城民革党员之家”位于凯旋路庆春东路交叉口金牛坊北的凯旋公园，设有展示厅、活动室、会议室。展示厅展示民革上城区基层委员会在参政议政、组织生活、社会服务等方面的成就及组织荣誉。该党员之家成为党员学习教育的基地、开展活动的园地、参政议政的舞台。年内，举办重阳节慰问老党员及支部活动4次。每月2名律师党员轮值，为周边社区居民提供免费法律咨询服务，为居民群众解难疏困，助力采荷街道打造共富一条街。

【参政议政及社情民意撰写】 2022年，民革上城区基层委员会各级人大代表和政协委员积极参政议政，撰写社情民意，助力城区各方面发展。省两会期间，提交提案《增加幼儿园教师编制，助力共同富裕示范区建设》，继续为学前教育事业又好又快发展呼吁。《关于创新上城区基层治理的建议》《以医院“停车难”问题为例，抓好群众“关键小事”》入选区政协会议发言材料；《关于宋韵赋能亚运全力呈现“最美上城”独特韵味的建议》《关于推进我区直播经济良性规范发展的建议》《关于打造共同富裕典范城区中建立社区金融服务平台的建议》《关于推进我区直播经济良性规范发展的建议》《关于加强老旧小区改造后续管理的建议》5篇提案获评区政协2022年度优秀提案。围绕区委中心工作，开展调查研究，《关于完善ETC智慧停车推广应用的建议》《关于推进直播经济良性规范发展的建议》《关于迭代基层智治系统，提升基层治理水平的建议》入选2022年民革全省参政议政研讨会材料。全年有27篇建议信息被采用，反映不动产被强制清算、ETC智慧停车、基层社工心理健康建设、打造中医药产业中心城市等领域的意见和建议。其中，《关于建立借贷双方共商协作避免不动产被强制清算的保护机制的建议》被民革中央采用，《关于缓解医院“停车难”问题，抓好群众“关键小事”的建议》被市政府专报、市委统战部直通车录用，《文化赋能，助力共富：“宋韵”视野下浙江地区“农家乐”产业升级新探》《论居住权在乡村旅居康养产业中的适用》《法律科技助力乡村治理能力现代化》《浅析农业新品种推广实践中的问题与对策》入选民革中央、浙江省政协主办的“聚力乡村振兴，助推共同富裕”第5届莫干山会议论文集。

【祖国统一工作】 2022年，民革上城区基层委员会依靠骨干党员作用发挥，开展祖国统一联谊工作。全年举办“心心相融，@未来”杭台青年趣味运动会、浙台青年“月圆两岸·情满钱塘”中秋联谊、2022年杭州—台湾“创意对话创意”雅集暨海峡两岸文化创意产业交流对接会等活动，为海峡两岸交流搭建平台。12月18—26日，联合台北工业设计发展协会，组织海峡两岸青年设计师，在台北举办2022年杭州传统工艺创新展暨海峡两岸青年设计交流展，为两岸青年、企业家及文创产业合作交流搭建平台。党员余建国被评为民革中央祖国统一工作先进个人。

【社会服务活动】 2022年，民革上城区基层委员会注重发挥党员自身优势，服务社会群众，各支部从实际出发，开展形式多样的社会服务活动。新冠疫情防控期间，20多名党员投身一线，主动参加防疫工作；53名党员在民革市委会开展的“送一份热餐，献一份真情‘微心愿’认领活动”中捐助爱心餐113份。一支部坚持助力教育；二支部持续开展书画为民服务活动；三支部为湖滨街道社区工作者送去防暑降温用品；四支部、五支部、六支部、法律支部以法律咨询服务为特色，开展走进校园专题教育普法课，举办“同心律动，携手共富”法律进社区主题活动。在“喜迎二十大，庆祝建军95周年”拥军活动中，组织党员律师为军属提供民事等法律咨询，送上书画作品。组织20多名党员参加“同心同行、共筑亚运”文明劝导志愿服务活动，为景区营造“迎亚运、讲文明、树新风”氛围。

（王鸿佳）

民盟上城区基层委员会

【概况】 2022年末，民盟上城区基层委员会有支部16个、盟员345人，其中新发展盟员8人。民盟上城区基层委员会引导盟员提高政治站位，组织开展民盟成立日活动、全国两会精神学习会等活动，履行参政党职能。年内，民盟上城区基层委员会组织盟员参加区委统战部举办的上城区党外代表人士培训、政治思想引领十大品牌发布会暨演讲比赛、“喜迎二十大，奋进新征程上城‘同心大讲堂’”；组织盟员参加市委统战部召开的理论学习中心组（扩大）会议暨“同心大讲堂”。承办民盟省委会第7届“盟声议政”教育论坛。秉持“五一口号”精神，不忘合作初心，组织各支部开展“党盟携手共奏同心曲”主题活动。

资料

“五一口号”：指中共中央委员会于1948年4月30日发布的纪念“五一”劳动节口号，内容23条，号召“各民主党派、各人民团体、各社会贤达迅速召开政治协商会议，讨论并实现召集人民代表大会，成立民主联合政府”。

【议政献策】 2022年，民盟上城区基层委员会围绕教育、养老、交通等民生问题，通过建议提案、民主监督、调研报告、社情民意等途径，积极参政议政，为上城区社会经济发展献计献策。动员盟员撰写社情民意，关心经济发展、城市建设和改善人民生活等民生问题。全年撰写信息报道近100篇、反映社情民意的文章268篇。其中，全国政协转送有关部委办局1篇，民盟中央采用2篇，民盟省委会采用41篇，市政府办公厅研究室《调查研究》采用1篇，民盟市委会采用155篇。《关于传承与展示宋韵文化的建议》被作为市政协十二届一次会议的口头发言、书面发言和团体提案，并在会上被批示。《关于医养护康一体化建设中进一步推动康养服务发展的建议》《推进基层市场监管数字化转型法治保障的建议》获民盟省委会"盟声议政"民生法治建设研讨暨参政议政能力培训的优秀论文，其中《推进基层市场监管数字化转型法治保障的建议》还被作为市政协十二届一次会议的书面发言及团体提案。

【社会服务】 2022年，民盟上城区基层委员会秉持"做好事，做实事"的优良传统，组织各下属支部结合自身优势，开展社会服务。发挥党派教育界别特色，响应民盟中央"农村教育烛光行动"倡导，做好对口支教工作，丰富支教活动内容，打响民盟支教品牌。上城文化支部围绕"教育共富"主题成立"天杭"名师云端工作室，与四川剑阁县成功结对进行支教帮扶；浙江省杭州第六中学支部开展杭州市杨绫子学校帮扶活动；杭州市惠兴中学支部与湖滨敬老院结对；五支部为社区居民推出"老年智能手机（查公交，真方便）""亲子沟通——用最合适的方式"等课程；四支部围绕"共富"主题为杭州天成教育集团五年级学生送上"微心愿"。民盟上城区基层委员会发动民盟建筑行业专家到望江街道清泰门社区老旧小区改造现场开展专项调研，就改造项目痛点、难点问题给出部分指导性意见，对在水一方社区的地下车库整修质量工程给予指导。

（曾甜甜）

民建上城区基层委员会

【概况】 2022年末，民建上城区基层委员会有支部14个、会员424人，其中新发展会员8人。会员中有机关事业单位56人、公有制经济人士137人、非公有制经济人士139人、新阶层人士92人；有市人大代表2人、区人大代表7人、市政协委员3人、区政协委员26人。民建上城区基层委员会把学习宣传贯彻中共二十大精神作为全年首要政治任务，组织集中学习，深入支部宣讲，强化政治引领。学习中共中央总书记习近平关于做好新时代党的统一战线工作的重要思想和民建十二大精神，强化政治忠诚。开展"矢志不渝跟党走、携手奋进新时代"政治交接主题教育，巩固"不忘合作初心，继续携手前进"主题教育活动成果。完善阵地建设，在七章公园建成300平方米"民建上城区基层委员会之家"。加强年青骨干会员培养，推荐17名会员参加民建省委会、民建市委会，以及市委统战部、区委统战部组织的各类培训。年内，八支部、三支部、十四支部、十二支部被民建市委会评为先进支部。会员魏文锋获世界经济论坛2022年度社会企业家奖，为全国唯一；郑洪鑫获评民建中央定点帮扶工作先进个人，为全市唯一。

【议政建言】 2022年，民建上城区基层委员会围绕区委中心工作，突出打造都市经济标杆区目标，成立4个专题调研组，对发展未来产业、完善引培服务机制、提升为企服务效能、做深城市旅游等课题开展专题调研，形成调研报告，提出意见建议。会员围绕社会热点、治理难点问题，积极反映社情民意、建言献策，全年提交相关信息206篇。其中，全国政协录用4篇，民建中央录用12篇，省委统战部、民建省委会等上级部门录用28篇。全年上报民建市委会立项课题22个，《关于完善我国游戏行业监管立法的建议》《关于强化短视频平台审查监管，减少对青少年不良影响的建议》2篇调研报告转化为全国两会人大代表建议和政协委员提案，获评民建省委会参政议政优秀成果三等奖。

【服务社会】 2022年，民建上城区基层委员会聚焦“助力共富”“服务亚运”两个重点，发挥党派优势，组织各支部和全体会员积极开展工作，社会服务基地化、品牌化、项目化不断深入。命名新禾联创数字时尚产业园、米果集团·同心公园、聚落五号创意产业园、杭州老爸评测科技股份有限公司4家单位为民建上城区基层委员会助力共富实践基地，发布“助力共富七条倡议”。九堡共富街区被区委统战部认定为首批统一战线同心共富实践基地。开展服务亚运“六个一”活动，组织会员召开理论学习中心组会议，开展助力亚运专题参政议政、迎亚运毅行、参观亚运场馆、迎亚运宣传、助力亚运志愿服务活动。做好消费扶贫和产业扶贫，多次开展当地居民直播卖货培训、扶贫产品认购等活动。做强“向日葵爱心助学”“壹群公益”等品牌，开展爱心助学、服务社会等公益活动。各支部常态化走访慰问老会员，开展关怀行动。开展“走亲联心三服务”活动，走访会员企业家，服务会员企业。

（马平超）

民进上城区基层委员会

【概况】 2022年末，民进上城区基层委员会有支部9个、会员270人，其中新发展会员6人。会员中有区人大代表5人、区政协委员14人。开展“矢志不渝跟党走、携手奋进新时代”政治交接主题教育活动、“揽宋韵文化，学三化四力”暨“学会章，交会费，做民进人”主题活动，学习贯彻中共二十大精神、十九届六中全会精神等，提高党派成员的思想素质。年内，民进上城区基层委员会获民进浙江省2017—2021年度先进基层组织、民进浙江省宣传思想工作先进集体、庆祝民进杭州市委员会成立70周年系列活动特别贡献奖等荣誉；民进上城区三支部获评民进全省优秀基层组织。

【建言献策】 2022年，民进上城区基层委员会会员围绕高质量发展，聚焦“一老一小”民生热点、宋韵文化等热点、难点问题，积极建言献策。完成调研报告10篇，涉及金融、新经济、文化教育、公益等领域，其中“关于加快构建新型慈善体系建设，助力共同富裕的建议”聚焦上城公益事业发展，探析当前问题难点，获市级课题立项。年内，民进上城区基层委员会建言献策信息被民进省委会录用3篇、民进市委会录用9篇。

【文化教育服务】 2022年，民进上城区基层委员会发挥会员在文化、教育、科研等领域的专业优势，创新活动形式，挖掘行动价值，开展各类服务活动。聚焦艺术“传、帮、带”和文化传播，在清波街道开展“宋韵上城·同心共富”美术作品展，在“睦邻·同心统战之家”开展文化交流活动。关注残障儿童教育，多次开展专家培训、普及特殊教育知识。在清波门社区开展2022年“春联万家·推动共同富裕”活动，与清波街道退役军人服务站在清波街铁冶路拥军小广场为“崇军拥军服务示范街区”揭牌。家庭教育宣传周期间，开展家庭教育心理赋能项目，开设“读懂青春心语与孩子共成长”讲座。

浙江省杭州第十中学支部坚持17年支教不间断，多支部联合组织学生和家长会员在河坊街唱响国歌，弘扬爱国精神。扩大师德引领效应，教师会员带领学生看望义蓬颐康医养中心的老人，为老人送去礼物与祝福。

【马叙伦“一剧一园”项目】 2022年，民进上城区基层委员会为庆祝“杭州民进七十周年”，推进马叙伦“一剧一园”项目。12月27日，由民进市委会，杭州市文学艺术界联合会，中共上城区委宣传部、中共临平区委宣传部，杭州新青年歌舞团股份有限公司、浙江演艺集团共同出品的大型话剧《马叙伦》在杭州运河大剧院首演，演出时长120分钟。《马叙伦》讲述清朝末年的少年书生马叙伦如何在历史洪流中走出书斋，走向革命，历经列强入侵、军阀割据、抗日战争、解放战争，最终成长为一名坚强的民主战士的故事，同时讲述由马叙伦创办的中国民主促进会是如何在风雨如晦的年代里诞生，为民主与和平贡献力量，最终与中国共产党成为“肝胆相照、荣辱与共”的战友，成为中华人民共和国参政民主党派之一的故事。民进市委会集体提案《在马叙伦先生出生地旧址设置纪念标识》获区委重视。中共上城区委托中国美术学院设计团队整体设计公园景观、游览路线，选址小营街道金刚寺巷路口的城市公园，命名为马叙伦公园，占地面积400平方米。12月28日，马叙伦公园举行开园仪式，向公众开放。

（李淑艳）

马叙伦公园（摄于2022年）　　（区委统战部 供稿）

农工党上城区基层委员会

【概况】 2022年末，农工党上城区基层委员会有支部7个、党员207人，其中新发展党员12人。党员中有区人大代表2人、区政协委员14人。在全市率先开展“培养教育期同志‘四个一’管理”，创新开展新党员主委集中见面廉政教育谈心谈话，杭州东站“同心实践”服务基地升级为农工党省委会社会服务基地。召开班子会议（扩大）学习中共二十大精神并进行研讨交流。年内，农工党上城区基层委员会获评农工党浙江省2022年度社会服务工作先进集体；《盘活存量土地，推动杭州产业用地提质增效》被农工党省委会评为2022年度优秀调研报告一等奖。领衔农工党市委会调研课题“借力‘亚运’‘双减’打造中小学体育教育新格局”“推进反向飞地建设，强化浙江科创核心竞争力”“探索建立海外引才引智创新载体，加快培育科技赋能增长极”获农工党浙江省参政议政工作先进优秀成果三等奖；党员李祖胜入选国家卫生健康委能力建设与教育中心基层糖尿病管理能力综合评价体系标准专家组成员。

【“农工党上城区党员之家”揭牌】 2022年8月25日，“农工党上城区党员之家”揭牌，位于闸弄口街道红梅社区“幸福邻里坊”2楼。该党员之家面积200平方米，由农工党党史、参政议政、社会服务、党员风采4个板块及党员活动室组成，是农工党党员活动的重要基地，是参与基层协商、社会服务的重要平台。

【调查研究与建议建言】 2022年，农工党上城区基层委员会组织党员开展“走运河、品宋韵、话共富”调研，为加快建设独具韵味的国际化现代化共同富裕典范城区贡献智慧。组织骨干党员参与农工党市委会民主监督，助推社会治理；参加市政协各类视察调研活动，积极建言。提案《发挥产业基金作用，助推实体经济发展》在政协杭州市第十二届一次会议列入口头发言。《关于加快将互联网医院纳入医保定点，真正实现居家医养结合照护的建议》《关于把培育中小微企业作为经济领域共同富裕示范区建设着力点的建议》《对进一步做好我区老旧小区改造工作的几点建议》《关于打造数字经济青年创新创业体系助力上城区高质量发展的提案》《关于缓解上下学时段学校周边交通压力的建议》《关于让宋韵文化成为爱国主义教育载体的建议》等12件提案提交区政协一届一次会议。《关于完善老年人服务举措，提升“银发族”生活幸福指数的相关建议》《关于抓住亚运机遇进一步提升我区文化软实力的建议》2件建议提交区人大一届一次会议。《破除三方面限制推动专精特新企业进一步发展》被农工党省委会《信息专报》及省委统战部、农工党中央《信息专报》采用，上报全国政协录用；《完善关于进一步提升水资源利用效率的建议》被农工党省委会《信息专报》、省政协录用；《建议加快健康证办理数字化改革、提升管理效率》《基层建议查禁“小麦青贮”宜同时考虑三方面问题》《建议采取合理措施破解再生资源行业税务难题》被农工党省委会录用。

【帮扶共建】 2022年，农工党上城区基层委员会发挥党派特长，联合支部党员下沉基层工作服务站，开展社会服务，惠及群众1000多人。8月5日，组织党员在“农工党上城区党员之家”开展“健康同行，共富同心”义诊进社区活动，为社区居民开展血压血糖测量、口腔检查、义诊咨询，服务100多人。9月23日，联合《都市快报》开展“艺术‘典’亮生活”党员之家系列活动，被《联谊报》报道。9月30日，联合杭州东站枢纽管委会举办“‘幸福驿站护出行，共富向未来’杭州东站同心服务基地”活动，面向手语姐姐服务队、志愿MAMA服务队、“企”心协力服务队、“站小青”大学生服务队、义警服务队等特色志愿者队伍开展急救、手语、礼仪等专业技能培训。10月，与南星街道开展结对共建，建立“智·和”同心健康讲堂，组织党员参加区委统战部发起的“爱心社区行”为民服务活动，组织专家到社区开展咨询、义诊活动。

（李祖胜）

致公党上城区基层委员会

【概况】 2022年末，致公党上城区基层委员会有支部6个、党员104人，其中新发展党员4人。党员中有市人大代表1人、市政协委员3人、区政协委员11人、区人大代表1人。年内，致公党上城区基层委员会获评2022年度致公党全市组织工作先进集体与参政议政工作先进集体。

【提案与课题报告撰写】 2022年，致公党上城区基层委员会围绕党委、政府中心工作和经济社会发展大局，发挥参政议政主力军作用，以核心力量带领团队开展调查研究。全年完成致公党中央与省市调研材料3篇、省级社情民意4篇、市政协提案1篇、区政协提案9项，其中提案《推进农村居民“扩中”“提低” 打造高质量共同富裕示范区》由省长领办。发挥支部作用，6个支部承担课题申报，成立课题组，由老党员带新党员参与调研。全年完成致公党市委会立项课题5个、区委统战部立项课题3个，其中课题报告《和而不同：高质量推进区域义务教育优质均衡发展的建议》获区委统战部调研成果一等奖。

【结对共建与公益服务】2022年，致公党上城区基层委员会开展结对共建、公益帮扶等社会服务活动。全年致公党上城区基层委员会举办的社会服务覆盖全区26个社区，组织实施“童心向党，致敬美好”“保护环境我先行”“炎炎酷暑送清凉”“传承国学，弘扬经典”等社区公益服务185场，参与家庭5600多户。与贵州毕节市开展线上教育帮扶活动6次。第21个全国安全生产月期间，法律服务团队律师党员受邀走进湖滨街道辖区酒店，为酒店管理人员及安全部全体员工作《中华人民共和国安全生产法》重点内容解读。联合致公党市委会妇委会在丁兰街道结对开展“与心愿同行，让梦想启航”幸福六一儿童关爱活动；与区财政局围绕“共谋城市发展，聚焦宋韵时尚消费样板街区建设”开展对口联系活动。致公明志法律服务团在杭州清真寺举办“中医+法律双义诊”特色普法活动，律师党员向宗教场所教职人员和信教群众宣讲《中华人民共和国宪法》《中华人民共和国民法典》等法律知识，引导信教群众依法维护自身权益，遵守法律法规，依法信教。

（韩新宇）

九三学社上城区基层委员会

【概况】2022年末，九三学社上城区基层委员会有支社8个、社员204人，其中新发展社员9人。社员中有市人大代表1人、市政协委员1人、区人大代表4人（含常委1人）、区政协委员15人（含副主席1人、常委3人）。九三学社上城区基层委员会坚持以习近平新时代中国特色社会主义思想为指导，以学习贯彻中共二十大精神为主线，开展“矢志不渝跟党走，携手奋进新时代”主题教育活动，开拓创新，履职尽责，全面推进社务工作。年内，九三学社上城区基层委员会获评社省委2022年度组织建设先进基层组织、社省委2022年度社会服务先进基层组织、社市委2022年度社务工作先进集体；获评社市委2022年度五星级支社1个、四星级支社1个、三星级支社6个。

【建言议政】2022年，九三学社上城区基层委员会紧扣上城区经济社会高发展“头等大事”、民生福祉“关键小事”献计出力。区政协一届一次会议期间，提出大会提案14件，其中《关于宋韵赋能亚运全力呈现“最美上城”独特韵味的建议》被列为大会建议案；大会发言3人，其中口头发言2人，即兴发言1人，书面发言材料1篇。6月，联合区政协办公室、区政协社会法制和港澳台侨委员会，围绕“幸福邻里坊，共富新典范”主题开展协商议政，助推上城区打造共富基本单元探索实践，为上城“共富典范城区”建设添动能、聚合力。相关情况被人民网、“浙江政协同心苑”公众号、《杭州日报》、“杭州政协”微信公众号等媒体报道，阅读量获《人民政协报》政能量榜、“浙江政协同心苑”同心榜“双榜第一”。坚持“建言建在点子上，议政议在关键处”，持续做好社情民意信息工作。年内，社员撰写的多篇信息被社中央、中央统战部、全国政协等录用。

【宋韵版本“迎亚运”《文明公约》】2022年，九三学社上城区基层委员会牢固树立“一盘棋”理念，坚持“宜融则融、能融尽融”原则，围绕“宋韵”“共富”“亚运”等主题，做好聚识文章。区政协一届一次会议期间，九三学社上城区基层委员会发起“宋韵赋能亚运·委员共谱长卷”活动，并联合书法家委员创作宋韵版本“迎亚运”《文明公约》长卷，300多名委员在《文明公约》上签名，社员金喜英为长卷创作一首宋韵赋能亚运诗词，以传统诗词新编的形式，将亚运美学和宋韵文化相融合，展现上城“独具韵味的国际化现代化共同富裕典范城区”新窗口新形象，为迎接亚运会增添人文色彩和氛围。《宋韵赋能亚运，首个政协委员〈文明公约〉发布》稿件先后被人民网、新华网、中国新闻网、《人民政协报》、“学习强国”杭州学习平台、杭州第19届亚运会组委会官方微信、浙江新闻客户端、《杭州日报》等10多家媒体报道。

【上城区“九三学社之家”揭牌】2022年，九三学社上城区基层委员会结合区委统战部民主党派基层组织规范化标准化建设目标要求，选址中山中路11号浣花斋，打造上城区“九三学社之家”，为社员更好开展履职工作提供服务。5月11日，上城区“九三学社之家”揭牌。“九三学社之家”占地面积650平方米，全年举办九三学社上城区班子（扩大）会议、二支社主题学习活动等活动3次，接待各类参观100多人次。（华剑波）

上城区工商业联合会

【概况】2022年末，区工商联（总商会）有会员1849人、团体会员20个、直属商协会33个。年内，区工商联采访优秀企业家代表30人，编纂出版《潮起·共富上城》，宣传区民营企业家成长故事及共富事迹。在2022年度全省“万家民营企业评营商环境”满意度调研中，上城区在“综合满意度”“要素环境”和“政务环境”方面入选全省前10强。区工商联获评2022年“中国民营企业500强”申报先进单位和上规模民营企业调研先进单位。年内，中天控股集团有限公司、巨星控股集团有限公司等8家企业入围中国民营企业500强，西子联合控股有限公司、杭州娃哈哈集团有限公司、杭州滨江房产集团股份有限公司连续15年入选中国民营企业500强。小营街道商会、杭州市上城区凯商会、杭州市上城区企业集团协会被认定为杭州市工商联“四好”（政治引领好、队伍建设好、服务发展好、自律规范好）商会。区工商联副主席、万事利集团有限公司董事长屠红燕当选全国人大代表。

【数字赋能商会服务】2022年，区工商联通过数字化手段提升服务企业水平。对线上平台“亲清直播间”内容进行改版，以访谈形式组织企业家围绕上城区提出的“打造五个高地”主题建言献策，进行主题分享。全年举办直播13场，邀请20名企业家分享经验、故事。以“凝心聚力共奋进，奋楫扬帆启新程”为主题，邀请20名优秀新生代企业家代表，拍摄走读上城、介绍上城的宣传短视频，展现新生代企业家蓬勃朝气，发挥典型示范带动作用。在“亲清直播间”平台推出“上城区民营企业家热议党的十九届六中全会精神”特别节目2期。

【政企沟通渠道畅通】2022年，区工商联搭建多元服务平台，畅通政企沟通渠道。打造“365亲清服务”品牌，先后两次召开由区主要领导参加的年度恳谈会；每季度联合部门、机构召开亲清直通车·政企恳谈会，为企业答复解决问题30多个；每月18日组织走读上城活动，先后到百年民营企业、钱塘江、金融机构、基层商会、生产基地等地进行走读；每周开展进企业联系会员走访活动；每日推送各类惠企政策。举办企业家高级研修培训班和新生代企业家专题培训班，90多名企业家参加，推荐12名企业家参加“品质杭商”研修班，帮助企业家提高领会政策、驾驭市场的能力。联合区检察院成立全市首个企业合规服务中心，完成一起金额130多万元的侵权整改案件。举办企业合规管理负责人培训班，组织老字号企业参加品牌知识产权研讨会，提升企业依法合规经营水平。助力企业合作共赢，有8家企业依托江河汇项目进行产业合作，4家企业达成“智能电杆应用”合作意愿。区工商联主动联系金融机构，为企业牵线搭桥，与工商银行解放路支行、浙商银行签署战略合作协议，联系杭州联合银行为企业授信，支持有关协会及其成员企业的金融需求。全年开展6次涉企专项调研，完成调研问卷370多份；召开2场民主监督会，邀请70多名企业家代表听取区发改经信局、区审管办、钱塘智慧城的工作汇报，提出意见和建议；《数字赋能新消费发展、打造“数智时尚消费第一区”的路径研究》调研文章获杭州市党政系统优秀调研成果二等奖、2021年度杭州市工商联系统优秀调研报告一等奖。

2022年5月18日，杭州市上城区企业合规服务中心揭牌成立

（区工商联 供稿）

资料

“365亲清服务”品牌：把为企服务分解到每年、每季度、每月、每周、每日，使为企服务天天在线。

【清廉民企建设】 2022年，区工商联根据“清廉上城”建设有关部署要求，推动全区民营企业清廉建设深入开展。成立区工商联开展民营企业清廉建设工作领导小组，制定《区工商联推进清廉民营企业建设实施方案》，编纂《清廉民企建设指导手册》，压实主体责任。提出参加商会活动“三不”（不抽奖、不颁奖、不领奖）原则，明确走访企业“2+X”制度，即每次走访必须2人以上同行，强化日常监督，确保做到亲不逾矩、亲而有度。严格遵守亲清政商交往“正负面清单”，规范政商交往行为。主动对接区纪委，邀请区纪委工作人员参与清廉民企建设的研讨和考察，进行廉政主题授课，并到试点单位进行现场指导。向民营企业家发出清廉倡议书，联合“上城发布”微信公众号举办清廉民企知识竞赛、收看“清廉民企建设”主题宣讲视频，营造清廉建设良好氛围。组织企业到杭州鸿世电器股份有限公司参观考察。全年召开全区清廉民企培育现场会2次，先后选定2批、17家企业为示范点，杭州胡庆余堂国药号有限公司、杭州铭品装饰工程有限公司、浙江威星智能仪表股份有限公司被评为市级试点单位，其中杭州胡庆余堂国药号有限公司作为全市2家民企代表之一在全市清廉民企建设推进会上做经验交流。

（高　婧）

群众团体

上城区总工会

【概况】 2022年末，上城区有基层工会组织2760个，基层工会覆盖单位3849家，工会会员22.87万人。年内，区总工会围绕凝心铸魂、建功立业、纾困解难、扩中提低和赋能提质5个方面，有序推进工会各项工作，展现上城工会担当。召开劳模表彰大会、2022年“上城工匠”认定发布会，弘扬劳模工匠精神。全区各级工会干部、职工助力新冠疫情防控，组成抗疫先锋队、工会志愿者服务队，开展志愿服务15.7万人次，投入资金196万元，发放慰问品6.3万份。划拨专款352万元用于抗疫一线职工疗休养。

【工会组织建设】 2022年5月30日，上城区召开上城区首届工会代表大会，选举产生上城区总工会新一届领导班子。开展全区工会组建攻坚行动，全年新建基层工会1192个。承办全市工会组建暨新就业形态劳动者集中入会行动推进会，在全市以现场会形式推广上城经验。湖滨街道总工会打造全省首个把新就业形态工会建在“爱心驿家”项目，该项目代表杭州获浙江省第2届工会改革创新十佳成果。召开全区工会组建暨新就业形态劳动者集中入会行动推进会，举办专题培训班，持续做好新就业形态劳动者的入会和服务工作，组建新就业形态联合工会6个，发展新就业形态劳动者会员1015人。坚持党建带工建，工建优服务，“构筑楼宇工会共同体”项目获评杭州市工会改革十佳创新成果。《彰显工会“三力”，助力“两个先行”，全市首个网络直播行业工会联合会落地上城》工作经验汇报受到有关市领导批示肯定。

【劳模工匠精神弘扬】 2022年，上城区选树各级劳动模范和工匠人才，弘扬劳模工匠精神。全年全区选树市级劳动模范19人、模范集体7个，评选区劳动模范52人、模范集体20个；推荐“杭州工匠”2人，认定“上城工匠”20人；推选“杭州好人”1人、区级道德模范2人。5月6日、9月21日，上城区分别召开上城区首届劳模表彰大会、2022年“上城工匠”认定发布会。11月10日，成立上城区首届劳模工匠协会，选举产生首届理事会成员。6月29日，区总工会与区人力社保局联合创立杭州“红·领·带”技能工匠联盟，全年招募技能领军人才128人。加强职工创业创新氛围，推荐省级“工人先锋号”1个，市级劳模工匠创新工作室1个、“工人先锋号”6个。上城区6名职工获评2022年度省级首席技师。上城区为全市获该荣誉的唯一城区，人数居全省县（市、区）第1位。

【产业工人队伍建设改革】2022年，上城区按照“政治上保证、制度上落实、素质上提高、权益上维护”的总体思路，推进新时代上城产业工人队伍建设改革工作迈上新台阶。重视在产业工人队伍中发展党员，提高产业工人在各级党代会代表中的比例，产业工人在全区党代表中占比2.4%。推动劳模、工匠等先进典型选树向产业工人倾斜，全区劳模工匠中，产业工人占比30%以上。以产业工人队伍建设改革试点区的优势赋能上城发展，承办浙江省劳模工匠学习贯彻省第十五次党代会精神暨助力“两个先行”志愿服务交流对接活动，有关工作经验获省总工会主要领导批示肯定。省产业工人队伍建设改革试点企业万事利集团有限公司获评全国和谐劳动关系示范企业，杭州娃哈哈集团有限公司入选全省“幸福共同体领头雁行动”名单。

【和谐劳动关系创建】2022年，上城区推动构建新时代和谐劳动关系，全面推行劳动关系调解室建设，开展劳动关系“体检”活动，创建全国和谐劳动关系示范企业1家、省级“幸福共同体领头雁企业”1家。落实劳动领域维护政治安全工作，区总工会与14个街道及钱塘智慧城、玉皇山南基金小镇总工会全覆盖签订劳动关系领域维护政治安全工作责任书。开展工会劳动法律监督检查，将劳动密集型企业、新就业形态企业等作为重点监督领域，分类施策、精准监督。推动在新就业形态行业、劳动者集中的头部企业建立平等协商机制。全年签订产业工人队伍建设改革试点企业“能级工资”专项、新就业形态领域行业企业等集体合同786份，覆盖企业978家，培育各类集体协商示范企业21家，惠及职工1.73万人次。“尊法守法·携手筑梦”服务农民工公益法律行动入选2022年度上城区“十佳”普法重点项目。

【职工技能提升活动】2022年，上城区多举措开展职工技能提升活动。全年开展劳动和技能竞赛30多场，覆盖电工、汽车维修工、保育师、美容师、养老护理员、家政服务员、中式烹调师、区块链应用操作员等行业工种，参与职工6000多人次；开展各类职业技能提升培训8316人次。举办杭州市首场区块链应用操作员职业技能竞赛，3名选手获全国首批区块链应用操作员高级工证书。培育9名市级职业技能带头人，审核发放高技能人才补贴37.53万元。

【困难职工帮扶】2022年，上城区加大困难职工帮扶力度。全年兑现助困、助医、

2022年9月29日，2022年杭州市上城区区块链应用操作员职业技能竞赛举行
（区总工会 供稿）

助学政策，帮助9名困难职工解困脱贫，发放医疗互助参保费补贴137.44万元，惠及职工6.87万人次，帮助职工申报出险补助金3930人次、379.09万元。帮助3户市、区两级困难职工家庭申领“春风助学”“金秋助学”助学金7000元。组织1650名一线职工参加免费健康体检。投入专项资金125万元，慰问高温作业和特殊岗位职工1万余人，覆盖全区270多家重点单位。春节期间，向劳动模范发放春节慰问金83.7万元，向困难劳动模范发放补助款8.05万元。返还288家小微企业工会经费258.5万元。区总工会被中华全国总工会评为县级工会财务会计工作先进单位。推进对口帮扶地区东西部协作，向四川广元县、雅江县两地工会捐助40万元，用于建设当地“职工之家”。

【职工普惠服务】 2022年，上城区牵头组织杭州六县（市、区）签约疗休养结对互送活动，新建市级职工疗休养基地2个，组织800多批次、近2万名职工参加职工疗休养活动。新建“爱心驿家”9个、“妈咪小屋”7个，其中彭埠街道明月桥社区和杭州东站枢纽管委会环站东路“爱心驿家”分别被中华全国总工会、省总工会评为2022年全国级、省级“最美工会户外劳动者服务站点”。全天候开通职工心理咨询服务热线，线上和线下畅通职工服务保障渠道。创设“上工大篷车”品牌，每月进基层开展流动服务，开展爱心义诊、免费理发、安全宣传教育等活动，惠及职工1.51万人次。开设暑期爱心托班21期，惠及“小候鸟”687人次。举办职工相亲交友活动10场，参与360多人。工会经验文章《密集布点、推广试点、回应热点，上城区总工会三措并举贴心关爱新就业形态劳动者》在省总工会《工会工作专刊》推广。

【职工思想文化建设】 2022年，上城区坚持以党的创新理论武装职工作为工会承担政治责任的首要任务，组织全区工会收听收看中共二十大开幕会，发动、发布基层热议。成立劳模工匠宣讲团，启动中共二十大精神“六学六进六争先”宣讲活动，全年开展共富讨论、劳模“四进”（进社区、进企业、进校园、进工地）、“守好红色根脉·班前十分钟”等专题宣讲114场，覆盖职工5977人次。开展“走读新上城”融情融心融力系列活动，组织主题摄影比赛优秀作品线上展示，通过《光明日报》客户端首发上城“匠心”体验地图。年内，创建省级“职工书屋”1家；“共学党代会精神，共话书香上城”活动获评市级示范项目。

（戴　菁）

共青团上城区委员会

【概况】 2022年末，上城区有14～35周岁青年44.39万人，其中团员2.11万人。有团直属街道、机关部门、企事业单位团组织43个，所属基层团支部1052个。团区委履行组织青年、引导青年、服务青年、维护青少年权益4项基本职能，深化青年创新创业、城市志愿服务等工作。年内，上城区先后获评县域共青团基层组织改革试点全国优秀、全国首批“社区青春行动”试点优秀、杭州市优秀团委；获省级以上荣誉21项、市级荣誉60多项。

【“社区青春行动”】 2022年，团区委以“社区青春行动”为抓手，组织共青团青年骨干、志愿者开展以“青春助力绿色转型，垃圾分类你我同行”为主题的垃圾分类志愿服务行动。将垃圾分类志愿服务与助力“双减”常态化托管志愿服务相结合，以“流动青少年宫”等形式，向青少年传授垃圾分类知识。全年开展相关活动381场，参与1905人次。9月9日，团中央印发《关于2021—

2022年度社区青春行动实施评估意见的函》，上城区在全国首批“社区青春行动”试点评估中成绩优异；彭埠街道杨柳郡社区评估等次为优秀，四季青街道钱运社区、清波街道劳动路社区评估等次为良好。

【“守护者行动”】 2022年，团区委深化实施“守护者行动”，对服刑在教人员未成年子女、涉罪不起诉青少年等四类重点青少年做好帮扶帮教工作。全年开展专题心理健康教育讲座4场，覆盖青少年1500多人，高质量完成年度青少年权益保护工作。深入实施青少年阳光成长工程，统筹运用“12355”青少年服务台、青少年维权岗等平台，深化青少年权益保护工作。全年全区无侵害青少年权益重大案件发生。

资料

“12355”青少年服务台： 是共青团中央设立的面向青少年提供心理咨询与法律援助的公益平台，由各级共青团组织建设和维护。该平台的热线电话为“12355”。

【“团团陪你过大年”活动】 2022年1月18日，团区委联合区文广旅体局在全区18个“尚小驿”“青年之家”站点同步启动“团团陪你过大年”暨新春福袋、盲盒派送活动。各站点结合属地资源特色，开展“领福袋贺新春佳节，游红巷庆百年团史”“泰德陪你，虎年开新”“陪你过大年，留杭也温馨”等主题活动，为辖区建筑工人、企业白领、快递外卖人员、环卫工人、基层一线青年工作者等留杭过年的外来青年送上新春福袋、盲盒5000份。福袋、盲盒内含春联、福字、红包袋等年味物品，以及故宫文创纸模、南宋茶文化体验券、腊味套餐、佑康食品、娃哈哈八宝粥等货品提货券。相关做法获《浙江新闻》客户端、杭+新闻、《钱江晚报》、杭州网等媒体报道。

【“强国志·青春说”青联大讲堂】 2022年4月20日，“强国志·青春说”青联大讲堂暨全国青联技能人才界别走进基层宣讲活动在位于上城区的杭州青年运动史馆举行。团省委、省青联、团市委等领导出席活动。团区委组织在杭州职业院校、公检法、新业态、两新等领域的30多名优秀青年代表参加。活动现场，中航工业首席技能专家、世界技能大赛美发冠军、海上搜救女机长等8名来自全国、省两级的优秀青联委员开展宣讲；上城青年代表接受中央广播电视总台采访，分享学习收获。

【宣传视频《百年薪火传承，奋进时代征程》首发】 2022年5月4日，由团区委制作的《百年薪火传承，奋进时代征程》专题宣传视频在“上城发布”微信公众号首发。视频时长4分2秒，回顾上城青年在革命斗争、解放战争、中华人民共和国成立初期的建设、改革开放等时期参与党的青年运动历史，从杭州社会主义青年团建立、“一九〇”中队、“拦江围垦”、“娃哈哈创业”等一系列事件讲述中，凸显各个时期上城青年围绕党的中心、书写建功立业青春篇章的“五四”精神，激励当代上城青年为全面建设独具韵味的国际化现代化共同富裕典范城区贡献青春力量。

【青（少）年“走读新上城”活动】 2022年5月17日，由团区委主办的青（少）年“走读新上城”活动正式启动。活动设置“红色传承”“宋韵流芳”“城市蝶变”3条主题线路，区各直属团组织、青联委员、青年志愿者代表等60多人参加。青（少）年依托徒步、游船、地铁等方式，打卡小营红巷、杭州孝道馆、清河坊历史街区、长三角人才杭州枢纽、城市阳台等地标建筑。后期，团区委在全区直属团组织全面开展“走读新上城”系列活动，各直属团组织围绕百年党史和团史、宋韵文化、共同富裕、城市蝶变等主题，采取跨区域、跨部门结对方式，组织青（少）年参与走读活动，引领青年在走读中增进对上城的理解，以实际行动庆祝中国共产党成立101周年。同日发布“寻根”“红色”“追梦”“立行”四大研学板块，涵盖“宋韵”“孝廉”“名人”“红色”“艺术”“亚运”“时尚”“自然”“科学”“职业”十大研学路线，全区青（少）年走读1万余人次。

【全省县域共青团基层组织改革现场教学在上城举行】2022年9月3日，全省县域共青团基层组织改革现场教学在四季青街道钱江新城“青春荟”青年之家举行。团省委、团市委主要领导，以及全省各市、县（市、区）的80多名团委书记参加教学。团区委和四季青街道相关领导围绕干部来源多元化、组织方式多样化、生存社会化、工作项目化、运行扁平化、引领动员网络化“六化”工作理念，结合楼宇青年工作特点，分别从面上、点上剖析上城区团工作改革做法，为全省各地市县开展改革工作提供上城经验。团省委、团市委班子领导对上城区探索“青年之家”城市青年阵地建设、创新“1+2+Max”组织设置、提升共青团政治功能和社会功能的改革成效给予肯定。

资料

“1+2+Max”：通过1个“青年之家”团支部与高校团组织、青年社会组织2支力量结对，同步引入业委会青年代表、青年志愿者等力量，达到工作力量配备和工作效果最大化（Max）。

2022年9月3日，全省县域共青团基层组织改革现场教学在四季青街道钱江新城“青春荟”青年之家举行 （团区委 供稿）

【少先队辅导员专业技能大赛】2022年10月25日，2022年上城区少先队辅导员专业技能大赛暨大队辅导员少先队理论素养评比举行。活动围绕“永远跟党走，奋进新征程”主题，从理论测试、思政宣讲、团队展示3个方面考查辅导员的个人专业素养和精神面貌。全区79名少先队辅导员参与专业技能大赛，100多名大队辅导员参与少先队理论素养评比。杭州市胜利山南小学安娇雅等80名辅导员分别获一等奖、二等奖、三等奖及优胜奖。

【上城区青年发展型城区创建推进仪式】 2022年11月19—21日，上城区青年发展型城区创建推进仪式暨钱江新城首届青年文化季嘉年华举行。活动聚焦“青年发展型城区”建设主题，融合亚运、宋韵、潮流等元素，围绕当下城市青年成长过程中的所需、所盼，以青年喜闻乐见的方式，集中推出新喜剧体验、共“FU”集市、楼宇篮球赛及物业青年技能实训等青年文化活动，吸引300多名青年参加。该活动获浙江新闻、中国蓝、浙江之声、杭州网、小时新闻等媒体关注报道。12月15日，上城区青年工作联席会议审议通过《杭州市上城区青年发展型城区建设实施方案》。团区委发挥区青年工作联席会议平台功能作用，聚焦青年发展、回应青年关切，凝聚合力推动“青年发展型城区”创建走深走实。在全省青年工作联席会议发布的“浙江青年发展综合指数（2022年）”中，区青年发展综合指数80.52分，在全省90个县（市、区）中列第四名，获青年发展综合指数优秀等次；青年人文素养、青年职业发展、青年权益保障、青年人口态势4个一级指标均考核优秀，多项考核指标居全省前列。

【省第三批青少年红色基因传承基地创建】 2022年，团区委以中国共产主义青年团成立100周年为契机，多举措推进浙江省青少年红色基因传承基地创建工作。以浙江省首个党组织、团组织成立为背景，编写红色剧本杀《拂晓》，被纳入省、市、区多个团组织的主题团日活动。贯彻中共中央总书记习近平复信要求，以红色剧本杀为载体，在小营红巷创新开展“党领导下的沉浸式青年运动史展”专题展陈，与中共杭州小组纪念馆等红色阵地资源进行整体打造。11月7日，团省委、省革命老区开发建设促进会、省退役军人事务厅联合授予“小营·江南红巷”“浙江省第三批青少年红色基因传承基地”称号。

【杭州全球金融青年人才中心筹建】 2022年，团区委全力推进杭州全球金融青年人才中心建设筹备工作。该中心位于玉皇山南基金小镇，由团市委指导，团区委联合区委人才办、区委统战部、区人力社保局、区金融办、玉皇山南基金小镇管委会等相关职能部门共同打造，致力于打造吸引和服务全球金融青年人才的重要平台，更好地建设全球人才“蓄水池”。中心将依托上城区钱塘江金融港湾、玉皇山南基金小镇的产业优势，通过提供一个青年服务阵地、一系列中心活动、一揽子青年发展政策、一条龙落地服务、一连串见习机会、一个青年人才数据库“六个一”服务内容，吸引全球金融青年人才到上城创新创业，实现“一站式”招引育留人才，为上城打造共同富裕典范城区提供人才支撑。11月24日，“学习二十大，奋进正当时”金融青年人才专题学习会在玉皇山南基金小镇举行。活动中，来自杭州各地的金融青年人才观看中共二十大视频，从金融角度分享对中共二十大报告的学习体会。活动邀请省金融人才协会、杭州全球青年人才中心、杭州师范大学等单位的相关领导、教授从中共二十大报告出发解读金融行业未来发展，与金融青年人才共同探讨高质量金融对支持实体经济的重要作用。

（华依文）

上城区妇女联合会

【概况】 2022年末，上城区有机关妇工委、区属部门妇联24个，街道、村社妇联211个，两新领域妇联组织170多个，有直属事业单位上城区妇女儿童维权服务中心1个。区妇联把握妇女发展新常态，强基层、重维权、惠民生、促发展，重点在维护妇女儿童合法权益、参与基层社会治理、推进妇联群团改革方面取得实效，成功创建全国、省、市级先进集体和个人荣誉20多项，成功创建省、市示范型妇女儿童服务阵地17个。区妇联获评全市“平安杭州”创建工作先进单位，区妇女儿童特色亮点工作获省、市领导调研肯定，上城区“星级家长执照”特色经验两次在全省会议上作典型交流，妇联“反家暴联动信息平台应用”入选《浙江省公共数据应用典型案例集》。“反家暴五大机制”等特色做法被人民网、《中国妇女报》、浙江在线、《杭州日报》及省、市妇联平台宣传报道100多篇次。

【基层组织建设】 2022年，上城区多举措加强基层组织建设。完成14个街道妇联换届工作，实现干部年轻化、专业化目标。各街道妇联在规范换届同时，结合属地特色，创新举措，以项目领办为杠杆，激发执委队伍活力，拓展延伸服务手臂。其中，湖滨街道项目领办特色做法为辖区女性推出“women会幸福”“women更健康”“women爱儿童”公共服务，获《全国妇联工作简报》刊发。畅通与妇女群众联系，推广应用“浙里家·连心桥”数字化平台，上城区在该平台的活跃度及对该平台的使用率在全市领先。采用“专家授课+现场教学、导师带徒+结对帮带、情景教学+案例分析”方式，实施基层妇联干部履职能力提升训练营活动，增强队伍本领储备与履职效能。发挥“尚红好女儿”宣讲团作用，开展“新时代妇女干部助推共同富裕网上学”宣传等活动12期，覆盖4.4万人。围绕中共二十大精神、省党代会精神学习贯彻，开展“贯彻党代会·上城姐妹说”“聚焦二十大·上城巾帼说”宣讲恳谈、诵读家书活动10场；举办街道、社区妇联执委培训5期，参训3000人次；组织非公有制企业妇女代表、党外妇女代表开展微宣讲和线下联谊，凝聚“巾帼共富追梦人、助力创业建新功”的行动自觉。

【妇儿民生实事】 2022年，区妇联深入实施省、市、区《“十四五”妇女儿童发展规划》，推深做实“关爱更年期妇女心理健康工程”。该工程成为2022年浙江省妇女儿童发展规划示范项目。主动融入“十分优享”服务圈层与“幸福邻里坊”建设，打造家门口妇女儿童服务共同体40个，以妇女儿童需求为导向，在提供教育培训、权益保障、创业帮扶、公益关爱、儿童服务5项基础服务功能基础上，因地制宜、探索开展X项个性化服务。发挥区妇儿工委成员单位综合施策的作用，开展“尚儿优享·共富童行”儿童友好城区建设，成立领导小组，制定实施方案、年度项目清单，主动融入现代社区建设。在全市首创“儿童友好商圈”试点，发布《儿童友好礼遇十条》，放大多跨协同效应，联动部门、爱心企业、街道、社区及商场综合体，践行“益起护航儿童友好”行动，被纳入区级共富精品项目。全区有17个点位获评省级、市级儿童友好示范实践基地、示范儿童之家、妇女儿童驿站，区级儿童友好示范点42个。

【家庭教育工作新路径探索】 2022年，区妇联以上城区作为浙江省县域社区家庭教育指导服务体系标准化建设试点城区为契机，探索家庭、学校、政府、社会协同推进家庭教育工作的新路径。创新“三主三化三共”融合共育模式，该做法2次在全省会议作交流推广，被省外、市外参观团观摩学习10多批次。区妇联坚持问题导向，联合社会组织开展问需调查，聚焦重点人群，制定25个主题服务菜单，开展“尚家学”家庭教育公益课堂服务，覆盖3.5万名家长。上城区被省家庭教育指导中心确定为全省家庭教育指导服务运行机制规范化项目试点单位，为全市唯一。向全区家庭发出“喜迎亚运·扮靓阳台·洁美家园”行动倡议，掀起整洁楼道、绿化阳台、弘扬文明的热潮，激发“以小风景扮靓大环境”主人翁意识。该做法被《中国妇女报》、《上城共富》信息简报、“上城发布”微信公众号等报道10多次。全年全区获评杭州市美丽阳台示范户32户，获评全国、省、市、区特色文明家庭、示范健康绿色家庭387户。“上城family家庭志愿者联盟”入选杭州市亚运文明提升特色亮点项目，家庭志愿者参与巡河护河、文明劝导、垃圾分类等志愿服务2000多人次。

资料

“三主三化三共”融合共育模式：以党政主导、家校主动、社会主推家、校、社"三主"合育，打造融合开放的家庭教育活动家园。以同心化、项目化、社会化"三化"运作，打造线上线下、互融互通、乐学乐教的家庭教育新样态。以社区与学校联手实践物理空间共享、智慧空间共融、实践精神空间共富的"三共"新路径，以文化润校风、校风领家风、家风促社风。

2022年3月8日，"巾帼义警"队队员参与"平安督查"行动

（区妇联 供稿）

【平安创建】 2022年，区妇联在省婚姻家庭纠纷化解品牌工作室基础上升级打造"尚家和"妇女儿童维权服务中心。纵向立足区、街道两级，横向依托楼宇服务中心、社会组织服务中心等新领域，构建区、街道、社区三级的"1+14+N"尚家和妇女维权工作矩阵。采用"专业+草根"形式，组建"尚家和"专家服务团和家事辅导员两支队伍，汇聚社会多元治理主体，将服务资源向基层一线延伸。构建工作体系，创新"三六九工作法"，通过"初始访谈、分类处置、结案归档"三步流程，分类出6种不同情形，根据需求排出权益解读、专家调解、咨询辅导、建议就医、固定证据、申请庇护及保护令、帮扶、救助、转介相关部门九大"服务清单"，加强制度规范，提升"尚家和"品牌影响力。根据不同受众、不同主题，以"一月一普法，一季一沙龙"的形式，开展"尚红好女儿"精准普法专项行动16场。开展"巾帼义警"平安亚运护航专项行动，举行"平安亚运护航行动"启动仪式，开展"尚家和"维权咨询服务周活动，组织"尚红好女儿"迎亚运"平安督查"56场。联合区民政局合作开展"爱的承诺"反家暴项目，在区婚姻登记服务中心新人结婚登记过程增加"反家庭暴力"承诺书签订环节，将"倡导婚姻和睦，反对家庭暴力"理念落实在源头。会同区公安分局接收处置家暴警情2054件，在公安出具家暴告诫书后，妇联入户化解家事纠纷1092件，重复家暴警情数比2021年下降59.4%。联合区法院开展"法护家和"共享法庭项目，在区"尚家和"维权服务中心建立区妇联特设共享法庭服务站，明确联系法官随时可对调解案件进行指导，拓展依法调解的新路径。联合区司法局开展"爱的呼唤"社区矫正项目，由省家庭教育指导中心负责具体实施，通过专业心理咨询、法律援助等形式，开展"巾帼助矫"活动30场次，惠及女性社区矫正人员、女性刑满释放人员92人次。

【巾帼建功】 2022年，区妇联结合"三八"妇女节向行业女性行动倡议《巾帼助共富·我为上城建新功》，开展"跟着三八红旗手与巾帼标兵"走读上城融心融力行动，通过体验走访、宣讲演讲、恳谈诵读方式，创建省、市、区"巾帼文明岗"48个、"巾帼建功标兵"51人，指导杭州市建兰中学法治社会组争创全国巾帼建功先进集体。发动区女企业家协会与"中国服装第一街"签订市场攻坚共治联盟合作协议，助力企业抗击新冠疫情，纾解困难。发挥“巾帼共富工坊”与“巧字号”基地作用，依托民生扶持政策，帮助100多名就业困难妇女实现家门口灵活就业，相关做法获市妇联会议交流推广。开展助企特色服务，指导4家清廉民营企业先行示范单位、浙江省农业科学院创业园争创巾帼文明岗，激发妇女砥励奋进的动能。组建196支巾帼义警志愿队，开展“平安护航二十大”巾帼行动，实施平安督查、妇女普法教育、直播反诈宣传等活动250场，服务覆盖8.6万人次。

（张　阳）

上城区科学技术协会

【概况】 2022年，区科协整合资源、多点发力，为加快建设独具韵味的国际化现代化共同富裕典范城区贡献科协力量。打造科学家精神教育基地和科普研学基地，成立科学家精神教育基地联盟，弘扬科学家精神，提升公民科学素质，提升服务科技工作者水平，为区创新驱动发展战略提供科学决策。年内，钱学森故居被授予“全国首批科学家精神教育基地”称号。全区公民基本科学素质比例23.5%，连续2届居全省第1位。“银龄跨越数字鸿沟”工作获省科协肯定。区科协获评2022年中国科协全国科普日优秀组织单位。

【科学家精神弘扬】 2022年，区科协挖掘资源，强化科学家教育基地建设，在全市率先开展科学家精神教育基地命名工作。6月，钱学森故居被授予“全国首批科学家精神教育基地”称号，为全市唯一获该荣誉的基地。8月，中国科协调研组到钱学森故居，为“科学家精神教育基地”揭牌。全年认定杭州市钱学森学校、杭州市茅以升实验学校、杭州市蒋筑英学校为2022年上城区科学家精神教育基地，并成立科学家精神教育基地联盟。年内，区科协依托“一居（钱学森故居）一巷（杭州院士巷）”，在中央广播电视总台《新闻联播》、浙江在线、《杭州日报》等媒体开展一系列科学家精神宣传弘扬活动。同时在3所基地联盟学校开展“追寻大师足迹”系列活动和“弘扬科学家精神，争做新时代少年”征文活动，鼓舞青少年赓续红色精神，接力科学薪火。

【科普场馆群落打造】 2022年，上城区鼓励社会力量兴办科普研学基地，打造国家、省、市级多元化科普场馆群落。全年获评科普教育基地6个，其中，“小营·江南红巷”、温州医科大学眼科健康科普馆、杭州市水利科普馆及浙江省特种设备研究院4个科普场馆获评全国科普教育基地；日昌升建筑新材料研究院有限公司、杭州市水利科普馆2个科普场馆获评杭州市青少年科普教育基地。至年末，全区有科普基地（场馆）32个。

【钱学森科技文化节】 2022年11月16日，2022年钱学森科技文化节举行。文化节以“弘扬新时代科学家精神，推进新上城创新发展”为主题，邀请中国科学院国家空间科学和应用研究中心研究员、原“东方红一号”卫星总体设计组副组长潘厚任与杭州市小营小学学生开展座谈，并为杭州市钱学森学校师生进行科普讲座。当天，还举办“青听科普”“我与钱学森故居的故事”系列采访拍摄活动，以及市科学家精神宣讲团走进上城校园等活动。

【全国科技工作者日活动】 2022年5月25—31日，区科协在“5·30”全国科技工作者日期间，以“创新争先、自立自强”为主题，组织开展“宣传促氛围、竞赛提素质、座谈凝共识、参观强使命、走访助发展”的“五个一”系列活动，团结引导科技工作者厚植家国情怀、勇于创新争先。在龙翔桥电子大屏滚动播放节日主题海报，展现科技工作者风采，增强科技工作者职业荣誉感和获得感。举办线上科学家精神网络知识竞赛，有4万余人参与，线上给予参与市民发放“科普达人”奖状。邀请市科协相关领导、各区级协会学会、各院士专家工作站负责人和一线科技工作者30多人参加企业家座谈，与会人员结合各自行业特点和自身工作实际进行交流，围绕区域发展积极建言献策，表达推进科技创新的决心，对当前科技工作面临的困难、如何加强科技人才工作提出意见和建议。该系列活动先后被浙江在线、《杭州日报》、“学习强国”杭州学习平台等媒体宣传报道。

【科普活动】 2022年，区科协线上线下举办各类科普活动，提升公民科学素养。围绕2022年全国科普日“喜迎二十大，科普向未来”主题，推出“立足基层、科普惠民”上城区科普宣传周系列活动。协同区委组织部、区卫生健康局、区教育局等成员单位，发动社会力量参与，组织开展15个系列、466场科普活动，参与单位269家，线上和线下参与活动48万余人次。科普周活动在《杭州日报》、浙江在线等平台发布报道30多篇。开展2022年科普、学术项目征集评审，对44个科普、学术项目给予资助140多万元，促进科普增效赋能。依托网络平台，举办科普知识竞赛2次，16万余人次参与。开展“上‘科普中国’App，亲子携手展科技”亲子科普系列活动，发动辖区内3694户家庭参与学习。举办线上和线下“银龄跨跃数字鸿沟”智能手机培训班190多个，完成老年人智能手机培训3万余人。全年街道、社区科协举办各类科普活动100多场，来自小营、四季青和丁兰3个街道的3名社区科普员获评杭州市优秀社区科普员。年内，区科协被中国科协评为全国科普日优秀组织单位。

【院士专家工作站建设】 2022年，区科协加强与“3+1”站（院士工作站、专家工作站、博士创新站和院士指导站）的沟通联系，通过联系走访各街道、部门及平台、园区等场所，了解全区科技创新企业发展情况，同时宣传院士工作站的作用、优惠政策、建立程序等，为企业牵线搭桥。年内，5个市级院士工作站全部被升格为省级院士工作站，其中浙江省特种设备研究院院士工作站被认定为省级重点院士工作站。新增专家工作站4个、博士创新站2个，并在全市创新建立院士工作指导站，助力企业科技创新。

【第8届杭州市大学生科技创新大赛】 2022年6—11月，区科协会同市科技传播学会等单位承办主题为“科技梦助推共富梦”的第8届杭州市大学生科技创新大赛。大赛征集到电子信息、化工环境与生物医药、机电设计、智能制造4个领域的项目150多个。经过前期初评、复赛，有15个优秀项目进入决赛。11月24日，大赛决赛在杭州市党群服务中心举行，来自全市各级领导代表及高校师生代表等100多人参加。专家对项目的设计来源、发明目的、技术特色和市场前景等维度进行打分，并对项目的现状、团队构成及市场化等情况进行点评。最终，经过选手答辩、专家提问及作品演示3个环节，评出一等奖3个、二等奖5个、三等奖7个。

【2022年上城区青少年科技创新大赛】 2022年6—9月，区科协联合区教育局共同举办2022年上城区青少年科技创新大赛，大赛项目涵盖物理、化学、工程学、计算机科学、环境科学、医药与健康学、生物化学、社会科学等11门学科，由科技创新项目、科技实践活动和少儿科幻画三大竞赛项目组成。大赛旨在培养青少年对科学技术的兴趣和爱好，引导青少年树立科学思想、科学态度，

增强青少年创新意识和实践能力，选拔优秀作品参加省市创新大赛。大赛征集各类科技作品642件（项、幅），其中青少年创新成果类作品198件、科技实践活动120项、少儿科幻画105幅，经过评比和答辩等形式，评选出获奖作品309件（项、幅），选送其中36件获奖作品参加杭州市青少年科技创新大赛。

（田　恬）

上城区归国华侨联合会

【概况】 2022年，区侨联坚持党对侨联工作的领导，以党建带侨建，夯实基层组织建设，推进基层侨联组织作用发挥，坚持以凝聚侨心、为侨服务作为群众工作重点，拓展和深化侨务工作领域，落实阵地建设、建言献策、维护权益、为侨服务等工作。年内，区侨联获“杭州市侨界学习党的二十大精神书画作品交流展”组织奖；望江街道近江东园社区、华侨控股集团侨联、笕桥街道省农科院社区3个“侨胞之家”获评市级“侨胞之家”，紫阳街道“侨胞之家”获评省级“五星级侨胞之家”；浙江清华长三角研究院杭州分院、丰平精准医疗创新服务中心获评第二批杭州市侨界创新创业基地，“墨西哥中国中心·海归驿站”获评上城区侨界创新创业基地，全区创新创业基地联盟单位增至7家；清波街道胡庆余堂中医药博物馆获评第四批杭州市华侨国际文化交流基地和浙江省华侨国际文化交流基地。

【侨联阵地建设】 2022年，上城区完善侨联阵地建设，新建侨联组织1个、“侨胞之家”3个、“海归驿站”1个。新建侨联阵地即华侨控股集团侨联和望江街道近江东园社区“侨胞之家”、华侨控股集团“侨胞之家”、笕桥街道省农科院社区“侨胞之家”及“墨西哥中国中心·海归驿站”。华侨控股集团侨联是全区首个企业侨联组织，于1月25日召开第一次归侨侨眷代表大会，选举产生第一届委员会主席1人、副主席3人、秘书长1人、常务委员7人。望江街道近江东园社区“侨胞之家”于5月18日成立，以“舒心、安心、信心、同心、聚心”为特色，开展党建引领、平安治理、杭港结对、走访慰问、文体活动、同心课堂等服务，全年服务5000多人次。华侨控股集团“侨胞之家”于1月25日成立，以“凝聚侨智促和谐、凝聚侨力促双创、凝聚侨心促发展”为主题，开展法律咨询、华侨华人新生代研学、省侨联“海燕集结行动计划”、宋韵文化钱币主题展、“侨爱心、进社区”应急教育公益课堂等活动，全年服务1000多人次。笕桥街道省农科院社区“侨胞之家”于11月30日成立，以“亲农耕、近自然、叙侨情、心连心”为特色，在春节等重大节日时，组织开展慰问活动，不定期组织手工课堂、健康讲座、手机教学、卫生保健、心理咨询等活动，全年服务96人次。10月28日，“墨西哥中国中心·海归驿站”揭牌仪式举行。该“海归驿站”依托墨西哥中国中心的平台优势，以“志合者，山海万里不为远”为理念，打造“国际+”“人才+”“科技+”的高品质海归空间，建设成为“一带一路”国际科技文化合作示范基地，通过一系列人才、科技、产业和金融活动，为海归人才提供服务；针对海归人才特点，推出线下服务，建立海归人才服务专员队伍，对已入驻人才驿站的人员建立回访机制，通过电话回访、座谈调研，上门倾听需求。

【侨法宣传活动】 2022年，区侨联贯彻落实《中华人民共和国归侨侨眷权益保护法》等涉侨法律法规，开展侨法宣传活动。4月2日，区侨联联合市侨联法律顾问委员会到上城区“海归驿站”开展“进双创基地，助企开门红”活动，为归侨侨眷、回国创业人员提供人才政策、自身产业、住房、子女教育等方面的法律咨询。5月31日，区侨联联合市侨联法律顾问委员会到华侨控股集团“侨胞之家”，发挥市侨联法律顾问委员会的资源优势，为侨企提供务实有效的服务，维护侨界人士的合法权益，完善法律风险预警防范和矛盾化解机制。

（李　冉）

上城区残疾人联合会

【概况】 2022年末，上城区有持证残疾人2.33万人，其中视力残疾2652人、听力残疾4700人、言语残疾198人、肢体残疾10013人、精神残疾2738人、智力残疾2373人、多重残疾648人。上城区以完善残疾人社会保障制度和关爱服务体系为出发点，以助力残疾人高质量就业为突破口，推进区残疾人事业发展上新台阶。年内，荷湾共富街区、区残疾人社会融合共享体——“弯湾·爱生活残疾人社会融合共享体”获评首批全国阳光助残志愿服务基地。全区创建中国残联“蜗牛之翼”就业支持服务站3个，“就业一网包”项目成为全市建设共同富裕示范区城市范例最佳实践；在全省首创的“残疾人之家”数字化应用场景实现“一地创新、全省共享”。上城区在市残疾人事业发展大会中作为唯一县（市、区）发言单位做经验交流。区残联被评为区“担当作为先进集体”。

【“数智残联”建设】 2022年，上城区围绕“数智残联”建设，推进数智助残工作。在全省率先开发的“残疾人之家”数字应用场景依托成熟的实体服务站点打造线上和线下一体化服务网络，被纳入“浙里助残”应用“一本账”管理后，实现“一地创新、全省共享”，并推广至全省57个县（市、区）的700多个“残疾人之家”和残疾人服务机构中使用。作为杭州市数字社会“15分钟公共服务圈”助残领域区域试点，上城区依托数字化空间治理技术，构建公共服务资源空间治理地图，推动实现助残等公共服务资源在居民“15分钟慢行”范围内可及，探索建立“残疾人之家”全方位服务体系。

【残疾人就业创业】 2022年，上城区启动市级残疾人高质量就业先行示范区建设，通过政策保障、综合评价、精准画像、数智赋能等实现残疾人就业“一网包”。总结提炼“杨绫子”“弯湾”经验，形成并推广具有全国引领性的集特殊教育、就业、康复于一体的智力障碍人士全生命周期服务模式。组织有培训意愿的残疾人参加区残联自主培训和社会化培训150人次，加大各类招聘信息的收集和发布力度，实现新增就业102人。推进“蜗牛之翼”就业支持项目，扶持有就业条件和就业意愿的智力残疾人就业，助其融入社会并独立生活。上城区在推进特殊教育向职业教育延伸的基础上，探索形成集特殊教育、技能培养、实习实训、就业跟进、稳定输出于一体的融合发展模式。5月，中国残联办公厅印发《中国智力残疾人及亲友协会“蜗牛之翼”就业支持项目推广方案》，将区“智慧树”咖啡馆、福援启智就业服务中心列为“蜗牛之翼”智力残疾人就业支持服务站。至年末，“智慧树”咖啡馆接收服务对象66人，先后输出33人实现社会独立就业、5人实现站内“庇护转就业”；福援启智服务中心接收服务对象93人，先后输出6人实现社会独立就业、3人实现站内“庇护转就业”。完成2022年度全区用人单位残疾职工就业情况申报审核、就业补贴发放及相关公示工作，审核、录入有残疾职工的企事业单位959家，有残疾职工2236人，发放岗位补贴和超比例安置补贴236.59万元；兑现个体工商户自主创业开办费补贴3万元。至年末，全区有就业意愿和劳动能力的残疾人就业率超过99%。

【残疾人精准康复服务】 2022年，上城区启动省级康养结合高质量助残先行区建设，推进“康养直通车”试点和康复阵地提升。“康养直通车”全年为辖区多个街道的近100户残疾人提供上门服务600多次，四季青街道“康复之家”获评市首批示范型“康复之家”；推广“辅具智配”平台，全年发放各类辅具1300多件；残疾人家庭医生签约服务率超过90%。继续实施精准康复服务，残疾人基本康复服务率100%。全年申请残疾儿童基本康复训练284人，补助资金400多万元。为全区有辅助器具需求的1244名残疾人适配辅助器具1324件，补助金额82.78万元，完成助听器验配申请259例、假肢申请13例。全年补助白内障复明手术125例、人工耳蜗植入1例、人工耳蜗体外机1例、膝髋关节手术22例。

【残疾人基本补贴】 2022年，上城区完成残疾鉴定费用补助、残疾津贴、残疾人轮椅车燃油补贴、意外伤害保险购买、基本养老保险补助、基本医疗保险补助、就学补助、临时救助、阳光慰问、残疾人就业创业补贴等20多项具体政策的兑现工作。提供上门鉴定服务481人次，开展走访慰问，惠及残疾人2100多人次，发放春节、高温及六一儿童节等特殊时期和节日慰问金224.9万元，发放住院慰问金153.99万元，提供临时困难救助金5000元、医疗困难救助金183.64万元。兑现残疾人津贴1376.94万元、就学补助金295.22万元。落实残疾人参加社会保险补贴制度，兑现各类保险补贴资金1133万元，实现社会保险缴费补贴、意外伤害保险免费参保“两个全覆盖”。100%落实“残疾人之家”机构综合保险及盲人按摩机构从业人员职业责任保险购买工作。

【残疾人综合服务】 2022年，区残疾人综合服务中心受理各类咨询和服务事项5000多件次。服务中心按照《浙江省残疾人证管理细则（试行）》规定，核发、管理残疾人证。全年全区新办理残疾人证1876本、残损换新6本、遗失补办727本、变更374本、迁移75本、注销1016本，办结率100%。

【无障碍环境改造提升】 2022年，上城区持续推进无障碍环境改造提升。湖滨街道东坡路社区、九堡街道三卫社区成功创建省级“无障碍社区”，并在全市做经验交流，全区省级“无障碍社区”增至16个。南星街道“残疾人之家”提升项目高分通过省级“五星”验收，全区16个“残疾人之家”均达到四星及以上标准，其中五星5个、

2022年5月1日，残疾人代表体验无障碍环境改造后的湖滨步行街区
（区残联 供稿）

国家级1个。高质量完成辖区内14个重要公共服务场所无障碍改造和3家残疾儿童康复机构规范化提升。发布《上城区民生政策目录》和配套实施细则，推出“共享辅具”服务，在全区“幸福邻里坊”、党群服务中心等215个社区公共服务场所提供便民轮椅、拐杖等辅助器具800多件。完成残疾人家庭无障碍改造89户，组织区无障碍促进会参与建设工程竣工验收前无障碍环境体验68次，提出问题点位530多个，及时落实整改。

【残疾人文体活动】 2022年，上城区发挥各残疾人专门协会桥梁纽带作用，组织开展各类文体活动，增强残疾人身体素质，丰富残疾人精神生活。区残联做好后勤保障，组织辖区运动员参加市第11届残疾人运动会，获奖牌14枚，其中金牌7枚、银牌5枚、铜牌2枚。全年区残联联动50多个助残社会组织、600多名助残志愿者，开展线下和线上迎亚运活动100多场，参与人数2万余人次。全年区残疾人自强志愿者服务队组织开展便民公益服务30多场，服务社区群众。

（程　力）

上城区红十字会

【概况】 2022年末，全区登记在册红十字成人会员2.74万人、志愿者2.83万人、志愿服务队伍33支、各类基层阵地24个，红十字服务站点基本在街道层面实现全覆盖。区红十字会联合区民政局开展社区红十字工作现场考评会，12个社区入选首批区级“博爱家园”。承办全省人体器官捐献主题宣传活动、全省“急救驿站”公益项目启动仪式；在全省红十字监事工作会议、全省红十字“三献”（献血液、献造血干细胞、献人体器官组织）工作会议和全区“百千万”民情联系活动推进会上做交流发言。区红十字会获全国红十字生命教育防灾避险知识竞赛一等奖、全国红十字系统报刊宣传工作二等奖、省红十字系统工作成绩突出志愿服务团队、杭州各县（市、区）红十字会重点工作评估优秀单位等荣誉；南星街道入选全省首批“急救驿站”试点单位，凯旋街道入选省红十字会乡镇街道标准化应急救护培训基地建设试点单位，被省红十字会评为“工作成绩突出的基层红十字组织”。区红十字会创新推进民生实事工程相关做法获市人大常委会批示肯定。

【杭州市上城区红十字会第一次会员代表大会】 2022年5月26日，杭州市上城区红十字会第一次会员代表大会召开。市红十字会、区四套班子主要领导出席开幕式，区委主要负责人在会上做重要讲话。会议选举产生上城区红十字会新一届理事会、监事会班子，选举产生会长、监事长各1人，聘请名誉会长3人。会上，大会表彰先进集体30个、先进个人20人，审议通过有关工作报告、财务报告、监事会工作报告和《杭州市上城区红十字事业“十四五”规划》，为全区红十字事业发展提供政治保障和组织保障。

【市应急救护民生实事工程推进】 2022年，区红十字会以服务亚运为重点，以覆盖重点人群为目标，高标准推进杭州市应急救护民生实事工程。全年新增普及培训24.06万人、持证人员1.26万人，分别位居全市第1位、第2位；16个基地、考点、实操体验点建成并投入使用，完成率200%。11月2日，联合区总工会开展以“助力亚运，救在身边”为主题的全区红十字应急救护知识技能大赛，全区14个街道组队参加，3人被区总工会授予“上城区职工经济技术创新能手”称号。全年红十字救护培训师、救护员、经培训的居民成功救治遭受意外伤害市民18人，“王国庆国庆黄金周连救2人”“谢其阳飞奔900米抢救心脏骤停市民”等事迹被《人民日报》、新华社等国家主流媒体报道。

【红十字防灾避险】 2022年8—9月，区红十字会围绕第23个世界急救日主题开展一系列救护救援、防灾避险宣传教育活动，为助力“健康上城”“平安上城”建设贡献红十字力量。利用暑假教职工提前返校的时间窗口，为56所学校、5018名教师和教职工进行救护员培训，数量居全市第1位。向杭州高级中学钱塘校区等5所学校赠送AED（自动体外除颤器）设备，助力提升校园应急救护处置能力。在湖滨、四季青等街道开展红十字生命教育防灾避险知识竞赛，组织1.2万人参与答题，加深辖区居民对相关知识的理解掌握。在“红十字透明直播间”开展线上直播授课，吸引6.36万人次观看。台风期间，区红十字救援队备勤队员24小时驻点值守。参与“平安观潮”护佑行动，投入4组人员在重点地段开展巡查，为5名不慎滑倒的群众和2名突发不适的游客进行急救处置。

【红十字帮扶救助】 2022年，区红十字会以改善易受损群体境遇为目标，多渠道筹措爱心资源，持续开展红十字帮扶救助活动，全年募集捐赠款物721.4万元，支出捐赠款物668万元。5月1—15日，参与中国红十字基金会联合腾讯公益开展的全国首届“5·8”人道公益日线上募捐活动，其中腾讯公益发起“一块走”活动，可将每天的步数兑换成由相关企业提供的公益金并捐赠给制定的公益项目。上城区“一块走”公益捐步活动参与人数和配捐金额分别列全省第二名和第三名。9月7—9日，以子计划形式参与浙江省红十字会在腾讯公益“99公益日”活动发起的项目，参与人数居全省第十名，线上筹款活动先后两次受到省红十字会通报表彰。贴近群众开展“红十字博爱送万家”“金靴领航，救在上城”“红十字夏日送清凉”“让爱无碍”“让爱远行”等人道公益项目，结合传统节日和红十字纪念日，走访慰问辖区群众345户，发放慰问款物57.42万元。四川泸定县地震发生后，区红十字会第一时间向对口支援地区雅江县、剑阁县两地红十字会了解灾情，并启动紧急程序给予雅江县10万元专项援助。全年对口支援四川省雅江县、剑阁县47万元，分别用于当地红十字基层服务站建设、“光明行动”、乡村饮水工程等惠民实事项目。

2022年5月8日，区红十字会联合湖滨街道红十字会在湖滨红十字爱馨驿站开展“纪念第75个世界红十字日”主题宣传活动

（区红十字会 供稿）

【红十字生命关爱】 2022年，区红十字会开展造血干细胞和人体器官（遗体、组织）捐献工作，做好基层红十字

阵地生命关爱主题宣传活动。规范运行市级非血缘造血干细胞捐献爱心采样（集）工作室，热心服务志愿者，王铮豪、钱洋文、郑程才3人成功捐献造血干细胞，年度新增采样入库志愿者505人，入库人数为历年之最。常态化开展人体器官（遗体、组织）捐献宣传动员和协调工作，实现人体器官捐献4例、遗体（组织）捐献21例，捐献人数居全市前列。落实资金12.3万元用于关怀造血干细胞捐献者、志愿者和人体器官（遗体、组织）捐献者家属，并协助4名罹患白血病、先心病患儿和4户人体器官捐献者困难家庭子女成功申请“中央专项彩票公益金大病儿童救助项目”“小桔灯项目”专项资金救助。联合省人体器官捐献管理中心开展捐献者缅怀纪念仪式，先后承办“生命接力，人道伴行”云毅行和全省人体器官捐献骨干志愿者主题活动，相关做法在全省“三献”工作会议上做经验交流。

【红十字志愿服务】 2022年，区红十字会机关干部会同辖区红十字会员、志愿者、红十字应急救援队队员开展“红十字清凉茶发放”“关爱小候鸟”“助老助残”“两捐”宣传等特色红十字志愿服务活动。参与卡口执勤、人员信息排摸、居家隔离人员关怀服务等新冠疫情防控志愿服务2700多人次，接收疫情防控款物326.4万元。区红十字会获评杭州市机关“最美志愿服务组织”，“尚红先锋”红十字党员志愿服务项目被省红十字会授予“工作成绩突出红十字志愿服务项目”称号；获省红十字奉献奖先进个人、省工作成绩突出红十字会员、省工作成绩突出红十字志愿者各1人，获省红十字会“五星志愿者”奖章16人。

（苏光旭）

政法委与综治

【概况】 2022年，区委政法委把握稳进提质、“除险保安”、塑造变革要求，以平安护航中共二十大为主线，以“除险保安”为抓手，全面推进“平安上城”、数字法治建设，实现平安建设“十八连创”和“二星金鼎”目标，为上城区高水平建设独具韵味的国际化现代化共同富裕典范城区保驾护航。

【数字法治】 2022年，上城区全面深化提升数字法治的理念、定位、目标、机制，为全区实现全面深化改革、共同富裕示范区重大改革和数字化改革一体融合提供有力支撑。区数字法治系统2022年度综合评价居全市第1位、全省第4位，获全省五星评定。“大型交通枢纽智治协同应用”获评省最佳应用案例，该案例于4月26日在省数字化双月攻坚专项会议上做现场汇报。“浙里社会矛盾风险防范化解应用”于5月13日在全省社会治理重大应用贯通推广（视频）会上作为“一地创新、全省共享”项目做统一汇报推广，于7月被统筹上升为“全省统建”项目。“云上智控”涉众型风险预警引擎项目成功申报市城市大脑智能模块，并在一体化智能化公共数据平台综合评价工作第5次“双周”例会暨典型案例路演汇报会上获铜奖，居全市第4位，排名各县（市、区）第一，并于10月在杭州市典型案例路演中排名县（市、区）第一。

【“平安上城”建设】 2022年，上城区在平安创建推进中实现“平安上城”建设“十八连创”和“二星金鼎”目标。成立区平安护航行动工作组，制定相关考核文件，准确把握区委工作重点、阶段性大事和要事，以及每项工作中关系全局的热点、难点问题。优化“比学赶超”，抓好综合赋分。围绕省、市要求和“平安护航”行动每月任务清单，加强分析会商、补齐短板、争先创优，建立排名靠后约谈制度，及时整改不足。设置并完成年度任务36项，月度细化任务分解部门100多项、街道300多项，发挥多维媒介，做优立体宣传。针对性调整宣传方式、方法，推进“平安三率”（安全感满意率、平安建设知晓率、平安建设参与率）立体式宣传。全年针对辖区街道内商场综合体、居民楼道、农贸市场、沿街店铺、高层建筑、学校、医院等场所，开展检查23次，发现问题隐患4.5万个，整改率98.3%，以平安宣传海报、折页和易拉宝、外卖封签，微信朋友圈“平安上城”植入广告、地铁灯箱广告及杭州电视台《阿六头说新闻》栏目播放“平安上城”系列片等多媒介载体，形成全区线上和线下全覆盖的“平安上城”立体式宣传格局。

【重大事项风险防控】 2022年，上城区按照中央和省、市工作部署要求，牵头做好中共二十大、世界互联网大会、各级两会、省党代会及新冠疫情等重大会议、重大活动、重点时段的风险防控，落实安保工作。协调各职能部门、各街道（管委会）落实好对重点事件、重大事项的排查、化解。牵头推进“除险保安”专项工作，及时落实省、市交办的各项安全稳定任务。区“除险保安”工作考核列全市第二名。常态化牵头落实24小时预警信息落地查控，开展“除险保安”预警处理。组织全区各责任单位滚动排查涉安全稳定问题，上报“省除险保安系统”，全部推进化解销号，化解率100%。年内，区委政法委因中共二十大安保工作成绩突出，被市委、市政府授予集体三等功。

【常态化扫黑除恶】 2022年，上城区常态化推进扫黑除恶工作，深入学习贯彻《中华

2022年8月25日，区委政法委组织召开上城区2022年度平安督查培训会，助力“平安上城”建设 （区委政法委 供稿）

人民共和国反有组织犯罪法》，推进重点领域整治。其中，医疗领域重点排查非法行医及场所230次，处理投诉件90件，立案14件；金融房贷领域摸排信息337条；市场流通领域检查相关市场及经营户4500多家次，查办各类案件963件，移送公安机关案件4件；办结省督案件1件，受理办结平台线索4件。在“专班不撤、力量不减”前提下，抽调精干警力13人成立有组织犯罪打击队，充实区扫黑办公室力量，确保专班常态运行。将学习《中华人民共和国反有组织犯罪法》纳入区委理论中心组学习，并开展宣传月、线上问卷等活动，其间，印发资料10万余份，并制作公益宣传片，在机关、村社楼道滚动播放。有序推进线索核查，全年受理并核查办结上级流转线索5件。对刑满释放的归正人员落实安置帮教。

【城郊接合部村社整治】 2022年，上城区对照社会治安、环境卫生、村容村貌、服务设施4个方面的问题事项，明确笕桥街道横塘社区、九堡街道三村村、彭埠街道新塘社区和皋塘社区、丁兰街道沿山村为城郊接合部重点整治地区。制定并印发《上城区城郊接合部专项整治工作方案》，成立全区城郊接合部专项整治领导小组办公室，下设社会治安组和环境综合组，会同区公安分局、区住建局对接相关责任部门指导属地街道开展整治工作，全年进行4轮集中性督导。年内，整改完成对社会治安方面督办的电信诈骗案件多、火灾警情多、监控有盲区等问题，以及对环境整治方面

督办的整治地区门牌设置、雨棚建设不规范等环境问题。

【养老诈骗专项整治行动】 2022年4—10月，全国开展打击整治养老诈骗专项整治行动期间，上城区完成杭州市打击整治养老诈骗专项行动办公室交办线索核查32条，所有线索均核查完毕，并以核查报告形式报省、市专项办公室。研究制定《上城区落实全国专项办第1次督导问题清单整改工作方案》，梳理全国专项办督导反馈问题整改清单11个，高标准完成整改任务16个。打击养老诈骗违法犯罪活动，全年区公安分局破获养老诈骗案件29件，抓获犯罪嫌疑人98人，追赃挽损977.56万元。构建全方位、广覆盖、深层次的“养老诈骗”宣防体系，开展养老诈骗防范宣传进社区、进公园、进广场、进家庭等宣传活动，专项整治开展后，全区组织宣传活动900多场，发放纸质宣传折页10多万份，制作并发布宣传短视频10多个，悬挂宣传横幅5000多幅。

【亚运安保】 2022年，上城区聚力“举办一届成功的亚运会”，以“开局就是决战、起步就是冲刺”的奋斗姿态，履行全区安全保障工作组职责，整合力量、密切协同、多措并举、综合施策，确保杭州第19届亚运会安全稳定工作有序推进、决战决胜。梯次推进全区“除险保安”工作持续晾晒，并实时跟进，做实“除险保安”落地。年内，全区开展日晾晒195期、周晾晒35期、月晾晒6期，推进安全隐患整改。启动行业领域风险排查整治，排查纳入项目化监管行业领域重大涉稳问题，推进化解销号，化解率96%。综合施策，强化监测预警，滚动排查，对发现的问题，及时列入管控，分级响应、快速落地，做到排查100%全覆盖。发挥“大数据+网格化”机制作用，整合政法委、公安、文广旅体、市场监管、综合执法、街道“基层治理四平台”等执法力量，构建以“职责清晰、任务明确、监督检查、落实责任”为目标的社会面管控工作机制，每天开展社会面管控联合督查行动，以点带面、举一反三、全面铺开，统一行动后，街道持续深入推进自查，进一步形成社会面管控强大声势。

（刘　畅）

法治政府建设

【概况】 2022年，上城区依托区委依法治区办公室统筹协调作用，加速推动“法治上城”建设。召开区委全面依法治区委员会第二次会议，制定《上城区法治保障全过程人民民主实施方案》，研究部署2022年上城区“法助共富、法护平安”专项行动。开展习近平法治思想学习宣传贯彻“八进”（进机关、进学校、进社区治理中心、进法律服务机构、进企事业单位和村社、进部队、进国有企业、进党校）活动，推进《习近平法治思想学习纲要》学习全覆盖。将法治督察纳入区委巡察内容，到湖滨、清波、凯旋、采荷等7个街道开展实地巡察。召开街道法治化综合改革推进会，在全市率先成立14个街道依法治街委员会及办公室，推出全省首份《上城区街道法治化综合改革工作手册》。推进“大综合一体化”行政执法改革，1933项执法事项100%认领，区属执法力量下沉街道比例达71%，在全省率先建立街道执法裁量基准制度，推出轻微违法行为适用不予处罚操作指引、轻微违法行为容错清单，探索基层自治“柔性执法”新模式。上城区“‘浙里矛盾风险防范化解’应用”“‘检察数字卷宗’系统”“直播电商数字治理”“制定全省首个街道法治化综合改革工作指引”4个项目获评杭州市2022年度有辨识度有影响力法治建设成果，数量居全市县（市、区）第1位。

【行政决策法治化建设】2022年，上城区推进行政决策法治化建设，贯彻落实《杭州市上城区重大行政决策程序规则》。推进全区重大行政决策目录化管理，区政府重大行政决策事项目录于3月25日发文并对外公布，全年度有重大行政决策事项4个。加强业务指导，确保决策事项严格履行公开征求意见、合法性审查、集体讨论等法定程序。推进全区各单位制定单位重大行政决策标准，确保决策事项“应纳尽纳”，全区21个部门、街道公布标准。

【行政规范性文件和行政机关合同规范管理】2022年，上城区加强行政规范性文件和行政机关合同规范管理。区司法局履行合法性审核职责，全年完成区政府拟发文的行政规范性文件17件，提出意见128条，均被采纳；完成区委、区政府联合发文等文件审核4件，提出意见24条。开展规范性文件清理工作，统计现行有效的行政规范性文件，清理文件185件。调整《上城区行政机关合同管理办法》，优化合法性审查层级，新增提级审查，进一步加强行政机关合同管理。全年完成行政合同合法性审查26件，出具审查意见书17份，提出建议130条；协助审查“一企一策”（一家企业一份招商引资协议）相关协议文件18份，提出意见61条。

【执法监督规范化建设】2022年，上城区推进执法监督规范化建设，完善行政执法监督机制体系。建立行政执法监督新闻媒体和行业协会联系点，健全工作机制，凝聚各方力量，促进行政执法工作质效提升。举办行政执法“公述民评”活动，拓宽行政执法社会监督渠道，提升人民群众法治建设参与度、知晓度和满意度，推进建设多层次的执法监督体系。开展线上、线下案卷评查，全方位、全流程评查全区案卷，通过自查报送、集中评查、反馈整改3个阶段完善案卷评查机制。开展涉亚运、“大综合一体化”行政执法改革等专项执法监督工作，提高各单位行政执法水平。

【行政复议应诉案件规范办理】2022年，上城区持续推进“两高一低”（行政诉讼败诉率高、行政复议纠错率高，行政机关负责人出庭率低）专项整治，坚持“复议为民”，提升“以案治本”成效。强化与行政机关的联动沟通，提高办案效率，完善内纠机制。健全行政复议应诉工作通报机制，按季度通报全区“两高一低”数据情况，促进行政机关依法行政。逐步完善行政复议监督职能，全年制发行政复议建议书2份、行政复议意见书4份。拓宽行政复议渠道，坚持数字化改革，推广应用“浙里复议”，方便群众在线申请。在区社会治理中心开辟行政复议接待窗口，开展行政复议受理、行政争议调解申请等工作。全年全区一审行政诉讼案件202件，败诉6件，败诉率3.7%，比2021年下降1.73个百分点；行政复议纠错11件，纠错率5.2%，下降5.34个百分点。

【行政争议化解】2022年，上城区坚持“全过程调解”理念，完善行政争议全过程分类预防化解机制。整合区行政争议调解中心力量，建强区多元化调解专家团，由专职调解员、法律顾问介入，指导开展行政调解。发挥行政复议办案机构优势，对执法行为存在瑕疵的案件，督促执法机关主动纠错；对申请人诉求不符合法律规定的案件，实行案前释法，对申请人的疑问进行法律解释，消除申请人对执法的误解或法律疑虑，减少群众诉累；及时组织调解合法不合理的行政行为，节约司法行政资源，最大限度减少行政争议的负面效应，实现“定分止争、案结事了”。全年全区行政复议立案前成功调解案件86件，案中调解撤回案件50件；全区一审行政诉讼调解45件。（耿俊霞）

公安

【概况】2022年，区公安分局聚焦“打造全国最具安全感现代城区”的战略目标，围绕市公安局综合实绩评估、区综合考评、平安创建“三大考评”，以现代警务体系建设为载体，推进风险防控筑垒、改革突破争先、执法规范提质、品质队伍培育，完成中共二十大安保任务，模拟布警、“公安大脑”、“大型综合交通枢纽智治应用”建设等工作获省、市推介。全年全区刑事警情比2021年下降18.4%，治安警情下降18.1%，接触性侵财案件下降19.4%，电信网络诈骗案件下降29.2%；侦办公安部督办案件4件、省公安厅督办案件8件，采取刑事强制措施2141人，移送起诉1396人，行政拘留2523人。突出宣传励警，落实近1000平方米建设融媒体中心，打造实战化宣传体系，在《人民日报》、新华社等主流媒体、平台发布宣传报道182次。其中，原创融媒体作品《警察叔叔》获公安部肯定，《与浙梦起飞》获评“‘平安中国’三微大赛”最佳原创MV。举办全省首次公安融媒体现场会，整体宣传成效居全市公安机关首位。年内，有48个集体和608名个人受到上级党委、政府和公安机关表彰奖励。其中，湖滨派出所获评全省模范公安基层单位，出入境管理大队立集体二等功。

【“小脑+手脚”警网协同机制2.0版本健全】2022年，区公安分局以全省“大综合一体化”行政执法改革为契机，以“基层治理四平台”为基础，健全“小脑+手脚”警网协同机制2.0版本。推动街道社会治理综合指挥中心实体化运作、发挥“小脑”作用，整合城管序化、城建协查、交通管理、市场监管等力量为“手脚”，实行统一培训、统一勤务、统一管理、统一考核“四个统一”举措，做到“一支队伍管全部”，实现社会联动“真联真动”、矛盾纠纷“案结事了”的最佳效果。全年分流非警务类警情2.1万起，占总警情的10.2%，警情联动处置率、现场处结率、重复报警分别比2021年下降60.3%、69.8%和8.5%。

【数字化警务环境重筑】2022年，区公安分局抓住全省“公安大脑”大部门大警种制改革试点契机，重筑数字化警务环境，从“市县主战、派出所主防”职责定位出发，创新研发警务模型，整合优化业务流程，系统重塑勤务机制，推动现代警务模式落地见效。推进“天网工程”建设，接入社会面监控，织密一张含视频、人脸、车卡、道闸等智能设备的前端“感知网”，实现治安管理要素从人工采集向智能感知转变。做强应用“孵化器”，拓展警企合作模式，建设由公安主导、14家高新技术企业实体入驻的江景数据应用研究院，围绕业务需求，形成视频结构化应用、互联网数据运用、数字孪生赋能三大特色应用。打造实战“大场景”，依托全省“一体化智能化公共数据平台”和“浙警智治·杭州警务操作系统”两大基座，融入多种算法形成模型库，集成研发杭州“大型综合交通枢纽智治应用”、互联网意图分析等21个个性化应用模型。

【执法办案管理中心一体化建设】2022年，区公安分局提档升级执法办案管理中心，完善执法办案管理中心“一体化”建设。整合执法巡查、讯问陪审、人员看管、人员送押、硬件维保5项功能，实现刑事案件“一站式”集中办理，全局刑事案件集中办理率83%、警种刑事案件集中办理率100%。推进分层分类执法教学，开发新入民警培训、办案民警培训、接处警民警培训、基层所队领导培训4类培训课程，通过专题培训、送教上门、以考促学等载体，提升执法技能。强化执法人员素质保障，全体执法民警均通过基本级执法资格考试，48名民警通过国家统一法律职业资格考试。

【中共二十大安保】 2022年，区公安分局成立专项工作领导小组，统筹专班运作，细化制定安保方案及36项子方案。进入中共二十大安保决战决胜阶段后，全面启动一级加强勤务模式，严格实行领导双值班制度，全局民警连续3周在岗在位，机关警力除必要值守外全部增援一线。结合夏季治安打击整治“百日行动”、“除险保安”百日攻坚等专项行动，严肃打击查处，严格管控，实现重大刑事案件“零发生”、公共安全“零事故”、队伍战时“零违纪”等“六个零”成果，圆满完成中共二十大安保任务。

【破案攻坚效能提升】 2022年，区公安分局构建起专业融合、力量整合、区域联合的大打击架构，提升破案攻坚能力。侦办的“1·21”全省首件特大生产、销售假抗癌药案获公安部批示肯定，与侦办的“3·21”非法倒卖未经批准进口肉毒毒素案一同被列为公安部、最高人民检察院、国家药监局联合挂牌督办案件。坚持“命案必破”，快侦快破5件现发命案，连续12年保持现发命案破案率100%，并应用新技术、新手段提升命案积案攻坚效能，连续侦破辖区重大疑难命案积案2件，协助河南、广西警方抓获2名命案积案逃犯，获公安部贺电表扬。常态做好涉黑涉恶线索排查、案件侦办等工作。全年排查涉黑涉恶线索32条，摧毁恶势力犯罪集团3个、涉网恶势力犯罪团伙12个，采取刑事强制措施219人，移送起诉176人。

【治安生态环境整治】 2022年，区公安分局波次开展全区治安生态环境整治，优化运用清查整治模型，精准开展重点地区集中清查和治安案件快查快处。采取黄赌刑事强制措施180人，移送起诉197人，行政处罚1776人。针对涉黄警情多发态势，于10—12月开展为期90天的易涉黄场所打击整治专项行动，摧毁涉黄团伙8个，查处涉黄违法犯罪人员283人，整治涉黄热点部位9个，涉黄场所关停取缔69个、停业整顿184个、转变业态86个，全区治安生态环境不断优化。以专项禁毒行动为抓手，侦破涉毒案件16件，其中公安部毒品目标案件1件。持续开展禁毒宣传月活动，相关直播宣传参与人数180多万人次。强化校园禁毒阵地建设，全区82所学校禁毒数字教育活动参与率、接入率、注册率、完成率均100%。

【实有人口大清底专项行动】 2022年，区公安分局开展辖区实有人口大清底专项行动，排查出租房屋23万套、行政处罚7120件，并运用模型核查更新实有人口信息73万余人次，抓实“一标三实”（标准地址、实有房屋、实有人

2022年10月18日，区公安分局开展中共二十大安保“护点”行动

（区公安分局 供稿）

员、实有单位）工作。健全重点物品、重点场所管控机制，严格落实各项管控措施，全年未发生漏管失控情况；围绕重点物品，开展重点物资销售大排查、大起底、大整治行动，通过“重点物资”App检查登记商户1460家，发现问题并指导整改63家；围绕重点场所，先后开展集中清查行动14次，核查可疑人员7.8万人次、车辆3105辆次，检查旅馆、网约房、沿街店铺等1.7万处、公共复杂场所1.3万个次，责令整改问题隐患639个。

【环食药知识产权警务联络站成立】 2022年12月20日，区公安分局全力打击防范民生涉企案件，成立全国首个环食药知识产权警务联络站。该联络站位于九堡街道意法鞋城5楼，面积约150平方米，配备警力7人。年内，打击制售假药劣药犯罪行动战果居全省首位，破获制售假冒胡庆余堂人参、安踏体育用品、雅诗兰黛化妆品等一批制假售假案件，并为西子清洁能源装备制造股份有限公司国外合作伙伴挽回经济损失1350多万元，维护企业合法权益。建立完善侵财案件“快侦快破”机制，保持传统侵财案件破案率75%以上，其中1小时明确身份率25.4%、24小时破案率53.9%。

【区反诈中心实体化运行】 2022年，区公安分局实体化运行区反诈中心，推动打防治理电信网络诈骗犯罪继续纳入区民生实事项目。落实“反诈竞赛”和通报排名制度，扎实类案研究和侦查打击，破获电诈案件333件，采取刑事强制措施771人，发起全国集群战役1起，打击成效列全市第二、全省第五。开展反诈宣传，防范案件发生，全年组织反诈宣传活动1698场、专题直播活动4场，完成168万人次“点对点”电话宣传防诈骗服务。扎实预警反制，抽调20人组建预警处置工作室，会同街道见面劝阻队伍，精准处置预警人员50.6万人次，劝阻电信诈骗发案478件，案件止损4478.1万元，实现发案和案件止损分别比2021年下降29.2%、30.9%。

【防范“民转刑”案件工作室成立】 2022年，区公安分局强化风险靶向感知，成立防范“民转刑”案件工作室。针对“一类事两类人”（易引发“民转刑”案件的家庭婚恋纠纷、肇事肇祸精神障碍患者、疑似个人极端人员），开展重点警情每日会商、往期“黑样本”每周复盘，防止发生命案等“民转刑”案件，全年闭环处置重点警情450件。针对家暴类警情，明确情节轻微的一律开具家暴告诫书、情节较重的一律传唤、情节恶劣的一律拘留“三个一律”要求，全年传唤137人、行政处罚37人，形成有力震慑，相关做法获相关市领导批示肯定。强化模型预警应用，整合公安网、政务网、互联网“三网”数据，搭建“听风者”个人极端预警、“觅天使”自杀意图预警、“守夜人”婚恋纠纷预警三大模型，及时预警、二次研判苗头隐患信息2710条，干预化解高危风险7件，发现、处置有自杀意图人员27人。

（蔡　勤）

检　察

【概况】 2022年，区检察院贯彻习近平法治思想，履行刑事检察、民事检察、行政检察、公益诉讼检察“四大检察”职责，强化法律监督，深化特色品牌，促进办案质效再提升，为建设独具韵味的国际化现代化共同富裕典范城区提供坚强有力的司法保障。年内，区检察院获全国检察宣传先进单位、全省成绩突出基层检察院等集体和个人荣誉88项。

【刑事检察】 2022年，区检察院受理提请批准逮捕刑事检察案件471人，受理审查起诉案件2029人，审查后，批准逮捕294人，提起公诉1127人，对证据不足不批准逮捕59人、不起诉28人。贯彻落实省人大常委会关于进一步加强新时代检察机关法律监督工作的决定，强化刑事立案和侦查活动监督，监督立案28人，撤案22人，追诉漏罪、漏犯5人，某外贸公司保险诈骗撤案监督案被评为全国检察机关典型案例；加强刑事审判监督，区检察院检察长列席审判委员会6次，提抗3人；加强刑事执行监督，对65件职务犯罪案件财产刑执行情况和“判实未执、应收未收”专项工作开展监督，对违反规定的5名社区矫正人员进行监督收监，对其他城区看守所开展巡回检察，发出纠正违法通知书2份，督促整改落实。

【民事检察】 2022年，区检察院受理生效裁判监督民事检察案件41件，办结39件，向区法院提出再审检察建议25件，督促纠正。办理虚假诉讼案件19件，维护司法权威。加强审判和执行活动监督，对司法网拍、涉社保终本执行、车辆查封扣押等进行专项监督，对存在的问题发出检察建议，该建议均被区法院采纳。联合区法院对被执行人未尽财产的执行制定相关规定，向公安机关移送拒不执行法院判决、裁定的线索，合力破解执行难题，维护当事人合法权益。

【行政检察】 2022年，区检察院加强行政检察，服务法治政府建设。通过区政府与区检察院联席会议等形式，加强与行政机关的沟通联系，对办案中发现的问题向相关行政机关发出检察建议3份，全部被采纳并落实。开展行政争议实质性化解工作，对征地拆迁领域的4件案件加强释法说理，促进息诉罢访。开展行政非诉执行案件“终结本次执行”专项监督，对5件案件被执行人的财产线索向法院发出检察建议，督促恢复执行。探索融合监督模式，在办理一件非法经营案件中发现虚构身份骗取许可证的问题，推动全市开展专项监督，清退异常许可证300多本。

【公益诉讼】 2022年，区检察院办理行政公益诉讼案件15件，向相关行政机关发出诉前检察建议6份，开展诉前磋商9件，问题全部整改完毕。拓展公益诉讼“等”外探索，在AED配置与使用规范、地下燃气管线保护、公共健康卫生等领域开展公益诉讼。其中，对辖区内已配置AED的公共场所未标注AED位置、配置单位未制定AED日常检查和维护保养制度、部分公共场所AED存在扫码开箱影响使用效率、部分公共场所未覆盖AED等不规范情况进行调查，发出检察建议，促进管理完善。在生态环保、公民个人信息、食品药品安全等领域办理民事公益诉讼案件12件，杭州某网络科技公司侵犯雷锋姓名民事公益诉讼案被最高人民法院评为“涉英烈权益保护十大典型案例”，王某某、李某某销售有毒有害食品刑事附带民事公益诉讼案被最高人民检察院评为食品安全典型案例。

资料

公益诉讼“等”外探索：就《中华人民共和国民事诉讼法》《中华人民共和国行政诉讼法》及《中华人民共和国未成年人保护法》《中华人民共和国个人信息保护法》等其他单行法明确规定检察机关可以提起公益诉讼的其他损害国家利益或者社会公共利益的问题，经相关审批后，开展检察公益诉讼工作的实践探索。

【社会环境净化】 2022年，区检察院多管齐下，进一步净化社会环境。常态化推进扫黑除恶斗争，有力指控房产“套路贷”等恶势力犯罪49人。严惩放火、抢劫、强奸等严重犯罪，提起公诉34人。打击电信网络诈骗、养老诈骗、盗窃、抢夺等侵财犯罪，提起公诉251人。打击“黄、赌、毒”犯罪，提起公诉149人。办理全市范围内外国人犯罪案件，提起公诉10人。办理涉众型非法集资类案件，提起公诉24人，最大限度追赃挽损，维护群众合法权益。惩治职务犯罪，对贪污贿赂等犯罪提起公诉19人，推进反腐败斗争。助力基层治理现代化建设，实行首次信访领导包案制，减少重复信访，有效化解矛盾纠纷，全年办理各类信访832件。

【数字检察】 2022年，区检察院以“检察数字卷宗”项目，助推数字检察工作，该项目连续两年被纳入全省数字化改革重大应用“一本账”，获评全省数字法治好应用，其工作成效获省检察院主要领导批示肯定。7月8日，与区人力社保局共同承接的社保基金守护项目上线运行。年内，该项目获评全市数字法治标志性应用成果。强化数字办案，落实省检察院、市检察院法律监督专项工作，办理数字监督案件9件，技术辅助办案41件，俞某某等人提供侵入、非法控制计算机信息系统程序、工具案获评全省检察机关精品案件，入选全省检察数字办案指引。

【“慧心护航”品牌建设】 2022年，区检察院深入推进“慧心护航”品牌建设，多举措维护未成年人合法权益，预防未成年人犯罪。全年办理涉未成年人审查起诉案件50人、批准逮捕案件32人。在杭州市妇产科医院设立检、警、医（检察机关、司法警察、医护人员）一体化未成年人“一站式”询问保护站，开展“一站式”保护32人次，避免未成年被害人二次心理伤害。坚持“教育、感化、挽救”方针，对情节轻微、认罪悔罪的未成年人不起诉17人。推进涉未成年人“四大检察”全覆盖，办理民事检察6件、行政检察5件、公益诉讼检察4件。与区关工委、区公安分局、区法院等部门建立未成年人综合保护工作机制和家庭教育指导站。充实“江林”法治宣讲团力量，由22名检察干警担任中小学法治副校长，全年开展法治宣讲32场，护航未成年人健康成长。

（陈　赟）

法　院

【概况】 2022年，区法院履行使命担当，锚定服务保障上城共同富裕“典范城区”发展目标，坚持司法为民、公正司法，服务大局、忠诚履职，狠抓执法办案主责、坚守“除险保安”底线。全年受理各类案件3.14万件，办结3.19万件。坚持能动司法，创新发展新时代“枫桥经验”，全区覆盖设立“共享法庭”230个，依托“共享法庭”指导调解2995件次，化解纠纷2431件次，协助执行108件次，开展普法宣传、法律咨询3.05万人次。海潮社区“共享法庭”、市银行业保险业人民调解委员会“共享法庭”金融服务站获评全市首批示范，军地“共享法庭”获省委、市委及省高级人民法院领导批示肯定。弘扬社会主义核心价值观，推出防范与惩治虚假诉讼实施细则，查处虚假诉讼94件次、81人，打造诚信诉讼环境。加强普法宣传，举办新闻发布会、公众开放日、普法讲座等活动6次，通过“尚法小达人”“法治进校园”“成长导师聘任”等活动加强青少年法治宣传教育。

【刑事审判】 2022年，区法院惩治刑事犯罪，审结刑事案件822件、1198人，分别比2021年下降19.7%和16.2%。常态化开展扫黑除恶专项斗争，审结涉黑涉恶案件8件、47人，追缴、没收违法所得2亿余元，黑恶财产执行到位905万元，对“3·12”房产套路贷系列诈骗案的23名被告人判处有期徒刑十年至十四年。惩治涉众型经济犯罪，审结集资诈骗、非法吸收公众存款、电信网络诈骗等案件27件、44人，重刑率29.5%。开展打击整治养老诈骗专项行动，审结养老诈骗案件2件、8人，从严从快惩处1件以度假村投资项目吸引老年人理财的诈骗案件，通过典型案例宣传提升老年人识骗、防骗能力。保持惩治腐败高压态势，审结贪污、贿赂、渎职等职务犯罪案件17件、18人。严惩侵害未成年人犯罪，审结涉未成年人案件12件、19人。

【民商事审判】 2022年，区法院妥善化解各类民商事纠纷，审结家庭、教育、消费、房地产等民生领域案件3833件，民事案件调撤率46.3%。其中，审结婚姻、继承、赡养、抚养等家事案件1115件，签发人身安全保护令3份；审结医疗纠纷93件，妥善调处1件长达4年的医疗损害赔偿案件；审结劳动争议案件1277件。加大司法救助力度，发放司法救助金38.9万元。

【行政审判】 2022年，区法院受理行政案件451件，审结373件。在高频涉诉行政机关挂牌“共享法庭”，协调化解行政案件90件。强化司法与行政良性互动，召开区政府、区法院联席会议，每月通报上城区“两高一低”情况。区长带头出庭应诉某酒店诉区政府行政复议案件，区级机关负责人出庭应诉率达100%。支持“大综合一体化”行政执法改革，通过败诉风险预警、判后答疑、法治宣传培训，为加快推进行政执法改革提供有力司法保障。践行“绿水青山就是金山银山”理念，高质量开展环境资源审判工作，审结各类环境资源行政案件9件。某汽车性能检测公司诉杭州市生态环境局、杭州市人民政府行政处罚及行政复议案件入选杭州法院环境资源审判年度十大典型案例。

【执行工作】 2022年，区法院加大执行工作力度，受理执行案件1.33万件，执结1.36万件，实际执行到位金额66.89亿元。开展“助企纾困保民生”专项集中执行行动，10天内快速执结杭州大诚医院87名医护人员欠薪案件。实行预付款、预拘留等预防性执行措施，敦促被执行人主动履行，民商事案件自动履行率45.2%。强化执行惩戒措施，公开失信被执行人信息8659人次，限制高消费1.26万人，罚款38.65万元，司法拘留394人。打击拒执犯罪，牵头制定《关于公、检、法建立打击拒不执行生效判决、裁定刑事案件协作配合机制的方案》，移送涉嫌拒执犯罪线索43件、53人，违法制裁率19.8%。

【诉讼服务水平提升】 2022年，区法院多举措提升诉讼服务水平。推进“一站式”多元纠纷解决和诉讼服务体系建设，推广网上立案、自助立案、跨域立案相结合的便民立案机制，无纸化立案率达99.9%。完善司法公开网、“12368”司法服务热线、“12368”短信平台、“人民法院在线服务”微信小程序的诉讼服务体系，全年网上开庭935次。尝试异步审理模式，当事人可以不同时、不同地、不同步参与调解、证据交换、庭审等诉讼活动，有效解决“时间差”“异地难”带来的诉讼不便。加强新时代人民法庭建设，发挥人民法庭“定分止争、保一方稳定”的职能作用，笕桥法庭、九堡法庭、玉皇山南基金小镇法庭化解44.7%的民商事案件。

【法治营商环境优化】 2022年，区法院践行“法治是最好的营商环境”理念，对标全国及省、市营商环境考核指标，为上城区打造“营商环境最优区”注入法治动能。开展“走亲连心三服务”活动，收集意见建议40多条，深入解决群众、企业、基层普遍关注的热点、难点问题。平等保护各类市场主体权益，注重涉企纠纷快速有效化解，审结涉企案件1.01万件。制定实施买卖合同纠纷案件审理规程，建立买卖合同快立快审快执绿色通道，实现当日立案、当日移送审理，审结买卖合同案件2021件。发挥破产专业审判“积极拯救”和“及时出清”功能，加强执行转破产程序衔接。全年受理破产审查案件29件、审结29件，受理破产清算案件22件、审结34件。

【全域“数字法院”建设】2022年，区法院全域推进“数字法院”建设，持续深耕“凤凰金融智审”场景，为法官裁判提供智力支持。“凤凰金融智审”场景获评2022年第一批“浙江全域数字法院”好应用项目，金融案件适用率达84.7%，平均审理天数38.25天，相关调研成果纳入最高人民法院《2022法治蓝皮书·中国法院信息发展报告》。承担最高人民法院“全链条要素式审判技术攻关和创新应用”金融借款合同纠纷案由试点项目，在全省法院推广会上做交流发言。

【“当事人一件事”改革】2022年，区法院推进“当事人一件事”改革。推行电子督促程序，批量立案、批量送达、批量自动生成电子支付令，有效减少当事人诉累和诉讼成本。发送支付令239份，标的额1481万元。运用“涉众型案件管理系统”，在线进行当事人信息登记、损失申报，开设虚拟银行账户、发放案款“一键完成”。全年执行案件108件、112批次，执行金额6亿元，发放人数16.9万人。依托“智慧执行2.0”平台，应用“执行一件事”多跨协同场景应用功能模块，实现车辆、房屋、股权查控、过户、解封等协助执行事项全流程在线办理，大幅提升执行效率。

【重大风险防范化解】2022年，区法院严密防范金融风险，负责集中管辖全省涉“原油宝”案件，妥善审结3件示范性案例，达到“审一案、调一批、防一类”的良好效果。向中国银行保险监督管理委员会宁波监管局发出司法建议，要求加强监管银行放贷行为，从源头杜绝非法金融业务滋生。落实“疫情要防住、经济要稳住、发展要安全”要求，妥善应对房屋租赁、教育培训、劳动争议等纠纷。聚焦“保交楼、稳民生”，稳妥处置辖区8家房地产公司300多件涉商品房按揭贷款合同纠纷，及时化解行业性、系统性风险。开展院领导“大接访、大走访”活动，推进信访积案化解“清零”行动，办结重复信访积案73件，化解核销率100%，区法院获区2022年信访积案化解第一批“攻坚奖”。

（张　娜）

司法行政

【概况】2022年，区司法局围绕“加快建设独具韵味的国际化现代化共同富裕典范城区”建设目标导向和总体布局，以“先行”姿态和“头雁”标准，稳定推进普法依法治理、矛盾纠纷排查调解、社区矫正、法律援助、律师行业管理等工作，推动法治建设和司法行政工作高质量发展。区司法局被市委、市政府授予“平安杭州”创建先进集体称号和集体嘉奖，获评全省司法行政系统法治建设工作成绩突出集体。

【普法依法治理】2022年，上城区推进普法依法治理工作，制定印发《2022年上城区普法依法治理工作要点》《2022年上城区重点单位普法责任清单》，指导全区各单位落实“谁执法谁普法”普法责任制，重点打造62个普法项目。做强“尚法云直播”数字普法平台，每周推出1堂社会化普法网络精品课，评选出“十佳”普法重点项目和“十佳”网络普法精品课。至年末，“上城普法君”抖音号发布原创作品423个，获点赞147.4万次，居“浙江政法抖音影响力排行榜司法行政篇”TOP10。组织全区中小学参加杭州市“阿普杯”普法创意大赛和中小学生宪法主题艺术评展活动，区司法局原创短视频《人生AB面》获优秀奖，区司法局获组织奖；区各中小学获宪法主题艺术评展活动金奖4个、银奖9个、铜奖13个、优秀奖34个。区司法局原创普法短视频《接力》《普法路上的rap》《英雄烈士的姓名不容侵犯》等被司法部视频号转发并点赞，其中《接力》获评第4届“平安浙江”三微（微电影、微视频、微动漫）比赛优秀奖。联动区委组织部、区委宣传部和沿江6个街道，打造钱塘江法治文化带，在江堤上绘制以“习近平法治思想”及“法迎亚运、法助共富、法护平安”为主题的百米法治主题文化墙绘。通过新媒体平台发布“招募令”，招募快递员、环卫工人、大学生、市民代表等参与“钱塘江法治奇妙游”法治驿站体验活动。该体验活动获评2022年“浙江省十大普法影响力事件”。钱塘智慧城“芯潮澎湃”网络文化家园被省委网信办命名为浙江省网信普法示范基地。杭州市天杭实验学校、钱塘青少年法治学习体验中心、彭埠街道禁毒科技体验馆被命名为市级法治宣传教育基地。年内，成功创建10个省级民主法治社区。

【公民法治素养提升】 2022年，上城区推进公民法治素养提升行动，制定印发《上城区公民法治素养观测点工作指引》，设立上城区首批公民法治素养观测点13个，覆盖社区居民、企业经营管理人员、新经济新业态从业人员等群体。区司法局指导各观测点开展普法宣传、学法用法需求收集、普法资源推广使用、法治素养调查测评、普法效果观察反馈等工作，打造公民法治素养观测点最佳实践。其中，新禾联创数字时尚产业园被列为省级公民法治素养观测点，杭州市澎博小学、湖滨“幸福邻里坊”被列为市级公民法治素养观测点。推荐“少年法学院”“公民警校”等6个项目申报浙江省首批提升公民法治素养培优项目。配合省、市完成浙江省首次公民法治素养自学自测，完成样本839份。

【矛盾纠纷排查化解】 2022年，上城区建立调解指导员队伍，创新九堡“治社导师”，推动基层“法治明白人、带头人”参与调解。深化人民调解质效提升行动，区调解协会个人理事、调解专家结对街道，协助基层化解疑难复杂纠纷，调解案件均在72小时内响应。派驻调解员进驻融信中心、融信盛会新座等房地产项目风险处置工作专班，建立九堡法庭、九堡社会治理中心律师调解站，建强“司法所+法官+调解员”共享法庭大网络。全年纠纷调解成功1.18万件，调解成功率99.9%。

2022年9月28日，区司法局举办“钱塘江法治奇妙游”法治驿站体验活动
（区司法局 供稿）

【社区矫正】 2022年末，上城区在册社区矫正对象532人，其中缓刑473人、假释38人、暂予监外执行21人。新接收社区矫正对象339人，减少325人（因解矫、死亡、迁居等原因）。严守安全底线，全年未发生社区矫正对象重新犯罪和脱漏管情况。推进“智慧矫正中心”建设，完成省级“智慧矫正中心”验收。与区公安分局形成数据对流，初步形成在全区范围内全覆盖的社区矫正对象面部比对网络。在全市率先召开年度区社区矫正委员会全体会议，15家矫正委成员单位及14个街道参与座谈交流。完善社区矫正工作联席会议机制，强化区公安分局、区检察院、区法院、区司法局数据互通。制定落实全区及各街道社区矫正应急处置预案，在全区范围内开展应急处置预案模拟演练，提升应急事件处置能力。开展纪律作风巡查、执法规范化提升活动，建立社区矫正工作情况月通报机制，强化执法督查力度，排摸化解潜在监管风险。推进社区矫正心理帮扶体系建设，由省精品社会组织“阳光雨露”为社区矫正对象提供专业性心理服务。全年开展风险评估935人次，开展心理咨询98人次，组织心理辅导8690多人次。2名社区矫正工作人员被评为全省社区矫正工作成绩突出个人，1名社区矫正工作人员入选杭州市法治人才库。

【法律援助】 2022年，上城区推动公共法律服务体系平台建设，健全实体、网络、热线三大平台体系，发挥公共法律服务中心、31个街道（部门）、196个村（社区）公共法律服务站（点）作用。全年受理法律援助案件1158件、法律帮助案件1577件，接待法律咨询9397人次，挽回经济损失2142.88万元。全面启用法律援助统一服务平台，畅通“12348”浙江法网、上城区公共法律服务数字化应用、“浙里办”平台、支付宝等法律服务办理渠道，实现线上、线下办理有机融合。推动法律援助“容缺受理”“经济困难承诺”“市域通办”等减负惠民专项配套措施常态化，为行动不便的特殊群体开辟“绿色通道”，实行“全流程代办”，提供上门服务。全年受理法律援助承诺制案件95件，律师代办173件。推进刑事案件政法一体化单轨制协同办案，启动审查起诉阶段律师辩护全覆盖工作。成立“尚益心”法律援助志愿团，区司法局联合区检察院建立涉未成年人案件检律协作机制，新建退役军人工作站，进工地、军营、养老院等单位开展“法援惠民生”专项服务活动15场次。

（耿俊霞）

军　事

区人武部

【概况】 2022年，区人武部坚持以习近平新时代中国特色社会主义思想为指导，以党的强军目标为引领，践行习近平强军思想，深入学习贯彻中共二十大精神，聚焦练兵备战，提升应急动员，强化党管武装，深度参与军民融合，完成上级赋予的各项任务，全区武装工作呈现不断进位的良好态势。年内，制定印发《关于加强全区专职人民武装干部队伍建设的规定》，加强基层人武部建设基础。加强国防教育，推进双拥共建工作。深化国防动员，民兵整组提质增效，年度征兵任务完成。

【思想政治建设】 2022年，区人武部把学习贯彻中共十九届六中全会、中共二十大精神作为主线，常抓理论武装，常态开展党史学习教育，将中共十九届六中全会、中共二十大精神、习近平强军思想学习纳入党委中心组集中学、个人自学计划。采取领导领学、天天量读、提问督学等方法，组织集中学习教育10多次，贯穿民兵政治教育全过程，力求在学、思、用中巩固成果。落实主题教育，结合实际制定学习教育活动方案，有序推进教育活动。把集中组学落实到每次党日活动，把个人学习内容细化、具体化。以“讲政治、明大义、守底线”为专题召开组织生活会，培塑民兵永葆忠诚、让党放心的政治品格和精神内核。突出政治教育，每月有计划开展经常性思想教育、警示法制教育、安全保密教育、战备教育等，确保部队高度集中统一和纯洁巩固。

【区委议军会暨军事日活动】 2022年11月23日，上城区召开区委议军会、党管武装工作会议暨国动（教）委全体会议，并开展军事日活动。区四套班子领导，区法院院长，区检察院检察长，区人武部部长，区国防动员委员会、区国防教育委员会成员单位主要负责人，各街道党工委书记，全体专武干部、区人武部党委委员参加。会上，区人武部汇报全区党管武装工作，宣读街道武装部（民兵营）政治教导员任命文件，区委书记、区人武部党委第一书记为街道党工委书记颁发教导员任命状。区教育局、湖滨街道、笕桥街道做党管武装工作述职。会议对全年全区武装工作取得的成绩表示肯定。会前，区领导到驻地某旅开展军事日活动，组织开展实弹射击、参观军营等。

【党管武装】 2022年，区委始终把党管武装作为坚定的政治责任，形成党委管总、政府主抓、军事机关推动、职能部门承办的国防动员工作格局，把准国防动员建设的正确方向。区人武部党委坚持听党指挥的核心政治制度不动摇，全体武装战线坚决听从区委指挥，思想上靠拢、行动上看齐，推进练兵备战和国防动员向纵深进击。强化动员能力准备，主动适应“十四五”时期基干民兵组织结构调整，提升国防动员支援保障作战能力。突出抓好民兵组织整顿和基地化集中轮训，推动上城应急应战能力持续提升。强化征兵宣传，营造参军光荣的浓厚社会氛围，为部队输送优质兵员；优化专武干部队伍，打造一支真正热爱武装、精通武装、献身武装的专武铁军。抓实国防教育，以青少年学生为重点、以普通民众为主体，营造关心支持参与国防的浓厚氛围。强化服务意识，扛起拥军优属责任担当，为驻地官兵排忧解难。

【双拥共建】 2022年，区人武部配合区退役军人事务局开展双拥共建工作，协调区委、区政府为辖区立二等功、三等功人员和家庭送喜报和慰问金。协调区委组织部、区委编办、区人力社保局，对接相关职能部门，按照人岗相适、平级转调原则，完成随军家属安置工作。协调区委宣传部刊登“八一光荣榜”，汇聚强国、强军正能量，提升军人军属荣誉感。

【战备训练】 2022年，区人武部聚焦应急应战主业，抓实战备训练工作。坚持党委集中统一领导，突出训练制度落实，坚持落实议战议训和形势分析制度，常态开展形势战备教育，滚动修订各类战备预案。坚持从难、从严、从实进行训练，提升民兵遂行任务能力。抓实干部文职人员业务能力训练，以警备区首长机关集训活动为抓手，推进首长机关训练和军人职业教育，全面开展岗位练兵，提升干部文职训练水平。筹划推进民兵训练，从民兵体检开始谋划，根据民兵训练要求，并征求编兵单位意见，择优遴选参训人员参加民兵体检，高标准完成年度训练任务。以训练科目为牵引，在民兵编组过程中建立教练员人才库，先后组织开训动员、专武干部和民兵骨干集训、应急连集训，并在警备区组织的教练员比武中获第五名。

【国防动员】 2022年，区人武部开展国防动员潜力调查，组织潜力数据会审，充实丰富潜力数据。持续深化国防动员应急准备，修订完善国防动员预案和分支计划。组织年度国防动员指挥演练，夯实动员实力准备，推进国防动员体系建设。优化民兵组织结构，编精编实基干民兵，及时对人员名单进行调整，完成区属基干民兵的编组任务，党员比例、退伍军人比例和专业对口率均达到上级要求标准，调整、健全各类组织，确保基干民兵能够拉得出、起作用。

【征兵工作】 2022年，区人武部以为部队输送优质兵员为出发点，发挥街道、社区网格化管理功能，以基层掌握和上级下发大学生当兵意愿名册为抓手，开展精准征兵宣传，鼓励大学毕业生积极应征。集中开展征兵宣传周活动，建立活动报名点，为适龄青年报名应征提供帮助。全年完成新兵征集任务，征兵“五率”（报名率、上站率、合格率、择优率、退兵率）考评居全市前列。

（顾　芳）

人民防空

【概况】 2022年，区人防办以习近平新时代中国特色社会主义思想为指导，坚决贯彻中共中央总书记习近平关于人民防空工作的重要指示要求，聚焦聚力人防主责主业，加强人民防空基础力量建设，落实人防工程维护管理，推进人防数字化改革，开展人防知识宣传，人防各项工作有序推进，完成全年各项任务。年内，区人防办获2022年度全市人民防空工作先进单位、数字化改革工作先进单位等荣誉。

【人防基础力量建设】 2022年，区人防办加强人民防空基础力量建设。4月，会同区人武部组织基干民兵与人民防空专业队伍到浙江工商大学人民武装学院开展为期4天的脱产训练。年内，全覆盖巡检全区防空警报器，确保警报完好率100%。针对警报覆盖盲区，开展防空警报器建设，防空警报覆盖率达到93%，有效提升防空袭预警报知能力。“5·12”“9·18”“12·6”等警报试鸣期间，鸣响率、统控率均达100%。

【人防工程维护管理】 2022年，区人防办全面落实战备指挥所常态化管理工作。在坚持维护管理有机构、有人员、有制度、有预案、有巡查、有值班、有台账、有考核“八有”标准的基础上，对照省人防指挥工程维护管理检查评价要求，对指挥工程主体结构及防护、防化各类设施设备开展自查自纠，落实专项资金，用于日常物业管理和设备改造升级，有效保障指挥工程良好战备状态。聘请第三方服务单位对人防工程开展全覆盖巡查，查处人防违法违规行为50多起，移交区综合行政执法局立案处罚1起；随机抽取全区8.2%防空地下室开展“双随机、一公开”专项行政执法检查，纠治人防违法违规行为20起，有效规范人防工程维护管理行为。构筑多方协同、齐抓共管人防工程监管新模式，搭建街道、社区、物业人防管理力量，将人防工程监管纳入“品质城区”建设内容，对街道进行专项考核，人防工程维护管理作为评价标准纳入到物业企业星级考核评定。

【人防数字化改革】 2022年，区人防办创新开发上城区人员疏散防护数字化系统，该系统以杭州市人防数字驾驶舱为依托，在归集人防工程、重要经济目标、人防警报等数据的基础上，结合城市人口的分布数据，利用模型与算法，生成精准、全面的人员疏散方案。在全市疏散演练中展示上城区数字化改革成果，获市领导肯定。推进人防工程档案数字化利用场景建设，对存量人防工程档案资料进行数字化梳理汇编，并在市人防工程全生命周期管理系统建立专项档案数据库，融合归集“浙里办‘民防码’”，构建“查询申请—后台审核—推送反馈”档案查询利用“一站式”服务，简化查档流程，提高人防工程查询利用效率。年内，开展《人防工程数据管理规范》省级标准编制工作，制定全省统一的人防工程信息数据管理标准，该规范通过专家评审，并完成省市场监督管理局省级标准立项，为全省数字化改革数据规范管理提供支撑。

【人防知识宣传】 2022年，区人防办结合“5·12”“9·18”等时间节点，多举措开展人民防空知识宣传，增强人民群众防空防灾和国防意识，提升人民防空知晓率。完成15个小区人员防护方案进小区、进楼道、进家庭工作。在50多所中小学开设人防知识课，全年受教育学生1.3万人。结合老旧小区改造，完成以“数字化、实景化”为特色的人防主题场所设施建设。

（章佰锋 骆文钦）

特色产业

数字经济产业

【概况】2022年，上城区深入实施“新制造业计划”和数字经济“一号工程”升级版，全面推进“未来工厂”建设，抢抓机遇、奋力争先，助力全区经济持续健康、平稳发展。全年数字经济核心产业增加值100亿元，比2021年增长29.9%，总量增加23亿元，增速居全市首位。数字经济核心产业占全区生产总值比重的3.9%，提高0.8个百分点。

【数字产业化】2022年，上城区制定《关于推动区域经济高质量发展加快建设一流国际化现代城区的若干意见》等数字经济产业政策，加大对大数据、云计算、人工智能等数字经济领域试点示范项目和首版次产品支持力度。杭州群核信息技术有限公司、浙江凌迪数字科技有限公司、杭州义益钛迪信息技术有限公司、杭州交联电力设计股份有限公司4家企业的软件产品被列入《2022年浙江省首版次软件产品应用推广指导目录》。完善人工智能、集成电路企业培育库，浙江双元科技股份有限公司“锂电池面密度监测系统”、浙江逊敦自动化设备有限公司“健康管理平台”等15个场景入选2022年杭州市重点建设人工智能应用场景清单。杭州安旭生物科技股份有限公司、杭州海兴电力科技股份有限公司、杭州楷知科技有限公司、杭州群核信息技术有限公司等数字经济重点企业实现快速增长。全区数字经济

杭州义益钛迪信息技术有限公司（摄于2022年）

（区发改经信局 供稿）

核心产业（限上）实现增加值82.8亿元，比2021年增长38%，占全区数字经济核心产业增加值的82.8%，拉动数字经济核心产业增加值29.6个百分点；数字经济核心产业（限上）营业收入296.42亿元，增长35.5%，增速居全市第1位。数字经济主导产业中电子信息制造业营业收入124.46亿元，增长65.6%，增速居全市第1位；信息软件业营业收入346.3亿元，增长32.1%，增速居全市第1位；电子商务业营业收入83.42亿元，增长16.5%。

【产业数字化】 2022年，上城区聚焦数字新基建赛道，强化产业融合发展。全年建设完成5G网络数字基站272个，完成目标任务的1.3倍，全区5G网络数字基站增至3202个，总数居全市第4位。加快推进工业互联网平台建设，蒲惠智造科技股份有限公司入选2022年度省级重点工业互联网平台，推荐杭州麦科斯韦网络科技有限公司、杭州四角菱信息技术有限公司申报省级工业互联网平台创建名单。引导杭州海兴电力科技股份有限公司、杭州群核信息技术有限公司向产业链级、行业级平台优化升级，持续迭代工业互联网平台。指导企业进行浙江省首版次软件产品应用推广指导目录申报工作，杭州群核信息技术有限公司的KOOLAI增强合成数据平台系统V1.0、浙江凌迪数字科技有限公司的Style3D数字服装建模软件V4.5.302、杭州义益钛迪信息技术有限公司的边缘智能网关数据采集模块软件V1.0、杭州交联电力设计股份有限公司的基于电气行业知识图谱的智能变配电站设计E-CAD系统V1.0列入《2022年浙江省首版次软件产品应用推广指导目录》，知轮（杭州）科技有限公司被评为浙江省第八批大数据应用示范企业。组织杭州华塑科技股份有限公司、杭州海兴电力科技股份有限公司等40多家企业参加“未来工厂”建设专题培训班及上城—拱墅数字赋能系列对接活动，深化数字赋能制造业转型。7月，9家企业入选杭州市“未来工厂”培育企业名单，其中，西子清洁能源装备制造股份有限公司入选“链主工厂”培育企业，浙江威星智能仪表股份有限公司、浙江高泰昊能科技有限公司等5家企业入选“数字化车间”培育企业，杭州高浪电子商务有限公司等3家企业入选“云端工厂”培育企业；12月，西子清洁能源装备制造股份有限公司等3家企业被评定为2022年杭州市“未来工厂”，其中，奥的斯机电电梯有限公司被认定为“智能工厂”，浙江威星智能仪表股份有限公司被认定为“数字化车间”。

杭州高浪电子商务有限公司大楼（摄于2022年） （区商务局 供稿）

【数字经济系统建设】 2022年，上城区贯彻省、市关于数字经济系统工作最新决策部署，加强数字经济系统建设。推动“尚小易”——限额以下公共资源交易电子监管系统建设，通过全领域动态监管、全流程电子化交易、全方位数据安全保障和全类型制度重塑，进一步提高交易效率，降低企业成本，有效激发市场主体活力。至年末，“尚小易”实现全区推广，全年成交金额10.59亿元，交易项目总数比2021年增长13.1%。“上城区限额以下公共资源交易制度体系”入选2022年度全省数字经济系统理论制度优秀成果，配套应用“尚小易”获2022年度全省数字经济系统最佳应用，制度、应用“双优秀”为全省交易领域唯一。“创联汇”平台作为企业服务中心，为企业提供“企业协同共享”“政策超市”“人才服务”“数字转型超市”等“一站式”服务。聚焦企业智能化改造过程中缺软件、缺技术、缺人才、缺案例、缺渠道、缺资金、缺生态等普遍性难点痛点，解决企业共性需求；解决惠企政策等服务资源难以精准服务、覆盖企业成长全生命周期等问题，助力优质企业培育壮大，提升园区企业办事效率。至年末，“创联汇”平台数字经济侧已入驻“浙里办”、数字经济门户首页及企业码上城专区；其政务侧入驻“浙政钉”工作台。

（毛　雯）

金融服务业

【概况】 2022年，上城区加强金融产业招商，优化营商环境，促进产业发展，提升服务质效，推进改革创新。推进改革创新，数字人民币应用实现重大突破，全区开通数字人民币对公钱包3.37万个，个人钱包16.51万个，应用场景线下有3.73万个、线上有7079个；举行“三圈三街”数字人民币促消费战略合作框架协议签约仪式，举办全省首次政府数字人民币红包体验活动。年内，上城区该项工作综合考评指标居全市第1位。至年末，上城区有地方金融组织50个、备案私募机构632家；聚集省级以上持牌机构总部150家。其中，全国总部机构15家，省级总部机构135家，总数占杭州市50%以上。150家机构总部中，有银行业总部机构29家、证券机构40家、期货机构24家、保险机构49家、信托机构2家、其他类6家。全区有小额贷款公司8家、典当行22家，其中新增小额贷款公司1家、典当行2家。全年全区新增投资类企业205家，其中新设企业177家、迁入企业28家。全年全区实现金融业增加值626.08亿元，比2021年增长5.3%，占全区地区生产总值的24.5%，对全区地区生产总值增长的贡献率达33.6%。

2022年6月2日，上城区“三圈三街”数字人民币促消费战略合作框架协议签约仪式举行　（区商务局 供稿）

【全省首次政府数字人民币红包体验活动】 2022年6月18日至7月2日，上城区与中国工商银行杭州分行举办全省首次政府数字人民币红包体验活动。活动旨在提升上城居民和在杭州市民对数字人民币的知晓度、接受度，发挥数字人民币服务民生、促进消费的优势作用。全区12家单位配合，联动湖滨商圈百货、汽车、家电、超市、餐饮等近400家企业，全方位保障数字人民币体验活动顺利举行。与中国工商银行杭州分行合作智能合约开发、定制和测试，提高红包使用效率与便利性。运用微信、微博、抖音等融媒体宣传活动，吸引12万人报名参加。活动通过“数字人民币红包助手”微信小程序，分4轮发放数字人民币红包2万个，每轮次平均用时4秒发放5000个红包，每轮次平均5万人以上在线抢。活动发放数字人民币消费红包200万元，其中188元红包2400个、88元红包17600个，可在湖滨商圈近400家商户无“门槛”使用。

【“金融港湾慈善基金”慈善信托落户上城区】 2022年8月8日，全国首个金融机构发起设立、以建设共同富裕示范区为目的的“金融港湾慈善基金”慈善信托落户上城区。该信托设立后，实现慈善信托资金量和备案量、慈善信托区域和领域覆盖面全面领跑，以年度8000万元信托任务，推动全市域慈善信托均衡发展。在该基础上，积极争取省级部门支持，通过慈善组织、信托公司双受托，运用“母—子基金”结构，由专业团队运营，为捐赠人提供定制化服务，灵活设置慈善项目，创新探索慈善信托参与共同富裕建设的有效模式。该基金由钱塘江金融港湾核心区（上城）发展联盟发起，由杭州工商信托股份有限公司和浙江省慈善联合总会共同作为受托人。浙商证券、浙商银行、杭州银行、宁波银行、杭州联合银行、杭州市金融投资集团、浙江金融资产交易中心、南华期货、华侨基金、杭州工商信托等10家金融机构一期捐赠1100万元，重点投向浙江省山区26县共富慈善项目，通过举办战略合作签约仪式，辅以金融知识现场培训等，助力县域经济高质量发展。成立仪式上，区民政局启动安居守护、智护未来、“善小二”3个民生共富项目，重点对困难老年人居家安养进行实时监测和排险，加大对未成年人特殊群体的心理疏导关怀力度，加强社会慈善氛围培养。

【金融产业招商】 2022年3月，上城区成立区金融招商工作专班统筹推进招商引资工作。专班锚定持牌类金融机构、私募类金融机构、投资总部类机构、金融科技企业4条赛道，统筹推进全区金融项目招引。全年新增出资额10亿元以上股权投资基金8支；引进省级以上持牌金融机构总部12家，落地浙江农村商业联合银行股份有限公司总部、三峡集团浙江能源投资有限公司等项目。至年末，全区有省级以上持牌金融机构150家，占全市总数的50%以上，备案私募机构632家，占全市总数的40%以上、全省的30%以上。

【金融发展生态】 2021年12月31日，省地方金融监管局发布《钱塘江金融港湾发展实施计划（2021—2025）》，将西起玉皇山南基金小镇、东至钱江新城二期范围全部纳入核心区范围，上城区成为核心区面积最大的城区。2022年，先后举办钱塘江金融港湾核心区（上城）发展联盟大会、全省上市公司政策“微课堂”、新财富券商研究年会、私募投资基金合规发展论坛等活动，金融发展生态持续向好。

【企业上市服务】 2022年，上城区完成兑付2021年市、区两级“凤凰行动”计划补助资金3650万元。年内，区金融办联合区级部门及专业机构走访各类拟上市企业20多家次，为企业在上市路径规划、上市架构搭建、政策解读等方面提供专业服务，并帮助企业协调融资贷款、人才招引等问题。全年新增浙江豪微科技有限公司、杭州巨星科技股份有限公司2家上市企业。至年末，全区有上市企业37家，其中境内上市30家、境外上市7家，已审待批3家、已报待审2家、辅导企业5家。全区上市公司总量居全市第2位。

【金融人才生态优化】 2022年，上城区认定2021年度上城区金融人才630人。积极发动辖区金融机构摸排省级引才计划申报人选21人，成功指导4人进入专家评审环节；摸排“西湖明珠工程”市级引才计划17人，并指导完成申报。4月14日，区金融办联合区人才办公室、区人力社保局举办上城区金融人才专场云聘会，推出优质岗位4500多个，接受岗位咨询服务1.2万条，线上投递简历6000多份，赋能辖区企业引才、用才。

【金融服务实体纾困】 2022年，上城区加大对中小微企业、个体工商户的金融支持力度。全年兑现上城区高端服务业产业政策等扶持政策7000多万元，惠及企业58家次、个人282人次。持续深化融资畅通工程，联合中国工商银行、中国农业银行等11家银行提供总额度200亿元的优惠信贷支持，惠及全区小微企业和个体工商户4000多家。对接辖区主要创投机构筹措各类股权投资基金100亿元，支持实体经济创新发展；加大政府性融资担保机构降费让利力度，鼓励支持扩大实体经济领域小微企业的融资担保业务规模，实现政府性融资担保体系平均担保费率降至0.8%以下，有效降低中小企业融资担保成本。

（戴治夫）

文化产业

【概况】 2022年，上城文化产业工作贯彻中共二十大和省、市党代会及区委一届二次全会精神，围绕“狠抓宋韵文化、狠抓都市经济”目标，以之江文化产业带“两极”（上城、九乔）为驱动引擎，强化产业引育，做亮产业特色，打响产业品牌，推动全区文化产业发展提质增效，具有鲜明宋韵印记的现代文化产业体系日趋完善。南宋德寿宫遗址博物馆、东方电子商务园数字时尚产业加速中心等一批重大项目建成开放。杭州创意设计中心、凤凰山南影视文化街区等10个园区（街区）入选市级文化产业园区（街区），入选数量居全市前列。电视剧《运河边的人们》在中央广播电视总台综合频道、浙江卫视黄金时段开播，收视率居全国同期第1位，《富春山居》《热烈》《阳明传》等一批“上城区产”影视精品持续创作、制作。全年文化产业增加值74.2亿元，比2021年增长6%。

【文化产业引育】 2022年，上城区推深、做实文化产业引育工作，实施全区文化产业链大招商机制，聚焦数字内容、影视制作、创意设计、现代演艺等优势主导行业，联动相关部门及街道、平台，以专题招商、以商引商、嵌入式招商等形式，吸纳优质文化企业落户上城。全年开展主题招商、洽谈40多次，新引进（注册）各类文化企业近1000家，其中注册资金100万元以上200多家，促成杭州光海科技有限公司、杭州乐刻体育管理有限公司等特色项目深度接洽，推动曲江文化产业发展（杭州）有限公司、杭州逆思维创意设计有限公司等重点项目落地运维。根据全区文创企业结构、产业分类定位，推进指导培育、为企服务工作，毛戈平化妆品股份有限公司、杭州群核信息技术有限公司等19家企业入选市重点文化企业（数字文化示范企业）、成长型文化企业，大型沉浸式体验展“新桃花源记·纪”、面向文旅产业数字藏品智能设计与定制平台研发及产业化等4个项目入选市区域性重点扶持项目，兑付各级产业扶持资金857.98万元。

【东方电子商务园数字时尚产业加速中心建成】 2022年1月，东方电子商务园数字时尚产业加速中心完成竣工验收。该项目位于上城区九盛路9号，系杭州市重点文化产业园区东方电子商务园改扩建的二期项目，总投资3.2亿元，建筑面积4.5万平方米，项目于2019年5月正式启动。东方电子商务园数字时尚产业加速中心聚焦“数字时尚”，锚定“新文创、新消费、新媒体”三大赛道，着力打造文化、数字经济、时尚三大产业相互叠加赋能的产业生态圈，推动产城融合，加快九乔数字时尚产业组团建设，助力上城“文化产业数字化、数字文化产业化”建设。年内，该中心入选2022年度市文化创意专项资金区域性重点文化产业扶持项目，中心所在园区被认定为2021—2022年度杭州市文化产业园区。

【幸福·横塘里文创园项目建设】 幸福·横塘里文创园项目位于笕桥街道横塘村一区（云家井与同协路交叉口西南100米处），由泰豪集团有限公司旗下轻资产运营公司浙江恒泰文化创意产业发展有限责任公司投建运维，总建筑面积7万平方米，占地面积18万平方米，其中农田面积2万平方米、独幢居民楼面积2万平方米（49幢）、厂房面积5万平方米，总投资额5亿元。项目依托千年横塘历史底蕴及区块内濒水、农田、花园式独栋建筑等特色资源，围绕“文化+生活+产业”功能布局，打造以数字文创为主导产业的文化体验区。3月，该项目启动施工。年内，完成49幢居民房安全检测，以及园区内部围墙改造、外立面整治、前庭后院及绿化增设、月亮潭增设、垃圾场绿化改造、连廊修建等工作，并融入宋韵文化点布置、福济寺宗教文化活动策划、大官园设置、胡世宁公园雕塑石碑设计制作、亚运元素篮球场设计等，同步开展产业招商。

（伍乐健）

2022年8月18—22日，2022年杭州国际工艺周在杭州创意设计中心举行

（区委宣传部 供稿）

【2022年杭州国际工艺周】 2022年8月18—22日，由区委、区政府、市文化创意产业发展中心主办的2022年杭州国际工艺周在杭州创意设计中心举行。活动以“不纸于此”为主题，以中国古代四大发明之一的“纸”为载体，响应绿色低碳的办展倡议，采用可循环利用的全纸搭建形式，从非遗传承到创新设计，从宋韵古风到亚运文化，突出互动体验，展示纸在设计和创意领域的无限可能。活动吸引来自10个国家的60多家文化创意企业的3000件作品参展，举办现场活动21场，参观近2万人次，意向及现场成交额超过1500万元。

【电视剧《运河边的人们》开播】 2022年8月1日，首部以大运河为背景的长篇现实题材电视剧《运河边的人们》在中央广播电视总台综合频道黄金时间播出。该剧由中央广播电视总台、省委宣传部、浙江省文化产业投资集团有限公司、浙文影业集团股份有限公司出品。《运河边的人们》以当代大运河某流域为舞台背景，通过治理河道污染、保护生态环境、传承历史文化、完成世界“申遗”、打造大运河旅游金名片、树立城乡共同富裕样板等事件，多维度讲述新时代运河边的人们踏上建设社会主义现代化新征程的故事，并展现历史和民俗文化、地域及饮食文化、服饰文化、漕运文化等运河文化内涵。

【电影《证明》全国公映】2022年9月2日，由杭州博庆隽业影视文化有限公司出品的战争动作剧情电影《证明》在全国院线公映。该片时长92分钟，讲述关于革命与传承、新生与成长的故事，通过电影力量、视听语言魅力，还原抗日战争时期进步青年为理想和抱负，积极跟随老共产党人的脚步，投身爱国救亡运动，在战火中奔赴延安，与日本侵略者抗争的真实历史故事，表现中国共产党人的大无畏气概和勇于献身的崇高精神。

【电视剧《冬与狮》开机】2022年12月29日，由浙文影业集团股份有限公司出品的近代军旅电视剧《冬与狮》开机拍摄。该剧讲述抗美援朝期间，志愿军某部连长伍千里与指导员梅生带领钢七连战士不畏牺牲、勇敢作战、克服困难、战胜敌人的故事，桀骜不驯的新兵伍万里在浴血奋战中受战友感召，成长为坚强的优秀士兵，展现中国共产党领导下的抗美援朝精神、国际主义精神。该剧于6月入选杭州市文艺精品工程扶持项目，于12月入选浙江省文艺发展基金扶持项目。

【电影《热烈》开机】2022年5月27日，由儒意影业（杭州）有限公司出品的亚运主题电影《热烈》开机拍摄。《热烈》作为杭州第19届亚运会官方授权电影，承担传递亚运精神、为观众带来激励与情感共鸣的重要作用。影片从点到面展现亚运精神、街舞生态，推动正能量运动从圈层向全民运动发展，同时向观众展示街舞成为一项被年轻人赋予新的精神韵味的竞技项目。

【电视剧《富春山居》开机】2022年5月12日，由浙江睿宸影视制作有限公司出品的乡村振兴题材电视剧《富春山居》开机拍摄。《富春山居》以“乡村振兴”和“共同富裕”为主旨，围绕中共中央总书记习近平“绿水青山就是金山银山”的理念展开，讲述海归硕士许嘉富怀揣对家乡土地的热爱之情，带领村民走上乡村振兴之路，逐渐把许家大塘村变成黄公望笔下那令人向往的地方，最终在这片土地上收获事业和爱情的故事，展现富阳的山明水秀和生态宜居。该剧于6月入选杭州市文艺精品工程重点扶持项目，于12月入选浙江省文艺发展基金扶持项目。

【纪录片《定风波》开机】2022年12月15日，由浙江省文化产业投资集团有限公司和中央广播电视总台影视剧纪录片中心共同打造的大型历史人文纪录片《定风波》开机拍摄。纪录片以苏东坡在杭州的故事经历为主线，从生平事件、思想意识、生活趣闻着手，围绕诗文、书画、美食、旅游、民生等主题，多维度描绘苏东坡的精神世界，深入解读苏东坡的当代价值，并通过苏东坡展现宋代美学思想，全方位展现宋代生活领域的物质之韵、生产技术领域的匠心之韵、学术思想领域的思辨之韵、文化艺术领域的审美之韵等，在宋韵之美中展现民族气质、诠释中国精神、彰显文化自信，打造浙江历史文化金名片。6月，该纪录片入选国家广播电视总局“十四五”纪录片重点选题规划和杭州市文艺精品工程重点扶持项目。

【越剧曲目《钱塘里》首演】2022年5月20日，由区委宣传部联合浙江小百花越剧院创作出品的首部现实题材越剧曲目《钱塘里》在浙江小百花越剧院蝴蝶剧场首演。《钱塘里》由谢丽泓编剧，王延松执导，李霄雯、李云霄、周艳等主演，是一部“以人民为中心创作导向”的现实题材作品，以小见大，在偶然中见必然，反映百姓生活气息中的善之美、爱之美，弘扬杭州向上向善的城市精神，富有浓郁杭州地域特色和城市文化标识度。演出分6个篇章，时长130分钟。该剧以身边即故事的形式，让观众看到自己在舞台上的形象、中华美德善良的力量、杭州人文的精神传递，以及契合浙江精神的共同富裕图景。

（丁剑宇）

现代商贸服务业

【概况】 2022年，上城区锚定“数智时尚消费第一区”目标定位，坚持以扩大内需为战略基点，以构建共同富裕美好生活为导向，加快完善促进消费体制机制，推进消费提质扩容。发展“四首经济”“四美经济”，引进花西子等品牌首店、旗舰店80多家，引进和培育Tomacado花厨、添好运等餐饮首店34家，其中全国首店4家、华东首店2家、浙江首店12家、杭州首店16家。指导杭州康莱德酒店、杭州君悦酒店等4家餐饮企业入选2022年黑珍珠星级餐厅名单。举办全国家电消费季、“浙里来消费·金秋购物节”等促消费活动。打造共富基本单元“15分钟便民生活圈”，获国家、省级认定社区商业项目2个，市级培育项目8个；入选杭州市首批便民生活圈建设企业11家，数量居全市第1位。全年全区实现社会消费品零售总额1073.1亿元，比2021年增长8.8%，高于全市平均增速3个百分点，社会消费品零售总额突破千亿元大关。运河·映巷影视文化商业特色街获评市级商业特色街。湖滨商圈、吴山商圈、钱江新城三大商圈入选首批杭州市夜间经济集聚示范区，实现营业收入287.9亿元，增长5.8%。优化数字生活新服务，财通直播文化产业园获评第二批省级直播电商基地；丁兰街道获第二批市级创建公示，进入第二批省级创建公示；杭州抖音电商直播基地建设运营项目入围2022年度数字生活新服务高质量发展项目。

【“云上四季青”纾困行动】 2022年4月20日，上城区在四季青服装特色街区举行“云上四季青”纾困行动发布会，启动为期3个月的纾困行动。通过“政策礼包”助力纾困解难、“云上带货”拓展渠道销路、“多方聚力”打响街区品牌三方面举措，帮助街区商户渡过经营难关、增强信心、恢复活力，促进经济平稳健康发展。从线上卖货和线下引客两个维度着力，线上组织各大电商平台、机构，通过直播带货形式帮助街区商户去库存，提升街区品牌形象，探索高质量发展新路径。工会、妇联、工商联等群团组织发挥资源优势和桥梁纽带作用，帮助企业纾解经营困难。组织相关

2022年8月8日，全国家电消费季活动在南宋御街启动

（区商务局 供稿）

专业培训3场，四季青服装特色街区参与商户220人次；为经营户减免租金4.77亿元；开展直播300多场，帮助困难经营户带货量超过56万件，销售额1.5亿元。根据省政府办公厅《关于进一步减负纾困助力中小微企业发展的若干意见》，组织参与“云上四季青”纾困行动的杭州四季青网络科技有限公司、杭州常青网络科技有限公司、杭州选品星科技有限公司等企业进行申报，共计奖励或补贴83万余元。

【运河·映巷影视文化商业特色街获评市级商业特色街】2022年，运河·映巷影视文化商业特色街区一期、二期总长度400米，商业面积2.4万平方米，酒店面积约4000平方米、写字楼面积2.3万平方米。街区入驻特色新零售商户50家，汇聚蓝·All blue、寻味江南等特色餐饮，运河大船剧场、典酷沉浸式艺术空间等沉浸式互动剧场，杭书房等艺术教育及锐龙香堂等非遗项目。11月3日，运河·映巷影视文化商业特色街入选市级商业特色街。全年该特色街销售额6100万元，客流165万人次。

【上城区i尚城·数智生活节】2022年6月2日，由市政府、省商务厅指导，区政府、市商务局主办，区商务局、区文广旅体局、区金融办、湖滨街道、上城国投集团共同承办的“宋韵生活、时尚消费”——上城区i尚城·数智生活节在湖滨步行街举行。活动中，推出新一轮促消费举措，发放500万元电子消费券，联合湖滨银泰in77、万象城等100多家企业和商家，投放超过1亿元的惠民大礼包（含消费券、促消费优惠等），助力经济稳进提质。联动全区商圈企业、代表品牌共同参与，推出万象城焕新家居节、龙湖丁桥天街66天街欢抢节等促消费活动；湖滨步行街与清河坊步行街双街联动，举办“初夏·挚爱不离”消费季，其中“大咖来了·咖啡生活节”活动5天售出咖啡1万余杯，营业额近130万元。数智生活节消费券发放一周内，使用消费券142万元，参加满减单数4.93万单，直接撬动消费550万元。

【促消费活动】2022年，上城区贯彻落实中央和省、市关于消费促进工作部署，开展一系列促消费活动。8月8日，由商务部、省政府主办，省商务厅、区政府承办的2022年全国家电消费季启动仪式在南宋御街举行。上城区同步开展杭州解百家电消费月、杭州万象城数码节等配套活动。7月7—17日，举办“杭品集”主题活动，评选出南宋书房、胡庆余堂等十大宋韵文化消费地及西泠文创的“纸上云山”、知味观的“绿码定胜糕”等十大“宋韵上品”活力老字号新产品，提高老字号企业知名度。搭建消费平台，加强主题式促消费活动策划，紧扣七夕、中秋、国庆等节庆节点，举办“上城24节气咖啡日”等大型系列活动。优化汽车消费环境，推出3轮汽车消费补贴4000万元，支持新能源汽车发展。全年全区汽车行业实现社会消费品零售总额257.3亿元，比2021年增长73.7%。其中，新能源汽车实现社会消费品零售总额113.4亿元，增长266%。

【“浙里来消费·金秋购物节”】2022年9月16—18日，由省商务厅、省农业农村厅、省文化和旅游厅等联合主办，区政府、浙江省商业联合会、浙江省餐饮协会等单位共同承办的“浙里来消费·金秋购物节”举行。活动主会场推出“浙优国潮”“浙味食韵”“浙丽风尚”“浙样浪漫”“浙享文体”“浙礼康乐”“浙里共富”“浙数未来”八大主题体验，组织北京、天津、山东等20多家省、市的老字号和杭州市农发集团、兴合集团资产经营公司、苏宁易购、顺联动力等400家企业参与，汇聚全国老字号、中西美食、山区26县优质农产品等1万余件商品展出，打造“一站式”购物消费场景。活动期间，湖滨步行街接待客流总量42.96万人次，比2021年增长46.4%，客流峰值达到3.86万人。其中，“浙数未来”体验馆的“金秋直播看浙里”7场直播活动点赞数176万次。“浙优国潮”体验馆现场实现销售额3000万元，签订意向订单近2亿元。

（范雨行）

【社区商业建设】 2022年，区商务局推进社区商业建设，获评国家、省级认定社区商业项目2个、市级培育项目8个。打造共富基本单元“15分钟便民生活圈”，“邻居中心元宝塘店”入选首届国家社区便民服务中心，“杨柳郡·好街”被评为国家精品街区生活服务集聚中心。指导杭州市邻居中心管理股份有限公司、浙江绿城理想生活商业运营服务有限公司等11家企业入选杭州市首批便民生活圈建设企业名单，数量居全市第1位。“发展社区商业，激发消费活力，助力共同富裕基本单元建设”课题入选杭州市争当浙江高质量发展建设共同富裕示范区城市范例理论课题“赛马”优秀名单。

【预付卡数字化监管】 2022年，区委政法委、区商务局共同推进预付卡监管服务平台“e付保”建设。作为上城区“社会矛盾风险防范化解”的五大子场景之一，“e付保”由预付卡监管模块、商户营销模块、消费者购卡模块、预付卡纠纷化解模块四部分组成，实现政府监管可协同、商家发卡可溯源、消费者投诉可回应。上城区在浙江省社会治理重大应用贯通推广会上进行经验交流，上城区“社会矛盾风险防范化解”入选浙江省数字法治系统“一本账S_3”，预付卡监管服务平台“e付保”入选杭州市“一区一特色”信用应用场景试点。

（方志豪）

【广宇贸易板块】 2022年，广宇集团股份有限公司控股子公司一石巨鑫有限公司继续坚持“稳健经营，稳步发展”的经营理念，克服大宗商品价格巨幅波动的影响，创新业务，深耕市场，增强客户黏度和服务能力，实现业务稳步增长。公司锻炼出一支吃苦耐劳、勇于挑战的业务团队，积极探索贸工结合模式，开拓粮食产业链延伸的实践，成立新疆禾鑫农业科技有限公司，从土地获取到选育品种、农机、化肥、资金、人员、培育、收割，实行一体化运作，收获第一年6万亩（4000万平方米）玉米种植的成绩。公司坚持风险控制，加强存货管理，时刻做到“五盯”，即盯紧业务进展、盯紧客户动态、盯紧市场变化、盯紧价格风险、盯紧资金安全，确保可持续发展。

（李　薇）

休闲旅游业

【概况】 2022年，上城区围绕建设宋韵文化新高地重点目标，统筹抓好新冠疫情防控和旅游发展，推进文旅产业融合发展、文旅消费市场复苏等重点工作，有效推动辖区旅游业高质量发展。全年全区接待游客超过5000万人次，旅游休闲产业增加值154亿元，占全区生产总值的6%。年内，清河坊历史街区获评首批国家级旅游休闲街区。湖滨、清波、南星3个街道创建为AAAA级景区街道，紫阳、丁兰2个街道创建为AAA级景区街道。浙江省中国旅行社集团有限公司、杭州万事利丝绸文化股份有限公司、思美传媒股份有限公司入选全省第一批文化和旅游领域领军企业名单；杭州市职工国际旅行社、浙江嘉诺会展有限公司入选新锐企业名单。皋亭山景区、杭州中豪大酒店、浙江梅地亚宾馆、杭州中维香溢大酒店、杭州绿城尊蓝钱江豪华精选酒店获评杭州市无障碍旅游服务示范单位。

【文旅产业发展】 2022年，上城区推进文旅产业发展。重大文旅投资项目入库全国文旅项目管理系统43个，全年实际完成投资约80亿元，年度投资完成率100%；“微改造、精提升”项目入库66个，实际完成投资2.53亿元，投资完成率和问题整改率均100%。新侨·有意思书房等30个项目入选省旅游业“微改造、精提升”示范点。创建杭州市首批“i杭州（景芳）文旅服务中心”，启用“i杭州（景芳社区）数智文旅平台”，运营“i杭州文旅小铺（小柜）”，创立“芳邻”文化品牌，开通“桐上共富”深澳游线。举办文旅交流活动，开展文旅交流座谈会2次，组织文旅走亲活动4场，吸引市民游客1万余人次。与四川雅江县合作设立“上·雅乡村旅游培训基地”，并在该基地开展公益专题培训2期。

【旅游消费促进】 2022年，上城区推出一系列举措促进旅游消费。发放新春、金秋文旅消费券5万余张，拉动消费1000万余元。推进助企惠民服务政策稳步落地，发放旅游业专项扶持资金1000万元，针对稳才、稳岗和稳业3个方面惠及旅游业企业154家、旅游从业人员4000多人，促进旅游业复苏。其中，浙江省中国旅行社集团有限公司肯定上城区纾困助企政策内容的信息文章被《人民日报》以《助力服务业解困局增信心》为题报道。

【文旅产业融合深化】 2022年，上城区深化文旅产业融合。首创宋韵金牌导游品牌，举办“宋韵TALK·我最‘上乘’”上城区首届宋韵金牌导游大赛。通过风采展示、专业知识、即兴问答等传统项目，以及旅游短视频制作、旅游线路策划等考验新时代下宋韵导游的创新能力展示，最终评选区金牌导游10人。制作推出“宋韵十二时辰”系列作品，文旅主题宣传片《宋韵十二时辰》及《德寿宫VR灯光秀》《华灯夜宴》等文旅短视频线上推广获100万余次点赞。创新打造“寻宋记”游线品牌，推出各类旅游线路20多条，组织开展研学、体验、走读活动150多场，参与游客1万余人。配合市文化广电旅游局开展“2022文旅市集·宋韵杭州奇妙夜”活动，辖区16家商户、企业以参展、特展、分会场、嘉年华、云集市等形式参与活动。其中，上城区企业入驻“潮”奇妙云市集的雅集、茶、家具、戏台等8个板块，参与企业数量占全市1/3。该活动吸引线下参观市民游客28.6万人次，线上观看云直播1050万人次，线上、线下商户销售额4111.3万元，活动媒体总曝光量达5亿次。

（龚靖文）

【皋亭山景区建设】 2022年，上城区全面提升皋亭山景区建设。3月，皋亭山景区将游客中心、千桃园东、千桃园西3个停车场打造成智慧化停车场，接入微信扫码、支付宝扫码、离场无感支付功能及无人呼叫系统。4月，对皋亭山宋韵文化馆内的展陈和布景进行重装升级，将原来单一的展陈空间打造成集场景展示、互动体验、雅集陈列于一体的多功能宋韵空间。改造提升后，皋亭山宋韵文化馆在展示南宋始末与皋亭、运河古道与皋亭、两宋名人与皋亭、皋亭山佛道文化、皋亭山慈善文化、皋亭山民俗文化、皋亭山郊野文化7个场景的基础上，增加体现南宋时期文人雅韵“点茶、插花、雅乐、对弈”四大雅事的展陈布置，提升游客互动体验的参与度，成为游客“游皋亭，寻宋韵”的精品旅游景点。6月，提升改造千桃园游客出入口，在千桃园主入口和东侧入口设置智慧化入园闸机通道，游客使用支付宝小程序实现在线预约入园。6月11日，皋亭山景区入选上城区职工疗休养基地。7月7日，皋亭山景区入选上城区十大宋韵文化消费地。9月，千桃园引进首个国风露营地——“桃缘坊”国风茶寮。10月，景区天石路南侧地块引进集户外烧烤餐饮、户外体育运动、亲子休闲、主题团建等功能于一体的“杭州考拉营地”。11月18日，在“读城杭州‘五色行’闭幕式暨‘i杭州文旅赋能结对共富’成果展”活动中，皋亭山景区游客中心获“i杭州文旅示范咨询点”荣誉奖牌。12月，皋亭山景区宋韵文化馆入选为宋韵杭式生活体验点。全年皋亭山景区入园53.52万人次（含景区“农家乐”餐饮消费群体）。其中，政务接待123批、3600人次；普通团队接待193批（含国学教育6批）、5500人次。景区内杭州孝道文化馆参观人数4.7万人次，其中“第二课堂”个人刷卡3076人次、集体刷卡5049人次。景区全年举办活动10场，参与活动人数7.2万人次，其中第9届观桃节期间接待游客13.4万人次。

【皋亭山宋韵主题活动】 2022年，皋亭山景区围绕宋韵主题，举办各类主题活动。9月，皋亭山景区结合灯光、美食、市集等业态，开展“焕彩皋亭”“奇趣皋亭”“风雅皋亭”主题活动，结合古风宋韵、太空漫游、梦幻世界等场景，对景区的场景及树木进行亮化，使园区布景生动呈现、游客全程沉浸式

皋城村（摄于2022年）　（区发改经信局 供稿）

体验，感受夜皋亭的流光溢彩，多元化展现皋亭特色文化。9月24日，“抗论皋亭”首届皋亭山国风运动会在千桃园举行，组织小朋友参与蹴鞠、射箭、投壶、沙包等国风竞技运动。10月4日，举办“野享皋飞”纸鸢节，游客体验手绘纸鸢，放飞祈福。10月22日，举办“钱氏今生”宋韵主题游园活动，邀请市民、游客体验围棋、插花、书法，展示古风手作，组织古装游园会，向游客介绍钱缪、文天祥等与皋亭山有渊源的历史人物。

（余丽燕 徐士信）

健康服务业

【概况】 2022年，上城区以区“十四五”规划为蓝图，聚焦医药产业、医疗服务、健康管理等方向，推动健康产业持续发展。全年健康产业增加值达299.19亿元，比2021年增长15.2%。浙江大学医学院附属第一医院研发测试检测平台等重点实验室向区内企业开放，并辐射至杭州全域范围，对接服务杭州虎贲生物医疗有限公司等4家健康类企业，收入38.09万元。开展上城区首届“金靴奔跑”创新创业大赛，引进生命健康领域海内外高层次创业人才，组织生物医药行业领域专家对项目进行把关，为集聚高端生命健康领域人才夯实基础。上城区健康服务与大数据产业创新服务综合体汇集科技人员857人。其中，国家级高层次人才3人，“鲲鹏计划”入选者1人，硕士及中级职称以上人才595人，占比69.4%。

【健康服务产业集聚】 2022年末，上城区集聚规模以上大健康产业企业782家，基

杭州彩虹鱼康复护理院（摄于2022年）　（区发改经信局 供稿）

本形成全景式产业链和四大产业集群。四大产业集群即以杭州安旭生物科技股份有限公司、杭州安誉生物科技股份有限公司、杭州远大生物制药有限公司为龙头的生物医药产业集群，以“优健康”App、杭州联众医疗科技股份有限公司、杭州云在信息科技有限公司等为代表的健康医疗大数据分析和应用产业集群，以浙江大学医学院附属邵逸夫医院国际医疗中心、杭州彩虹鱼康复护理院、杭州广宇健康管理有限公司等为代表的健康管理产业集群，以五柳巷中医街为核心，胡庆余堂、方回春堂、万承志堂等为代表的中医药产业集群。回音必集团有限公司在创新药物的研发生产等方面取得原创性、突破性进展，硝酸异山梨酯氯化钠注射液、胞磷胆碱钠葡萄糖注射液进入国家基本药物目录，全年营业收入104亿元。国药集团浙江医疗器材有限公司营业收入6.77亿万元，比2021年增长1.65倍。浙江瑞海思智慧医疗科技有限公司获上城区“金靴奔跑”创新创业大赛C类项目，与舟山普陀人民医院、余姚人民医院、浙江大学医学院附属口腔医院等7家公立医院签署战略合作协议，主要合作方式包括医疗服务共同体内部上下级之间的相互技术支持、双向转诊、基层医院的联合门诊，超声诊断、特殊创面管理等远程医疗项目；申报科技部重点研发项目，年内，项目处于课题预实验中，开始编写项目申报书。全年杭州市第三人民医院有5名员工被评为杭州市D类人才。

（孔烁燕）

【娃哈哈集团大健康产业推进】 杭州娃哈哈集团有限公司以“健康你我他，欢乐千万家”为企业宗旨，布局发展大健康产业，公司战略从“安全”转向“健康”、从“自动化”转向“智能化”，倡导更健康的生活饮食理念，满足群众健康需求。公司于1993年成立企业技术中心，2006年被认定为国家级企业技术中心。该中心下设食品研究院、健康研究院、中医食疗研究院、机电研究院、机械工程中心等，通过引进和培养人才，形成以高级科学家、高级工程师为学科带头人，以博士、硕士为核心骨干，具备优秀专业技术能力的科研团队。2009年，公司设立生物工程研究所，成立博士后工作站，组建硕博研究团队，依托中医食疗和现代医药理论、生物工程技术和现代绿色提取技术，专门开发功能性食品和健康原料。该研究所致力于保健食品和功能食品的开发，益生菌、发酵剂等菌种资源的研究，天然功能性原料和生物工程酶制剂的研究与开发等。在菌种研究方面，建立菌种资源库、益生菌筛选平台和发酵性能研究平台；在功能食品开发和天然产物研究方面，建立保健食品的功能评价平台和中医药天然产物原料研究平台。公司投资12.56亿元在钱塘新区建成占地面积14.67万平方米的大健康产业基地，建立年产量50吨的智能化菌种益生菌生产线、超临界萃取软胶囊生产线、双通道片剂智能生产线、多功能固体饮料生产线和绿色提取口服液生产线等大健康产品生产线。至2022年末，公司生产中医食疗系列、滋补养生系列、体重管理系列、营养补充剂系列、美丽容颜系列、益生菌系列等大健康产品近100种，涉及增强免疫力、缓解体力疲劳、心血管保护、体重管理、肠胃调节、骨骼关节健康、美容护肤、保肝护肝、视力健康等健康功能。

（田芳容）

【广宇“健康家”产品体系优化】 2022年，广宇集团股份有限公司推进健康产业发展，优化广宇“健康家”产品体系。推进广宇优居、乐活、颐养、睦邻的“健康家”计划，构筑优居生活氛围，营造健康场景，优化全景医学护家护理，将康养软硬件嵌入社区，普及日间照护养老社区建设，为工薪族长者提供高品质养老服务。坚守筑家根本，从科学规划、绿色生活、人性关怀等角度全方位提升业主生活品质。公司控股子公司杭州广宇安诺实业集团股份有限公司（简称广宇安诺公司）在适老化改造及养老辅具销售服务、智库培训服务及康养服务领域，为满足老年人各种养老需求，提供全方位服务，打造“无边界”养老院。全年广宇安诺公司实现养老服务业务营业收入3106.56万元。坚持为民生做实事初心，参与认知症专区样板打造和标准编制。全年完成认知症专区改造70多个，床位1200多张，成为全省认知症专区的主要建设者。明确以服务家庭适老化改造和辅具销售为核心的业务内容，调整组织架构及团队建设，构建3个“安诺长者生活馆”，以养老咨询师服务为目的，实行线上和线下全平台服务模式。年内，广宇安诺公司组织全省20个县（市、区）开展认知障碍专区照护专员技能培训和适老化与养老辅具指导师培训。广宇安诺公司旗下第一个医康养综合体——安诺新程国际颐养中心于第四季度进入二次装修阶段。年内，该中心完成项目定位，开始品牌建设，并积极对接医院资源，建立深入合作基础。

（李　薇）

工 业

综 述

【工业经济稳进提质】 2022年，上城区以“畅循环稳工业”和“稳企业强主体”两大攻坚行动为主抓手，深化经济稳进提质，加快新旧动能转换。全年全区规模以上工业总产值1056.39亿元，比2021年增长10.3%。规模以上工业增加值479.84亿元，增长3.0%，增加值、增速均居主城区首位；规模以上工业销售产值1044.16亿元，增长9.2%；高新技术产业增加值84.42亿元，增长3%；装备制造业增加值51.66亿元，下降9.9%；战略性新兴产业增加值55.7亿元，增长21.1%。全年完成制造业投资8.9亿元，增长47.6%，排名全市第二。

【规模以上工业企业】 2022年，上城区有规模以上工业企业97家，有企业技术中心45个，其中国家级3个、省级15个、市级27个。全年实现总产值479.84亿元，比2021年增长3%。规模以上工业销售产值1044.16亿元，增长9.2%。其中，出口交货值84.14亿元，增长90.8%。全区规模以上工业利润总额120.60亿元，增长36.3%；利税总额426.07亿元，增长13.1%。上城区实施“腾笼换鸟、凤凰涅槃”攻坚行动，贯彻实施“新制造业计划”，强化中小企业梯队培育，引导企业深耕行业细分领域，走专精特新专业化和高质量发展道路。至年末，浙江海明实业有限公司等124家企业被评为创新型中小企业；蒲惠智造科技股份有限公司、杭州博达伟业公共安全技术股份有限公司、杭州安誉科技有限公司、杭州亿恒科技有限公司等21家企业被评为省级专精特新中小企业；杭州水表有限公司、杭州柯林电气股份有限公司等6家企业被评为国家级专精特新“小巨人”企业；西子清洁能源装备制造股份有限公司、奥的斯机电电梯有限公司、浙江威星智能仪表股份有限公司被评为杭州市“未来工厂”。

【新制造业计划实施】 2022年，上城区加快全区制造业转型升级、数字化改革和技术创新工作，推动区内制造业领域高质量发展，实施《上城区新一轮“腾笼换鸟、凤凰涅槃”制造业攻坚行动方案（2022—2024）》。方案要求：至2024年，全区制造业增加值占全区生产总值的20%以上，新增“浙江制造”标准5项，培育“品字标”

品牌企业3家，规模以上制造业R&D（科学研究与试验发展）经费占营业收入比重突破2.3%（剔除浙江中烟工业有限责任公司）；全区规模以上工业亩均税收达到800万元，亩均增加值达到750万元，规模以上制造业企业全员劳动生产率达到160万元/人；全区工业投资年均增长10%以上，新增工业改造项目面积100万平方米；3年招引落地亿元以上新制造业项目3项；实施3项填补空白的核心技术重大成果。上城区加速打造产业集群，编制《上城信息智能高新技术产业园产业高质量发展规划》，明确主导产业、量化发展目标，狠抓产业链招商、助力企业发展。全年上城信息智能高新技术产业园区引进主导产业重点产业链项目118个、亿元产业项目36个、亿元制造业固定资产投资项目3个，实到外资3.24亿美元。规模以上工业经常性财政收入增长13.4%，新增上市公司1家，累计11家。

（王子擎）

高端装备制造业

【概况】 2022年，上城区高端装备产业制造业有规模以上企业51家。全年完成工业总产值220.5亿元，比2021年增长15.8%；利润总额59.04亿元，增长91.4%，利税总额67.2亿元，增长82.7%。上城区依托“省重大技术装备研发创新与首台套示范应用联盟”等平台，着力推动装备生产企业、应用客户、行业协会、科研院所等创新主体协同合作，聚集优质创新资源，搭建从用户、工程设计、设备成套研发到制造、检测等全产业链供需对接平台。

【西子洁能公司成为亚运会官方服务供应商】 2022年，西子清洁能源装备制造股份有限公司（简称西子洁能公司）成为杭州第19届亚运会、杭州第4届亚残运会官方服务供应商。其产品成为亚运会官方清洁能源产品。西子洁能公司深耕绿色清洁能源与储能产业，以“绿色低碳、科技创新”助力实现“双碳”目标，与杭州亚运会“绿色、智能、节俭、文明”的办赛理念深度契合。西子洁能公司成立亚运专项团队，为亚运会提供清洁能源和相应服务保障工作，为MMC亮灯提供绿电供应保障。在杭州国际博览中心1D场馆南侧结构墙的屋顶铝板（15.3米宽）上，水平装设光伏组件约200平方米，配储能供MMC字射灯，屋顶光伏绿电余电可引至西子洁能展位，为群众提供手机移动充电宝或现场充电服务，助力亚运会主媒体中心低碳展示。

【威星仪表公司获“年度优秀杭商奖”】 2022年6月24日，第8届杭商领袖峰会颁奖典礼在杭州举行，浙江威星智能仪表股份有限公司获“年度优秀杭商”奖。公司自2005年成立后，聚焦智慧计量、智慧安防、智慧生活、智慧城市建设等领域，形成

西子清洁能源装备制造股份有限公司（摄于2022年）

（区发改经信局 供稿）

集智能燃气表和智能水表终端、新一代超声波计量仪表、智慧燃气信息系统平台、智慧水务系统研发、生产、销售及服务于一体的业务体系。2022年，公司坚守主业，以数字化智能化驱动发展，以核心能力建设为抓手，抢抓发展机遇、创新技术升级，为公用事业数字化转型贡献力量。

（王子擎）

纺织服装制造业

【概况】 2022年，上城区纺织服装产业有规模以上企业7家，产值7.4亿元；销售产值6.99亿元，产销率94.5%；出口交货值3182万元，比2021年增长9.2%。全年利税总额1106万元。上城区纺织制造企业通过技术创新、大数据、人工智能运用等数字化方式转型，提升产业产能、产品科技含量和品牌知名度，加快推进产业线上和线下同步发展。杭州万事利丝绸文化股份有限公司通过文化创意植入和数字化转型升级，坚持走“传统丝绸+移动互联+文化创意+高科技=丝绸经典产业”的转型升级“新丝路”。高义泰丝绸（杭州）股份有限公司注重拓展高端女装丝绸领域和线上销售，推广百年老字号品牌“高义泰丝绸”创新发展。

【“高义泰”线上营销】 “高义泰”品牌始创于1905年，高义泰丝绸（杭州）股份有限公司成立于2007年。公司以丝绸类产品为主，主攻高端市场。品牌以“宋代美学”为典范圭臬，从宋代文人雅士钟爱的山水画、器物造型中汲取灵感，提取核心的色彩、线条、笔触、神韵，融于服装设计，传承“宋韵”的逍遥雅致，有30多项发明专利，为国家高新技术企业。2022年，高义泰丝绸（杭州）股份有限公司采用多渠道线上营销模式，全年营业总收入5091.81万元。

【万事利丝绸入选“国货发光”推荐品牌】 2022年，杭州万事利丝绸文化股份有限公司挖掘、传承及弘扬中国丝绸文化，将传统丝绸与文化创意、创新科技相结合，赋予传统丝绸新的生命力，塑造属于中国的丝绸品牌，引领中国丝绸产业实现由中国产品向中国品牌转变。公司与微软、阿里云等领先企业开展合作，将数字化前沿技术应用于制造、设计、管理等核心环节，自主研发人工智能设计平台、色彩管理系统。万事利丝绸以“让世界爱上中国丝绸”为使命，传承“杭绸”“杭纺”两项非物质文化遗产。5月10日，万事利丝绸在人民日报社发起的第4届“国货发光”传播项目活动中入选文创“国货发光”推荐品牌。

【万事利AI“未来工厂”奠基】 2022年6月6日，万事利丝绸数码印花人工智能工厂项目——杭州万事利智能科技有限公司在钱塘区临江街道纬五路3688号临江科创园6号楼12楼正式奠基。项目东至经七路，西至萧东村（东海），南至区域支路，北至东海横直河，总用地6.4万平方米，总投资近10亿元。在杭州万事利丝绸文化股份有限公司自身核心技术积累与创新研发实力的基础上，引入一系列具有国际领先水准的国内外先进生产智能设备，在“互联网+”环境下进行以丝绸为主的数码印花、个性化定制及丝绸相关产品制造生产与服务，规划年产能1000万米印花面料。至年末，项目处于主体建筑施工中。

（王子擎）

工业企业选介

【浙江中烟工业有限责任公司】 浙江中烟工业有限责任公司原名利群烟厂，于1949年10月创建于西子湖畔万松岭脚下。“利群”是商务部首批认定的“中华老字号”之一。公司开拓海外市场，“摩登”等品牌销售至中东、南美、东南亚等地区。公司工厂先后通过ISO 9001质量、ISO 14000环境、GB/T 28001职业健康安全管理体系一体化认证和安全生产标准化一级达标验收，公司的动力、制丝、卷包三大车间获全国现场管理星级评价五星级荣誉。公司于2012年被国家烟草总公司授予“2009—2011年度烟草行业卷烟工厂标兵单位”称号，先后获评2013年度全国“安康杯”竞赛活动优胜单位、烟草行业“精益十佳”标兵单位、浙江省安全文化建设示范企业、全国安全文化建设示范企业等荣誉。2022年末，浙江中烟工业有限责任公司有部门18个、卷烟厂2家和投资公司1家，在册员工3484人。

【西子清洁能源装备制造股份有限公司】 西子清洁能源装备制造股份有限公司前身为杭州锅炉集团股份有限公司，于2022年1月28日更名，是中国机械工业百强企业、国家余热锅炉研发和制造基地、国家高新技术企业、国家认定企业技术中心。公司贯彻“以客户为中心”的核心价值观，为客户提供全生命周期能源解决方案与智能化能源装备和服务。主营业务涉及余热锅炉、生物质锅炉、循环流化床锅炉、燃气锅炉、盾构机等新装备的咨询、研发、生产、销售、安装，以及EPC、锅炉维修、升级改造、智慧锅炉、智慧工厂等新服务。同时提供新能源领域全生命周期的智慧服务，并将业务链延伸至新能源投资运营。成功打造以新能源技术为核心的中国首个“航空零碳工厂”；投资参与建设中国首座规模化运行光热储能电站，所应用的储能技术入围国家2021年度能源领域首台（套）重大技术装备项目；旗下电极锅炉技术获欧盟及中国核电标准认可。公司参与“一带一路”倡议，业务遍及世界100多个国家及地区。公司秉承“为人类改善环境”的使命担当，谋划绿色发展，加大对于新能源领域的投入，加快企业转型升级步伐。至2022年末，生产节能环保余热锅炉3000多台（套），产品全部投运后，节约标准煤6600万吨以上，减排二氧化碳1.62亿吨，占全国碳排放总量的1%。年内，公司“航空零碳工厂”获“2022年浙江省级绿色低碳工厂”称号，并将继续围绕绿色发展理念，坚持绿色制造，以“绿色智造”驱动未来，助力公司“绿色转型”。

（王子擎）

【杭州海兴电力科技股份有限公司】 杭州海兴电力科技股份有限公司创立于1992年，聚焦能源转型，为全球电力客户提供数字化配用电产品和解决方案，向居民、工商业及公用事业机构提供户用储能、工商业储能、微电网、分布式水处理及售水管理等整体解决方案，助力清洁能源的普及。公司坚持国际化发展道路，至2022年末，在全球拥有员工2300多人，拥有全球化营销平台和全球化研发体系，以国内3个生产基地、海外6个生产基地组成全球化生产网络，实现全球化采购供应；通过全球化管理平台，践行“聚焦、创新、客户导向”理念，产品覆盖90多个国家和地区，其中“一带一路”国家46个。2022年，公司全年营业收入33.09亿元，比2021年增长23%，净利润6.64亿元，增长111.5%。公司在拉丁美洲和亚洲自主研发的智能水表、气表实现从无到有的历史突破，在欧洲和非洲自主研发的新能源光伏解决方案被应用，自主研发的物联网智能表在中国南方电网获批量供货和市场验证。公司加大“数字工厂”建设，全年投入2000多万元实施智能化改造，实现单相智能表全自动生产，完成SMT数字化车间建设。公司被评为国家火炬计划重点高新技术企业、省企业技术中心，获“2022年浙江省本土跨国领航企业”“省专精特新企业”称号，上榜2022年浙江省对外承包工程“完成营业额超亿美元榜”前十名，承接省科技厅“领雁科技重大专项”1个，公司研究院被省科技厅认定为重点企业研究院。

（田世英 王子擎）

【杭州安旭生物科技股份有限公司】 杭州安旭生物科技股份有限公司成立于2008年，注册地位于莫干山路1418-50号，前身为杭州安旭科技有限公司，是一家集研发、生产、销售体外诊断试剂、POCT仪器和生物原材料于一体的高新技术企业。2021年，公司在上海证券交易所科创板挂牌上市。2022年，公司全面启动SAP应用（数据处理中的系统应用和产品）工作，完成一期项目上线应用，正式开启数字化管理升级。加大研发资源投入，建立博士创新站、博士后工作站、联合研发中心等，为高端人才引进、科研项目落地、科技成果转化提供强力的平台支撑。1月，公司有自动化生产线、数字化车间等配置的富阳生产基地投入启用，与安吉生产基地协同配合，为国内外订单提供供应链支持。3月，启动富阳新研发生产基地未来一期工程建设，总面积8.54万平方米，至年末，项目处于内部装修中。年内，公司自主研发的新冠病毒抗原检测试剂盒（自测用途）获欧盟CE认证。试剂盒为一体化结构设计，简化操作步骤，将原有多步法变成一步法，采用人体样本（口腔、鼻腔）进行检测，15分钟可读取检测结果，操作安全系数相比同类产品更高，适合非专业人士的自测筛查。用户在家即可进行自测，减少到集中监测点过程当中的传播风险，控制疫情的蔓延和发展，满足居家快速检测需求。试剂盒全年服务5.5亿人次。公司品牌Ecotest获评浙江出口名牌，Ecotest、Fastep获评中国出口商品品牌。抗原检测产品（板）获美国FDA（美国食品药品监督管理局）认证，抗原检测产品（笔）获日本PMDA（日本药品和医疗器械管理局）认证。全年公司销售收入61.66亿元，比2021年增长2.88倍。公司积极履行企业责任，全年向上城区人民政府捐赠抗疫物资150万份，被区红十字会授予“爱心企业”称号。

资料

欧盟CE认证：是欧盟国家实行的强制性产品安全认证制度，目的是为保障欧盟国家的人民生命财产安全，一般针对的都是老百姓日常接触得到的具有一定危险性的产品。

（郑　坚 王子擎）

【杭州娃哈哈集团有限公司】 杭州娃哈哈集团有限公司成立于1987年，通过开拓创新，发展成为中国最大、全球领先的食品饮料生产企业之一，企业规模和效益处于行业领先地位。在全国建有81个生产基地、187家子公司，有员工近2万人。公司有雄厚的科研实力，先后投入300多亿元，引进国际一流的全自动生产装备、检测仪器和先进技术，建立国家级企业技术中心、浙江省食品生物工程重点实验室、省级企业研究院、省级工业设计中心、博士后科研工作站、CNAS（中国合格评定国家认可委员会）认可实验室等；有研发技术人员192人，其中硕博人才占59%、中高级职称人才占62%，形成高学历、专业化、年轻化的科研队伍。公司产品涵盖包装饮用水、茶饮料、果蔬汁饮料、罐头食品、乳制品、医药保健食品等10多类、200多个品种。公司推进饮料主业转型升级，提升智能制造水平，旗下有精密机械公司、机电研究院、机器人公司、科技创新中心，具备自行研发、自行设计、自行生产模具和饮料生产装备、自行安装调试设备及工业机器人开发能力。2022年，公司营业收入512亿元，上缴税金42亿元。年内，公司获浙江同心共富榜样企业、助力共同富裕“民企样本”、中国轻工业数字化转型先进单位、浙江省消费品工业数字化领军企业、中国品牌强国盛典“国品之光”品牌、浙江省AAA级“守合同重信用”公示企业等荣誉。至年末，有有效专利258件；承接工业和信息化部重大科技专项、国家863计划（国家高新技术研究发展计划）等国家、省、市科研项目30多项；参与96项标准的制定和修订，其中国家标准67项、行业标准10项、地方标准1项、团体标准18项。

（田芳容）

【浙江华日实业投资有限公司】 浙江华日实业投资有限公司（简称华日公司）创建于1984年，在行业内最早发明智能化模糊控制技术，获国家科学技术委员会发明金奖，并在行业中较早掌握以无氟替代为代表的核心技术。华日公司无氟改造项目获联合国环境署“示范项目杰出贡献奖”，是中国家电冰箱行业中唯一获该荣誉的企业。华日公司拥有100多项行业核心专利技术，主导产品华日冰箱是“中国名牌产品”，“华日电器”是“中国驰名商标”。公司富阳基地所投资的年生产200万台制冷设备项目主要从节能环保、变频技术等电冰箱行业的最新技术出发，产品形成全风冷变频无霜、环保型直冷冰箱、匀冷冰箱、冷柜4个系列产品。2022年，华日公司中高端产品融合专利智能控制、风冷无霜、零度保鲜、深冷保鲜及变频、互联网控制等技术。公司获全国市场质量信用A等用户满意企业、2022年度杭州信用等级AAA级荣誉。公司产品获2022年中国冰箱行业“专业智能品牌”“智能无霜之星”。董事长陈励君受聘为浙江省侨商会第四届监事会监事长、杭州市侨商会第六届理事会会长、杭州市公共外交协会副会长，获评浙江省浙商研究会颁发的“工匠浙商”，获2022中国家电家居融合智创峰会组委会颁发的“卓越功勋奖”。

（王荣荣）

【奥的斯机电电梯有限公司】 奥的斯机电电梯有限公司成立于1997年，是奥的斯（OTIS.NYSE）在中国的重要子公司，是一家为公共设施、商业建筑、住宅、城市更新等项目提供电梯、自动扶梯产品，以及安装和维保服务整体解决方案的中美合资企业。奥的斯机电电梯有限公司助力北京冬奥会，为延庆冬奥村和山地新闻中心提供多台电扶梯设备，并派驻24小时维保团队。2022年，公司完成杭州雷峰塔电扶梯升级改造工程；为埃及斋月十日城铁路一期项目、杭州萧山国际机场三期项目、杭州地铁、上海地铁、重庆地铁、长春地铁等重量级交通枢纽项目提供电扶梯产品和服务。公司携OTIS CONNECT物联网解决方案、Regen能源再生技术等先进数字技术和产品参加首届全球数字贸易博览会。5月，公司推出e-Fusion祥昇系列加装电梯。至年末，公司为30多个城市提供加装电梯产品和服务，其中市内西湖区古荡街道嘉禾花苑、上城区小营街道小河下、拱墅区祥符街道拱苑小区等项目被杭州市既有住

奥的斯机电电梯有限公司（摄于2022年）　（区发改经信局 供稿）

宅加装电梯工作领导小组办公室评为“最美加梯项目”。公司连续第10年获评杭州市五星级电梯维保单位，其“电梯节能技术”入选工业和信息化部《全国工业领域电力需求侧管理第四批参考产品（技术）目录》，公司成为中国建筑节能协会会员单位，通过ISO 50001能源管理体系认证。

（徐秋雨）

【杭州远大生物制药有限公司】杭州远大生物制药有限公司成立于2004年，是一家集生物医药研、产、销于一体的国家高新技术企业。2022年，公司主导产品“思连康双歧杆菌四联活菌片”作为国家医保目录产品，入选“浙江制造精品”目录和“杭州市创新优质杭产药械推荐目录”；主治高尿酸血症伴痛风的国家Ⅰ类生物新药HZBio1完成Ⅰa期临床研究，顺利进入Ⅰb和Ⅱ期临床阶段。杭州远大生物制药有限公司质检中心获CNAS认证认可，成为全国获生物制品（微生态活菌制品）领域检测能力认可的11个实验室之一，标志着该质检中心具备按照ISO/IEC 17025体系开展相关检测的技术能力。2022年，公司有职员1471人，上缴税金4876万元，主营业务收入首次突破10亿元，连续5年实现企业复合增长率20%以上；企业研发投入1.18亿元，占销售收入10%以上。公司入选2022年杭州市高成长性百强企业，获评2022年“杭州市人民政府质量管理创新奖”。（刘淑宇）

湖滨商圈

【概况】 湖滨商圈北至庆春路，与武林商圈相连，南到解放路，东邻中山中路，西沿湖滨路。商圈以全国示范步行街湖滨步行街为中轴核心，紧邻世界文化遗产西湖风景区，汇聚湖滨银泰、工联CC（City Center）等时尚综合体，杭州解百、知味观等传统百货和老字号品牌，湖边邨等历史建筑，东坡大剧院、胜利剧院等文化设施。商圈占地面积46万平方米，有商业店铺1344家，商业总面积69.3万平方米。全年商圈人流量3141.22万人，销售额143.8亿元。全年商圈内新能源汽车完成销售额72亿元，增幅180%。 （蔡晶晶）

【湖滨商圈入选首批全国示范智慧商圈】 2022年，湖滨商圈围绕“城市会客厅”定位，以湖滨步行街为核心，解放路与延安路为两翼，形成“一花一叶”数字生态商业格局。有杭州湖滨银泰in77、杭州湖滨88、杭州解百、工联CC（City Center）等商业综合体。湖滨智慧商圈作为全省智慧商圈改革的唯一协同试点，开发上线湖滨智慧商圈应用，与省级智慧商圈应用实现数据贯通；结合全省复制推广需要，发布可复制推广智慧组件5个，且所有数据和组件皆可通过浙江省IRS平台进行申请共享，其中全省首创“一键办展”应用，实现审批从“线下跑”变“云上办”，将商业活动审批全流程效率由原来的7天以上压缩至2天以内。湖滨商圈围绕消费便利、企业惠利、管理提质、运营提级，突出场景智慧、服务智慧、监测智慧、治理智慧。上线“云上湖滨”小程序，满足消费者吃、住、行、游、购、娱等多元需求。商圈内分布107根“智慧灯杆”，融合公益广告、应急广播等功能；市民可以通过智能导视牌获取周边停车指数信息，实时查看公共交通线路时间等。贯通商务、市场监管等10个部门数据及银联商务、通信运营商等50多类社会数据10万余条，设置商圈竞争力、客流吸引力等6类指数，搭建客流—业态匹配度分析模型，引导商家进行科学商业决策，实现大数据支撑的精准招商。针对商圈处于繁华市区、人流密集的特点，协同公安、交警、城管等20多个部门，实现大数据智能化管理。按照每平方米0~0.5人、0.5~0.75人及0.75人以上划分三级安保等级，实现提前预测预警、运力保障、快速响应。6月，在商务部召开的智慧商圈示范创建座谈会上，湖滨智慧商圈作为全省唯一典型案例作交流发言。12月29日，湖滨智慧商圈入选首批全国示范智慧商圈，湖滨银泰、解百商业入选首批全国示范智慧商店。

（范雨行 戴一楠）

【湖滨商业步行街区入选2022年度浙江省“高品质示范街区”】 2022年12月21日，省建设厅公布2022年度浙江省“高品质示范街区”名单，湖滨商业步行街区入选。湖滨商业步行街区总长2000多米，占地面积41万平方米，呈“干”字形，东至延安路，西至湖滨路，南至解放路，北至庆春路，毗邻西湖风景名胜区，有“断桥残雪”“湖滨晴雨”等美景及古钱塘门、风波亭等历史名迹。街区实行全周期、全时段、全覆盖的精细化管理模式，以“席地而坐、手摸无尘”为标准，推行“家居式保洁”，打造“席地可坐”的卫生环境，达到环境品质倍增效果。湖滨街道开展培训及比武，提高工作人员业务能力，升级作业装备，新购置护栏清洗车、道路养护车、迷你双拥洗地机等保洁器械31辆，增强机械化保洁力量。探索智慧环卫作业模式，依托“智慧物管”App进行设备巡检智能报单，利用智能机器人对指定区域进行全自动巡回作业。开发“最多录一次”应用场景，实现沿街店铺“最多查一次”，检查次数比2021年下降63%。创新“综合体凌晨一日一清、小商户音乐线一日三清、居民小区定时三清、街区果壳箱随满随清”垃圾清运模式，满足不同主体的保洁需求。对主干道路实行普扫、吸尘、洒水、精扫、冲洗、洗地措施，做好路面覆盖式保洁。逐一排查四季座椅、果壳箱等城市家具，采用“湿、抹、吸”三步法开展巡回式保洁。至年末，分类作业覆盖街区11条道路，面积11万平方米。

（蔡晶晶 戴一楠）

【湖滨步行街行政执法改革】 2022年，区综合行政执法大队湖滨中队对湖滨步行街的日常秩序实施监管。执法队联合东坡路社区深化改革，创新管理，在湖滨步行街打造“一个城市综合管理示范区、一条高标准严管商业街”的“一花一叶”示范街区，并召开动员大会。会上，区综合行政执法大队湖滨中队湖滨步行街综合行政执法队与杭州湖滨银泰in77、杭州湖滨88等商户逐一签订“门前三包责任书”，协调推进商家自治与执法整治，共同提升湖滨步行街整体风貌。结合区域优势，以“商圈监管一件事”作为“大综合一体化”改革切入口，提升执法效率和力度。全年区综合行政执法大队湖滨中队开展“综合查一次”17次。

（蔡晶晶）

【“四首经济”发展】 2022年，上城区以提升首位度为基本方针，对照首位度要求，大力发展“四首经济”，即区域首店、新品首发、品牌首秀、行业首牌。湖滨商圈以打造“全球潮流时尚地标”为发力点，抢抓杭州建设国际新型消费中心契机，依托湖滨银泰in77和湖滨88等大型综合体，做优做强“四首经济”，激活城市消费升级新动能，引领品质消费新风尚。持续吸引“古驰（Gucci）”“海蓝之谜（Lamer）”“普拉达（PRADA）”“李宁”等国内外高端品牌首店、旗舰店入驻，形成名店名品集聚地；同时，通过博柏利萝纳包（Burberry LOLA包）全国首展、赫莲娜120周年巡展等知名品牌的首发首秀，集聚人气，提振消费信心。全年湖滨商圈实现营业收入总额124.1亿元，比2021年增长18.5%。

（戴一楠）

玉皇山南基金小镇

【概况】 玉皇山南基金小镇位于玉皇山南地区及周边区块，东至姚江路，西至虎跑路，南至钱塘江，北至万松岭路及玉皇山。2022年，小镇发布《杭州市玉皇山南基金小镇“十四五”发展规划》，推动产业升级，全面实施小镇2.0版迭代升级工程。至年末，小镇入驻金融机构2301家，总资产管理规模11978亿元，全年税收35.03亿元，比2021年增长10.3%。全年接待参观团298批次、5885人次。年内，玉皇山南基金小镇获“2021—2022年度中国最佳基金小镇”“2022年度最佳创投服务机构”等荣誉，连续4年获评“全国最受欢迎基金小镇”，入选浙江省2022年度特色产业风貌样板区名单、第一批浙江省特色小镇最佳实践案例。小镇企业浙江益祥明如控股有限公司获评“2021—2022年度中国最佳创新投资机构”。

【《杭州市玉皇山南基金小镇“十四五”发展规划》】2022年4月，《杭州市玉皇山南基金小镇“十四五”发展规划》发布。该规划从背景、总体要求、产业与生态、空间与功能、保障措施等方面为小镇未来5年的发展明确方向，尤其是对大资管（对中国资产管理行业环境的一种泛指）产业链布局进行顶层设计。小镇全力打造“两样板、两中心”，即中国特色世界级基金小镇样板和中国区域性股权市场改革样板，长三角领先的资产管理创新中心、全国性大宗商品金融服务创新中心，努力实现核心业态从私募到大资管、承载空间从小镇到大片区、运营管理模式从纯线下到“数字孪生”、服务对象从高净值到共同富裕、发展方向从资本集聚到资本向善的“五大提升”。

【产业发展进阶升级】2022年，玉皇山南基金小镇招引优质项目147个，新增资金规模约210亿元。新华基金浙江分公司等公募基金区域总部，深圳高远新材料产业基金等产业投资基金，杭州月阑创业投资有限公司、华宝基金管理有限公司等上市公司投融资板块项目，以及30亿元规模的浙江未来社区建设投资基金和浙江省金融研究院、浙江省金融顾问服务联合会等平台项目落地，进一步提升小镇产业发展能级。其中，深圳高远新材料产业基金总规模50亿元，主要作用于新材料领域产业链上下游相关优质上市公司的定向增发、未上市公司的股权投资；浙江省金融顾问服务联合会拥有金融顾问460多人，针对企业发展过程中的各类融资、投资等金融需求提供专业方案，为企业提供综合金融服务，帮助企业规范管理、防范和化解风险。

【省、市改革试点推进】2022年，玉皇山南基金小镇主动承接省、市创新试点任务，深度融入钱塘江金融港湾核心区。与浙江股权服务集团有限公司合作深化创投股权与私募基金份额报价转让平台建设，完成一期系统建设，实现报价信息展示、融资对接等功能。年内，基金小镇创投股权与私募基金份额报价转让平台获评中国（浙江）自由贸易试验区最佳集成性制度创新成果和联动创新区优秀案例，入选浙江自贸试验区杭州片区2022年第一批优秀改革试点经验名单。年内，小镇对接杭州市地方金融监管局，研究试点政策要求，推动小镇企业安丰创业投资有限公司于年末成为杭州首家合格境外有限合伙人（QFLP）试点基金管理机构，旨在打通外资投资资本进入杭州通道，为新兴产业注入金融动能，助力杭州金融国际化进程。

资料

合格境外有限合伙人（QFLP）：境外投资者在通过资格审批和外汇资金的监管程序后，将境外资本兑换为人民币资金，投资于国内的私募股权投资（PE）及风险投资（VC）市场，是一种便捷利用境外资金的渠道。

樱桃山公园环境整治后的道路（摄于2022年）
（玉皇山南基金小镇管委会 供稿）

【小镇配套建设】 2022年，玉皇山南基金小镇推进小镇“一镇多点”扩容布局，优化产业空间。完成樱桃山公园环境综合整治项目，打造夜景喷泉水系，提升周边居民幸福感，获浙江电视台经济生活频道等省级媒体报道。协调铁路部门推进尼龙山地块综合整治项目，建设进度完成60%。加强汛期排水能力，投入45万元更新小镇部分排水泵、潜水泵等设施，保障通行安全。

【金融企业服务实体经济】 2022年，玉皇山南基金小镇以金融资本助推实体经济转型发展。小镇有机构在投实体企业1.05万家，全年扶持机构在投企业上市124家。所投企业中，杭州立方控股股份有限公司等45家企业上榜第四批国家级专精特新“小巨人”企业名单；杭州端点网络科技有限公司等18家企业获评2022年杭州“独角兽企业”，占全年全市总数的46%；百明信康生物技术（杭州）有限公司等153家企业获评杭州“准独角兽企业”，占全年全市总数的48%。持续加大对浙江山区26县的投资力度。至年末，小镇在26个区县中实现投资项目全覆盖，有投资项目654个，涉及被投实体企业380家。

【“玉皇山南共富基金”成立】 2022年6月29日，玉皇山南基金小镇联合浙江省慈善联合总会启动全省特色小镇首支公益性共富基金——“玉皇山南共富基金”。该基金第一期资金规模100万元，由小镇中安丰创业投资有限公司、杭州联创投资管理有限公司等10家机构出资，旨在推进浙江省内外城乡融合、社会基层治理和公益事业发展。年内，与温州平阳县完成第一个重点扶持项目——捐资助教平阳县凤卧中学，助力山区教育。

（齐向坤）

南宋皇城小镇

【概况】 南宋皇城小镇位于南宋临安城遗址核心保护区，以南宋皇城遗址和清河坊国家AAAA级旅游景区为核心，北起西湖大道，南至宋城路，西接南山路，东抵建国南路，总规划面积3.1平方千米。小镇内留有南宋皇宫遗址、“三省六部”、太庙等南宋宫廷古迹10多处，有清河坊、南宋御街等开放式特色街区及南宋遗址陈列馆、紫阳书院、胡雪岩故居等文化旅游体验点40多个，有非遗项目近50项，并留存二十三坊、大井巷2处原生态市井，是国内南宋文化积淀最为深厚、保留最为完整的区域。2022年，清河坊历史街区吸引客流量110万人次，营业收入8.24亿元。年内，清河坊历史街区获评国家级旅游休闲街区，上城“宋韵最杭州”

传统风貌样板区入选浙江省城乡风貌样板区，吴山智慧商圈获评市级示范智慧商圈。

【清河坊历史街区入选首批国家级旅游休闲街区】 2022年1月9日，文化和旅游部公布首批国家级旅游休闲街区名单，清河坊历史街区入选。清河坊历史街区北至西湖大道，南至鼓楼，西至吴山广场，东至中河中路，位于南宋临安城遗址的中心位置。街区由河坊街与南宋御街十字交叉形成核心骨架，占地面积22万平方米，商业建筑面积18万平方米，主街长度1800多米，形成中医中药、传统饮食、丝绸服饰、古玩字画、手作工艺、休闲茶肆六大特色，有“江南药王”胡庆余堂国药号、方回春堂等中医馆及王星记、张小泉、知味观、状元馆等百年老字号。中秋期间，在南宋御街推出“宋韵·集无界”活动，设置宋韵主题活动和八大体验点，带领游人漫游中秋夜市，领略南宋明月夜雅趣。国庆期间，推出“御街茶集迎国庆”活动，吸引数十家商户参与。11月18—20日，以“宋韵主题嘉年华”为主题举办吴山庙会，开设文创市集，通过展示展览、体验参与、互动演出等形式展示地域文化特色，促进文旅融合发展。11月19日，“风雅宋韵，茶香上城”第10届南宋斗茶会暨茶消费日活动举行，通过斗茶赛、“有美茶荟”研讨等形式，弘扬茶文化，保护传承宋代点茶非遗项目，促进茶消费。至年末，清河坊历史街区客流量110万人次，营业收入8.24亿元，被人民网、新华网、中国新闻社等主流媒体报道168篇次。

（戴一楠）

【“宋韵最杭州”传统风貌区入选省第二批城乡风貌样板区】 2022年10月13日，“宋韵最杭州”传统风貌区入选浙江省2022年度第二批城乡风貌样板区名单。该风貌区位于清波街道，北至西湖大道，南至吴山景区，西至南山路，东至中河高架路、建国南路，用地面积约74万平方米，是当前有南宋宫城遗址、最集中体现“四雅四俗”宋韵文化和“自然传统现代和谐”杭州意向的风貌区。清波街道牵头成立上城区“宋韵最杭州”两级风貌办公室，搭建建设、运营和管理的高规格专班，形成部门和属地高效协同的组织体系，提炼风貌区创建的发展愿景，细化功能定位，精准制定运营先行、联动扩面、复兴传统、赋码智控4个方面创新示范目标。年内，该风貌区围绕“路美美”“邻睦睦”“貌谈谈”等杭州市十大专项行动，实施“梦享宋韵”文旅激活、“烟火市井”社区更新、“艺术点睛”亚运家具三大行动，推进德寿宫遗址保护、南宋皇城小镇客厅及外广场建设、望仙阁整体提升、大井巷“钱塘第一井”井文化展厅综合提升等16个重点项目，展现“北市南宫”宫坊形制、皇城格局等风貌要素。注重品牌首创，深挖宋韵文化“四雅四俗”内核，统筹区域历史文化遗迹等资源，加快推进吴山地下空间等重点项目，加快开发宋韵文旅产品，培育一系列雅生活体验馆和雅产业；发布

2022年11月19日，“风雅宋韵，茶香上城”第10届南宋斗茶会暨茶消费日活动举行

（上城国投集团 供稿）

“南宋梦华·宋韵书市”等六大宋韵传世项目，开展活动10多场。

资料

宋韵文化“四雅四俗”：“四雅”为点茶、焚香、插花、挂画。“四俗”为酒肆、勾栏、评书、百戏。

（张玉瑛 蒋成杰 戴一楠）

【清河坊宋韵文化街区入选2022年度浙江省“高品质示范街区”】 2022年12月21日，省建设厅公布2022年度浙江省“高品质示范街区”名单，清河坊宋韵文化街区入选。清河坊宋韵文化街区东至中山中路，西至定安路华光路，南至河坊街，北至西湖大道，入选首批国家级旅游休闲街区，并通过国家AAAA级旅游景区复评。街区以数字化改革为契机，加速推进“智慧互联”一体化信息平台建设，通过智能终端建设，对接杭州城市大脑，整合街区范围内文化、旅游、商业资源，开发建设智慧街区应用场景。推出“垃圾巡更回收”管家式服务，从源头上杜绝商家违规处理垃圾行为。作为了解南宋时期社会面貌的典型载体，街区充分尊重原有建筑及景观风貌，底层商铺采用排门形式，店招采用仿古牌匾式，形成连贯统一的底层沿街店面特色。街区用灯光诉说故事，以集成无线通信基站、Wi-Fi热点、充电桩和各类传感器等智能设备的智慧灯杆点缀烘托，采用变幻的写意水墨投影灯光、自然的植物落影灯光等手段，创造出独具街区特色的宋韵文化和历史内涵。

（蒋成杰 戴一楠）

鼓楼“雅韵御街”灯光秀（摄于2022年） （上城国投集团 供稿）

【宋韵精品活动】 2022年，清河坊历史街区全面打造以宋韵文化为代表的文化金名片，聚焦中秋、元宵等重大节日，聚焦传统与时尚的融合创新，推出系列宋韵精品活动10场。2月14日，“御街纳福，喜闹元宵”大型沉浸式快闪活动在清河坊历史街区上演，500多只“宋式”灯笼同时悬挂，呈现历史与现实辉映的别样烟火图景。6月13日，“银河落九天”宋韵时尚大秀在清河坊历史街区鼓楼小广场举行，古典建筑化身时尚秀场，展现“开放包容、变革创新”的时代气象，为市民游客带来“国风+新潮”的全新审美体验。9月10—12日，“月满今夕·雅韵御街”迎中秋特别活动在清河坊历史街区举行，复原诗意“宋宴”，再现“瓦子茶肆”。在街区核心路段开设宋韵集无界和御街茶集2处集市，并依据节日和热点，定期更换主题。集市商品涵盖青瓷、铜雕、折扇、茶叶、茶器、花器、熏香等古法古物，囊括原创手作、工艺美术、服饰美食等宋韵文创产品。

【清河坊高品质步行街夜景照明工程获中照照明奖工程设计奖三等奖】 2022年，清河坊历史街区对全域夜间照明系统进行提档升级，以“南宋临安城遗址”为规划设计范围，照明规划采用“一心、一轴、双环、多点”格局，以吴山—城隍阁为中心，以南宋御街为轴，以南宋临安城遗址构筑的“外环”和规划建设的南宋皇城小镇为边界的“内环”串联武林门（古称余杭门）、南宋御街、鼓楼、南宋博物院（德寿宫遗址）、望仙阁、五柳巷历史街区、城隍阁、太庙8个具有南宋文化记忆的夜景节点，以灯光点亮遗址重塑南宋临安城的盛世繁华。3月5日，在鼓楼和九墙打造“雅韵御街”灯光秀。鼓楼灯光秀以“海上丝绸之路”为意象，以“新国潮”为风格，以杭州地标建筑——鼓楼为“幕布”，结合数智杭州和杭城美景，实现亚运和宋韵主题的有机融合。九墙光影秀在固态城市艺术展陈的基础上，通过光影的动态加持，以“春夏秋冬”四季变换为线索，为人们讲述杭州改革开放40年来的故事，向全世界展现杭州“开放、包容、协同、发展”的城市精神。灯光秀活动被人民网全球网站首页头版刊登，被中国新闻网、浙江新闻等媒体报道20多篇次。8月18日，中国照明学会授予清河坊高品质步行街景观提升改造工程（二期）夜景照明工程第17届中照照明奖工程设计奖三等奖。

（戴一楠）

杭港高端服务业示范区

【概况】 2022年，杭港高端服务业示范区重点建设区域为北起清江路、南至望江路、东抵之江路、西接贴沙河。有杭州新世界、娃哈哈总部、娃哈哈文化中心、娃哈哈人才公寓、杭州金地威新中心、新宸中心、永安国富、兴合中心、滨江未来社区等省、市重点项目和“152”省、市县长工程项目，涉及总投资超过460亿元。总建筑面积近150万平方米，其中商业面积约30万平方米、商务面积约70万平方米、其他配套面积约50万平方米。“3+2”高端产业加速集聚。高端服务业和金融业两大特色产业稳步壮大，新增市级以上金融类企业30家，新投金融产品13个，新增资产管理规模50亿元。实现高端服务业产业税收亿元楼宇5幢，经常性税收6.9亿元，完成度超过100%，其中中豪望江国际思科产业大楼获评全区7座B级楼宇之一。成功培育国家级高新技术企业3家、省科技型中小企业18家、市“雏鹰计划”企业2家、市高新技术研发中心3个。在上城区首届“金靴奔跑”创新创业大赛中，获三等奖4人、优胜奖4人，金雪尚呈（杭州）科技有限公司、杭州山海寻龙体育科技有限公司的项目成功落地。

> **资料**
>
> **“152”省市县长工程项目**：全省各级政府、各有关单位负责人牵头谋划招引重大项目，相关领导每年牵头谋划推进总投资分别为100亿元、50亿元、20亿元的重大产业项目。

【重大项目招引】 2022年，杭港高端服务业示范区优化招商途径，大力招引“数智消费+金融科技”高端产业，通过中介招商签约项目11个，引进企业200多家，其中亿元以上产业项目17个、千万元税源企业2家。以思科（中国）总部、浙江凌迪数字科技有限公司为龙头，重点引进和培育一批具有世界领先自主知识产权的数字应用企业，打造创新创业生态链。发挥南华期货股份有限公司、永安国富资产管理有限公司、稠州银行等金融总部的标杆引领作用，引进国内外知名的银行、私募、投资等金融服务业总部。9月，完成杭州固泽私募基金管理有限公司、杭州圭泽股权投资合伙企业（有限合伙）、杭州盛禾私募基金管理有限公司3家金融企业项目落地。培育和发展之江文化产业带上城发展极，围绕市文广集团和国家短视频基地资源优势，整合清江路专业市场，发展“文化、数字、商贸”相结合的文化产业。全年招引大型文化类企业50家，注册资金1.27亿元，确认宋韵IP产品2个，获市文艺精品工程扶持项目2个，省文艺基金项目初审通过3个。主动对接优质创业团队，为创业团队逐条剖析人才政策、定制“全流程”项目落地服务，持续跟进人才、企业需求，为人才匹配对接各级人才申报、人才公寓补贴，成功吸引金雪尚呈（杭州）科技有限公司、杭州山海寻龙体育科技有限公司落地，预计2023年初入驻上城区科技创业中心。

【高端服务业扶持】 2022年，杭港高端服务业示范区锚定“十亿元以上营收、两千万元以上税收”标准，加大对高端服务业的扶持力度，提供财政补贴、减免税费等优惠政策，鼓励企业加大研发投入，提高产品和服务质量。加强对规模以上产业项目和企业的引导和扶持，提供土地、资金、技术等方面支持，帮助企业扩大规模、提高效益。加强对高端写字楼的规划和建设，提高楼宇的品质和服务水平，吸引更多高端服务业企业入驻。全年主要行业增加值101.8亿元，新增经常性财政总收入3.7亿元，比2021年增长24.1%；新增一般公共预算收入2.1亿元，增长28.8%。中豪望江国际、长城大厦2幢楼宇年度经常性税收超过3亿元，惠沣大厦、新城大厦等3幢楼宇年度经常性税收超过1亿元。7月，以思科（中国）总部为产业龙头的中豪望江国际思科产业大楼获评全区7座B级楼宇之一。

【土地征迁再利用】 2022年，杭港高端服务业示范区以征迁为抓手，实行“上门看、当面谈、马上干”机制，通过领导带头、部门联动，打造高密度旧城改造样本。2017—2022年，征迁工作实现“全域零事故”“全程零群访”，累计完成征迁1.5平方千米，征迁住户1.6万户、企业154家，配套道路、绿化市政设施110多万平方米，在城市核心区腾挪发展空间253万平方米。紧抓拆后土地资源高效利用，招商、拿地、开工全过程紧密衔接，至年末，促成在建项目12个，总投资545亿余元，建成可招商楼宇16幢，总建筑面积约65万平方米。在建项目中，杭州新世界项目总投资230亿元，是国内唯一一个集K11购物艺术中心、瑰丽酒店等新世界旗下五大顶级品牌于一体的城市综合体项目。

【“新世界城市艺术中心”建设】 2022年，望江街道推进“新世界城市艺术中心”建设。通过建成中央绿道、市民文化广场、国际社区等生活配套设施，为居民提供社交、休闲、娱乐功能，引入瑰丽酒店、K11购物艺术中心等商务设施，“一站式”解决居住、办公、商业等需求，集成拥有高端住宅、商业商务的公建配套，系统性提升城市综合能级和承载能力，全面助推高端服务业集聚和城市消费升级，进一步推进产城融合。4月29日，位于杭港高端服务业示范区的“新世界杭州城市艺术中心”首个高端国际社区“江明月朗园”开园，首次预售700套。

（王　颖）

杭州钱塘智慧城

【概况】 钱塘智慧城分为九堡园区和城北园区两个园区。其中，九堡园区东与钱塘区相邻，西至沪杭甬快速路，南临钱塘江，与钱江新城二期紧密相接，北与临平区接壤；城北园区东至余杭区良渚街道园中河，西至西塘河，南至拱墅区祥符街道新文社区，北至通运路。2022年，钱塘智慧城作为全区重要产业平台，立足“创新活力之星”新定位，以省级高新区创建为牵引，优化产业空间，加强招商引资，提升区域能级和核心竞争力。全年新增杭州柯林电气股份有限公司、浙江航天润博测控技术有限公司等国家级专精特新“小巨人”企业5家；新认定浙江喻晓网络科技有限公司等国家高新技术企业44家，杭州米欧仪器有限公司等省科技型中小企业106家，杭州洪普科技有限公司等“雏鹰企业”16家；新增浙江省毫微米高通量计算高新技术企业研究开发中心等省级研发中心4个、杭州市数途信息工业物联和数据智能企业高新技术研究开发中心等市级企业研发中心8个；新增省级重点企业研究院1所，为浙江省智能精密工具重点企业研究院；新增省级企业研究院1所，为浙江东城电子智能柜技术企业研究院；新增市级众创空间1个，为杭州壹肆壹捌创新中心，杭州欧镭激光技术有限公司等尖兵领雁项目7个。新引进国家级领军人才3人，培育国家级领军人才1人、省级领军人才3人、市级领军人才8人，累计引进培育市相关领域高层次人才86人，认定杭州市D类及以上人才113人，自主培育省领军型创新创业团队2个，市领军型创业创新团队2个。全年钱塘智慧城主要行业增加值205.4亿元，首次突破200亿元，比2021年增长5.4%；工业增加值68.41亿元，增长10.6%；固定资产投资85.96亿元，增长45.0%；经常性税收39.06亿元，增长13.4%；一般公共预算收入18.85亿元，增长12.3%。年内，钱塘智慧城获浙江省首批数字生活新服务特色镇、浙江省跨境电子商务产业园、2022年杭州市服务贸易示范园区、浙江省第三批内外贸一体化改革试点产业基地等荣誉。

【钱塘智慧城获评省首批数字生活新服务特色镇】 2022年8月3日，中国EBE China·2022年第9届中国（杭州）国际电子商务博览会开幕式在杭州国际博览中心举行。开幕式上，钱塘智慧城被省商务厅授予首批“浙江省数字生活新服务特色镇”称号。钱塘智慧城强化数字赋能，推动数字时尚产业区域资源要素一体化、公共配套服务协同化，促进数字产业新模式、新业态、新热点的深入融合。园区内汇聚众多MCN机构（服务于新的“网红”经济运作模式的各类机构总称），集聚杭州高浪电子商务有限公司、杭州红蜻蜓网络科技有限公司、杭州意芙实业有限公司、快鱼服饰有限公司、浙江单创品牌管理有限公司等品牌供应链企业，培育七章公园电商直播基地、抖音电商直播基地，通过线上“网红”营销带动线上商贸的进一步发展。

【上城信息智能高新技术产业园区列入省级高新区创建名单】 2022年3月，上城信息智能高新技术产业园区列入省级高新区创建名单，创建主体为钱塘智慧城。上城信息智能高新技术产业园区东至和睦港及杭海路，西至沪杭甬快速路，南至之江东路，北至红普路及临平区交界，横跨九堡、彭埠两个街道，以及城北飞地，规划面积11.02平方千米。园区构建“一核两翼”的空间发展格局。钱塘智慧城核心区域主要承载发展新技术、新业态，集聚高端产业的功能，以奥的斯机电电梯有限公司、巨星控股集团有限公司等高科技企业为依托，培育发展电子信息、智能装备、高技术服务业等新兴产业，提高产业能级。东北部丰收湖板块主要承载研发设计总部打造、科技型企业孵化培育、创新创业载体引进、创新创业服务提升等功能。南部沿江区域是园区未来产业拓展的新空间，结合“湾区之芯”世界级总部定位，依托创新创业载体，推进大数据技术、互联技术、分布式技术、安全技术等在金融领域的应用，发挥区位优势，推动科技赋能金融、金融催生应用，配套地铁上盖商业购物中心，国际化未来社区等，建设

“产融结合总部集聚区”。

资料

“一核两翼”：“一核”即钱塘智慧城核心区域。“两翼”即东北部丰收湖板块和南部沿江区域。

【钱塘智慧城招商引资】2022年，钱塘智慧城按照招龙头、补链条、聚集群的思想，以招引高能级平台、现象级产业、航母级企业为目标，聚焦数字能源、数字时尚、光电智芯三大主导产业，开展敲门招商、以商引商、基金招商。全年完成特雷西能源科技股份有限公司、浙江青禾新能源有限公司、杭州力积存储科技有限公司等“大好高”总部和“高精尖”人才项目、重点产业链项目118个，其中特雷西能源科技股份有限公司是全国唯一油气藏高精度地质建模—数值模拟—智能油藏整体解决方案供应商。全年完成亿元产业项目36个、亿元制造业固定资产投资项目3个、亿元服务业固定资产投资项目2个，引进外资3.24亿美元。

【产业空间资源拓展】2022年，钱塘智慧城成立上城区工业用地出让工作专班，以最快速度完成意向企业洽谈、产业论证、地块收储、建筑方案对接等关键步骤。年内，杭州意学服饰有限公司、杭州拓浪科技有限公司、浙江双元科技股份有限公司分别竞得3宗工业用地，总面积3.37万平方米，拉动有效投资超过6亿元，浙江双元科技股份有限公司的总部项目成为全区首个“拿地即开工”工业项目，为项目早落地、早竣工、早投产、早见效提供支撑。持续推进存量工业用地改扩建工作，杭州山水印刷有限公司等3个改扩建项目顺利开工，在拆除原有建筑后，进行重新建设。至年末，园区改扩建项目开工企业9家，可拓展产业空间26.29万平方米。启动钱塘智慧城城北园区低效用地改造项目，以西片区为重点，聚焦数字能源产业，稳步推进市政道路及配套设施的前期报批、控规指标落地、整体控规调整和城市设计方案深化等工作。

【钱塘西子研发智造基地一期提前结顶】2022年12月，钱塘西子研发智造基地（西子电梯集团有限公司改扩建项目）一期比原计划提前3个月结顶。该项目于2021年10月开工，占地面积10.3万平方米，规划总建筑面积33.8万平方米，一期和二期共24幢楼宇，由西子电梯集团有限公司实施，聚焦电梯电机等高端小型机电类产品、电梯控制系统和人机界面等高端电子电器制造，打造新型智能制造产业基地。

【数字时尚产业提质扩容】2022年，钱塘智慧城新招引数字时尚企业114家，其中具有宋韵文化创意转化能力的设计类、影视类、数字内容类重点企业8家。钱塘智慧城的杭州创意设计中心有限公司、新禾联创数字时尚产业园和东方电子商务园获评2021—2022年度杭州市文化产业园区；杭州群核信息技术有限公司、杭州平治信息技术股份有限公司获评杭州市数字文化示范企业；杭州如涵文化传播有限公司获评2021—2022年度杭州市成长型文化企业；杭州老爸评测科技股份有限公司在杭州文化创意产业博览会中被授予“2022年度十大文创新势力”称号；杭州多麦电子商务股份有限公司等5家企业登上2022年杭州“文创青云榜”榜单。全年数字时尚规模以上企业营业收入219亿元，120多家主要数字时尚企业税收10.55亿元。

（李　岚）

【浙江毫微科技有限公司母公司在美国上市】2022年7月12日，钱塘智慧城园区内企业浙江毫微科技有限公司母公司Nano Labs毫微科技在美国纳斯达克上市，股票代码“NA”，是年内上城区首家上市企业。浙江毫微科技有限公司成立于2019年，是一家元宇宙底层基础设施服务商。企业构建元宇宙芯片产品矩阵，旗下产品涵盖高通量计算芯片（Cuckoo）、高性能计算芯片（Darkbird）、分布式计算和存储解决方案（Darksteel），在元宇宙领域有广泛的应用前景。其中，主打产品Cuckoo系列芯片是全球领先的高通量计算芯片，采用Nano（母公司Nano Labs旗下的芯片品牌）独家研发的FPU架构（数据流处理架构），具有高算力、高带宽、高位宽、低延时、高效能比的特点。与全球工艺领先的晶圆代工厂密切合作，搭建高效的供应链体系，芯片流片成功率100%。2022年，公司主营业务收入9.83亿元（合1.41亿美元），毛利率23%。知名新经济智库长城战略咨询发布的《中国哪吒企业发展报告（2022）》中，浙江毫微科技有限公司被评为首批“哪吒企业”（在创业初期具备1亿元以上投资、成立时间短、成长起点高、场景创新强、赛道领域新等特点的新经济企业）。

（王梦莹）

钱江新城

【概况】 钱江新城位于上城区西南部，钱塘江北岸，一期所辖范围东临钱塘江，西依秋涛路，南靠复兴地区，北至钱塘江二桥、艮山西路，占地面积15.8平方千米；二期范围西至杭甬高速，东靠和睦港，北至艮山东路，南临钱塘江，占地面积5.2平方千米。2022年，市钱江新城管委会以杭州第19届亚运会为契机，实施钱江新城核心区品质提升工作、区域隧道提升、钱塘江北岸灯光秀提升等工作，为亚运会成功举行提供便利、增添光彩。同时推进辖区安置房、公共租赁房、道路建设等民生工程建设，为市民安居、出行提供保障。年内，钱江新城楼宇集聚区平台能级提升。

（许　柯）

【钱江新城经济集聚区发展】 2022年，四季青街道发挥钱江新城核心平台作用，推进楼宇集聚区发展，深化“楼宇标准”，在楼宇经济效能、楼宇内核活跃度上争创全国领先，打造长三角“楼宇经济发展样本”。街道紧抓奥迪全国销售总部正式入驻契机，成功打造“税收月亿、营收千亿”的“双亿大楼”。对标国际一流城市，依托中央商务区的服务经验，对标浙江省杭州市《楼宇平方效益评价规范》（DB 3001/T 0307—2022），以党群建设、经济效益、硬件设施、绿色环保、智能管理、营商环境6个维度、39项细化指标为指引，提升钱江新城楼宇集聚区发展能级。年内，实现亿元楼宇26幢、千万元税收楼宇47幢。在中国国际服务贸易交易会产业载体板块主题论坛——2022中国楼宇经济北京论坛上，钱江新城获评全省唯一“中国商务区综合竞争力”20强。彭埠街道紧抓经济企业稳步回升和亚运开放办赛两大机遇，推进钱江新城二期经济集聚区打造。聚焦钱江新城二期总部用地出让，深入参与五堡TOD项目、四堡和七堡单元等地块开发，盯准高精产业，依托仲量联行测量师事务所（上海）有限公司杭州分公司、第一太平戴维斯物业顾问（上海）有限公司杭州分公司、上海高力国际物业服务有限公司浙江分公司、北京世邦魏理仕物业管理服务有限公司杭州分公司、戴德梁行房地产咨询（上海）有限公司杭州分公司“五大行”（五大地产顾问）及签证中心、跨国企业、协会、律师事务所等资源，探索资本、平台、中介合作招商，拓宽招商渠道，聚力招引“3个500强”（世界财富500强、中国企业500强和民营企业500强）、中央企业和国有企业区域总部、上市公司、“独角兽企业”等。年内，与杭州炽橙数字科技有限公司、上海月星控股集团有限公司、

钱江新城夜景（摄于2022年）　　（吴海平 摄）

歌德盈香股份有限公司等10多家总部意向客户对接。

（杨　阳 王　冠）

【核心区环境景观整治改造】 2022年，市钱江新城管委会邀请专业景观设计院、园文专家对钱江新城核心区环境景观提出整治改造方案。核心区总面积为4.02平方千米，东临庆春东路、西邻清江路、南至钱塘江、北靠秋涛路。整治改造方案结合区域现有风貌特征，最大限度保留原有设计的特色和肌理，强化主轴线，充分呈现钱江新城核心区“精致、和谐、大气、开放”的整体风貌。实施范围为核心区中轴线、城市阳台、森林公园、世纪花园和之江路沿线等6处周边主要道路节点。提升内容为区域绿化提升、水池涂装更新、局部围墙彩绘、局部铺装路面破损维修等，同时全面排查城市阳台范围内路灯、城市家具、铺装、铝板、标识标牌等设施设备，落实更新维护等综合提升工作。至年末，核心区提升改造工程全部完成。

【隧道提升改造】 2022年，市钱江新城管委会对辖区内隧道进行提升改造。针对庆春隧道路面表面抗滑性降低、路面不平整、隧道侧壁装饰板和敞开段干挂石材整体较为灰暗等问题，市钱江新城管委会联合杭州网云宏建新能源科技有限公司统筹规划工期，最大化压缩隧道封闭施工时间，采用高韧超薄沥青磨耗层对隧道路面进行全路段更新，对侧壁装饰板与石材进行深度保洁，更新门头，新增行车导视腰线等。隧道内取消隧道顶部投光灯，主照明采用“双线条”形式灯具，增加防撞侧石线条灯；取消搪瓷钢板腰线，采用竖向排列形式安装单块规格为2700毫米×1200毫米的搪瓷钢板，增加上延弧形搪瓷钢板；在隧道顶部局部喷绘“蓝天白云”图案、侧板增设亚运运动图案。同时，对博奥隧道出入口景观绿化进行提升改造。

【钱江新城灯光秀提升】 2022年4月，市钱江新城管委会启动钱塘江北岸城市照明（钱江新城段）项目（钱江新城灯光秀）提升工程招投标工作。该项目在2016年G20杭州峰会灯光秀基础上进行提升，景观类景观照明按照“联、留、改、补”要求，楼宇数量增至45幢，基础性景观照明楼宇数量为83幢；在展示模式上，项目亮灯效果按“表演模式”“基础模式”进行分级控制，落实平日和节假日亮灯保障。从城市阳台、奥体中心、西兴大桥、江中游船、空中鸟瞰5个视角对核心区夜景灯光进行完善和提升，同时对个别标志性建筑顶部进行灯具加密，提高可视效果，增加观感度，为钱塘江两岸夜游夯实基础，提升“美丽杭州”夜景魅力和美誉度。至年末，该项目进入收尾优化阶段。

【民生工程建设推进】 2022年，市钱江新城管委会推进区域安置房项目建设，钱江新城核心区景芳三堡单元JG1202-R21-29地块，以及

JG1202-33地块安置房项目完成主体施工，总建筑面积超过20万平方米，建成后将保障1266户居民回迁安置。其中，景芳三堡单元JG1202-R21-29地块安置房项目位于上城区顺福路和景芳路交叉口西南侧，由7幢高层住宅组成，总户数642套；景芳三堡单元JG1202-33地块“农转非”（农用地转成非农用地）居民拆迁安置房项目位于上城区顺福路和景芳路交叉口东南侧，由11幢高层住宅组成，总户数624套。公共租赁房项目有序推进，凯旋单元FG20-R21-14地块公共租赁房项目主体施工完成，总建筑面积3.5万平方米，建成后将提供288套房源。该项目位于上城区新塘路与昙花庵路交叉口西北侧，由3幢高层住宅组成。推进采东路延伸段（杭海路—新塘路）道路工程建设，总投资2611万元。该道路长约200米、宽20米，项目占地面积4529平方米，于年内基本建成。同步推进钱江苑一号、三号支路等市政配套工程建设，提升安置房区域通行基础。

【钱塘江博物馆工程】2022年，市钱江新城管委会推进钱塘江博物馆工程项目。钱塘江博物馆项目位于京杭大运河南端起始点与钱塘江交汇处，于2020年5月开工，总投资1.49亿元，占地面积3386平方米，高24米，建筑面积1.15万平方米。其中，地上4层，建筑面积4063平方米；地下3层，建筑面积7473平方米。建设内容为陈列展览区、教育区、配套服务用房、管理用房、地下停车库等。建筑设计通过博物馆内、外两组流线的组织，勾勒出盘旋交织、下小上大的倒圆台建筑形式，呈现“水漩潮涌”姿态，在视觉上形成水流盘旋交织后螺旋上升的效果；外立面采用单元钛锌板幕墙交错“砌筑”，使不同尺寸的外凸、内凹的单元幕墙在不同的光环境下呈现水波般的图像。2022年6月23日，项目完成主体结构验收。至年末，项目处于外立面幕墙和室内精装修施工中。

（许　柯）

小营智慧健康产业园

【概况】小营智慧健康产业园东至东河，西至中河路，北至庆春路，向南延伸至城站大商圈和五柳巷历史街区。2022年，小营智慧健康产业园有在册纳税大健康企业218家。财政总收入6.49亿元，比2021年增长24.8%；一般公共预算收入2.74亿元，增长25.7%。产业园形成以医疗服务为支柱，以健康信息、健康金融为主导，以健康旅游、健康文化、健康养老、健康管理、体育健身等为支撑的健康产业新体系，有代表企业国药集团浙江医疗器材有限公司、浙江瑞海思智慧医疗科技有限公司等。全年招引“健康产业+”项目7个，其中外资项目1个，为杭州玖美生物科技有限公司。年内，杭州玖美生物科技有限公司、浙江瑞海思智慧医疗科技有限公司共同合作的瑞海思智慧医疗项目“基于5G+AR精准化分级诊疗系统及装备研发与应用”获评上城区“金靴奔跑”C类项目。全年全区被认定杭州市高层次D类及以上健康人才6人，走访服务企业35家次。小营智慧健康展示中心紧跟国情和政策需求，及时转型，调整发展方向。全年举办专科研学课堂4期，邀请行业领军专家面对面为近500名护理人员导学答疑，提升护理人员的临床专业技能、科研论文书写及职业发展规划。产业园的“健康小屋”持续为居民普及健康知识，推行疾病管理向健康管理发展的理念。护家护理站积极开展基础护理服务、专项护理服务、评估服务、急救培训等护理工作，为有需求群体提供专业医护服务，并面向社会人群、企事业单位提供健康管理服务，连续3年承接上城区民政居家养老评估项目，服务800多人次。

（孔烁燕　陶峥勇　仲　玥）

【润物德荫（杭州）健康科技有限公司落地产业园】2022年5月，润物德荫（杭州）健康科技有限公司落地小营智慧健康产业园。公司注册资金5000万美元，母公司为银湖科技（香港）股份有限公司，主要构建生命健康领域的数据驱动真实世界研究平台，向外扩展到远程医疗、专科医疗、药品及医疗器械的研发生产。

【瑞海思智慧医疗项目获评区“金靴奔跑”C类项目】2022年11月，杭州玖美生物科技有限公司、浙江瑞海思智慧医疗科技有限公司共同合作的瑞海思智慧医疗项目获评上城区“金靴奔跑”C类项目。该项目由浙江大学系统主治医师组成核心团队，基于5G+AR云急救平台（瑞海斯系统），利用5G通信技术及先进的云网技术，使接入平台的AR眼镜和手机、平板电脑等终端设备互联互通，将基层医院、救护车和上级医院连成一张网，使上级医院通过该平台快速赋能基层医院，实现城乡急救快速同质化。

（陶峥勇）

经济贸易与区域合作

经济贸易

【概况】 2022年，上城区充分利用国内和国际两个市场、两种资源，扩大对内对外贸易便利化合作，推动内外贸一体化发展，激活双循环发展引擎。区商务局持续开展“三服务”活动，协助杭州巨星科技股份有限公司对接钱江海关，解决其越南生产基地边角料回运国内事宜，将其涉及产品加入海关相关目录，畅通进口渠道；帮助万事利集团有限公司、浙江同富特美刻家居用品股份有限公司与中国进出口商品交易会（简称广交会）组委会对接开发广交会吉祥物周边产品等，帮助企业解难题拓境内市场。全年全区货物进出口总额639.49亿元，比2021年增长4.2%。其中，出口总额407.24亿元，增长17.8%；进口总额232.25亿元，下降13.2%。全区服务贸易出口总额21.99亿美元，增长8.4%。“数字赋能，推动商圈服务大提升”入选中国（浙江）自由贸易试验区杭州片区2022年第一批优秀改革试点经验名单。

【上城区被授牌第三批浙江省进口贸易促进创新示范区】 2022年，上城区推进进口平台打造、产业链整合、政策兑现等工作，促进省进口贸易促进创新示范区建设。11月6日，第5届中国国际进口博览会（上海）浙江省重点进口平台推介会暨浙江省交易团进口采购集中签约仪式在上海举行。仪式上，上城区被授牌第三批浙江省进口贸易促进创新示范区，系杭州市唯一，并作为全省示范区唯一代表做交流发言。辖区中航国际矿产资源有限公司进口供应链平台和杭实国贸投资（杭州）有限公司进口供应链平台被评为第三批浙江省重点进口平台。

【跨境电商产业链】 2022年，区商务局参与修订《上城区发展时尚产业政策》《1+4产业政策》《上城区高端商务人才认定实施办法》等政策细则。聚焦电商直播经济、文化创意出海、商贸领域人才等方面。联合承办“潮起钱塘·数字丝路”第6届全球跨境电商峰会。峰会上，杭州趣比汇网络科技有限公司、浙江凌迪数字科技有限公司、浙江爱斯基摩人科技有限公司、浙江同富特美刻家居用品股份有限公司、杭州佳成国际物流股份有限公司5家上城区企业入选跨境电商潜力企业、跨境电商标杆企业。在峰会分会场（闭门交流会），上城区与萧山区、余杭区、钱塘区共同招商，与安克创新科技股份有限公司、纵腾人力资源集团有限公司、北京优立家家居有限公司、上海海鲲网络科技有限公司、合鲸资本控股有限公司、上海曲线科技有限公司等知名跨境电商企业深入洽谈，先后开展跨境电商活动11场。区商务局整合杭州伯恒进出口有限公司、杭州堡森国际物流有限公司和杭州佳成国际物流股份有限公司位于荷兰、比利时、日本等国家和地区的海外合作园区、合作中心、合作站点、海外仓资源，搭建“四位一体”（园区+中心+站点+海外仓）的跨境电商海外服务网络，为跨境电商企业提供海外品牌培育与知识产权、物流仓储与退换货及支付便利等专业服务，促进“中国制造”更好“走出去”发展。至年末，公共海外仓总面积超过6万平方米，服务企业4000多家，初步实现数字化展示和联通，“海外仓服务在线”上线率近80%。全年开展品牌出海、营销推广、直播电商等专题培训8场，868人参加培训。培训中，亚马逊全球开店、SHOPLINE、谷歌等专业团队为跨境电商企业讲解运营技巧、选品逻辑、出海趋势等内容，共同探索行业市场规律，赋能品牌出海。将跨境电商人才纳入高端商务人才体系，全年推荐上报区级商务精英人才37人、区级商务青年人才14人，分别被认定3人、11人。钱塘智慧城获评2022—2024年度省级跨境电子商务产业园，浙江国贸云商控股有限公司入选2022年浙江省外贸综合服务企业名单。

【“三服务”活动】 2022年，上城区深化“三服务”活动，帮助企业解决实际问题。区商务局宣传引导并开展在线专题培训60多场，组织杭州海兴电力科技股份有限公司和久祺股份有限公司等90多家企业参加浙江出口网上交易会、中国进出口商品交易会、中国国际进口博览会、中东欧博览会及相关线上海外展等展会200多场，帮助企业开拓市场、增加份额。通过宣传相关政策，协助对接供需信息等举措，指导辖区杭州安旭生物科技股份有限公司多批次产品入选中国医药保健品进出口商会出口白名单，开具境外商标注册证明以开拓哈萨克斯坦市场，实现5倍以上增长。联合钱江海关指导久祺股份有限公司、杭州安旭生物科技股份有限公司AEO（经认证的经营者）认证前期辅导工作，提高在AEO盟国的通关效率。联合钱江海关组织10家企业召开座谈会，围绕检验检疫、关税保税等方面介绍海关新政策，现场解决“多式联运”（通过市海河、海铁和乍浦支线等方式联运模式出口）和“AEO认证申报”等问题10多个，提升贸易便利化水平。指导杭州巨星科技股份有限公司等40家外贸企业申请全国统一通行证，助力外贸企业打通物流堵点，办理重点物资运输车辆通行证86张。

【内外贸一体化发展】 2022年，上城区推进内外贸一体化工作，助力构建双循环发展格局。全年全区新增进出口实绩企业61家、进出口经营权备案登记企业291家。加强国际合作、人才培育等工作，相关政策、服务向“一带一路”及RCEP成员国等国家倾斜。对《区域全面经济伙伴关系协定》（RCEP）成员国等15个国家出口84.06亿元，比2021年增长25.7%。鼓励有实力的外贸企业建立自主品牌，提升市场竞争力，协助企业向上申报省、市出口名牌，并给予政策奖励。钱塘智慧城智能制造内外贸一体化基地入选浙江省第三批内外贸一体化改革试点产业基地培育名单，杭州巨星科技股份有限公司、中航国际矿产资源有限公司、久祺股份有限公司等10家企业入选浙江省第三批内外贸一体化“领跑者”企业培育名单。久祺股份有限公司和杭州安旭生物科技股份有限公司被评为“浙江出口名牌”企业，杭州海兴电力科技股份有限公司和久祺股份有限公司被评为“杭州出口名牌”企业，杭州巨星科技股份有限公司等5家企业获评“浙江跨境电商出口知名品牌”企业。

【服务贸易】 2022年，上城区注重服务贸易专业人才培养，发挥品牌园区和企业的示范引领作用，推动全区服务贸易日益发展。加快服务外包专业人才的培养，通过第三方培训机构对服务外包工作人员进行外包业务知识培训，提升工作人员从事服务外包工作的能力，新认定浙江省邮电工程建设有限公司为服务外包人才培训机构。培育新入库服务贸易出口企业，针对技术开发类领域的新兴服务贸易企业进行挖掘，全年新入库杭州久祥进出口有限公司、杭州适阳家居用品有限公司、杭州恒阳贸易有限公司和读布科技（杭州）有限公司等13家企业。普及服务贸易前沿知识和发展趋势，全面提高行业和企业管理水平，组织邮电工程、重型汽车等15家企业、20人参加服务贸易人才培训。钱塘智慧城（城北园区）被认定为2022年杭州市服务贸易示范园区，久祺股份有限公司和杭州捷尔思阻燃化工有限公司入选2022年杭州市服务贸易示范企业名单，杭州鸿沁医药科技有限公司被认定为2022年杭州市服务贸易成长型企业。至此，上城区有东方电子商务园等2个市级服务贸易示范园区、杭州巨星科技股份有限公司等9家市级示范企业、杭州同富云商科技有限公司等8家市级成长型企业。

（叶切富）

招商引资

【概况】 2022年，上城区不断优化营商环境，落实引外资、稳固投等工作，系统重塑招商引资新体系、新机制、新打法。全年全区完成实际利用外资10.9亿美元，规模居全市第1位；落地总投资亿元以上服务业固定资产投资项目14个，其中10亿元以上项目7个；落地总投资亿元以上制造业固定资产投资项目3个。

【重大项目签约】 2022年5月13日，上城区重大项目集中签约仪式举行。仪式上，签约三峡集团浙江能源投资有限公司、杭能控股集团有限公司、物产中大新能源发展（浙江）有限公司、浙江思极科技服务有限公司、杭州迪视医疗生物科技有限公司等重大产业项目16个，总投资333.5亿元。签约项目主要涵盖金融服务、消费服务、智能制造，专业服务、大健康等行业。其中三峡集团浙江能源投资有限公司是中国长江三峡集团有限公司在浙江的分支机构和投资平台，新设售电板块业务，对中国长江三峡集团进入浙江的电能实施统一管理，稳步推进清洁能源市场化交易。

【土地推荐】 2022年，区投资促进局加快土地推荐工作。2月28日，举办以“筑梦上城，成就未来”为主题的土地推荐活动。新世界（中国）有限公司、新鸿基地产发展有限公司、香港置地控股有限公司、保利发展控股集团股份有限公司等49家房地产开发企业的高层领导到场，开展座谈交流。同时在线上通过“天目新闻”客户端、浙报传媒地产研究院官网等平台进行直播，吸引6.3万人在线观看。全年接洽各类用地需求企业（项目）137个。12月10日，由区政府主办、区投资促进局承办的“潮起钱江，走进上城”投资环境推荐会在山南印举行。会上，区投资促进局做重点地块推荐，涉及望江新城、钱江新城核心区，以及钱江新城二期三大区块9宗重点地块，包括海潮路TOD（以公共交通为导向的开发模式）项目、海东商业地块、常青夕照商业地块及钱江新城二期等优质商业商务地块。

（何倞婧）

【一汽奥迪销售有限责任公司搬迁落成典礼举行】 2022年6月21日，一汽奥迪销售有限责任公司在上城区举行搬迁落成典礼，系全球汽车行业龙头企业首次在杭州设立功能性全国总部。总部位于钱塘银座大厦，物业面积2.7万平方米。该公司是一汽大众汽车有限公司的全资子公司，注册资本3亿元，公司产品线丰富，拥有众多细分市场优势车型供用户选择，为更多中国消费者提供更具本土化特征的优质产品及服务。至年末，实现税收24.4亿元，营业收入1978亿元。

（姚佳丽）

【特雷西能源科技（杭州）有限公司落地】 2022年1月14日，特雷西能源科技（杭州）有限公司迁入钱塘智慧城。特雷西能源科技（杭州）有限公司成立于2013年4月，注册资本2526万元。该项目参加上城区首届“金靴奔跑计划”，被认定为“金靴奔跑计划”A类项目，项目负责人龚斌落户钱塘智慧城。该公司为油气藏高精度地质建模—数值模拟—智能油藏整体解决方案供应商，主营油气藏模拟软件和技术服务等相关业务，拟打造以产品创新研发、运营为主的科技总部。区投资促进局自2021年8月初次对接特雷西项目后，与钱塘智慧城管委会及时跟进、靠前服务，通过“保姆式服务”，提供全方位落地支持，打通优质企业落地的“任督二脉”。多次会同区相关部门协助企业场地及人才项目评审事宜，在企业参加人才创业项目评审的同时，跟进特雷西能源科技（杭州）有限公司迁入进度，在龚斌获“金靴奔跑计划”A类的同时完成企业的注册落地。特雷西能源科技（杭州）有限公司作为雷石投资首个落地上城区的总部项目，被评选为浙江省专精特新中小企业。

（高　颖）

对口帮扶与区域合作

【概况】 2022年，上城区全面开展对口帮扶和区域合作工作。区财政拨付四川省甘孜藏族自治州雅江县、广元剑阁县帮扶资金8519万元，区属国有企业拨付帮扶资金400万元，消费帮扶金额5.01亿元，社会力量捐款捐物1287.58万元。上城区持续发挥与雅江县、剑阁县的镇街、村企、学校、医院及社会组织的结对优势，聚焦产业合作、劳务协作、消费帮扶、改善基础等领域，全年实施帮扶项目13个，基本实现帮扶领域全覆盖。推进“街道帮乡镇”“万企帮万村”活动，上城区14个街道与雅江县、剑阁县28个乡镇结对，23家民营企业与雅江县、剑阁县23个乡村振兴重点帮扶村签订《“万企帮万村”结对帮扶框架性协议》。年内，上城区与衢州开化县、杭州淳安县开展山海协作及区县协作工作，推进乡村振兴示范点建设，落实山海协作资金400万元、区县协作资金4200万元（含镇街结对资金700万元）。持续与吉林省长春朝阳区、二道区开展对口合作，推进人才项目合作，推动产业协同发展。

【“帮帮摊”项目】 2022年，上城区与剑阁县利用东西部协作平台，按照“政府搭平台、市场化运营、社会化发动”原则，依托“就业帮扶车间”创新推出“帮帮摊”项目，助力当地群众实现“家门口就业”。该项目把帮扶车间改造成集培训、囤货、选货、发货于一体的“帮帮驿站”，引进专业运营团队对接东部百货源头工厂，统一低价提供以日用品、小商品为主的货品，提供物流组织、摊位铺设、人员培训、售后服务等运管服务。对当地残疾人、脱贫人口、重点监测户等低收入人群开展业务培训，并根据个人意愿，将其发展为摊主，在乡镇集市规范设置一定数量的固定摊位，免费提供使用，摊主“零押金”领取货物，通过驻点销售、流动销售等方式直接获取利润。针对非人为因素损坏和市场消费需求变动所产生的剩余商品，提供免费退换服务，在全县范围周转调配，消除商品积压风险。“帮帮摊”一期着重培育商贩队伍规模，鼓励、引导摊主在完成原始资金积累后，将租赁、开办的实体店面转型升级为“帮帮店”。全年剑阁县打造“帮帮驿站”8个，培育固定摊、流动摊、实体店等186个，销售额超过150万元。中央广播电视总台财经频道《经济半小时》栏目对该项目进行专题报道。该项目入选国家乡村振兴局全国东西部协作示范典型案例汇编，并在全国推广。

【雅江松茸产业项目数字化】2022年，上城区将数字化理念植入松茸产业链，助力四川雅江县实现松茸产业立体化升级。指导雅江县成立松茸产业提升领导小组，吸纳60个松茸主产村的销售主体和3家快递物流企业成立雅江县松茸产业协会。协会定期组织会员单位开展产业研讨交流，对接东部发达地区市场，建立采购商联盟、供应商联盟，通过线上和线下相结合，联合天猫电商平台开展“线上雅江松茸节”主题活动，解决原有松茸产业链松散问题。上城区发挥数字化产业成果经验，引入农产品数字化领域经验丰富的浙农控股集团有限公司，开发“五云一码”数字化平台（采摘云、服务云、流通云、治理云、监管云、雅江松茸码），为全县从事采摘的1000多户藏民免费提供卫星定位智能背包和背篓，对松茸采摘环境信息、采摘人员信息等进行数字化建档，形成松茸品质健康码，用1个二维码，把采摘、服务、流通、治理、监管5个环节连接起来，实现全产业链、全流程品控溯源，支撑雅江松茸产业可持续健康发展。年内，当地从业人员直接收入比2021年增加20%以上。雅江县融媒体中心、“上城发布”微信公众号等媒体、网站对雅江松茸全产业链数字化工作进行深度报道。该项目入选国家乡村振兴局全国东西部协作示范典型案例汇编、2022年国家发展和改革委员会推介全国消费帮扶助力乡村振兴典型案例，并在全国推广。

2022年6月11日，“帮帮摊”项目在广元剑阁县正式启动。图为当日该项目启动后，嘉宾参观摊位（区发改经信局 供稿）

【互访调研对接活动】2022年，上城区与雅江县、剑阁县开展互访调研对接活动，制定《2022年上城区对口支援和区域合作计划》《2022年上城区—雅江县对口支援工作要点》《2022年上城区—剑阁县东西部协作工作要点》，明确具体任务，落实工作责任。两地党政主要领导分别进行互访。9月21日，上城区到雅江县对接对口支援工作，签订上城区与雅江县两地对口支援框架协议，并举行捐赠仪式，浙江九天控股集团有限公司等9家企业参加。11月6日，剑阁县党政代表团到上城区对接东西部协作工作，召开联席会议。会议聚焦深化教育、医疗、产业合作等领域的协作工作。

【教育、医疗帮扶】2022年，上城区在雅江县、剑阁县实施“智慧教育”“智慧医疗”

2022年11月5日，2022年剑阁县农特产品进社区（上城）推介活动启动仪式在彭埠街道举行。图为活动场景照片　　（区商务局 供稿）

项目，帮助推动两地教育、医疗事业发展。上城区向剑阁县30所学校、16家卫生院及雅江县18所学校、2家中心医疗机构提供总价值896万元的视频会议服务及配套视频终端系统服务。上城区、剑阁县两地中小学校通过教育视频协作平台，同步实现远程课堂、专递课堂、名师在线教研，实现精品课堂、教学课程共享等服务，提高受援地区教育水平。雅江县依托"智慧医疗"项目平台，直接连线浙江大学医学院附属第二医院等三甲医院，开展远程视频培训及远程视频会诊工作，惠及医疗人员950多人。远程医疗视频协作平台满足雅江县、剑阁县线上医疗资源下沉、远程在线诊断答疑、医生在线帮扶三大需求，提升两地医疗水平。至年末，全区有10所学校、9家医院与雅江县、剑阁县的医院、学校开展结对帮扶。

（沈佳莹）

【消费帮扶】 2022年，上城区深化消费帮扶，不断拓宽产销对接渠道，结合四川剑阁县、甘孜藏族自治州的实际情况，解决好产品难卖问题。9月8日，区商务局向全区发放"消费帮扶"倡议书，宣传四川农产品，拓宽销售渠道，首次倡议活动受众面达1.5万人次，倡议书带动销售农产品数十万元。11月5日，2022年剑阁县农特产品进社区（上城）推介活动启动仪式在彭埠街道举行，通过开展7场农特产品推介活动，进一步提高"剑阁造、剑阁产"产品市场占有率和知名度，促进剑阁县名、优、特新产品走向全国市场，带动销售额约70万元。11月8日，浙江杭州"圣洁甘孜·天赐优品"甘孜州农牧生态特色产品品鉴及展示展销会在南星街道举行，"圣洁甘孜"体验馆同步揭牌。全年全区完成消费帮扶5.01亿元。

（范雨行）

【劳务协作】 2022年，上城区与雅江县、剑阁县签订《劳务协作战略合作框架协议》，发挥"上城—雅江""上城—剑阁"劳务协作工作站作用，形成政府推动、市场主导、多方参与、合作共赢的工作格局。向雅江和剑阁两地推出"上选·云聘职汇"线上招聘服务平台，发布岗位信息2000多个，通过远程招聘系统开展视频面试应聘，遴选上城优质企业作为劳务输入基地，形成就业岗位长效开发机制。上城区在剑阁县举办上城区—剑阁县劳务协作招聘会，组织上城区劳务公司和企业参与，并与当地职业学校签订就业合作协议，输送岗位2000多个，达成就业意愿500多人。全年新增帮助雅江、剑阁县转移到浙江省就业697人。

【企业投资】 2022年，上城区组织区发改经信局等经济部门和中豪控股集团总裁、四季青苏杭服饰有限公司总经理等30名企业家分批到雅江县、剑阁县开展实地考察

3次，依托上城区资金、电商等方面产业资源优势，引导杭州娃哈哈集团有限公司等15家企业到雅江县、剑阁县投资，实际投资21.41亿元。全年参与共建（续建）产业园区6个，其中农业产业园4个。引导入驻园区企业3家，入园企业实际到位投资额4100万元，吸纳农村劳动力就业179人。

（沈佳莹）

对外交流

【长三角一体化工作】 2022年，上城区深度实施长三角一体化发展国家战略，与上海市黄浦区、南京市鼓楼区、苏州市姑苏区、宁波市鄞州区、合肥市庐阳区、合肥市蜀山区、无锡市梁溪区、南通市崇川区合作共建长三角主要城市中心城区高质量发展联盟。编制发布联盟高质量发展白皮书，开展年度经济数据共享，为促进联盟成员间经济合作、产业联动提供数据支撑；推出2022年联盟品牌影响力提升、楼宇经济一体化合作、城市保护更新与发展等“十大行动”，持续深化重点领域合作；牵头发起长三角商务楼宇等级评定标准项目合作签约，推出2022年“楼宇经济成果发布”专项行动，依托《楼宇平方效益评价规范》杭州市地方标准，结合中心城区楼宇经济发展现状，编制发布全国首次跨省级行政区域共同提出的《长三角商务楼宇一体化评价体系》，实现对联盟城区商务楼宇的综合评价。确定外滩金融中心、华峰国际商务大厦、苏宁慧谷等20幢楼宇成为该评价体系的首批试点，长三角楼宇经济合作取得阶段性成效。

（庄亦谐）

【上城区参加首届全球数字贸易博览会】 2022年12月11—14日，首届全球数字贸易博览会在杭州举行。博览会展会面积8万平方米，以“数字贸易，商通全球”为主题，境内外800多家数字贸易骨干企业参加，是国内唯一以数字贸易为主题的国家级、全球性的专业博览会。区投资促进局抢抓该博览会机遇，与多家企业开展对接，进行区情推介并邀请企业参观上城。

【上城区参加产业链供应链韧性与稳定国际论坛】 2022年9月18—20日，产业链供应链韧性与稳定国际论坛在杭州举行。论坛以“同舟共济，共克时艰，务实推动构建富有韧性的全球产业链供应链”为主题，为全球产业界和广大中外企业打造一个对话交流的高端平台。区投资促进局全程参与服务，利用论坛间隙推介上城资源，对接多家优质企业，深入挖掘合作机会。

（姚佳丽）

2022年12月11—14日，上城区参加首届全球数字贸易博览会。图为上城展区（区商务局 供稿）

综合经济监管与服务

发展与改革

【概况】 2022年，上城区深化概念性战略规划编制，科学划定“三区三线”并获批准。加快推进保障性安居工程建设与旧城区改建，建设筹集保障性租赁住房13763套（间），竣工浜河、牛田、蚕桑等安置房项目41万平方米、2275套，完成回迁安置3720户，海潮雅园、坤塘悦府等9个项目获评市首批“最美安置房”。加快推进老旧小区改造，实施改造项目180个、538.5万平方米。全面实施外贸品牌战略，上城区被授牌浙江省进口贸易促进创新示范区，入选省级跨境电商知名品牌5个，培育省级出口名牌2个。纵深推进数字化改革，“云联勘”等16项应用入选省级试点；杭州东站“大型综合交通枢纽智治应用”获2022年度省改革突破奖银奖，“时间银行”等4个应用场景入选全省“一本账S_2”，被杭州市以外多个地区申请复用。依托“一网通办”系统，构建“15分钟群众办事圈”，100%的事项实现“网上办”，其中涉及个体工商户和房屋租赁备案等102个事项实现全域通办、就近可办。

（金　磊）

【区“十四五”规划印发】 2022年3月2日，《杭州市上城区国民经济和社会发展第十四个五年规划和二〇三五年远景目标纲要》经上城区第一届人民代表大会第一次会议审查批准后正式印发。区“十四五”规划共设置10个章节。第一章总结回顾“十三五”时期的发展成果、分析新发展阶段面临的机遇挑战、提出二〇三五年远景目标及“十四五”时期经济社会发展的总体要求和主要目标。第二章至第九章分别从优化城区发展新格局、打造改革创新的生力军、激发高端产业的强劲动能、彰显宋韵文化的独特魅力、塑造精致优雅的城市形态、营造美丽宜居的生活环境、创造共同富裕的美好生活、夯实城市发展的安全底板8个方面对“十四五”期间经济社会发展的重点任务进行阐述。第十章明确坚持党的领导、明确分工落实、加强要素支撑、强化监测评估四项规划实施的保障措施。

【高端产业发展规划】 2022年，上城区编制《杭州市上城区高端产业发展规划（2021—2025）》。该规划指导上城区未来5年高端产业发展方向，分5个章节。第一章主要分析高端产业的发展基础、发展机遇和面临挑战。第二章明确指导思想、基本原则，以及到2025年上城区高端产业的发展目标。第三章细化“十四五”总体规划，发展以金融服务、消费服务、智能制造为支撑，以专业服务、大健康为特色的“3+2”高端产业体系。第四章聚焦“杭州金融城、高新智慧谷、时尚消费港、枢纽数贸区”四大产业集群发展。第五章主要从组织保障、要素保障、制度保障等方面提出规划落地实施的保障措施。5月13日，上城区召开都市经济高质量发展暨助企惠企“六个一”行动推进大会，现场发布“一城一谷一港一区”（“杭州金融城”“高新智慧谷”“时尚消费港”“枢纽数贸区”）四大产业集群，“3+2”高端产业发展能级不断提升。

（刘涵慧）

财　政

【概况】 2022年，区财政局落实“疫情要防住、经济要稳住、发展要安全”的要求，充分发挥财政稳增长、促改革、调结构、惠民生、防风险的作用，强化收支管理，深化财政改革，支持新冠疫情防控和稳住经济大盘，保障全区经济社会平稳健康发展。全区财政总收入405.63

2022年5月13日，上城区高端产业集群点亮仪式举行

（区发改经信局 供稿）

亿元，比2021年增长7.4%。其中，一般公共预算收入210.56亿元，增长4.6%，占财政总收入的51.9%。一般公共预算收入中，税收收入199.21亿元。全区一般公共预算支出152.21亿元，增长8.1%，其中区本级一般公共预算支出129.39亿元，增长8.4%。全年财政收支平衡。

【财政收入管理】 2022年，区财政局统筹兼顾稳增长与防风险，提高财政收入质量，研判财政收入形势，强化非税收入征管，保障财政收入平稳运行。优化财政收入结构，一般公共预算收入占地区生产总值的8.2%，其中税收收入199.21亿元，比2021年增长4.5%。加强收入监测分析，落实分行业、分税种、分区块财政收支月报制度。创建“税源分析与扶持资金管理系统”，严密监控财政收入变化、税源流失情况等关键经济数据，强化经济部门联动协调、定期通报、数据共享、督查考核工作。强化非税收入征收管理，规范行政事业性收费管理，公开行政事业性收费目录，督促执收单位依法依规征收；落实涉企行政事业性收费缓缴政策，全年办理缓缴88万元；优化非税收入收缴和电子票据管理工作，通过浙江财政非税和票据管理平台，提高财政非税和票据管理规范化、标准化、自动化水平，财政票据和征收电子化改革覆盖率100%。全年征收非税收入14.42亿元，其中纳入一般公共预算管理的非税收入11.35亿元。

【经济发展支撑】 2022年，区财政局发挥财政逆周期和跨周期调节作用，落实浙江省“5+4”稳进提质政策体系等各级助企纾困政策20.23亿元。以新一轮区、街财政体制调整为契机，引导街道加强财力建设，培育涵养优质税源，夯实财力可持续增长基础，逐渐形成以金融服务、消费服务、智能制造为支撑，专业服务、大健康为特色的“3+2”高端产业体系，实现一般公共预算收入116.27亿元，比2021年增长22.9%。建立区增值税留抵退税跨部门协同工作机制，推进组合式税费政策落地，减免税费58.39亿元。减轻市场主体负担，鼓励国有企业、行政事业单位房租减免1.83亿元，惠及企业和个体工商户2044户。强化人才平台建设，保障“金靴奔跑”创业项目、大学生创业资助及房租补贴、领军型创新创业团队等项目顺利进行，培育出特雷西能源科技股份有限公司等人才企业，落实区级人才专项资金9600万元。推动各类财政补助资金应上尽上“亲清在线”数字平台，实现财政补助“一键申领”，惠及群众20万余人次、企业4500多家次。

资料

“5+4”稳进提质政策体系：即扩大有效投资、减负强企、科技创新、稳外贸稳外资促消费、民生保障“五大政策包”和财政、自然资源、金融、能源“四张要素清单”。

【民生支出保障】 2022年，区财政局将财政支出向民生领域和重点环节倾斜，持续提升民生福祉，推进共同富裕建设。全年区级民生保障和社会事业支出127.34亿元，占区级一般公共预算支出的83.7%，比2021年增长6.4%。其中，教育事业发展支出37.94亿元，用于校园安全健康服务提升，推进“公参民”等改革政策落地，教育现代化发展水平监测居全市第一；卫生事业发展支出15.14亿元，用于新冠疫情防控和提升基层医疗卫生服务水平，上城区获评浙江省健康县区；社会保障事业发展支出19.34亿元，落实“一老一小”整体解决方案，安排专项资金600万元支持婴幼儿托育照护体系建设，保障民生改革事项实施；文化事业发展支出3.34亿元，用于宋韵文化新高地建设，支持第2届宋韵文化节举行，建成杭州书房21家、文化客厅31个、邻里图书馆13家，南宋书房入选首届浙江省最美公共文化空间。通过政府采购支持脱贫地区的经济发展，超额完成全区预留采购份额，完成交易额463万元。

【重大项目保障】 2022年，区财政局以提升居民生活品质为出发点和落脚点，提升区域整体品质，为重大项目顺利实施提供财政力量。投入财政资金36.31亿元，保障校舍提升改造、亮灯工程、环机场区域综合整治等重大项目顺利推进。投入财政资金4.67亿元，推动省级生态文明建设示范区创建，上城区获2021年度全省“五水共治”（河长制）工作优秀县（市、区）“大禹鼎”银鼎。全域化推进未来社区建设，改善人居环境。其中，投入财政资金7.84亿元，实施老旧小区改造提升项目180个，杨柳郡社区、红梅社区入选浙江省首批未来社区名单；投入财政资金1.46亿元，完成既有住宅加装电梯127台、二次供水改造小区12个，治理危房19处。亚运建设投入5.61亿元，用于保障迎亚运地铁道路重建等亚运重点项目。

【财政改革深化】 2022年，区财政局深化改革创新，加强顶层设计，推进数智财政、预算绩效管理等重点领域改革。推进预算管理一体化系统建设，实现全区行政事业单位财务核算云服务平台全覆盖，完成财政专户资金电子化改革。上线公款存放季报系统进行动态监测，启用政采云网上招标平台，将公款竞争性存放招投标全过程从线下搬至线上，简化流程，做到线上全留痕，信息可追溯。推进“浙里报账”系统建设及应用，开展“线上+线下”培训3期，成立业务指导服务群，开展24小时答疑指导，设置“浙政钉”区级工作平台应用场景，实现财务审批流程“跑零次”。搭建“一个部门一套核心指标”特色绩效评价指标体系，以街道和教育系统为试点，开展街道财政整体运行综合绩效评价。上线运行上城区数智化国有企业管理平台，实现人、财、物、资和业务的实时监控和动态监管。

【财政监管】 2022年，区财政局深化财政监管，提升财政运行管理水平。加强预算支出管理，落实政府过“紧日子”要求，压减非刚性、非重点项目经费8423万元，统筹用于保障民生及重点项目。强化政府投资建设项目管理，完成招标清单控制价项目审核，调整率15.2%；完成全区首个教育类EPC（工程总承包）项目预算审核，净核减率13.5%。强化财政监督检查，落实地方财经秩序专项整治行动、地方预决算公开情况专项检查等财政监督检查事项，开展公款竞争性存放、收支管理、政府采购等专项检查，规范预算绩效管理，清理盘活沉淀资金，提高财政资金使用效益。提升财政监督效率，通过“互联网+监管”执法平台，实现执法数据全方位管理，开展重点检查62项，行政检查事项100%覆盖。强化国有资产监管，全年开展3轮国有房产清查，依托“资产云”平台对存量房产登记造册，实现动态化管理。

【政府债务管理】 2022年，上城区全面落实防范化解债务风险主体责任，制定《关于开展上城区2022年化解隐性债务风险专项行动的实施方案》，明确各部门职责内容，逐项分派化债资金筹集任务，实行清单式管理。全年新增地方政府债券7.7亿元，其中一般债券3亿元、专项债券4.7亿元，保障德寿宫遗址保护展示工程暨南宋博物院（一期）项目、迎亚运道路整治等重点项目有序推进。

（鲍健宇）

税　务

【概况】 2022年，区税务局持续通过落实减税降费政策、优化纳税服务、深化税收征管改革、杭州第19届亚运会和杭州第4届亚残运会保障服务等举措推进全区税务工作。全年全区组织各项税费收入679.89亿元，比2021年增长10.9%。其中，税收收入464.29亿元，增长8.7%；非税收入14.73亿元，增长11.5%；社会保险费基金收入195.4亿元，增长16.5%；其他收入（职业年金）5.47亿元，增长15.1%。完成一般公共预算收入232.29亿元，增长15.4%。办理出口退税36.73亿元，增长3.4%。全年区税务局获全国节约型机关、浙江省“青年文明号”、杭州市五四红旗团支部等集体和个人荣誉69项。

【减税降费政策落实】 2022年，区税务局坚持“快退税款、狠打骗税、严查内错、欢迎外督、持续宣传”原则，贯彻落实组合式税费支持政策，推动增值税留抵退税、服务业增值税加计抵减、小型微利企业的企业所得税再减半优惠、企业职工医疗保险费缓缴、阶段性下调失业保险费率与工伤保险费率等支持性政策落实。开展立体化、全覆盖政策宣传，拓宽传统媒体、新媒体宣传渠道，开设“税小尚”亲清直播间，针对性推出税收宣传视频15期、直播21场，讲解、宣传组合式税费支持政策，累计6万人次观看。推动“政策找人”，以大数据分析筛选定位、精准辅导，借助“浙江税务征纳沟通平台”，第一时间向纳税人、缴费人推送通用税收政策77条、定向税收政策18条，覆盖61万余户次。5月27日，承办省税务局主办的省、市、区三级特邀监督员留抵退税政策落实情况全流程监督沉浸式体验活动，请特邀监督员们观摩一笔留抵退税从企业端提出申请到税务部门受理申请、内控监督、实施退库的全过程，使其了解从企业端提交退税申请到国库退库的办理增值税留抵退税全流程，防控留抵退税风险。全年落实组合式税费支持政策退免税费67亿余元，惠及市场主体18万余户，“大数据”靶向辅导助力企业精准享受政策、政策红利助力“老字号”焕发新活力等做法被中央广播电视总台《第一时间》栏目报道。建立经济运行、税源变动月析月报机制，撰写的税收经济分析报告为区委、区政府提供决策参考，获区领导批示肯定8次。

【纳税服务优化】 2022年，区税务局打造“15分钟办税缴费圈”，创建“智慧主厅、智税定制厅、共治微厅”的智慧办税新格局。以“智慧主厅”一体实现“咨、办、宣”服务，以“智税定制厅”聚焦服务玉皇山南基金小镇，以首个“小营街道共治微厅”带动建成覆盖14个街道的自然人“下沉式”办税缴费辅导体系，借助智慧办税舱、屏对屏技术、“RPA”数字员工技术等，实现“三厅直联、一体快办”，相关做法被国家税务总局《每日动态》刊登介绍，获国家税务总局重点工作督查组肯定。推出“浙里办票”电子发票无纸化操作、企业年报“多报合一”等便民举措，访企问需9.9万户次，有效落地建议76条，全年综合网办率97.6%，民生事项掌办率75.6%。推进营商环境试点任务，打造全市不动产便利化改革旗舰窗口，推动房产交易“全流程”网办，实现不动产登记、交易和缴纳税费“一网通办+一窗办理”，承担杭州市主城区不动产“一窗”业务中的全部个人业务和70%的企业业务，助力市税务局“交房云办证”工程，被评为杭州市“民呼我为”最佳改革案例。推出纳税服务品质常态化监督机制，针对性推出流程引导卡、“不满意请找我”专岗等举措，办税服务厅主动评价好评率达到99.8%，“好差评”工作与服务品质常态化数据均居杭州市主城区首位。便捷办税实践获国家税务总局营商环境创新试点任务现场评估组肯定，税收营商环境被推荐为杭州市第一。

资料

智慧办税舱：纳税人、缴费人通过可触摸操作屏与视频语音交互技术，“一站式”办理各类信息采集、电子打印盖章等涉税业务。

【税收征管改革】 2022年，区税务局贯彻落实中共中央办公厅、国务院办公厅《关于进一步深化税收征管改革的意见》，完成房地产交易业务入库模式调整、“金税三期”社保费征管信息系统（标准版）上线运行，有序推进优化调整社会保险费申报缴纳流程和数字化电子发票改革，宣传落实《中华人民共和国印花税法》。上城区作为打造“税务+X”浙江税费协作共治改革样板试点，联合5家区县税务局分别与地方生态环境局、规划与自然资源局、法院等部门签订《关于进一步加强税费征缴协作的协议》21份，在自然人税费征缴、社保费征缴、房地产开发企业欠税、不动产处置税费调查等方面探索共治协作。升级税务司法“规范+多元”征缴协作，建立“市、区两级税务、法院为常驻单位，各区法院结合案件参与”的税、法专家业务研讨平台，全年通过司法协作共对职业放贷人征缴税费908.03万元。创新“枫桥式”烂尾楼纠纷解决机制，联合住建部门推进“就地解决—协商共议清偿—破产兜底保障”，实现欠税入库，协助100多户业主开票办理房产证。试点疑点排查统筹工作机制，实现各部门疑点任务的统筹扎口管理、中台集中处理、风险精准应对，集中处理疑点2.14万条。参与省税务局“信用+风险”动态监管项目，编写退税应用、智能注销、招引新办等场景业务需求，重点开展智能注销“浙江版”应用场景搭建和试运行，测试受理业务656笔，优化完善监控指标100个，为注销模块正式上线平稳运行提供保障。推进非强制性执法方式试点工作，选取7家欠税企业，协助制定还款计划，入库税款874.53万元、滞纳金223.4万元。开展税收执法尽职免责试点工作，调研总结尽职免责具体适用情形，为《国家税务总局杭州市税务局税收执法人员尽职免责实施办法（试行）》推出做出基层贡献。

【助亚惠企纳税宣传辅导志愿行动在上城启动】 2022年1月6日，由市税务局主办，区税务局承办的“亚运情·税务行”助亚惠企纳税宣传辅导志愿行动启动仪式在上城区钱江新城中央商务区党群服务中心举行。活动中，“亚运税收志愿服务直通车上城站”揭牌，为杭州亚运会提供“一对一”定制化税收志愿服务。健全“绿色通道”服务机制，全年帮助杭州第19届亚运会组委会及涉及亚运会的企业解决享受税收协定待遇、对外支付税务事项备案和代扣代缴申报等特殊复杂涉税事项400笔。

（朱水峰）

2022年1月6日，区税务局承办的“亚运情·税务行”助亚惠企纳税宣传辅导志愿行动启动

（区税务局 供稿）

国有资产监管

【概况】 2022年，上城区持续深化国有企业改革、优化国有资产配置、强化行政事业单位与国有企业国有资产监督管理。组织全区开展国有房产清查，规范出租监管，落实资金减免政策，助力企业解决经营困难。优化国有企业资产结构和体制机制，提升国有企业数智化监管水平，实现全域国有资产进一步统筹整合。至年末，全区有全资、控股国有企业98家，资产总额1666亿元。区财政局直接监管杭州上城区国有资本运营集团有限公司、杭州上城区国有投资控股集团有限公司、杭州上城区市政工程集团有限公司、杭州上城区城市建设投资集团有限公司和杭州上城区城市建设发展集团有限公司5家国有企业。全区国有资产监管企业收入101亿元。

【行政事业单位国有资产监管】 2022年，区财政局全面深化国有资产监管，开展财经秩序专项整治行动。规范全区国有房产出租监管，督促各单位建立房产管理细则，落实主体责任，强化房产出租申请和评估价格审批，推动国有房产出租依法合规、公开透明。加强租赁合同备案工作，推进欠租收缴任务，确保租金应收尽收。组织全区行政事业单位开展3轮国有房产清查，全面核实房产使用情况，依托“资产云”平台对存量房产登记造册，实现动态化管理，做到房产管理底数清、信息清、责任清。落实行政事业单位、区属国有企业国有经营性房产租金减免政策，对符合减免范围的小微企业和个体工商户租金实现“三免三减半”（免除3个月租金，再减半收取3个月租金），全年减免租金1.83亿元，惠及全区2044户服务业小微企业和个体工商户。完成2022年度行政事业单位国有资产年报统计工作。至年末，全区行政事业单位独立编制机构数394个，资产总额295.17亿元，其中，行政单位资产总额86.71亿元、事业单位资产总额208.46亿元。

【国有企业监管】 2022年，上城区加强国有企业资产监管，促进依法依规履职行权，激发国有企业活力。完成区属国有企业年度决算报表、财务情况说明等2022年度年报工作。健全国有企业管理机制，制定重大事项监督管理报告、负责人经营业绩考核、工资总额管理、机构设置和人员配置管理等系列监管制度。提升国有企业数智化监管水平，上线运行上城区数智化国企管理平台，建设国有企业大数据中心，保障政府、国有企业之间的数据共享交换，发挥监管平台数据共享、智能分析作用，实现人、财、物、资和业务的实时监控和动态监管，构建国有资产监管大格局。

（方　苹 严祖英）

【国有企业改革】 2022年，区财政局按照改革线路和时间表推进各项改革工作。推动区属国有企业聚焦主责主业，增强国有经济综合实力和效益，聚力“做强做优”总方向，拓展多元化业务，增强市场竞争力。制定《上城区行政事业单位资产拟注入区属国企实施方案》，分批注入国有企业相关房产、土地、股权，盘活存量资产，促进规模化的资产集聚与集中化的运营管理，提升资产运营效率，优化国有企业资产结构。优化平台与国有企业体制机制，明确上城国投集团、上城城发集团与玉皇山南基金小镇管委会、钱塘智慧城管委会等平台的人、财、物管理和决策考核机制，促进平台和集团公司明确权责、达成共识，为产业发展、招商引资和资产运营奠定基础。完善激励约束机制和经营业绩考核制度，建立工资总额管理体系、差异化薪酬制度体系和激励办法，推进区属国有企业收入分配制度改革。成立区政府建设投资项目管理服务中心，处理24家涉改指挥部的征迁安置、工程建设、生产经营、债权债务、档案管理、其他类别六大方面存在的老、大、难历史遗留问题1492项、1.74万个，推动政企分离，实现国有资本有序进退，区属国有企业更趋专业化、规模化、产业化，国有集团平台资源配置更趋合理。制定《杭州市上城区人民政府办公室关于印发事业单位建制指挥部历史遗留问题分解及机构分类划转工作方案的通知》，按照“法律关系归一，工作（事权）有利于问题处置”原则，明确历史遗留问题承接主体。全年处置化解遗留问题5025个，其中上城市政集团全部历史遗留问题完成处置化解。牵头组建区属国有房产办证工作专班，建立“专班制运作、清单化推进、跟踪式管理”工作机制，选取典型性房产作为办证试点，高效推动工作开展。全年完成国有房产的换证、办证11.18万平方米，初步估算为区属国有企业节省税费、土地出让金等2亿余元，增加账面资产30亿元以上。与区委编办沟通对接，完成望江地区改造建设指挥部等11家事业单位建制指挥部撤销工作，实现所承接的24家指挥部全部撤销，完成吴山开发建设总公司注销工作。厘清指挥部与民营企业的历史旧账，指挥部事项更显清晰。推进延安南路指挥部与杭州商宇房地产开发有限公司解除托管工作，完成资金收支和存量资产情况审计报告，接管指挥部公章、账户、房产等，收回资金7146万元、房产42处，开展档案等其他事项接管工作；与上城国投集团就延安南路指挥部解除托管后的日常事务及历史遗留问题的承接事宜签订委托书，明确事项统归上城国投集团承接处置。全年编制《国企改革历史遗留问题处置月报》12期，加强跟踪服务与过程管控。

（方　苹 严祖英 徐頡恺）

投资与管理

【概况】 2022年，上城区坚持深化“项目为王”理念，把项目建设作为促投资主抓手和强经济生命线。重点聚焦省、市重大项目，持续完善项目责任制和分级协调制。杭州眼谷产业中心、钱塘西子研发智造基地2个省“4+1”项目实现投资3.81亿元，完成年度目标的141%，位于全市前列。省重大项目新建项目开工率100%，位于全省第1位；33个市重点项目实现投资184亿元，完成年度目标的144%；上城区两年内立项投资建设项目174个，其中开工166个，开工率95.4%，位于全市前列。全年全区完成固定资产投资约735亿元，比2021年增长5.5%。其中，生态环保、城市更新和水利工程建设投资增长85.9%，制造业投资增长47.6%，高新技术产业投资增长21%，各项目高质量推进，增长率持续提升。

> **资料**
>
> 省“4+1”项目：“4”即交通投资、生态环境和公共设施投资、高新技术与产业投资、民间项目投资。“1”即省市县长工程。

（朱丽娜）

【上城资本集团获评国际国内高信用等级】 2022年，上城资本集团通过科学谋划、多方联动等举措，打造高质量信用平台。1月28日，经上海新世纪资信评估信用评审委员会评审，上城资本集团获评AAA级主体信用等级，为国内最高信用评级，评级展望为“稳定”。上城资本集团积极推进国际评级工作，成立专项工作小组，密切联动顾问团队，高效对接国际评级机构，协同发挥“评级主体—评级顾问—评级机构”作用，在两个月内完成首次国际主体评级，成功获国际评级机构穆迪授予的Baa2发行人评级，评级展望为“稳定”，成为浙江省首家获Baa2评级的区县级城投企业，是长三角范围内区县级国际评级排名最高的企业之一。

【2亿美元债券发行】 2022年11月2日，上城资本集团成功发行境外美元债2.08亿元，系集团首次成功亮相国际资本市场，上城区在国际资本市场的知名度进一步提升。为确保该债券顺利发行，上城资本集团突出沟通前置，积极对接行业主管和监管部门，同时凝练亮点优势开展路演，主动对接各方投资人，锁定销售目标，实现逆势成功发行。

【“平安—上城资本停车场收费权资产支持专项计划”发行】 2022年11月23日，由上城资本集团作为原始权益人的“平安—上城资本停车场收费权资产支持专项计划”在上海证券交易所成功发行。发行规模4.79亿元，发行期限“3+3+3年”，发行利率2.99%，为全国首单市政道路停车收费权资产证券化产品。前期，上城资本集团深入走访排摸全区市政停车泊位（库），精选并整合1万余个区域位置优、运营期限长的优质停车位和停车场资源，确保产品发行规模。经充分论证后，制定合理的发行架构，有效解决停车资源权利等问题。该次发行标志着上城国有企业在资产证券化业务领域顺利打开新市场，拓宽存量国有资产融资渠道，为国有企业实现由“重资产”经营向“轻资产”经营转变进行有效尝试，促进区属国有存量资产盘活。

资料

资产证券化：指以基础资产未来所产生的现金流为偿付支持，通过结构化设计进行信用增级，在此基础上发行资产支持证券（Asset－backed Securities，简写为ABS）的过程。

【杭实临芯科技创新（杭州）有限公司落地】 2022年10月21日，上城资本集团与杭实股权投资基金管理（杭州）有限公司、上海临芯投资管理有限公司共同设立的杭实临芯科技创新（杭州）有限公司正式落地钱塘智慧城。该项目总投资10亿元，聚焦集成电路等高科技产业，打造"行业生态圈+战略同盟圈"，以投资促进产业升级，多维助力先进产业布局。该合作项目将发挥杭实股权投资基金管理（杭州）有限公司、上海临芯投资管理有限公司及上城区各方优势，以国有投资引领产业资本，助力上城芯片产业集聚发展。

【杭州上城资本私募基金管理有限公司设立】 2022年12月19日，上城资本集团自主设立的首家全资子公司杭州上城资本私募基金管理有限公司（简称上城资本私募公司）获中国基金业协会私募股权类基金管理人备案通过。上城资本私募公司注册地位于玉皇山南基金小镇，注册资本1000万元。作为上城区首个区县级国有基金管理平台，该公司主要通过创新产业基金的管理运作，以市场化、规范化、专业化方式参与区内产业引入和产业培育，持续放大上城区区位优势，助力提升上城金融业首位度。

（杨元元）

【产业招商基金】 2022年，上城国投集团完成组建5亿元规模产业招商基金，锚定"大好高"项目，以上市公司和拟上市公司为目标，发挥产业招商基金招大引强的作用，以资本助力招商，推动产业发展。全年对接佳沃集团有限公司等企业105个，走访服务招商216人次，完成佳沃集团有限公司、浙江稠州金融租赁有限公司、中化扬州锂电科技有限公司等重大招商引资项目的企业历史沿革、财务状况、市场发展前景等情况的尽职调查，形成调查报告。

【项目库建设】 2022年，上城国投集团推进投资项目数字化改革，由战略投资部启动投资项目库管理系统建设工作。实现对储备项目的进度跟踪，对投资管理业务进行梳理，将项目前期管理和项目执行过程中企业运营情况跟踪、退出情况跟踪等环节纳入整体系统，实现投资管理全链条覆盖、制度流程化、行为规范化。通过数字化管理系统建设，强化审批流程管理，对投资项目进行全程监控，提升项目管控水平，提高项目管理效率，实现节能无纸化办公，提升投资回报率。至年末，完成项目库平台搭建。

（戴一楠）

【上城城投集团与杭州热联集团战略合作】 2022年7月5日，杭州齐禹供应链服务有限公司揭牌成立，同时举行上城城投集团与杭州热联集团战略合作签约仪式。杭州热联集团是杭州市实业投资集团下属控股子公司，专业从事国际、国内钢铁贸易等黑色大宗商品及产业服务，连续多年蝉联中国钢贸企业百强榜前二，并于7月4日注册成立杭州齐禹供应链服务有限公司。杭州齐禹供应链服务有限公司位于上城区秋涛发展大厦3号楼2103－3室，由两家集团共同出资控股，注册资本5000万元，主营业务有供应链管理服务，建筑材料销售等。至年末，杭州齐禹供应链服务有限公司完成市场化营收近4亿元，承接项目有五堡留用地桩基工程、人才房项目等。

（汤李郁 姜　雯）

自然资源管理

【概况】2022年，上城区土地总面积11974.65公顷(119.75平方千米)。年内，上城规划资源分局坚持以“拼经济、促发展”为使命，科学统筹资源要素，谋深、谋细城市规划设计，做强、做大自然资源家底，做精、做优审批服务，加强用地项目监管、自然资源确权登记、自然资源保护和行政督察等工作，推动区域高质量发展。

【用地项目监管】2022年，上城规划资源分局加强用地项目监管，试点完成2宗规划用地项目“核验合一”，竣工规划核实确认86宗、土地复核验收61宗，不断完善建设工程项目监督联动检查共管机制，实施清单化、专人化管理，保障项目按期交付。加强用地项目管理，全年完成土地复核验收63件、竣工规划核实75件，监督批前公示109件、批后告示75件，建设工程验线75件，违法建设认定300多件，建筑面积确认和超建面积处理7件。查处闲置土地6宗，建设项目开工、竣工延期处置8宗，改变使用条件超面积处置11宗，征（收）缴相关费用2754.77万元，不断完善建设工程用地规划全流程监管模式。开展回迁安置和10%留用地项目服务，完成8个安置房项目及6个10%留用地项目的竣工规划核实跟踪表。完成牛田、黎明、浜河、定海、三里亭等社区10个回迁安置房项目的规划审批与核实，保障项目按期开工与回迁办证。对各街道、社区集体经济组织10%留用地项目开展上门服务，保障弄口、花园、草庄等集体经济组织留用地项目按期开工并按期通过竣工规划核实。围绕年度市重点“清零”任务和全区面上集体土地征迁“清零”任务，完成市重点项目“清零”10个，涉及住户54户、企业18家，完成率100%。全区面上签约企业9家，完成拆平5家，完成率45%。

【自然资源确权登记】2022年，上城规划资源分局推进省域空间智治数字化改革，稳步提升“数智赋能”能力和空间治理现代化水平。全面深化不动产登记“跑零次”服务。全年办理不动产登记业务1.21万件，发放权证书6218本、证明383份；办理不动产权籍调查102宗，其中，纯土地66宗、危改项目18宗、资产处置18宗。全年针对安置房办证等需求开展上门服务4次。

【自然资源保护】2022年，上城规划资源分局通过外业监测调查和内业审查核对，全面完成对全区林地、草地、湿地资源的监测和调查工作，编制完成《上城区湿地保护十四五规划》，完成江河汇湿地保护小区申报。拨付13.22万元省级重点公益林生态效益补偿资金，完善森林资源和公益林更新落界“一张图”数据库。完成新增国土绿化398亩（26.53万平方米），完成率132.7%。完成森林质量精准提升342亩（22.8万平方米），完成率171%。上城区全面建立区、街道、社区（村）三级“林长”组织体系，推出区级会议制度、信息公开制度、部门协作制度、工作督查制度、考核评分细则等“林长制”相关配套制度，并发文公布区级、街道级“林长”名单及区级“林长”联系点和“林长制”办公室组成人员及协作单位名单，全年召开“总林长会议”、发布“总林长令”各1次，区级“林长”巡林21次，林业资源保护力度不断加强。

【自然资源行政督察】2022年，上城规划资源分局对全区自然资源开展行政督察。完成卫星影像图片下发卫星影像图片图斑318宗，面积8670.53亩（578.04万平方米），合法图斑281宗，其他37宗，未发现违法情况。完成例行督察月度监测图斑5

批次，共31宗、348.62亩(23.24万平方米)，其中判定合法图斑0宗、未变化图斑31宗，未发现违法情况。开展林业专项检查8次，未发现违法情况；“110联动”及群众举报野生动物救护165起，救护各种野生动物185只（头）。落实“两高一低”应复应诉工作，全年应诉20件（含年度结转3件），除4件未结案，全部胜诉，行政首长出庭率100%；应复8件(含年度结转1件)，其中3件维持、3件驳回、1件经调解撤销申请、1件未结案；答复依申请信息公开353件。依法依规开展信访化解，化解浙江省自然资源厅等交办的积案13件，承诺息访率达33%；办理信访“三来件”3356件，均按程序规范答复。

（余寅华）

市场监管

【概况】 2022年末，上城区市场主体总量17.55万户。其中，私营企业8.89万户，国有、集体等非私营内资企业7503家，外资企业1891家，个体工商户7.62万户。个体工商户中，有香港居民个体户9户、澳门居民个体户9户、台湾居民个体户4户。年内，全区新设市场主体2.73万户。其中，新设内资企业1385家，新设私营企业10518家，新设外资企业209家，新设个体工商户14639户。全年注销市场主体1.62万户。区市场监管局优化营商环境、聚焦公平竞争、深化“质量强区”行动、强化执法监管，推进食品安全数字化规范化建设，为全区经济社会持续健康发展保驾护航，获2022年全省市场监管系统重大案件查处集体三等功、2022年杭州市推进知识产权强市建设集体嘉奖、2022年杭州市创建食品安全示范城市集体嘉奖、2022年省市场监管系统政务信息先进单位等荣誉；注册审批分局被市审管办评为2022年度全市审管系统“优秀窗口”，餐饮科被省市场监管局评为2022年度安全保障工作成绩突出集体，望江、彭埠市场监管所被省市场监管局评为2022年度“双百”示范所，清波市场监管所被市市场监管局评为2022年度“最美市场监督管理所”。

【执照、许可登记审批】 2022年，上城区优化执照、许可登记审批工作。全年许可办件7.86万件，其中营业执照5.82万件、食品药品类1.05万件、质监类9931件；备案办件4398件，其中营业执照225件、食药类4173件。协助区法院执行股权冻结（解封）449件。登记出质股权总额198.26亿元、被担保债权总额812.87亿元。处理“全国12315平台”各类咨询及疑难件1079件。年内，在市审管办开展的“迎亚运，优服务，展风采”全市审管系统“双优”选树活动中，区政务服务中心商事登记综合窗口被评为优秀窗口。4月，区市场监管局“食品经营许可远程视频‘互联网+’核查”被列为省市场监管局全国市场监管数字化试验区建设“企业全生命周期管理”模块试点。区市场监管局作为试点单位，深化审批集成改革，探索食品经营许可全程电子化改革，努力破解现场核查弊端，在全省首创远程视频“互联网+核查”新模式，开辟数字化新通道，引入视频连线模式，探索“无感监管”提质“有感服务”，提升食品经营许可便利化、一体化、智能化水平。5月，区市场监管局发出全省首张通过远程视频“互联网+核查”模式审批的食品经营许可证。12月，首创“视频连线”数字平台实现与政务2.0数据互通，填补“浙里办”、政务2.0审批系统“视频连线”数字化场景空白。开展创新试点，及时与上级沟通协调，争取政策、数据、事权下放，为基层改革提供支撑，获批市委改革办“一地创新、全省共享”改革项目等5个省、市试点项目，并被省市场监管局确定为全国市场监管数字化试验区市场主体管理与服务“全程电子化勘查平台”试点，接续探索扩大改革实效。

（陈　单）

【企业年报工作】 2022年，上城区推动年报“多报合一”改革，多渠道开展“多报合一”宣传，深化年报精细化管理，加强数据质量管理和对“零申报”企业的监管。通过企业微信群、打电话及日常市场监管等方式“点对点”精准宣传，提醒企业按时年报；通过政务大厅电子屏，以及网站、新媒体发布宣传招贴，提醒企业履行年报义务，通过“上城区市场监管局”微信公众号发布年报相关宣传，内容涵盖操作指南、反诈骗指南等；公示年报咨询电话，设置年报工作窗口或上门走访，进行“面对面”到位指导，要求做到“事有人听、题有人答、难有人解”，切实提高市场主体的年报普及率和覆盖面。推进全区2021年度市场主体年报工作。截至6月30日，全区应报企业9.22万家，已年报8.45万家，自然年报率91.7%；应报个体户6.54万户，已年报5.63万户，自然年报率86.0%。

【市场主体事中事后监管】 2022年，上城区依照相关法规条例规定，落实经营异常名录管理和严重违法失信名单的列入工作。全年完成企业年报7.73万家、个体工商户年报4.97万家。至年末，全区因地址问题被列入企业经营异常名录3055家，因未按时年报被列入企业经营异常名录1.05万家，标记经营异常个体户1.2万户次，按规定移出企业异常8911家次，列入严重违法失信企业名单2052家次。开展长期未经营市场主体清理工作，提高市场主体质量，经警示公告、税务比对、实地核查、告知公告等程序，开展满3年吊销未注销企业强制注销工作，全区吊销长期未经营企业824家；向864家企业发布警示公告；拟强制注销企业419家。

（王宝谕）

【商事登记中介服务管理2.0系统】 2022年，区市场监管局开展商事登记中介服务管理2.0系统试点工作，推动商事制度深化改革，提升中介行业服务质量。3月，上城区承办全市第二期委托代理人员业务培训，对82名因商事登记中介服务管理系统自动测评信用积分不达标而导致办理受限的中介从业人员完成培训课程，71名中介从业人员通过考试恢复信用积分。9月，上城区探索建立中介从业人员网上培训考核体系，进一步推进中介从业人员实施信用积分管理，开辟线上免费培训通道，满足中介从业人员学习、培训需求，提升中介机构及中介从业人员获取注册登记等各类业务知识的便利度，形成常态化学习长效机制。10月，上城区率先提出中介从业人员动态评分管理优化方案，将变更登记、注销登记材料纳入评分体系，实现登记业务动态评分全覆盖。全市更新上线中介从业人员全业态评分体系，至年末，系统自动测评中介从业人员提交的网上申请材料9.46万份，覆盖中介从业人员提交材料的90%以上，中介服务登记材料填报差错率下降至12%。

（贾纯玮）

【市场监管综合执法】 2022年，上城区突出关注民生，聚焦消费热点，加强市场监管综合执法，维护全区市场经营秩序和消费者合法权益。全年立案查处违法案件1290件，罚没款1721.65万元。全年办结罚没款30万元以上案件5件，其中100万元以上案件2件。开展民生热点领域专项执法，其中，“铁拳”行动查处违法案件29件，罚没款138.81万元；“亮剑”行动查处违法案件814件，罚没款1119.15万元；“打传”行动查办传销案件1件，罚没款197万元；医美行业专项执法查处违法案件40件，罚没款105.66万元；打击整治养老诈骗专项行动查处违法案件17件，罚没款53万元。开展转供电环节整治“回头看”，巩固转供电价格整治成果，查处转供电违法案件4件，罚没款75.27万元，退还多收电费561.94万元，惠及终端用户458户。

（武星文）

【公平竞争审查】2022年，上城区强化公平竞争政策基础地位，全力破除行政垄断，打造更加公平有序、充分竞争的市场秩序。5月，上城区被国家市场监管总局批复为重大政策措施公平竞争审查会审试点。上城区健全审查工作机制，发布《上城区公平竞争审查会审制度（试行）》，构建公平竞争审查举报处理机制；完善联动机制，联合区政府办公室、区司法局等部门，完善公平竞争审查联动协作机制；完善审查机制，汇集各成员单位、律师事务所、法律顾问及专家学者等优秀人才，组建上城区公平竞争审查人才专家库；开展专项行动，全力整治违反公平竞争的行政行为；突出事后抽查，全面开展增量文件审查和存量文件清理工作；实施多方共治，定期开展第三方评估，强化督考和举报投诉处理。全年审查增量文件85件，梳理存量文件305件，发现限制、排除竞争问题10件，全部落实闭环整改。

（潘丽萍）

【直播电商数字治理平台】2022年5月12日，直播电商数字治理平台上线，全区1116家直播企业、1537个直播间纳入该平台监管。全年监测分析直播视频5574个，排查涉嫌违法线索401条，均闭环处置。其中，行政指导41家次、立案查处17件、线索移送76条。制定发布《绿色直播间管理规范》杭州市市级地方标准，建立“一标准两制度五规范”的直播电商管理制度体系，以标准化、制度化巩固改革成果，融合发力治理直播电商行业突出问题。直播电商数字治理项目获评杭州市2022年度有辨识度有影响力法治建设成果。

2022年4月11日，区市场监管局对某建设单位涉嫌使用商标侵权的防雨材料举报线索开展核查 （区市场监管局 供稿）

资料

“一标准两制度五规范”：“一标准”即绿色直播间管理规范。“两制度”即绿色直播间创建方案、绿色直播间创建指南。“五规范”即主播管理守则、产品质量内控细则、消费者权益保护内控细则、知识产权保护内控细则和电商平台“十要十不准”规范。

（廖涛茂）

【企业信用建设和合同监管工作】2022年，上城区发挥合同监管职能，落实信用管理示范企业申报工作。组织、发动企业参与信用管理示范企业申报，浙江上药新欣医药有限公司等5家企业获评“浙江省信用管理示范企业”，万事利集团有限公司等7家企业获评“杭州市信用管理示范企业”。经过指导和推荐，2022年度浙江省AAA级“守合同重信用”企业首次公示21家，继续公示47家；AA级“守合同重信用”企业首次公示24家，继续公示23家；A级“守合同重信用”企业首次公示43家，继续公示18家。规范开展列入严重违法失信企业和行政处罚类企业信用修复工作，解答企业咨询、指导企业办理信用修复50多家次，完成行政处罚类信用修复21件，严重违法失信类信用修复申请10件。开展商品房买卖、汽车销售、校外培训、健身服务等领域的不公平合同格式条款专项整治行动，同时跟进后续处理措施，形成闭环落实处置。全年处理格式合同相关投诉10多件、立案查处1件、行政约谈企业10家次、当场警告处罚9件。

（王宝谕 钱丽娟）

【商品市场提升发展】 2022年，区市场监管局指导2个市场通过省“五化”（便利化、智慧化、人性化、特色化、规范化）改造商品市场验收，指导成功创建省放心农贸市场9个，其中新创建2个、延续创建7个，指导延续创建星级市场14个。督促市场抓好安全生产和文明创建工作，以迎亚运为契机，督促各市场抓好消防自查，开展燃气使用整治，做好国家、省和市文明测评、文明典范迎检等工作，确保各类考核不失分、日常工作平安稳定。

（钱丽娟）

【“动物诊疗云监管”平台】 2022年，上城区推进动物诊疗机构监管模式数字化改革，在全省率先探索试点“动物诊疗云监管”平台，该做法获全市推广。该云平台将原先需要各动物诊疗机构以纸质方式进行登记的消毒记录、兽药采购记录、防疫记录、无害化处理记录等台账改成网上登记，使监管人员不用出门就能实时掌握各诊疗机构的消毒防疫、免疫、药品、无害化处理等信息，可通过数据统计、分析和预警，对各动物诊疗机构进行督查，实时提出改进，实现监管数智化、简便化。年内，实现全区61家动物诊疗机构数字监管全覆盖，平台登记消毒数据1.8万条、兽药采购记录1330条、麻醉精神类药品登记908条、处方上传1820条、免疫记录3577条、诊疗废弃物处理信息1697条。减少动物诊疗执业负担，实现动物疫情月度报告、动物诊疗机构年报和执业兽医年报平台电子化报送，实现“一次不用跑”。全年完成上报疫病信息463条，完成动物诊疗机构年报52份，执业兽医年报171份。区市场监管局主动对接动物无害化处理公司，新上线公益性小动物尸体无害化处理板块，记录小动物尸体无害化处理信息27条，实现无害化处理闭环化，动物诊疗机构在平台上登记下单，动物尸体无害化处理单位在接收到平台发出的信息后，及时与动物诊疗机构联系，安排动物尸体无害化转运车到现场收集尸体，将其转运至无害化处理厂进行无害化处理，全程做好专业防疫工作。该项举措填补全市病死小动物处置监管空白。

（鲍 康）

【食品安全社会共治】 2022年，上城区食品药品安全委员会办公室联合各成员单位，聚焦基层食品安全、监管能力和闭环风险处置，强化食品安全综合治理能力，深化省级食品安全示范区创建工作。年内，实现三星级街道食品安全委员会办公室全覆盖，建成四星级街道食品安全委员会办公室5个（小营街道、凯旋街道、采荷街道、九堡街道、丁兰街道），新增五星级街道食品安全委员会办公室1个（南星街道）。按照食品安全属地管理责任要求，全区24415家食品生产经营单位与1303名包保（目标责任制的一种变化。“包”即业务分包、包干，“保”即确保落实）干部确立包保对应关系，实现包保关系确立率、承诺书签订率、包保干部培训率100%。全区食品监督抽检工作100%实现“硬分离”（监管干部负责抽样、检测机构负责样品检测，抽样与检测实现完成分离）。区市场监管局开展抽检专业培训2次，参加杭州市食品抽检技能大比武，获2022年杭州市基层执法人员食品抽样技能比武团体二等奖。全年完成各类食品抽检5721批次，发现不合格食品108批次，通过区市场监管局微信公众号、“上城发布”App、区政府官网、农贸市场公示栏等途径进行公示，检验结果公示率、不合格食品闭环处置率均100%。承办“共创食安新发展，共享美好新生活”2022年杭州市暨上城区食品安全宣传周活动启动仪式，《人民日报》客户端、《杭州新闻联播》、《每日商报》等10多家媒体对活动进行宣传报导。联合区教育局开展食品安全公众开放日活动3次，组织学生走进食品生产经营单位、检测机构了解食品安全科普知识。联合区食品安全监督协会，组织开展食品安全宣传文艺演出进社区活动3场次。

（杨海晟）

【食品生产流通监管】2022年，上城区在食品生产企业“浙江省食品安全追溯闭环管理系统”（简称“浙食链”）全覆盖基础上，以物联感知、智能识别等数字手段破解食品数字监管难题。推进“CCP在线”“阳光工厂2.0”（食品生产企业关键控制点数字化管控）建设工作，优先培育涉及包装饮用水、特殊食品生产企业，以生产控制、人员管理等关键环节为重点，配备物联秤、人脸识别晨检仪等物联传感设备，对关键环节CCP管控数据进行智能采集、实时监测和自动上传。上城区实现在产食品生产企业“浙食链”激活率、上链数据完整性达标率、“阳光工厂”建设率100%。以省市场监管局建设“全球二维码迁徙计划”示范区为契机，上城区召开食品生产企业和大中型商超行政指导会，对生产企业开展“一对一”指导，帮助企业解决建设中硬件设备改造、数据对接、系统应用等问题，以最短时间完成转码建设（商品一维码转二维码）。全区特殊食品、包装饮用水、固体饮料3类重点食品生产企业在产品种GM2D（全球二维码迁徙）转码率达100%，23家大中型超市浙产预包装食品转码率达70%，11599家生产流通单位激活使用“浙食链”。以大中型商超、小蔬菜门店为重点，全年全区创建“放心肉菜示范超市”1家、“示范小蔬菜门店”10家。对前期已创建完成“放心肉菜示范超市”“品质示范超市”的自我承诺100%公开展示，跟踪检查发现问题100%闭环管理。推动企业实施“日管控、周排查、月调度”制度，用数字化、清单化、项目化手段，统筹推进各单位企业负责人、食品安全总监、食品安全员配置，将食品安全的“第一责任”进行细化分解，完成“浙食链”注册激活率、食品安全总监配备率、食品安全员配置率均100%。

（焦　梅）

【质量强区建设】2022年，上城区通过政策引领、培育服务、赋能驱动等举措，激励企业深化质量创新，持续完善质量管理体系，深化“质量强区”战略。研究制定《杭州市上城区人民政府办公室关于上城区深入推进品牌战略促进经济高质量发展的实施意见》，加快培育和做强一批高质量发展企业，相比原政策补助力度更大、范围更广、业务支持更专业。推进“浙江制造”品牌建设，新增“品字标”企业数量2家，杭州华联置业有限公司钱江新城万豪酒店分公司获“品字标浙江服务”；华塑科技股份有限公司的“后备蓄电池安全监控系统”获“浙江制造”认证。品牌企业和实施“浙江制造”标准企业销售占规模以上企业销售比例数值为83.2%，居全市第1位。以各级质量奖创建为引擎，引导企业导入卓越绩效管理模式。杭州远大生物制药有限公司获2022年“市政府质量管理创新奖”；杭州胡庆余堂国药号有限公司、浙江鸿顺达建设集团有限公司、浙江外企德科人力资源服务有限公司、浙江耀厦控股集团有限公司获2022年“上城区政府质量奖”；浙江仁之初健康产业有限公司、蓝城乐居建设管理集团有限公司获2022年“上城区政府质量奖创新奖”；浙江同富特美刻家居用品股份有限公司、杭州东城电子有限公司获2022年“上城区政府质量奖组织奖”。

【丝绸产业质量提升管理】 2022年，上城区开展丝绸产业质量提升。搭建并完善上城区丝绸产业质量基础设置“一站式”服务平台，通过“NQI（国家质量基础设施）+N”与“服务+监管”双模式，将丝绸产业提升与“一站式”服务平台建设、分级分类监管工作有机结合，实现线上、线下“双线融合”服务和“精准定位、规模分类、差异化监管”的产品分类分级监管，进一步优化质量。该平台入驻万事利集团有限公司、杭州奥罗拉实业有限公司等丝绸企业6家，服务企业206次、专家受理咨询22次，办结率和满意率均100%。12月，该平台通过省市场监管局验收。

【产品质量监管】 2022年，上城区加快净化产品质量安全环境，精准化开展产品质量监督抽查工作。抽检电动自行车、塑料袋、消防产品、燃气器具等154批次，其中不合格13批次，合格率91.6%。全年受理产品生产、流通及外地移送案件150个，罚没款16.02万元。立体化推进电动自行车集成改革，全区累计注销、灭失非标电动自行车比例92%，发放补贴31.64万元。

（徐　佳）

【药品、医疗器械和化妆品监管】 2022年，上城区以药品安全专项整治为抓手，推进药品、医疗器械、化妆品安全各项工作。对药品、医疗器械、化妆品生产、流通和使用全过程，综合运用飞行检查、日常监管、风险会商等手段开展“拉网式”风险排查，做到无盲区、全覆盖。全区出动执法人员3000多人次，检查药械化生产经营使用单位1048家次，发现风险隐患184个。其中，立查立改102个，纳入限期整改清单82个，风险隐患按时整改率100%。全年完成监督抽样药品210批次、医疗器械20批次，监测药品不良反应1982例、医疗器械不良事件676例，化妆品不良反应151例，全部核查处置到位，数量均居全市前列，实现药品安全全程风险管控。提升群众用药安全，建成民生药事服务站13个，提升药店的便民、服务与医药科普功能，其中杭州华东大药房连锁有限公司清泰街连锁店被省药品监督管理局确定为浙江省首批OSC（Outpatient Special Chronic，即特殊慢病药店）专业慢病试点药房。上城区获评省级药品安全治理与技术赋能突出集体。推进化妆品“百千万”美丽消费示范工程建设，创建庆春银泰、杭州万象城、华润万家濮家店化妆品示范商场3个，孔凤春化妆品专卖店等化妆品示范经营店18家，创建太平门直街街区为化妆品示范街区，太平门直街街区高分通过省级示范街区验收，是全市唯一。

（施　航）

【投诉举报处置】 2022年，上城区完善工作机制，加强市场监管部门信访处置力度。全年规范处置投诉举报、信访件7.65万件，处置率、投诉按时办结率、咨询按时答复率均100%，投诉按时初查率、举报按时核查率指标均达99%以上，为消费者挽回经济损失132.63万元。推行“主官办信”制度，成立信访工作领导小组，压实“三级责任”，开展信访积案攻坚冲刺工作；制定“一案一策”，综合运用多种方法，确保积案化解工作精准高效；明确积案化解的时间表、路线图，落实每周报告、每周评估。全年依法按时化解信访积案17件，积案上报率、化解率为100%；重复交办信访件33件，按时动态“清零”率100%。以“清廉消保工作室”为“中心点”，在河坊街、南宋御街等街区和庆春银泰、砂之船等综合体设立消费维权联络站9个，与区信访局、区法院及街道等单位紧密对接、互动合作，联合化解涉案金额上亿元群体访案件9件。协同区社会纠纷矛盾调处化解中心、“一件事专班”、“基层治理四平台”，联动处置矛盾纠纷4998件。引导企业消费维权自行处置消费纠纷30万件，为消费者挽回经济损失3923万元，实现所有投诉件就地化解，办结率均100%。

【“放心消费”单位建设】2022年，上城区制定“放心消费三服务”工作计划，落实“服务放心消费单位”走访行动。全覆盖走访“放心消费”单位5733家，开展行政指导516次，收集企业困难与需求信息178条，解决问题103个。向“放心消费”单位输送“安全”“品质”“服务”的企业经营理念，以卓越源头管理筑起“生产—销售—消费”的“放心消费”全链条，推荐符合条件的“放心消费”单位参加各类荣誉评选和认证认定，增强企业竞争实力。至年末，上城区“放心消费”单位名单库内有上市公司4家、国家专精特新“小巨人”企业4家、浙江省守合同重信用AAA级企业2家。推出优惠券、消费券发放活动，在“消费宝”发放300万元利率优惠券，降低中小微企业融资成本；在“消费宝”平台开设上城区“i尚城·数智生活节”消费券领取入口，发放500万元餐饮外卖定向消费券，激活餐饮商户4000多家；开设“i尚城·平安行”电动自行车消费券领取入口，发放备案非标电动自行车置换券30万元。消费券带动消费市场1.6亿元，撬动杠杆比例达112.5，助力9000多家小微主体纾困发展。

（杨　利）

【进口物防工作】2022年，上城区发挥“浙冷链”“浙食链”精密智控作用，建立并完善大物防工作机制。区市场监管局推进物防平台建设，对工业企业、商贸企业、专业市场等分线开展底数排摸，将货物来源、从业人员等信息纳入“物防在线”平台管理，上传重点人员核酸检测信息，与区数据资源局系统进行对接，建立预警系统，完善闭环机制。全区工业企业上线物防平台23家，进口冷链食品企业上线911家，专业市场激活经营户2.25万家，上线率均100%；商贸企业上线570家，上线率99.3%。对进口冷链从业人员进行精密智控，通过大数据技术每日滚动形成“应检尽检”临期名单，加强辖区备案冷库、进口冷链食品入浙首站二次摸排。全年摸排备案冷库878个、重点行业从业人员3052人。强化监测应急处置，构建24小时应急响应体系，协调处置相关疫情及涉疫物品应急处置10起。

（焦　梅　陈　梅）

【标准化战略推进】2022年，上城区深入推进政府管理和社会服务等标准化项目。“杭州东站公共服务标准化试点”“杭州市历史建筑保护利用标准化试点”两项国家级标准化试点项目通过国家标准化管理委员会验收，“非急救院后转运服务省级标准化试点”“小城镇整治及可持续发展标准化试点项目”通过省级验收。新增《社区综合性文化服务中心建设管理规范》等3项市级地方标准立项和“绿色直播电商服务”市级标准化试点立项。由上城区参与制定的国际标准ISO 37108《城市和社区可持续发展商务区本地实施指南》正式发布。推进“浙江制造”标准培育制定工作，发布东城电子《智能信报箱》“浙江制造”标准。指导辖区80家规模以上工业企业、267家限额以上服务业企业完成标准化统计监测填报。组织8家单位的11项标准申报杭州市标准化资助项目，发放省级、市级、区级标准化资助280多万元。

【计量合格评定监管】 2022年，上城区加大计量合格评定监管力度。指导辖区906家计量器具使用单位通过“杭州民生计量服务平台”开展计量器具强制检定送检，预审强制检定计量器具1.61万台（件）。其中，安全防护3022台（件），医疗卫生8302台（件），贸易结算4744台（件），环境监测62台（件）。对加油站、电子秤、眼镜店、医疗机构等场所开展计量监管检查，查处计量违法行为案件19件。开展定量包装商品净含量抽检，抽检2家企业、9批次，对2家包装空隙率超标的经营单位制发责令改正通知，督促整改完成，形成闭环处理。配合省、市市场监管局开展检验检测能力验证现场核查；通过各类专项整治规范认证行为，检查测量管理体系、质量管理体系等自愿性认证获证企业82家，未发现违法行为。

【物业行业小微企业质量管理体系认证提升】 2022年，上城区开展物业行业小微企业质量管理体系认证提升行动。召开上城区物业企业质量管理体系认证提升启动会和内审员培训会，发放内审员培训证书25份；帮助18家企业导入质量管理体系，提升企业内部质量管理水平。

（千　静）

【特种设备安全提升】 2022年，区市场监管局聚焦重点时段、重点场所、重点设备、重点风险隐患，依托“浙江特种设备在线”系统，开展特种设备安全监管工作。上城区有特种设备使用单位2426家，在用特种设备3.10万台。其中，电梯2.48万台、锅炉93台、场内专用机动车辆722台、压力容器1496台、起重机械3875台，燃气压力管道542.6千米，无客运索道和大型游乐设备。全年区市场监管局出动执法人员802人次，日常检查单位396家次，专项检查涉及单位2112家次，开具指令书51份，查处违法行为11起，罚没款57.2万元。加强“浙江特种设备在线”设备管理和隐患处置，对系统生成的超期或即将超期未检等安全隐患，逐一上门核实，确保每个隐患闭环处置，全年完成平台系统生成的隐患处置信息1181条，处置率100%。根据辖区实际情况确定车站、医院、涉危企业等重点单位107家，联合区应急管理局、上城消防救援大队等部门同步开展隐患排查整治，检查发现问题隐患29个，均完成整改。开展重点场所电梯超期未检专项整治，查处并督促使用单位完成检验工作，提升使用单位安全管理质量，提高电梯定期检验率，处置超期未检隐患信息946条。针对性开展维保单位维保质量抽查，抽查维保单位16家、电梯40台，发现整改问题7类、36个。抽查辖区三类住宅小区（回迁房、经济适用房、廉租房）10年以上的电梯127台，进行全面安全检查和安全评估，评估结果通报对应街道、社区，并配合街道、社区对存在问题的电梯进行大修、改造、更新。

（蒋丽霞）

【餐饮服务安全监管】 2022年，上城区严格防控食品安全风险隐患，加强餐饮安全监管。推进“浙江外卖在线”应用落地，实现网络餐饮全链条闭环管理。全区外卖餐饮单位“阳光厨房”覆盖率90%以上、在线率85%以上、活跃度80%以上。全年开展网络餐饮专项行动12次，印发宣传材料2万余份，发现问题154个，整改率100%。新建校园智能“阳光厨房”33个，实现全区中小学和等级幼儿园食堂、校外供餐单位智能“阳光厨房”全覆盖，形成线上发现问题、线下闭环处置的智慧化监管模式。全面排摸杭州知味观食品有限公司、杭州新丰小吃股份有限公司等10家总公司在上城区的餐饮连锁企业，建立连锁餐饮企业名录库和基本信息库。针对连锁企业经营不规范、内部管理水平落后等问题，有针对性地开展专项治理；督促企业制定食品质量控制标准规范，定期开展内部门店自查自评，引导连锁企业规范化健康发展。开展“阳光餐饮街区”创建工作，积极联系街区主管单位，对接安装公司，实地查看创建点位，提出整改意见并要求落实，全年创建龙湖杭州丁桥天街、057壹号码头美食街和杭州大厦501城市广场3条高品质“阳光餐饮街区”。根据省市场监管局《推广餐饮服务食品安全“红黑榜”制度的指导意见》，曝光不符合要求的餐饮单位，发布“红黑榜”18期。全年出动执法人员5000多人次，检查各类餐饮场所2400多个次，抽检各类餐饮食材2300批次；出动执法人员540多人次，快速检测各类食材1783批次，均合格。

（周　立）

物价管理

【概况】 2022年，区发改经信局履行价格管理职能，推进依法行政。维护节假日期间价格平稳，重点关注新冠疫情防控期间及夏季持续高温炎热天气价格市场，做好粮油肉禽蛋等生活必需品价格应急监测。同时发挥“浙江政务”平台作用，倾听消费者心声，及时受理价格投诉信访，化解价格纠纷和矛盾。全年收到价格政策咨询和信访180件，其中，反馈60件，退回52件，政策咨询68件。180件中，涉及停车收费115件，占比63.9%。

【清费减负】 2022年，区发改经信局根据《浙江省涉企违规收费专项整治行动联合检查工作方案的通知》，配合落实全省涉企违规收费专项整治行动联合检查，会同区教育局和市教育收费检查工作组联合开展教育乱收费专项治理检查工作。加强价格应急监测，于中秋节期间选择物美超市望江店、华润万家超市庆春店、世纪联华超市外海店3家超市和杭州洲际大酒店、维景国际大酒店、知味观3家酒店为代表，对月饼价格和新冠疫情防控期间民生商品进行应急监测。

（赵　骏）

【价格政策宣传】 2022年，上城区通过加强价格宣传，保证新冠疫情防控物资及生活必需品等商品价格稳定，指导企业保持价格稳定，保障消费者合法权益。区市场监管局通过新闻媒体、门户网站、微信公众号等向社会公布疫情期间水电气价格优惠政策，确保全面落实惠企政策。全年发放《关于疫情期间严格执行价格政策的提醒函》《关于医疗药品及用品价格行为提醒告诫书》1000多份，提醒、告诫经营者遵守《中华人民共和国价格法》等价格法律法规，自觉维护良好的市场价格秩序。在重要节点、时段，利用媒体宣传价格政策，达到规范价格行为和引导消费习惯的目的。1月18日，组织华润超市等5家企业参加市市场监管局举办的春节市场价格行为告诫会，保障春节市场价格的稳定。10月14日，在太平门直街29号6楼举办针对电动自行车经营者的《明码标价和禁止价格欺诈行为规定》解读，参加企业120家，发放《关于规范电动自行车销售价格行为的提醒告诫函》150份。发动246人次检查电动自行车企业112家，约谈企业5家，有效规范电动自行车领域价格行为。建立企业缴费负担监测点10个，监测涉企收费负担情况和企业要素成本负担情况。全年在监测点未发现异常缴费信息。12月5日，组织海王星辰等药品企业参加市市场监管局举办的医疗药品及用品价格行为告诫会；组织辖区内5家医院参加市市场监管局举办的公立医院医疗服务价格政策培训会，提升医院价格收费管理的效率和水平。在生活服务、交通旅游、美容美发等行业加强价格政策宣传，对永琪等美容美发店开展价格政策宣传，加强对该行业违法行为的惩戒力度；对世纪联华超市、盒马鲜生超市等经营场所限制月饼过度包装和“天价”月饼宣传，保证中秋月饼市场健康发展。6月30日，区发改经信局价格管理科和价格认证中心相关负责人深入九堡街道九塘社区，开展价格政策宣讲服务。通过易拉宝等方式，现场向群众介绍《中华人民共和国价格法》等法律法规，讲解杭州市水、电、气及幼儿园等涉及民生价格收费政策，为群众提供政策法律咨询，解答群众在生活中常见的价格问题。

资料

涉企收费负担情况：即对企业收取的行政事业性收费、经营服务性收费、中介服务收费、行业协会收费及对明确取消、停征、免征、降低收费标准的文件规定是否执行等。

企业要素成本负担：指生产用水、用电、用气等要素价格水平情况，是否存在供水、供电、供气单位不执行政府制定价格标准，加重企业负担行为。

（周　兵赵　骏）

【价格专项检查】 2022年，上城区加强物价监管，维护全区正常价格秩序。年内，围绕减轻企业负担、服务民生价格及大型商业体收费等重点，开展商品过度包装、“天价”月饼、餐饮业最低消费、电动自行车价格违法行为、转供电违规加价等专项整治和教育收费、涉企收费、行业协会收费、职业教育培训机构收费等专项监督检查。通过各类专项整治和检查，清退金额650.51万元，惠及终端用户458户，查处价格违法案件7件，罚没款93.15万元。

（周　兵）

金融管理

【概况】 2022年，上城区加强和完善金融监管，防范化解金融风险，全方面加强金融风险防控，有效履行地方金融监管职能，及时完成风险线索流转核查。落实省、市相关要求，推进私募风险处置工作，聚焦养老诈骗、房地产等领域开展专项行动。全年未有系统性金融风险发生。

【地方金融监管】 2022年，上城区加强地方金融监管力度。组织典当行参加评级19家，其中10家参加年审，对2021年度经营情况进行监管评级，总体经营情况良好。7家小额贷款公司参加2021年度浙江省小额贷款公司监管评级。经省、市、区三级地方金融工作部门评审，1家被评为A级，为优秀小额贷款公司；2家被评为B级，为良好小额贷款公司；1家被评为C级，为合格小额贷款公司；3家被评为D级，为不合格小额贷款公司。完成融资租赁行业分类处置认定，保留正常经营类融资租赁10家。常态化召开金融联审会议，全年全区新增投资类企业205家，其中新设企业177家、迁入企业28家，拦截风险企业14家。

【金融风险防范】 2022年，上城区全方面落实金融风险防控工作，纵深推进“‘除险保安’百日攻坚”行动。全年收到各类线索信息122条，其中，通过省金融风险“天罗地网”监测防控系统收到线索114条，通过信访等其他渠道收到线索8条，均按时有效进行流转、核查、反馈。落实私募风险处置工作，摸底排查关键词企业5277家，建立辖区内6000家类金融企业信息库，推进辖区105家风险私募机构分类整治工作。严厉打击非法集资，开展打击养老诈骗专项行动，及时发出部分旅游公司涉非法集资风险提示。区金融办配合落实房地产领域涉稳风险整治，对接中国银行保险监督管理委员会、中国人民银行等部门，摸底风险项目资金账户状况及后续资金来源，保证房地产资金监管账户内资金充足，保障房地产项目及时交付。

（戴泊夫）

农业经济管理

【概况】 2022年，上城区贯彻落实中央、省、市关于实施乡村振兴战略的决策部署和上级农业农村工作会议精神，围绕“村社富裕富足、农业高质高效、环境宜居宜业”工作目标，提升集体“三资”监管规范化、制度化、标准化水平，加快现代都市农业产业创新发展。根据《2022年杭州市实施乡村振兴战略实绩考核细则》要求，细化落实各项工作，突出科技引领，全力打造农业企业高质高效新态势。开展种业创新平台建设，推进农业“双强”（科技强农、机械强农）项目，全年承担“西蓝花良种联合攻关”“油菜育繁推种业创新平台建设”等省级农业农村高质量发展种业项目7个，上城区农作物种业领域研发技术走在全省前列。全年全区村级集体资产总额448.35亿元，比2021年增长16.4%；全年全区村（社）集体经济组织年度可分配收入23亿元，增长0.5%。

（陶　伟　张　琴）

【农业产业发展】 2022年，上城区多举措推进农业产业发展。推进“双强”和现代种业发展项目建设，立项实施“常规早籼稻原原种扩繁基地建设”等省级现代种业发展项目7个，争取省级高质量发展专项资金940万元。继续推进实施省级重点项目，即“农作物商业化育种企业重点实验室建设”项目。浙江勿忘农种业股份有限公司的“浙农油8号”等9个成果获省级以上新品种认定，获杭州市现代种业成果奖励资金214万元。规范农业投入品许可审批监管服务，开展许可审批22件。浙江勿忘农种业股份有限公司入选国家农作物种业“强优势”阵型企业、浙江省农作物种业“综合型”阵型企业名单。

（张　琴）

【村集体“三资”管理】 2022年，上城区有村（社）集体经济组织60个。村（社）集体资产总额448.35亿元，其中银行存款99.80亿元；可分配收入23亿元，其中48个村（社）集体经济组织年度可分配收入超过1000万元，最高2.75亿元；23个村（社）集体经济组织开展股份分红（股东分配），受益股东5.22万人，分红（分配）总额4.69亿元。依据《关于加强股份经济合作社规范管理的若干意见》，聚焦“一肩挑”后村（社）和股份经济合作社“一把手”权力更加集中的情况，坚持管人、管钱、管事“三管齐下”，构建全贯通组织体系、全流程制度体系、全覆盖监督体系，全方位加强权力运行监督，打造“阳光治理”新模式。全面推进村集体经济组织财务收支审计全覆盖，整改完成问题247个。开展侵占村社集体资产资源问题集中治理专项检查，全面清查经济合同2052份，规范9个街道大额资金存放方式，提升集体“三资”监督管理水平。坚持集体产权交易应进必进原则，全年进入区级平台产权交易99宗，实际成交82宗，交易标的涉及面积34.41万平方米，累计评估价19351万元、中标价19545.21万元，溢价1%。组织开展全区村（社）集体经济组织财会人员专题培训，参训133人。

资料

“一肩挑”：党组织书记、社区主任、经济合作社董事长3项职务为同一个人。

（杨婷婷 孙思鸿）

【农产品推广】 2022年，上城区持续实施优质农产品推广活动。全年举办“农宝惠”优质农产品进社区活动8次，浙江金年食品有限公司、祐康食品（杭州）有限公司、杭州祖名豆制品有限公司等20多家农产品企业和火腿、肉制品、水产品、五谷杂粮系列等160多种优质农产品参展；组织杭州绿望农产品有限公司等10多家农业企业参加浙江省农业博览会及线上农博览会等推介展销活动，提高辖区品牌农产品的认可度和美誉度。

（张 琴）

安全生产监管

【概况】 2022年，上城区压责任、强监管、补短板、控风险，以有效防范各类安全事故为目标，落实安全生产责任，提高风险感知力、预警力、处置力，守住全区安全生产和自然灾害基本盘。全年全区发生一般安全生产事故3起，比2021年下降50%，未发生较大及以上安全生产事故及自然灾害事故，实现风险总体可控，形势总体平稳。

【安全生产责任落实】 2022年，上城区按照“党政同责、一岗双责、齐抓共管、失职追责”要求，强化区安全生产委员会（区安委会）统筹能力。每个节假日前，区四套班子领导带队开展节前安全检查，各安全生产专业委员会落实行业领域安全生产行业监管工作。深化区安全生产责任体系，梳理明确《上城区安全生产委员会及专业安全生产委员会成员单位名单和安全生产工作职责》，将行业部门划分为安全生产综合监管部门、负有安全生产监管职责部门、负有行业领域管理职责部门和其他部门，明确成员单位的安全生产工作职责及新业态监管职责。结合全省应急管理全覆盖责任体系建设，对区、街道、社区（村）、企业四级安全生产责任体系进行梳理和线上录入，明确各级领导干部责任清单和履职清单、专委会监管领域和企业、企业风险标签和各层级监管人员，落实行政责任人218人、各类基层责任人2197人。通过执法处罚、约谈警示、检查督查、挂牌督办等方式，督促企业有效落实安全生产主体责任。全年完成239家区级重大隐患挂牌督办企业所有重大隐患的整改、验收、销号工作。发挥考评考核的导向、激励、约束作用，量化个性化考核指标，强化过程性指标管理和运用，对各重点工作、量化指标的完成情况实施定期通报、追踪、督办，促进安全生产责任落实。4月24日，区委、区政府专题会议确定上城区77条细化任务。任务明确从严抓好安全生产责任落实、从严抓好安全生产源头管控、从严排查整治安全风险隐患、从严抓好安全生产监管执法、从严抓好安全生产追责问责5个方面内容，由区安全生产委员会成员单位逐条对照，逐条排查，压实属地领导、部门监管、企业主体“三个责任”，为安全生产工作夯实基础。

【城市运行安全风险管控】 2022年，区应急管理局统筹全区安全风险管控具体工作，多举措开展城市安全风险管控。在2021年企业风险普查工作基础上，结合风险变化，每3个月开展企业风险“常普常新”，动态掌握纳入监管的企业底数和风险底数，倒逼企业定期对自身风险进行识别，对自身隐患进行排查，及时采取措施消除隐患降低风险，提升安全风险防控能力。全年全区工业企业“常普常新”完成率100%。健全

2022年4月15日，省应急管理科学研究院专家组对钱塘智慧城城北园区相关企业开展“除险保安”大检查　　（区应急管理局 供稿）

“一企一档”，针对不同风险等级企业建立隐患清单、风险清单，结合上城区区域安全风险管控平台系统，形成区域风险指数和风险地图，向各属地街道发送督办单，压实属地和企业责任，落实隐患整改闭环。推进企业风险管控体系创建，指导、督促企业进行风险辨识、风险评估和分级、分级管控和隐患排查治理，全面排查、预判可能导致事故发生的风险点，绘制“红橙黄蓝”四色安全风险空间分布图，按照危险程度进行评估、划分等级，将风险管控责任措施落实到各个场所、点位和环节。

【企业风险管控与标准化】2022年，区应急管理局指导125家加工制造类企业、25个加油站完成风险管控体系建设，会同区发改经信局推进8个小微企业园区风险管控体系建设。推进企业标准化达标自评工作，以企业标准化等级为分类分级监管的重要依据，实施差异化监管，促进企业安全生产主体责任落实和安全管理系统化、规范化、科学化。全区获评二级标准化达标企业23家、三级标准化达标企业83家，全年审核各类企业标准化申报材料39份，组织第三方中介机构对10家取证企业开展“回头看”检查，并完成整改，高危企业和规模以上工业企业100%完成标准化自评。

【第二轮安全生产综合治理三年行动收官】2022年，区安全生产委员会工作专班以问题清单、任务清单、责任清单为抓手，以“3+9”工作体系推进第二轮安全生产综合治理三年行动收官攻坚战。定期召开专班会议，分析研判重点难点，梳理任务清单，细化工作措施。协调12个子方案牵头部门，对照文件计划、任务清单逐项开展自查自纠，委托区级督导员对牵头部门开展台账资料核查，确保各项工作落到实处。开展“四不两直”明察暗访工作，对重大问题、重大隐患实施挂牌督办。序时推进各项整治任务、专项检查，强化行业监管部门专业监管，先后开展工业企业隐患排查治理保安全护亚运行动、全面深化开展“七张问题清单”有限空间作业安全整治攻坚行动、工贸行业安全生产专项整治“百日‘清零’行动”、安全生产培训“走过场”专项整治、打击假冒政府网站制售假冒安全生产证书专项行动、危险化学品安全风险集中治理、安全生产“除险保安”大排查大整治行动、危化和工贸领域综合整治三年行动、危化和工业领域“除风险、保平安、护航二十大”专项检查；协同消防救援部门开展重点行业工业企业防范火灾爆炸事故专项整治；邀请发改经信、市场监管、生态环境等部门推进园区、企业、设施安全生产专项整治行动；会同公安部门开展易制毒化学品、反恐和油气管线联合检查；联合区市场监管局开展危险化学品压力容器、管道执法检查。截至9月15日，上城区三年行动12个子方案、169项措施、377项任务全部完成。

资料

“3+9”工作体系：“3”即“学习宣传贯彻中共中央总书记习近平关于安全生产重要论述”“安全生产风险防控和应急救援数字化建设”“落实企业安全生产主体责任”3个专题。“9”即危险化学品、加工制造类小微企业、消防安全、道路交通运输、建设工程、特种设备、城市运行、工业园区等功能区、危险废物9个安全专项整治。

“四不两直”：不发通知、不打招呼、不听汇报、不用陪同接待、直奔基层、直插现场。

【安全生产隐患整改闭环】2022年，区安全生产委员会办公室实行“每日一查一报、每周一督一析、每月一曝一考”机制。通过每日汇总各街道、管委会隐患整改、火警火灾、伤人亡人等核心数据，做到全区安全生产情况日统计、日通报。每周28名区管处级干部开展下沉式督查督导，对全区安全生产形势进行分析，指导各单位划重点、明方向，全年印发周分析报告45期。每月对区重点领域和特定领域重大安全隐患进行曝光和挂牌督办，确保隐患真整改、真闭环。全年开展区级重大安全隐患曝光10期，发出交办单151份，曝光隐患636处。其中，工贸交办单38份、隐患163处；消防交办单64份、隐患267处；建设施工交办单27份、隐患122处；燃气交办单20份、隐患82处；有限空间交办单2份、隐患2处。发挥“重大安全生产问题清单”目标导向作用，制定“作战图”挂图作战，逐个逐项明确目标任务和时限要求，每月发布任务指数强化过程管控、风险判定和销号整改，纳入市级清单问题7个、区级清单问题24个。

【安全生产社会化服务】2022年，上城区以保险业参与管理、政府购买服务等模式引导社会力量共同开展安全生产社会化服务，参与安全治理，拓宽途径，破解中小微企业安全生产管理难题的途径，解决部分重点企业、高危企业不会管的现状，提升企业风险防控水平。区应急管理局通过政府采购委托第三方机构开展加工制造类企业社会化专家诊断服务、小微企业园社会化专家诊断服务、重点企业安全生产社会化服务、工业企业安全风险普查等社会化服务，实现288家工业企业和重点危化品企业服务全覆盖，开展服务2207次，排查隐患1500多处。通过专业化检查指导，发现、解决一批重大风险隐患，夯实企业安全管理基础。打造安全领域“服务+保险”双重保障模式，投入安全责任险补助资金145万元，扶助新冠疫情防控期间安全生产责任险投保企业（一般单位补助投保额的20%、高危行业补助投保额的10%），有效发挥安全责任险在安全检查和宣传培训服务方面的作用。

【安全生产数字化监管】2022年，区应急管理局运用省工业企业安全在线平台、省危险化学品风险防控大数据平台、省危险化学品经营使用动态管理系统、省危险化学品全生命周期在线等监管手段，拓展数字监管场景应用，督促企业严格落实安全风险分级管控和隐患排查治理双重预防工作机制，提升全区工业企业和危化品企业风险管控隐患治理规范化、专业化、数字化水平。围绕“人、物、环境、管理”等要素，完善风险识别管控和动态更新，确保风险识别不遗漏、不隐瞒，风险管控措施精准有效。落实“30日企业隐患自查上报”制度，全年上报企业自查隐患信息3254条，整改3248条，整改率99.8%，平均企业隐患自查率98%以上。落实企业安全风险承诺制度，2家高危企业每日风险承诺100%，其中中共二十大召开期间，40家“三场所三企业”（有限空间作业场所、涉及可燃爆粉尘作业场所、喷涂作业场所，金属冶炼企业、涉氨制冷企业和船舶修造企业）每日落实风险承诺，承诺率100%。安全月活动期间，发动企业法定代表人和员工开展线下安全承诺。

【简案快办程序探索】2022年，区应急管理局为顺利完成浙江省应急管理厅交托的“探索简案快办程序”试点任务，切实解决安全生产行政执法流程繁杂的问题，开展实地执法调研和往期案件整理分析，创新“安全生产行政案件快速办理制度”，制定并发布《杭州市上城区应急管理局行政案件快速办理程序规定》，通过制定规定、优化流程、创新模式、事项划转等举措，实现执法降负增效。该程序投入使用后，已适用行政案件快速办理程序办结案件8件。

【安全生产执法检查】2022年，区应急管理局重点对区内大中型建筑工地、危险化学品使用企业等经营单位开展执法检查，检查中发现的一般违法行为整改率、重违法行为立案查处率均100%。推广使用全省统一行政执法监管平台，落实“双随机、一公开”抽查监管要求和行政执法公示制度、行政执法全过程记录制度、重大执法决定的法制审核制度，以“互联网+监管”执法推进行政执法规范化建设，提升安全生产执法效能。借助14个属地街道安全生产监管力量，推进安全生产违法行为线索移送机制，实行部门街道线索发现、执法联动一起推动措施，查处企业安全生产违法行为，全年收到属地街道上报相关线索86条，其中73条符合相关要求，转化为有效案源，进行立案调查。全年区应急管理局执法检查生产经营单位501家次，办理非事故案件194件、执法案件19件，行政处罚419.92万元，罚款缴纳率100%，责令停产停业（暂时停产停业）53家，办理涉嫌危险作业罪行刑衔接案件1件。下沉执法人员6人，对“片区式”落实街道综合执法队日常安全执法巡查，开展执法检查187次，办理执法案件58件。

【安全生产违法行为行刑衔接】2022年，区应急管理局与区公安分局、区检察院、区法院深化办案协作，加强针对涉嫌犯罪的安全生产违法行为由行政执法机关移送司法机关追究刑事责任的行刑衔接工作，做到惩罚与过错相适应，防止安全生产行政执法中出现用行政处罚代替刑事责任追究的问题，增强安全生产违法行为刑事处罚的合力。联合区公安分局、区检察院制定《关于进一步加强上城区安全生产行政执法与刑事司法衔接工作机制的意见（试行）》，优化办案流程，加强工作保障，全年移送行刑衔接（行政执法和刑事司法衔接）案件3件。严肃安全生产事故调查和事故有关责任人的刑事责任追究，全年完成事故调查处理4件，向公安机关移送追究刑事责任人员4人，对涉及违法的7家单位及7名相关责任人员做出行政处罚，责令企业对8名相关责任人员做出内部处理，建议纪检部门对2个相关监管部门、3名责任人员进行问责。

（吴　盈）

审　计

【概况】2022年，区审计局围绕上城区社会经济发展各项重点工作，发挥审计监督职能。全年实施审计项目24个，查出问题资金4.71亿元、非金额计量问题（不能以货币为计量单位计量的问题）244个；向被审计单位或有关单位提出审计建议77条，均被采纳。提交审计信息100多篇，获省、市、区各级领导批示29篇次，被《中国审计报》等省部级媒体和《浙江审计》等省级机关刊物录用23篇次。九堡街道党工委书记、党工委副书记（办事处主任）任期经济责任审计项目获评2022年杭州市优秀审计项目。

【财政审计】 2022年，区审计局围绕以大财政、大数据为特征的财政审计大格局平台，加强审计项目和审计组织方式“两统筹”，整合审计计划、审计资源，优化组织方式，提升审计成果，推进审计全覆盖。聚焦全面实施预算绩效管理、财政事权与支出责任划分、财政资金直达机制运行等财政领域重大决策部署，着力摸清行政区划调整后期财政运行机制、预算编制、体制结算等情况，围绕审计发现问题整改和政策制定，推动全方位、全过程、全覆盖绩效管理进一步深化，提升预算编制全面性、科学性和精准性，加强重点工作风险防控。重点关注支出预算结构优化、区域产业基金情况、“保工资、保运转、保基本民生支出”等重大政策措施执行情况，推进区财政局和有关单位制定整改方案，落实整改。聚焦财政运行中的重大风险隐患，“同级审”中嵌入安排5个政策性专题审计，并统筹开展“5+4”稳进提质政策跟踪审计项目。落实中央审计委员会和审计署“对一级预算单位每年审计”的要求，运用预算单位全面自查、“自行核实+抽查”的方法，查找并扩大共性问题的覆盖面，提升个性问题的精准度。

【经济责任审计】 2022年，区审计局聚焦领导干部经济责任审计，推进“三不腐”机制贯通融合，开展常态化“经济体检”，以“五审五评”强化领导干部经济责任审计，全年对9家单位的18名主要负责人开展离任和任中经济责任审计。加大审计整改力度，着力增强经济责任监督效果，推动区政府制定《杭州市上城区人民政府关于进一步加强经济责任审计结果运用及问题整改的意见》，修订《上城区党政主要领导干部和国有企事业单位主要领导人员离任经济事项交接办法》，联动推进五年规划、离任交接、报告反馈、政治画像、会商研判、结果运用、省厅试点等机制，促进领导干部增强高质量发展的思想自觉和行动自觉。加大干部离任监督和任中监督力度，重启领导干部离任经济事项交接程序，由区委组织部牵头，区审计局监督交接，全年完成对四季青街道等11家单位、12名领导干部离任经济事项交接执行情况的监督。建立经济责任工作制度，提升经济责任审计结果运用及问题整改质量与效率，“治已病、防未病”的导向更加鲜明。

【专项审计】 2022年，区审计局按照“政治—政策—资金—项目”主线，从源头上对财政资金使用绩效进行监督，落实重大政策措施实施、重点资金使用，聚焦权力集中、资金密集、资源富集的高风险领域开展审计监督，重点关注政策落实、资金使用、招标投标、合同履约、建设管理等关键环节。开展迎亚运道路及环境综合改造提升工程建设情况专项审计调查、亚运场馆建设跟踪审计，涉及相关工程项目125个，发现问题25个。对始版桥未来社区、荷花塘未来社区10个新建民生项目开展跟踪审计，提出问题13个。开展新冠疫情防控资金专项审计，查出资金使用管理未闭环、街道防疫物资管理存在漏洞等问题5个，推动上城区疫情防控工作领导小组办公室制定《关于进一步规范上城区疫情防控专项经费使用管理的通知》，规范经费使用及物资管理。开展省民生实事、全民健身公共服务体系建设情况、教育经费管理使用情况、区属国有企业改革落实及资本运营情况专项审计调查，推动有关单位制定董事会议事规则、财务管理制度、法律事务管理制度等相关制度办法。开展信息化项目专项审计调查，重点针对全区信息化项目建设情况、运行维护及支付情况、应用绩效等方面进行审计调查，发现问题16个。

【审计督查整改】 2022年，区审计局加强审计督查整改，以数字赋能、多方联动、压实责任、内审协同等多种方式，深化“日常监督+专项监督”检查模式，推动责任单位夯实整改主体责任。把具体问题整改到位，并举一反三，防止屡审屡犯。与区委办公室、区人大常委会办公室、区政府办公室、区纪委区监委等部门建立联动机制，针对审计查出问题整改不到位的单位进行联合督查。全年开展督查3次，涉及责任单位7家次，整改事项10项。《区拆迁安置“时间长、缺口大”问题整改示范案例》被纳入省级示范案例，有关情况专报获市委主要负责人批示。

【内部审计】 2022年，区审计局注重建立和完善内审机构和机制，加强内审工作培训、管理、考核，盘活全区内审力量资源。推动《上城区人民政府关于进一步加强内部审计工作的实施意见》制定实施。该意见首次明确内审工作纳入相关考核、单位主要负责人的第一责任人责任、落实上级重大决策部署的工作职责、建立总审计师制度四项重大制度。全年区审计局走访调研区教育局等20多家单位，牵头指导、督促各单位开展内审工作，对全区74家单位（含街道）内审工作情况进行摸底梳理，其中，40家单位制定内审制度，34家重点单位明确内审机构；74家单位明确专（兼）职内审人员，其中专职内审人员21人。全年通过“以会代训”“以审代训”等培训方式，组织236人次参加内审人员培训，指导开展42个内部审计项目，提高审计人员的业务能力、实战能力和综合分析能力。年内，彭埠街道实施的“2020年度区属国有房产管理情况专项审计调查”项目获评杭州市2022年内部审计优秀项目；钱塘智慧城企业巨星科技股份有限公司撰写的《新形势下内审应对风险挑战中的作用和地位》获杭州市2022年内部审计优秀论文三等奖。

【大数据审计】 2022年，区审计局推动审计信息化系统建设，增强审计整体监督效能。围绕数字化改革要求，完成财政资金审计管理系统建设工作，推动建设内部审计信息管理系统，构建内部审计、国家审计、法规政策“三合一”综合管理平台，形成审计项目和问题整改闭环管理，全面提升大数据审计分析能力。实现大数据分析与项目推进全过程同步协作、相互衔接，通过从财政采集的预算批复和预算指标等数据，分单位、分类型、分项目汇总分析，排摸出经费投入的重点区域和领域，以大数据分析技术为依托，加强数据采集和整合，从人员、资金、采购、资产等维度构建各类专项数据模型，以数字化手段推进审计内容全覆盖。参与省、市大数据审计试点工作，浙江省领导干部“经济体检”、区县审计局接入大数据审计中心、“审计大脑”——重大项目招投标审计模块建设、“审计大脑”——综合决策中心投资审计专题看板建设4项工作纳入省级试点。

【亚运项目审计】 2022年，区审计局对涉亚运项目开展审计监督。持续对亚运道路及环境综合改造提升工程建设情况开展专项审计调查，跟踪亚运场馆建设项目审计，对全区11家涉亚运项目建设主体实施的125个项目进行审计，提出各类问题25个，为亚运项目顺利实施保驾护航。作为区亚（残）运会运保指挥部督查督导工作组成员单位，多次配合区纪委监委开展亚运督导督查，撰写相关工作动态信息被采纳12篇次。

（管好好）

统 计

【概况】 2022年，区统计局围绕“全面建设独具韵味的国际化现代化共同富裕典范城区”目标要求，坚持“用数据说话，为发展服务”，深化统计调查研究，优化统计服务，加强统计法治建设，推进统计数字化改革，为区委、区政府决策提供数据信息支撑。强化制度保障，印发《关于进一步加强和改进统计工作的实施意见》，推动14个街道的统计基层基础建设。因地制宜指导街道划好128个统计网格，落实配套资金和活动场地，按季度开展网格智治培训和活动。对新任街道统计负责人开展任前培训，提高统计专员的业务能力，夯实统计基础。年内，区统计局作为唯一区县统计局在浙江省统计数字化改革推进会上交流发言，获评全市统计系统数字化应用推广五星荣誉。《上城区着力促进服务业统计稳步健康发展》等3篇研究报告获国家统计局工作信息网录用刊登。区统计局承接浙江省第五次经济普查专题研究。围绕部门负责普查行业的普查模式及数据衔接问题开展研究。作为全省共同富裕基础数据库建设第二批试点，针对共同富裕大课题进行专项研究调查，为全省共富统计监测模型搭建提供上城样本。

【统计服务保障】 2022年，区统计局开展金融、消费、房地产、投资等重点领域专题研究，探索建立经济稳进提质、重要经济指标、高质量发展指标等监测体系。梳理一批重点企业名单，动态掌握企业发展态势，及时分析研判行业整体运行情况；定期监测拟入库单位，每月梳理即将达到入库规模标准的单位，及时完成新增单位入库，夯实全区规模以上企业统计基础。以“统计联心·数为民用”活动为载体，撰写14个街道的街道发展报表，助力街道准确把握经济发展长短板，局班子领导带队走访调研各街道，对街道经济发展进行统计指导。走访100家行业重点企业，提供发展分析报告，帮助企业解决统计报表填报等问题，做好惠企政策宣贯。“线上+线下”、分层分类开展2750多家“四上”（规模以上工业、资质建筑业、房地产开发经营业，限额以上批发和零售业，限额以上住宿和餐饮业，规模以上服务业）企业全覆盖统计业务培训，提高统计数据质量。强化部门协作，全面实现机关内部“最多跑一次”，为有关单位提供数据服务，推动各单位工作。全年撰写各类信息材料132篇。其中，国家统计局录用3篇，省统计局录用17篇，市统计局录用66篇，《我区企业经营现状、助企纾困政策取得成效、存在问题及相关建议》和《精准施策、提振信心、激发活力——关于我区民营企业发展环境调查的报告》等15篇专报获区领导签批，《政务参阅》刊发8篇。

【统计调查研究】 2022年，区统计局开展工业、建筑业、批发和零售业、住宿餐饮、房地产、服务业、能源、投资、劳动工资等常规统计调查，加强数据审核评估，做实全区基础数据，按时完成各专业统计报表。开展5年一次的城乡一体化住户样本轮换及年度人口抽样调查工作，完成300户样本户试记账培训及2160户人口调查。开展“一老一小”、生育意愿、共同富裕感受度等民生课题调查研究13项。其中，课题报告《打造全龄友好城市需破解居家养老服务痛点》被国家统计局工作信息网录用刊登；专报《上城区居家养老服务实践与政策优化调查报告》被上报《杭州信息专报》，获市领导批示。首次采用“浙江民调在线”平台开展城区民众共同富裕感受度调查，样本覆盖14个街道、1049户居民，聚焦调查对象反映的“贫富差距感较大、就业机会少、优质医疗资源分布不均衡、交通不便”等短板不足，提出“加大保障、推动就业、合理引导预期、做好宏观调控”等政策建议。作为全省共同富裕基础数据库建设第二批试点，对全区新就业形态——快递人员进行摸底调查，完成有效调查问卷4474人次。经济普查课题报告《以银行业为例探索金融行业的普查模式和数据衔接方法》被国家统计局、省统计局工作信息网录用。

资料

样本户试记账培训：2022年是住户调查大样本五年一周期的轮换之年。住户调查大样本轮换后，对新抽取的样本记账户第一次试记账进行培训。

【统计法治建设】 2022年，区统计局开展“双随机”（随机抽取检查对象、随机选派执法检查人员）执法，查处提供不真实统计资料等统计违法行为，夯实源头数据质量。全年执法检查75次，处罚企业5家，结合国家统计督察反馈问题整改和国家统计造假不收手不收敛专项纠治工作，在全区范围内开展自查整改工作，就统计系统需要整改的问题，制定整改举措，限期整改。与区纪委区监委、区委巡察办、区审计局联合制定《关于加强纪检监察监督与统计监督协作配合工作的实施办法》《关于印发〈关于建立区委巡察机构与区统计局协作配合机制的操作办法（试行）〉的通知》《关于加强统计监督与审计监督协同配合的合作备忘录》，形成监督合力。开展“9·20”统计开放日活动，派发宣传彩页、普法手册，提供专业统计数据相关知识讲解，举办统计相关知识竞答。全年开展《中华人民共和国统计法》进校园、进企业、进社区、进工地等普法活动28场，增强群众统计法治意识。

【统计数字化改革】 2022年，区统计局借力“统计大脑+应用”平台，重新认知统计主责主业和工作系统流程，把“共同富裕统计监测系统”“浙企‘最多报一次’”“统计单位全生命周期管理”“投资领域统计全流程管理”“统计e家”“数据质量管控”“浙江民调在线”“现代化先行”“碳排放智能统计核算”“一体化统计监督系统”10项省统计数字化改革重大应用作为日常业务工作的框架和工具，在数据收集、数据审核、数据分析、开展调查等方面运用数字化手段，推动统计工作提质增效。全面实现“浙里智调系统”“浙企‘最多报一次’”“统计e家”“一体化统计监督系统”“共同富裕统计监测系统”五大应用100%贯通；开展“集中培训—在线答疑—实地指导”全方位服务，减轻基层负担，企业端两大应用——“浙企‘最多报一次’”和“统计e家”推广居全市前列，分别推广2215家和2463家。

（李唯欣）

中介服务业管理

【概况】 2022年，上城区提升中介服务业能级，加强行业监管，推动行业健康发展。全区中介服务业主要由律师、会计师和人力资源服务机构等构成，包括律师事务所131家、会计师事务所43家、人力资源服务机构155家。全年全区律师办理案件8.01万件，律师人数及业务收入亿元以上律师事务所数量居全市第1位。加强会计人才培养，辖区内会计从业人数5591人，其中执业注册会计师1531人。全区人力资源服务机构总产值250亿元，税收3亿余元，服务企业2万余家次，提供就业岗位200多万个，帮助实现就业和流动人数200万余人。

（黎　颖）

【法律服务业管理】 2022年，上城区律师行业持续快速发展，律师人数及业务收入亿元以上律师事务所数量居全市第1位，为加快建设独具韵味的国际化现代化共同富裕典范城区提供法治保障。至年末，全区有律师事务所131家，其中2022年新成立11家；律师（专职+兼职）4038人，其中党员律师1611人；律师事务所党委3个、党总支5个、党支部57个，其中独立党支部41个、联合党支部16个。全年全区律师事务所业务收入26.6亿元，其中业务收入1000万元以上律师事务所31家。建立健全联合支部“党建活动轮值”“律所主任联席会议”“双扩大会议”等制度，深化“一所一品”建设，打造律师事务所党建工作品牌。制定《上城区进一步推进律师行业发展的若干意见（试行）》，做深“尚律青年，逐梦向阳”品牌，创新“双优人才培养”工作机制。深化律师服务进社区工作，成立“尚律颂”公益法律服务中心，组建上城区企业纾困法律服务志愿团，结对14个街道和2个重点园区（玉皇山南基金小镇、钱塘智慧城），开展知识产权、合同履行、企业风险防范等领域的法治服务。健全行业纪检工作全覆盖网络，全区律师事务所党组织实现纪检委员和纪律专员全覆盖。规范司法行政干部与法律服务工作者交往行为，打造“亲不逾矩，清不疏远”的法律服务行业生态。定期举办职业道德执业警示教育活动，组织开展上城“青律说”等活动46场次。落实律师信访、投诉处理工作，处理信访、投诉案件86件，走访检查律师事务所71家，抽查律师事务所案卷387卷。年内，全区10名律师、2个律师事务所党组织获评杭州市律师行业“两优一先”（优秀党务工作者、优秀共产党员、先进基层党组织）荣誉。

（耿俊霞）

【会计事务管理】 2022年，上城区有会计师事务所43家，纳税2.86亿元。辖区内会计从业人数5591人，其中执业注册会计师1531人。区财政局为促进会计事务发展，加强会计代理记账机构管理，强化会计师事务所年度报备审核，服务会计从业人员。按照财政部令第98号《会计基础工作规范》，通过“浙江省代理记账机构管理系统”进行受理审查，完成220家代理记账机构2022年度报备工作；提高对外事项办理审批时效，实现事项即时办理，全年新增会计代理记账资格审批41件、注销8件、信息变更23件。加强代理记账行业监督管理，规范会计服务市场秩序，促进行业健康有序发展，根据财政部、国家市场监督管理总局的统一部署，开展代理记账行业违法违规行为专项整治工作。对取得营业执照但未取得许可证书的520家企业、以告知承诺方式取得代理记账许可证书的14家企业完成重点整治。加强注册会计师行业行政监督，严格审核执业许可条件、工商注册等信息，完成辖区内中汇会计师事务所（特殊普通合伙）、立信会计师事务所（特殊普通合伙）浙江分所等38家会计师事务所年度报备工作；开展“有照无证”会计师事务所专项整治工作，配合省财政厅对未整改到位的杭州易方会计师事务所有限公司出具行政处罚决定书，督促北京中颂华会计师事务所（普通合伙）杭州分所通过工商注销完成整改。参与制定上城区高端服务业（财税评估行业）领军人才、精英人才、高级人才的认定标准，全年申报领军人才、精英人才、高级人才64人，审核通过61人；区委人才办公室于5月评审通过2021年度区高端商务青年人才5人。参与各级财政部门和行业协会人才评优工作，获评省、市注协行业“优秀注册会计师、优秀资产评估师”及“注会先锋”62人，获评2022年全国先进会计工作者1人。

（黄颖敏 王　静）

【人力资源服务】 2022年，上城区结合区情特点、产业格局新变化，推动人力资源服务业纳入区产业支持政策，优化人才配置、促进劳动者就业。全区有人力资源服务机构155家，总产值250亿元，年纳税超过3亿元。全年全区人力资源服务机构服务企业2万余家次，提供就业岗位200多万个，服务2800多人次，帮助实现就业和流动人数200万余人。年内，上城区5家人力资源服务机构入选浙江省人力资源服务机构综合100强，占全市入选机构的20.8%。其中，浙江外企德科人力资源服务有限公司列第一，杭州今元标矩科技有限公司位列第四；浙江万源人力资源有限公司等5家公司入选浙江省人力资源服务机构劳务派遣100强；浙江省对外服务有限公司、北京网聘咨询有限公司杭州分公司、浙江省人力资源服务协会获2022年杭州市人力资源服务业发展资金资助。

（周佳君）

邮政服务

【概况】 2022年，邮政上城区分公司承担国内和国际信函寄递、国内和国际包裹快递、报刊和图书等出版物发行、邮票发行、邮政汇兑、机要通信、邮政物流、电子商务、各类邮政代理等业务职责。公司推进邮政营业网点及揽投网点建设，围绕业务发展，推动网点整合，优化布局，完善营销体系建设。公司下设市场部、综合部，辖中山中路邮政支局、映霞街邮政支局、涌金门邮政所等邮政普遍服务营业网点32个，以及城东营业部、赛博营业部等寄递类营业网点（揽投部）29个。全年公司完成业务收入1.32亿元。年内，笕桥邮政支局获评省级“青年文明号”荣誉，笕桥邮政支局被市委宣传部评为“最美窗口”，中山中路支局获评杭州市邮政快递业中共二十大寄递安全服务保障先进集体。

2022年邮政上城区分公司营业网点一览表

表12

序号	类别	网点名称	地址
1	邮政普遍服务营业网点	中山中路邮政支局	中山中路313号
2		涌金门邮政所	劳动路163号
3		城站邮政支局	环城东路10号
4		清泰街邮政所	清泰街501号
5		庆春路邮政支局	庆春路147号
6		景江花园邮政所	之江路959号
7		钱江路邮政所	钱江路566号
8		映霞街邮政支局	映霞街51号
9		南星桥邮政支局	二凉亭1号
10		望江门邮政所	江城路502号
11		复兴南苑邮政所	复兴里街131号
12		凤起路邮政支局	凤起路58号
13		延安路邮政支局	凤起路308号

续表12

序号	类别	网点名称	地址
14	邮政普遍服务营业网点	凯旋路邮政所	凯旋路73号
15		浙大华家池邮政所	凯旋路268号
16		双菱路邮政所	双菱路72号
17		夕照邮政所	夕照新村41-2号
18		江锦路邮政所	江锦路172号
19		钱江四苑邮政支局	钱江四苑11幢1层底商3号
20		市民之家邮政所	新业路311号L座8号窗口
21		新塘路邮政所	新塘路218号
22		火车东站支局	新塘路309号汽配城北门
23		景芳邮政所	景昙路139号
24		笕桥邮政支局	机场路240号
25		花园兜街邮政所	花园兜街221号1楼
26		九堡邮政所	商贸路12号
27		城东邮政支局	多立方公寓5幢102室
28		金堡街邮政所	金堡街247号
29		丁群街邮政所	丁群路39号
30		丁桥邮政支局	丁群路554~560号
31		武林广场邮政所	体育场路354号
32		武林路邮政所	武林路406号
1	寄递类营业网点（综合揽投部）	凤起路第四揽投部	小营街道环城东路19号
2		城站第四揽投部	小营街道环城东路19号
3		东宝路第四揽投部	清泰南苑17幢底层商铺
4		四季星座第三揽投部	望江街道东宝路47~51号
5		南星桥第四揽投部	秋涛路37号秋江雅苑
6		秋涛北路第三揽投部	运河西路213号
7		秋涛北路第四揽投部	运河西路213号
8		笕桥第三揽投部	笕新社区六区原信达纺织厂厂房
9		笕桥第四揽投部	笕新社区六区原信达纺织厂厂房
10		城东第三揽投部	笕新社区六区原信达纺织厂厂房
11		东站第四揽投部	东宁路60号
12		彭埠第三揽投部	东宁路60号
13		九堡第三揽投部	鑫运时代金座底商8号
14		九堡第四揽投部	商贸街12号
15		丁桥第四揽投部	丁群街560号
16		凤城特快揽投部	建国北路46号
17		建国北路特快揽投部	建国北路46号

续表12

序号	类别	网点名称	地址
18	寄递类营业网点（综合揽投部）	武林特快揽投部	环城东路10-1号
19		近江特快揽投部	东宝路47-51号
20		钱江新城特快揽投部	之江路959号
21		景江花园特快揽投部	之江路960号
22		复兴特快揽投部	复兴东苑15-5号
23		春江特快揽投部	钱江路106号
24		三堡特快揽投部	运河西路213号
25		笕桥特快揽投部	机场路240号
26		彭埠特快揽投部	东宁路60号
27		秋北特快揽投部	天聚府1楼
28		九堡特快揽投部	鑫运时代3幢底商7号
29		桃花湖特快揽投部	环丁路1654号

【寄递业务发展】 2022年，邮政上城区分公司探索末端经营模式创新，率先开展创业计划。邮政工作人员在四季青服装市场通过多频营销、专人驻点、客服服务等方式，承包四季青服装市场区域营销、揽收、投递工作，从“打工人”转变为“小老板”。全年创业收入140.1万元。深化项目制运营，推进中药项目、极速鲜春茶项目等业务发展。年内，与杭州市中医院，杭州三慎泰宝丰中药有限公司、杭州震元堂中医门诊部有限公司等6家医院合作，推出“暖心中药邮寄到家”服务，为居民提供便利，全年服务居民18万人次。依托龙井绿茶资源优势，开展春茶行动，助力茶产业发展振兴，极速鲜春茶寄递服务农户6500户次，业务收入15万元。

【邮政运营创新改革】 2022年，邮政上城区分公司通过优化网运端及经营端进行运营创新改革。在网运端推进揽投网改革。通过优化站点布局、推进道段及驿站建设，实行分层分网运作。全年更改网点地址4个，新设桃花湖、武林、三堡、彭埠特快揽投部，设立3个中邮驿站，推进甩投模式，提高投递效能。加大设备投入，新增3套自动分拣设备。在经营端探索创业计划、众创众享等新机制，通过增量分享、奖金池等模式，激励揽投部工作人员做大规模和增量，强化成本管控意识。推行“战队”管理模式，多个揽投部为一个“战队”，设有战队长（揽投部经理代表）、指导员（片区经理）、联络员（速递部管理员）和队员（各揽投部经理）。开设“战队”微信群，每日分析业绩进度并复盘，激发经营活力。全年邮政寄递特快业务收入8057万元。

资料

中邮驿站：是由中国邮政集团、中国电信集团、中国残联授权独家经营管理的运营公司，是集中国快递联盟收发业务、中国电信业务、中国福利彩票、转业军人就业、残联基金捐募、残疾人驿站直播、残疾人驿站就业、社区生活配送、社区生活服务、社区康养服务、社群分销平台于一体的线上和线下相结合的多元服务站点，为社区居民提供多元化服务，打造“一站式”综合服务平台。

（楼建君）

电信服务

【概况】 2022年，电信上城分局承担区域内移动通信、互联网接入及应用、固定电话、ICT（信息和通信技术）集成等综合信息服务，下设湖滨支局、景芳支局等26个综合支局，以及政务支局、大企业支局等10个政企支局和智云护航、DICT（DT云和大数据技术、IT信息技术和CT通信技术的融合）2个中心。服务区域东起彭埠街道，西至钱江一桥、玉皇山、南屏山、南山路、湖滨路、环城西路一线，南起之江中路，北至丁兰街道。至年末，全区有宽带用户31.7万户、高清ITV（交互式电视）用户19.6万户。全年税后业务收入7.47亿元。

2022年电信上城分局营业网点一览表

表13

序号	网点名称	地址
1	上城湖滨支局营业厅	将军路32～40号
2	上城惠兴路营业厅	惠兴路9-2号
3	上城昊天惠兴路华为专卖店	惠兴路9-1号
4	上城仙林支局营业厅	仙林桥直街27号
5	上城德耀延安路合作卖场	延安路372号
6	上城德耀延安路华为高级体验店	延安路382号
7	上城南星支局营业厅	复兴南街277～279号
8	上城越众复兴南街专营店	复兴南街157号
9	上城望江支局营业厅	近江东路16号
10	上城望江支局富春路营业厅	近江西路1号
11	上城天翔万泰城华为专卖店	望江东路332号
12	上城海潮支局营业厅	东宝路29号
13	上城小营支局营业厅	河坊街27号
14	上城越众江城路专营店	江城路709~711号
15	上城长庆支局营业厅	长庆街18号
16	上城庆春支局营业厅	解放路116号
17	上城江城支局营业厅	江城路96号
18	上城江城支局第二营业厅	江城路466号
19	上城紫阳支局营业厅	钱江路243号
20	上城紫阳支局海潮雅园营业厅	海潮雅园一园2幢3号
21	上城清波支局营业厅	中河中路159号
22	上城二分局鹏讯五福专营店	钱潮路308号
23	上城二分局天翔三里亭营业厅	三里亭路1号
24	上城二分局鑫妍清江路营业厅	清江路179号
25	上城二分局天翔丁桥华为专营店	丁群路488号
26	上城二分局悦毅相婆路天翼卖场	相婆路东黄家社区二组

续表 13

序号	网点名称	地址
27	上城二分局佳颖五星国际苹果专营店	明月桥路115号中豪五星国际4幢底座17号
28	上城二分局起航大塘苑专营店	蕙兰雅路617号
29	上城二分局笕桥支局营业厅	开创街299号
30	上城二分局闸弄口支局营业厅	天城路204-1号
31	上城二分局景芳中心营业厅	风起东路132号
32	上城二分局笕新支局营业厅	全福桥路463号
33	上城二分局凯旋支局景苑营业厅	昙花庵路196号
34	上城二分局向江来营业厅	严家弄向江来综合体1楼商铺
35	上城二分局丁兰支局营业厅	会林路52号商铺
36	上城二分局艮北支局营业厅	彭埠普德路28-1号
37	上城二分局明珠支局营业厅	丁群路202号
38	上城二分局长睦中旭营业厅	丁桥蕙兰雅路670号
39	上城二分局长睦支局营业厅	华鹤街628号
40	上城二分局凯旋支局营业厅	凯旋路329号
41	上城二分局彭埠支局营业厅	明月嘉苑三区19幢6～7号
42	上城二分局景芳支局营业厅	钱塘府8幢底商
43	上城二分局四季青支局营业厅	江锦路185号
44	上城二分局采荷支局营业厅	庆春东路103号
45	上城二分局天运支局营业厅	天运路79号
46	上城二分局四季青支局钱江营业厅	静安花苑2幢底商
47	上城二分局惠佳久睦营业厅	长睦路268号
48	上城二分局起航东宸专营店	环站东路842号

【老旧小区通信线路改造】2022年，为迎接杭州第19届亚运会、提升和展示杭州城市形象、提高群众生活质量，电信上城分局配合市政府完成青年路小区、景芳四区等56个老旧小区的通信线路改造工程。该工程涉及598幢楼房、2.34万户居民。在综合改造提升中，按照“多网合一”、传统“上改下”和既有线缆整理模式，实现“一线到户”，同时整理架空线缆，清理“飞线”和废线，推行弱电管线入地入槽管理。

【光网质量提升】2022年，电信上城分局通过查漏补缺完善末梢区域覆盖不到位盲点增补、结合安装与维护两单保障业务开通等提升光网质量。至年末，建设开通4G站点9个、5G站点58个。其中，5G站点开通非铁塔站点52个、铁塔站点6个。铁塔站点为精品示范区站，分别是定安路地铁站、浙江大学医学院附属妇产科医院、瑞丰国际商务大厦铁塔站点及开元路与浣纱路交叉口、学士路与岳王路交叉口、仁和路与岳王路交叉口通信杆。

【电信服务水平提升】2022年，电信上城分局进一步提升服务水平。与政府、医院开展机房技术维护、杭州市妇产科医院等医院网络及云服务项目；与湖滨、小营、望江、紫阳等街道开展相关社会项目，湖滨步行街智慧网络及技术服务项目，以及唯品会、银泰等商业项目。自2021年10月后，中国电信股份有限公司杭州分公司与银泰商业集团有限公司开展云业务合作，提供天翼云基础云计算资源、天翼云鲁班大数据仓库平台、天翼云云中台、5G+AI等服务支撑，银泰商业管理集团有限公司平台架构入驻天翼云甄选商城，双方合作共赢，形成密切合作伙伴关系。同时与金投·金融大厦、浙江大学医学院附属妇产科医院等重点医院、大型企业进行需求沟通，在智慧堤坝、智慧交通、智慧园区等方向进行深度方案交流，均取得一定成效。

（倪　薇 谢引引）

移动服务

【概况】 2022年，移动上城分公司坚持以客户服务为中心，发挥5G、云计算、大数据、物联网、BSN（区块链服务网络）等方面优势，推出基于宽带和互联网的多媒体融合信息服务。公司贯彻落实5G建设、信息惠民等工作，推动信息事业发展，深化社会民生建设，助力上城数字经济转型、智慧城市建设等工作。公司下设杭海路营业厅、吴山营业厅等15个网点，以及九堡分局、秋涛分局、望江分局等10个分局。全年通信用户数123万余户，宽带用户数27万余户，开通5G基站2000多个，网络工程投资9000多万元，实现通信服务收入14亿余元。年内，移动上城分公司获浙江移动企业文化示范单位、浙江移动“四个服务”优秀书记项目、杭州移动市场创新突破奖、杭州移动营业技能大赛优胜团队奖、杭州移动家宽能力跃升专项劳动竞赛优胜单位、杭州移动政企拓展先锋奖、杭州移动政企攻坚铸盾行动卓越运营奖等荣誉。公司参与的杭州东站“大型综合交通枢纽智治应用”获2022年度浙江省改革突破奖银奖、2022年浙江省数字化改革“最系列”成果最佳应用、2022年第二批全省数字法治好应用，入选全省数字政府系统优秀应用案例，被列入全省数字孪生建设首批试点。

2022年移动上城分公司营业厅一览表

表14

序号	网点名称	地址
1	杭海路营业厅	杭海路223号兴业大厦1楼
2	吴山营业厅	延安南路50号（吴山广场公交站旁）
3	复兴南街营业厅	复兴南街178号北（复兴农贸市场旁）
4	解放路营业厅	解放路180号
5	婺江路营业厅	婺江路399号东铁大厦1楼
6	江城路营业厅	江城路609号
7	艮山西路营业厅	艮山西路210号
8	九堡营业厅	九堡东方商务园九盛路9号
9	丁桥营业厅	紫丁香街136～138号
10	金海城营业厅	杭海路878号金海城购物中心1楼A4号
11	景坛路营业厅	景昙路118号
12	衢江路营业厅	衢江路26-2号（三桥农贸市场对面）
13	笕桥营业厅	机场路258号同心里生活广场1楼W12～13号
14	解放东路营业厅	解放东路19号
15	凯旋路营业厅	凯旋金牛坊5~6幢101（商业）室三号商铺

【数字化改革支撑】2022年，移动上城分公司以“数智化转型创先，高质量发展创优”为主线，聚焦数字化改革赋能，在参与党政机关整体智治、数字政府、数字社会、数字文化、数字经济和数字法治应用建设的同时，探索数字人、元宇宙等创新领域，在民政、交通、电商、文旅等领域实现项目突破。公司参与建设全省最大“交通枢纽数字化改革应用”——杭州东站“枢纽安全智控应用”项目、全省首批未来社区打造——“红梅未来社区”项目、上城区首个“数字平台+社区改造”的基层共富单元智治模式——“幸福邻里坊”数字平台项目、全省首个大数据组件——大数据客流组件、全省首个“直播电商数字治理平台”——上城区市场监督管理局直播电商数字治理平台项目等30多个数字化改革项目，完善社会公共服务，助推数字化改革工作落地，赋能数字化应用场景。

【5G网络建设】2022年，移动上城分公司科学提升5G网络覆盖能力，统计5G倒流区域和弱覆盖情况，关注地下室、电梯等网络盲点、弱点区域覆盖，加强居民区、高层楼宇等区域的深度覆盖，实现医院、学校、居民小区地下停车场等口碑场景全覆盖。推动4G、5G业务发展，打造2.6G和700M立体组网，将700M广覆盖、深覆盖的技术优势和2.6G的高容量优势相结合应用于5G网络建设，实现快速建网。年内，完成700M基站建设超过270站。统筹多频协同（2.6GHz、700Mhz等多频段同步施工）、4G/5G协同无线网工程，5G基站建设累计超过1900站，全区综合覆盖率超过97%。推进5G业务发展，5G分流比（区域内5G流量/5G流量+4G流量）超过57%，比2021年提高23个百分点。

2022年，移动上城分公司在元宇宙方面进行探索。图为移动上城分公司和中国美术学院、清波街道联合打造的文旅数字Idol“杭小忆”，应用于南宋御街的数字人导览（移动上城分公司 供稿）

【重大通信服务保障】2022年，移动上城分公司实施移动通信基站全天24小时后台监控，出动应急车和应急仓25车（台）次、保障人员60多人次，为区党政、民生、应急等通信服务提供保障工作。开展节假日重点交通枢纽进出站高峰期健康码扫码专项保障工作。全年开展杭州马拉松等重大活动保障工作8次，出动应急通信车3辆次，应急仓10台次，保障人员20人次，完成后台扩容25站次。完成亚运场馆通信网络注册中心、上城区体育中心亚运场馆公网专网建设，区域内注册与制证中心、票务中心、昆仑中心（亚组委大楼）、杭州东站4个功能场馆均完成十星建设。

资料

十星建设：以一至十星级（满星）评定场馆网络建设进度，十星表示4个功能场馆已完成场馆网络建设。

（颜满美）

人力资源与社会保障

综 述

【民生保障】 2022年，上城区围绕稳就业、保民生、促发展工作重点，有效应对新冠疫情影响，防范化解风险，筑牢民生底线。全年全区城镇新增就业3.38万人，失业人员再就业9298人，就业困难人员安置2951人。全区养老保险参保65.1万人，其中灵活就业参保5.8万人、城乡居民养老保险参保3178人，工伤保险参保71.6万人，全民参保率99.8%。全年受理劳动人事争议案件5536件，涉及劳动者5897人，维权金额12.8亿元。年内，上城区作为全省唯一城区代表在全省稳就业工作会议上做经验交流，就业创业、社保试点、技能人才等相关工作情况获省、市领导批示肯定7次。区人力社保局被人力资源和社会保障部评为2021—2022年度劳动保障新闻宣传工作先进单位，获浙江省劳动人事争议案件处理工作先进集体、杭州市“三八红旗集体”、2021年度杭州市机关志愿服务“最美典型”等荣誉。

【人力社保领域数字化改革】 2022年，上城区根据省、市、区数字改革工作相关要求，加快推进人力社保领域数字化改革，优化人力社保政务服务，研究制定《上城区人力社保局2022年数字化改革工作要点》，对一体化智能化公共数据平台10个大项、47个综合评价指标对照评分细则进行任务分工，明确职责开展工作。做好全省“人社大脑”权限及人社系统数字化改革重大应用贯通工作，完成9项应用申请区级权限贯通应用。区企业退休人员服务中心“企退人员数智体检”试点铺开，区人力社保局打造技能人才高地、医保“视频办”试点等改革特色亮点工作在《杭州日报》《上城改革》上刊发。对接申报省、市数字化改革试点，“浙里就业创业”“浙里和谐劳动”“浙派工匠”被列入省数字改革重点试点项目，新增“迭代‘数智就业’应用”为市数字改革试点项目。

【“就创群落”建设模式】 2022年，上城区坚持将共富型就业创业作为促进经济高质量发展的主引擎，探索打造就业创业政策生态群落、就业创业资源互动群落、就业创业服务场景群落“三位一体‘就创群落’”，全力构建共富型高质量就业创业体系。聚焦要素配置，系统化构建政策生态群落，制定《上城区民生政策目录》和就

2022年7月18日，上城区金融企业大学生实习联盟基地启用仪式在玉皇山南基金小镇举行（区人力社保局 供稿）

业促进“特色27条”，将“就创特别贡献奖励”等特色政策统一归集、优先落实，做优就业创业发展环境；围绕平台全联通、业务全覆盖的目标，细化区、街道、社区三级“群落主干”政策措施，形成上下对口的公共服务工作体系，织密服务供给网格。完善平台搭建，畅通资源互动群落，深化人力资源精准对接，创新“直播带岗”等招聘模式，实现岗位靶向推送；推动地区资源交流互通，持续加强与四川剑阁县、贵州三穗县等地区协作，搭建跨区域供需长效合作平台；促进培养资源融合共享，依托高端金融产业集聚优势，以钱江新城、玉皇山南基金小镇为核心，建成金融企业大学生实习联盟基地，打造政府、学校、企业人才培养共同体。注重质效提升，打造服务场景群落，创新全年龄段服务理念，分类做好重点群体岗位推送、创业指导、技能培训等援助措施；集聚128名技能领军人才和劳模工匠，成立上城区技能工匠联盟，率先实施“新八级”人才培养评价机制，实现职业技能服务水平跃升；通过就业信息全要素归集和标签化处理，将“自上而下”的框架设计与“自下而上”的场景应用充分融合，实现就业服务双向驱动。

资料

“新八级”人才培养评价机制：深化技能人才评价制度改革，探索建立由首席技师、特级技师、高级技师、技师、高级工、中级工、初级工、学徒工构成的职业技能等级（岗位）序列，建立完善与国家职业资格制度相衔接、与终身职业技能培训制度相适应，并与使用相结合、与待遇相匹配的新时代技能人才职业技能等级制度。

【人力资源服务博览会】2022年11月9日，第10届暨2022年中国（浙江）人力资源服务博览会在上城区举行。130多家知名人力资源服务机构、教育培训组织，以及金融、健康、福利、保险、软件、互联网等人力资源服务产品供应商参展。中国杭州人力资源服务产业园上城园区“杭州·智谷”携辖区浙江外企德科人力资源服务有限公司等6家行业龙头机构集体参展。该博览会以“就业大局下的人力资源服务”为主题，采取线上和线下同步展示的模式，依托互联网技术手段实现供应端、客户端、线上、线下4点联动，打通关系流和信息流。博览会期间，举办“人力资源创新和扩大就业”“人才发展与服务创新”“就业大局下的组织进化新探索”等主题论坛7场，行业专家与专业听众分享人力资源服务和人力资本提升的前沿信息，共同交流、探讨、碰撞。该博览会同步依托移动互联技术，进行线上品牌宣传、产品展示、服务介绍、在线交易和岗位发布等，线上观展34万余人次。

（刘佳辰 张飘鹏 吴亚兰）

劳动就业和创业

【概况】 2022年，上城区探索打造就业创业政策生态群落、就业创业资源互动群落、就业创业服务场景群落“三位一体‘就创群落’”，构建共富型高质量就业创业体系。全年全区城镇新增就业人数3.38万人，失业人员实现再就业9298人，就业困难人员安置2951人。落实落地稳定就业补贴、公益性岗位综合补贴等稳就业惠民生政策，全年发放中小微企业招用高校毕业生补贴、企业招用就业困难人员补贴、灵活就业补贴等各类就业创业补贴1.63亿元，惠及6.96万人（家）次。创新推出“直播带岗+线上招聘”模式，举办“乐业上城，春风行动”春季人力资源交流会、“助企稳岗，杭向未来”长三角高层次人才招聘大会等现场招聘会179场，提供岗位3.58万个。就业创业数字驾驶舱“1+4场景”应用取得成效，人力资源和社会保障部、外省调研组等调研指导就业创业应用场景工作并表示肯定。持续深化与四川剑阁县、贵州三穗县等地区新一轮东西部劳务协作，采集推送岗位1.8万个。

【就业创业数字应用】 2022年，上城区围绕劳动者和用人单位就业创业全周期服务，聚焦岗位创造、能力提升、就业帮扶、创业扶持、用工保障监测等核心业务，打造“1个综合集成+N个应用场景”的“浙里就业创业”综合数字应用，逐步构建更多就业机会、更优就业结构、更强就业能力、更好就业生态的高质量就业创业体系。将“浙就业”专区迭代升级为“浙里就业创业”专区，个人端设置“找工作、有保障、享帮扶、要培训、想创业”5个板块，法人端设置“找员工、享政策”2个板块，打造覆盖劳动者和用人单位2个维度的全流程服务。增设“浙里好创业”“浙里打零工”“就业见习”等特色专区，扩展服务覆盖面。至年末，上城区所有街道、社区（村）均开通并常态化使用“重点群体就业帮扶在线”场景。上城区通过“浙里好创业”平台发布经办机构1家、经办银行19家、孵化基地13个、相关创业活动3场。

【就业服务】 2022年，上城区以致力打造“就创群落”服务体系为抓手，细化区、街道、社区三级“群落主干”政策措施，建强区级就业创业服务窗口和14个街道服务中心及职业指导站，就业援助队覆盖200个社区（村），建成国家级充分就业社区2个、省级高质量就业社区15个、市级高质量就业社区55个。实施2022年上城区就业援助精准服务计划，组织“私人定制周”等系列活动，创新全年龄段服务理念，做细下至青少年、上到有就业需求老龄人的职业规划和就

2022年2月24日，上城区举办“乐业上城，春风行动”春季人力资源交流会

（区人力社保局 供稿）

业服务，分类做好重点群体岗位推送、创业指导、技能培训等援助措施，全年服务重点人群4.54万人次，人均服务1.54次，实现“零就业”家庭动态“清零”。全年受理审核各类平台办件26.88万件，上城区成为2022年“就业基层平台服务指南”人社标准研制试点项目试点地区之一。依托“未来社区就业创业服务应用”省级试点和“数智就业应用”迭代市级试点建设，孵化打造线上“零工市场”，全年精准服务17.7万人次。搭建助企“纾困桥梁”，常态化开展失业动态监测和企业用工调查，落实失业保险稳岗返还等助企纾困资金6.15万元，涉及企业8.3万家；发放新冠疫情响应期间企业用工补贴8140人、814万元，失业保险待遇15.79万人次、2.28万元；兑现中小微企业招用高校毕业生补贴、企业招用就业困难人员补贴、灵活就业补贴、自谋职业房租补贴等就业创业扶持资金1.63亿元，惠及6.96万人（家）次。

【创业服务】 2022年，上城区完善创新创业政策体系、制度保障和服务支撑，推动“乐业上城·就创未来”项目落地，拥有1个国家级创业孵化示范基地、3个省级创业孵化示范基地、141个就业见习训练基地、14个创业陪跑空间等创业载体。对有创业意向的人员主动对接创业培训、创业场地、创业担保贷款、创业扶持政策等服务，创业园孵化场所经营面积1.2万平方米，在园经营实体近200家，带动就业500多人。发放创业担保贷款369笔、1.73亿元，贴息251笔、721.38万元。连续第2年组织杭州创业马拉松比赛，沿用团体赛赛制，吸引来自在杭州知名企业、投资机构、高等学府、红色菁英、初创小微企业和创业服务机构的近1000名选手参赛，促进创业者在资源集聚的创业生态内互通有无、共享发展。

【职业技能建设】 2022年，上城区以推进“浙派工匠”民生实事工程为载体，全方位抓好职业技能培育工作。推动企业与职业院校深度合作，鼓励14家民办培训机构举办职业培训，支持具备条件的企业、行业开展技能人才自主评价、职业技能等级社会化认定。全年开展职业技能培训2.88万人次，新培育技能人才1.8万人，发放技能提升补贴1931.4万元。培育省、市级技能大师工作室41家次、“新时代浙江工匠”29人。集聚128名技能领军人才和劳模工匠，成立上城区技能工匠联盟，率先实施“新八级”人才培养评价机制，推荐的6名大师获评省特级技师，为全市唯一。培育全国首批区块链应用操作员，并参与城市管理网格员、老年人能力评估师等职业技能国家和省级标准开发。

（李冬梅）

劳动关系和行政审批

【概况】 2022年，上城区持续推进“和谐同行”优化营商环境3年行动计划，强化推进企业用工体检、薪酬调查、电子劳动合同推广等劳动关系基础工作，全年服务企业7000多家次。深化区域性（园区）和谐劳动关系创建活动，认定和谐劳动关系先进企业11家，万事利集团有限公司被命名为全国和谐劳动关系创建示范企业。加强在建工程项目等过程性监管，强化“护薪保”小程序使用普及，防治并举推进欠薪根治工作。依托浙江省劳动人事争议调解仲裁网，推进劳动人事争议仲裁案件线上申请、在线调解，简易类案件探索尝试网络开庭，初步建立劳动争议疑难案件专题探讨机制，实现裁审衔接。制定信访积案化解处置实施方案，通过分析研判、归类处置、责任到人，实现积案“清零”目标。

【劳动保障监察】 2022年，上城区在深化“上城无欠薪”进程中，积极应对实体经济下行压力增大导致企业生产经营受困的不利局面，提前谋划、主动介入，稳妥处理劳动纠纷。畅通劳动者线上维权渠道，开展欠薪投诉集中接访活动，加快推进案件核处，妥善处置劳动纠纷信访事项7402件及省、市欠薪联合预警5171件，核查处置国务院欠薪线索平台交办件5285件，实时办结率100%；对69家用人单位做出行政处理决定，为1604名劳动者追回工资2654.3万元。

【劳动人事争议仲裁】 2022年，上城区劳动人事争议仲裁院推进新形势下劳动维权速度。全年受理劳动人事争议案件5536件，涉及劳动者5897人，维权金额12.8亿元，其中10人以上集体案件31件，集体案件数量比2021年增长63%，涉及劳动者392人、金额474万元。劳动人事争议仲裁结案率98%，网办率36.1%。区劳动人事争议仲裁立案前调解工作室成功调解劳动纠纷1107件，占总案件量的20.6%。区劳动人事争议仲裁街道派出庭处理劳动争议案件数586件，占总案件量的10.6%，街道调解成功率80%。

【行政许可审批】 2022年，上城区办理申请特殊工时审批952件、劳务派遣经营许可64件、劳务派遣经营许可变更61件、劳务派遣经营许可延续44件、劳务派遣经营许可注销18件、集体合同（工资协议）备案87件、企业招用未成年工登记4件。

（张　铭　王　岩　叶正东）

人才开发

【概况】 2022年，上城区全面落实中央、省、市人才工作会议精神，围绕“一城一谷一港一区”四大产业集群和“3+2”高端产业，持续抓好人才队伍的引进、培养、使用和服务，为上城区都市经济高质量发展提供保障和支持。全年引育国家、省、市领军人才39人，认定市高层次人才1700人，引进35周岁以下青年及大学生4万余人，全区人才资源总量38.21万人，居全市前列。人才相关工作专报获省级领导批示2篇，被《浙江信息》《杭州信息》《组工情况反映》等刊物录用5篇，被《人民日报》（海外版）、《浙江日报》等媒体宣传报道30多次。

【金融人才管理改革试验区建设深化】 2022年，上城区深化金融人才管理改革试验区建设，杭州金融城总部金融、科技金融等业态与玉皇山南基金小镇股权投资、私募基金等业务有机融合，实现双核驱动。成立钱塘江金融港湾核心区（上城）党建发展联盟，筹备第7届全球私募基金西湖峰会，组织全省数字人民币系列论坛、世界银行CFO（首席财务官）主题讲座等活动，做优金融人才生态。挂牌杭州全球金融青年人才中心，成立首个金融企业大学生实习联盟基地，开展金融直播专场招聘3场，为8200多名金融专业高校毕业生提供到上城实习、就业机会。全年评定金融人才630人，依托“江河汇才”推出金融人才主题宣传10期，金融人才氛围持续浓厚。

【人才精准招引】 2022年，上城区以钱塘智慧城争创省高新技术产业园为契机，做好平台战略定位、发展思路谋划。主动对接园区浙江清华长三角研究院杭州分院、浙江省国家大学科技园、浙江大学—钱塘智慧城光电联合中心等创新载体，接轨世界前沿产业赛道，围绕产才“双链”打造，招引高端产业人才。举办首届“金靴奔跑”创新创业大赛，30个海内外优秀创业项目获奖。开展“金靴奔跑”创业项目评审，新立项项目77个。全年落地市“创客天下”大赛第一名迪视医疗项目等人才创业项目33个。梳理全区规模以上、上市、“独角兽”等600多家重点目标企业，开展“点对点”上门走访，宣传人才政策，指导符合条件的70名海外人才申报引才计划，走访摸排1500多人申报认定杭州市高层次人才。

【人才总量规模效应推动形成】 2022年，上城区持续推进杭州市综合管理改革试验区建设，制定高端服务业人才认定管理办法，将律师、财税评估、人力资源等特色人才纳入“金靴竞跑”培养工程，评定高端服务业人才129人。开展钱江商学院、山南金融学院、青年律师培训营等系列培训，在创新创业、经营管理、投资融资等领域助力人才成长发展，惠及各类人才1300多人。实施人才资源“拓量提质行动”，搭建“五阶段五梯队”人才名师名校长培养体系，组建非遗大师联盟“传帮带”，新培育高技能人才5000多人，全区技能人才总量、“浙江工匠”数量居全省前列。

资料

“五阶段五梯队”人才培养体系：“五阶段”指将全体教师纳入体系，教龄3年以内的教师参加“新苗奖”评选，教龄4~10年对应“新秀奖”，教龄11~17年对应“能手奖”，教龄18~24年对应“风华奖”，教龄25年以上对应“红烛奖”。评选每3年一轮重新认定。“五梯队”指以教育家型教师为“顶端”、省特级教师为“尖端”、区特级教师为“高端”、区学科带头人为“中坚”、“五阶段”获奖教师为基础的“五级人才梯队”。

【“江河汇才”智慧人才服务系统迭代升级】 2022年，上城区加快“江河汇才”智慧人才服务系统迭代升级，重点做好“上城人才码”应用场景建设，线下配套35个人才服务驿站，切实提升人才获得感和满意度。围绕人才企业发展关键要素，成立产业引导基金，推出留用地管理办法，优先向人才科技企业倾斜。围绕“关键小事”，协调市、区两级人才公寓资源，保障服务900多人次。举办周末圆桌会、西湖雅集、上城科技月等系列活动，推动政府与人才深度链接交流，浓厚创新创业氛围，参与人才10万余人次。

（马天洋）

人力资源管理

【概况】 2022年，上城区加强人才引进和培育，助力加快建设独具韵味的国际化现代化共同富裕典范城区。全年完成初、中、高级职称评审6296人，审核留学回国人员工作证1202人、人才居住证1.63万人，人才公寓、青年人才公寓资格认定187人，组织高层次人才疗休养、体检活动，覆盖300多人。落实经常性上门走访，精准对接人才需求，开展“一对一”服务100多次，帮助解决高层次人才购房补贴申报、博士后留杭补贴申报等实际困难50多项。组织开展企业党建、篮球赛等团建人才活动，并常态化开展人才日常慰问、节日慰问等活动。全年全区兑现拨付各项人才经费2.53亿元。

【“遇见科学·杭向未来”江畔雅集活动】 2022年11月11日，“遇见科学·杭向未来”江畔雅集活动在上城区举行。活动中，上城区联合国科大杭州高等研究院邀请一批中国科学院院士、所长与辖区龙头企业、私募机构、创新平台代表围绕产业人才融合和科技成果转化主题进行交流分享，展现上城区的发展环境，营造人才创业创新氛围。

【高层次人才计划实施】 2022年，上城区实施高层次人才计划。新引育市高层次人才1700人，其中市D类以上人才245人。培育省突出贡献中青年专家1人、市西湖明珠工程人社条线7人（海外创业人才1人、特殊支持青年人才3人、技能类人才3人）、市政府特殊津贴人才2人、市杰出留创青年英才1人、市钱江特聘专家2人、市青年人才大使2人、以及浙江省推进人力资源服务业高质量发展工作成绩突出集体2个、个人1人，新设立省创新政策改革试点1家、创新平台1个。在全省率先推出建设高端商务人才集聚区系列政策，完成上城区首届高端商务人才评审和首届高端人力资源服务业人才评审，认定高端商务精英人才10人、高端商务青年人才30人、高端服务业（人力资源行业）人才16人，吸引商务人才集聚，为区域产业结构转型升级、经济社会发展注入动力。

【事业单位人事管理和工资福利】 2022年，上城区事业单位在编事业人员（含教育系统）1.32万人，全年管理岗位聘任190人、职称聘任2844人、编外特岗聘任67人、教师录用464人，事业人员调动1061人。常态化开展街道事业单位管理岗位职员等级晋升工作，完成14个街道的职员职数核定和352人的职级套转工作。全区人事劳动合同签订率100%，完成事业人员工龄认定、新录用人员工资核定、工资转移、职务晋升、转正定级、工资停发和工资调转5237人，对街道管理职员等级套转工作进行工资培训和政策解答，兑现相应工资待遇。严格落实杭州市清理规范评比达标表彰工作联席会议办公室《关于做好2023年度评比达标表彰和通报表扬项目申报的通知》，按照规定做好评比达标表彰表扬项目申报；配合上级机关开展各类表彰的落实备案。

（周佳君 岳志永 曹苡琼）

社会保障

【概况】 2022年，上城区统筹推进覆盖全民的社会保障体系建设，在区、街道、社区三级联动基础上，建立多部门常态化扩面征缴联动机制，全区养老保险参保率99.8%、医疗保险参保率99.7%。依托“社保易窗”智能服务平台，率先试点人社内部数字化应用平台“人社通”，推进社保“网上办”“掌上办”“一次办”，“D小二”（亲清在线客服）12小时在线、24小时内响应，对17个特困行业实施社保等政策扶持。全市率先推出10项个人业务“视频办”，推进全域企业退休人员智慧化就近体检试点，参检率比2021年增长15%。

【社会保险管理服务】 2022年，上城区聚焦“大社保”体系构建，提升社保经办服务质量。实施全民参保，建立常态化扩面征缴机制，率先试点杭州人社内部数字化应用平台“人社通”，会同税务部门对用人单位遵守社会保险法律法规进行专项核查，确保人员应保尽保。全区养老保险参保65.1万人，其中灵活就业参保5.8万人、城乡居民养老保险参保3178人，工伤保险参保71.6万人，全民参保率99.8%，实现低保户、低保边缘户等重点群体参保100%覆盖。办理退休和视作缴费年限认定1.05万人，工伤认定2161件。推动阶段性社保费缓缴政策快速有效落地，对符合条件的申请实现“即申即享”，帮助企业最大程度减轻经济负担，惠及全区企业421家，缓缴金额2.61亿元。强化基金监管，聚焦社保基金运行安全稳定，开展“社会保险基金管理提升年”和“社保政策落实不到位及行风方面问题专项治理”两大行动，企业职工基本养老保险和工伤保险两项基金安全评估均获杭州市A级。主动承担杭州市全域数字法治监督项目“社保基金守护行动”试点，多渠道开展疑点数据核查，对违规参保、重复领待、死亡冒领、“假人”骗领、涉刑人员违规领待等疑点数据进行专项比对，停发待遇11人，追回基金85.8万元。优化经办服务，社会保险国家系统平稳上线运行，推进社保“网上办”“掌上办”“一次办”，为“慢跑人群”提供网办人本化服务，智慧大厅政务服务2.0系统全年办件5.3万件，收件率占实体窗口办件的90%以上；依托“社保易窗”智能服务平台，“一对一”提供精准服务，“D小二”12小时在线、24小时内响应。

【医疗保障管理服务】 2022年，上城区医保参保人数119.59万人，户籍人口参保率稳定在99%以上。全区有定点医药机构1040家。全年现场接待办事群众7.58万人次，医保业务经办总量40.79万件，其中浙江政务服务网申报23.59万件、“浙里办”App申报16.36万件。完成“智慧医保”上线任务，各项经办业务平稳过渡。推行就近办理、服务到家服务，创建市级示范点3个，并在全市范围内率先推出个人业务“视频办”10项，推动设立医银合作网点88个。全年全区“西湖益联保”参保人数53.81万人，参保率46.1%。其中，对辖区内6013名持证困难人员实行全额资助参保，资助金额86.34万元。推进困难群众因病致贫返贫问题专项治理，全年排查全区新增持证人员1009人次，实现困难群众基本医疗保险、大病保险、医疗救助三重保障全覆盖，医疗救助政策落实率和符合条件困难群众资助参保率100%。在杭州市医保局年度工作综合评价中，区医保障管理服务中心获评2022年度全市医疗保障工作先进单位，其年度工作评价成绩排名全市第一。

【企业退休人员管理服务】2022年，上城区审核新增企业退休人员纳入社会化管理6782人，全区有纳入社会化管理企业退休人员22.57万人，其中市区属人员20.68万人，铁路、省部属、改制事业单位人员1.71万人，回杭人员1735人。以“老有善养、老有所乐、老有所为”为目标，夯实属地管理基础，优化提升服务质量，组织开展2022年度养老待遇资格认证，通过数字赋能，真正做到“寓认证于无形”。全年通过认证企业退休人员20.1万人，完成率100%。强化企业退休人员社会化管理各项服务和活动，组织各类文娱健身活动400多场，组织开展“打造共富标杆，营造最美金辉”——企业退休人员“喜迎二十大，桑榆映初心”系列活动。春节、端午节、中秋节期间，慰问企业退休人员60多万人次，发放慰问费5.8亿元。开展数智体检项目城区试点工作，推进第9轮企业退休人员健康体检工作，完成企业退休人员健康体检15.3万人。协助杭州市企业退休人员管理服务中心开展“送清凉”、重阳节、冬季慰问等工作，慰问高龄、困难企业退休人员1193人，帮困救助1.13万人，总金额528.01万元。

（温佩华 胡　颖 沈燕红）

社会救助

【概况】 2022年，上城区围绕省、市新时代社会救助事业高质量发展的具体要求，结合省、市、区社会救助重点工作，围绕“五个帮”（谁该帮、帮什么、谁来帮、帮到哪、帮得怎么样），以实施“精准保障”为抓手，深化“弱有众扶”综合改革，确保困难群众“应保尽保、应救尽救、应享尽享”。至年末，全区在册困难家庭4132户、5514人。全年发放各类社会救助金8061.73万元，惠及困难群众12.17万人次。其中，发放基本生活保障金5398.22万元，临时救助金562.39万元，“春风行动”冬送温暖、夏送清凉慰问金1422.19万元，价格补贴、消费补贴及节日临时生活补贴636.93万元，“农转非”等特定对象生活补助42万元。全区最低生活保障标准每人每月1216元。

【分类帮扶体系深化】 2022年，上城区围绕“1+8+X”新时代救助体系，在全国率先推出《杭州市上城区街道级、社区级困难家庭实施细则》。该细则拓展街道级、社区级困难家庭认定范围，形成动态省、市、区、街道、社区五级分层分类精准保障，实现“提低”保障。制定《上城区临时救助实施细则》，构建形成困难群众同城区同标准的事前“托两保”（医保和西湖益联保）、事中“救急难”、事后“兜基本”的突发性、紧迫性、临时性救助制度。建立完善临时救助备用金保障机制，将3000元以下与“救急难”临时救助资金列入街道级备用金支出。

资料

“1+8+X”新时代救助体系：以浙江省社会救助信息系统平台为支撑，统筹低保、特困、受灾、医疗、教育、住房、就业、临时救助8项基本救助资源，发挥多元社会力量参与救助。

【残疾人社会福利保障】 2022年，上城区加强残疾人社会福利保障，将困难残疾人生活补贴与重度残疾人护理补贴纳入到残疾人社会福利保障范围。在全市率先制定《杭州市上城区困难残疾人生活补贴和重度残疾人护理补贴实施细则》，规范推进两项补贴资格审定、补贴发放、监督管理，做好做实新老政策衔接、制度建设、资金保障等工作。至年末，全区在册困难残疾人发放对象1972人、重度残疾人发放对象10090人，发放基本生活保障金4972.54万元。

【“暖心网”共富专题规划】 2022年，上城区联合高校，聚焦顶层设计，推进“暖心网”共富专题规划，打造全周期美好生活的“1445”救助新模式。围绕“暖心网”，邀请浙江工商大学教授团队围绕党建引领“共”的网络共生机制、全域统筹“同”的资源整合机制、多元联动“富”的精准施救机制、暖心帮扶“裕”的高效工作机制，实现政府联动“暖心”强化全方位兜底保障，社会联动“暖心”促进全要素发展增能，企业联动“暖心”推动全过程社会融入，智慧联动“暖心”打造全周期美好生活。同时，聚焦党建、共富、多元、暖心、数字，确保“救得牢”“救得好”“救得广”“救得准”“救得快”。8月22日，“上城区打造全域大救助体系‘暖心网’推进共同富裕”入围杭州市争当浙江高质量发展建设共同富裕示范区城市范例理论课题“赛马”名单。

【“助联体”建设】 2022年，上城区以“1+14+N”模式，推进区、街道、社区三级助联体建设，构建形成申请受理、政策推广、服务配制、困难关爱、幸福场景展示的救助服务联合体。在政府层面，区民政局联合教育、医疗、残联等22个部门，形成8类、58项救助清单；在社会层面，联动社会组织形成7类、92项服务清单，通过政府政策扶持、公益孵化、购买服务等形式，线上、线下智慧联动打造全周期美好生活。11月24日，上城区承办浙江省“浙有众扶”助联体规范化建设运营培训现场教学观摩会。12月23日，上城区助联体获杭州市第2届幸福杯“助联体”建设运营大赛特别贡献奖。年内，上城区助联体、凯旋街道助联体服务站、丁兰街道助联体服务站成功入选“杭州市首批星级助联体”。

【“物质+服务”市级试点项目】 2022年，上城区针对市民政局关于社会救助领域2022年改革创新项目试点工作，由区民政局联合区慈善总会、同心圆单位等社会各界力量，加强物质救助与扶志、扶智相结合，构建形成“物质+服务”弱有众扶救助新模式。该模式深耕“救助+”暖心系列品牌，开展“扬帆行动”“润雨行动”“送碳行动”“一家亲行动”等服务项目，构建帮扶有温度、覆盖有广度、影响有深度的“金招牌”社会救助。4月22日，区试点项目案例“尚助众扶，城暖共富——深化‘物质+服务’救助模式”获杭州市2022年度社会救助创新实践优秀案例。至年末，组织社会力量开展个性化服务140项，惠及群众8.5万人次。

（邹树花）

【流浪乞讨人员救助管理】2022年，上城区守住“不发生一起因救助不到位造成流浪乞讨人员死亡”的工作底线，以开展专项整治和强化硬件保障为手段，坚持“自愿受助，无偿救助”原则，做好流浪乞讨人员救助管理工作。全年出动巡查2.43万人次，劝离流浪乞讨露宿人员3659人次，其中送救助站153人次。发放救助引导卡和宣传册1100多册，接受市、区处置流浪乞讨人员应急联动平台任务207次。全年未发生流浪乞讨露宿人员意外伤亡事件。（沈　懿）

社会福利事业

【概况】2022年，上城区以“精准帮扶，共同富裕”为目标，由区慈善总会募集各类慈善资金1398.87元。其中，“春风行动”募集慈善资金1123.92万元；慈善项目专项募集慈善资金274.95万元。年内，开展“春风行动”救助帮扶和中华慈善日主题宣传活动等，持续加强未成年人救助工作。

【“春风行动”救助帮扶】2022年，上城区开展“春风行动”救助帮扶活动。春节前，走访慰问困难家庭4348户，发放“送温暖”慰问金1154.60万元。高温期间，向4029户困难家庭“送清凉”，发放慰问金265.83万元。开展机关党员干部和困难家庭结对帮扶，根据困难家庭变动情况及帮扶需求，及时调整结对名单，有8274户困难家庭获帮扶。全年区慈善总会支出474.36万元，用于实施“慈善医疗救助”“低保边缘家庭教育救助”等帮扶救助项目。

【中华慈善日主题宣传活动】2022年9月，上城区结合区域慈善工作实际，以“区级主导、街道主抓、社区主推”的联动工作机制，开展中华慈善日主题慈善宣传活动。其间，开展全区慈善组织工作交流分享会1场，募捐、义卖、慰问、便民服务、慈善宣传和项目合作等活动14场，参加腾讯“九九公益日”网络筹款项目6个。活动期间，慈善活动涉及老人、困难群众等受益群体2000多人。9月19日，全区开展“公民爱心日——爱心十元捐”活动，所捐款项均上缴杭州市慈善总会账户。

（盛　赛）

【未成年人救助和儿童福利】2022年7月22日，上城区未成年人救助保护中心挂牌成立，并启动实体化运作。至11月，各街道实现未成年人救助保护站全覆盖。年内，按照建设标准高、作用发挥好、示范带动强、群众认可度高等指标开展街道未成年人保护工作站和优秀未成年人保护专岗“选树”活动。推选出市级示范型未成年人救助保护工作站1个、市级优秀未成年人救助保护工作专岗人员1人。申报儿童友好社区、儿童之家示范创建，至年末，全区有省级“示范儿童之家”2个、市级“示范儿童之家”19个、市级“儿童友好社区”4个。全面落实困境儿童生活补贴标准市域同标（杭州市主城区统一标准），及时准确将生活补贴发放到位，全年7216人次享受生活补贴421.85万元。发放4万元助学金，教育资助孤儿4人，实现应助尽助。

（李海龙）

城区建设

综　述

【城区建设稳步推进】 2022年，上城区坚持高标准全速推进市对区考核、民生实事工程和重大项目，统筹城区规划和建设，一体化推进城区有机更新，全域提升城市品质内涵。结合“迎亚运”项目，推进辖区公共基础设施建设。加强住房建设与管理，推进人才安居保障和保障性住房筹建。推进城中村改造、老旧小区改造，加快安置房建设，深化民生保障。优化物业管理，实行“金牌管家”大物业管理模式，增强居民居住幸福感。年内，绘制全区安置房开工、竣工和在建项目“一张图”，全面完成回迁安置3740户；竣工验收迎亚运道路整治25条；完成扩绿70万平方米，建设绿道37.6千米；完成老旧小区改造37个，竣工既有住宅加装电梯127台；推进堵点处治理15项，完成新建停车场项目16个，新增停车泊位1.23万个，其中公共停车泊位2267个、配建停车泊位9984个。

【征迁“清零”攻坚行动】 2022年，上城区持续发挥征迁“清零”攻坚行动领导小组作用，通过有力统筹、精准施策、机制保障、政策指导等方式，强化专班运作，合力攻坚克难。全年全区完成征迁“清零”点位619个，浙江宝马汽配城、杭州东站服装市场、东站化妆品市场、杭州云鑫实业有限公司、浙江围垦技术培训中心等重难点点位实现“清零”。

（金小芳）

【既有住宅电梯加装】 2022年，上城区以“业主主体、社区主导、政府引导、各方支持”为原则，推进既有住宅电梯加装工作。部门、街道、社区各级党组织通过党建引领的“政府+市场+社会”“三位一体”工作机制，协同联动，破解“民意统一、部门审批、资金筹措、安全保障、维护管理”五大老旧小区加装电梯“关键小事”。借助法律咨询等专业人员、社会公益组织等社会力量及电梯企业、热心市民等其他力量，以“一街道一队伍”模式，组建14个老旧小区加装电梯帮帮团志愿者队伍，全程协助加装电梯政策宣传、动员指导、民意协调等工作，健全加装电梯民主协商机制。推进加装电梯公开听证会等成为工作常态；先行探索建立规范化、专业化的加装电梯使用和维保管理长效机制，着力破解加装电梯民意统一难、资金筹措难、维护管理

牛田单元A33-01地块中学海绵城市建设（摄于2022年）
（区住建局 供稿）

难等问题、堵点，高质高效推动全区加装电梯工作开展。全年完成既有住宅加装电梯127台。

（向 上）

【海绵城市建设】 2022年，上城区持续推进系统化全域海绵城市建设，深化望江小营示范区和笕桥单元及笕桥生态公园单元示范区两大示范区建设，培育采荷片、丁桥片、钱江新城四堡片和七堡片三大带动示范片。推进望江单元SC0401-A33-17、18地块小学建设项目，笕桥生态公园单元JG0701-R21-01地块黎明社区拆迁安置房等项目建设；加强全区老旧小区改造海绵联席审查。完成区系统化全域推进海绵城市建设实施方案编制，协同市海绵办编制完成老旧小区改造低影响开发建设指引，并由市统一发布。全年完成4.75平方千米海绵城市建设区域范围。至年末，上城区海绵城市建设达标区域累计27.49平方千米，完工建设项目140个。

（周慧英）

城区规划

【概况】 2022年，上城区在城区规划工作中注重国土空间治理规划、土地保护利用，强化要素统筹、征迁回迁"清零"、项目审批等服务保障工作，服务都市经济高质量发展和宋韵文化新高地建设。全年全区新增开发边界面积9.87平方千米，完成竣工规划核实确认86宗、土地复核验收61宗，监督批前公示109件，批后告示75件，建设工程验线75件，违法建设认定300多件；办理各类不动产登记业务1.21万件、不动产权籍调查102宗。全年组织地灾巡查检查12次，发生或发现滑坡及隐患点3处，联合相关技术服务单位出具巡查检查及隐患处置报告12份，辖区行业管理范围内未发生安全生产事故。

【国土空间治理】 2022年，上城区推进数字化改革，按照"改革+应用"模式，推动国土空间智治应用贯通落地，强化资源要素"管用结合"，确保重塑空间治理应用体系实战实效。继续深化概念性战略规划编制，召开两轮专家及部门评审会，在摸清家底、厘清发展痛点问题的基础上，明确全区空间总体战略、产业空间战略和系统融合战略方面要求。

【项目审批与监管】 2022年，上城区在用地项目行政审批领域，通过出让前方案介入，模拟审批，大幅压缩留用地审批时限；指导7家企业开展存量工业用地升级改造，助推产业项目转型升级；加强个性问题处置，紧盯重点项目，助力民生项目序时推进。全年完成"两书合一"（建设项目用地预审与选址意见书合一）项目97宗、"书证合办"（建设用地规划许可证及划拨决定书合办）项目

59宗。加强项目监管，完善建设工程项目监督联动检查共管机制，实施清单化、专人化管理，保障项目按期交付。全年试点完成2宗规划用地项目“核验合一”，完成竣工规划核实确认86宗、土地复核验收61宗。年内，区集体土地征收补偿事务中心获评上城区担当作为先进集体；区行政审批窗口获评月度“服务之星”2次，获评“审改先锋优秀团队”1次；区不动产登记窗口获评年度“金牌窗口”。

【土地保护利用】2022年，上城规划资源分局序时推进做地出让，完成区级经营性用地出让11宗、282亩（18.8万平方米），出让金90亿元；完成留用地出让5宗、183亩（12.2万平方米）、出让金40亿元；完成工业用地出让3宗、51亩（3.4万平方米），出让金4271万元，完成率146%。区级经营性用地收储11宗、374亩（24.93万平方米）；工业用地收储5宗、83亩（5.53万平方米），完成率174%。强化节约集约利用，完成批而未供清理消化1395亩（93万平方米），完成率150%；供而未用开工3376亩（225.07万平方米），完成率113%；低效用地再开发2614亩（174.27万平方米），完成率119%。完成2009—2018年批而未供土地清理消化2514亩（167.6万平方米），完成率106%；盘活存量建设用地2362亩（157.47万平方米），完成率139%；闲置土地处置22亩（1.47万平方米），完成率141%。积极争取用地指标，获批使用“农转用”（农用地转变为建设用地）指标13批次、32个项目，面积446亩（29.73万平方米）。

【土地生态治理】2022年，上城规划资源分局以“3个一张图”（耕地保护一张图，人、田对应耕保责任一张图，田、塔对应高位监控一张图）模式统筹推进“田长制”和“耕地智保”制度，贯通应用耕地动态监测预警。全年安装铁塔高位探头8个。实施基层巡查制度，全年村级“田长”巡查71人次，巡查员巡查311人次。协同推进“大综合一体化”行政执法改革，加大耕地、林地保护力度和卫星影像图片执法强度，发现部级卫星影像图片图斑3宗、市级问题图斑12宗，均整改到位；发现农村乱占耕地建房问题54个，其中19个拆除、35个按标准分类处置；发现“非农化”问题图斑3宗，均办理“农转用”手续；处置改变林地用途、毁林案件3件。强化林业资源保护，建立党政同责、“一把手”负总责的“林长制”目标责任和区、街道、村（社）三级“林长制”管理体系，设区级“林长”12人、区级“警长”2人，街道级“林长”205人、街道级“警长”14人，村（社）级“林长”201人。开展林地、草地、湿地调查，助力杭州市国际湿地城市创建，核实处理生态环保督查相关图斑，开展外来入侵有害生物调查及日常有害生物检验检疫，强化林地、草地、湿地用途管制，落实林地占平衡指标100亩（6.67万平方米）。

【征迁回迁“清零”提速】2022年，上城区加快征迁回迁“清零”速度，保障居民及早回迁安置。针对全区面上34个项目、61处、607个点位“清零”考核任务（含7个D类项目未列入考核），完成项目25个，拆除点位52处、595个，项目完成率92.6%，额外完成笕桥街道横塘路以西154户农户“清零”任务。完成2022年区重点征迁“清零”项目6个，涉及农户4户、企业6家，完成率100%。全面启动《杭州市上城区集体土地拆迁安置房房源及安置标准审核表》审核，确定该安置户户内人口所享有的安置面积是否符合拆迁安置规范，所分配安置房源与应安置面积是否一致，对能够达到一致的，予以审核通过；对未能达到一致的，给予分套办证或退回建设主体与安置户继续协商确定。全年完成审核181户、635套，完成3542户集体土地安置工作，其中保障在外过渡5～10年的拆迁户回迁599户；推进回迁预安置571户，提前完成全区124个拆迁安置房项目初始登记。推进征地报批，受理征地项目20个，征地面积301.4亩（20.09万平方米）；完成批后实施项目21个，面积295.3亩（19.69万平方米），征地费645.4万元。全年对集体土地拆房工地巡查检查46次，发出提醒函3份，发现和整改问题4个，整改率100%。

（余寅华）

城市投资建设

【概况】 2022年，上城区城建计划中，区教育局、区文广旅体局、区卫生健康局、区住建局、区综合行政执法局、钱塘智慧城管委会、各街道及4家区级建设主体计划实施城建项目699个，计划投资159.26亿元。项目涉及土地产业开发、安置房建设、商业综合体建设、城市道路开通、高速入城口整治等。至年末，项目进度执行率92%。（王　涛）

【留用地合作开发模式创新】 2022年，上城城发集团围绕打造集体经济“压舱石”和产业发展“新蓝海”目标，在全区率先以三堡留用地为试点，先行谋划探索“项目合作—建设开发—招商引资—运营服务”的全链条国有企业闭环合作开发模式。项目从拿地、开工至纳统（纳入规模企业统计申报），用时仅2个月，创全区土地出让拿地到纳统最快案例。该项目匹配区域高端调性和优质企业入驻需求，坚持高品质设计建设，投资强度超过1.3万元/平方米，为全市留用地最高品质。

【土地产业开发推进】 2022年，上城城发集团推进土地产业开发，创新“国企拿地、定向定制、购税联动”的开发模式。将九堡中心单元09地块打造总部基地项目，总建筑面积16.14万平方米。年内，该项目全部主体结顶，同步开展幕墙、装饰施工。与温州医科大学附属眼视光医院合作，招引眼、视、光上下游企业集聚，打造集医疗、科研、办公、产业于一体的眼谷产业中心。该中心位于九堡街道（钱塘智慧城）范围内，东至政府储备地块（规划住宅地块）、西至杭乔路、南至金禾街、北至九沙大道，总建筑面积9.33万平方米。年内，该项目完成地下室土方开挖，开始地下施工。自主拿地杭政储出〔2022〕60号地块，打造浙商总部楼宇，做强智慧城区域总部企业能级。年内，该项目完成施工招标。

【沪杭甬高速杭州入城口整治完成】 2022年，上城城发集团围绕“简约、安全、精彩”的要求，联合相关部门和属地街道，开展宣家埠高速入城口整治工作。11月25日，历时270多天攻坚克难，沪杭甬高速杭州入城口按期整治完成。该入城口顶棚门楼设计融入亮化“断桥流水”的杭州元素，用湖蓝色色调展现“水墨淡彩”的夜景环境。入城口南北两侧用堆坡种植方式将入城口和景观农业融合，即因地制宜采用绿化与景观农业结合，以背景、前景、素菜花镜融合的农业种植和绿化苗木种植结合的造绿方式分离视线，阻断入城口与周边无序的农居及农业设施的联系，创造性地用地形和特色农作物造景，打造好“崭新、杭味、靓丽”的城北入杭门户的形象窗口。

（王李均）

【南宋德寿宫遗址博物馆竣工】 2022年7月，南宋德寿宫遗址博物馆项目竣工验收。该项目位于望江路与中河中路交叉口东北侧，项目总用地面积2.14万平方米，总建筑面积1.23万平方米，主要建设内容为1～5号遗址保护厅棚。其中，1号遗址保护厅棚（中区）分为两层，一层为钢结构，二层为木结构，主要功能为德寿殿遗址露明保护展示及德寿殿建筑样式复原；2号遗址保护厅棚（西区）为单层钢结构建筑，提供完整大空间作为遗址保护和展示区域，展示建筑组群遗迹、大型进水渠及水池遗址等；3号、4号、5号3个遗址保护厅棚均为单层南宋园林风格建筑，提供必要的管理和游客服务功能。项目于2020年末开工，于2021年12月主体结顶（上梁）。

【牛田单元JG1606-R21-04地块领取施工许可证】 2022年9月8日，上城区艮北新城首个共有产权房项目牛田单元JG1606-R21-04地块对外规划公示。11月29日，该地块领取施工许可证，进入施工阶段。该项目东临艮嘉巷，西临备塘河滨水景观绿地，南临牛田单元JG1606-R22-09地块幼儿园，北临新塘路，总建筑面积6.36万平方米，容积率2.21，开发住宅364套，分为119平方米（168套）、95平方米（168套）、139平方米（28套）三类户型，总投资6.5亿元。地块周边近元宝塘公园、李宁体育园、七堡花园城地铁上盖综合体、万象汇购物中心等，文体配套一应俱全，优质房源云集。

【物产天地中心交付】 2022年11月16日，杭政储出〔2019〕58号地块商业、商务用房（物产天地中心）项目通过竣工验收。12月12日，该项目完成交付，标志着国有企业开发留用地模式从留用地公寓化零散化转型为国有企业统一打造产业园区开发模式。项目地处红普路与九和路交叉口、艮北新城产城融合示范区的核心区，总用地面积30984平方米，总建筑面积14.34万平方米，总投资15.4亿元。项目建设4幢围合式大楼，内含商务办公空间、超大型架空全明商业空间、新消费总部基地、云酒产业链平台和产业加速中心等区块，可为入驻企业搭建展示、交易、体验及资源配置四大功能平台，是全区首个国有企业开发交付留用地项目，定位为杭州新消费数字运营中心。

【望江单元SC0404-18地块安置房项目开工】 2022年8月29日，由上城城投集团负责实施，浙江中豪建设集团有限公司和航天规划设计集团有限公司为联合体合作的EPC总承包项目——望江单元SC0404-18地块安置房项目开工。该项目位于望江单元，东至规划绿地，西临海潮寺巷，南临望江单元SC0404-A9-17地块，北至望江路绿化带。总用地面积1.83万平方米，总建筑面积11.05万平方米，有6幢住宅，设计为地上21层、地下3层，建设套数653套。项目设计打造车行、人行、景观走廊的三级交通体系，内部中心设观景平台、庭院等趣味空间，北侧、东侧分别被望江路、秋涛路环绕，处于

2022年11月16日，物产天地中心项目通过竣工验收

（上城城投集团 供稿）

城市交通较核心地带；西侧为杭州市海潮幼儿园；南侧为杭州市钱学森学校；西南侧直线距离200米规划建养老服务用房、文化活动室、邻里中心及托育所。项目于12月末进行桩基施工。

【望江单元两条城市支路投用】2022年9月1日，望江单元两条城市支路开通并投入使用，分别是映霞街（始版桥直街—海潮路）、始版桥直街（望江路—东宝路）。其中，映霞街（始版桥直街—海潮路）东起海潮路，西至始版桥直街，为双向3车道，路口渠化4车道，总长176米，路宽20米；始版桥直街（望江路—东宝路）南起望江路，北至东宝路，为双向2车道，总长560米，路宽16米。两条道路均位于始版桥幼儿园周边，可缓解幼儿园周边交通压力。

【地块出让】2022年，上城城投集团全面加快项目地块出让工作。4月25日，杭政储出〔2022〕7号艮北区块牛田单元R21-11地块以总价33.45亿元出让，折合楼面价为27456元/平方米，溢价率12%。该地块东至储备地块，西至六堡中路，南至华家竹园路，北至红建街，为住宅用地，出让面积6.09万平方米。地块周边配备李宁体育园、七堡花园城地铁上盖综合体等文体、商业空间。7月26日，杭政储出〔2022〕57号近江单元SC0302-B1B2-29地块以2.34亿元出让，出让面积5610平方米，建筑面积1.8万平方米，折合楼面价为13059元/平方米。该地块东至翡翠海岸公寓，西至近江路，南至翡翠海岸公寓，北至秋涛路。该宗商业商务用地的出让将依托杭州上城、香港的双城优势，持续打造新上城“3+2”产业体系，推动区域高质量发展。9月15日，杭政储出〔2022〕65号艮北区块牛田单元R21-14地块以13.19亿元出让，出让面积2.35万平方米，容积率2.0，建筑面积4.7万平方米，成交楼面价为28034元/平方米，溢价率12%。该地块位于艮北新城核心区域，东至牛田单元R22-17地块幼儿园，西至建华路，南至牛田单元A33-18地块小学，北至红建街。该地块西面紧邻李宁体育园，临近杭州东站，距离商业综合体花园城距离700米，南邻钱江新城二期“湾区之芯”。

映霞街（摄于2022年）　（上城城投集团 供稿）

【两个项目获杭州市优秀园林绿化工程奖项】2022年7月4日，由上城城投集团负责的李宁体育园、同协路（白石港—艮山东路）两个项目分别获2021年杭州市优秀园林绿化工程奖公园及滨水绿地类、道路类银奖。其中，李宁体育园总用地面积5.79万平方米，建筑面积6.88万平方米，总投资8亿余元，建有环绕公园700米架空跑道、建筑文体中心，以及滨河漫步区、广场休闲区、运动文化区、亲水游览区、景观绿化区和停车区六大片区；同协路（白石港—艮山东路）

绿地工程总用地面积3万余平方米，绿地总面积2.6万平方米，总长度860米，将沿河与道路景观串联，通过景观营造、艺术植入，形成慢行步道廊。

【上城城投集团获AAA级主体信用评级、惠誉BBB级国际信用评级】 2022年4月12日，上城城投集团获中证鹏元资信评估股份有限公司评定的AAA主体信用等级，评级展望为“稳定”，成为全国首个区县级城投母子公司均为AAA级的企业。7月，首次被惠誉国际信用评级有限公司评级为BBB主体评级，评级展望为“稳定”，成为杭州市区属平台内唯一一家BBB级公司。上城城投集团承担区域内重大基础设施建设、城市有机更新等领域建设任务，为美元债发行奠定良好基础。

（汤李郁 姜 雯）

公共基础设施建设

【概况】 2022年，上城区全面推进道路建设，推进主次干道及支小路等项目建设，加快城市地下空间开发，超额完成地下空间建设新增量。全域全速推进辖区内公共停车场建设，挖掘公共停车空间、学校操场地下空间，借助机场快线、轨道交通接驳站点等保障车辆畅行。开展重点片区、区域交通治堵工作，同时结合数字交通、智能化开展治堵，成效显著。其中，鼓楼周边、杭州东站等治堵项目形成片区化特色。

【城市道路建设】 2022年，上城区全面推进城市道路建设。全年主次干道路新建开工3条，共653米；续建1条，长78米。主次干道路及支小路完工11条，共9440米。“断头路”建设5条。其中，开工2条，共640米；完工药香路、凯旋路五期、九沙里路，共1159米。道路建成后，推进道路移交启用。其中，2020年及以前竣工市政道路各子项目完成移交率100%，2021年竣工市政道路各子项目完成移交率100%。

（陶倩薇）

【停车场建设】 2022年，上城区全速推进辖区内公共停车场建设。全年新建停车场库15个，可提供停车泊位12395个，其中公共泊位2411个、配建泊位9984个。围绕民生工作，突出难点亮点，在老城区、历史文化街等停车困难区域竣工2个停车场，分别为庆春停车楼500个公共泊位、元福巷历史地段南片停车场260个公共泊位；竣工轨道交通换乘型停车场1个，位于地铁九堡站临时公共停车场近1号线九堡站，可提供停车泊位64个。

（王 涛）

【地下空间建设】 2022年，上城区完成地下空间建设新增量（完工）195.28万平方米，竣工项目63个，完成率325%。通过地铁与周边地下公共设施的互联互通，提高地铁站点吸引力，扩大覆盖范围及人群，提升公交分担率。其中杭州新世界城市艺术中心是依托望江新城建设的重点城市开发建设项目，其南侧为现状地铁1号线，西侧为建设中的地铁7号线，结合地铁站点建立以交通为导向发展的现代社区。地下一层商业空间提供24小时开放的步行通廊连接地铁1号线与7号线，使所有的地块和地铁公共交通以TOD模式无缝连接，建立城市基础设施的共享互助系统。

（余 瑜）

【交通治堵】 2022年，上城区多方面优化城市交通治堵工作，重点谋划重要堵点和常发堵点，按照时序规定完成擘画布置。全年完成公交站点建设、“两网”（轨道网和快速路网）交通路线建设、片区治理等综合交通拥堵治理15项，着重打造杭州东站综合交通枢纽数字治堵场景，片区化、特色化推进四季青区域、鼓楼片区治理，逐步形成老城区治理经验。以打造“轨道上的上城”为目标，围绕轨道交通提升接驳服务，全域优化丁桥公共交通服务，形成“丁兰经验”。治堵重点工作被《人民日报》、光明网、《浙江日报》、浙江新闻客户端等媒体报道。

（沈羚君）

住房建设与管理

【概况】 2022年，上城区全力打造独具韵味的国际化现代化共同富裕典范城区，全面促进共同富裕与产城融合，从空间布局与资源要素上加强住房保障力度。围绕“以满足新市民、青年人住房需求为主要出发点”的理念，扩大保障性住房供给，缓解住房租赁市场结构性供给不足，吸引更多国内外企业和优秀人才到上城投资创业。全面建立完善以公租房、共有产权房和保障性租赁住房等实物房源筹建为主，购房、租房补贴为辅的住房保障体系，稳步推进保障房建设与管理工作。

【保障性住房筹建】 2022年，上城区全面加强保障性住房筹建工作。加强公租房项目建设，全年新开工公租房项目3个，总建筑面积8.22万平方米。加快共有产权房项目推进，全年新开工共有产权保障住房项目2个，分别为牛田单元JG1606-R21-04地块、笕桥单元JG0607-R21-02地块，总用地面积5.38万平方米，地上建筑面积14.35万平方米，可建房源1033套。提高保障性租赁住房筹集力度，全年筹集保障性租赁住房项目22个，房源数13763套（间）。

【人才安居保障】 2022年，上城区优化衣食住行“软环境”，加大人才安居保障力度。贯彻全市新引进应届大学生租房补贴专题会议精神，规范发放应届生租房补贴，通过“亲清在线”平台实现应届生补贴申报审核全流程网上办理，发放补贴10475人次、5252.5万元。全年核发高层次人才租房补贴1754人次、438.5万元，核发高层次人才购房补贴96人次、5480万元。按照人才引进相关政策，落实党政储备人才租房补助，为上城区54名党政储备人才发放租房补助103.2万元。依托“江河汇才驿站”公众号网上办事大厅，全年开放人才公寓租赁补贴申报受理，做到即报、即审、即到账，全年核发区级人才公寓租赁补贴320人、153.1万元。加快人才安居项目建设，全区投用区级人才公寓项目2个，房源273套；投用人才专项租赁住房项目1个，房源1469套；建设中人才专项租赁住房项目6个，房源数约4300套。

（吴　桢）

【安置房建设】 2022年，上城区持续推进安置房建设。新开工安置房项目5个、总套数2866套，面积47.6万平方米；续建项目32个，总套数2.07万套，面积354.29万平方米；竣工项目9个、总套数5048万套，面积87.28万平方米。

（王　涛）

“三改一拆”

【概况】 2022年，上城区围绕防违、控违及“无违建”创建工作目标，结合“迎亚运保障”“环境大整治”等专项行动，坚持“新违建‘零增长’、存量违建有序拆”的原则，结合目标任务，推进工作落实，从严从实、纵深推进全区违建防控处置及“无违建”创建工作。推进社区“违建‘清零’”工作，对成功创建“违建‘清零’”的社区，以更高标准严格要求巩固成果；对未成功创建的社区，督促街道、社区要对标找差，做足创建工作准备，达到区级认定的“清零”标准，分类处置规范执行，全年完成53个社区（村）的“违建‘清零’社区”验收。全年全区拆除、处置各类违法建筑812处，建筑面积54.41万平方米，超额完成市“三改一拆”办公室下达年度目标任务48万平方米的目标。持续推进老旧小区和城中村改造，城区品质生活不断提升。

【违建专项整治】 2022年，上城区结合省、市重点工作，全面排摸梳理，紧盯目标，明确时间节点，倒排计划，精准把握拆除和整治进度，确保专项整治工作落到实处。对全区存在建筑安全和消防安全隐患的违法建筑进行专项整治，整治自建房和高层违建安全隐患5处，面积288平方米，其他安全隐患违建22处，面积2.2万平方米。根据省、市关于迎亚运保障相关工作要求，要求各街道做好“两路两侧”（公路、铁路两侧）及亚运通勤公路两侧（城市道路）可视范围内违法建筑排查拆除工作，拆除违法建筑61处，面积1.2万平方米，拆除工棚33处，面积2.5万平方米，拆后及时平整复绿，确保迎亚运专项整治按时序完成。开展“环机场区域”专项整治。4月，笕桥街道完成同心、黄家、俞章、笕新、横塘东区块拆违扫尾工作，并于5月基本完成同心、黄家社区的整治工作，序时推进横塘东、俞章、笕新区块整治工作，环机场区域环境面貌被有效改善。9月，横塘西区块整体项目启动，于年内完成经营户和承租户的清退工作。

【省委巡视组反馈问题整改】 2022年，上城区从严落实2021年3月省委巡视组反馈问题三年整改计划。修订完善长效机制，印发《进一步规范防违控违工作实施办法》《建立完善违建信息登记报告制度》，明确防违、控违、拆违的工作职责，落实责任，完善网格巡查、违建处置、跟踪督查、考核问责闭环体系。与区派驻第七纪检监察组对接，做好上城区拆迁拆违领域腐败问题专项治理工作。突出重点，以M21公元服饰城和意法服饰城为突破口，妥善处置市场违建，有序推进“三违”（违章建筑、违规审批和违法经营）问题和消防问题整改。年内，实际拆除处置违法建筑面积54.41万平方米，超额完成省委巡视年度整改任务45万平方米违法建筑的处置任务。

（傅佳雯）

【老旧小区改造】 2022年，上城区老旧小区改造项目开工142个、完工37个，完成各项考核任务，其中省民生

九堡街道九华路1号拆除前与拆除后面貌（摄于2022年）

（区拆违办 供稿）

实事项目开工43个，市民生实事项目完工30个。打造一批特色亮点老旧小区改造项目，并整理形成工作机制。小营街道小营巷社区等6个项目获评全市老旧小区改造最佳典型案例，其中3个项目入选全市老旧小区改造可复制经验做法清单。发布《关于明确施工许可审批相关材料的通知》，正规化实施上城区老旧小区改造项目。编制《上城区老旧小区综合改造提升项目建设全生命周期管理要点》，明确老旧小区改造项目建设管理流程，引导群众参与方案设计把控。在前期方案把控上，做到居民意见“三上三下三审”，规范推进老旧小区改造工作。年内，上城区老旧小区综合改造提升协调小组办公室被评为2022年度市级“最美旧改集体”“最美建设集体”，以及省级“最美建设集体”。上城区获评全省城镇老旧小区改造优秀等次、全市老旧小区改造考核优秀单位。

资料

“三上三下三审”：1.方案预审。根据居民意见建议，优化改造方案，由区老旧小区综合改造提升协调小组组织内部会议对改造方案进行预审。2.方案初审。由区老旧小区综合改造提升协调小组办公室组织相关专家对预审意见优化的方案进行审查，专家出具审查意见。3.方案联审。根据初审意见优化的改造方案初步设计编制完成后，街道向区政府提出申请，由老旧小区改造专班组织发改、财政、规资、公安、城管、消防救援等相关职能部门，电力、水务、燃气、通信、广播电视、铁塔等相关管线单位及居民代表对改造方案进行联合会商，形成联合会商纪要、城镇老旧小区改造部门联合评审意见表，作为改造项目审批及事中事后监管的依据。各街道同步将设计概算报区住建局审核。区发改经信局根据联合会商纪要对项目进行赋码。涉及改扩建、使用性质改变的项目，街道需报区住建局进行消防设计审查。

（何淳健）

九堡街道蚕桑社区安置房（摄于2022年）　（区住建局 供稿）

【城中村改造】 2022年，上城区通过坚持系统谋划、加快项目建设、建立提前预警、提供暖心服务等举措，推进城中村改造各项工作提速增效。上城区2022年城中村改造工作考核结果居全市第1位。全年全区回迁安置任务完成3740户，较既定计划提前3个月实现年度市级为民办实事目标，是最早完成该任务的主城区，同时超额完成区级为民办实事目标，完成率126.5%。其中，上城城发集团坚持街道、企业联动配合，因地制宜施策，加快回迁效率，对浜河社区采取预安置措施，对牛田、蚕桑2个社区实施同步回迁安置，对黎明社区采取货币化指标回购，于11月30日完成水墩、浜河、牛田、蚕桑、黎明5个社区的回迁任务，全年回迁2136户。黎明、水墩、蚕桑、牛田社区安置房项目成为全市2022年首批完成验收的城中村改造项目。回迁安置相关工作入选省委“七张问题清单”2022年第三季度示范案例。新华网、《浙江日报》专版报道回迁安置工作相关做法。

（金小芳 王李均）

房地产开发

【概况】 2022年，上城区房地产业总投资550亿元，比2021年增长1.2%。全年开工房地产项目26个，总建筑面积258.26万平方米，造价83.75亿元。全区新建商品房批准预售面积217.6万平方米，其中，住宅160.4万平方米、非住宅57.2万平方米。新建商品房销售面积186.4万平方米，下降10.5%。

【商品房和二手房市场】 2022年，上城区商品房市场价格上涨、数量下跌，成交量居全市第3位。全年全区新建商品房销售面积186.4万平方米，比2021年下降10.5%；成交均价48274元/平方米，其中，商品住宅成交144.9万平方米，非住宅成交41.5万平方米，全区二手房成交面积77.1万平方米，下降28%，成交均价35712元/平方米。

（王　任）

【广宇集团房地产业务发展】 2022年，广宇集团股份有限公司主营业务房地产业务稳健发展。公司坚持稳健、有序增长的理念，依托数据工具，倡导地产极致的用户服务体验，提升公司核心业务能力，实现规模化下的高质量发展。全年公司营业收入60.2亿元；房地产新开工面积14.35万平方米，竣工交付面积51.15万平方米；签订商品房销售合同金额35.28亿元，销售合同签约面积11.92万平方米。年内，公司通过并购提升土地储备面积，公司储备规划可建建筑面积90.04万平方米，在建面积90.04万平方米，权益在建建筑面积84.17万平方米。

（李　薇）

建筑业管理

【概况】 2022年，上城区列入省诚信平台建筑企业有1800家，其中，注册地迁出、注销企业共383家，无资质企业3家。至年末，全区建筑企业1414家，其中总承包、专业承包企业共1223家，监理、造价咨询企业52家，劳务企业139家。落实企业服务，指导企业资质办理、人员配置。全年办理建筑企业资质分立、重组、迁出230多件，资质变更、注销280多件；办理新注册建筑企业备案登记160多家，企业人员备案4.25万条；办理监理企业业绩实地核查3件，专业承包企业业绩实地核查3件；办理建筑企业良好信用采集500多条。全区建筑业总产值869.86亿元，比2021年下降2.1%。其中，省内总产值744.7亿元，增长0.6%。加强建筑市场行为监管，严格项目建设行为，全年查处建筑施工违法发包、转包、分包及挂靠等违法市场行为和违法施工行为22起，罚款总额630.6万元。年内，上城区监管项目获评市结构优质项目15个、市标化样板15个、“西湖杯奖”（优质工程）项目8个、“钱江杯”优质工程项目1个。

（王　任 田麒惠）

【装配式建筑和工程承包管理】 2022年，上城区新开工新型建筑工业化项目28个，总面积272.8万平方米。其中杭州市通达集团有限公司、始版桥未来社区安置房项目及永安国富办公楼项目完成市工业化示范的申请。推进绿色建筑及建筑节能工作，贯彻建筑领域“双碳”工作要求，邀请区发改经信局、区教育局、区商务局及各街道召开专项会议，就辖区内建设近零（超低）能耗建筑、既有公共建筑的改造、光伏安装等考核内容开展研究，分解、布置任务。绿色建材试点项目丁桥单元JG0407-04地块24班中学通过专家专项审查。完成建设并网项目12个、正在安装项目1个，光伏安装总容量3179.38千瓦时。督促项目按图施工，完成节能审查项目25个，其中三星级项目3个、二星级项目18个、一星级项目4个。实施可再生能源项目20个，面积255.74万平方米。推进民用建筑改造，清泰南苑一期项目从细节着手，提升居住环境品质，达到节能目标，完成小区楼栋的照明设施提升（全部转为节能灯具）、消防设施提升、老旧电线更换及屋面修缮。（王 任）

【建设工程招投标管理】 2022年，上城区完成公开招标项目125个，中标金额92.9亿元；完成邀请招标项目5个，中标金额12.9亿元；完成直接发包备案项目159个，中标金额88.2亿元。印发《关于进一步加强对上城区国有建设单位招投标管理的实施方案》《关于成立上城区住建局招投标监管领导小组的通知》等文件，规范全区建设工程招标投标活动，定期举办各类培训，对老旧小区改造等专业项目进行解读。在2022年度招投标监管过程中，行政处罚投标人业绩造假行为1起；约谈招标企业7家、招标代理机构5家、评标委员会1次；开展培训2次，受众单位30多家。

（李向阳）

【建筑行业防欠薪管理】 2022年，上城区落实建筑领域保证外来务工人员工资人工费用与其他工程款分账管理制度、人员实名制管理制度、按月足额支付工资制度、银行代发工资制度、施工现场维权信息公示制度、外来务工人员工资保证金制度“六项制度”，加强建筑行业防欠薪管理。秉持根治欠薪的高压态势，采取随机检查方式，重点检查花样年对越天、中南春溪集轩、中南棠悦湾、华侨城芳菲与城一期、华侨城芳菲与城二期、百郦玲珑府、世茂风颂府7个房地产开发类项目。依托“杭州市智慧工地系统平台”，动态检查建设项目实名制管理情况。对辖区范围内建筑项目进行横向到底、纵向到边的覆盖式检查，对在建项目进行全方位检查和指导。针对存在欠薪行为的项目实施约谈制度，联合区人力社保局及属地街道约谈重点项目单位，要求及时落实整改。

（包泽斌）

【工地环境整治】 2022年，区住建局联合各级部门和属地街道，开展线上、线下全覆盖检查，加大对工地现场环境的检查力度，将环境秩序检查纳入每次各项层级检查和专项检查，压实工地各方主体责任。通过各类专项检查，形成环境治理高压态势，推进工地环境秩序治理工作。结合“美丽杭州”工作要求，围绕中共二十大、杭州第19届亚运会等重要时机布置工地文明施工工作，督促工地加强现场环境管控力度，加速推进建筑工地亚运围挡提升美化工作。推出《杭州市上城区施工围挡规范化说明》，通过重点区域工地“一对一”指导提升，逐步推广至全区168个在建工地完成围挡改造。

（田麒惠）

物业管理

【概况】 2022年，上城区以提升物业管理水平，加码民生幸福感为着力点，三方协同夯实基层治理，探索物业管理新方法新路径。围绕“迎亚运·美丽杭州环境整治工作”“美好家园建设”“无物业小区‘清零’”“金牌管家”等工作改善住宅小区环境、提档住宅小区品质，提升小区管理效率。通过智慧平台全域推广，连接物业企业、业委会、物业监管服务组织、业主，破解物业管理建设中的薄弱环节，建立物业管理长效机制。创新亮点，通过推广“金牌管家”大物业管理模式，使老旧小区物业管理从无到有、从有到专、从专到优，设立“金牌管家”60个。全年创建“红色物业”项目5个；入选杭州市“美好家园”住宅示范小区项目21个；闻潮一品公寓、唐家景府入选杭州市物业管理优秀住宅类项目；湖滨银泰五期入选杭州市物业管理优秀非住宅项目。全域完成住宅小区基础数据应录尽录、物业管理委员会组建应建尽建，业主卡领取率30%以上。

【“金牌管家”大物业管理模式】 2022年，上城区推进“金牌管家”大物业管理模式。该模式是在采荷街道试点基础上，以老旧小区改造和无物业管理小区“清零”为切口，通过整合资源，补齐短板，引入专业物业企业，实行老旧小区整体打包的大物业管理，并形成品牌项目。通过规范管理，填补行业空白，制定“清单式”行业标准，落实一体化管理；通过利用数字赋能、升级服务，使老旧小区物业管理从无到有、从有到专、从专到优。至年末，全区实行“金牌管家”大物业管理模式的小区有60个。

“美好家园”创建——御品湾项目（摄于2022年）　（区住建局 供稿）

【“美好家园”创建】 2022年，上城区以提升居民生活品质为出发点和落脚点，改善并提升居民居住环境和生活品质，开展“美好家园”创建工作。针对新旧小区，根据实际情况，采取个性化改造，对小区环境、设施、管理进行查漏补缺，对固有顽疾进行彻底整改。通过改造，小区软件、硬件提升，居民居住体验感增强。年内，九月庭院、美政花苑、普德人家等21个住宅小区被评为市“美好家园”小区，万安城市花园东苑、中大吴庄、都会天际公寓等5个住宅小区被评为省级“红色物业”小区。

（俞桂平）

【“小区地下车库节能降耗”工程】 2022年，上城市政集团全面推进“住宅小区节能降耗”工程，将绿色可持续发展的环保理念融入到物业管理服务中，营造“绿色、低碳”的居住环境。对海潮雅园一园小区地下车库照明设施进行改造，将传统荧光灯照明替换成LED智能节能灯，并对原有线路进行优化，同时依托物联网传感技术优化照明感应功能，最大限度达到节能降耗的目的。海潮雅园一园小区地下车库照明设施改造工程系省内住宅小区停车库的首次试点，更换安装节能灯616盏，按照节能率80%计算，一年可节约用电7万余千瓦时；按民用电计费，节约电费4.9万元。年内，该项工作在婺江三园、望江新三园、海潮雅园一期3个小区推广。

（余丽燕）

城区绿化

【概况】 2022年，上城区新增绿地70万平方米，其中公园绿地43万平方米、附属绿地27万平方米。完成5000平方米以上公园绿地6处。完成运道（上城段）、皋亭山主线绿道沿山村段等绿道建设37.6千米。完成甬江公园、江吟公园等新建和提升改造小公园8座。完成婺江路、庆春东路、之江路、机场路4条“迎宾靓线”工程，以及凤起东路、三新路、环城东路、秋涛路等47条通勤道路的景观提升。参加省级优质综合公园、示范路及居住区评比，其中杨柳郡东西公园被评为省级优质综合公园，富春路被评为省级绿化美化示范路，春江花月、杭风府小区被评为省级园林式居住区。开展千桃园桃花节、黎明公园杜鹃花展、城东公园八仙花展、梅石园菊花展等特色主题花事活动，受市民、游客欢迎肯定。参加各类花事竞赛，获各类奖项7个。全年完成义务植树尽责人数30万人次，建卡2886本，收缴认建认养费9900元。

【绿道建设】 2022年，上城区完成运道（上城段）、皋亭山主线绿道沿山村段等绿道建设37.6千米。运道为省级绿道，是市重点民生项目，涉及上城段长度8.35千米，该项目以“五道理念”（生态之道、健康之道、智慧之道、文化之道、致富之道）为理念，保留原有肌理，尊重历史风貌，打造文化意境园、康养健身道。桃花湖公园绿道长度约3千米，该项目以“山脉相连水脉相通，绿脉相接文脉相承”为理念，构建城市绿肺，串联起整个丁兰新城生态旅游带。6月25日，浙江省第4届绿道健走大赛暨杭州绿道健身月活动启动仪式在上城区盛运文创中心举行。活动期间，上城区发动辖区内机关单位、企业、社区居民参与活动，组织开展健步走活动20场，营造全民健身、共享亚运的气氛。

甬江公园（摄于2022年） （区住建局 供稿）

【小公园建设】 2022年，上城区利用城市边角用地，新建或提升社区公园、街心花园（口袋公园）、街头游园，完善服务配套，优化景观效果。年内，新建或提升改造甬江公园、江吟公园、桃花湖公园北区、东湖路市民公园等小公园8座，总面积18.73万平方米。其中，闻潮公园和机场路秋涛路口街景小品《桃花源》参加“美丽杭州迎亚运”城市环境品质提升“赛马”活动，获评优秀项目。

【绿化养护】 2022年，上城区借助第三方巡查力量，对长效绿地、属地街道管辖绿地、在建绿地、单位绿地等开展巡查，巡查绿地9134块（次），完成市抄告问题1029个，区自查问题3.44万个，企业自查问题1.03万个。完成各类绿化信访件566件，“数字城管”抄告3.42万件，整改率100%。围绕市“最佳、最差”公园（景区）、道路绿地、滨水绿地、高架绿化、施工养护期绿地评比，每季度开展区检查考核，通过现场自查自纠和邀请市专家、优秀养护企业指导等方式，促进绿地养管水平提升。年内，组建以上城市政集团为核心的10支园林绿化应急抢险队伍，开展绿化防汛抗台、抗旱保绿、防雪抗冻等应急抢险任务。实现上城区园林绿化行业统一园林标识，统一人员着装、统一作业车辆外观“三统一”，推进行业标准化、规范化管理。

【古树名木保护】 2022年，上城区有古树89株，包括香樟、银杏、广玉兰、朴树、千年古银杏、古树公园古树群、万松岭路香樟古树群、全市唯一1株粗糠树等。年内，区住建局组织工作人员对其中8株古树开展树枝修剪、树洞修补、松土施肥、病虫害防治、植被清理、营养土回填等保护性复壮措施，改善古树生长现状，提高古树生存质量。在全市范围内征集古树公园9株古树的认养家庭，组织生物防治、树干刷白、树枝画制作等护树活动。

【花事创作】 2022年，上城区开展各类花事创作活动，在城区主要道路、公园等重要点位布置环境小品、自然花境、立体花坛。其中：位于机场路、秋涛路口东南侧的《忆秋》获市自然花境一等奖；位于城站火车站站前绿地的《蝶舞逐梦》和长生路东坡路口西北侧的《期盼》2处立体花坛获市评比二等奖；位于庆春东路新塘路西北侧的《绣江南》和庆春东路之江路口东南侧江堤绿地的《狮舞龙祥》2处环境小品获市评比三等奖。参与杭州六和塔牡丹花展及杭州植物园第8届菊花艺术展布展工作，其中牡丹花展作品《古韵新颜》获最佳配置金奖、菊花展作品《宋韵金秋》获综合布展金奖。（胡　帆）

城区管理

综 述

【"大综合一体化"行政执法改革】 2022年，上城区以综合执法事项划转、编制统筹、力量保障、协调指挥等为重点，建立、健全区行政执法统筹协调指挥机制，推动"综合执法+专业执法"整体事项清单体系化、动态化、标准化管理。健全体系架构，以区委书记、区长"双组长制"提档升级"大综合一体化"行政执法改革领导小组，挂牌成立行政执法统一协调指挥中心，基本形成以区、街道两级指挥为核心的指挥体系和协调机构。建立改革专班组长责任制、联络人制，以周例会制、工作周报制清单化推进工作落实；动态调整街道、部门考核，纳入区全面深化改革行动月度考评，全面展示街道改革实绩实效。创新工作体系，区级层面以队伍全融合、协同全方位、监管全覆盖、执法全闭环的"365"框架体系牵头抓总，街道形成特色品牌。编制印发区级层面"大综合一体化"行政执法改革方案，细化分解、清单化推进重点任务59项。完善执法事项清单，动态调整综合执法事项目录，认领完成25个领域、1933项综合执法事项，承办新划转事项案件1315件，实现全市首案突破6件（做出人社、消防、水利等领域事项在全市第一个结案的案件）。年内，14个赋权街道成立综合行政执法队，执法力量下沉一线，明确"赋权街道执法清单"18个领域、380项事项，赋权街道以街道为主体开展行政处罚。探索数字赋能，创新"服装街区监管一件事""'城中村'融合型社区治理一件事"等8个属地特色"监管一件事"。上城区实现组织架构基本建立、力量下沉基本完成、事项清单基本明晰、物理整合基本到位、运行机制基本健全，被列为全省"大综合一体化"行政执法改革全域示范观察点。改革相关做法获省、市领导肯定，改革成果在《浙江日报》《杭州日报》整版刊发。

（孙毓文 吴　琼）

【城区环境整治】 2022年，区综合行政执法局牵头"美丽上城"创建暨"'迎亚运'城市环境大整治、城市品质大提升"长效管理行动，压实每日通报、每周点评、每周排名、每月考核等运行规则。各街道（管委会）、各建设主体履行属地责任，压实"监管指数""整洁指数"等考核任务，形成专班统筹、分级协调、块抓条保的工作格局。发布《“美丽杭州”环境整治考核对接要求》，确立部门会商会、局内部对接汇总等机制，打通市、区两级横向纵向沟通脉络。协同各部门、街道开展社区宣传设施提升、园林绿化品质提升等专项整治，解决跨行业重点、难点问题40多个。全区层面开展“大排查大整治”行动，以月为周期，组织各街道在排查基础上，进行整改提升。局内部执行“班子成员现场办公”制度，开展“互助互促、帮扶带动”大比武活动，按街道（管委会）分区包干，强化区查区改效果。属地街道依托巡查、整治、督查3支队伍，完成常态化问题复核、应急整治，发动辖区内党员、志愿者等基层治理力量，推动环境问题及时查改。全年收到市专班下发各批次问题1.32万个，整改率100%，出动14.92万人次，查改各类问题110.47万个。推行奖惩机制激发干事动力，对考核排名前列的四季青、望江、闸弄口等13个街道（管委会）街道进行奖励，对排名末3位街道（管委会）约谈56次。10个街道（管委会）先后进入全市优胜榜18次。

【市容街貌提升】 2022年，上城区深化湖滨商业步行街区、清河坊历史街区、钱江新城核心区三大城市精细化保洁示范区建设，创建延安路（上城段）、解放路等高标准保洁道路17条。升级“3+X”机械化保洁作业模式2.0版，在全市各主要道路推广应用。在大学路公厕全面改造基础上，开展上城区“厕所公共服务大提升”专项行动，完成全区街道（管委会）、机关事业单位393座厕所摸排工作，以“十无十净两好”标准提升厕所服务、建设与管理质量。12月21日，湖滨商业步行街区、富春路亚运“最后一公里”品质街区和清河坊宋韵文化街区获评2022年度浙江省“高品质示范街区”。推进“两路两侧‘三化一平’”专项整治，出动人员4.5万人次，清运垃圾360多吨、消灭卫生死角820多处，落实省、市通知的七大批次110多个问题整改销号。开展四季青特色街区治理、养老诈骗打击整治、校外培训机构整治、“摩的”整治等专项整治行动，完成省、市城市文明程度指数测评及2022年度全国文明城市复牌测评迎检保障。全年办结行政处罚案件4万余件，处罚金额3812.72万元，其中一般程序8280件，处罚金额3462.02万元。开展违规招牌、电子走字屏、违规岗亭、破损箱体整治，创建平海路为省级街容示范街。开展亚运保障区域沿街立面整治工作，通过破损修复、设施清理、清洁美化、打造亮点等整治手法，展现上城宋韵文化特色与亚运元素，完成76条保障道路、28家涉亚运酒店、3个场馆、2个交通枢纽的立面整治任务，打造南山路、望江路、西湖大道、劳动路等特色亮点道路。开展国际化标识改造工作，

大学路公厕改造后外观（摄于2022年） （陈少伟 摄）

控增量、改存量，全年改造国际化标识标牌7800多块。

资料

“十无十净两好”标准：“十无”指无臭味、无蚊蝇、无积尘、无蛛网、无暴露垃圾（堆物）、无污水（积水）、无尿垢（粪便）、无污迹、无纸篓满溢、无乱贴乱画。“十净”指标识标牌干净、门窗干净、墙面干净、地面干净、便器干净、隔板干净、洗手台干净、镜面干净、扶手干净、手纸架干净。“两好”指设施管理好、服务态度好。

“三化一平”：洁化、美化、绿化和道路路面平整。

【城市运行保障】 2022年，区综合行政执法局牵头完成47条亚运通勤道路整治提升、16条道路平路整治和10座“桥头跳车”城市桥梁整治工作，对54条“迎亚运”三年行动修缮道路完成“回头看”。推进道路管养专项整治行动，试点创新热再生、半柔性路面等道路修复新工艺，清除管网淤泥2321千米，消除“水老鼠”954个，清除多重设置的隔离栏128处，提升各类井盖3224个。全区610个停车场（库）开通“先离场后付费”，使用率50%。强化防汛应急保障，组建抢险队伍16支、2200多人，加强储备、调试、养护各类应急物资，围绕市政应急区域分布图更新完善应急预案，获全市防汛演练比赛一等奖。落实“一点一方案”，解决城市内涝安全隐患，打赢抗击台风“轩岚诺”“梅花”等应急保卫战。联合区应急管理局、区商务局、上城消防救援大队、属地街道等，组织各街道（管委会）开展燃气设施隐患排查，推进燃气报警器100%安装，查获辖区瓶装“黑气”968瓶。全年重点查处消防类、燃气类、违建类等违法行为1026起，稳固城市运行领域安全形势。

资料

“桥头跳车”：指由于公路桥头及伸缩缝（桥头引道）处的差异沉降或伸缩缝破坏而使路面纵坡出现台阶引起车辆通过时产生跳跃的现象。

（孙毓文）

【无障碍环境建设】 2022年，区无障碍环境建设领导小组办公室围绕“控增量、减存量、提质量”的核心原则，落实项目“设计源头严审、实施过程严管、竣工验收严控”及“区无障碍办、区残联联合双验收”的“三严双保险”机制。全年审查新（改、扩）建项目42个，组织残障人士参与无障碍设施“体验式”验收指导99次，确保新（改、扩）建项目无障碍设施符合要求。落实区文广旅体局、区综合行政执法局、区住建局、区商务局、区市场监管局等行业主管部门责任，分别对亚运场馆、“最后一公里”体验区、亚运观赛空间、9座城乡公厕、23座城市公园、35座地铁站、28家接待酒店内部及周边公共场所七大类、99个大项、293个子项的设施进行排查，排查设施问题1886个，全部完成销号整改。专项开展省级医疗机构无障碍环境建设，完成问题整改397个。通过设置无障碍电梯、低位服务台，引入“小莫手语”远程翻译系统等举措，实施湖滨步行街、城市阳台公厕、杭州钱江新城万豪酒店、解放东路、红梅社区5个无障碍优质环境场景改造。重点打造南宋德寿宫遗址博物馆无障碍环境，该馆成为全市焦点示范场所。区无障碍建设成果作为优秀精品点位获中央广播电视总台、浙江卫视、杭州电视台同步报道。上城市政集团配合区无障碍专项行动及“美丽街区”整治行动，完成采菱路、丹桂路、解放东路等20多条道路的盲道改造180

处、无障碍坡道改造56处、缘石坡道改造267处、公交站台无障碍改造4处，调整侧石535.9米。

（李永剑 余丽燕）

市容管理

【概况】 2022年，上城区践行杭州市生活垃圾分类“六全模式”，根据“居民小区定时定点投放、商业街区定线收运、属地街道定量考核；宣传指导分类服务、小区环境美化服务、企事业单位定制服务”的“三定三服务”和“桶长制”工作要求，着力提升垃圾分类工作成效。全区781个生活小区、1706家公共机构和企业实现垃圾分类全覆盖，全年全区生活垃圾总量64.24万吨，日均1760.04吨。制定“一小区一方案”，开展设施改造、定时定投、宣传指导等软硬件提升，完成155处投放设施改造，创建22个省级示范小区、30个省级示范预备小区。扩大回收网络覆盖，按照“统一标识、统一收购价格、统一计量工具、统一管理制度、统一着装、统一营业时间”的“六统一”标准，规范全区383个网点、8个综合分拣中心运营。创新研发“研易访”数字化巡检监督管理系统，建立“检查督查、抄告反馈、整改复核”循环督办机制，推动管理单位及责任主体有效衔接，将检查成绩、红黑榜等指标数据进行可视化处理，全年发布通报247期，以数智督查推动源头分类提质。开展精品设施“赛马”行动，通过微博、微信公众号、抖音平台宣传设施改造成果，皋城村、彩霞岭社区等示范村社的做法案例被杭州市生活垃圾分类工作领导小组办公室印发的《垃圾分类推优集萃》录用。加大垃圾分类违法行为执法查处力度，立案查处违规行为4526起，处罚金额24.75万元。深化源头减量，联合相关部门开展行业检查10多次，督查指导限塑令、光盘行动落实情况。开展“中秋宋韵迎团圆，亚运盛会共欢腾”、“扮靓家园，分类有我”——垃圾清运大比武等垃圾分类主题宣传，开展垃圾分类进机关、进学校、进企业、进村社、进家庭、进商场、进宾馆、进窗口“八进”宣传，其中入户宣传47.85万户，在各类媒体发布报道1200多篇。

至年末，全区有主要保洁单位18家，道路街巷保洁总面积2148.14万平方米，管理公厕468座、厕位6652个。其中，上城市政集团有一线保洁人员899人，各类保洁器具配备齐全，承担全区531.27万平方米道路、106座公厕保洁任务，配备大小保洁车辆162辆，其中大型车辆76辆、小型车辆86辆，主干道路保洁机械投入率100%。上城市政集团采用机械+人工的作业方式，对辖区护栏、果壳箱、路灯杆等城市家具进行全方位深度保洁，确保道路两侧市容市貌整洁有序，全年清洗城市家具2.8万件。全年全区受理完成“两审批两备案”（工程渣土准运证核准、城市建筑垃圾处置核准、工程渣土消纳场地登记备案、建筑垃圾处置方案备案）349件，其中准运证243件、处置证35件、工程渣土消纳场地备案12件、建筑垃圾处理方案备案27件；办理完结犬证1577件，其中否决810件，处理犬类投诉51件；接收各类道路（街巷）29条，面积83.9万平方米，均纳入长效保洁管理。年内，上城市政集团子公司杭州路通环境科技有限公司获评浙江省城市建设管理成绩突出集体、杭州市城市环境卫生先进作业集体。

（孙毓文 袁雯菲 周雅仙 余丽燕）

【省市生活垃圾分类示范小区建设】 2022年，上城市政集团通过建立“志愿宣导、科技赋能、更新设施、联合督导”工作闭环，打通各个环节，全面提升辖区居民垃圾分类意识，推动辖区生活垃圾减量化、资源化、无害化处理，促进辖区城市文明和生态环境提升。至年末，上城市政集团在湖滨、清波、小营、南星、紫阳5个街道范围内设立再生资源回收站30个，设立数智平台30处，覆盖小区27个，服务居民户4万余户，居民投放参与率上升至90%。全年创建省级生活垃圾分类示范片区1个、省级高标准生活垃圾分类示范小区3个。年内，上城区完成标准化建设再生资源回收网点283个，其中面积10平方米～15平方米网点124个、面积15平方米以上网点159个。全区建设分拣中心总面积4.58万平方米。全年回收再生资源30.33万吨，回收利用率61.3%。区商务局被评为杭州市再生资源回收监测统计工作先进单位。

（余丽燕 方志豪）

【道路街巷保洁】 2022年，上城区道路街巷保洁涉及道路623条、街巷1856条，保洁面积分别为1500.19万平方米、647.95万平方米。区综合行政执法局按照定时间、定人员、定设备、定质量的“四定”原则，抓好高标准精细化保洁。结合“美丽上城迎亚运”城市环境品质提升行动，联合住建、街道等部门开展“亚运有我、扮靓家园”卫生死角集中整治行动，检查发现并整改卫生死角问题3863个。开展辖区“非法涂写”检查整改工作，排摸全区14个街道道路1319条次、公厕676座次，排摸、清理重要点位493处。开展“牛皮癣”整治行动，清理各类小广告、“牛皮癣”等“非法涂写”4.09万处。升级“3+X”机械化保洁作业模式2.0版，并在全市各区县主要道路推广应用。深化湖滨商业步行街区、清河坊历史街区、钱江新城核心区3个精细化保洁示范区，创建延安路上城段、解放路等17条高标准保洁区域（道路）。

2022年4月，上城市政集团“金靴班”成员以手持吹风机+小型电动多功能清扫车对富春路采用“3+X”保洁模式进行保洁

（上城市政集团 供稿）

【公厕提升改造】 2022年，区综合行政执法局完成全区9座公厕的整体提升改造工作。联动市环卫固废中心、西湖明珠电视台、区信访局、小营街道（大学路社区）等单位，完成“民生实事”项目——大学路公厕的整体全面改造，于7月末正式投入使用，获浙江新闻、《杭州日报》等10多家媒体报道。联合区文明办、区爱卫办牵头开展“上城区厕所公共服务大提升”专项整治行动，推进14个街道、2个管委会、199个社区及区教育局、区民政局、区住建局、区文广旅体局、区卫生健康局等7家机关事业单位393座厕所的服务提升工作，助力全区厕所服务水平全面提升。

（周雅仙）

【户外广告管理】 2022年，上城区推进大型户外广告安全检测、店招店牌安全承诺书签订及安全检测工作，形成工作机制，压实单位主体责任，全年检测大型户外广告300多块。针对秋石高架沿线户外广告破损杂乱的情况，利用立面改造契机，综合运用整改、修复、换新等方式，完成高架沿线40多块广告的整治工作。全年新增三联平台接入电子屏10多块，开展户外广告“一点一档案”和电子显示屏预审工作，对全区1000多块户外广告设置情况进行细化梳理。

【景观亮化提升】 2022年，上城区按照全市迎亚运总体规划要求，统一方案设计，有序实施亮化提升。完成杭州东站区域、南宋御街、钱塘江沿线、上城区体育中心周边、运河沿线等重点区域150多幢建筑及4000米公共部位的亮化提升改造工程。落实“三同时”（同时设计、同时建设、同时投入使用）新建项目管理制度，全年上报“三同时”项目设计方案30多个。推进重点区域、重要建筑景观亮灯纳入杭州市智慧照明管理平台，并接入市智慧照明平台，实现照明设施的统一启闭控制。至年末，全区建筑景观照明装置纳入杭州市智慧照明管理平台630套，其中2022年实施的130多幢建筑提升项目完成后全部接入市级平台统一纳控管理。以绿化遮挡严重路段、河道游步道、居民小区周边公园等区域为重点，实施暗区增亮，保障路灯照明普惠达标。年内，完成天杭社区、双菱社区等14处路灯增亮工程。

【城市家具规范管理】 2022年，上城区根据《杭州市“迎亚运”市容市貌整治工作实施方案》要求，对违规招牌、电子走字屏、违规岗亭、破损箱体等进行整治。由区综合行政执法局牵头组织各责任单位开展城市家具编码工作，对全区交警岗亭、治安岗亭、小区岗亭、公交自行车亭、各类箱体等城市家具进行备案，生成全市统一二维码，实现城市家具编码管理。全年拆除店招店牌2041块、电子走字屏1647块，拆除岗亭280个，美化箱体476个，将5.1万件城市家具纳入数字平台管理体系。12月21日，浙江省住房和城乡建设厅公布评审结果，平海路（湖滨路—中河中路）获评街容示范街。

（刘　晓）

【“清道夫·幸福驿家”建设】 2022年，上城区推进“清道夫·幸福驿家”共同富裕示范站点建设，打造再生资源回收、闲置物品交易、垃圾分类宣传的主阵地，以及小区居民和一线作业人员休息、学习、交流的便民服务平台。“清道夫·幸福驿家”履行回收交易、分类宣教、歇息充电、儿童游乐、快递代收五大服务功能，有机嵌入居民议事坊、先锋工作室、回收宣传活动室，助力基层治理。全年全区建成“清道夫·幸福驿家”示范网点16个，总占地面积1800多平方米，覆盖人口6万余人。

【建筑垃圾全程闭环监管】 2022年，上城区以“无废城市”创建为目标，围绕数字化监管、执法处罚、资源化利用等方面建立建筑垃圾管理长效机制，健全全区专班运行机制，推进建筑垃圾全程闭环监管。对照“精准施策、闭环管理、跨前一步”工作要求，印发《上城区建筑垃圾处置攻坚行动任务分解表》，明确部门职责、倒排计划，确保全面落实目标任务。落实“两审批两备案”工作，推进“城市建筑垃圾处置证”100%办理。全年办理建筑垃圾处置证35本，申请处置方量84万立方米。全区注册有建筑垃圾运输企业55家，注册办理准运证建筑垃圾运输车1425辆，其中直联杭州市工程渣土管控平台1413辆。全年完成消纳场地审批8处，容量合计18.83万立方米，均完成道闸、监控、地磅安装并接入市平台。构建闭环监管体系，区综合行政执法局与住建、交通运输、公安、规划和资源等部门组成联合执法检查组，开展建筑垃圾运输处置联合执法，全年立案查处建筑垃圾领域违法案件148件，处罚总金额106.85万元。全区有建筑垃圾资源化利用场地5处，总占地面积7万平方米，年处置能力约34万吨，全年建筑垃圾产生量99.3万吨，综合利用量99万吨，综合利用率99.7%。

（孙毓文 袁雯菲）

【市容环境卫生责任区制度落实】 2022年1月25日，上城区公布实施《上城区市容环境卫生责任区制度》。属地中队、街道、社区联动，以物业小区、沿街商铺、商业综合体为责任重点对象，明确划分责任区，明晰责任人及责任内容，逐门逐户签订责任区制度告知书，建立“一户一档”管理台账。发挥“综管队员日常监管+执法队员精准处罚”优势，以网格化管理、层级式查处，提高街面管控精细度，对屡次拒不履行责任的责任人依法立案查处并督促整改。全年发放市容环境卫生责任区制度告知书1.19万份，检查责任主体1780家次，查处未履行市容环境卫生责任区责任相关案件116件。

（肖国琪）

市政管理

【概况】 2022年，区综合行政执法局着重抓基础、抓规范、抓整治，修订完善《上城区工地排水全流程管理》和《上城区市政设施养护考核细则》等制度，抓实平路整治、“迎亚运”窗口示范道路项目等市政基础设施建设，确保城市市政设施安全有效运行。至年末，管理养护辖区市政道路799条段（市属区管178条段、区属区管621条段）、桥梁320座（市属区管238座、区属区管82座）、过街天桥6座、地道5条、雨水管910千米、雨水检查井26226座、雨水口40686个、污水管（不含市管）121.3千米、污水检查井7097座、污水泵站50座、智能截流设备220座。全年投入资金7.5亿元，实施城市管理基础设施项目137个。

【市政设施日常管养】 2022年，区综合行政执法局根据《亚运、亚残运交通服务保障通勤道路清单》，完成47条（段）亚运通勤保障道路日常管养，修复车行道沥青路面39万余平方米、人行道板2.7万平方米，提升改造各类井盖及雨水箅子3600多座。策划并落实人行道“水老鼠”、井盖提升、路名牌等专项整治行动及空洞检测工作，查改人行道“水老鼠”问题2.78万个，整改面积3.63万平方米，出动人员3.08万人次，车辆9300车次；完成雨水井盖提升整改1773个；查改路名牌问题978个，出动人员493人次，车辆151车次；完成空洞检测道路39条、20千米，发现病害体9处，均按照市空洞专班要求落实相应整治措施。研究道路养护工法，完成对德胜互通辅道段（休闲公园桥—备塘路）的就地热再生施工工艺试点。推进道路治理智慧系统，推广“云上坦途”智慧道路系统的运用，完成运用试点道路5条。

【道路起伏不平等病害点整治】 2022年，区综合行政执法局根据《杭州市“迎亚运”城市道路平路整治专项行动方案》，完成平路整治任务16条段。按照“能快则快”“能优则优”要求，科学制定方案，统一雨水口、井盖、人行道和路面等提升标准，规范施工工序，提高原材料把控，落实安全文明施工。完成车行道沥青路面修复10.36万平方米、雨水井修复提升112座。加强督查整改，成立督查小组和方案评审小组，落实抄告通报和追责问责机制，采取定期、不定期的形式开展督查，确保责任全明确、整改全方位，对突出、典型问题做到一抓到底、举一反三。查改各类问题2011个。其中，完成市级民生实事艮山西路的平路整治工作，全路段路面沥青铣刨加铺2.55万平方米，翻建破损严重的人行道350平方米，提升改造道路无障碍坡口2个，翻建盲道100米，新建排水沟48米。

【"桥头跳车"城市桥梁整治】2022年，区综合行政执法局根据相关"桥头跳车"城市桥梁整治工作要求，组织动员市政、执法力量及养护单位，采取徒步巡查方式，对管辖范围内的市政道路桥梁伸缩缝、桥梁桥面板与两侧道路存在高差及通行产生明显震动感等"桥头跳车"现象开展排查，将10座桥梁列入整治名单，其中丁桥港桥、洋家港桥、会农桥、五号岗桥、玉棠桥和九乔河桥6座"桥头跳车"城市桥梁整治为省级民生实事项目。针对桥梁自身情况及病害程度，制定"一桥一案"，明确具体修复整改时限，确保一般问题1天内完成、复杂问题2～3天内完成。6月，全部完成整改。验收后，执行"一周一报"工作机制，落实"回头看"，进一步提升市政道路桥梁管养精细化水平。

（方水洁）

【市政应急养护】2022年，上城市政集团立足于"应急救援主力军"定位，响应防汛抗台、防雪抗冻等救援工作，出动1.2万人次，其中参与市、区各级防汛抗台20次，完成特重大抢险支援5次。全年养护道路676条、477.48万平方米，桥梁195座（含3条人行地道），雨水管网910千米，污水管网121.3千米。全年养护、修复人行道面积2.96万平方米，修复车行道面积1.46万平方米，检测管道2446.6千米，清疏雨水管道1859.2千米、污水管道292.1千米，清淘检查井73761座次，整治提升井座588座。

（余丽燕 斯红美）

【道路提升改造】2022年，区综合行政执法局对辖区道路进行全面提升改造。完成区级民生实事项目——8条"迎亚运"窗口示范道路打造，涉及钱江路、富春路、新业路、天城路、南山路、延安路、解放东路、西湖大道的部分路段，着力打造"杯水不溢"通行环境、"宋韵钱塘"人文环境和"席地而坐"卫生环境。按照"三平一规范"（道路平整、井盖平整、平侧石平整和无障碍规范）标准，采用"白天流水穿插+夜间道路半封闭"模式，开展道路车辙、龟裂、沉降等修复，将平整度控制在5毫米内；将松动、沉降等突出问题井升级为防沉降井，确保路面衔接稳固平顺，提升道路基层5616平方米，铣刨加铺沥青路面9.81万平方米，翻建修复人行道2.83万平方米，修复树池415座，提升检查井599座、雨水篦子1675座，提升盲道2526平方米、无障碍坡口187处。年内，富春路（三新路—清江路）在全市"美丽杭州迎亚运"城市环境品质提升"赛马"活动中展示道路提升成果，获评"优良项目"，富春路亚运"最后一公里"品质街区入选2022年度浙江省高品质示范街区。

上城市政集团应急抢险小组成员开展防雪抗冻工作（摄于2022年）

（上城市政集团 供稿）

运新五区二次供水改造后泵房全景（摄于2022年）（孙艳菲 摄）

【二次供水设施改造】2022年，区综合行政执法局以“专班+”抓统筹，形成“4+6”二次供水设施改造体系，制定改造鱼骨图和流程图，紧盯节点、倒排计划，优质高效完成改造任务。以“民主+”抓过程，发挥居民自治活力，楼道小组长、居民志愿者组建“帮帮团”，用百姓自己的声音说服百姓。以“项目+”抓破题，针对改造重复开挖等问题，由区居民住宅二次供水设施改造工作领导小组办公室统筹，属地街道负责，采取“并联推进”，将二次供水设施改造与老旧小区改造、加装电梯等项目整合，实现“一次优化，多维效果”。以“服务+”抓闭环，做好施工导致的临时停水预案，建立复查、整改、巩固全过程管理机制，开展“水质供水监督”行动。全年完成省、市级民生实事二次供水设施改造项目12个，惠及居民6174户、2.1万人。上城区在杭州市2022年“公述民评”二次供水电视问政中现场获“五星”最高评价。

> **资料**
>
> **“4+6”二次供水设施改造体系：**在区、街道、社区、小区4个层面组建“四级专班”，由市水务集团、区综合行政执法局、街道、社区、业委会、物业六大主体统筹推进的“六位一体”模式。

（张李圆）

【停车管理】2022年，上城区有停车收费点位219个、道路公共泊位6066个；有停车场（库）25个，泊位4363个，其中立体车库泊位955个、地面泊位3293个、残疾车泊位115个。上城市政集团通过一系列整治和引入数智设备管理，促使全区停车管理迈上新台阶。通过发放宣传单、现场指导与解答，提升车主对“先离场后付费”的知晓度与开通率，优化停车效率，提高出行效率。区公用事业发展中心完成“先离场后付费”功能，开通停车场库388个、停车泊位10.93万个。全区对外收费社会停车场均开通“先离场后付费”功能。全区接入城市大脑社会收费停车场和点位949个，停车泊位29.68万个。完成所有收费停车场（库）收费告示牌更新工作，实现湖滨商圈“通停通惠”。协调辖区内市级以下企事业单位向社会共享泊位82处、519个。联合上城市政集团杭州路通市政园林工程有限公司及城管、交警、属地街道等部门，开展“僵尸车”整治，查询疑似“僵尸车”信息593辆，清理拖移车辆32辆，新设立聚景弄、绿园弄、庆和路、尧典桥路、映霞街、大塔儿巷、景西路、西湖大道、环丁支路、庆联大厦等收费点位17个，将787个停车泊位纳入收费管理，实现全区核心区和一类区域停车泊位全部实行收费管理。通过数智赋能，在全市率先引入停车“巡检车”巡管、ETC收费和5G高杆视频，增强停车管理数智管理水平。1月，上城市政集团杭州路通市政园林工程有限公司联合浙江高速公路智能收费运营服务有限公司开启杭州市区首个道路停车ETC收费试点。试点位于闸弄口街道三里亭片区，在董家桥路、机场路一巷、三里亭路、工农路、顾家畈路5条道路、462个道路停车泊位安装ETC停车感应装置，道路停车可通过手持机、天线感应ETC进行停车费扣缴，提高停车泊位使用效率，优化城市停车供需关系，便利公众出行。推进科技赋能停车管理模式，南星街道实施智能巡检车，对8个停车收费点、311个停车泊位进行日常管理。丁兰街道试行5G高杆视频收费系统，新增停车泊位192个。

（朱　佳 余丽燕）

【停车费催缴】2022年，区公用事业发展中心联合杭州路通市政园林工程有限公司推进停车费催缴工作常态化，根据《上城区道路停车欠费催缴专项治理工作方案》，安排专人负责跟进，采取多形式、多方式灵活催缴。对2021—2022年16万辆欠费车辆以短信通知、挂号信、录音电话等方式开展催缴工作，对大额欠费不补缴的车辆，进行法律诉讼。至年末，发出催缴短信10万余条，追缴欠费到账金额340.77万元；聘请律师对6名未缴费金额较高的车主提起法律诉讼。其中，3人经庭下调解，完成补缴费用2.74万元；2人因超过诉讼时效，主动撤诉；1人完成诉讼并胜诉，法院判决其支付欠费2.75万元并承担该案件的诉讼费。

（朱　佳）

【地铁口非机动车场地建设实事完成】2022年，区综合行政执法局全面推进杭州市政府民生实事项目——地铁口非机动车停放点建设，按照“应拓尽拓、能划尽划”原则，挖掘地铁口周边道路、人行道停车潜力和空间资源，制定地铁站口“一站一方案”。重点针对地铁6号线、9号线等新开通线路站点周边场地空间，主动与区住建、交通、地铁集团等单位对接，提出地铁出入口非机动车场地建设需求及设计方案，确保停放场地保质保量建设到位。通过开辟外卖优先停放区域，设置隔离护栏、引导牌，优化泊位布局等方式，最大程度保障市民出行需求，立体化提升改造地铁口非机动车停放点综合环境，实现功能、实用、美观并存。10月，完成对钱江路站E口、三堡站A口等14个地铁站口非机动车停放点建设，新增非机动车停车泊位1500个。至此，区综合行政执法局完成该项市级民生实事项目。

（肖国琪）

水利河道管理

【概况】2022年，上城区因河道综合整治工程贯通、河道更名等原因，对辖区部分河道进行合并拆分，调整后，全区有河道62条、165千米，有小微水体85个、闸泵站82座，海塘全长20.8千米。上城区以“水质稳定，水域安全”为核心，以河长制为主抓手，深化“污水零直排区”建设和“美丽河湖”建设，着力巩固全域河道水质，全面保障辖区水域安全，有序推进水利河道各项工作，建设与上城“加快建设独具韵味的国际化现代化共同富裕典范城区”相匹配的美丽幸福水环境。全年市对区市控以上断面监测Ⅲ类以上占比100%、Ⅳ类水质及以上占比年均值达87.4%、“污水零直排区”第一轮创建100%。年内，开展钱塘江（三堡—五堡）2.9千米区管海塘安全鉴定，评定该海塘为“一类塘”，其防潮（洪）能力和结构安全均为“A级”。完成《上城区水域保护规划》编制；参编的《城市河道景观设计标准》发布实施；成功创建省级、市级“美丽河湖”各1条。上城区获2021年度全省“五水共治”（河长制）工作优秀县（市、区）“大禹鼎”银鼎。

（李　慧 方宵鸳）

【《上城区水域保护规划》编制】 2022年12月，上城区编制完成《上城区水域保护规划》，明确上城区基本水面率为12.8%，重要河湖岸线保护率为90.3%，“居民15分钟亲水圈”覆盖率98.5%，重要河湖水域岸线监管率为100%。全区有重要水域12处，分别为钱塘江、京杭运河、上塘河、西湖、贴沙河、中河、东河、备塘河、和睦港、九沙河、新开河和南黄港，重要水域面积13.52平方千米，水域容积8725.3万立方米。

【《城市河道景观设计标准》发布】 2022年5月1日，区综合行政执法局参与主编的《城市河道景观设计标准》公布施行。《城市河道景观设计标准》为浙江省工程建设标准，编号为DB33/T 1247—2021，涵盖护岸、绿带、慢行系统、亲水设施、景观小品、配套设施六大指标、25个项目，高标准探索城市“美丽河湖”建设新模式。至年末，上城区参与编制涉河标准省级4项、市级5项，为全国城市河道治理树立“上城样本”。

【“美丽河湖”建设】 2022年，区综合行政执法局按照“三轴四区伴两湖”的“美丽河湖”总体建设布局，结合河道综合保护建设工程，借势借力推进上城区“美丽河湖”建设。年内，成功创建丰收湖—九沙河水系为省级“美丽河湖”、桃花湖为市级“美丽河湖”。其中，丰收湖—九沙河水系长7098米、水域面积21.85万平方米；桃花湖长1060米，水域面积4.84万平方米。至年末，上城区建成省级“美丽河湖”8处、26条，总长70.5千米，为东河、新塘河、龙山河片区、丁兰西片区、环丁水系、上塘河片区、城东水系、丰收湖—九沙河水系；建成市级“美丽河湖”3条，总长5.7千米，为兴建港、幸福港、桃花湖。

资料

“三轴四区伴两湖”：以钱塘江、运河、上塘河为流域主轴，以核心水源管理区、钱江新城精品区、环机场提升区、丁兰综合治水区4个流域区片辅以桃花湖、丰收湖2个湖泊“点睛”构建形成“三轴四区伴两湖”的“美丽河湖”建设布局。

【河道“智慧配防云平台”运用】 2022年，上城区在河道管理方面首创“智慧配防云平台”，运用该平台监控实时化、数据可视化、整改高效化特点，打造立体型安全管家，搭建智慧型管理系统，建立专业型抄告系统，实现河道闸泵站现代化管理。在闸泵站安装温感烟感、实时监控和水下异物感知系统等，同步连接至“智慧配防云平台”。运行中发现水中异物，设备电线老化出现烟雾、温度上升等情况时，平台自动报警，工作人员快速处置。全年利用安装的11套系统、78个摄像头，第一时间处置报警事件120次。通过平台大数据计算，在主页面实时呈现各闸泵站河道水位动态情况，超过配水正常范围即显示红色预警。工作人员第一时间查看分析，及时、准确完成配水调度。平台数据涵盖运河以东片区河道26条、闸泵站27座。通过平台附设微信小程序，建立区级抄告和养护单位自查自改网格化巡查系统，实现“问题上传—及时处置—整改反馈”闭环管理，全面提高监管养护实效。全年发现问题1620个，整改率100%。

【供水中风险污染回流隐患整改】 2022年，上城区以保障供水安全为目标，建构“水务+街道+单位”三方协调机制。全年组织召开供水回流隐患整改现场对接协调会12次，完成辖区城市公共供水管网污染回流隐患排查、整改2147家单位，并督促26家存在中风险污染回流隐患的单位全面完成整改工作。

【水环境保障数字化运用综合应急演练】 2022年5月19日，区综合行政执法局采用“在线指挥+现场演练”形式，开展水环境保障数字化运用综合应急演练。以杭州城市大脑智慧河道上城平台为指挥平台，以视频呈现方式，进行河面保洁及水质应急处置、排出口异常出水应急处置、道路积水应急处置、新塘河排涝应急处置、闸泵站应急处置5个科目，进一步验证数字化指挥体系，锻炼和提高养护人员快速反应协同作战能力。

2022年5月19日，上城区开展水环境保障数字化运用综合应急演练——排出口异常出水应急处置　（区综合行政执法局 供稿）

【钱塘江渔业管理】 2022年，上城区钱塘江禁渔水面为钱江一桥至九堡大桥东侧七堡七号坝，全长19.2千米，水域面积11.52平方千米。按照“渔船集中停泊、渔网包扎入库、渔民上岸”要求，全区32条渔船全部停靠码头、渔具上岸，实现禁渔期间江中无捕捞作业渔船、船上无渔具。禁渔期间，区综合行政执法局与市渔业执法大队、属地派出所和区检察院多方协同，构建相互配合、信息资源共享的协作联动办案机制，严厉打击偷鱼、电鱼、毒鱼违法案件。全年开展禁渔工作宣传2次，在沿江社区张贴禁渔通告40份，散发宣传资料200多份，悬挂横幅6幅，通过微信公众号推送禁渔信息11次。禁渔期结束前，开展渔业安全专项培训1次，确保渔民生命财产安全。12月12日，在钱塘江七堡一号丁字坝开展“保护生物多样性，共护母亲河”增殖放流活动，放流鲢鱼、鳊鱼、草鱼等鱼种鱼苗6万余尾。

（李　慧）

【河道养护】 2022年，上城市政集团落实河道日常保洁、设施维护、防汛等主要工作，有效落实河道长效养护工作，清理河面漂浮物178.47吨。落实河道巡查，加强管理执法联动，针对侵占河道、设置泥浆管、偷倒渣土、排水口晴天排污等涉河违法、违章行为，及时上报管理部门，配合执法联合查处工作。年内，养护、管理新开河、新塘河和贴沙河3条河道，通过人工手划船打捞、河道浮框水生植物定期修剪、沉水植物清理，以及河岸驳坎及坡坎平台落叶杂草清理、破损修复，做好河道养护保洁。

（余丽燕 斯红美）

综合执法

【概况】 2022年，区综合行政执法局聚焦工作重心，有序推进“大综合一体化”行政执法改革工作，稳步推动综合执法各项工作，提升城市环境综合治理水平。全年办结各类案件40792件，罚款金额3812.72万元。坚持严格依法行政，遵循民主科学决策程序、严格公正文明执法、强化行政执法监督，规范合同法制审查。深化基层行政执法改革，以“一支队伍管执法”实践为切入口，持续探索基层社会治理新模式，推选的《以杭州市上城区基层综合行政执法改革试点工作为切口浅谈“基层一支队伍管执法”的实践与思考》获2021年度全省住房城乡建设系统优秀调研成果。推进“两路两侧‘三化一平’”专项整治，联动铁路部门、街道有效整改落实省、市通知的七大批次110多个问题及3个重点问题整改销号。完成对彭埠互通和沪杭甬高速杭州入城口的提升改造。开展四季青特色街区治理、养老诈骗打击整治、校外培训机构整治、摩的整治等行动，检查校外培训机构70多家次，整改培训机构问题37个，没收涉及老人、小孩的广告60多张，向市城管局及区打击整治养老诈骗专班移交疑似诈骗信息9条。突出重点领域执法亮剑，开展燃气执法“百日攻坚”，查处燃气管道设施第三方破坏案件、瓶装“黑气”；开展建筑垃圾、无照经营、户外广告、消防等领域整治，办理渣土类案件90件，查处无照经营案件816件、广告类案件55件、消防类案件13件。成立法制审核专家委员会和法制保障中心，为疑难复杂行政执法案件、边界不明的执法协调事件提供专家建议；街道在基层司法所设立法制监督办公室，织密基层法律保障网络。提升队伍素能，加强队伍督察，多渠道推进相关违法行为的发现及案件的移交、查处工作，落实对基层执法队伍重要任务、重要案件的指导督办制度，全力打造一支适应新时代、符合新要求的高素质综合行政执法队伍。

（肖国琪 瞿燕青 高若云）

2022年7月26日，四季青街道综合行政执法队队员对辖区餐饮店面开展“综合查一次”检查　（周孝翔 摄）

【“大综合一体化”行政执法工作推进】 2022年，上城区推进“大综合一体化”行政执法工作，加快推进省执法监管数字应用平台落地推广，确保工作有序、有力落实。有效激活执法领域“沉睡”事项，累计处置新划转事项案件1315件，在人社、消防、水利领域首案突破6件。深入开展“监管一件事”“综合查一次”，部门、街道开展“综合查一次”1756次。认领省综合行政执法指导办公室通知发布的“监管一件事”主题场景60个，开展“监管一件事”线上操作808次。鼓励街道因地制宜，结合属地特色，形成“服装特色街区一件事”“建筑工地一件事”等8个“一件事”，其中“网络直播一件事”作为全省揭榜挂帅项目被采录至《扛起光荣使命先行先试 加快打造执法改革高地——浙江省“大综合一体化”行政执法改革》宣传片。推广“非接触性执法”、柔性容错机制，提升执法效率、执法温度。4月29日，《杭州市上城区推进“大综合一体化”行政执法改革实施方案》印发。区综合行政执法和卫生健康执法大数据监督平台成功申报省纪委大数据监督试点，并被收录至《全省“大综合一体化”行政执法改革实践成果100例》。

【综合执法事项梳理赋权】2022年，上城区集成梳理执法事项，开展精准赋权。完善执法事项清单，构建全区执法目录总清单、综合执法事项清单、乡镇赋权执法清单“三张清单”。根据市统一要求梳理，动态调整综合执法事项目录，认领完成综合执法事项1933项，涉及25个执法领域，综合执法事项占全区总执法事项数的47%。合理赋权基层执法，以“高频多发、易发现易处置、专业要求适宜”为原则，梳理形成《杭州市上城区街道综合行政执法事项目录（2022年）》，确定赋权事项380项，其中专业部门事项70项、综合行政执法部门事项310项。将凯旋街道、南星街道作为全省赋权试点街道，由2020年批复的537项和629项，调整为779项和868项。11月21日后，全域所有街道的赋权事项处罚办案以街道名义实施。

（高若云）

【执法办案规范化】2022年，区综合行政执法局遵循民主科学决策程序、严格公正文明执法、强化行政执法监督，落实执法全过程记录、重大执法决定法制审核、行政执法公示“三项制度”和杭州市综合行政执法系统系列规范化制度。全年办结案件40792件，罚款金额3812.72万元。其中，办结一般程序案件8280件，罚款金额3462.02万元；简易程序案件32512件，罚款金额350.7万元，未发生一起败诉案件。全年办理行政复议案件22件，办结17件；办理诉讼案件6件，办结2件；举行听证5件。依法履行重大行政决策程序，落实规范性文件清理、合同合法性审查、涉公平竞争文件审查清理等，全年对政府和部门合同合法性审查435件次，备案13件。全年受理群众来电、来信、来访和咨询1.22万件，比2021年减少32.2%，案件处置率、反馈率均为100%。构建“线上+线下”普法宣传模式，开展文明养犬、垃圾分类、“五水共治”等法律宣传服务126次。以抓中队法制员和业务骨干培训为重点，组织开展集中培训、难点案件讨论、案例评选等43次，在学习和实践中提升执法队员综合业务能力。落实案件日常评查制度，实行月度通报，有效提升案件质量。案件审核人员依托区综合行政执法法制保障中心，组织法制员交叉评查案件。指导中队规范设置功能区，优化配置数字化存储硬件设备，做到全程数字跟踪，提升办案效率，同时确保廉政监管。1月，区综合行政执法局获评2021年度杭州市综合行政执法机关执法质量优秀单位。

【数字执法】2022年，区综合行政执法局强化数字执法，开展“互联网+监管”工作，动态梳理监管事项清单，入库执法人员502人，激活率和开通率均100%，全年完成执法检查923次，“双随机”任务完成率100%，浙江省监管事项库行政检查事项覆盖率100%，完成449个检查事项全覆盖。数字赋能综合行政执法，全年采购一体化办案移动终端设备120台，配发至执法中队一线执法队员，用于简易程序案件办理，在湖滨、闸弄口中队试点基础上全面启用移动终端一体化办案，提升行政执法规范、高效和智能。在执法中队推广“一巢通执”模式，协助闸弄口中队配置“一巢通执”智能办案柜，激发基层执法中队执法办案中的数字效能。完善“非接触性”执法平台工作机制，优化平台人员和队伍结构，深化全局指挥调度体系，利用智慧城管平台和后台视频监控，及时交办各类序化、洁化问题，实现精细化管理。全年“非接触性”执法平台处理各类案卷17.15万件，其中固定监控案卷11.88万件、路面巡查案卷3.73万件、交办处置智能感知案卷420件、助力共享单车管理案卷3347件。11月，新的区行政执法统一协调指挥中心投入使用，助力城区管理工作一体化、数字化、高效化。

（瞿燕青 祝婷婷）

【有奖举报系统推广】2022年，区综合行政执法局推广有奖举报系统，拓宽群众诉求反应渠道，将居民关注的“违建、灯杆道旗”等热点、难点问题中涉及的上城规划资源分局、区文明办等部门纳入运行系统，对新增单位的问题类型、职责边界开展培训指导。对受理问题不允许延期、不允许缓办，落实疑难问题属地责任制，按照“先处置、后确权”原则，确保市民举报问题高效处置。全年受理有奖举报案卷3.38万件，比2021年增加2.73万件，问题处置市民满意率99%以上。

（祝婷婷）

【市容秩序提升】2022年，区综合行政执法局注重街面秩序精细化管理，规范落实序化检查、甄别、考核等工作，围绕出店经营、占道堆物、车辆违停乱停、流动摊贩无照经营等问题开展整治，完善处罚依据，结合《上城区市容环境卫生责任区制度》的运用，填补对非经营性乱堆物无法处罚的空白。实施地铁口环境秩序综合治理，最大限度拓展地铁口非机动车停放空间，制定上城区地铁口秩序综合治理鱼骨图，对全区开通的地铁站严格落实“网格化”管理，严格查处地铁口易发、多发的违法、违规行为。着力提升非机动车规范停放率，对共享单车企业运维管理情况进行考评，在部分街道试点单车分区运维制度，停放秩序及运维管理情况被明显改善。开展“迎亚运”城市环境综合治理专项行动，以“执法保障”为主题，每月开展一系列专项整治行动，全年开展门前责任区、渣土运输、燃气执法、无照流动商贩、“两噪声一污染”（建筑施工噪声、社会生活噪声、餐饮油烟污染）、河道与水设施、公共场所派发印刷品广告、破坏绿化等专项整治行动，做到“月月有主题、月月有重点”，通过“专项整治+常态化治理”，推进城区治理水平与执法效能提升。

2022年7月14日，区综合行政执法局钱江新城中队执法队员整理富春路市民中心地铁站B出入口外的非机动车（葛　畅　摄）

【燃气安全管控】2022年，区综合行政执法局以严格执法促进燃气安全管理，重点突出燃气管线保护范围内违章占压管道，以及未制定、未落实保护方案，盲目使用机械挖掘施工等影响燃气管道安全运行行为的整治。全年立案查处燃气管道设施第三方破坏案件30件，实现对第三方破坏事故100%立案查处。开展“百日攻坚”行动，巩固城镇燃气安全运行成果，实现天然气输送管线第三方损坏率明显下降、无重特大事故发生的目标。从严查处存储、使用、经营“黑气”违法行为，查获瓶装“黑气”34次、968瓶；九堡、笕桥中队开创性办理瓶装燃气执法案件，分别立案查处“秦某某涉嫌在不具备安全条件的场所储存燃气案”“周某涉嫌未取得瓶装燃气经营许可证从事经营活动案”。全年向上城交通执法大队移交线索并配合查处运输“黑气”案件2件，向杭州市综合行政执法队移交涉外省违规充装“黑气”线索1件。

【建筑垃圾执法】 2022年，区综合行政执法局强化建筑垃圾监管，全面整治建筑垃圾处置、运输、消纳中存在的问题。地毯式排查各类在建、拟建、拆除工程等项目，加强《杭州市建筑工程渣土管理办法》《杭州市工程渣土管理实施办法》宣传。督促工地严格落实建筑垃圾“两审批两备案”管理要求，检查运输公司车辆运营资质，查看运输路线，通过重点路段设点检查、调取道路监控视频“无接触执法”等措施，整治渣土车无证运输、超载超限、抛撒滴漏、违法偷倒、带泥上路污染路面等违法违规行为，优化道路交通环境。全年办理渣土类案件90件。

【无照经营治理】 2022年9月6日至10月15日，上城区开展夜间无证集中专项整治行动，聚焦主干道、居民楼下、城郊接合部、街道交界处、信访投诉热点等重点区域，以夜间7时至12时为重点时段，集中力量开展整治。属地执法中队对金堡街、九睦路、明月桥路、通盛路等问题多发路段，以及笕桥花园兜路、九堡和兴街等居民信访投诉点位强化巡查，延长督岗时间，疏堵结合，文明执法，形成发现、劝导、查处闭环，有效解决无照经营带来的路面脏乱、油烟扰民、交通堵塞等问题。全年查处无照经营案件816件。

（肖国琪）

【违法建设防控】 2022年，区综合行政执法局实行违建“网格化”巡查，严格案件查处。全年办理违建类案件208件，其中普通程序80件、即查即拆程序128件。208件案件中，移交属地街道143件，移交后已拆除78件。落实住宅小区违建信息登记报告制度，抽查住宅小区140个，发现并督促整改问题320个，有效遏制新增违建。推进省委巡视问题整改，依法对浙江美禾时尚文化传播有限公司在未取得建设工作规划许可证情况下在秋涛支路21号进行建设的行为作出处罚决定。安排执法队员进驻四季青服装街区服务中心工作专班，协助属地街道开展处置工作。配合全区老旧小区改造推进存量违建处置，涉改小区存量违建拆除187处，拆除面积2450.6平方米。开展工业企业园区涉及违建安全生产检查，对全区12个小微企业园区进行全覆盖检查，排查违建隐患，守牢安全红线。

（瞿燕青）

交通管理

【概况】 2022年，上城交警大队围绕中共二十大安保，推进重大安保和公安改革两件大事，开展安全、畅通、便民三大业务工作，努力建设一支“平常时候看得出来、关键时刻站得出来、危急关头豁得出来”的公安交警铁军。发挥“大脑+手脚、情报+行动”的警务运行机制，突出交通事故自主发现、5分钟到警、快撤等重点工作。全年交通事故自主发现率46.4%，其中大队视频自主发现率23.4%、路面自主发现率23%；5分钟到警率79.7%；“135”快撤率75.7%。全年全区发生交通事故警情6.62万起，发生交通亡人事故8起；查处交通违法98.68万起，其中电动自行车46.44万起，宣传教育电动自行车驾驶人21.78万人；全区主干道均速25.3千米/小时，比2021年提升4.5%；信访投诉3362件，下降41.4%；行政复议、诉讼177件，下降64.1%。年内，上城交警大队获评2021年度杭州市综合交通治理与公共交通优先发展工作成绩突出集体、全市平安创建先进集体；在市交警支队队伍综合实绩考核及综合实际考核位列全市前茅。

【“消红变绿”拥堵治理】2022年，上城交警大队贯彻落实区委、区政府城市系统化综合治理工作部署，开展“消红变绿”拥堵治理。全年完成绿波带道路建设59条，绿波带长度111.6千米，绿波带道路均速36.63千米/小时，比2021年提升12%；调整优化完成112个路口、225个方向的右控信号灯。城市大脑拥堵警情报警下降43.5%；区域高峰延误指数1.47，下降4.9%。干道高峰均速25.9千米/小时，提升4%。开展钱江路婺江路路口、石桥路机场路路口、红普路九和路路口、庆春路新塘路路口、丁兰路明珠街路口等11个路口堵点的治理，完成拥堵警情下降20%的目标，同时增设可变车道57处，完成道路交通组织优化项目5处。

资料

“消红变绿”：以城市大脑数据分析为抓手，摸索每一起拥堵报警规律，通过大队、中队各级数字勤务室配时员对路面交通流量和路口间距进行精准测算，在保持一定车速的前提下，串联多个路口交通信号灯，形成连续绿灯通行区间，减少市民群众连续红灯等候现象，提升驾车出行体验感。

【波次式重点违法查处】2022年，上城区开展波次式重点违法查处行动，即在辖区重点部位、重点时段集中开展重点交通违法系列整治行动。全年发生交通事故警情6.62万起，查处交通违法98.68万起，其中重点违法79万余起；宣教电动自行车驾驶人21.78万人。全年上城交警大队通过空地结合（依托路面智能系统，指挥室第一时间对路面违法行为进行现场取证，固定交通违法证据，并立即指挥附近路面执勤警力进行拦截查处）、动态查处（采用“定巡”结合、线上和线下结合方式强化各类交通违法行为动态查处），在辖区形成严管氛围，与运管、城管、应急等部门开展联合执法130多次。通过锁定“一大一小”“早中晚”“守门行动”“电动车智控”“预警派单”等关键词开展“经营打击”，全年查处电动自行车各类重点违法46.44万起，其中闯红灯20.18万起；查处酒、醉驾1300多起；查处工程车违反“七定”等重点违法1.16万起、行人重点违法1.29万起、开车使用手机7.37万起、斑马线前不礼让5.85万起、载客汽车超员及货车三轮电动车重点违法7911起、蓝牌货车重点违法3.67万起；“早中晚”查处各类违法10.36万起，大幅降低该时段的各类事故。推进四季青特色服装街区周边“摩的”百日攻坚行动，查获移交“非法营运”违法37起。

2022年4月，上城交警大队彭埠中队开展非机动车专项整治行动

（上城交警大队 供稿）

资料

“一大一小”：“一大”指工程车、黄牌货

车等大型车辆，“一小”指电动自行车。

【交通安全宣传教育】 2022年，上城交警大队加强宣讲传播交通安全知识，深化运输企业、村社源头宣教，建立企业、村社交通治理员在线责任防机制及“一码一图”（交通安全码、交通安全治理五色图）应用。推进全区462家重点货车企业交通治理站建设，规范开展入职宣讲、常态宣讲、重点宣讲，打通交通安全宣传“最后一公里”。大队全体民警、辅警强化争先意识，通过比拼亮晒、队伍综合实绩比拼，在实战中锻炼本领，涌现出大量先进典型，全年队伍正能量事迹在国家、省、市级等媒体上宣传报道119次。

（邵圳圳 石林杰）

交通运输管理

【概况】 2022年，上城区有杭州汽车客运中心站、杭州汽车南站、杭州常青停车场简易客运站3个客运场站；客运企业20家，客运车辆1072辆；货运企业682家，货运车辆9310辆，其中危险品运输企业8家；车辆维修企业342家，其中一类22家、二类39家、三类281家；驾培企业16家，教练员1071人，教练车727辆；配件企业50多家，含浙江德胜汽配市场和50多家散户；巡游出租车企业11家，车辆1044辆；网约车平台4个。全年上城道路运输企业在市区范围内发生亡人事故3起，与2021年持平；死亡3人，下降25%。年内，上城交通执法大队联合区综合执法队、上城交警大队、区公安分局和属地街道分阶段开展联合执法活动，有效提高对客车、货车、网约车、出租车、驾培维修等领域非法营运行为的执法力度和执法效能。

【“畅所欲言驿站”设立】 2022年4月15日，上城交通执法大队设立“畅所欲言驿站”。该驿站设立在大队，依托辖区网格化管理工作机制，通过“三联两扶”，即网格组与行业管理员联合、困难企业与示范企业联系、交通执法与横向部门联动，企业许可、备案流程指导帮扶，企业合规、安全经营、规范教育、台账指导帮扶的形式为企业纾困解难，实现执法与服务“双赢”。全年该驿站开展现场“面对面”交流活动12期，线上“一对一”单独交流300多人次；与600多家客运企业和货运企业代表及1100多人次客运、货运行业从业人员开展互动交流，主动收集各类问题620多个，其中，现场协调解决问题550多个，通过横向部门协调问题50多个，企业安全管理水平大幅提升。

【“除险保安”专项行动】 2022年，上城区开展交通运输系统“除险保安”专项行动。通过实施“啄木鸟”式网格化入企检查、线上和线下召开行业例会等形式，加强对

2022年5月19日，上城交通执法大队开展货运从业人员“畅所欲言”活动

（上城交通执法大队 供稿）

交通运输行业的监管。全年上城交通执法大队出动执法人员1281人次，检查企业821家次，处罚安全相关案件223件，处罚金额42.85万元，检查发现隐患问题54个，全部落实整改。对亡人事故单位及时开展上门检查，督促企业按照事故原因未查清不放过、责任人员未处理不放过、整改措施未落实不放过、有关人员未受到教育不放过的“四不放过”原则处理事故责任人，加强整改督促和行政处罚。针对普通货运企业和车辆维修行业底数不清的难点，落实专人开展基础数据排摸工作，对整理出不符合许可条件或长期不从事相关业务的173家货运企业及66家车辆维修企业开展定向清理。

【交通运输行业安全教育】2022年，上城交通执法大队采取线上线下相结合的方式，面向辖区交通运输行业安全监管主体开展安全教育。全年召开安全生产线下专题会议11次、线上专题会议8次，开展货运企业“畅所欲言”活动12期，培训企业从业人员950多人次。及时宣传贯彻《杭州市交通运输行业安全监督检查指引》和各类安全工作指示文件，要求企业全面落实安全责任制，夯实安全管理基础。以动态监控统计分析制度为抓手，提高管理效率，对发生交通违章行为尤其是发生车辆超限超载行为较多的企业负责人进行重点约谈，全年约谈企业170多家次。

（韩子雯）

城站广场综合管理

【概况】2022年，城站广场管委会联合相关职能部门，加强统筹协调，强化新冠疫情防控、广场区域社会治安、交通运营管理、综合服务优化、环境提升改造、广场秩序综合整治等工作，形成广场综合管理合力，持续提升服务质量。全年发送旅客350.83万人次，比2021年减少49.3%，到达旅客356.43万人次，减少47.6%，发送列车2.18万列，减少44.3%，其中元旦、春运、清明节、劳动节、端午节、暑运、国庆、中秋假期分别发送和到达旅客8.61万人次、103.1万人次、3.87万人次、5.95万人次、9.69万人次、200.2万人次、43.69万人次和13.65万人次。全年单日发送旅客最多3.87万人（10月1日），到达旅客最多6.03万人（10月1日）。

【广场秩序综合整治】2022年，城站广场管委会联合交警、公安、城管、运管等职能部门，利用客运大数据系统动态调整，制定应急预案，开展应急演练，加强站前广场区域管理，规范交通秩序。增加对进出站口、出租车通道等重点场所消防安全巡回检查频次，分工、分责落实安全隐患整改。采用“双负责”机制，运用数字智控手段，全方位、高频度监控非法接客、拉客高频点、非法组客严管点、非法拉客易发点等，重点打击“黄牛”“黑车”和违规车辆。春运期间，出动执法人员1000人次、180车次，检查站前客运站45次，检查出租车和大巴2440辆次，处罚22人、教育35人。年内，以“钱江潮1号”专项整治行动为抓手，出动执法人员6044人次，驱赶干扰秩序人员950多人次；抓获非法接客、拉客人员29人，处罚26人、教育训诫3人；核查大客车48辆次、出租车和网约车7981辆次，查处非法运营车64辆；开展流浪乞讨人员救助工作，对愿意返乡的帮助购买车票69人，送救助站63人，送医院13人。

【广场安全生产检查】2022年，城站广场管委会加强防灾减灾安全检查、隐患排查和抢险物资设备，开展安全生产检查，确保重大设施设备、消防、照明系统正常运行。检查抗雪防冻风险点位23处，整改3处。做好排水清淤和物资储备工作，清疏排水管网870.5米、泵井37座、雨水井18座，清运淤泥6.5立方米，更换排水沟井盖383个，储备防汛抗台专用沙袋400个、防汛挡板8块、排水泵10台、刮水板25块等。与商户签订“安全生产目标管理责任书”，重点督促检查商户防火防盗、环境管理和食品安全等方面。全年组织开展安全生产大排查大整治行动8次，发现安全隐患6个，全部整改到位；组织安全集中培训3次、安全生产演练3次、食品安全联合检查2次。

【城站服务优化】 2022年，城站广场管委会采用持续推进和专项优化相结合方式，提升城站服务保障，强化城站服务合力。管委会以微笑亭志愿服务为抓手，提升旅客幸福感。以幸福驿站为落脚点，方便旅客快捷安全出行。优化城站广场风貌，围绕“服务提升、秩序管控、平安创建”等方面做好品牌管理，打造旅客满意的“美丽城站”。新冠疫情防控期间，管委会为一线防疫人员发放风油精、藿香正气水等防暑药品，将帐篷式核酸检测点全部改为配备空调双采移动式核酸采样小屋。重点关注高龄老人、无智能手机人员、无成人陪同儿童等特殊困难人群，为其提供便捷、舒适服务。春运期间，管委会专门设置母婴休息区，并为深夜到杭州旅客提供24小时免费热水服务。做好雨雪天气露天引桥、车库斜坡、室外楼梯等20处重点区域“一点一方案”防冻防滑应对，确保入杭旅客、接送车辆安全抵达和疏散。

【“美丽城站”建设】 2022年，城站广场管委会以日常管理和集中整治相结合方式，推进“美丽城站”建设。管委会成立建设“美丽城站”领导小组，明确各工作专班小组的分项工作方案，细化工作任务，夯实工作责任，确保各项任务协调联动、推进落实。全面贯彻《杭州市公共场所控制吸烟条例》，建全各项控烟制度，落实各项控烟措施，使城站二手烟暴露率控制在50%以下，实现室内公共场所、室内工作场所全面禁烟，无烟环境成为常态。加强环境卫生综合治理，深入开展爱国卫生运动。完善垃圾分类体系，加强垃圾分类意识，推进生活污水治理和生活垃圾减量化、资源化、无害化，实现生活垃圾分类处理全覆盖。深入推进“除四害”工作，通过开展健康科普宣传、增添防蚊防蝇设施等，提升环境卫生质量。每月开展“月末周五卫生大扫除”活动，确保辖区范围内无垃圾堆物、白色垃圾、卫生死角等，为旅客提供安全、干净、整洁的出行环境。

【城站提升改造工程】 2022年，城站广场管委会根据《“美丽杭州迎亚运”城市环境品质提升行动方案》要求，成立亚运提升改造小组，完成城站火车站四至范围内的市容市貌及立面整治（含第五立面）、亮化、绿化提升和氛围营造工程。其中，亚运氛围营造工程是重点任务，布置高架两侧亚运元素道旗，以及进站口柱体亚运元素广告、沿街亚运广告灯箱、进站口吊挂亚运广告等重要宣传物料。整个城站亚运提升改造工程涉及道路平整、立面整治、标识标牌、景观亮化、市容市貌、无障碍环境建设、绿化提升七大类、41个项目，其中前期项目29个、后期新增项目12个。改造后，严格要求维保单位每半月对特种设备进行维护，确保设备安全运行；日常对监控设施进行除尘、清理及角度调整，保障系统正常运行。

【城站广场疫情防控】 2022年，城站广场管委会通过凝聚防控力量、扩充数字设备、完善防控场地、严格闭环转运等措施，落实广场新冠疫情防控工作。成立城站疫情防控专班，以管委会力量为

杭州东站“大型综合交通枢纽智治应用”项目（摄于2022年）
（杭州东站枢纽管委会 供稿）

基础，区公安分局、区卫生健康局等相关部门抽调力量常驻城站广场。机关干部分3批次支援城站疫情防控，共51人次参与相关工作。加强公共场所闭环管理，落实24小时值班制度等举措。聘用特保人员协助现场处置工作。积极探索数字化改革，推进数字赋能，通过数字化应用，实现出行安全、智慧防疫。开辟老年人、无智能手机人员、孕妇儿童特殊通道，帮助处理不会操作系统、无智能手机等难题。针对大客流，征用南车库和1楼大厅，拓宽及分区设置。针对小空间，优化防控动线，将出站防控区分成扫码区、验码区、申报区、核录区等9个独立功能区。

（屠卓琦）

杭州东站枢纽管理

【概况】 2022年，杭州东站枢纽管委会以“数字赋能”助力品质出行，精细管理扮靓城市窗口，各项工作成效显著。全年铁路杭州东站到、发客流7034.9万人次，居长三角铁路客流第1位，日均到客、发客流19.3万人次。年内，杭州东站枢纽党群服务中心获评年度“浙江省青年文明号”，杭州东站枢纽管委会被评为2022年度担当有为集体，杭州东站枢纽管委会数字化改革专班获杭州市劳动模范集体，杭州东站“大型综合交通枢纽智治应用”获评2022年全省数字化改革最佳应用。在上海铁路局开展的2022年服务满意度测评工作中，杭州东站总体满意度89.01分，服务满意度列上海铁路局37个客运站的第二名。

（陈　玮）

【杭州东站“大型综合交通枢纽智治应用”迭代升级】 2022年，杭州东站“大型综合交通枢纽智治应用”迭代升级，通过进一步技术融合、业务融合、数据融合及数字东站与实体东站虚实交融、精准映射，实现风险精准感知、预案仿真推演、三维可视化指挥。杭州东站枢纽管委会按照“一图一库五场景”的架构，建设数字孪生全景图、专题数据库及出行服务、智慧防疫、气象防灾、消防安全、治安防控5个子场景，形成“数据双向赋能、态势立体感知、指挥一键直达、服务精准高效”的大型综合交通枢纽多跨协同智治体系。同时，归集30个系统、2557类数据，形成以“IOT（物联感知）+GIS（地理信息系统）+BIM（建筑信息模型）+公共数据”相融合为核心的数字孪生数据底座。依托一体化业务协同平台，一体联动铁路、地方54家单位，精准调度铁路、地铁等10种交通方式；协同铁路、地铁、公交、长运等部门，建立数据闭环，旅客信息数据通过“一码报”、东站协同系统、省精密智控平台进行流转，实现全省跨系统、跨层级共享，为属地高效流调提供支撑；与高德软件有限公司合作，实现政企协同，交通疏导更加有序。年内，该应用先后获评2022年省第二批数字法治好应用、省数字化改革“最系列”最佳应用、省改革突破奖银奖。

（吴　琼 陈　玮）

【杭州东站综合交通治理】 2022年8月，杭州东站枢纽管委会因在综合交通治理与公共交通优先发展工作中做出突出贡献，被市政府给予嘉奖。作为大型交通枢纽，杭州东站利用数字化改革，把6条进站道路的“最后一公里”拆分成53个最小单元，实时监测、提前疏导；打通7个场库资源，建立停车孪生图景，同时将三级吊挂按照吊挂尺寸分成大、中、小三级，形成三级导引系统，引导快速停车、找车；实时抓取出租车运力关键指标，预判缺口，精准调度，破解行车、停车、打车难题。通过改革，半小时免费停车的占比比2021年提高40%，为800万车次节省停车费，服务满意度在上海铁路局37个客运站中列第二名，相关工作在全省数字化改革推进会上演示汇报，并获省领导肯定。

【“杭州东站公共服务标准化试点”通过评估验收】 2022年11月9日，杭州东站枢纽管委会承担的国家级“杭州东站公共服务标准化试点”通过评估验收。杭州东站枢纽管委会围绕杭州东站工作实际，结合东站最安全、最智慧、最快捷、最杭州、最国际、最民生“六最”服务特色，建立、健全杭州东站公共服务标准体系，梳理标准124项，其中国家标准73项、行业标准11项、地方标准12项，编制《旅客服务工作规范》《快捷出行服务规范》等企业标准28项。该标准体系涵盖旅客出行、应急防疫、洁化序化、旅客便民等方面，将涉及服务内容、工作事项的要素统筹起来。在标准实施过程中，将标准的宣传贯彻和培训有机结合，通过多层次宣传贯彻方式，在站内电子显示屏、易拉宝、横幅、宣传册及微信公众号等媒介对标准化进行集成宣传，形成上下一致、内外协调的标准化工作氛围，为示范带动重大交通枢纽公共服务标准化发展做出贡献。

（陈　玮）

环境保护

环境综合整治

【概况】 2022年，上城区围绕“蓝天”“碧水”“净土”三大环境保卫战，强化生态环境管理，落实辖区环境质量改善和环境安全保障工作，高标准推进环境综合整治，成功创建省级生态文明建设示范区。全年全区空气质量优良率为78.3%，$PM_{2.5}$年度平均值为29微克/立方米，PM_{10}年度平均值为49.7微克/立方米。市对区河道断面考核评价为良好，市控以上河道断面和饮用水水源地水质达标率为100%。辐射、危废、饮用水水源地环境安全可控，全年未发生重大环境污染事件。

2022年11月23日，上城生态环境分局联合区市场监管局、区综合行政执法局开展非道路移动机械联合执法　　（上城生态环境分局 供稿）

【大气污染防治】 2022年，上城区多管齐下深化全区大气污染防治。上城生态环境分局强化统筹管理，健全网格化动态管理体系和规范化巡查机制，落实例会通报制度。开展扬尘污染专项行动、大气污染源综合管控和季节性专项治理工作。完成燃气锅炉低氮改造9台、非道路移动机械新能源替代10台、国三（中国第三阶段汽车排放标准）及以下排放标准营运柴油货车淘汰78辆，安装餐饮油烟在线监测设备285台。检查机动车维修行业企业48家次、加油站油气回收装置18家次、非道路移动机械182台、油罐车企业7家，立案查处超标违法行为4起。出动1011人次开展大气环境巡查检查，发现大气污染问题102个，发送抄告单26家次。健全大气自动站“三级”预警联动机制，完成应急处置14次。整改工地扬尘在线超标及离线问题249家次，处置率100%。年内，浙江农大空气质量国控站点$PM_{2.5}$年度平均值为29微克/立方米，优于全市均值，在全市12个国控站点中居第4位，空气质量优良率78.3%。

【水环境治理】 2022年，上城区多点结合推进水环境治理。上城生态环境分局落实水质监测统筹协调，组织市控以上水质断面巡查33次。完成上塘河、和睦港2个水质自动站建设。加强饮用水水源保护，开展贴沙河、钱塘江饮用水水源保护区执法监管和专项巡查整治，完成钱塘江饮用水水源勘界定标工作。推进水质提升，做好重点断面水质保障，顾家桥国控断面水质比2021年提升一个类别，完成贴沙河（清泰门）省控断面走航监测和排查分析，编制实施“一点一策”治理方案。落实钱塘江河长制工作，常态化开展钱塘江巡河检查30次，及时发现并督促处理问题14个，问题处置率100%。开展钱塘江流域生态环境指标评估，落实钱塘江流域综合保护工作。年内，市控以上水质断面（8个）Ⅰ至Ⅲ类比例为100%，交接断面（4个）均达到或优于功能区要求，饮用水水源地达标率100%。

【“清废净土”行动】 2022年，上城区持续开展“清废净土”行动，争创“无废城市”，抓细危废监管，抓好土壤污染防治。上城生态环境分局明确全区全域“无废城市”建设2022年度重点工作任务，创建“无废细胞”36个。打造危废智管服务体系，实现危废产、收、储、运等环节实时监控和动态预警。完成172家产废单位摸底核查、现场诊断、合规指导和整改督导，服务企业759家次，整改问题1139个，审核产废单位年度管理计划433个，安全转移危险废物2747.42吨。编制《上城区受污染耕地源解析技术方案》，按期完成12个地块场地环境调查报告、风险评估报告专家评审，完成望江单元SC0404-R21-05地块修复治理效果评估，及时移出污染地块名录，确保重点项目按期开工。全区污染地块安全利用率100%。

资料：

“无废细胞”：“无废城市”建设载体，具体体现为无废工厂、无废园区、无废学校、无废工地、无废乡村、无废镇街、无废医院、无废景区等，统称为“无废细胞”。

（吕淑萍）

环境安全监管

【概况】 2022年，上城区全年落实环境安全监管各项任务。完成各级环保督察信访件问题整改，通过日常监管、专项执法等形式开展生态环境执法工作。全年出动环境执法人员602人次，检查各类企业（单位）283家次，处罚环境违法行为11起。结合“千人联千企”服务活动，优化环保审批服务。完善突发环境事件处置预案，及时响应处置。

【环境督察问题整改】 2022年，上城区推进中央、省、市级环境督察问题整改。强化组织领导，成立由区委、区政府主要领导任组长的省级环保督察迎检领导小组，实施专班运作，交办的15件主办信访件均落实整改。按照承诺落实整改，倒排时间、制定方案，完成第二轮中央环保督察信访未销号件整改工作。完成12个2022年度市级曝光问题的整改销号。

【环境执法监管】 2022年，上城生态环境分局通过日常监管、专项执法、联合检查、常态化巡查等形式开展生态环境执法工作，对辖区重点问题、重点区域、重点行业的环境违法行为实施精准打击。全年出动环境执法人员602人次，检查各类企业（单位）283家次，处罚环境违法行为11起，处罚金额60多万元，免于处罚2家企业的初次轻微违法行为，涉及金额35万元。组织开展排污许可证企业专项检查，检查发证企业49家，登记企业8家；开展辐射单位专项执法行动，检查辐射单位近30家次，出动人数90多人次。强化“公检法环”（公安、检察、法院、环境4个部门）联动机制，推动生态环境损害赔偿与检察公益诉讼衔接等工作，完成生态环境损害赔偿案件3件，涉及金额26.4万元。

【环保审批服务优化】 2022年，上城生态环境分局结合“千人联千企”服务活动，优化环保审批服务。针对市、区重点项目，向相关企业发放“重大投资项目环评审批服务单”，落实“一对一”专人精准服务。多部门协调解决上城区钱塘智慧城污染物排放总量管控瓶颈等政策性难点、堵点问题。完成建设项目环评审批11件，备案审查293家，“多规合一”“双告知推送”等平台核查反馈项目473个；向53家企业核发排污许可证，排污登记35家；完成辐射许可证核发140家次；审批夜间施工件1091件次。开展环评中介市场整顿，检查环评单位13家、环评工程师33人，调查涉嫌“挂靠”环评工程师12人，向3家环评单位发出失信计分决定书。

【环境应急管理】 2022年，上城生态环境分局健全突发环境事件应对机制，完善突发环境事件处置预案，提升环境应急管理能力。在杭州燃气集团有限公司皋亭山液化气储配站、祐康食品（杭州）有限公司等重点环境安全企业开展突发环境事件应急演练2次。调查处理环境信访335件，比2021年下降60.8%。

（吕淑萍）

市级“美丽河湖”桃花湖（摄于2022年） （吴　群　摄）

五水共治

【概况】 2022年，上城区以中共中央总书记习近平关于生态文明建设重要论述为指导，按照省、市“五水共治”工作部署，深入践行“绿水青山就是金山银山”理念，推进各项治水工作，推动河湖水环境稳步提升，获主城区首座“大禹鼎”银鼎，助力加快建设独具韵味的国际化现代化共同富裕典范城区。全年市控以上考核断面Ⅲ类水占比100%，全区Ⅳ类及以上水质占比87.4%，比2021年提升2.3个百分点。成功打造丰收湖为省级“美丽河湖”，桃花湖为市级“美丽河湖”，四季青街道为“水美乡镇”。推进智慧治水，依托杭州城市大脑智慧河道上城平台，构建智慧治水体系。推进采荷、四季青、紫阳、望江和清波5个街道“污水零直排”提质扩面建设。完成5个街道和29个小区“提质增效”建设年度任务。擦亮“找寻查挖”品牌，深化“督查、整改、交办、约谈、督办”机制，制定“碧水亚运”等系列督查方案，夯实“物业（公建）为主、社区监管、街道保障”三级联动监管模式，系统铺开“找寻查挖”专项行动，查找重点问题164个，完成整改164个，实现一般问题4005个全部整改。上城区作为唯一县（市、区）代表在全省“找寻查挖”专项会议上做经验交流。组建区、街道、社区、小区四级二次供水改造专班，推动全区132个小区二次供水改造项目提速增效；全年完成民生实事二次供水设施改造项目12个。

（杨绍临 孙毓文）

【河长制落实】 2022年，上城区以“5+X”全民河长制为统领，建立联席会议制度，开展河（湖）长制工作培训。全年发送工作交办单204件、督办单7件、水质提醒函27件，推动各级河长规范履职，强化河长履职作用。完成新一轮区级河长、街道级河长调整共治，同步更新全区河长公示牌286块，排出口告示牌1290块。全年完成各级河长巡河9818次，发现、处理各类水环境问题3096个，处理公众爆料问题1985个，整改率均100%。全区“绿水币”注册人数为6.2万人，考核月平均活跃度10.5%。

资料

“5+X”全民河长制：指以区级河长、街道河长、社区河长、河道警长、民间河长为“5”长，河道观察员、河道保洁员、河道执法长、河（井）小二等“X”类人员为全民护水力量的“5+X”全民河长制。

“绿水币”：是为推动社会公众参与治水护水，建立“问题有发现，发现有积分，积分有奖励，奖励有保障”的“四有”机制，营造公众护河的良好氛围，使河长、湖长制“有名”“有实”推出的一项积分制度。

【“五水共治”宣传】 2022年，上城区拓宽媒体渠道，浓厚全区治水氛围，深化区、街道、社区三级联动宣传机制和“立体式宣传”模式，全年推送信息508条，阅读量4万次，在国家、省、市级媒体刊发各类报道1200多篇。突出宣传造势，举办嘉年华主题月活动，推出一系列文化研学基地，发布杭州海塘遗址博物馆、海月桥、洋泮桥等“宋韵水迹”精品研学路线，吸引2万余人次体验参观；策划组织观潮、横渡钱塘江、智慧古井宣传等活动，获中央广播电视总台新闻频道《新闻直播间》、浙江卫视《新闻联播》、《浙江日报》头版报道，“五水共治”群众满意度测评连续2年蝉联主城区第一。

（杨绍临）

环境保护宣传与教育

【概况】 2022年，上城生态环境分局多渠道强化环境保护宣传与教育。结合世界环境日、全国低碳日、浙江生态日等节点，开展生态文明主题宣传教育。创新普法宣法形式，直播开展《中华人民共和国噪声污染防治法》法律法规培训讲座。发放各类宣传手册5000多份，推送环保主题宣传短信60万余条。巩固深化绿色系列创建辐射示范作用，创建市级“生态文明教育基地”1个、市级“绿色学校”5所。根据市生态办委托第三方统计数据，全区公众环境满意度总得分为88.39分。

【“6·5”世界环境日宣传活动】 2022年“6·5”世界环境日期间，上城区组织主题宣传活动，其中线上答题活动1场、线下大型活动2场。开展“生态杯”主题知识线上竞赛活动，吸引5000多人参与答题。以“喜迎二十大，奋进共富路，奔向生态美”

2022年6月3日，上城区组织“6·5”世界环境日主题宣传活动，向公众展示生态环境监测设备（上城生态环境分局 供稿）

为主题开展“问渠杯”知识竞赛，各街道代表、环保达人和居民群众100多人在四季青街道钱景社区，以知识竞赛、颁奖授旗、启幕仪式、展板宣传等方式迎接世界环境日到来。在杭州李宁体育园组织开展“共建清洁美丽世界，共享生态绿色家园”大型主题宣传活动，现场对为生态环境保护工作做出突出贡献的集体和个人进行表彰并颁奖，发出“从点滴做起，从身边做起，携手共建清洁美丽上城”的环保倡议。

【生态环保主题宣传】 2022年，上城生态环境分局通过开设环保咨询日、送法入企、组建绿色宣讲团、发放宣传资料、线上讲座等形式开展生态环保主题宣传。依托区普法办网络精品课程，以直播形式开展《中华人民共和国噪声污染防治法》等法律法规普法讲座。开展气候变化与可持续发展科普宣传活动。8月27日，全国中小学气候变化与可持续发展教育“开学第一课”活动在杭州市东城外国语实验学校举行。活动邀请3位专家开设专题讲座，20组家庭参加。全年发放各类宣传手册5000多份，推送环保主题宣传短信60万余条，完成网络调查问卷2.4万份，开展海报、横幅、电子屏等宣传3500多处。

【绿色创建】 2022年，上城生态环境分局以生态文明教育基地和“绿色学校”创建为切入点，开展绿色创建工作。联合区教育局、区精神文明建设委员会办公室挖掘上城生态文明资源，着力培育具有示范潜力的场馆、学校，指导全年示范创建。年内，杭州市水利科普馆创建成市级生态文明教育基地，杭州市丁兰第二幼儿园、杭州市行知金陶幼儿园、杭州市丁兰第二小学、浙江师范大学附属丁蕙实验小学和杭州市景荷中学5所学校创建为市级“绿色学校”，杭州师范大学第一附属小学、杭州市胜利山南小学等8个基地创建为区级生态文明教育基地，杭州市丁蕙第二幼儿园白马园区、杭州市钱江外国语实验学校等25所学校创建为区级“绿色学校”。

（吕淑萍）

科学技术

综　述

【科技事业新发展】 2022年，区科技局坚持创新驱动发展战略，为区域经济高质量发展注入科技动能、筑牢发展基石。全年区级财政投入科技经费10.46亿元，比2021年增长28.3%，科技支出占一般攻关预算支出比重8.1%。新增国家级高新技术企业142家、省科技型中小企业455家、省科技小巨人企业2家、市“雏鹰计划”企业50家、14家企业入选《2022杭州独角兽&准独角兽企业榜单》。立项省“尖兵”“领雁”研发攻关计划项目25个、市人工智能领域重大项目7个、市级及以上研发平台34个（省级重点企业研究院1所、省级企业研究院1所、省级和市级高新技术企业研究开发中心32个）、市级新型研发机构1家、市级创新联合体1个、市级概念验证中心1个。域内企事业单位获省级科技创新成果奖50项。新增市领军人才6人、“钱江友谊使者”1人、省领军人才4人，其中省领军人才实现“零”的突破，立项“115”引进国（境）外智力计划项目21个。全年受理外国人来华工作许可业务763项，新增持证外籍人才224人，其中持A类工作证人才37人。实现“揭榜挂帅”张榜项目169个，涉及金额3.54亿元，揭榜项目50个，涉及金额1.83亿元。新认定市级科技企业孵化器2个、市级众创空间1个，全区市级及以上孵化器（众创空间）增至40个，上城区科技创业中心、浙江省国家大学科技园再次获评国家级科技企业孵化器优秀（A类）单位。上城信息智能高新技术产业园区成功纳入省级高新区创建名单。年内，区首届“金靴奔跑”创新创业大赛举行，区科技局争取2022年全国颠覆性技术创新大赛总决赛落地上城。

【2家单位获评国家级科技企业孵化器优秀（A类）单位】 2022年12月10日，科技部火炬中心通过前期网上填报、统计计算、专家打分等程序，发文公布国家级科技企业孵化器2021年度评价结果，区科技创业中心、浙江省国家大学科技园被评为国家级科技企业孵化器优秀（A类）单位。浙江省国家大学科技园（运营主体为浙江高校科技园发展有限公司）依托浙江省属高校科技人才优势，创新体制机制，提升创新创业服务能力，并与区域经济紧密结合，构建科技创新创业良好生态系统，培养一大

批优质的高新技术企业和企业家。区科技创业中心作为区属科技园区，聚焦战略新兴产业与前沿科技产业，重点引进生命科学、信息技术、人工智能等领域的初创型科技企业培育孵化，打造集聚高端创新人才创业的有效载体，为孵化企业搭建信息共享、交流互助平台，促进创新资源优化互补。年内，区科技创业中心新增孵化企业12家，其中浙江瑞海思智慧医疗科技有限公司创业项目“基于5G+AR的精准化分级诊疗系统及装备研发与应用”入选2022年区“金靴奔跑计划”C类项目。

（李雨宸）

科技发展计划管理

【概况】 2022年，上城区聚焦科技型成长型企业引育，制定《关于加快上城区创新型企业引育的若干意见》，重点支持“互联网+”、新材料、电子信息、智能制造、大健康、金融服务、消费服务、高技术服务等重点产业领域企业。聚焦科技企业融资难融资贵问题，制定《上城区科技企业贷款风险池资金管理办法》，打造10亿元科技企业贷款风险池升级版。构建区域协同创新体系，提升平台能级，上城信息智能高新技术产业园区获批列入省级创建名单。成立高新区工作领导小组，启动发展规划编制。牵头成立省级产业创新服务综合体工作领导小组，形成综合体管理与专项资金使用办法，持续整合“健康服务与大数据”“光电智芯”“先进制造”三大省级综合体产业服务资源和优势。

【3个省级产业创新服务综合体完成省级绩效评价】 2022年11月1日，上城区健康服务与大数据产业创新服务综合体、上城区光电智芯产业创新服务综合体、上城区先进制造产业创新服务综合体完成省科技厅组织的年度绩效考核答辩，有关区领导及区科技局、杭州钱塘智慧城管委会、浙江天弘无垠企业管理有限公司、浙江火炬生产力促进中心有限公司的相关负责人参加答辩。现场，答辩专家听取3个综合体的2021年度工作汇报，视频连线各综合体线下点位，并就关键共性技术攻关等“四张清单”主要数据进行核查。专家表示，要增加创新服务供给，扩大优质服务资源，提高产业集聚效应和辐射能力。

【2个孵化器通过市级孵化器认定】 2022年7月27日，市科技局根据《杭州市科技企业孵化器认定和管理办法》有关规定，经公开征集、各县（市、区）科技局审核推荐、专家实地走访和评审、公示及行政决策，发文公布杭州市标准化科技企业孵化器名单。由国科联动创新科技服务（杭州）有限公司运营的“中科院资本数字经济创新中心”和浙江天弘无垠企业管理有限公司运营的“健康智谷”被认定为2022年杭州市标准化科技企业孵化器。至年末，全区有国家、省、市级科技企业孵化器21个。

【50家企业成为市“雏鹰计划”企业】 2022年9月2日，杭州市科技局根据《杭州市“雏鹰计划”企业培育工程实施意见》有关规定，经企业申报，区科技局审核推荐，市科技局组织专家评审，公布认定862家企业名单。上城区所属的浙江浙商互联信息科技有限公司、杭州机能世代教育科技有限公司、浙江优橙果文化传媒有限公司等50家企业被列入认定名单。至年末，全区有市“雏鹰计划”企业447家。

（李雨宸）

科技创新

【概况】 2022年，上城区深入实施科技企业“双倍增”计划，健全科技企业“微成长、小升高、高壮大”梯度培育链条。全年新增国家高新技术企业142家、省科技型中小企业455家。14家企业入选《2022杭州独角兽&准独角兽企业榜单》，国家级高新技术企业中上市企业15家。鼓励企业聚焦“三大科创高地”和碳达峰碳中和领域，开展“卡脖子”和尖端前沿核心关键技术攻关，新增省“尖兵”“领雁”研发攻关计划项目25个、市人工智能领域重大项目7个。全年新增省级重点企业研究院1所、省级企业研究院1所、省级和市级高新技术企业研究开发中心32个、市级新型研发机构1家、市级创新联合体1个，国科新型储能材料概念验证中心入选市首批概念验证中心。

【25个项目列入“尖兵”“领雁”研发攻关计划项目】 2022年12月22日，省科技厅发布2023年度“尖兵”“领雁”研发攻关计划项目。上城区12家单位、25个项目成功立项。其中，杭州柯林电气股份有限公司的“直流特高压智能化换流及运维成套装备研发”、杭州欧镭激光技术有限公司的“高分辨率大成像范围的3D视觉传感器研发及产业化”等项目入选“尖兵”项目，杭州海兴电力科技股份有限公司“自主可控的无线安全自组网网络系统”、浙江长三角车联网安全技术有限公司“智能网联汽车大数据监测与软件安全技术研究与示范应用”等项目入选“领雁”计划。

【7个项目列入市人工智能领域重大项目】 2022年9月21日，市科技局发布《杭州市科学技术局关于下达2022年人工智能重大科技创新项目立项的通知》，上城区7个项目入选2022年人工智能重大科技创新项目。7个项目分别为杭州安誉科技有限公司“基于人工智能的矩阵式超大通量核酸快速检测系统的研发”、浙江航天润博测控技术有限公司“弱小目标实时识别的无人机载智能光电探测系统研发及应用”、杭州柯林电气股份有限公司“面向新型电力系统的电力装备智能协同感知技术研究及应用”、浙江省邮电工程建设有限公司“面向源网荷储一体化的微电网智能控制系统”、杭州欧镭激光技术有限公司“面向大空间高精度自然场景的多模态3D激光成像关键技术的研究与应用”、杭州慧景科技股份有限公司“全天候环境视频理解与动态感知融合在智慧交通与轨道交通识别预警应用”、杭州数创自动化控制技术有限公司“基于环境感知的AGV集群多车协同与自主导航算法及软包装智能制造应用示范”。

【32个研发中心被认定为省级、市级高新技术企业研发中心】 2022年8月11日，杭州巨星工具有限公司的杭州市巨星工具智能制造企业高新技术研究开发中心、浙江省交通集团检测科技有限公司的杭州市检测科技交通物联企业高新技术研究开发中心等18个企业研发中心被市科技局认定为市级高新技术研究开发中心。12月31日，省科技厅发文公布2022年新认定省级企业研发机构名单，杭州安誉科技有限公司的浙江省安誉分子诊断高新技术企业研究开发中心、杭州贝特设备制造有限公司的浙江省贝特液压工具高新技术企业研究开发中心等14个企业研发中心被认定为省级高新技术研究开发中心。至年末，全区有省级、市级高新技术企业研发中心284个。

【上城区新增1个市级创新联合体】 2022年10月8日，市科技局发布《关于2022年杭州市企业创新联合体备案的通知》，杭州市工业级CAD与智能计算创新联合体成功备案，成为上城区首个市级创新联合体。该创新联合体由杭州群核信息技术有限公司牵头，浙江工商大学、浙江理工大学、浙江省现代纺织技术创新中心（鉴湖实验室）、中移（杭州）信息技术有限公司共同参与，重点突破三维几何造型、大场景实时可视化、大数据的集成与处理等计算机辅助设计软件和云平台的核心技术，发展“设计—生产—施工”一体化解决方案的工业级云端设计平台，促进行业信息化、工业化、智能化融合，形成软件生态或一体化解决方案，推动发展和提升中国智造水平。

【14家企业入选《2022杭州独角兽&准独角兽企业榜单》】 2022年6月27日，中国投资发展促进会创投专委会、杭州市创业投资协会联合“微链”平台共同发布《2022杭州独角兽&准独角兽企业榜单》。榜单显示，杭州入选该榜单“独角兽企业”39家、“准独角兽企业”317家。其中，上城区杭州群核信息技术有限公司入选“独角兽企业”；杭州今元标矩科技有限公司、杭州联众医疗科技股份有限公司、杭州佰里科技有限公司、杭州多麦电子商务股份有限公司、杭州高浪控股股份有限公司、杭州网兰科技有限公司、浙江同富特美刻家居用品股份有限公司、杭州筑家易网络科技股份有限公司、浙江凌迪数字科技有限公司、杭州安誉生物科技有限公司、杭州老爸评测科技有限公司、杭州喜马拉雅信息科技有限公司、浙江毫微科技有限公司13家企业入选“准独角兽企业”。

【上城区新增455家省级科技型中小企业】 2022年12月20日，根据《浙江省科学技术厅关于印发浙江省科技型中小企业认定管理办法的通知》相关规定，经企业申报、区科技局审核推荐、市项目管理中心复核等程序，市科技局认定上城区杭州超慧科技有限公司、杭州网存科技有限公司等455家企业为浙江省科技型中小企业。至年末，全区有浙江省科技型中小企业1598家。

（李雨宸）

科技服务与交流

【概况】 2022年，上城区印发《关于建立“三员三力三链”服务企业常态化联系走访机制的通知》，全面启动服务科技企业常态化联系走访。全年走访企业300多家次，为企业解决近百个实际问题，通过“亲清在线”等方式拨付各类补助资金2.55亿元。举办上城区首届“金靴奔跑”创新创业大赛，面向全球征集优质参赛项目621个，组织专场复赛6场，30个获奖项目脱颖而出。推动长三角地区9个中心城区签署科技合作协议。开展全区科技研发统计专项培训会，企业统计人员参训155人。承办的浙江省暨杭州市科技活动周开幕式被“学习强国”省、市学习平台及《浙江日报》、《杭州日报》等主流媒体报道。

【科技研发统计网络培训会】 2022年2月23日，区科技局联合区统计局采用线上模式开展全区科技研发统计网络培训会。各园区、街道科技联络员、工业统计人员、服务业统计人员，以及纳入2022年度科技统计年报名单的企业统计人员155人通过钉钉群组收看培训直播。培训会上，区科技局介绍上城区相关科技政策，鼓励企业重视研发投入，并申报各级科技计划项目，要求企业规范研发经费的归集，单独建账、独立核算，与后期的科技企业资质、科技项目申报数据接轨。区统计局对科技统计年报的相关指标、申报流程、申报要点等进行系统培训，对做好年报填报提出具体工作要求。

【浙江省暨杭州市科技活动周开幕式在上城举行】 2022年5月21日，由省科技厅、省委宣传部、省科协、市政府、区政府共同主办的2022年浙江省暨杭州市科技活动周开幕式在钱江新城举行。该科技活动周以“走进科技，你我同行”为主题。活动现场，区科技局通过专题版面，全面展示上城区一批优质创新载体“从1到N”孵化裂变的创新成果及上城信息智能省级高新技术产业园、三大省级产业创新服务综合体等重大标志性成果。现场安排“科技味”主题灯光秀，融入音乐喷泉等元素，为市民呈现高科技视觉盛宴，吸引市民游客观看。该活动被“学习强国”省、市学习平台及《浙江日报》、《杭州日报》等主流媒体报道。

【长三角地区9个中心城区签署科技合作协议】2022年，长三角地区主要城市中心城区高质量发展联盟扩展至上海市黄浦区、南京市鼓楼区、苏州市姑苏区、杭州市上城区、宁波市鄞州区、合肥市庐阳区、合肥市蜀山区、无锡市梁溪区和南通市崇川区9个中心城区。9个中心城区根据《科技领域签约项目战略协议书》，搭建高质量发展联盟，推动创业创新资源共享。联盟面向上城区科技创业中心发放25本联盟科技创业护照，为区科技创业中心入驻企业提供跨区域创新创业服务。护照可提供享受免费标准工位、高成长性初创企业金融产品支持、优先录入“科创企业上市培育库”资质、配套定制服务以及各类创新创业培训活动等优质服务内容，进一步推动长三角地区高质量一体化发展。

（李雨宸）

2022年5月21日，2022年浙江省暨杭州市科技活动周开幕式在钱江新城举行。图为科技活动周科普走廊（区科技局 供稿）

科技奖励与成果转化

【概况】2022年，上城区聚焦科技成果转移转化，挂牌上城区技术合同登记点，通过“揭榜挂帅”机制与高校、科研院所进行产学研合作。全年实现技术交易额47.32亿元，发放企业创新券1000多万元，“揭榜挂帅”实现张榜项目167个，涉及金额3.54亿元，揭榜项目50个，涉及金额1.83亿元，在全市率先完成，排名第一。用足、用好“黄金二十条”人才新政，全年立项区级人才创业项目18个，兑现各类人才资金4700万元，涉及企业101家次；全程陪跑指导人才团队向上申报，全年4人入选省级人才，实现“零”的突破；7人入选市级人才，创历史新高；首次实现外国人来华工作许可证自主制发、“立等可取”，新增持证外籍人才224人。

【科技企业贷款风险池基金政策实施】2022年9月19日，上城区借鉴兄弟城区及市外先进经验，优化全区科技企业贷款风险池补偿工作机制和模式，制定《上城区科技企业贷款风险池资金管理办法》。11月22日，杭州上城区科技投资有限公司通过公开招投标遴选杭州银行科技支行、杭州联合银行吴山支行、农业银行中山支行、兴业银行上城支行4家银行，以及杭州高科技担保有限公司、杭州市融资担保集团有限公司2家担保机构，共同组建10亿元信贷规模的风险池，用更多的信贷活水助力实体经济。

【25家区级人才创业企业落地】2022年，区科技局组织2批“金靴奔跑计划”创业项目征集和评审，并成功组织上城区首届“金靴奔跑”创新创业大赛。做好人才项目引育工作，主动加强区、街道联动，优化从项目申报辅导到项目注册落地，再到项目发展培育的“全生命周期”服务。全年落地特雷西能源科技股份有限公司、杭州智联互充自控设备有限公司、杭州鸿传科技有限公司等创业企业25家。

（李雨宸）

知识产权保护

【概况】2022年，上城区推进知识产权数字化改革工作，成立对外贸易知识产权预警援助中心，加强企业知识产权创造、运用、保护和管理能力，开展打击侵权专项整治等行动，优化营商环境。至年末，上城区有效发明专利拥有量5524件，高价值发明专利拥有量1981件，每万人高价值发明专利拥有量14.97件，实现专利质押融资13.7亿元，惠及企业71家；专利权转让、受让766件次，许可、被许可专利使用68件次。年内，区市场监管局获评浙江省知识产权保护工作成绩突出集体。

【知识产权数字化改革】2022年，上城区加快推进知识产权数字化改革。运用“浙江知识产权在线”应用平台“一窗口统办、一平台交易、一链条保护、‘一站式’管理、一体化服务”五大应用场景，推进知识产权全链条保护。辖区企业通过在线平台进行知识产权数字化存证1300多件，拓展知识产权保护路径；通过在线学习相关法律法规及政策文件1500多家次。

【知识产权培育】2022年，上城区加大各级知识产权优势示范企业梯度培育、指导和服务，提升知识产权质量。推进品牌指导服务，至年末，建设品牌指导服务站7个，上城湖滨品牌指导站“五有二会”（有组织、有制度、有场地、有人员、有经费，会运用、会管理）建设经验入选国家知识产权局优秀建设案例。5家企业被新认定为国家级知识产权示范、优势企业，2家企业通过国家级复核认定；杭州巨星科技股份有限公司、浙江威星智能仪表股份有限公司等13家企业被新认定为2022年浙江省知识产权示范企业，新增市级专利试点示范企业19家。

【知识产权专项行动】2022年，上城区加强知识产权执法监管能力，开展一系列知识产权专项行动。开展“西湖龙井”茶地理标志商标专项整治行动，并在省委政法委“平安鼎”视频号进行直播，加强执法和宣传力度。开展“深化蓝天行动，规范知识产权代理”专项行动，约谈机构17家次，查办案件线索2条，配合省、市查办专利黑代理线索2条。开展“雷霆”系列专项行动，全面加强知识产权保护工作，营造公平竞争的市场秩序。全年办结知识产权类案件119件，罚没款285.63万元。

【上城区对外贸易知识产权预警援助中心成立】2022年，区市场监管局承接市市场监管局营商环境改革试点项目，探索推进知识产权海外维权保护工作，联合第三方服务机构成立上城区对外贸易知识产权预警援助中心。建构跨境电商及涉外贸易企业预警线上服务平台，完成预警评价指标体系设计及数字智能预警分析模块开发。开展援助服务活动5场，全区14个街道150多家跨境电商及涉外贸易企业参与服务活动。活动对上述企业开展对外贸易知识产权风险预警分析，评估风险等级，提升企业知识产权保护布局、提前布局意识，为跨境贸易保驾护航。

（邹　颖）

科技企业选介

【概况】 2022年，上城区重视企业培育，健全科技企业“微成长、小升高、高壮大”梯度培育链条，鼓励企业创新发展，参与更高级企业认定。12月24日，根据《高新技术企业认定管理办法》和《高新技术企业认定管理工作指引》有关规定，科技部火炬中心公布2022年浙江省11605家高新技术企业备案名单，上城区所属的142家新认定企业名列其中。至年末，全区有国家级高新技术企业693家。

【浙江毫微米科技有限公司】浙江毫微米科技有限公司成立于2019年，注册地址位于九环路48号8幢1层178室，是一家集成电路芯片设计公司和产品解决方案提供商。公司致力于智能图像处理芯片、高内存带宽计算芯片和云计算系统解决方案的开发，其自主设计的高性能计算（HPC）芯片等应用在数据中心、超级计算、人工智能等场景中，为下一代计算网络赋能。公司首创NanoFPU（流处理器）架构，设计生产多款区块链计算芯片和高速网卡芯片。NanoFPU架构是公司自主研发，具有自主知识产权的芯片架构，核心构成包括多核、异构的运算核，Intelligent-NOC片内网络，分布式的SRAM和高带宽低延时DRAM构成的存储单元。至2022年末，公司营业收入4.15亿元。

【浙江凌迪数字科技有限公司】浙江凌迪数字科技有限公司成立于2015年11月，注册地址位于钱江路639号1958室，是一家专注于3D柔性体仿真技术的时尚科技公司。旗下Style 3D是时尚产业链3D数字化服务平台，其核心产品包括Style 3D数字化建模设计软件、3D研发全流程协同平台。公司以技术赋能进行柔性快反的供应链，为服装企业提供从3D设计、推款审款、在线改版、视效展示到直连生产的全链路数字化转型赋能，以“设计软件+数字内容+协同平台”助力数字时尚新生态的建设。公司先后成立以计算机图形学为科研方向的凌迪研究院（由世界级图形学科学家王华民带队，以清华大学、浙江大学博士为主要力量），以及首个由国内企业为图形学研究生专项设立的凌迪奖学金，并获国内、国际一线资本机构的资金支持。至2022年末，公司营业收入9827.4万元。

【杭州群核信息技术有限公司】杭州群核信息技术有限公司成立于2011年，注册地址位于东宁路586号悦郡城1幢806室，是全球领先的云设计软件平台和SaaS（软件即服务）服务提供商。杭州群核信息技术有限公司专注云设计软件系统的研发和应用，致力于实现“让未来生活所见即所得”的使命，面向家居家装、商业空间、地产建筑等全空间领域，联合生态伙伴为企业级客户提供设计渲染、营销展示、生产对接、施工落地等场景的软件产品和数字化解决方案，助力客户成功，赋能产业数字化升级。公司在全国设立杭州西子研究院、上海黄埔研究院、成都天府工程院、AIGC实验室等研发中心，并与浙江大学共建图形与智能计算联合实验室，产研方向各有侧重，形成技术创新的合力。公司旗下核心工具平台——“酷家乐”于2013年11月上线，为用户提供功能强大且操作便捷的3D云设计工具，受设计用户的喜爱，总注册用户超过5100万人，合作品牌企业近4万家。至2022年末，公司营业收入5.42亿元。

（李雨宸）

教育

综述

【教育事业高质量发展】 2022年，上城区有各类区属学校206所。其中，幼儿园108所，义务教育阶段学校94所，十二年一贯制学校2所，普通高中1所，职业高中1所。在校（园）学生15.98万人，比2021年增加9624人。有教职工1.59万人，其中在编教职员工1.01万人。教职员工中，有专任教师1.19万人、高级教师1059人、特级教师49人、正高级教师20人。全年教育支出45.31亿元，完成年初预算的112.3%，支出增加2.81亿元，增长6.6%。区域内有市属普通高中杭州高级中学（钱江新城校区）、杭州第二中学（东河校区）、杭州第四中学（吴山校区）等6所，市属职业高中有杭州市交通职业高级中学、杭州市电子信息职业学校（丁桥校区）、杭州市旅游职业学校（葵巷校区）3所，高等学校有中国美术学院（南山路校区）、浙江大学（华家池校区）2所。推进新校、新园建设，新开办学校、幼儿园14所。深化“新共同体”建设，发挥名校辐射效应，输出杭州市天长小学、杭州市胜利小学等优质教育品牌。开展跨省、市、区结对帮扶，与10多个协作区县开展“组团式”教育帮扶行动。聚焦数字改革，完成“星级家长执照”平台迭代升级，推出“淘活动”平台2.0版。《淘活动：“双减”背景下的学生校外成长圈》案例获评省第八批“双减”优秀实践案例，被浙江电视台、《浙江日报》等媒体报道；《淘活动：“双减”背景下区域青少年校外活动新样式实践研究》立项省校外教育科研课题。深化学生评价改革，在全省率先推出《小学生综合评价改革实施方案》，并入选省教育评价改革项目。首创多孩家庭“长幼随学”入园入学政策，满足多孩家庭需求。推进“托幼一体化”建设，多渠道拓展托幼一体化资源。创新智慧助老服务，智能手机培训“数智课堂：玩转手机，颐养e年”等7项资源入选教育部“智慧助老”资源库。完善教师“五阶段五梯队”人才培养体系，评选区特级教师100人、学科带头人596人、星级班主任886人。在全省率先启动“教师交流”改革，全年交流教师625人。开展教育帮扶工作，向其他地区和国家选派支教教师42人。制定《杭州市上城区规范民办义务教育发展专项工作实施方案》，形成“1+3+N”治理方案。在全市率先推出上城“‘1+4’双减”政策，在省教育厅“双减”优秀实践案例中数量居市第1位，校外培训机构治理和“双减”工作相关经验被教育部《“双减”改革每日快报》刊发。年内，区教育局先后获评浙江省教育工作业绩考核优秀单位、杭州市平安创建先进集体等荣誉。杭州市杭州中学、杭州市丁兰实验中学、杭州市夏衍初级中学等13所学校获评浙江省现代化学校。

资料

“‘1+4’双减”政策：“1”即指由学校教师提供的基础性学业服务。“4”即指由学校教师、志愿者、公益组织提供的4门拓展性课程。

“1+3+N”治理方案：“1”即《杭州市上城区规范民办义务教育发展专项工作实施方案》。“3”即《中共杭州市上城区委教育工作领导小组关于成立上城区规范民办义务教育发展工作领导小组的通知》《杭州市上城区教育局、中共杭州市上城区委机构编制委员会办公室、杭州市上城区人力资源和社会保障局、杭州市上城区财政局关于做好民办义务教育学校转公后教职工配置工作的实施细则》《杭州市上城区教育局、杭州市上城区发展改革和经济信息化局、杭州市上城区财政局关于做好民办义务教育学校转公后资产处置的实施细则》。“N”即民办学校“一校一策”。

2022年上城区新开办学校、幼儿园（含校区、园区）基本信息一览表

表15

序号	学校名称	学校规模（班级数/个）	占地面积（平方米）	建筑面积（平方米）
1	杭州市澎诚中学	36	40382	77367
2	杭州市笕成中学	30	28498	44182
3	杭州市钱江外国语实验学校潮涌校区	36	31759	47199
4	杭州市东城外国语实验学校	36	38234	55964
5	杭州市胜利实验笕成小学	24	23442	26170
6	杭州市天长观潮小学	36	31404	45461
7	杭州市胜利笕成幼儿园同德园区	9	4677	6203
8	杭州市丁荷第二幼儿园	18	9356	11745
9	杭州市娃哈哈九辰幼儿园九盛园区	9	4992	7945
10	杭州市钱江外国语实验学校附属幼儿园运河洋园区	9	4701	5610
11	杭州市胜利吟潮幼儿园	21	5081	8475
12	杭州始版桥幼儿园	18	7205	17142
13	杭州市景塘幼儿园景昙园区	6	3024	2396
14	杭州市钱江第二幼儿园观潮园区	12	6067	7949
总计	学校、幼儿园（含校区、园区）	300	238822	363808

【学校基础建设】 2022年，上城区高品质推进新校、新园建设，新开办幼儿园8所、小学2所、初中3所、九年一贯制学校1所；新增幼儿园102个班、小学84个班、初中114个班；新增占地面积23.88万平方米、建筑面积36.38万平方米。推进学校建

设品质提升，编制《上城区中小学、幼儿园建设交付标准》《上城区新时代学校设计导则》2套标准；《基于碳中和的夏热冬冷地区既有学校建筑绿色性能改造设计研究》项目入选住房和城乡建设部2022年科学技术计划，系全省教育系统唯一；全区33个学校项目获“市建筑工程西湖杯”荣誉。完成“安澜”工程专项整治行动，完成“一校一整改”，100%完成中小学校窗户限位器安装，全面提升改造校舍防护设施，校园绿化扩面提质。

【名校集群化推进】 2022年，上城区打造“名校集群”，深化“新共同体”建设，发挥名校、院校辐射效应，实行学生联招、教师联聘、特色联建等共享机制。按照“名校就在家门口，名师就在我身边”思路，扩大名校辐射，通过名校带新校、名校助老校等模式，发挥区域融合乘数效应，将杭州市天长小学、杭州市胜利小学等优质教育品牌输出到笕桥街道、彭埠街道、九堡街道等区块，办好家门口的每一所学校。建立跨省、市、区结对帮扶机制及城乡互助常态化机制，与常山县、淳安县、开化县等10多个协作区县开展“组团式”教育帮扶行动，深入开展学校共建、课程共研、教师互派、技术互通等交流合作。与常山县组建跨地区教师共同体名师工作室16个，送教下乡示范课120节，开展集体网络研修102次。

【多孩家庭“长幼随学”入园入学政策】 2022年，上城区聚焦民生福祉，推进教育领域综合改革，在全国首创多孩家庭“长幼随学”入园入学政策。推出“1+2+3”（1套科学实施细则+2条招生实施路径+3种随学方式）“长幼随学”模式，开展“您有孩子在2022年入读小学或者初中”小调查，精准研判各区域实际需求。研究制定《上城区“长幼随学”申请流程图》《上城区“长幼随学”政策十问十答》，明确家长申请、学校受理、区级审核、校际协调等细则，以“自愿申请、公平公正、就近安排”原则，保障多孩家庭的孩子同校就读。利用数智化平台，推行“入学一码通”服务，推进阳光招生“一图一码一服务”改革，率先推出“入学跑零次”，实现家长线上“长幼随学”申请全覆盖。同时，学校在核验现场设置“长幼随学”专窗，专人指导家长填报书面申请，实现现场信息核验与“长幼随学”申请“一站式”服务。招生实施“线上+线下”双轨推进，优化受理流程，实现1240名申请对象的“长幼随学”需求。创设“幼随长、长随幼、长幼同调”3条路径，涵盖辖区所有公民办幼儿园、小学、初中，创造条件让多孩家庭子女选择同一所学校就读，缓解家庭接送困难。通过新园优化布局、老园腾挪改建、民办园政策引导等形式推进“托幼一体化”建设，多渠道拓展“托幼一体化”资源。新增优质普惠托位1156个，托班布点初步实现14个街道全覆盖，有效满足“三孩”背景下家庭托育需求。

【教育治理】 2022年，上城区作为省规范民办义务教育发展“先行区”，持续推进和全面优化教育治理。制定《杭州市上城区规范民办义务教育发展专项工作实施方案》，形成“1+3+N”治理方案。建立“领导小组+九大专项工作小组”工作机制和“区、局、校”三级联动体系，指导学校按照统一规范路径和时间节点推进教育治理。完成杭州市建兰中学等5所学校的规范治理，实现民办学校党建工作进章程、党组织覆盖率、组织管理、在校生比例调控目标完成率、杭州培知学校和杭州御道学校随迁子女在校生政府购买学位率5个100%。推进校外培训机构治理，探索形成“街道吹哨、部门报到、行业援助”的“双减”工作上城模式。建立校外培训机构月度联合督察机制，区教育局联合区市场监管局、区综合行政执法局、市消防救援支队上城大队和紫阳街道对校外培训机构开展联合检查50多次，检查校外培训机构3517家次，其中整改83家次。学科类校外培训机构100%纳入资金监管，281家中小学学科类校外培训机构压减“清零”。校外培训机构治理和“双减”工作相关经验被教育部《“双减”改革每日快报》刊发。

【小学生教育综合评价改革】2022年，上城区深化学生综合评价改革，在全省率先推出《小学生综合评价改革实施方案》，聚焦“全面、精准、科学”3个维度，把学习兴趣、进步情况等列入评价维度，增加运动技能、艺术技能评价，注重学生过程表现和成果水平等，发挥教育评价正向作用。小学阶段形成“一单·一袋·多维述评”特色，从德、智、体、美、劳及学生个性发展6个维度，建立以发展核心素养为导向的科学评价体系。通过建立区域层面教育评价管理机制，成立教育评价创新项目研究基地，研发数字平台，完善教育评价大数据仓等举措，推进教育综合评价改革。9月16日，“小学生综合评价改革”项目入选浙江省深化新时代教育评价改革试点项目。该项目成果在全省小学生综合评价改革试点地区工作交流会上交流。

【德育工作体系完善】2022年，上城区坚持立德树人，完善德育工作体系，推行“常规+重点”学校德育工作制度，形成区校两级“全面+动态+个性”德育工作体系。深化“行走德育”研讨，制定推进“行走德育”实施意见，完善以教育行政部门为主体核心，以区教育学院、区社区学院、区青少年活动中心为“三翼”，以相关部门为伙伴的“一核三翼多伙伴德育管理机制”。以大德育、思政课程实践研究等为根基，开展“宋韵传世”进校园活动、“品味书香，诵读经典”读书征文活动、“学习夏衍精神”青少年“第二课堂”等活动。实施“浙风十礼，上城尚礼”行动，开设“赋能‘绿色必修课’”，推进美丽校园生态文明教育。开设心理课程，举办心理健康教育月活动，开展中小学心理健康全员筛查。完成中小学周周有课时、校校有基地、人人有清单“三有”劳动调研，设立专职劳动教研员，组建劳动教研大组，成立“学校劳动教育联盟”，开展“劳模工匠进校园”等活动，使劳动教育常态化。年内，上城区在浙江省“家访中的育人故事”暑假家访优秀案例中的获奖数居全市前列，在市中小学德育论文评选中的一等奖获奖率和总获奖率均列全市第一，在“我们靓·杭州靓”市新童谣大赛中获优秀组织奖。全年获评市儿童友好实践基地学校2所，获浙江省新时代好少年1人，获杭州市美德少年2人，获奖数居全市第一。

资料

“浙风十礼，上城尚礼”行动：倡导爱国爱乡、科学理性、书香礼仪、唯实惟先、开放大气、重诺守信等“浙风”，践行敬有礼、学有礼、信有礼、亲有礼、行有礼、帮有礼、仪有礼、网有礼、餐有礼、乐有礼10种礼节礼行，通过多方联动、实践展示、全员参与，开展“浙风十礼”学习宣传、“人人代言”上城尚礼、“文明有礼”校园文化、“亚运有礼”志愿服务等师生文明素质养成行动，形成“人人行礼、彬彬有礼”的场景。

【教育领域数字化改革】2022年，上城区推进教育领域数字化改革迭代升级。推出“淘教育”系列平台，打造“淘活动”平台2.0版，形成家园社区、学校空间、社会场景下的校外成长圈，实现

“淘活动”常态化。“淘活动”新增机构场馆定位、多方链接等功能，完成“每校一特色”场馆介绍90多个，上架“家庭日”活动资源200多个、暑期托管活动资源80多个，入驻机构场馆116家（个），覆盖全区街道。全年开展“淘活动”1300多场，服务学生8.4万人次。升级推广“星级家长执照”工程，完成“星级家长执照”平台迭代升级，增设“益家有方”汇心护航课程专区、人文行走等板块，平台上线“浙里办”App，有用户23万人、课程资源1万个，覆盖线下学习点718个。推出“益家有方”直播，聚焦家庭教育痛点、难点，为智慧家教提供良方。全年推出直播7期，观看人数15万人次。

【首届“之江教育论坛”举行】2022年11月11—12日，首届“之江教育论坛”暨2022年中国杭州名师名校长论坛在杭州市钱学森学校举行。论坛以“共同富裕背景下的高质量育人模式探索”为主题，旨在通过该论坛，更多地探索中国教育现代化的浙江方案，给教育专家和一线教师提供敢于发声、善于发声的机会。区教育局主要负责人做主旨报告《为了每一个》，向与会者展示上城区在教育改革上的探索和取得的成果。来自教育部、中国教育学会、上海市、江苏省、山西省的教育专家与浙江大学、华东师范大学、北京师范大学等高校学术机构的学者在论坛上做专题报告。在论坛开设“局长TED演讲”，上海市闵行区等地的教育局主要负责人分享区域教育经验。

【“思维课堂”研究】2022年，上城区开展“思维课堂”研究，使“思维课堂”研究从“师生对话为载体的思维启发式”走向“学科实践为动力的思维生长式”。开展“教研现场”“研究前沿”“圆桌沙龙”等板块活动，通过课例、点评、汇报和专题报告等方式，使一线教师、教研员和教育专家参与研究。举办2022年中国杭州名师名校长论坛暨全国第3届中小学“思维课堂”高峰论坛，邀请华东师范大学基础教育改革与发展研究所所长等专家参加，全国中小学思维课堂教学研究联盟单位负责人及骨干教师、区教研员、各中小学代表等近1万名教师在线上参会。会上，陕西师范大学现代教学技术教育部重点实验室做专题报告《指向核心素养发展的思维型教学理论与实践体系》。承办省项目化学习成果展示月活动，首场活动“上城—西湖‘学科项目化学习’联合论坛”组织报告和发言42场，参会1500人，线上观摩7.5万人。年内，多个“思维课堂”子项目的研究取得突破性进展。“思维课堂观察分析实验室”被评为浙江省教研亮点，并分别在全国首届教研论坛、杭州市教研大会中交流。“指向思维发展的作业研究”在全国教育学会中交流。

【上城—剑阁第2届东西部教育协作周活动】2022年9月28日，上城区深化东西部教育协作，落实定点帮扶工作，选派23位专家、优秀教师组成送教团到四川剑阁县，开展为期4天的上城—剑阁第2届东西部教育协作周活动。该活动形成上剑同步课堂、名师同步培养、教师同步研修、资源同步共享的“四同步”上城—剑阁教育组团式协作实践新样式。该送教活动新签约剑阁—上城姊妹学校4对，即剑阁县剑门初级中学、剑阁县剑门关实验学校、剑阁县普安幼儿园、剑阁县龙江小学附属幼儿园分别与浙江省杭州第六中学、杭州市夏衍小学、杭州市行知新城幼儿园、杭州市夏衍幼儿园结为姊妹学校（园）。活动开设展示交流课29节、专家讲座25场，实地调研学校9所，惠及师生5600人次。

【上城教师信息技术应用能力提升工程入选全国2.0典型案例】2022年，上城区坚持“数智”赋能，以教育信息化支撑引领区域教育现代化发展，深化教育教学改革。自2020年9月后，上城区开始实施为期3个学年的中小学教师信息技术应用能力提升工程2.0，建立区校联动、骨干先行的支持服务体系，提升学校管理团队的信息化领导力，促进教师信息化教学实践创新能力，探索上城教育信息化新样态。学校项目化实施按“需求分析、方案立项、整校推进、绩效结项”4步法实施，建立聚力协同、研用一体、跟进指导、共建共享的项目化运作机制。至2022年末，该工程积累资源350个，获评省级典型案例27个，省立项课题1个，相关成果在全国中小学教师信息技术应用能力提升工程2.0典型案例上展播。7月，上城区《项目化运作：“信息技术提升工程2.0”区域推进的上城实践》入选2021年全国中小学教师信息技术应用能力提升工程2.0典型案例。

【浙江普法百校行活动启动】2022年5月25日，浙江普法百校行暨第7届浙江省学生“学宪法，讲宪法”活动在杭州采荷第三小学教育集团启动。省司法厅、省教育厅、省关心下一代工作委员会、共青团省委、省法治教育研究中心、浙江广播电视集团、上城区教育局等领导，以及12名全省普法专家代表、12所学校代表、媒体代表等出席活动。活动中，法官、律师、检察官、法治副校长、行业普法专家和学生开展互动，进行法治宣讲。现场，领导为浙江普法百校行专家团成员颁发首批“浙江普法百校行专家讲师”证书，为杭州采荷第三小学教育集团等首批12所“浙江省青少年法治素养观测点”学校授牌。

（何　杭）

学前教育

【概况】2022年，上城区有幼儿园108所（园区160个），其中区教育局办63所、其他部门办8所、集体办5所、民办32所。在园幼儿4.41万人，招生1.34万人，毕业生1.28万人，适龄幼儿入园率100%。有教职工6838人，其中在编教职员工1795人、专任教师3558人、高级教师60人、特级教师3人。学前教育优质覆盖率95.1%，比2021年提升0.9%，公办幼儿园覆盖率78.8%（含街道、社区、部门办幼儿园），普惠性幼儿园覆盖率94.2%。新增幼儿园8所（含园区），新增学前教育资源班102个，新增学位3600个；新增占地面积与建筑面积分别为4.51万平方米和6.75万平方米；幼儿园占地总面积与建筑总面积分别为64.27万平方米、63.41万平方米。全年创建省一级幼儿园2所、省二级幼儿园13所。实施“长幼随学”政策，满足284名二孩家庭幼儿入园需求；实施托幼一体，推出托班学位1156个；优化学前教育供给，腾换幼儿园园区2个，停办幼儿园1所，停招幼儿园4所，优质均衡教育体系进一步完善。推进名园集团化战略，在笕桥街道、丁桥街道、闸弄口街道、九堡街道等区域引入杭州市胜利幼儿园、杭州市采荷第二幼儿园教育集团、杭州市濮家幼儿园、杭州市娃哈哈幼儿园等品牌幼儿园。开展“保教质量提升”等课题研究，邀请浙江师范大学博士生导师、教授李克建等专家开设讲座8场。发布《上城区幼儿园保教管理指导意见》《上城区幼儿园一日生活保教常规（2.0版）》等文件，组织开展教育实践案例评比、优秀教学活动评比暨半日活动评价展评等活动，助推区域幼儿园保教质量稳步提升。年内，学前教育科研成果获评省级奖项8项、市级奖项29项，获奖数量均居全市前列。

【5所幼儿园获评省现代化学校】2022年1月6日，杭州市行知新城幼儿园（新城园区）、杭州市清波幼儿园（清波园区）、杭州市兰苑幼儿园（紫薇园区）、杭州市夏衍幼儿园（莲花桥园区）、杭

州市丁兰第二幼儿园（常青藤园区）获评2021年浙江省现代化学校。杭州市行知新城幼儿园（新城园区）提倡“生活即教育、社会即学校、教学做合一”的教育理念，为孩子创设丰富生活，使其在生活中快乐游戏，在游戏中体验幸福，在幸福中健康成长。杭州市清波幼儿园（清波园区）秉承“让爱伴随孩子一生成长”的教育理念，传承创新，吸纳和包容多元文化，营造拥有爱的味道、家的温度的幼儿自主成长空间。杭州市兰苑幼儿园（紫薇园区）立足中国“兰文化”，打造“一步一景”的艺术气质，彰显“意趣乐园·诗画童年”为核心的“兰韵”校园文化，铸就美丽校园、幸福教育的优质品牌。杭州市夏衍幼儿园（莲花桥园区）把“星”文化作为发展源点，以实现“捧起颗颗闪亮的明日之星”为己任，追求顺应儿童自然天性的教育及品质发展的目标。杭州市丁兰第二幼儿园（常青藤园区）通过凝练和积淀，逐渐形成“爱心育美、智慧育美、健康育美、多元育美”的园所文化，是浙江师范大学和杭州师范大学的教学实践基地、浙江省幼儿体育与健康教学实验基地、杭州市特殊教育教师培训实践基地。

【“托幼一体化”研讨会在上城召开】 2022年10月21日，杭州市“托幼一体化”研讨会在杭州市胜利吟潮幼儿园召开。市教育局基础教育处负责人、全市各地教育局分管领导、各地“托幼一体化”工作实验幼儿园园长代表等50多人参加活动。上城区教育局做主题报告《高质量推进托幼一体化，升级“幼有善育”上城模式》。杭州市吴山幼儿园“托幼一体化工作中的思与行”幼教经验在会上分享。自2019年后，杭州市吴山幼儿园率先启动“托幼一体化”办园模式，开展面向学前第四年的保教服务，推出半日托班，招收2~3岁幼儿，以解决家庭托育难题。托班日常课程设计立足于2~3岁婴幼儿的发展特点，以游戏为主要活动形式，寓教于乐。

2022年10月21日，杭州市“托幼一体化”研讨会在杭州市胜利吟潮幼儿园召开

（区教育局 供稿）

【娃哈哈九辰幼儿园揭牌】 2022年9月7日，杭州市娃哈哈九辰幼儿园揭牌。区教育局分管负责人为首届杭州市娃哈哈学前教育名园集团理事会成员颁发聘书。杭州市娃哈哈幼儿园与杭州市娃哈哈九辰幼儿园以教育集团理事会的形式，组成互助成长共同体，实现“资源共享、文化共融、课程共建、师资共育”的深度融合。杭州市娃哈哈九辰幼儿园位于九堡街道牛田社区，设有9个班级，总建筑面积7945平方米。该园设有创想工作室、“食光空间”、书林觅趣3个幼儿专用活动室，可满足幼儿个性化活动需求。

【天艺幼儿园园本研修开放活动】 2022年3月31日，杭州市天艺幼儿园直吉祥巷园区举办“启·言·品·论：和儿童一起在宋韵文化中行走”园本研修开放活动。活动分为“启·宋韵”“言·宋韵”“品·宋韵”“论·宋韵”4个环节，以聚焦于“天艺鸟活力课程”下的“宋韵启蒙项目活动”为主题，探索宋韵文化对3~6岁幼儿的教育价值。活动邀请浙江外国语学院艺术学院院长、区文史研究会副会长、区教育学院教师发展研究中心研究员团队、区幼儿园各区域链教师代表、区幼儿园园本研修负责人、5所结对幼儿园教师代表约100人参加。

【2个教研组获评省先进教研组】 2022年12月，杭州市喜洋洋幼儿园大教研组和杭州市笕新第二幼儿园核心教研组获评2022年浙江省先进教研组。杭州市喜洋洋幼儿园大教研组从教师队伍的实际情况出发，立足教师专业发展，构建以3个层次、5条路径、1点辐射来支持教师成长的“3+5+1”模式。为各个层次教师量身制定发展规划，通过核心式、随机式、区域协作式及自主合作式等方式，实现从新苗到能手，再到专家的逐级转变。2018—2022年，该教研组有47个教学活动和研修案例在省、市、区教研评比活动中获奖与交流，其中省优秀课程案例1个、市一等奖2个、区一等奖6个、省级交流2次。杭州市笕新第二幼儿园核心教研组围绕课程建设关键问题开展系列教研活动，创建“一根拐杖，两条路子”的课程建设路径和“纵横交错”的课程审议路径，推进审定课程园本化实施，并结合地域资源建构以“草韵”和“花语”为核心的园本课程。2017—2022年，该教研组先后获多项荣誉，游戏课改案例《看懂幼儿，让幼儿游戏中的学习看得见——建构游戏中小班幼儿洋洋“量的比较”经验的观察与分析》入选省2021年优秀课程案例集，《质量视域下优化教育过程自我评估机制》研修成果获市研修评比一等奖。

【3个园本课程获评省幼儿园精品课程】 2022年12月8日，杭州市东城幼儿园“悦心课程”、杭州市胜利幼儿园“生命力课程”、杭州市夏衍幼儿园“星课程”获评浙江省第3届幼儿园精品课程。“悦心课程”重在习养学前儿童社会情绪的能力素养，从全面、有效预防角度储备应对成长挑战的方法，在愉悦的成长体验中和在适应社会的过程中学习怎样成为更好的自己。“生命力课程”从幼儿德智体美劳全面发展的角度提出三大核心生命力——健康、智慧、精神，旨在帮助每一名幼儿获得和谐生命关系的能力，是一种全面关照幼儿生命特性和成长规律的人本主义教育。“星课程”秉承“热爱生活、激扬天性、多元表达、和谐发展”课程理念，通过采用“星宝贝体验剧”“星戏剧游戏”“星光庆典”“星空体验”“星育联盟”等形式，指向培养“健康、个性、灵动”发展的幼儿。

【清荷幼儿园获评全国围棋特色幼儿园】 2022年11月7日，杭州市清荷幼儿园获评全国围棋特色幼儿园。清荷幼儿园通过开设围棋园本课程与班本课程、举办围棋社团周活动等方式，培养幼儿围棋兴趣，提高围棋水平。年内，承办2022年杭州市智力运动共建学校校际联赛围棋项目预选赛，与杭州市弈诚棋院合作，营造学习围棋氛围。至年末，幼儿园有围棋中、初级教练资格证书的教师各1人。幼儿园先后获评2019年上城区棋类后备人才培养输送基地、2022年杭州市智力运动先进共建学校等荣誉。

（何　杭）

义务教育

【概况】 2022年，上城区有义务教育阶段学校94所，其中小学55所、初中21所、九年一贯制学校16所、特殊教育学校2所。新增学校（含校区）6所（小学2所、初中3所、九年一贯制学校1所），新增教学规模班198个（小学84个、初中114个），新增占地面积与建筑面积分别为19.37万平方米和29.63万平方米。小学在校生8.15万人（含随班就读56人、送教上门1人），招生1.44万人，毕业1.14万人；初中在校生3.16万人（含随班就读47人），招生1.11万人，毕业9061人。义务教育阶段有专任教师8027人，其中高级教师960人、特级教师45人、正教授级教师19人。浙江省义务教育标准化学校比例为100%。推进名校集群化办学，将杭州市天长小学、杭州市胜利小学等优质教育品牌输出到笕桥街道等区块。与常山县等10多个协作区县开展“组团式”教育帮扶行动。《杭州上城：家校社协同的“双减”之路》案例作为全市唯一入选《人民教育》2022年20个中国基础教育区域案例。全年获评省“双减”优秀实践案例10个，其中1个案例入选省年度“十佳”样本。在全省率先推出《小学生综合评价改革实施方案》，并入选省教育评价改革试点项目。完善“五阶段五梯队”人才培养体系，增设星级班主任奖项，设置特级教师工作室。《聚焦课程深度思维，打造“思维课堂”共同体》获省城乡义务教育共同体区域和学校典型案例。杭州市钱学森学校、杭州师范大学东城实验学校东润校区、杭州市笕弘实验学校、杭州市澎扬中学、杭州市丁蕙第二小学获评省2021年义务教育标准化学校。

【初中高质量育人杭州论坛在上城举行】 2022年4月9日，由浙江省教育学会等主办的共同富裕背景下初中高质量育人杭州论坛暨“内生课堂”博览会在浙江师范大学附属杭州笕桥实验中学（简称笕桥实验中学）举行。活动分享“共富”背景下浙江初中提质强校的经验，展示笕桥实验中学15年持续探索“内生课堂”的成果。“内生课堂”是在生态文化理念引领下，注重学生内在动机的激发和心理需求的满足，从学习本身获得满足感和成就感，并通过内在价值的追求和体认，以及“内生力”的培养，达到持久育人效应的课堂样态。“内生课堂”的核心要义是“动情、得法、生力”。中国教育学会名誉会长在致辞中表示应把课堂教学作为立德树人的主渠道，笕桥实验中学专注于课堂教学研究，真正实现以学生为主体。中国教育科学研究院副院长在专家视点中强调笕桥实验中学的“内生课堂”为初中高质量育人打开新视野，在“双减”背景下更有意义，值得在全国进行复制与推广。省教育学会会长在主旨报告中指出，“内生课堂”形成“课程变革、课堂变革、评价变革、资源变革”“四位一体”的育人新样态。笕桥实验中学是浙江省在共同富裕背景下普通初中学校走向优质发展的样本。中国教育学会副会长表示，内生教育与智能化、信息化背景下的无边界学习新生态高度契合，提升学生的内生力能让“双减”真正得以实现。活动吸引线上、线下近10万人参加，并在新疆阿克苏地区、江西南昌红谷滩区、湖北石首县等地设置分会场。

【省小学英语专题研训活动在上城举行】 2022年11月22—23日，以“新课程关键问题解决”为主题的2022年浙江省小学英语专题研训活动在杭州新世纪外国语学校举行。省教育厅教研室负责人，区教育局分管负责人，市和区、县小学英语教研员，以及来自全省各地近200名小学英语骨干教师参加该专题研训活动。省教育厅教研室副主任结合2022年发布的新课程与新课标，阐释该专题研训活动的重要意义。活动旨在在对话和语音课型中践行语篇教学理念，通过课例展示、专家讲座等，解答一线教师在语篇教学中的困惑，并提供可操作性路径。活动分为课例展示、名师点评、专家讲座、互动答疑四大板块进行，包括6堂示范课和课后点评，以及主题报告《基于语篇的自然拼读教学》和专题讲座“课程标准视角下的英语语篇教学”等。

【浙江大学智能教育研究中心落户杭州中学】 2022年9月28日，浙江大学智能教育研究中心——杭州中学脑智研究基地揭牌仪式在杭州市杭州中学举行。仪式上，浙江大学心理与行为科学系副主任从教育神经科学的视角介绍脑智研究的大背景及意义。作为浙江大学智能教育研究中心落户在杭州市杭州中学的全国首个研究基地，杭州市杭州中学融合高校资源、专家资源、社会资源等力量，把脑科学的前沿研究成果应用到学校教育实践，切实有效提升学生学习力，助力学生未来发展。

【上城案例获评省“双减”优秀实践案例】 2022年10月27日，杭州市钱江外国语实验学校《为未来而学：学生工作室的校本实践与探索》案例入选浙江省教育厅公布的第十一批“双减”优秀实践案例。杭州市钱江外国语实验学校在“双减”背景下，组织、指导学生以自我需求为核心，通过“自选、自组、自新”的方式，创建学生工作室，并以该工作室为载体开展自主探究活动。工作室采用“抱团式”组合，自主纳新。由工作室掌门人聘请学校教师、校外专家或学生家长为客座导师，实现学习资源动态流动。学生围绕核心问题自主设计可行性研究方案，导师适度介入，引导开展持续性探究。学生借助多元评价体系，通过自评、自宣、自推，辐射工作室成果。学生工作室相关活动和成果被《人民日报》《浙江日报》《钱江晚报》等媒体报道。

2022年9月28日，浙江大学智能教育研究中心——杭州中学脑智研究基地揭牌仪式在杭州市杭州中学举行　（区教育局 供稿）

【杭州东城外国语实验学校落成】 2022年8月27日，杭州东城外国语实验学校落成典礼举行。杭州东城外国语实验学校是在区教育局、钱塘智慧城、九堡街道等单位的筹划和实施下新创设的九年一贯制公办学校。学校贯彻杭州师范大学东城教育集团“幸福校园·优质教育”的办学愿景，深化“人格为先·五育并进”的育人理念，把气候变化课程作为校本特色，让学生在课堂情境、生活情境、社会情境中全方位学习气候变化，培养学生的人格高阶能力，致力于创建集全人素养发展中心、全域文化交融中心、全民体育健身中心于一体的现代化特色学校，培养具有民族情怀、世界胸襟、跨文化交流能力的高素质创新型人才。典礼现场，学校与杭州市天长小学进行教育研训发展共同体的签约仪式；表彰对中国气候变化的教育事业做出贡献的“十年贡献奖”个人和机构；社会组织代表、学校代表、家长代表、学生代表等共同倡议将气候变化内容纳入中小学课程；开展以“气候教育”为主题的圆桌会，专家学者围绕“气候教育和绿色发展”“气候教育进课堂的课程设计与实施”等分享观点，交流经验，描述并展望青少年为可持续发展可贡献的力量。当天，全国中小学气候变化与可持续发展教

杭州东城外国语实验学校中心庭院（摄于2022年）　（区教育局 供稿）

育“开学第一课”讲座在该校举行，专家学者针对气候变化与可持续发展教育进行深层剖析与解读。至年末，该校招收一年级新生229人，有教学班级6个，在编教师14人，其中高级教师1人、一级教师5人，具有研究生学历教师7人。

【四季青小学“智力+运动”馆开馆】 2022年11月17日，杭州市四季青小学举行“智力+运动”馆开馆仪式。杭州市四季青小学依托“智力+运动”馆，开展学科建设与改革，进行项目化研究，打造“智力+运动”空间，让学校传统的体育强项网球、篮球、毽球和围棋、国际象棋、中国象棋、桥牌进行体能智慧碰撞。开发机器人、编程、无人机、魔方、数独等现代智力运动项目，不断创新与深入，促进学生体能、智能共同发展，使学生做到“享受乐趣、增强体质、开阔智慧、锤炼意志”，助力新时代教育“五育并举”。仪式上，区教育局主要负责人为16名小馆长颁发馆长聘书。

【上城区迎接全国义务教育优质均衡发展区省级督导评估】 2022年11月6—8日，省督导评估专家组对上城区申报全国义务教育优质均衡发展区进行实地省级督导评估。评估会上，区委分管负责人汇报上城区推进全国义务教育优质均衡发展区创建工作的相关情况，并与相关单位负责人向督导评估组就创建工作情况的问询进行答辩。评估期间，督导评估组进入32所学校，开展问询调研、查阅台账等，并到区委编办、区发改经信局、区财政局、区人力社保局、上城规划资源分局等相关部门开展问询核查工作，对在督导评估过程中发现的问题提出整改意见与建议。上城区将以省级督导评估为契机，以评促建，以评促改，围绕“创优质、促均衡、惠民生”，推动上城教育优质均衡发展再上新台阶。

【2022年中国杭州名师名校长论坛·智慧教育分论坛在上城举行】 2022年12月24—25日，由市教育局、区政府主办的2022年中国杭州名师名校长论坛·智慧教育分论坛活动暨国家级信息化教学实验区推进会在杭州濮家小学教育集团举行。浙江大学教授、省教育厅教研室研究员，区教育局主要负责人出席论坛，20所智慧教育践行中坚学校的相关负责人参与论坛。区教育局主要负责人在致辞中表示要构建网络化、智能化、个性化的数字教育上城范式。会上，杭州濮家小学教育集团、杭州市建兰中学、杭州采荷第一小学教育集团、杭州采荷第二小学教育集团、杭州市胜利小学分享学校信息化教学的探索和经验，其他14所学校以宣传片等形式参与展示。该论坛设有数学、体育2个专场，通过5堂示范课例展示智慧教育技术与课堂的有机融合。

【四季青中学通过省健康促进金牌学校复评】 2022年10月9日，浙江省卫健委、教育厅联合发文，杭州四季青中学通过省健康促进金牌学校复评。自2017年后，杭州四季青中学以“创新开展心理健康教育，推动学校整体发展”为切入点，秉承健康第一观念，以心理健康为抓手，坚持融健康促进教育于教学之中。学校按照《浙江省健康促进学校考核标准》要求，围绕健康环境、健康服务、健康教育等方面，开展健康促进学校创建工作，树立正确健康理念，养成健康生活方式，提高健康监测质量。年内，学校先后通过区卫健委和区教育局专家的预检、市级评审，以及20多位省级专家的现场复评考核，最终成为省健康促进金牌学校。

【浙派教育“天杭范式”研讨会在上城召开】 2022年11月11—12日，浙派教育“天杭范式”研讨会在杭州天杭教育集团召开。省教育学会、市教育局、区教育局有关领导出席研讨会开幕式。研讨会以“‘浙’里优学，天杭范式”为主题，以聚焦“1”个主题、解析“1”个样本、主打“1”个品牌、注重“1”线发展4个“1”为主线，旨在引领学校更好地落实立德树人根本任务，实现“教育共富”背景下的现代学校高质量发展。杭州天杭教育集团校长等有关教师带来“‘镜面式’解析——学校高质量发展的天杭范式”专题分享，全面解码杭州天杭教育集团从一所子弟学校成长为家门口的好学校的蝶变之路，探寻“教育共富”背景下办好现代化学校的实践路径。研讨会吸引全国、省、市、区的名师名校长代表、管理团队等1600多人通过“线上+线下”同步直播的形式参加。

（何　杭）

普通高中和职业高中教育

【概况】 2022年，上城区有区属普通高中和职业高中各1所，分别是杭州市夏衍中学和杭州市建设职业学校。区属普通高中在校生976人，招生356人，毕业256人；职业高中在校生1090人，招生367人，毕业481人。普通高中专任教师96人，高级教师45人；职业高中专任教师101人，高级教师27人。在普通高中学考中，8门学科中有7科合格率100%，1科为99.7%；平均A等率9.8%，平均A等和B等率46.4%，学考成绩均优于同类学校。参加高考256人，一段上线207人，上线率80.7%，超出全省一段率20.68个百分点；美术、体育、广电共上线89人。推进广电、美术、体育特色课程建设，杭州市夏衍中学话剧《妈妈您最美》获杭州市中小学生戏剧比赛一等奖、杭州市中小学生戏剧创作比赛一等奖。职业高中2022届升学人数314人，总升学率96.3%，远超全省平均升学率。其中，中职和高职一体化升学194人，升学率100%；通过高职考升学120人。年内，上城区完成国家发展和改革委员会产教融合实训基地建设项目。杭州市建设职业学校获全国职业院校技能大赛建筑CAD赛项银奖。

【夏衍中学校本研修项目】 2022年，杭州市夏衍中学把校本研修主题与教学研讨融合设计，从研讨交流中提升教师教学内涵，从项目活动中提升教师教学能力。改革教师培养体系，从青蓝结对开始，逐步发展为协作培训、团队共培等模式，学校新成立的衍行学院为教师提供“共培·共研·共长”多线协作的学习和体验平台，促进教师再成长。校本研修《基于“教学评一致”理念下的教师精准教学能力提升（评价能力专题）》在上城区内展示，相关培训工作和成果被中国教育在线、浙江省中小学教师信息技术应用能力提升工程官网等媒体报道。12月15日，“基于教学评一致性的教师教学胜任力提升研修”获评杭州市2022年中小学校本研修优秀项目。

【教育协作助力职业教育】 2022年，上城区推进与四川省广元市剑阁县的教育协作，加强双方教育资源共享，促进教育文化的传递与交流，引领双方师生共同成长，实现东西教育协同发展。1月12日，第一批30名来自四川省剑阁职业高级中学建筑专业的贫困家庭学生结束为期177天在杭州市建设职业学校的交流学习。交流期间，杭州市建设职业学校帮助其中的24名学生取得建筑信息模型（BIM）职业技能等级（初级）证书。

【建设职业学校获全国职业院校技能大赛银牌】 2022年8月8日，为期4天的全国职业院校技能大赛（中职组）建筑CAD赛项落幕。CAD赛项为团体赛，分为识图与构造理论、施工图实操、CAD建模3项竞赛内容，来自全国64所中职院校的128名学生参赛。杭州市建设职业学校由2019年工程造价班唐睿、俞春锋2名同学组成参赛队参赛，获CAD赛项全国赛二等奖。

【国家发改委重大项目建设完成】 2022年11月，智慧工地实训中心和绿色施工岗位产教融合实训基地项目完成验收，标志着历经3年建设的国家发展和改革委员会重大项目“智能建造岗位技能产教融合实训基地”全面建设完成。该基地项目位于杭州市建设职业学校，总投资2226.5万元，其中，中央财政投入1500万元，地方财政投入726.5万元。项目包含建筑施工产教融合实训中心、建筑装饰产教融合实训中心、建筑楼宇智能产教融合实训中心三大实训中心，涵盖学校所有专业实训需求，建设完成BIM（建筑信息模型）实训室、装配式建筑实训室、“1+X”（学历证书+若干职业技能等级证书）建筑工程识图实训室、智慧工地实训中心、测量实训室（提升）、建筑专业启蒙教育基地、精细木工实训室、建筑装饰工法实训室、室内造景工作室、装饰画创作室、智慧家居实训室、“1+X”数字创意建模实训室、营造科普展示、钢结构实训平台、智能装配实训室、智慧工地实训室16个实训场室。

【服装职业高级中学停办】 2022年7月，因区域办学结构调整，经市、区两级教育局协商，杭州市服装职业高级中学正式停止办学。杭州市服装职业高级中学前身为创办于1962年8月的杭州市海潮初级中学（民办）。1980年学校开始设置服装类专业。1993年12月，学校改名为杭州市服装职业高级中学，成为一所集义务教育（初中）与职业教育（高中）于一体的中学。2004年，学校成为一所完全职业高中。该校以纺织服装类专业为主，覆盖服装设计、工艺、表演、营销等专业。学校自2020年4月后停止招生。2021学年（2021年9月至2022年7月）是学校办学调整的最后一年，在校学生仅剩高三年级2019级学生155人，班级数5个，其中住校生61人；教职工28人，其中专任教师20人。2019级学生毕业离校后，学校在区教育局的统筹安排下进行教师分流、资产移交、校长离任审计等工作。

（何　杭）

社会教育

【概况】 2022年，上城区社区学院有教职工53人，其中高级教师20人。全年开展社会教育培训活动9600多场，提供社会教育服务366万人次。新增尚城老年大学、九堡街道老年学堂，全区老年学校增至32所，新增班级59个，新增学位1500多个，课堂教育老年人数1.4万人，超额完成2022年度杭州市民生实事工作。完成老年人教育活动作品12万件，“智慧助老”行动助力1.6万人跨越数字鸿沟。全年获评教育部和省级、市级教科研成果奖项36项，国家级品牌项目3个，教育部优质课程10门、优质项目1个，数量居全市之首。“星级家长执照”在“浙里办”App上线，获评省教育领域首批数字化改革项目。“人文行走”子平台获“奋进新时代·建设新天堂——2022年杭州生活品质总点评”年度事件。“五柳雅扇，宋韵传习”“‘家育五灵’跨区家庭教育共同体”项目被推介为全国“终身学习品牌”。开展2022年上城区首届“能者为师”微课大赛，“萌宠学堂”“玩转手机，智慧生活”“迎亚运、学英语”“杭州话快板宣讲”4门课程入选教育部“能者为师”系列特色课程。

【全民终身学习活动周活动】 2022年11月12日，上城区全民终身学习活动周暨第19届终身教育节开幕式在彭埠街道杨柳郡邻里客厅举行。现场举行杭州市“职业体验试点区”授牌仪式，首批14个职业体验基地授牌。上城区社区学院打造1个职业体验中心、14个街道职业体验点的“1+14”职业体验基地，每月定期开展育婴员、保育员、养老护理员、母婴护理等职业技能等级证培训与考试，年职业培训4553人。学习活动周期间，区各部委办局、社教委成员单位、街道分院、社区市民学校、终身学习体验基地、匠心工作室、社会组织等围绕“双主体成长工程”“夕阳红七彩工程”“筑匠心惠民工程”“养教护健康工程”“域文化传承工程”“数字化学习工程”终身教育六大工程，开展“宋韵品茶会，亲子共成长”“建设幸福家庭，传承优良家风”等主题活动226场，吸引7000多人参加，使市民真正实现“有学、易学、乐学、优学、享学”。

【3门课程入选全国优质课程资源】 2022年12月，教育部职业教育与成人教育司发布《关于公布“智慧助老”优质工作案例教育培训项目及课程资源第三批推介名单的公告》，上城区“网上挂号，智慧医疗”“学习强国，乐享生活”“地图导航，出行无忧”3门课程入选全国优质课程资源，并在全国老年教育资源共享和公共服务平台上展示推介。“网上挂号，智慧医疗”课程展示预约挂号、添加其他就诊人、领取电子医保卡、医院取号、报告查询5个方面的内容，帮助老年人学习使用手机进行网上挂号，享受智慧医疗的便利。“学习强国，乐享生活”课程重点介绍“学习强国”国家级学习平台的4个板块：时事新闻、经典艺术、老年频道、答题挑战。通过竖版和对话的设计使学习更便利，故事化、生活化的课程使老年学员乐学、易学，学深、学实。“地图导航，出行无忧”课程以老年人日常生活高频事项——出行为教学内容，旨在让老年人能准确、便捷到达目的地，减少出行顾虑。

【家校政社协同分论坛】 2022年11月20日，由华东师范大学基础教育改革与发展研究所、上城区教育局和采荷街道联合主办的全国第2届“未来学校与社区融合育人路径新探索”暨2022年中国杭州名师名校长论坛·家校政社协同分论坛在杭州市采荷第二小学举行。现场，中国教育科学研究院教育体制机制改革研究所所长王烽、联合国教科文组织未来素养研究中心前主席Riel Miller等专家分别做专题报告，共同探索共同富裕背景下的未来学校与社区融合育人新路径，解锁教育新生态。活动邀请国内外教育系统专家、学者与全国30多个省（自治区、直辖市）名校校长、联盟学校代表、区域学校校长、家委会代表、街道工作人员等参加，吸引新浪微博、“抖音”、“小红书”等11家媒体同步直播，线上直播点击量850万余次。

【上城区社区学院（景芳院区）揭牌启用】 2022年2月26日，上城区社区学院（景芳院区）揭牌启用。景芳院区建筑面积4120平方米，拥有一幢6层楼高的教学楼，配备5个常规教室，以及形体教室、国学筝馆、电钢琴室、电子琴房、手工工坊、母婴护理、养老护理、电子电工、金工木工、3D打印10个专用教室，设有亲子乐园、社教名师工作室、社团活动室、会议室、接待室、风雨操场、休息室等场所，并具有一个可容纳280人的报告厅。当日，景芳院区推出母婴护理、电工木工、手机摄影、纸艺、书画等课程，现场居民可体验禅绕画、剪纸、结艺、面塑等项目。年内，景芳院区开设老年课程32门，吸引806名老年市民参加。实施普惠性人力资本提升双证制教育培训，1513人参加培训与考试。开展花卉栽培等职业培训、职工技能大赛，2550人参与。推进劳动教育与职业体验，服务学校“双减”，杭州市景芳中学、杭州市景华小学和杭州市凯旋华家池幼儿园300名学生参与劳动周活动。承办区科技节，200多人参与活动，为省婚姻家庭协会、区人力社保局的部分培训提供场地服务。

【“成人双证制”培训】 2022年，区社区学院以“提升家长学历，与孩子共成长”为主题，到街道、社区和学生家长中招生，在“杭州上城社教”微学通平台专设“成人双证制”报名通道和学习场景，提升社会人员学历层次和受教育水平。“成人双证制”培训即成人职业高中学历教育培训，“双证”即成人职业高中毕业证书和职业技能证书。上城区开设教学点10个，教学班50个，采用线上、线下结合的培训方式，进一步满足新业态、新就业群体的学历提升需求。全年完成社会人员学历提升1513人，热门技能考证培训4492人。

2022年，浙江老年开放大学上城学院针对老年学员开发智能手机课程。图为学员学习使用智能手机 （区教育局 供稿）

【智能手机课程助力老年教育】 2022年，浙江老年开放大学上城学院老年教育工作实现以浙江老年开放大学上城学院、上城区社区学院清泰院区教学点、望江街道老年学堂、清波街道老年学堂、丁兰街道老年学堂、上城区社区学院景芳院区教学点、九堡街道老年学堂为教育点的“一院七点”格局、14个街道老年学堂100%覆盖，让更多的老年朋友在家门口享受优质的老年教育。针对老年学员，开发智能手机课程，线上提供智能手机专题学习资料，线下教学分层多样化，课程送教入社区，开设基础班、提高班、强化班、专项班4类班级，涵盖入门常识、网上沟通、轻松购物、智慧杭州、出行无忧、多彩生活、防骗须知七大板块手机的常用技能。全年开班176个，培训老年人1.61万人。年内，《数智课堂：玩转手机，颐养

e养》等7项资源入选教育部“智慧助老”资源库。

【“小区开放日”主题活动】 2022年10月29日，区教育局党委围绕“美好教育心连心”主题，组织杭州市四季青小学、杭州市天长小学、杭州市澎扬中学等全区相关学校党组织到14个街道开展2022年上城区“小区开放日”轮值活动。教育系统基层党组织和党团员教师发挥教育资源优势，细化设置小区居民感兴趣、有需求的项目清单，以学校校长和党支部书记带头开展答疑、心理咨询、专业讲座活动等形式，将贴心服务送到群众家门口。以“小区开放日”为契机，联合社区准确掌握小区居民需求清单，进一步实现“美好教育”和公共服务供给与需求最优配置，提升群众满意度与主题活动美誉度。

（何　杭）

特殊教育

【概况】 2022年，上城区有特殊教育学校2所（杭州市杨绫子学校、杭州市艮山路学校），有班级28个，其中小学班15个、初中班8个、高中班5个。有在校学生326人，新招学生89人，毕业生78人。有教职工126人，其中专任教师110人、高级教师7人、特级教师1人，中级以上职称教师占比57%。学校占地总面积1.76万平方米，建筑总面积1.26万平方米，有区级及以上资源教室60个。全区3～17周岁持证残疾儿童、少年570人，入学（园）率98.2%，其中6～14周岁403人，入学率100%。特殊教育生均公用经费455.4万元，随班就读生均公用经费250.8万元，随班就读班主任津贴22.3万元；特殊教育专项经费和考核经费共278万元。上城区通过“常春藤公益联盟”项目、建立校企合作基地、创办“智慧树”残疾人服务社和“中天・米其林”西点烘焙坊，为智力障碍学生从学校迈入社会牵线搭桥。承担省、市融合教育研修活动，定期组织教师培训和教研活动。构建“跨专业、多维度、协同式、支持性”区域融合教育工作模式，形成以特殊学校为骨干，随班就读为主体，卫星班、送教上门为补充的特殊教育办学新格局。全年为特殊需求儿童提供个性化教育服务1500多次、7500多课时，提供训练指导等相关服务500多次，新认定随班就读学生48人。年内，参加省特殊教育学校教师基本功大赛获省一等奖和二等奖各1人，参加省培智学校课堂教学评审获省一等奖1人；杭州市艮山路学校“智・爱”教育康复组获浙江省“巾帼文明岗”称号。

【浙江—阿克苏特殊儿童艺术展】 2022年5月15日，“童心绘梦‘育’见‘疆’来”浙江—阿克苏特殊儿童艺术展在浙江展览馆启幕。杭州市杨绫子学校为活动承办方之一。活动旨在搭建浙江省和阿克苏市特殊儿童交流交往交融的平台，促进特殊儿童全面发展和共同进步。活动创设浙江—阿克苏特殊儿童艺术教育主题研学实践基地，设立浙江—阿克苏特殊儿童“一万个太阳”艺术教育公益专项基金。艺术展集聚来自浙江省和阿克苏市8所特殊教育学校学生的作品100多幅，以“共迎亚运、璀璨文明、美好家园”三大主题描绘亚运场馆、江南景色、新疆风光等内容。两地特殊教育学校师生同时可通过云端参观艺术展。展览持续5天，观展人数2000多人。

【“智慧树”项目在全国推广】 2022年5月11日，中国残联办公厅印发通知，要求各地残联推广实施助残就业项目，其中杭州市杨绫子学校的“‘智慧树’残疾人之家”作为中国智力残疾人及亲友协会就业支持项目，在全国进行推广实施。2014年12月25日，杭州市杨绫子学校依托特殊教育职业教育专业资源，创立“‘智慧树’残疾人之家”，成为浙江省首个为心智障碍人群进行职业训练的工作坊。“‘智慧树’残疾人之家”旨在促进智力障碍青少年就业，让智力障碍青少年平等地参与工作，享受有尊严、有意义的人生。自成立后，“‘智慧树’残疾人之家”努力创造智力障碍人士安全可靠的工作、学习环境，以服务智力障碍人士职业康复为目标，开展职业康复，建构展能平台，架起学校与社会之间的桥梁，让中度、重度智力障碍青年独立就业成为现实。至年末，“‘智慧树’残疾人之家”完成学生竞争性就业和庇护性就业100多人。

【艮山路学校“智·爱”教育康复工作】 2022年，杭州市艮山路学校在岗位创优过程中，引导女教职员工投身“巾帼奉献，岗位建新功”活动，坚持以倡导职业文明和树立行业新风为核心，以行业规范和岗位职责为标准，深化内涵建设，树立巾帼形象，凝聚教师队伍力量，推进“智·爱”教育康复工作。组建由25名在编教师组成的“智·爱”教育康复组，其中女性24人。学校发挥巾帼力量，坚持打造高素质、强专业的教师团队，引导教师制定基于发展的个人成长规划，签订“一师一课一题一领域”专业发展责任书，多维度、多方法探索教师专业能力的发展路径。康复组推进运动康复类、注意力训练类和社会适应类的课题研究，惠及全校学生111人。10月，“智·爱”教育康复组获浙江省“巾帼文明岗”称号。

【培智学校跨学科学习研讨活动】 2022年12月21日，以“学思践悟，智爱融通”为主题的上城区培智学校跨学科学习研讨活动以线上直播的形式举行，线上参与教师105人。活动围绕特殊教育课堂跨学科学习的有效性展开，深入研讨学科之间如何相互渗透、相互交叉、相互融通。活动现场，4名教师分别展示生活语文与唱游律动跨学科“小兔子乖乖”、生活数学与运动保健跨学科“小兔子拔萝卜”2堂教学课例。课后，杭州市基础教研室教师李燕进行点评和指导，并做题为《跨学科教学 育生活素养》的报告。

【“‘心’期三”两周年庆典】 2022年11月9日，“‘心’期三”两周年庆典活动在杭州市艮山路学校举行，中天爱心慈善基金会和杭州市公共自行车交通服务发展有限公司有关人员，以及部分学生、家长参与活动。庆典活动现场，到场领导与学生、家长代表参与砸金蛋活动，领取专属礼物，写下对“‘心’期三”的祝福语寄语。年内，学校对“‘心’期三”实训基地环境进行升级，对“中天·米其林”课室的位置和设备进行更新，并打造基地专属小花园。学生可在“中天·米其林”课室中认识烘焙食材和工具，学习制作鸡翅、奶枣、曲奇饼干、太妃糖、雪花酥、小蛋糕的方法，体验制作美食的乐趣与成功，并依托“‘心’期三”实践平台中的小红车公益亭进行售卖。通过该方式，提高学生与他人交往技能，积累实战经验，助力残障儿童、少年成长，增加就业机会。全年“‘心’期三”培训学生80多人。

（何　杭）

家庭教育

【概况】 2022年，上城区贯彻《中华人民共和国家庭教育促进法》，落实区委、区政府的“汇心护航”行动，组织开展家庭教育星级好家长、微课、案例、论文、优秀工作者及优秀工作单位等评比，组建学校与社区的家庭教育联盟14个。开展“一周一案、一月一汇、一季一评、一年一节”的“益家有方‘四个一’”活动。每周一通过“星级家长执照”平台和“微学通”平台同步推送家长育儿案例或家长学校推送家庭教育案例，全年推送案例48期，点击量超过5万人次。每月汇聚区教育局、区妇联、区民政局等资源，按月轮值策划，推送家庭教育直播课，全年8次，观看人数超过15万人次。每季度区各部门联合推出各类评比，全年开展评比6次。国际家庭日期间，开展家庭教育宣传活动周系列活动240多场。全年家长学习人数301万人次，参与研学走读家庭1.4万户。升级“星级家长执照”2.0版本，向市民提供学习场所700多个、人文行走点100个。通过电子地图开展人文行走家庭1.5万户。至年末，“星级家长执照”平台注册家长22.9万人，获“星级家长执照”8.9万人次。组建区域家长俱乐部，建成“皇城根——优秀传统文化山南研学基地”和“皇城根——杨柳郡澎致名画美育馆”。联合中国教育科学研究院、浙江开放大学等，组建专家智库，开展家庭教育指导教师的培训工作。全年全区取得市人力社保局颁发的家庭教育指导专项能力证书979人。

【“星级家长执照”工程推进】 2022年7月，上城区“星级家长执照”平台作为浙江省教育领域数字化改革第一批创新试点项目，在“浙里办”App上线，并于12月完成项目验收。平台新增“人文行走”地图、“每周一天家庭日”打卡板块，为“双减”背景下孩子周末去哪儿提供便利。依托“星级家长执照”平台，上城区新增数字家长学校7所，新注册家长4.6万人，新增课程2000门，全年学习总人数301万人次，发放“星级家长执照”2万张，开展“益家有方”活动314场。年内，“星级家长执照：家长专业成长区域服务体系的构建与运作”课题获浙江省职业教育教学成果二等奖。“‘家育五灵’跨区家庭教育共同体”被中国成人教育协会列入区域终身学习发展优秀共同体。“上城区启动‘星级家长执照’工程”被市委改革办列为2022年杭州生活品质总点评年度事件。

【首届长三角五地家庭教育宣传活动周】 2022年5月15—21日，上城区首届长三角五地（杭州上城区、嘉兴嘉善县、温州永嘉县、宁波海曙区、上海闵行区）家庭教育宣传活动周活动在线上举行。开幕式分为“迎亚运展国际范”“传宋韵育民族魂”“话未来映世界眼”“聚合力系中国心”四大篇章，直播吸引观众5.4万人，获点赞30.6万人次。活动周期间，各中小学、幼儿园和各街道、社区妇联聚焦家庭教育，围绕“亚运宋韵齐喝彩、协同育人向未来”主题，通过论坛、讲座、亲子活动、情景剧、沙龙、报告等形式，开展家庭教育宣传活动，多角度展示上城区家庭、学校、社会协同育人成果，营造出“喜迎亚运、品味宋韵”的氛围。活动周期间开展家庭教育活动240多场，评选出杭州市紫阳小学“龚自珍文创月——文抒宋韵”等十大家庭教育活动周活动。

【家庭教育指导专项能力培训】 2022年，上城区开展家庭教育指导师资培训工作，率先在杭州市开展家庭教育指导专项能力考证培训。通过联动中国教育科学研究院、中国成人教育协会、省妇联、浙江开放大学等资源力量，组建上城区家庭教育指导专家智库，通过长班、集训模式，以讲学、研讨等形式，开展线上、线下培训工作。全年开展培训11期，参与培训并结业教师1600人，获技能证书979人，进一步提升教师家庭教育指导水平，使教师成为家校共育的智慧桥梁。

【“优家学堂”基地园成立】 2022年6月9日，上城区“优家学堂”基地园授牌仪式在杭州市澎博幼儿园普欣园区举行。“优家学堂”项目以“民呼所学，我应所教”“幼有所求，我有所为”为主旨，致力于面向0～3岁婴幼儿及

2022年5月19—26日，杭州市笕弘实验学校举办首届家庭教育宣传周活动。图为学生参加“扎染技艺进校园，宋韵文化放异彩”活动

（区教育局 供稿）

看护人开展专业化的公益早教服务，满足社会的多元化教育需求。通过建运作体系、推早教服务、融课程资源，形成业务上以区社区学院为中心，建设拓展早教基地，制定早教基地管理流程，全面辐射街道开展早教服务。仪式现场，由彭埠街道、区妇儿维权服务中心、区教育局有关领导等为“优家学堂”项目首批14所基地幼儿园授牌；杭州师范大学经亨颐教育学院教授武建芬作“做一名合格的家庭育儿指导师”主题讲座。年内，“优家学堂”依托各个幼儿园基地，形成集学校、社区、家庭于一体的区域联动机制，涉及卫生、健康、教育等内容，以线上和线下的指导形式，为0～3岁婴幼儿提供多元化早期教育。

【笕弘实验学校家庭教育周活动】 2022年5月19—26日，杭州市笕弘实验学校围绕上城区首届长三角五地家庭教育宣传活动周，开展以“三方齐心协力，共育笕弘少年”为主题的首届家庭教育宣传周活动。组织亲子摄影大赛，鼓励家长与学生用镜头捕捉生活中的美好，留住点滴温暖和幸福。开展“家庭电影日”，亲子欣赏电影《天堂回信》，营造和谐氛围，促进亲子关系。推出“魅力爸妈进课堂”，搭建家校共育平台，邀请学有所长的家长进课堂，助力孩子全面健康成长。联合枸桔弄社区开展“扎染技艺进校园，宋韵文化放异彩”活动，吸引近100名孩子和家长以线作笔，以布为画，共同制作扎染作品，感受宋韵经典的魅力。

（何　杭）

校外教育

【概况】 2022年，上城区推进校外教育优质、均衡发展，开展“双减”工作和校外培训机构治理，探索课后服务新样态。推进“淘活动”平台建设，入驻机构场馆116家（个），覆盖全区14个街道，开展活动1300多场，服务学生8.4万人次。开展劳动教育活动80多次，服务学生4万余人次。开展“宋韵传世”工程建设，把宋韵文化研学活动融入实践课程。举办科技节、艺术节、运动会、棋类比赛、足球赛、读书活动等区域大型校外活动100多场，参与学生22万余人次。成立区青少年活动中心少工委，开展“党的二十大”系列主题教育活动，承办省、市建队节，开展红色、亚运、宋韵等研学活动及思政微队课、党团队知识竞赛等活动。组织学生参加省、市各类比赛、活动，获市中小学生田径运动会金牌数第一、市三大球比赛冠军数第一、市中小学生文化艺术节团体总分第一；参赛省中小学生艺术节的音乐节目和视觉作品总量全市第一；参加省青少年学生阳光体育科技“三模”（“航模”“车模”“海模”）比赛，获一等奖82个。杭州师范大学东城小学、杭州春芽实验学校、杭州天地实验小学、杭州市澎致小学、浙江师范大学附属丁蕙实验小学等14所学校获评省青少年校园足球特色学校。杭州市夏衍小学获2020—2021年度浙江省科技体育先进单位。

【“双减”工作深化】 2022年，上城区开展具有上城特色的“双减”工作。打造高品质“学后乐园”，满足学生多样化需求。各校在用好校内教师资源的同时，引入近1400名各行业能工巧匠等和82家非学科类校外培训机构等校外资源，同步挖掘学校周边劳动实践基地等场馆资源。全区97%的小学生、91%的初中生选择参加课后服务，7200多名中小学教师参与课后服务管理。推进校外培训机构治理，联合督查50多次。学科类校外培训机构100%纳入资金监管，中小学学科类校外培训机构“清零”，相关经验被教育部《“双减”改革每日快报》刊发。年内，课后服务管理系统入选浙江省教育领域数字化改革2022年创新试点项目；11个“双减”实践案例入选省教育厅优秀案例，数量居全市之首。

【学生主题教育活动】 2022年，上城区开展学生主题教育活动。发布“走读新上城”十大研学路线，涵盖寻根、红色、追梦、立行四大研学板块，下设宋韵、孝廉、名人、红色、艺术、亚运、时尚、自然、科学、职业十大路线。联合区域内近100个场馆、基地，开展红色、亚运、宋韵等研学活动。新增“红领巾e站1013”阵地4个，增至16个，为全市最多。依托“红领巾e站1013”阵地，开展红领巾志愿者、红领巾讲解员、红领巾小创客等活动50多场。强化社区少先队阵地建设，组织“流动少年宫进社区”活动147场，服务青少年1.2万人。打造“筑家劳动体验馆”，开展劳动教育线上和线下课程80多节，受众约4万人次。

资料

“红领巾e站1013”阵地：省少工委重点打造的少先队校外活动阵地品牌。“红领巾”代表少先队，“e”代表雏鹰（eyas）、活力（energy）、育人（educate），“1013”代表少先队建队节的日期。同时，“1013”中的第一个“1”代表1种标识，即红领巾；“0”代表少先队员参与少先队活动“零门槛”，人人参与，常态可为；第二个“1”代表1个目标，即通过参加少先队的活动达成实践育人目的；“3”代表红领巾动感中队、红领巾小小志愿者和雏鹰争章三大核心品牌活动。

【宋韵文化研学实践】 2022年，上城区推进“宋韵传世”工程建设，把宋韵文化研学实践活动融入区域研学实践课程，开设三大课程体系

2022年11月4—7日，上城区第1届中小学生运动会（田径）比赛在上城区体育中心举行 （区教育局 供稿）

（博物观览、多元体验、精艺传习）、24节宋韵文化体验实践课，形成上城经验。组织全区中小学教师开展“宋韵文化”研学实践活动优秀案例征集、评选活动，并与南宋德寿宫遗址博物馆开展合作，展示宋韵案例，进一步提升宋韵研学项目影响力。助力“双减”政策落地，把学校基地、“第二课堂”、社会实践基地等连线成网，形成宋韵文化主题研学实践新格局。组织学生通过“淘活动”平台自主报名，参加沉浸式体验宋韵文化活动，全年参与学生3000多人次。

【“我在博物馆上小学”项目】2022年3月22日，“我在博物馆上小学”研讨会在中国财税博物馆召开。中国财税博物馆、浙江自然博物院、杭州电视台等参加活动。会上，杭州师范大学第一附属小学介绍“我在博物馆上小学”项目的开展情况。自2018年后，学校利用其周边2000米内有15个博物馆的地理优势，打造“一公里学习圈”，先后与浙江自然博物院、中国财税博物馆、杭州博物馆等单位开展合作，在校园内建立“贝类王国”“小小理财家”“宋韵游艺馆”等微型博物馆，开展研究性“场景学习”和“场境学习”。杭州师范大学第一附属小学在场馆运营、课程设计、学教方式变革，学生综合素养评价等方面研究成果显著，为打造学校博物馆品牌效应奠定基础。

【中国少年先锋队上城区第一次代表大会】2022年5月30日，中国少年先锋队杭州市上城区第一次代表大会召开。区政府、团杭州市委、团区委、区教育局等负责人参加会议。274名少代会代表参加会议，线上参与人数8万余人次。会议围绕“红领巾喜迎二十大，争做新时代好队员”主题，从红色基因传承、宋韵文化传世、共富样板创建3个方面全面回顾2019—2022年区少先队的工作。会上，成立上城区青少年活动中心少工委、上城区少先队名师工作室，聘请全国省、市优秀少先队辅导员、资深少工委主任、校外辅导员代表担任导师，推动上城区少先队社会化体系建设。

【省少先队庆祝建队73周年活动在上城举行】2022年10月13日，浙江省暨杭州市少年先锋队庆祝建队73周年主题活动在杭州市钱学森学校举行。共青团浙江省委、省教育厅、省少工委等部门负责人出席活动。全省近100名少先队工作者、少先队员参加。该活动以“喜迎二十大，争做好队员”为主题，分“铿锵鼓乐迎节日”“多彩活动展风采”2个阶段开展。杭州市笕桥小学鼓号队在现场演奏，杭州采荷第三小学教育集团和杭州市胜利小学的队员以情景剧、朗诵等形式，现场讲述浙江2012—2022年10年间发展的故事。活动现场，举行“红领巾奖章”四星章表彰仪式、省级“红领巾e站1013阵地”揭牌仪式和全省“红领巾e站1013阵地”地图上线仪式。

【采荷第二小学获第16届中国国际合唱节金奖】2022年7月17日，杭州采荷第二小学教育集团“乐飞扬”合唱团以《新·清平乐·村居》获第16届中国国际合唱节最高荣誉——“合唱一级团（金奖）”荣誉（全国第六名）。该中国国际合唱节由文化和旅游部主办，有参赛队伍140多支，是中国境内唯一的国家级、国际性合唱类艺术活动。杭州采荷第二小学教育集团秉承“让孩子像星星一样闪光”的教育理念，鼓励学生坚持热爱，追逐艺术梦想。年内，学校艺术类社团在2022年浙江省中小学生艺术节比赛中获一等奖2个（合唱团、民乐团），在2022年杭州市中小学生艺术节比赛中获一等奖4个（合唱、“班班有歌声”、器乐合奏、现代音乐电声乐团）和二等奖1个（舞台舞）。

（何　杭）

教育国际化

【概况】2022年，上城区实施教育对外开放工程，指导和鼓励姐妹学校在线开展“云交流”活动，注重与“一带一路”沿线国家与地区的交流与合作，提升区域教育国际化水平，推进国际理解教育向多元化、内涵化发展。新缔结国（境）外姐妹学校5所，“千校结好”结对总量211对。新增第6批市国际理解教育特色品牌项目3个，获评杭州市教育对外开放窗口学校（体育特色）2所。全年有5名教师到迪拜中国学校、肯尼亚阳光学校任教。至年末，全区中小学聘有外籍教师39人，拥有国（境）外学习研修经历的中小学专任教师855人。

【钱江外国语实验学校入选“中美青少年教育交流月”主题活动】2022年7月，中国教育国际交流协会启动“中美青少年教育交流月”主题活动，组织各省（自治区、直辖市）中小学开展申报工作。经对各省（自治区、直辖市）中小学进行综合评审，于10月确定全国20所中小学参与“中美青少年教育交流月”主题活动，杭州市钱江外国语实验学校成为浙江省唯一一所入选学校。作为首批浙江省国际理解可持续发展教育联盟基地学校，杭州市钱江外国语实验学校着力开展双语教学，通过“Hello World！外教课”“西餐礼仪课程”“英文影视课”及国际交流等重点项目，推进双语融合，提升学生的国际理解素养。

【《中小学国际理解教育研究与实践》发布】2022年3月16日，浙江省国际理解·可持续发展教育联盟2022年学术年会、中国杭州名师名校论坛·教育国际周学术分论坛暨杭州凯旋教育集团南肖埠小学第10届国际文化节在杭州市南肖埠小学召开。来自教育部教育技术与资源发展中心、北京师范大学、中国教育科学研究院等机构的专家及迪拜中国学校等海内外结对学校、联盟学校的代表在线上参与远程观摩。活动当天，《中小学国际理解教育研究与实践》新书发布。该书是杭州市南肖埠小学国际理解教育10年探索的答卷，是中国首部研究国际理解与可持续发展教育的理论与实践的著作。书中内容主要展示上城区依托华东师范大学成立长三角国际理解教育联盟，以及与浙江省中小学教师培训中心、德国汉斯赛德尔基金会签约合作项目推动可持续发展教育的阶段成果。

【3所学校获评市国际理解教育特色品牌项目】2022年，上城区以“立足本土、放眼世界、心怀中国、面向未来”为原则，通过现有学科渗透、校本课程开发、校园文化建设、学生社团培育等途径，实施国际理解教育，促进与国（境）外学校的交流与合作。1月21日，杭州市濮家小学“童玩PBL，@世界，@未来”、浙江师范大学附属丁蕙实验小学“以“IPR”智慧云平台促进国际理解教育新模式”、杭州市丁兰小学“研发‘汀语博物’课程，深化国际理解教育”等项目获评2022年第6批杭州市国际理解教育特色品牌项目。至年末，上城区有市级国际理解教育特色品牌项目35个。

【中德可持续发展教育校际交流启动会议】2022年6月30日，杭州市杭州中学与德国慕尼黑罗森海姆依格纳茨·君特中学在线召开中德可持续发展教育校际交流启动会议。中德双方学校的校长和师生代表出席该活动。活动以“水资源”为主题项目，进行跨国界的交流与研讨。杭州市杭州中学学生以小组合作形式，介绍杭州西湖、钱塘江、大运河等水资源。德国慕尼黑罗森海姆依格纳茨·君特中学的学生介绍当地两条河流及其温度状况的气候变化背景分析的研究。

德国慕尼黑工业大学专家对学生的分享发言进行评论，肯定学生提出的污水循环利用模型的想法。双方在项目式互动中提升学生在多元文化背景下的学习、交往和发展能力，培养有创新能力、国际视野的少年。

【上城区参加“我眼中的国际化”金点子征集活动】 2022年4月13—22日，杭州市教育局联合浙江日报报业集团杭州分社面向全市中小学学生开展“我眼中的国际化”金点子征集活动。上城区以宣传“办好一个会，提升一座城”理念，组织全区中小学学生以留言和短视频方式参加活动，更好营造亚运会氛围，助推杭州打造社会主义国际化大都市。杭州市丁信小学姚静汐“景区设多语种二维码”的建议被刊登在浙江新闻客户端。至活动结束，杭州市采荷中学以920篇金点子建议列杭州市榜首，杭州市采荷实验学校以413篇列全市第三。（何 杭）

教育科学研究

【概况】 2022年，上城区教育学院创新科研管理机制，拓宽科研活动形式，建立“周科研导助”机制，坚持每周三对学校科研发展态势、科研管理工作和相关制度建设等开展调研。全年走访学校20所，对100多项课题进行“面批式”精细化导助，助力700多名教师专业成长。开展学术节系列活动，借力“名师名校长”论坛，聚焦“未来学校与社区融合育人路径新探索”“跨学科视域下的学科变革”两大主题，组织2次区域教科研学术节活动，承办市2022年教育科研优秀成果答辩活动和市教科室主任会议暨科研骨干培训活动。与淳安县结成科研共富联盟，并开展联盟活动。年内，全区教育科研成果获市级及以上各类科研成果奖165项，其中，获全国基础教育教学成果奖7项，数量居全省前列；获浙江省基础教育教学成果奖10项（特等奖4项、一等奖3项、二等奖3项）。全年获市级及以上各类课题立项237项，平均立项率75.2%。

【4项科研成果获省基础教育教学成果奖特等奖】 2022年1月，杭州市崇文实验教育集团《“知·行·创”模式：高质量实施国家课程的小学实践》、浙江师范大学附属杭州笕桥实验中学“内生课堂”、杭州市天长小学《数学实验：小学生数学学习方式的新探索》、杭州市杨绫子学校《培智劳动：杨绫子二十年探索与实践》4项科研成果获评2021年浙江省基础教育教学成果奖特等奖。杭州市崇文实验教育集团致力于小班化教育研究与实践，以教师包班为特征，以教学协同为形式，以学科整合为核心，构建以“知学”“行思”“融创”三维课程体系为核心，以立体化教学模式为抓手，以“责任力”“学习力”“行动力”“共情力”素养评价机制为支撑，以双向互动支持系统为保障的“知·行·创”课程实施模式。浙江师范大学附属杭州笕桥实验中学打造以提升学生“内生力”为核心价值导向，实现持久育人效应的“内生课堂”。学生综合素养全面提升，中考升学率从全市倒数上升到连续4年超过市均10%以上，教学质量居全市前列，办学规模从18个班扩展到有4个校区的教育集团，走出一条普通初中大面积高质量育人的实践路径。杭州市天长小学系统总结基于数学实验的学习方式的变革，通过10年探索，探寻到基于数学实验内容开发撬动数学学习方式深度变革的新路径，构建基于数学实验的学习方式新样态，并以“数学小实验学习中心”为学习系统支持，使学生从“被动学习、训练学习、浅层学习”走向“主动学习、探究学习、深度学习”。杭州市杨绫子学校从智力障碍学生“生涯自立”的角度出发，构建“培智劳动”课程体系，采用以综合

实践活动课程的理念和方法统领整合劳动实践活动，发挥学生在劳动教育中的主题性的教学范式，通过对不同障碍程度学生分层分类的教育，实现每一名学生的最优化发展，将学生培养成个人劳动自理、家庭劳动自觉、社区劳动自发、职业劳动自立的劳动者。

【市小学作业改革专题研讨会在上城举行】 2022年5月26日，杭州市小学作业改革专题研讨会在杭州市胜利实验学校举行。该活动由市教育局、市基础教育研究室主办，上城区教育学院、杭州市胜利实验学校承办。研讨会采用“线上直播+线下观摩”相结合的方式进行，全市各小学以线上方式参与。会议要求各校扎实推进以“减作业、增睡眠，减补习、增运动，减刷题、增时间”为重点的减负行动，促进学生全面健康发展。会上，教育专家学者、教研员、一线教师及6个县（市、区）代表分别展示专家报告2个、专题研究发言5个、作业改革研究课4节，并设立圆桌论坛，从作业改革的区域经验、学校管理、作业设计等方面进行交流。

【中小学新一轮三年发展规划论证】 2022年3月3日，上城区教育督导委员会组织开展上城区中学、特殊学校、直属单位新一轮三年发展规划论证工作，全区35所学校（单位）参与论证。论证组专家，区教育局领导班子、机关科室长等参加会议。论证会上，各学校向与会专家和领导全方位、多角度展现未来3年的发展蓝图。各校根据学校特质，结合时代新要求、教育新政策、区划新环境，综合前期态势分析，从校园文化、学校课程、师生发展、家校协同等维度思考学校未来3年发展的重点项目与举措，畅想学校未来新愿景。各专家倾听汇报，对规划制定的科学性、适切性、可行性提出建议，并对最新教育政策和教育前沿课题进行解读。7月11—13日，区政府教育督导委员会办公室组织开展上城区小学新一轮3年发展规划论证工作，全区40所公办小学参与论证。论证组专家，区教育局领导班子成员、机关科室长、责任督学参与指导。40所公办小学在经过前期准备、章程修订、信息收集等过程后，以汇报形式向专家组成员展示学校未来3年的发展蓝图。由省内教育领域的专家、学者组成专家组听取汇报，从不同视角对学校规划制定的合理性、前瞻性、可行性提出针对性指导。

【4个教育科研标兵工作室启动】 2022年，上城区发挥杭州市教育科研标兵的引领示范作用，辐射带动全市骨干教师的发展，提升一线教师的教科研素养，启动教育科研标兵工作室。5月11日，杭州市第2届教育科研标兵高琼、唐宇红、陈瑶、单瑛凡4个上城区工作室启动仪式在浙江省教育科学研究院附属实验学校举行。仪式上，4名市科研标兵工作室领衔人接受与会嘉宾授牌，并先后介绍工作室团队情况、汇报未来3年总体规划。年内，高琼科研标兵工作室以“内生课堂：初中育人质量提升路径探索”为研究抓手推动工作室的研究工作，《内生课堂：初中育人质量提升路径探索》获2021年浙江省基础教育教学成果奖特等奖，《内生德育：九年一贯制学校德育路径探索》发表于《中国德育》，《跨学科数理研究课程的开发与教学实施》发表于《中小学数学教学参考》。唐宇红科研标兵工作室围绕“双减背景下作业改革”为核心开展研究，成果《作业健康码：基于“作业负担风向标”的作业公示制度》获浙江省“双减”年度十佳样本、浙江省教育科研成果二等奖，《有效整理：促进学生知识建构的实践与策略研究》获杭州市教科研优秀成果二等奖。陈瑶科研标兵工作室以“英语学科”研究作为突破，带领工作室成员围绕省教研规划课题“基于实证的初中英

语批判性思维培养范式研究”开展相关研究，相关研究在市、区各级各类课题中均有立项及获奖。单瑛凡科研标兵工作室以“提升教师科研素养”为核心开展相关研究实践，相关研究在市、区各级各类课题中均有立项及获奖，作为主要参与者形成的成果《学校大脑，推动智慧学习的教育变革》获2021年浙江省基础教育教学成果奖一等奖。

（何　杭）

师资管理

【概况】 2022年，上城区聚焦教师队伍建设，加大名优教师培养力度，完善“五阶段五梯队”人才培养体系，搭建教师成长平台，评选区特级教师100人、学科带头人596人、星级班主任886人。新增正高级教师5人、省特级教师6人。助推拔尖教师成长，通过高校研修、跟岗实践、影子培训、海外研修等方式，为拔尖教师量身定制个性化培养方案。在全省率先启动“教师交流”改革工作，建立地域性绩效奖励机制，提升交流教师待遇，推进人才合理布局。加强区域内教师向“三缺两新一普”方向流动，重点向师资缺口较大的丁兰等4个街道倾斜，全年交流教师625人。开展教育帮扶工作，向其他地区和国家新选派支教教师42人，发挥上城教育资源和人才优势的辐射功能。制定《上城区教育系统干部队伍考核实施办法（试行）》《关于做好基层单位中层干部管理工作的指导意见（试行）》，统筹推进教育系统干部队伍结构优化，任用、调整校级干部214人，选拔“85后”年轻干部34人。

> 资料
>
> “三缺两新一普”：“三缺”即编制满员学校向空缺学校，岗位设置中、高级专业技术职务满岗学校向空缺学校，名优骨干教师、成熟型教师相对集中学校向缺少学校。“两新”即老学校向新学校，老城区向九堡、彭埠、笕桥、丁桥等新城区流动。“一普”即区域内认定的普通学校。

【联片研训】 2022年，上城区以学校办学特质和教师专业发展需求为核心，按照“地域相邻、同质促进、异质互补”等原则，建构“拥江”“品韵”“望湖”“走运”“依山”研训共同体，形成网络密集、抱团研修、协同发展的格局。制定《上城区中小学校“联片研训共同体”工作推进方案》，构建“1+5+96”区、片、校三级发展联盟。开展首届“五阶段”教师评选工作，形成以普通教师为基础，区学科带头人为中坚，区特级教师为高端，省特级教师、杭州市B类人才为尖端，老中青三代有机衔接、各学科分布均衡的五级教育人才梯队。推出星级班主任评定制度，形成一、二、三星级班主任，省特级教师、B类人才五级育人者发展通道。开展首届特级教师工作站设立工作，设立浙江省特级教师工作室49个，上城区特级教师工作坊94个，发挥名优教师示范、引领、辐射作用。落实“学前教育人才”教师专项培育工程，依托学前“研训区域链”运作机制，打破园际壁垒，推动园际教研，推进共研、共享、共成长。全年组织与实施幼儿教师初级、中级、高级培训项目22个，参训率100%，满意率99%以上；与浙江师范大学、杭州师范大学合作完成幼儿教师中级、高级培训项目3期，参加研修教师274人。

【班主任队伍建设】 2022年，区教育局制定《“星光计划”星级班主任培养工程》《上城区高质量推进“行走德育”的实施意见》，以区星级班主任认定和培训、班主任基本功大赛、名班主任工作室论坛、新班主任胜任力课程等为载体，开展教育案例分析、班级建设、师生关系处理、教育活动设计、德育科研等班主任系列培训活动。选派夏欣等6名班主任参加省、市骨干班主任培训，组织星级班主任培训7次。在浙江省第11届中小学班主任基本功大赛中，上城区教师获综合一等奖与二等奖各1人。开展心理健康教育培训，分片区开展“提升心理教师专业素养”“同伴交往”“亲子沟通”等主题心理教育研讨活动；组织2022届新入职教师心理C证资格培训及考试，完成心理资格证申报教师400多人。全年区第二区块链幼儿园教师获省心理资格证书190人，小学心理辅导站站长B证持有率接近100%。

【教师研训助推专业发展】2022年，上城区在教师研训工作中以转化性研修为抓手，优化区域研训模式，促进全体教师教学能力的“转化进阶”与专业水平的高质量发展。全年开发实施省教师培训管理平台教师专业发展培训项目121个，培训平台各项指标均为优秀，教师参训率99.7%，教评学（教师评价学员）完成率100%，学评教（学员评价教师）满意率99.3%。开展研训机制创新与实践，借助国家级专业培训基地和中国高等教育学会教师教育分会的2个立项课题，推动上城研训治理体系重构；通过“百个特级教师工作站名优培养工程”“思维课堂观察分析实验室研究”“能力提升工程2.0培训”等项目，组织开展“实践困惑、学习反思、对话交流、认知重构、行为转化”五层级教师研修，提升培训者和培训管理者的执行力与实践力，促进上城教师队伍建设的高质量发展。12月21日，在杭州市2022年度中小学教师专业发展培训绩效考核会议上，上城区获全市总分第一名的成绩。

【跨域支教研训】2022年，上城区为实现教育优质资源共享，组织开展跨域支教研训。10—11月，上城区教育学院组织教育专家、教学名师到淳安县、开化县、云和县三地开展浙江省教育厅“百人千场”专家名师送教活动。活动期间，上城区有37位专家、名师参与，开设专题讲座13个、示范课24节。淳安县、开化县、云和县三地有807名教师、1616名学生参与活动。

【新教师培训】2022年，上城区打造新教师3年培养进阶课程，设定每周二为全区新教师固定培训日。培训采用“导师引领下的全浸润”实践培训模式，由区聘169名导师对2021届新教师所在的120所中小学、幼儿园开展为期一个半月的入校“点对点”跟踪听课，全方位进行教育教学诊断指导。开展全员新教师基本功比赛，750名新教师参加教育教学案例分析、智慧教学应用、说课比赛。开展2022届新教师第一年180学分通识培训与2022届新教师第二年24学分教学能力提升进阶培训，举办学科理论培训24场，导师入校听课700多节。

【“淘教师”平台启用】2022年3月2日，上城区启用全市首个“淘教师”平台，破解临时代课教师招聘难题。学校和代课教师需在平台进行注册，登记相关信息。学校通过该平台发布代课教师招聘需求，通过年龄、学科等5个方面关键要素，迅速、精准匹配教师简历供学校自主选择，并提供突发情况预案。年内，平台注册优质教师1.3万人，注册中小学、幼儿园145所，其中发布招聘需求62所，完成招聘14所。通过平台，学校可实时监测和动态评估教师资质、招聘过程，全面加强教师招募、培训、管理、汰换4个环节、13个流程的监督与管理，严把代课教师的资质关、能力关、教学质量关等，全面提升服务品质。同时，通过平台，可对教师进行全程评价。录用前，平台通过面试、试讲等，对注册教师的专业技能、课堂管理等12个方面形成评价表，为学校选人用人提供参考。录用后，学校通过个人素养、教学态度、教学水平、学生反馈评价4个方面，对代课教师的工作能力进行评价，实现教师评价“一体化”。

【区教育学院获评省师干训先进集体】 2022年，上城区完善与优化教师队伍梯队建设，确保分层分类教师培训工作有序运行。区教育学院履行对区域教师培训项目实施日常监控的职责，向“活动化”“多样化”的评价方式探索变革，坚持“过程性评价”和“终结性评价”相结合，综合呈现教师培养的效果和有效性。作为教育部命名的全国首批示范性县级教师培训机构，在教师队伍建设中重视教师精神培育，遵循教师发展规律，凸显学习者中心理念，在创新实践中多方位、多路径助力教师自主式、个性化专业发展。区教育学院先后获2019年“全国教师队伍建设十大优秀案例”及2019—2020年浙江省教师培训绩效考核省、市第一名等荣誉。2021年，该学院成为国家级教师培训管理者发展研究中心首批培训专业化实践基地，《分层分类教师培训课程体系重构的新上城实践》入选首批省教师教育创新试验区建设项目。2022年5月26日，区教育学院获评浙江省2019—2021年度师干训先进集体。

【上城教育智库汇智会召开】 2022年5月28日，“上城·大家——上城教育智库汇智会”暨上城区教育系统2022年校级干部春季读书会在杭州市钱学森学校召开。尹后庆、成尚荣、刘力、李政涛、张民选、张绪培、林正范、施光明、袁振国、顾泠沅10位上城教育智库专家做主旨报告。区教育局机关全体人员，直属单位、中小学和幼儿园正校级干部参与现场读书会，区教育系统副校级干部、结对帮扶地区教育局和学校代表在线参加。专家在《上城名校集团化的实践与意义》中指出，上城通过引进优质教育资源、名校带新校、多形式组合等途径，培育一批更开放、更专业、更宽阔、更自觉的面向世界、面向未来的现代教育集群，促进教育资源的优质均衡，让老百姓体会到“名校就在家门口”。

（何　杭）

教学保障

【概况】 2022年，上城区坚持做好学校建设、技术装备、资产运营、后勤管理等工作，为教育教学提供保障。全年完成市民生实事竣工项目8个、区民生实事开工项目5个，交付使用项目14个。新增初中、小学、幼儿园300个班，新增校舍建筑总面积34.74万平方米。推进学校建设品质提升建设，编制《上城区中小学、幼儿园建设交付标准》《上城区新时代学校设计导则》2套标准，33个项目获“市建筑工程西湖杯”荣誉，《基于碳中和的夏热冬冷地区既有学校建筑绿色性能改造设计研究》项目入选住建部2022年科学技术计划，系全省教育系统唯一。高质量完成“安澜”工程专项整治行动，制发《中小学“安澜”工程实施经费预算通知》等，调整预算经费1500万元，组织召开多轮现场论证活动，形成“一校一整改”方案，100%安装完成中小学校窗户限位器，完成校舍防护设施提升改造、校园建筑物基脚绿化扩面提质等，为师生安全保驾护航。修订新校开办费标准和设备预算采购标准，制定《杭州市上城区教育局学校修缮项目管理办法（试行）》《限额以下公共资源交易规则》，并开展相关实操培训；整合区域内教师公寓资源，重新修订教师公寓管理办法，为新教师解决后顾之忧。筹措资金800万元，用于教室灯光提升项目。资助生活困难学生7049人次，资助金额683.75万元。9月，上城区作为杭州市唯一区县代表在财政部、教育部和全国学生资助管理中心组织的完善中等职业教育学生资助政策专题调研会上做交流发言。

【教育数字化建设】 2022年，上城区推进教育数字化建设。协调各运营商，对区域教育网络整体架构进行重构，实现自主选择与统一管控相结合。建立以各校首席信息官为核心的学校网络安全保障体系，开展专业技能、网络安全、应急演练和督查指导等活动，促进学校网络管理队伍素质建设。强化数字化改革网络安全体系建设，完成并上架省IRS平台的9个已建系统的数据全量全要素采集，保证各校监控、访客系统数据向“智安”“众食安”等平台推送，确保中考监控数据向区指挥中心、市考试院上传。区教育系统所有自办食堂采用“天下粮仓”平台进行统一管理，实现业务和财务的融合。全区中小学、幼儿园全部完成“阳光食堂”智能设备安装，实现对学校食堂全时段实时监管。年内，上城区获评浙江省基于学习方式变革的新型教学空间典型范例学校和范例培育学校各1所。验收通过立项新型教学空间22个，完成互动教研系统建设学校6所、常态化课堂教学观察室建设33间，新增中考视频监控建设和中心点迁移121个。“星级家长执照”在“浙里办”App上线，“淘活动”2.0平台上线使用，上城“学后乐园”课后服务系统被列为省教育厅“浙里托管”课后服务项目数据规范拟定工作参与单位。

【“浙里问学”免费在线答疑服务】 2022年5月21日，“浙里问学”免费在线答疑服务启动仪式在杭州市杭州中学举行。省教育厅及其相关处室和教育技术中心负责人、市教育局相关领导等出席启动仪式，中小学校长、学生、家长代表及媒体记者等参加。仪式现场，省教育技术中心工作人员演示“浙里问学”在线答疑服务系统的具体内容、使用规则、系统登录步骤、基础服务介绍等内容。“浙里问学”免费在线答疑服务主要面向全省义务教育阶段学生，提供作业微课、名师答疑、个别答疑3种基础服务形式。在试行阶段，系统每周六（法定节假日、寒暑假除外）上午提供初中段的名师答疑服务和个别答疑服务，下午提供小学段的名师答疑服务和个别答疑服务。完成小学、初中各年级下册的作业辅导微课开发并上架。

【区域教育资源中心建设】 2022年，上城区开展区域教育资源中心建设，推进上城云·之江汇教育广场应用，打通教育E享频道、思维观察室平台等资源库，汇聚区域优质数字资源，助推教育“双减”政策落实。发挥市场机制，采购人工智能、精准教学等数字教育资源。建设在线学习课程平台，实行区域走校选课。建设区域课堂观察分析数据中心，新建课堂观察分析实验室53间，提供智能化分析课2500多节。持续为初中学校提供基于大数据的精准教学服务支持，搭建区域教学数据平台，为教师和学生提供多方面的技术服务。健全数字评价体系，构建覆盖全学程的数字化评价体系，促进学教评价变革。为10所幼儿园提供家园共育服务支持，积累10.26万条幼儿评价数据，为幼儿园提供精准的过程性教学监督，指导7所幼儿园开展基于区域智慧成长云的家校共育模式研究。开展教师教育技术培训，升级办公系统，支持网络办公、公文处理等。全年为大型教育教学等活动提供网络直播服务48场，为精品课等提供拍摄与制作服务100多次。年内，“上教云·之江汇教育广场”获评2021年度浙江省在线教育资源和“空间应用优秀区域”。11月，杭州市胜利小学、杭州采荷第二小学教育集团、杭州采荷第一小学教育集团3所学校入选2022年杭州市数字教育创新培育校。上城区被推荐为国家智慧教育云平台试点区。

【全市首个中小学大型光伏发电与绿色能源开发基地落户上城区】 2022年，杭州采荷第二小学教育集团景和校区响应国家要求，让光伏发电走进校园，助力“无废校园”创建，让“绿色低碳”看得见。1月15日，景和校区新装光伏板396块，总容量213.83千瓦，成为杭州市中小学首个大型光伏发电与绿色能源开发基地。光伏发电直接并入学校电网，供学校使用，多余的电量并入国家电网，反哺社会。学校邀请浙江大有集团有限公司志愿者走进校园，为孩子开设光伏发电小课堂。通过志愿者讲解和光伏板电力小实验，使学生掌握安全用电基本常识，了解光伏发电原理，践行低碳绿色生活。

【区教育发展服务中心课题获住建部立项】 2022年7月，上城区教育发展服务中心科研课题《基于碳中和的夏热冬冷地区既有学校建筑绿色性能改造设计研究》（项目编号：2022-K-133）获批2022年住房和城乡建设部科学技术计划立项，成为全国基层教育系统唯一立项的科研项目。该课题为既有学校建筑绿色低碳改造的上城实践。上城区推动学校建筑绿色性能改造技术的标准化规模化应用，建立绿色低碳技术与教育跨学科应用的新场景，为学校建筑绿色低碳改造树立样板。

【暑期维修项目培训会】 2022年6月16日，上城区教育系统暑期维修项目培训会在杭州市笕弘实验学校召开。区教育局有关科室、区教育发展服务中心负责人和区教育系统各基层单位分管领导、总务主任等400多人参加培训。培训内容分为项目立项、项目准备、施工管理3个方面。会议明确修缮项目立项流程、申报方式、批准程序，以及项目准备的具体内容；强调施工现场要加强安全管理、工期管理和质量管理；对学校“安澜”工程、小额交易分类、服务类招标等工作相关情况进行说明，做出具体要求。

（何　杭）

文 化

综 述

【文化事业繁荣发展】 2022年，上城区坚持系统谋划、全域推进、高效协同，紧抓宋韵文化新高地建设，实现文旅融合高质量发展。推进“文化基因解码工程”建设，上城区文化基因解码成果获浙江省“文化基因解码工程”解码成果优秀等次，11个文化基因解码项目获评优秀解码项目。完成2022年浙江省政府民生实事“浙文惠享”项目，全区建成“15分钟品质文化生活圈”55个、城市书房2家、文化驿站1个。全面实施“文艺星火赋美工程”，在湖滨步行街·湖上乐客厅、清河坊步行街（鼓楼小广场）、杭州大厦501漫生活街区、杭州大剧院悦亮四季剧场等空间开展常态化艺术展演活动，打造多点、高频、流动的文艺景观，提升全区文化品位和艺术气质。

【“文化基因解码工程”建设】 2022年，上城区推进“文化基因解码工程”建设。依托“宋风·微旅”项目，设计策划文化基因解码精品游线10条，开展文化解码微旅20场。1月，浙江省“文化基因解码工程”解码成果评审结果出炉。上城区文化基因解码成果获优秀等次，“德寿宫遗址”等11个文化基因解码项目获评优秀解码项目，获评数量居全市第1位。“宋韵文化·南宋皇城”项目入选首批“浙江文化标识”培育项目。7月，浙江省“文化基因解码工程”成果展、

2022年7月14日，上城区宋韵文化展厅亮相2022年浙江省文化标识建设成果展。图为杭州南宫秀文化创意有限公司展示的杭绣戏服作品

（区文广旅体局 供稿）

文化标识建设成果交流展在衢州市、杭州市两地陆续举行。上城区作为全省10个参展单位之一，精心筹备的宋韵文化展厅亮相2022年浙江省文化标识建设成果展。

【“文艺赋美工程”助力】 2022年9月，浙江省“文艺赋美工程”启动。上城区配合杭州市作为浙江省唯一试点先行先试地区，形成以“湖上乐客厅”、鼓楼小广场等为代表的一批初具规模的街演区域品牌。依托省内各大院校、国有文艺院团、民营文艺演出团队，通过“政府搭台，各方唱戏”等方式，形成接续演出的文化氛围。

【“15分钟品质文化生活圈”建设】 2022年，省委、省政府印发《浙江高质量发展建设共同富裕示范区实施方案（2021—2025年）》，明确提出推进“15分钟品质文化生活圈”覆盖率达到100%。“15分钟品质文化生活圈”指城乡居民走出家门，步行约15分钟，可就近到达公共文化设施或其他公益性文化空间，可自主、便利、常态地（生活化地）获取优质公共文化产品和服务。全年全区建成开放“15分钟品质文化生活圈”55个，均以省级标准提供服务，形成均衡化、智慧化、社会化的服务管理模式和特色，为市民群众提供高质量文化生活。

（施芳人）

精神文明建设

【概况】 2022年，上城区与中国美术学院携手探索“精神共富”文明实践新路径，高标准完成全国文明城市复牌迎检，试点打造群众身边“一公里网络文明活动圈”，“最美人墙”“最美凉茶摊”等城市文明品牌矩阵不断丰富。加强公民道德建设，拓展新时代文明实践，推动群众性精神文明创建，为加快建设独具韵味的国际化现代化共同富裕典范城区提供精神动力。

（王　蕾 季玳弘）

【群众性精神文明创建】 2022年，上城区以争创“全国文明典范城市”为契机，完善全域文明创建机制。建立、健全创建工作指挥体系，落实区领导带队督查、专班定期督查、新闻媒体重点督查、区域和条线自查的“立体式”督查机制，压实工作责任，构建常态、长效的保障体系。开展“喜迎二十大，创建文明城”活动，全面施行文明创建精细化动态化管理，结合“平安建设”“美丽上城”“美好家园”“亚运行动”等工作，开展医院、学校、交通场站、市场、商场、商业综合体、超市“七类周边”专项整治，有效推动解决一批顽瘴痼疾，开展创建、实践活动2600多场。以群众需求为出发点，从居民群众最关心、最现实的问题着手，提升基层治理水平，发动居民参与“公筷公勺、光盘光瓶、垃圾分类”“我文明我守规我安全”等文明好习惯养成等创建活动，全年文明劝导志愿服务时长2万余小时。

【公民思想道德建设】 2022年，上城区按照“提高全社会文明程度”“提高人民道德水准和文明素养”要求，推进公民思想道德建设。围绕“浙江有礼”省域文明新实践，打造“上城尚礼”文明新实践品牌，倡导“浙风十礼”，制作完成“浙江有礼”江堤主题彩绘、宋韵版海报，拍摄“上城尚礼”主题宣传片，设计“浙江有礼”公益景观小品，举办上城区“强国有我，文明有礼”朗诵大赛，展示“文明上城”的幸福底色，不断涵养向上向善的社会风尚。征集“浙江有礼·上城尚礼”精神文明建设品牌为民办实事、“有礼单元”建设经验做法14项、典型案例20项。持续做好“社区—街道—区”三级“最美”人物推选，常态化开展“身边好人”、上城区道德模范（“最美上城人”）等典型推选活动，1人获评市道德模范，1支团队获评“最美杭州人”；1人入选中国好人榜，5人入选浙江好人榜，9人入选杭州好人榜；选树百名区级美德少年（新时代好少年），1人获评省新时代好少年，2人获评市美德少年（新时代好少年）。

【新时代文明实践体系构建】 2022年，上城区构建覆盖全区的新时代文明实践体系，发展新时代文明实践志愿服务。在“志愿浙江·杭州市文明帮帮码”注册亚运城市志愿者11万余人，开展“迎亚运讲文明树新风”等志愿服务活动近3万场，有效活动场次数居全市第1位。深化志愿服务品牌建设，“看笕蓝天”笕桥退役军人社区关爱服务项目获评全国学雷锋志愿服务“最佳志愿服务项目”，在全市志愿服务项目大赛中，上城区获银奖2项、铜奖1项、优秀奖1项。继续推进新时代文明实践中心、社区文化家园、农村文化礼堂等阵地建设，构筑“15分钟品质文化生活圈”，使群众在家门口就能享受到更优质的文化休闲服务。开展“心灵书屋”文化课程配送服务，为各社区配送近2000场活动。探索“时间银行”互助养老志愿服务的长效常态途径，“时间银行”应用场景入选全省重大改革“一本账S_2”，被中共中央宣传部列入贯彻中共二十大“新时代新征程新伟业”重大主题报道。

（王　蕾）

群众文化活动

【概况】 2022年，区文广旅体局通过举办主题展览、专题讲座、文化艺术培训班、文化巡演进万家等文化惠民活动，丰富群众文化生活。全年区文化馆开设公益性免费培训艺术课程40门，分线上和线下2种模式开展春季、暑期、秋季培训。线上受益1.83万人次，线下受益4864人次。开展线上和线下展览16次，其中书画展览10次、摄影展览6次，接待线下参展群众1万余人，线上总点击量10万余人次。全年主办和承办不同主题书画、摄影展览和直属团队展演活动等41场。

【宋韵“百团百场”系列活动】 2022年11月19日，2022钱塘自古繁华——宋韵“百团百场”系列活动在吴山广场开幕。该活动由区委宣传部、区文广旅体局主办，区文化创意产业发展中心承办，上城国投集团、清波街道、小营街道、区文化馆、杭州杂技总团演艺有限公司、杭州市采荷第二小学、杭州市澎致小学等相关单位协办。活动现场，推出以宋韵为主题的“宋韵今辉”沉浸式演出。开幕式后，每周末在吴山广场推出宋韵“百团百场”活动表演，为期近1年，包括区文化馆直属文艺团队文艺演出、专业剧团的演出、现场“网红”集装箱的演出，以及歌手乐队的表演。

【“文化走亲”交流活动】 2022年，上城区与各地线上、线下开展“文化走亲”活动，加强与各地文化交流，促进特色文化资源共享。其中，线下到建德市、临平区、淳安县、桐庐县、绍兴市、宁波市及四川成都成华区、丹巴县、雅江县、稻城县等地开展书画、摄影、文艺演出等形式的“文化走亲”活动14场，并接待淳安县、拱墅区、滨江区、衢江区、安吉县、镇海区到上城区开展“文化走亲”活动6场。

【文化惠民活动】 2022年，上城区开展“品宋韵上城，喜迎二十大”文化惠民工程巡演。8月，组建首批基层文化指导员师资库，成员为杭州滑稽艺术剧院、杭州话剧艺术中心、杭州杂技总团、杭州越剧院4个专业剧团的国家一级演员、二级演员、三级演员，共34人。该师资库成员以“文化下派员”形式，将专业辅导送到基层，全年完成巡演100场，培训28次。全年开展文化巡演、展览讲座、文艺培训等社区级以上各类文化活动4600多场，惠及群众约300万人次。

（施芳人）

【特色文化活动】 2022年，上城区发挥博物馆阵地作用，举办杭州海塘遗址博物馆2022年秋季公益培训班，开设快板、刺绣、宋代美食、皮影戏、陶模等精品课程10门，面向社会招收各年龄层学员近200人。结合节庆文化，开展“虎年吉祥”剪纸体验、“宋人之趣——乐游端午”、海塘中秋亲子游园会等体验活动20多场，惠及市民2000多人。暑期，围绕宋韵主题，举办“风雅宋韵，筑梦海塘”宋韵夏令营2期，共招收营员30人，开展为期5天的宋词吟诵、皮影戏体验、馆际交流等体验活动。

【海塘品牌打造】 2022年，上城区以活动促推广，打造海塘品牌。举办首届“海塘杯”创意大赛，收到不同组别参赛文化创意作品118件，精选66件作品参与为期3天的线上大众投票和线下专家评分。经评选，评出最具魅力奖、最佳创意奖、最具匠心奖、最具人气奖和优秀奖60件。线上参赛作品总投票数8.77万次、线上访问量1.32万次。7月19—23日，举办2022年“海塘小筑手”小小讲解员夏令营，22名来自杭州师范大学东城小学、杭州市夏衍小学的学员通过讲解培训、普通话训练、陶模体验、游学江南水乡博物馆和讲解考核等形式，提升自身综合技能。

（姚　倩）

【杭州（上城）第9届皋亭观桃节】 2022年4月2日，杭州（上城）第9届皋亭观桃节在皋亭山千桃园举行。观桃节以“桃里皋亭山，宋韵最杭州”为主题，以“迎亚运、展宋韵，两Yun融合”为理念，围绕“宋韵传承、文化之窗”基调定位，通过千里桃园和千年宋韵相互交汇、相互赋能，助力数智旅游与宋韵文化活动形成有效联动。开幕式以宣传片《桃里皋亭》开场，融入十大丁兰地标景观。设置10多米长的丁兰共富通道，以丁兰街道在共同富裕之路上的发展历程为主题，让观众享受“现代城市+人文底蕴”的观展体验。观桃节开幕式首次采取线上直播形式，直播现场，开展“宋服快闪走秀”、非遗制作、歌舞表演、有奖互动等创意活动。其中，“宋服快闪走秀”邀请中国传统戏服制作技艺非遗传承人、中国传统技艺大师王胜红讲解南宋宫廷服饰特点；在宋韵非遗直播间，黏土捏塑技艺传承人代表丁建华捏制桃花源挂链，杭州非遗微型风筝传承人沈晓程演示制作微型桃花风筝；歌舞表演有越剧《十八相送》、歌舞《钱塘今朝更繁华》等节目。线上直播间观看人数近10万人次。千桃园内设立亚运主题花镜，选取来自亚洲多个国家、地区的草花类植物组成桃源亚运“卉”。拍摄沿路观桃视频，沿着“观桃花、迎亚运、游皋亭”的路线，通过视频感受宋韵魅力和亚运风采。观桃节上同步启动由区委、区政府主办的第4届中国浙江（宋韵文化）国际摄影大展和上城区首届宋韵金牌导游大赛。

【杭州（上城）第8届登皋节】 2022年12月9日，2022年杭州（上城）第8届“登皋节”暨上城区第1届“小孝星”、第7届“丁兰十大孝星”线上发布仪式在丁兰街道西子音乐厅举行。丁兰街道挖掘皋亭山精神文化内涵，将宋韵文化与清廉孝爱、共富示范、数智建设联动，全方位展示皋亭山风光、孝爱文化等发展成果。现场，学生和文艺工作者表演合唱《萱草花》、“浙江有礼”诗朗诵《上城暖阳颂》、舞蹈《游皋亭山》；区关工委、区委宣传部、区教育局有关领导为郭思彤、谭于阅等10名上城区首届“小孝星”颁奖；区文广旅体局、丁兰街道、西子商业服务集团有关领导为董英儒、胡凤祥等第7届“丁兰十大孝星”颁奖；上城市政集团有关领导为皋亭山景区千桃园东侧的“孝心林”授牌，大小“孝星”一起认领孝心树，传承孝爱之心，巩固和发展上城区孝文化教育品牌。登皋节期间，在千桃园举办蔡志忠孝文化漫画展、“孝”起来真好看全家福主题打卡等一系列文娱活动，吸引市民、游客13.4万人次。

（徐士信　张　晗）

文化艺术创作

【概况】 2022年，区文化馆创作完成音乐类作品6首、舞蹈类作品1个、戏剧小品类1个、书画作品11个。组合表演唱《今天我退休啦》获评浙江省“群星奖”、歌曲《钱塘今朝更繁华》入选市委宣传部文艺精品扶持项目、舞蹈《华灯夜宴》获评杭州市第11届风雅颂民间舞蹈展演暨非遗项目展示活动金奖。区文化馆辅导区文艺骨干和文艺团队参加市级及以上展览，选送作品200多件，其中书画类作品获省级一等奖3个；摄影类作品获省级一等奖2个，2022年丝路国家青少年国际摄影大展入选A组2人；音乐类作品获市级一等奖1个；表演类作品获市级一等奖3个。在2022年浙江省全民艺术普及网课评选活动中，区文化馆选送的邵斌的书法课“笔追风流——兰亭序笔法和意境”获评全省一等奖、全省“最佳人气奖”，黄冰清的越剧课“越剧花旦身段——水袖”获评全省“最佳人气奖”。

【组合表演唱《今天我退休啦》获省“群星奖”】 2022年5月，区文化馆创作的组合表演唱《今天我退休啦》获评浙江省“群星奖”。该组合表演唱以现代时尚的曲调、欢快喜乐的词格，通过对退休后老年生活的期待和憧憬，以独特艺术角度和接地气的表演唱形式，讴歌“中国梦”在每一个人身上付诸实现的美好生活，将“美丽中国”“健康中国”“幸福中国”的情感和繁荣富强的中国根植在老百姓心中。该节目由9人演出，时长3.5分钟。

【舞蹈《华灯夜宴》获评市风雅颂民间舞蹈展演金奖】 2022年10月，舞蹈《华灯夜宴》获评杭州市第11届风雅颂民间舞蹈展演暨非遗项目展示活动金奖。该舞蹈属于中国古典舞，取材于南宋皇室画家马远所绘的《华灯侍宴图》。创作团队融合全新创作的国风音乐和传统舞蹈，结合现代舞的创作手法，将原画中舞女、乐师、画师及大臣的形象搬上德寿宫现实场景。创作团队借阅相关资料的南宋舞蹈语汇，咨询相关宋韵研究专家，创作“接旨赴宴”“华灯初上”“宫女献艺”“马远赴宴”“皇帝驾临”5个篇章，最大程度呈现想象当中的宋代宴会盛景。

（王厚琦）

文化设施建设

【概况】 2022年，区图书馆围绕打造宋韵文化新高地目标，着眼宋韵文化传承发展，打造宋韵文化展示新窗口，激发宋韵文化融合，擦亮宋韵品牌。推进特色阅读空间建设，建成特色阅读阵地7个。上城区推进杭州书房建设，全年建成开放杭州书房4家。年内，利用各类文化设施，开展“品千年宋韵·迎时代亚运”2022年杭州上城区诵读嘉年华活动、“书香上城，我是领读人”荐书短视频、名家讲座系列、全民阅读进基层、“阅暖上城”借阅服务进社区等活动。

（蒋　颖）

【特色阅读阵地建设】 2022年，区图书馆推进特色阅读空间建设，新建遇览书屋、凯书房、闸弄口红梅社区图书室、晓荷书房、小营红书房、山蜂书馆、清廉主题分馆。与浙江海警局共建“强军书屋”，书屋位于秋涛北路，面积300平方米。全区新增南星·有意思书房、新

南星·有意思书房（摄于2022年）（南星街道 供稿）

侨·有意思书房、杭州书房·小院书房、凯旋邻里书房4家杭州书房，分别位于复兴南街130号、解放路226号（杭州新侨饭店大堂）、解放路18号、景中路与景文路交叉口凯旋邻里中心。其中，新侨·有意思书房承担浙江省第十五次党代会代表阅读服务。至年末，全区建成开放杭州书房21家，其中南宋书房入选首届“浙江最美公共文化空间”之商圈文化空间。南宋书房坐落在南宋御街鼓楼脚下，由普利兹克建筑奖获得者王澍整体设计，风格优雅简朴，迎合宋韵中“简”的风格，是一家“复合业态书店”，集宋韵相关图书集中陈列，艺术、考古、历史方向下的文化活动的开展，宋韵文创产品的研发、销售，宋韵相关图书策划出版，宋韵主题邮局及新媒体传播于一身。全年该书房开展亲子课堂、展览讲座、文艺培训、非遗体验等文化活动516场。新建望潮路行政服务中心3楼流通点，派送宋韵主题、政治、历史、文学类图书和绘本1500册。

（蒋　颖 施芳人）

【首批“杭州邻里图书馆”揭牌】 2022年12月14日，“杭州邻里图书馆”项目启动暨首批试点授牌仪式在红梅社区“幸福邻里坊”举行。活动现场为20家邻里图书馆授牌，成立“杭州邻里图书馆”志愿服务队和共富专项基金。“杭州邻里图书馆”项目立足完善全市公共图书馆服务体系，深入社会化合作、提升公共阅读服务、助力全民精神富有。重点推进一批建在小区或楼盘的邻里图书馆，将其纳入全市公共图书馆服务体系，将公共图书馆服务延伸至市民群众身边，打通公共阅读空间覆盖的“最后一公里”，提升市民获取公共文化服务的满意度和幸福感。年内，上城区有13家“杭州邻里图书馆”面向市民群众开放。

【图书流通服务】 2022年，区图书馆总流通量161.6万册（次），平均每天流通4427册（次），馆藏图书包含文学、哲学、艺术、生物科学、医药卫生等类别22种。年度新增图书5.8万册、1.94万种，馆藏图书增至58.4万册、19.9万种。编辑完成“新书、好书推荐”50多期，推出各类当季图书100多种。全年区图书馆流通人数135万人次，平均每天到馆3698人次。

【图书借阅服务模式创新】 2022年，区图书馆总馆借还图书30.14万册，分馆借还图书131.46万册，合计161.6万册。年内，推出“一键借阅快递到家”“你选书我买单”等借阅模式。开展“阅暖上城”新书进社区活动25场，服务居民读者6000多人，借阅图书2万余册。线上“一键借阅，快递到家”借出图书9510册。

【全民阅读推广】 2022年，区图书馆围绕打造宋韵第一品牌，开展“品千年宋韵·迎时代亚运”2022年杭州上城区诵读嘉年华活动、“书香上城，我是领读人”荐书短视频、名家讲座系列、全民阅读进基层、“阅暖上城”借阅服务进社区等活动。全年举办讲座176场次、展览78场次、培训232场次，参与570.25万人次。“品千年宋韵·迎时代亚运”2022年杭州上城区诵读嘉年华活动通过中国蓝TV、“抖音”双平台进行实时互动直播，“浙江之声”、浙江新闻广播双平台对活动前、中、后组合宣传，总曝光量560万余次。活动获《人民日报》客户端、新华网、《央视新闻》客户端、“央视频”等10多家主流媒体报道。“书香上城，我是领读人”荐书短视频活动邀请作家、校长、热心读者、书房书吧主理人等15人，分享阅读感悟，助力“书香上城”建设，共促精神共富。其中，2篇宣传报道被“学习强国”浙江学习平台录用，15篇被推送至“上城发布”App、视频号、公众号。

（蒋 颖）

【乡村（社区）博物馆创建】 2022年，上城区开展乡村（社区）博物馆创建工作。将全国爱国卫生运动纪念馆、夏衍旧居作为创建重点，对编制规章制度、藏品清单、展品标牌予以指导，开展讲解和管理业务培训，保障场馆完成建设水平和服务质量提升。5月15日，上城区的中共杭州小组纪念馆、全国爱国卫生运动纪念馆、夏衍旧居入选杭州市第一批乡村（社区）博物馆名单。

【流动博物馆进校园】 2022年4—11月，上城区举办2022年“学习夏衍精神，争做钱塘好少年”青少年“第二课堂”系列活动。活动设“夏衍杯·宋亚双Yun”微电影大赛、图片展及第十二季快乐竞赛活动。图片展结合快乐竞赛活动举行，设置夏衍文化、文物保护、海塘文化、宋韵文化和亚运知识5个板块，以流动博物馆形式进入杭州市崇文实验学校、杭州市夏衍初级中学、杭州采荷第二小学教育集团等20所学校，向学生普及全面的文博知识，受益学生6万人。

（姚 倩）

文化市场管理

【概况】 2022年末，区文广旅体局管辖企业872家，其中旅行社203家、旅行分社16家、广播电视节目制作经营单位165家、高危险性体育项目经营单位93家（游泳90家、攀岩3家）、娱乐场所90个（歌舞73个、游艺11家、剧本娱乐6个）、互联上网服务营业场所83个、艺术品经营单位81家、演出经纪机构45家、网络文化经营单位41家、文艺表演团体22家、校外培训机构12家、演出场所9个、文物经营单位7家、地面卫星接收设施经营单位3家、互联网视听节目经营单位2家。区文广旅体局围绕文化内容、场所实体和新冠疫情防控3个安全目标，推进“大综合一体化”行政执法改革。区文化市场行政执法队与区文广旅体局实行“局队合一”体制，在区文广旅体局增挂牌子。区文化市场行政执法队以区文广旅体局名义，统一行使文化、旅游、文物、新闻出版（版权）、广播电视、电影、体育等领域的行政处罚，以及与之相关的行政检查、行政强制等执法职能。年内，重点开展“扫黄打非”五大专项行动及“文旅护航双百日行动”、旅游目的地专项检查、涉养老诈骗等专项整治行动。全年检查文旅市场相关场所5017个（次）；办理行政处罚案件31件，罚没款2.56万元，没收非法物品97件；办理举报221件，均按时办结，群众“满意”率100%；编印执法工作简报375期。年内，区文化市场行政执法队被评为上城区劳动模范集体。

【行业年检年报】 2022年，区文广旅体局开展区属管辖企业网上年报工作，指导文艺表演团体、演出场所、演出经纪机构、网络文化、歌舞娱乐、互联网等8类企业、365家经营单位进行网上年报。指导各经营单位下载、填写、上报，全部实现线上操作，实现“跑零次”申报模式。上报后，用QQ群、电话、微信群发通知等形式对365份上报数据材料进行统计分析，分门别类，甄别登记。

【文化市场政务服务】 2022年，区文广旅体局开展优化营商环境工作，全面提升政务服务质量。推进审批改革，完成政务服务网111个事项的认领、完善工作，完成率100%。群众办事事项均实现“网上办”“掌上办”“跑零次”“即办件”“时间压缩比”“材料电子化率”100%。全年行政审批窗口接待来人来电1.5万人次，办理事项1705件、审批件1053件，完成企业换证300多份，其他事项352件，勘察场所101个，出动人员240多人次。

【文化企业法律培训】 2022年，区文广旅体局联合区公安、消防、卫健、应急管理、交警等部门对辖区网吧、游戏、歌舞、广播电视节目制作、经营性网络文化、游泳、演出经营单位7个类别、280多个场所开展法律培训。参加普法培训人员320多人次。培训发放《娱乐场所管理条例》《营业性演出管理条例》《互联网上网服务管理条例》《中华人民共和国未成年人保护法》等相关法律法规、政策、案例1500多份，收集各类资料350多份，上报普法总结6份。

（朱　仕）

【“双减”专班工作】 2022年，区文广旅体局理顺“双减”工作流转机制，建立局、街道和社区三级网络机制，摸清非学科培训机构底数813家，其中文化艺术类684家、体育类129家。加强“双减”宣传培训，编写《上城区“双减”工作非学科类规范文件资料汇编》材料，成立宣教团，开展“双减”工作推进培训会17次，培训1460多人次。暑期对辖区150家校外培训机构进行专项检查，对存在问题，及时完成现场整改，落实街道社区“回头看”机制。完成“浙里体培”平台体育类教练员审核件601件，纳入“浙里体培”机构65家。

资料

“浙里体培”平台：该平台是浙江省面向体育培训行业的一体化数字化管理服务平台，能通过数字化手段，筛选出符合从业要求的机构和人员等，并实现对机构、人员、办学场地、资金等全方位监管。

【安全生产大检查及平安护航工作】 2022年，区文广旅体局开展安全生产大检查。制定方案，召开会议，指导文旅市场、校外培训机构及局属文旅体场馆全方位开展消防隐患排查。6月10—17日，出动227人次，发放宣传手册200多份，检查场所310个，发现隐患问题41个，其中立即整改31个，责令经营单位限期整改10个。开展护航中共二十大“‘除险保安’百日攻坚”行动，出动460多人次，对娱乐行业、冰雪活动类、酒店、旅游景区、燃气报警装置安装使用情况等进行消防安全百日攻坚行动排查，完成1520家文旅企业安全隐患检查，以及41家文旅企业燃气安全隐患普查。印发《剧本娱乐经营场所新冠疫情防控工作指南》，开展辖区118个密室逃脱和剧本杀娱乐场所专项检查，并召开培训会议。牵头制定《上城区剧本娱乐经营场所管理措施（暂行）》，会同区住建、消防、属地街道、公安、市场监管、安监等部门开展剧本娱乐场所专项检查。完成对文物保护单位的联合检查方案，会同上城消防救援大队、区文物保护中心，对辖区内全国、省级文物保护单位胡庆余堂中药博物馆、凤凰寺等进行联合检查，对存在灭火器、消火栓出水等消防问题进行现场整改。

（袁　明）

【“扫黄打非”工作】 2022年，上城区推动文化市场安全生产工作，规范文化市场健康发展。区文广旅体局围绕“扫黄打非”正道、新风专项行动安排部署，联合公安部门侦办“扫黄打非”类刑事案件2件；联合区文化执法大队查办“扫黄打非”类行政案件8件。11月10日，开展“扫黄打非”进基层工作现场会暨全区“扫黄打非”工作培训会，要求各街道开展宣传教育活动。全年刊发宣传报道近100篇，其中，被国家级媒体采用发布7篇，被省“扫黄打非”微信公众号采用发布6篇。发放海报、书签、展板1万余张，宣传折页3350册，制作主题宣传视频《什么是扫黄打非》，在学校、社区等场所播放，提升群众对“扫黄打非”工作的认知度，自觉抵制侵权盗版等非法出版物及有害信息。推进“扫黄打非”基层示范站点建设，南星街道、笕桥街道2个邮政快递业“扫黄打非”工作站被评为浙江省首批示范标兵。

【软件、新闻出版和电影管理】 2022年，上城区建立完善党政机关软件正版化长效机制，开展宣传培训与线上辅导，形成采购、安装、使用、管理、报废全流程、一体化管理机制。以3年期“场地授权”集中采购模式，给全区3万余台电脑安装正版办公软件，基本实现区级党政机关、事业单位、团体组织办公软件正版化全覆盖。推进版权示范创建工作，万事利集团有限公司成功创建省级版权示范单位。聘请法律顾问，提高区新闻出版局依法行政和依法管理水平。聚焦“最多跑零次”窗口“零投诉”，全年受理行政审批、备案事项151件。落实影院、书店、印刷厂的文化市场安全大排查，做好出版物发行、印刷、电影放映3个行业的年检工作，完成出版物发行企业年检192家、印刷企业年检68家、影院年检21家。

（杨　帆）

文物与历史建筑保护

【概况】 2022年，上城区有各级文物保护单位（点）103家/处（区管54家/处、景区管理49家/处），其中全国重点文物保护单位9家、省级文物保护单位10家、市级文物保护单位（点）35家/处。全区有市政府公布的区管历史建筑8批、182处。全年区文保中心开展全区文物日常巡查946次，发现隐患75个，督促整改45个；主题文物督查发现隐患32个，整改7个。完成每月一次区管文保单位平安上城普法宣传教育。处理七堡大王庙石碑事件，移至杭州海塘遗址博物馆文物库房筹备抢救性保护；处理“平升三级”石碑的征集工作，石碑移至杭州海塘遗址博物馆室外展区展示。编印上城区文物资源手册和2022年《上城文博——宋风物语》杂志，开展文物保护宣传。年内，夏衍旧居文物岗获“浙江省巾帼文明岗”称号；杭州海塘遗址博物馆获评杭州市廉洁文化教育基地、杭州市儿童友好实践基地、上城区首批宋韵文化家庭亲子活动体验点等6项荣誉。

（关佳晶　姚　倩　李静娴）

【文博事业发展】 2022年12月，浙江省文物局发布《浙江省文博事业发展水平评估指标数据》。上城区作为杭州主城区，首次参与省文博事业发展水平评估。在全省90个县（市、区）中，上城区以总分88.38分的成绩居浙江省第5位、杭州市第2位、杭州主城区第1位。上城区从加强顶层设计、加大文博事业投入、完善组织机构建设等方面，建立健全与城区地位相匹配的文物工作体系，促进全区文博事业健康发展。

【《上城区人民政府关于进一步加强文物工作的实施意见》制定】 2022年，上城区贯彻国家和省、市关于加强文物工作的部署要求，筑牢文物安全防线，提升文物工作管理水平，制定《上城区人民

南宋德寿宫遗址博物馆（摄于2022年）（林之江 摄）

政府关于进一步加强文物工作的实施意见》，并于11月18日起施行。该意见谋划上城区远期文物工作目标，针对文物工作重点事项进行具体施策，指导上城区进一步健全和落实文物安全责任，完善文物安全管理体制机制，加强部门协作，加大文物保护及安全防范投入，推进文物合理利用，提高上城区文物工作水平，实现在保护中发展、在发展中保护。

【宋韵精品研学线路视频《行在临安》获市一等奖】 2022年8月，由杭州市园林文物局主办、杭州市文物遗产与历史建筑保护中心承办的“宋韵迹忆”宋韵精品研学线路评比结果公布，由区文广旅体局（区文物局）策划拍摄的《行在临安》获视频组一等奖。该研学路线于5月发布，游客可通过线上形式游历临安城遗址、德寿宫、六部桥、鼓楼等历史遗存。全年有10万人次走读该研学线路。

（关佳晶）

【南宋德寿宫遗址保护利用】 2022年11月18日，南宋德寿宫遗址博物馆开馆，并于11月22日面向社会开放。该馆用地面积2.14万平方米，建筑高度18.6米，露明展示面积4590平方米，于8月完成工程竣工验收，9月进行内部试运营。作为杭州首个规模性展示南宋历史文化的重要载体，南宋德寿宫遗址博物馆的建成获“五个国内首次”的创新性成果，通过遗址展陈、建筑复原和数字展示，向市民、游客展现流转千年风雅宋韵。德寿宫遗址自考古发掘后，历经保护回填、建馆保存和揭露展示等过程，是国内当前原址露明展示等级最高、考古揭露面积最大、复原研究最充分的南宋遗址。为保护遗址，该馆建设严格遵循文物保护基本原则和法律法规，充分考虑地下水、微生物、紫外线等不利条件和因素，使用岩土工程最先进的“TAD”工法（渠式切割装配式地下连续墙施工法）等技术，将遗址本体保护、遗址本体展示与遗址本体监测紧密结合，使南宋皇城建筑基址真实且安全呈现于大众，为未来南宋皇城遗址的保护展示积累第一手资料和经验。年内，南宋德寿宫遗址博物馆接待市民游客2万余人次，接待团队80多批次。

资料

“五个国内首次”：

考古角度上，首次最大面积露明展示等级最高、复原研究最充分的南宋皇家建筑园林遗址；保护角度上，首次最大范围系统保护潮湿环境下的南宋建筑园林遗址；建筑角度上，首次原址原貌原尺度标识展示南宋皇家建筑形体；展示角度上，首次最大规模数字化复原展示南宋皇家建筑园林；传承角度上，首次系统阐释南宋历史文化及文物遗产。

（周　佶）

【历史建筑导则编制】 2022年，上城区为明确历史建筑保护类别、重点保护部位、保护要求及合理利用要求，指导历史建筑日常使用、保护修缮，于9月启动历史建筑导则编制工作。通过公开招投标，确定编制单位为杭州市风土工程设计有限公司。11月，全面展开导则编制工作。编制工作坚持真实性、整体性、可识别性、可持续性原则，按照《杭州市历史文化街区和历史建筑保护条例》《杭州市历史建筑保护使用导则编制纲要》等要求，依据《历史建筑修缮与利用技术规程》（DB33/T 1241—2021）、《历史建筑保养维护规范》（DB3301 / T0338—2021）、《历史建筑保护使用导则编制规范》（DB3301/T0379—2022）等标准规范展开，计划2023年完成编制。

【历史建筑消防巡查】 2022年4—5月，区住建局联合各街道启动历史建筑消防安全摸底巡查。巡查重点检查历史建筑是否按照要求设置应急照明、疏散指示标志，消防车通道是否畅通等；历史建筑内是否违规住人或违规使用大功率电器，是否存在电动自行车违规充电等情况；历史建筑内电气线路有无老化等现象，是否安装漏电保护装置，在危险时刻自动切断电源等；各街道的消防设施设备及消防安全制度建设情况，以及应急救援器材的配备和维护保养情况等。巡查发现消防安全隐患5个，其中4个当场整改、1个报送相关部门维修后整改完成，及时消灭一批安全隐患问题。

（李静娴）

非物质文化遗产保护和利用

【概况】 2022年，上城区非物质文化遗产保护中心锚定“宋韵文化传承展示中心”和文旅融合标杆区的定位要求，全面推进非遗项目的传承与保护。上城区有非遗代表性项目198项，其中人类非物质文化遗产代表作名录1项、国家级非物质文化遗产5项、省级非物质文化遗产23项。非遗代表性传承人116人。省级以上非遗项目数量居杭州市第1位，浙江省非物质文化遗产保护发展指数居全省第3位。11月，上城区非物质文化遗产保护中心加入浙江省非遗保护协会；非遗主题旅游线路“南宋有约传承之旅”被市文化广电旅游局列入亚运城市体验经典线路。年内，完成浙江省非物质文化遗产旅游景区皋亭山风景区（皋城村、沿山村）及省级非遗代表性项目吴山庙会、皋亭山传说的复评工作，以及浙江省非遗曲艺书场试点大华书场、浙江省非物质文化遗产传承教学基地杭州采荷第一小学教育集团的评估工作；完成省级非遗代表性项目杭州金银饰艺、毛源昌疑难光度镜片传统加工技艺、万承志堂中医药养生文化等拍摄记录工程；构建立体化的“宋韵薪传生活体验”品牌矩阵，筹办文化和自然遗产日非遗宣传展示、“宋韵薪传”非遗大观园、杭式宋韵非遗雅集、“指尖上的非遗”、“宋韵上城”少年非遗说故事大赛、“宋风物语”非遗体验、“宋韵薪传”传统工艺人才助力小区开放日等品牌活动，持续做好“可儿学非遗”抖音号的宣传。通过走读上城、展览讲座、互动体验等非遗特色活动，打造非遗雅生活基地，全年举办线上和线下各类活动1000多场，惠及人群100万余人次。非遗助力共同富裕，区国家级非遗代表性项目铜雕技艺国家级非遗代表性传承人朱炳仁、省级非遗代表性传承人朱军岷在衢州市、丽水市松阳县等地建立匠人工坊并运营。宋韵杭绣助力乡村振兴，在湖州德清县莫干山镇成人文化技术学校开展“一针一线”公益项目赋能培训。杭纺制作技艺亮相2022年北京冬季奥运会，国家级非遗铜雕技艺、省级非遗知味观中式点心制作技艺等项目登上中央广播电视总台大

2022年6月9日，主播通过“可儿学非遗”抖音号进行现场带货

（区文广旅体局 供稿）

型文化节目《非遗里的中国》，国家级非遗铜雕技艺连续第8次登上中央广播电视总台除夕主播台。推进上城区非物质文化遗产馆、上城区非遗展示馆艺术分馆暨刘江艺术馆建设。年内，上城区非物质文化遗产馆入选第二批杭州市非物质文化遗产体验点、上城区青少年学生“第二课堂”活动基地、上城区“巾帼文明岗”。全年两馆开展各类非遗线上和线下活动近100场，接待观展近1万人次。

【“宋韵薪传”传统工艺工作站和4个非遗工坊入选省首批创建名单】 2022年3月8日，“宋韵薪传”传统工艺工作站入选浙江省首批省级传统工艺工作站（创建）名单。该工作站由区文广旅体局建立，区非物质文化遗产保护中心执行，杭州万事利丝绸文化股份有限公司、杭州龙宝堂青瓷艺术馆有限公司、杭州南宫秀文化创意有限公司共建。“宋韵薪传”传统工艺工作站依托上城区作为南宋皇城遗址所在地的区域优势，以区非物质文化遗产馆为载体，联动全区14个街道，布局“宋韵+非遗+规划”，有效利用传统技艺、传统美术、传统医药等非遗代表性项目，开展非遗项目研究、产品开发、宋韵IP品牌活动打造、“宋韵薪传”非遗研究与成果转化运用等工作内容。6月，“杭罗织造”“铜雕技艺”“金石篆刻”“杭州刺绣”4个非遗工坊入选省级非遗工坊（创建）名单。

【文化和自然遗产日非遗宣传展示活动】 2022年6月9日，上城区2022年文化和自然遗产日启动仪式暨“指尖上的非遗”创意产品“宋韵·薪火”发布活动在湖滨88开幕。活动通过线上直播和线下体验相结合的方式，搭建传承平台、创新方式方法、汇聚社会力量，使非遗文化在传承中绽放，焕发出新活力。现场，上城区14个街道“宋韵薪传”非遗工作站点挂牌；首届“宋韵上城”非遗故事大赛组织奖颁奖；公布10个“宋韵薪传”非遗“潮”榜（宋酒、宋瓷、宋锦、宋艾、宋香、宋茶、宋笔、宋鞋、宋扇、宋服）；宋韵服饰文化研究中心挂牌成立；“宋潮”大秀首发，沉浸式体验宋代风华衣裳的穿越之美和传承之韵。其中发布的“指尖上的非遗”创意产品“宋韵·薪火”非遗联名款产品在45分钟直播时间内销售额超过20万元。该活动在“央视频”等平台同步直播，点击量超过20万次，获新华社、《浙江日报》、浙江电视台等近30家主流媒体报道。分会场活动开展“千年宋韵”线上和线下活动，包括“非遗陪我过六一”、“书场邀您听‘宋韵’”、非遗游线“微旅·宋风”、“宋韵·薪火”展等。文化和自然遗产日期间，全区各街道开展各类非遗活动43场次。

【上城区新增11项市级非遗代表性项目】 2022年9月9日，杭州市人民政府公布《第七批杭州市非物质文化遗产代表性项目名录》，上城区上榜11项，数量居全市第1位。上榜的11项市级非遗代表性项目分别是明目导引功、王润兴烹饪技艺、火柴制作技艺、陆锦泰戏鞋传统手工制作技艺、钱币拓印技艺、宁式大面制作技艺（虾爆鳝过桥面烹制）、香曲传统酿酒技艺、锔瓷技艺、利济堂醪醴食疗炮制技艺、点茶、童蒙教育习俗。

2022年6月9日，上城区2022年文化和自然遗产日启动仪式现场，宋韵服饰文化研究会挂牌成立　（区文广旅体局 供稿）

【非遗人才培育】 2022年，上城区加强非遗人才培养，制定并实施《杭州市上城区人民政府办公室关于加强非物质文化遗产保护扶持的实施意见》，对列入上城区非物质文化遗产代表性项目保护名录的代表性项目和代表性传承人进行各项补助；制定并实施《关于推进上城区文化产业发展的若干意见》，明确作品获非遗类等国际（国家）级、省级知名权威奖项的奖励。年内，组织南宋官窑博物馆与浙江机电职业技术学院开展学徒制传授，培养高职类陶瓷从业人员80多人。杭州刺绣省级非遗代表性传承人金家虹获评第8届中国工艺美术大师。铜雕技艺省级非遗代表性传承人朱军岷获首批浙江省正高级工艺美术师职务任职资格。省级非遗代表性传承人俞康发、金家虹、金益荣、吴莹、陈明珠、宋胜林、蒋明入选“学习强国”进校园人才库。

【杭州市非遗曲艺书场系列活动】 2022年7月22日，“宋韵留声，杭城记忆”杭州市非遗曲艺书场系列活动启动仪式暨大华书场成立70周年曲艺专场在上城区青年路48号大华书场启幕。活动由市文化广电旅游局主办，区文广旅体局、湖滨街道承办，区非物质文化遗产保护中心执行承办。大华书场成立70周年庆典专场以杭州小热昏、苏州评弹、绍兴莲花落、相声、快板等经典曲目、新品佳作献礼中共二十大，展现大华书场70年传承保护曲艺类非遗项目的成果。全年大华书场演出800多场次，接待观众近10万人次。

【“少年非遗说”浙江传说故事讲述大赛总决赛】 2022年11月19日，第5届“少年非遗说”浙江传说故事讲述大赛总决赛暨颁奖典礼在南宋御街举行。该活动由省文化和旅游厅主办，省非物质文化遗产保护中心、区文广旅体局、浙江省非遗文献馆浙江《山海经》杂志社承办，区非物质文化遗产保护中心执行承办。大赛自3月启动报名后，参与选拔报名2.12万人，其中上城区参加人数在全省城区中最多。该比赛根据讲述故事的内容分为大运河诗路、钱塘江诗路、浙东唐诗之路、瓯江山水诗路4条诗路进行，有40名小选手参与总决赛。经过角逐，每条诗路评选出特等奖2人、一等奖4人、二等奖4人。区文广旅体局获评优秀组织奖。

【“宋韵薪传”非遗大观园活动】2022年11月18—20日，“宋韵薪传”非遗大观园

2022年11月18—20日，“宋韵薪传”非遗大观园活动在鼓楼、打铜巷、河坊街东口举行。图为展品“宋韵十里红妆”（区文广旅体局 供稿）

活动在鼓楼、打铜巷、河坊街东口举行。该活动由区文广旅体局、上城国投集团主办，区非物质文化遗产保护中心执行承办。该活动设有展位60个、主题打卡区域10个、舞台3个，举办非遗雅集10多场。活动通过“央视频”、新华云、杭州电视台等平台直播，线上点击量超过1000万次。连续3天，线下参与人次超过2万人次。

【“非物质文化遗产进校园”活动】 2022年，区文广旅体局设立专项经费，联合区教育局开展“非物质文化遗产进校园”活动，促使非遗代表性项目进入50多所大学、中学、小学校园。举办“宋风物语”系列活动，开展南宋官窑烧制技艺、萧山过江布印染技艺、锔瓷修复、油纸伞制作技艺、棕编技艺、点茶等技艺展示与体验活动600多场，惠及1万余人次。指导杭州采荷第一小学教育集团完成省文化和旅游厅组织的浙江省非物质文化遗产传承教学基地的评估工作。指导杭州市紫阳小学——童蒙教育习俗成功申报市级非物质文化遗产代表性项目。

【全域非遗旅游新模式打造】 2022年，上城区聚焦旅游、文创、商业等领域，强化非遗跨界融合，培育形成新的经济增长点。胡庆余堂中药博物馆被认定为2022年浙江省中医药文化养生旅游示范基地；非遗企业杭州金星铜工程有限公司获省文化和旅游厅认定的“2022年浙江省文化和旅游企业梯度培育计划领军企业”称号；暄和·吴山居获评首批杭州市非遗特色酒店。非遗主题旅游线路“南宋有约传承之旅”被市文化广电旅游局列入亚运城市体验经典线路。上城区爱宋吧（宋韵文化聚落）、杭州皋亭山宋韵文化馆、杭州八卦田遗址公园入选杭州市宋韵生活体验点。

（许柳雅）

档案工作

【概况】 2022年，区档案局、区档案馆聚焦主责主业，强化档案基础和体系建设，在奋进“两个先行”和加快建设独具韵味的国际化现代化共同富裕典范城区中发挥档案资政育人作用，统筹推进档案馆新馆建设、基层档案室建设、档案数字化改革和档案业务指数评价等工作，联合杭州海塘遗址博物馆举办“浙江铁路百年记忆”展览，组织开展系列材料编研，提升档案治理能力，推进档案数字化工作，夯实档案基层基础。加强档案人才队伍建设，提升业务能力素质，区档案馆青年干部刘吴昌、陈曦通过档案资料查找、收集与整理，分别在上城区“红色根脉”主题征文活动和“廉洁好家风主题教育活动”中获一等奖。年内，区档案馆接待档案查阅4878人次，查阅档案8609卷件次，下载复印档案3.54万页；接收10家立档单位文书档案1.9万件、专业档案18卷78件、婚姻档案1.71万件、会计档案582卷、实物档案12件，接收电子档案176.8GB。

【档案宣传活动】 2022年6月，区档案局、区档案馆在第15个国际档案日期间，以“喜迎二十大，档案颂辉煌”为主题，开展系列宣传活动。开展“点亮辉煌”档案走进社区、走近百姓宣传活动，局（馆）领导带队到四季青街道运新社区开展档案宣传活动，以党史档案宣传、档案业务咨询、家庭档案讲解、文创品发放等方式讲好党的故事，弘扬档案文化，让档案走进社区、走近百姓。开展“回首辉煌”改革开放档案史料编纂活动，成立专题小组挖掘上城区改革开放相关档案，为改革开放史料的编纂提供第一手资料。开展“铭记辉煌”红色档案资源归集、专项保护、专题宣传等活动。开展“守护辉煌”线上档案普法工作，利用微信公众平台、工作群，推送档案相关法律法规、管档治档经验做法等知识信息，扩大档案宣传覆盖面，提升全民档案意识。11月，区档案局、区档案馆档案宣教点在四季青街道钱塘社区“幸福邻里坊”挂牌。通过“幸福邻里坊”项目，构建学校、家庭、政府、社会一体化的宣教体系，普及档案法律知识，传播档案文化。

【档案培训】 2022年6月16日，区档案局、区档案馆组织开展2022年度档案业务培训，全区各立档单位办公室主任及档案员150多人参加。培训主要围绕新修订的《中华人民共和国档案法》、档案整理实务、档案数字化加工、专题档案制作、档案进馆移交和档案年检工作等内容，由区档案馆科室负责人集中讲解业务规范和实践疑难问题，统一回答基层档案员工作实践中遇到的普遍性问题。7月22日，区档案局、区档案馆响应辖区企业需求，定制培训内容，深入企业服务，组织业务骨干到杭州市水务集团有限公司开展2022年度档案管理培训辅导。

【档案执法年检】 2022年区档案局、区档案馆推进档案执法年检工作。5月31日，区档案局印发《关于开展2022年全区档案执法年检工作的通知》，明确年检内容和标准；10月21日，印发时间表，明确年检具体安排。11—12月，局馆组织全区71家立档单位开展档案执法年检，通过线上检查、现场抽查、整改反馈和评分核定，确定考核结果优秀28家、良好30家、合格13家，无不合格单位。及时发现各单位在档案工作中存在的问题，指导帮助解决相关问题，不断提升全区档案工作质量，为“十四五”期间各单位达标省级档案室业务建设评价奠定基础。

【档案数字化】 2022年，区档案馆推进“增量电子化”和“存量数字化”工作，持续开展政务事项电子文件归档，持续接收、整理新冠疫情防控、脱贫攻坚等专题档案数字化副本，并汇交市档案馆。持续开展公共数据“全量全要素”归集、IRS系统编目等工作，搭建档案资源建设档案接收、档案利用等6个跑道，探索机关“查档直通车”，开发“数字档案管理服务一体化平台”，促进各类电子文件应归尽归，电子档案应收尽收。

【档案安全检查】 2022年，区档案局为加强档案安全保密工作，确保档案实体和档案信息安全，开展全区档案安全自查和档案服务企业相关资质核查工作。加强立档单位档案库房设置与管理，对档案库房进行全面安全检查，指导新建单位库房设置，督促存在安全隐患或不符合面积等要求的单位进行新建或改造。6月30日，区档案馆接受市档案局档案安全执法检查，工作获市档案局肯定。

【档案室业务建设】2022年，区档案局根据《杭州市档案事业发展“十四五”规划》要求，组织各单位对照《浙江省档案室业务建设评价办法》开展基层档案室业务建设，从体制机制、设施建设、业务建设、信息化建设、违法违纪行为、工作亮点6个方面进行自评。12月，区档案局组织有关专家对申请档案室业务建设评价的单位进行测评，按照档案室业务建设评价标准，通过问询、实勘、抽查、核对等方式，进行等次评定。经测评，区委办公室、区市场监管局、区教育局3家单位的档案室创建为“省级良好档案室”。

（温泮婧）

上城区社会科学界联合会

【概况】2022年，区社科联联合全区各单位，开展“宋韵”主题的项目建设研究。与“西湖之声”电台合作，策划录播《夜听宋韵》栏目64期，同步走进上城区小学校园广播站，被省、市社科联微信公众号和“学习强国”浙江学习平台、杭州学习平台连载宣传。开启宋韵通俗读物创作计划，编撰《感悟宋韵文化》论文集，启动《左手临安右手杭州——一座城市的千年宋韵》儿童绘本创作，联合出版“藏在宋画里的两宋史”丛书，其中后两项成果获省社科联社科普及课题立项，相关工作经验在第2届宋韵文化节主题论坛系列活动中交流发布。发行《钱塘江文化》月刊，每月分发3000万册，同步上线配套电子期刊。运营“钱塘江文化”微信公众号，每周推发原创文章5篇以上。开展社科传播，出版《江南有条钱塘江》绘本，赠阅全区小学1万余册，并获省社科普及课题立项。更新“尚书房社科三分钟”专栏，策划“亚运和上城地名故事”专题，推发稿件60多篇，获“杭州社科发布”微信公众号连载转发。系统梳理上城文脉，编纂完成《浙江文史记忆丛书（上城卷）》。坚持“学术数字化”理念，丰富“云上科普矩阵”。推进数字文化改革项目，联合开发“云上宋韵”应用场景。邀请专家走进直播间，开展“智者面对面——尚城社科直播间”活动。联合团区委打造“青研荟”青年社科人才学术活动品牌项目，为基层学术发展破题，厚植社科人文土壤。开展社科普及周主题活动，联合杭州西湖国学馆，完成省社科普及重大课题“唱享诗经”成果发布。年内，区社科联被省社科联评为区县级社科联优秀单位。

【“青近社科”青年社科人才学术活动】2022年，区社科联联合团区委，牵头打造“青近社科”青年社科人才学术活动品牌项目。11月22日，举办首期活动，以《宋韵文化简读》读书沙龙为主要载体，邀请省社科院有关专家等与青尚新语学社成员研讨互动，为基层学术发展破题，厚植社科人文土壤。

【“智者面对面——尚城社科直播间”项目】2022年，区社科联联合浙江省钱塘江文化研究会，以宋韵文化为主题，开展“智者面对面——尚城社科直播间”项目。该项目以社科专家进直播间进行主讲和互动形式，大众化传播宋韵文化。年内，邀请林航、安蓉泉、周膺、秦东旭、寿勤泽等专家到直播间开展活动10次，场均收看10万余人次。

【“夜听宋韵”项目】2022年，区社科联与西湖之声合作，开设《夜听宋韵》电台栏目，每周五播出，每期时长约6分钟，全年播出50期。该栏目以电台主播专业的讲述方式，结合当下节日、节气、纪念日、事件等热点，跳出传统地域、时间界限，从宋韵的不同角度，以历史发展观视角，突出中华文明发展至宋代的文化现象、价值和影响，呈现宋韵之美，传递宋韵文脉贯通古今的时代价值。

（崔 然）

上城区文学艺术界联合会

【概况】 2022年，区文联深入学习贯彻中共中央总书记习近平有关文艺工作的重要讲话精神，围绕做活“宋韵文化传承”特色活动、做优“文艺播种”志愿服务、做实基层“文艺之家”阵地建设和街道文联组织建设等方面，为加快建设独具韵味的国际化现代化共同富裕典范城区提供文艺滋养。

【主题文艺活动】 2022年，区文联围绕学习宣传贯彻中共二十大精神，开展“艺心向党传根脉，追随足迹采风行”走读创作惠民活动、“翰墨书金句·礼赞新时代”二十大报告“金点金句”书法创作展，以及理论学习、基层宣讲、文艺创作等学习实践活动。聚焦迎亚运、承宋韵、助共富等中心工作，发挥文艺家优势特长，线下举办“宋韵遇亚运，共富看上城”迎新春摄影活动、“喜迎亚运盛会，讲好上城故事”主题征文活动、“迎亚运、承宋韵、助共富”清廉主题书画作品展、“颂廉于行”摄影活动、“创共富·迎亚运”主题书画篆刻作品展、“强国有我，文明有礼”朗诵大赛、“同走共富路，诗咏颂党恩”红色经典咏诵会、“携暖同行，艺起迎新”文艺演出等活动14场，线上推出宋词《宋·读》栏目第二季12期。

【文艺志愿服务】 2022年，区文联开展“迎新年、盼亚运、共富裕”文艺志愿服务系列活动。组织文艺家到农村文化礼堂、新时代文明实践中心（站、所）、残疾人服务中心、社区卫生服务中心、敬老院、企业、学校等，开展送文艺演出、送福送对联、拍摄全家福、非遗手工艺制作、曲艺教学、书画作品展览、摄影讲座等活动50多场，艺术家参与文艺志愿服务280多人次，受众1.2万人，满足基层群众多样化、多层次、多方面文化需求。开展“文艺播种”计划，组织艺术家到水墩社区、黎明社区、宣家埠村、沿山村等开展手工艺、曲艺、书画播种项目4个，开展系列教学活动，送课66次，推动“送文化”向“种文化”发展。

【基层文联组织和文艺阵地建设】 2022年，区文联加快推进基层文联组织建设，指导推动湖滨街道、清波街道、小营街道、望江街道、南星街道、紫阳街道文联成立，实现街道文联全覆盖，延伸基层文联工作触角。推进基层文艺阵地建设，全年先后在社区挂牌6个“文艺之家”（杭州钱塘书画研究社、上城区匠心民艺文化传承发展中心、景新书画院、临池阁书法培训中心、大华书场、清波街道党群服务中心），激励基础好、队伍强、能自转、热心公益的文艺两新组织就近、就地为群众服务，打通文艺服务老百姓的“最后一公里”。

【“文艺送万家，文明助共富”志愿服务】 2022年1月14日，上城区“文艺送万家，文明助共富”志愿服务活动启动仪式在丁兰街道皋城村文化礼堂广场举行。活动由区委宣传部主办，区文联、丁兰街道承办。活动现场，来自区曲艺杂技戏剧家协会的文艺家表演快板《看升旗》、杂技《顶缸》、小品《送红包》、相声《杂学唱》、越剧清唱《五女拜寿·奉汤》、魔术《千变万化》、独角戏《我是老司机》等节目。现场，为丁兰街道“最美文化志愿者”颁奖，向丁兰街道道德模范、浙江孝贤、“最美河长”及留杭人员代表赠送书画作品及新春福袋、年历画轴等新年用品。

【“颂廉于行”摄影活动】 2022年8—9月，区纪委、区委宣传部、区文联组织开展

“喜迎二十大，奋进新征程”上城区“颂廉于行”摄影活动，推进上城区廉洁文化建设，推动廉洁文化作品的创作与传播，营造风清气正的良好氛围。活动面向全区干部征稿，旨在运用摄影艺术手段多角度、多侧面反映干部眼中上城区廉洁文化建设新成就。活动收到投稿作品130幅，反映出清廉、勤政、公平、正气等思想内涵。经过初评、复评和终评，最终遴选出获奖作品85幅，其中手机组68幅、相机组17幅。

【中共二十大报告“金点金句”书法创作展】 2022年11月23日，“翰墨书金句·礼赞新时代”——中共二十大报告“金点金句”书法创作展示活动在刘江艺术馆举行。展览由区委宣传部、区文联主办，区书法家协会、刘江艺术馆承办，展期截至12月25日。展览除展出区书法家协会会员优秀作品外，还邀请张耕源、金鉴才、沈浩、高法根、宋涛、楼小东、张勇等区书法家协会顾问，以及江吟、童亚辉等名家参展，展出书法精品60件。

（赵　晨）

卫生与健康

综述

【卫生机构设置】 2022年末，上城区有医疗卫生机构660家（含省、市医疗机构，不含停业医疗机构、筹建机构）。其中，医院50家，社区卫生服务中心（站）124个，门诊部226个，诊所、卫生所及医务室248个。有床位2.32万张，其中医院床位2.28万张。有各类专业卫生技术人员4.02万人，其中执业（助理）医师1.47万人、注册护士2.16万人。

2022年上城区卫生机构和卫生技术人员情况一览表

表16

卫生机构名称	年末实有数［个（家）］	卫生技术人员类别	年末实有数（人）
卫生机构	660	卫生技术人员	40218
医院	50	执业医师	14335
门诊部	226	执业助理医师	408
社区卫生服务中心（站）	124	注册护士	21554
诊所（含卫生所、医务室）	248	—	—
疾病预防控制中心	2	—	—
卫生监督所	2	—	—
妇幼保健院（所、站）	2	—	—
其他卫生机构	6	—	—

【基层医疗卫生健康服务建设】 2022年，上城区卫生健康工作统筹新冠疫情防控和基层健康服务，立足全域，整合资源，打造亮点，促进基层健康服务可及、可感。加快社区基础硬件建设，推进医疗机构均衡布局，着力构建以街道社区卫生服务中心为基础，涵盖慢病管理、中医药服务、妇幼服务3项服务的“1+3”分层分类区域化健康服务体系，打造全生命周期健康服务创新区。年内，启动笕桥街道社区卫生服务

中心新中心提升改造工程、望江街道社区卫生服务中心新中心装修工程、湖滨街道社区卫生服务中心加固及装修工程；完成紫阳街道社区卫生服务中心加固工程、采荷街道社区卫生服务中心及分中心装修提升工程、四季青街道社区卫生服务中心提升工程；丁兰街道社区卫生服务中心同协分中心业务用房交付。通过开展社区卫生服务中心提升改造项目，改善群众的就医环境和就医体验，满足辖区居民对基本医疗、健康体检、预防保健及公共卫生等卫生健康服务需求，以及多层次、多样化的医疗保健需求，全面提升基层医疗综合服务能力。抓实健康城区建设，全国首个国家级商业步行街献血点——湖滨步行街献血点启用；上城区获评“健康浙江”建设先进区，丁兰街道皋城村获评全国示范性老年友好型社区。杨柳郡社区卫生服务站作为主城区唯一站点入选全省首批五星级智慧健康站，“两慢病”（高血压和糖尿病）全周期数智健康管理系统全市推广。率先启动医养结合服务及老年健康服务专项行动，杭州仁馨老年病医院入选第二批国家老龄健康医养结合远程协同服务试点机构。作为全市唯一试点，上城区率先启动“暖心助孕”项目，开设基层生育咨询门诊，省、市、区三级生育困难家庭助孕就医绿色通道初步构建。启动“医育结合”服务，制定《上城区支持普惠性婴幼儿照护服务机构发展相关办法》，“悠悠托”婴幼儿照护服务模式获市领导批示肯定。

【医疗卫生领域“最多跑一次”改革】 2022年，上城区支持大健康产业发展，提前介入、靠前指导、贴心服务，增强审批工作效能，优化营商环境，使群众、企业更有获得感。全年核准发放各类许可证1895家（次），医师、护士执业注册8922人次，工作成效在全市卫生健康行政审批会上交流发言。全年区卫生健康审批窗口被评为“月度金牌窗口”3次，工作人员被评为“月度服务之星”3人次，收到锦旗30面。

【卫生科研】 2022年，区卫生健康局推进医学继续教育和科研工作，开展继续教育与业务培训，提升医师队伍素质。全年各社区卫生服务中心参加浙江省住院医师规范化培训35人，派遣到三甲医院进修19人，参加杭州市全科医生继续医学教育116人，参加社区护士岗位培训45人。完成辖区内496名考生的执业医师资格考试报名工作，以及2022年中高级继续教育合格证申领和审验工作，441人参加西医类继续教育学分审验与申领，94人参加中医类继续教育学分审验。全年医疗卫生机构立项科研项目17项，获取科技专利3项，在各种刊物发表文章18篇。

（仲　玥）

医政医管

【概况】 2022年，上城区医疗卫生管理工作以新冠疫情防控为重点，坚持日常诊疗和新冠疫情防控同步进行，围绕“健康上城”战略开展各项工作，加强医疗质量安全控制。继续与浙江大学医学院附属第二医院、浙江大学医学院附属邵逸夫医院开展战略合作，通过进修、培训、讲座等学习模式，提高基层医务人员技术水平，实现优质资源下沉，践行共同富裕示范区建设。全年邀请浙江大学医学院附属第二医院专家开展“基层医院急救培训”“医疗文书的规范书写”“各类甲状腺的临床诊断和治疗”等专题讲座9次。

【医疗质量管理规范化】 2022年，区卫生健康局结合医疗质控检查，依托全区16个医疗质量分质控中心，对辖区各街道社区卫生服务中心和民营医疗机构开展督查。重点检查感染控制与监测、无菌原则及消毒隔离技术规范执行情况、手卫生管理、水处理与医疗废物管理等。对辖区内有血液透析室、新生儿病房、产房、口腔科、内镜室等重要风险点的医疗机构开展全面院感风险排查，筑牢医疗安全防护底线。加强第一类精神药品、麻醉药品管理，全年对4家新办理精神药品和麻醉药品印鉴卡的医疗机构进行工作场地现场审查；开展精神药品、麻醉药品处方权调剂权考核10场，按照管理规范销毁4家医疗机构的过期药品。

【医疗对口帮扶】 2022年，上城区通过医疗帮扶、结对共建、人才交流，携手对口地区推动乡村振兴。年内，区卫生健康局多次组队到四川省甘孜藏族自治州雅江县、剑阁县两地实地调研走访。区疾病预防控制中心与区妇女儿童健康服务中心分别与雅江县疾控中心、雅江县妇幼保健院建立结对帮扶关系。选派10名卫生专业技术人员参加东西部帮扶协作，其中帮扶期7个月的4人、1个月的6人。全年接收5名剑阁县专技人员到浙江大学医学院附属邵逸夫医院、杭州市第一人民医院等医院进行跟班学习，接收2名雅江县专技人员到杭州市第一人民医院跟班学习。针对雅江县“提高执业医师与执业助理医师考试通过率”的目标需求，对接浙江大学医学院继续教育中心开办考前强化培训班2期，落实30名考生到杭州培训，突破雅江县执业助理医师操作考试通过率历年峰值。接收安排剑阁县40多名医疗业务骨干到杭州进行跟班学习。上城赴雅江医疗队收治患者1761人次，全员授课培训15场、开展教学查房114场；上城赴剑阁医疗队完成门诊、急诊831人次，全员授课培训20场、柔性帮扶68次。上城区卫健医疗队做好东西部协作宣传工作，宣传报道在国家级媒体刊物发表18篇、省级刊物发表8篇、市县级媒体发表12篇。

【基层医疗卫生体系建设】 2022年，上城区推进医联体建设，深化省、市、区三级合作联动，邀请省、市级医院专家到基层坐诊，深化医联体内双向转诊。全年邀请省、市专家坐诊2800多次，开展基层医护培训4.57万人次。结合社区实际，加强基层医疗机构专科能力建设，提升基层医生常见病诊治能力与疑难罕见病筛查能力，依托杭州双向转诊系统，实现快速、精准转诊。与杭州市第一人民医院、杭州市第三人民医院等10家医院组建城市医联体，全年实现省市医联体签约转诊31.42万人次。探索“互联网+护理”新模式，统筹辖域医疗资源，引导社会力量共同参与，形成以社区卫生服务中心为基础，社会康复机构为补充的社区康复新格局。

（仲　玥）

疾病预防控制与卫生应急

【概况】 2022年，上城区疾病预防控制工作以新冠疫情防控为重点，加快推进民生工作。完善重大疫情防控机制，开展传染病和慢性病防控，承接并高效高质推动结直肠癌筛查项目、慢性阻塞性肺疾病免费筛查项目等民生项目。

【新冠疫情防控】 2022年，上城区创新“D-PTU”（新冠疫情防控特别机动队）做法，保持卫健、公安、社区等工作人员24小时待命，区、街道两级联动速度保持全市前列。牵头开发“无疫上城”平台，助力最小单元新冠疫情防控，建设管理后台PC端与手机浙政钉应用端、“无疫上城”驾驶舱构成的“一码两端一舱”体系，实现模块集成应用和统一调度。健全杭州东站、城站火车站、高速口“三级联动、站地协同”机制。牵头开展“无疫单元”创建工作，9月，全区建立3个核查验收组，验收成功“无疫街道”14个、“无疫社区”196个，并于10月通过市级复核验收；建立区数据派单平台，打造覆盖全区域、全行业、全人群的“无疫单元”集群。

【免疫规划】 2022年，上城区完成儿童国家免疫规划疫苗接种24.11万剂次，全年儿童接种新冠疫苗75.14万剂次。全年上报、调查处置AEFI（疑似预防接种异常反应）474例，其中一般反应392例、异常反应47例、偶合症26例、心因性反应9例；调查处置急性乙肝、百日咳、AFP病例（急性弛缓性麻痹病例）、疑似麻疹风疹等免疫相关传染病177例；处置学校水痘疫情2起。10月14日、11月7日，上城区分别在紫阳、九堡街道对适龄儿童开展现场调查，各疫苗接种率均符合要求。9月7日，全面启动辖区70岁以上老年人免费接种流感疫苗工作，通过加强组织宣传、畅通预约渠道、设立便民点位等方式加快推进项目进展。11月20日，实现全区免费流感疫苗“清零”，接种疫苗1.77万人，完成率108.8%。

【结核病防治管理】 2022年，上城区登记结核病人445例，其中肺结核病人397例、肺外结核病人48例。肺结核病人中，病原学阳性病人213例、病原学阴性病人150例、无病原学结果肺结核病人7例、结核性胸膜炎27例。2021年肺结核病人转归后，治疗成功率91.5%。全年全区学校及医疗机构发生肺结核疫情7起，均有效控制。3月22日，区卫生健康局联合杭州市夏衍初级中学，开展“世界防治结核病日”校园宣传活动，参与群众320多人，发放口罩500只、折页200张，发放宣传雨伞、签字笔、宣传袋各50份。全年面向各街道社区卫生服务中心开展结核病防控管理培训1场，推动上城区结核病患者健康管理服务项目有效开展，规范结核病人健康管理；完成一年2次对省、市、区医疗机构的结核病漏报检查工作和一年4次基本公共卫生季度督导检查。

【艾滋病和性病防治】 2022年，上城区强化管理HIV/AIDS病人，抗病毒治疗1170例，治疗率93.1%。为阳性告知及流调HIV确诊病例提供自愿咨询检测（VCT）。定期对辖区看守所在押的有高危行为的犯人进行HIV抗体检测，检测357例，均为阴性。对相关外来务工人员、相关男性老年人和相关女性高危人群进行HIV抗体检测，均为阴性。在浙江省杭州第四中学开展“开学第一课”艾滋病知识培训等活动，覆盖150多人。联合杭州市公共交通集团有限公司利用34路“艾心公交”进行为期1个月的城市宣传。至年末，住址为上城区的报告性病病例数2519例，报告发病率224.04/10万。其中，男性报告病例发病率175.96/10万；女性报告病例发病率277.97/10万。报告病例数男女性别比为0.71∶1。

【地方病防治】 2022年，上城区疟疾输入性病例8例，均为境外输入恶性疟；辖区医疗机构报告疟疾病例3例，处置率100%。全区抽查家庭食用碘盐321份，合格碘盐289份，合格碘盐食用率90%。开展孕妇尿碘水平监测，采集孕妇尿样111份，孕妇随机尿碘中位数为151微克/升。开展儿童尿碘水平监测，采集8～10岁儿童尿样210份，尿碘水平中位数为217.5微克/升。

【慢性非传染性疾病防控】 2022年，上城区落实各项社区慢性病综合防控措施，每季度对14个街道社区卫生服务中心慢性非传染性疾病综合防治工作开展督查、整改和指导，开展社区卫生服务中心门诊慢性病报卡信息化建设工作，在全区14个社区卫生服务中心门诊HIS（医院信息系统）系统嵌入慢性病报卡，实现系统提醒、报卡、审核、上报并与市慢病监测平台完成实时对接，全年完成社区慢性病电子化报卡323张。扩展示范区建设的慢性病监测工作范畴，开展COPD（慢性阻塞性肺疾病）人群筛查和病例报告。全年全区发现并建档高血压患者10.81万人，高血压患者规范管理人数7.58万人，规范管理率70.1%，管理人群血压控制率71.3%；发现并建档糖尿病患者3.69万人，糖尿病患者规范管理人数2.58万人，规范管理率70%，管理人群血糖控制率60.9%。高血压高危人群登记管理数3.31万例，健康管理率3%；糖尿病高危人群登记管理数2.84万例，健康管理率3.1%。

【消毒质量监测】 2022年，上城区对部分区属医疗机构的消毒质量进行监测，选择1家区级医院及5个社区卫生服务中心作为监测对象，监测内容为各医疗机构内口腔科、病房、输液室、检验科等重点科室的室内空气、物体表面、医务人员手卫生、使用中消毒液、自备医疗用水（口腔科漱口水、手机喷水及其他诊疗用水）、医疗机构污水等指标，采集样品71件，合格62件，总合格率87.3%，不合格项目主要为医务人员手卫生和污水总余氯。抽查辖区内100人以上托幼机构5家，监测项目包括室内空气、工作人员手卫生、环境物体表面、食（饮）具等，采集样品110件，合格103件，合格率93.6%，不合格项目主要为物体表面和工作人员手卫生。开展重点行业消毒质量监测，选择1家养老机构和1家宾馆作为监测对象，监测项目为物体表面、工作人员手、空气、使用中消毒液、公共用品用具等，采集样品20件，合格18件，合格率90%，不合格项目主要为养老机构工作人员手卫生和宾馆公共用品用具。

【医疗废物及医院污水处置现状调查】 2022年，上城区开展医疗废物集中处置和污水处理情况调查，覆盖辖区各级各类医疗卫生机构215家，其中疾病预防控制机构1家、区级医院1家、社区卫生服务中心14个、社区卫生服务站97个、民营医院102家。全区全部医疗机构的医疗废物均由大地维康医疗环保有限公司回收集中处置，集中处置率100%，未发现医疗废物不处置或自行处置情况。全部医疗机构均配备污水处理设备并开展定期监测，污水处理方法以氯化法、二氧化氯法、活性氧为主，污水处理率100%。对7家医疗卫生机构进行采样检测，监测项目为余氯、粪大肠菌群、肠道致病菌等，采样7件，合格3件，合格率42.9%，不合格项目为余氯。

【职业卫生监测】 2022年，上城区完成家具生产、汽车维修、印刷等五大类35家企业用人单位职业病防治基本情况调查和工作场所职业病危害因素浓度（强度）监测。全年辖区报告疑似电光性眼炎1例，职业中暑2例、其中死亡1例，报告农药中毒病例10人，均为非生产性中毒（生活性误服5例，生活性自服5例）。辖区内职业健康体检机构（杭州职安门诊部和杭州城东医院）上报职业健康体检个案卡3.65万份，实际体检人数3.65万人次，个案卡上报率100%，2家体检机构按要求完成省系统个案卡端口对接改造。区疾控中心对6家企业开展现场职业危害情况调查，对场所存在的矽尘、电焊烟尘、锰及其无机化合物、二甲苯、乙苯和噪声等职业病危害因素进行监测，调查和监测结果输入职业健康风险评估软件系统，利用美国、英国、新加坡等国家的有关评估方法进行风险评估。对全区截至2021年末报告的职业性尘肺病患者进行随访和回顾性调查，完成39名尘肺病患者随访，随访率100%。

【学校卫生监测】 2022年，上城区对辖区138所中小学校（校区）、12.24万名在校中小学生开展体检，体检率100%，对15家体检单位现场督导覆盖率100%。体检结果显示，辖区中小学生身高下等0.3%，身高中下等4.4%；营养不良5.4%，超重16.4%，肥胖13.3%；视力不良63.4%；龋患率29%；脊柱弯曲2.4%。对9所常见病监测点学校的2453名学生开展近视调查，筛查出近视学生1332人，总体近视率54.3%。

【食源性疾病监测】 2022年，上城区辖区省、市级医疗机构和14个街道社区卫生服务中心均有食源性病例报告。设置浙江大学医学院附属邵逸夫医院和杭州市第一人民医院为病原学监测点医院，采集299例病例粪便样本进行食源性致病菌检测，检出阳性菌株90例，阳性检出率30.1%。杭州市第一人民医院和杭州市妇产科医院按要求开展单核细胞增生李斯特氏菌监测工作，全年监测603人次，发现病例2例。

【结直肠癌筛查项目】 2022年，上城区推进年度重点人群结直肠癌筛查项目。项目实施过程中，各街道分别召开项目培训和布置会，与社区卫生服务中心定期会商，反馈项目实施过程中遇到的困难，及时协商解决方法。区卫生健康局、区疾控中心项目办公室对部分街道进行专项督导，交流工作方法和经验，分析研判困难和问题，督促实施进度相对滞后的街道加快工作进度，完成年度工作任务。全区完成问卷调查和粪便潜血试验4.13万人，完成率103.1%；完成5252例筛查阳性对象的规范随访和动员，规范随访率95.8%；实施结肠镜检查1981人，肠镜异常人数996人，肠镜依从率36.1%。

【慢性阻塞性肺疾病免费筛查项目】 2022年，上城区开展慢性阻塞性肺疾病免费筛查项目。项目于6月9日启动，通过明确分工各司其职、专项督导强化质控、交流经验比学赶超等做法推进项目进展，完成慢阻肺问卷筛查7953人，肺功能检查2836人，肺功能检查完成率141.8%，肺功能检查结果A级合格率90.4%、C级以上合格率99.4%，排名均在全市靠前，实现筛查数量质量双达标，提前完成年度慢阻肺筛查任务。经筛查，全区肺功能通气试验阳性255人。上城区选取四季青街道社区卫生服务中心为管理单位试点，报告并管理病例51例，管理高危人群52例。

【口腔窝沟封闭防龋项目】 2022年，上城区落实对全区中小学生开展口腔窝沟封闭防龋补助。2月，启动该民生实事项目，完成学校学生信息采集、工作方案制定。3月，开始对全区各中小学的适龄学生实施窝沟封闭，开展口腔龋齿检查。4—9月，推进该项工作，组织定期复查，在工作中开展“健康行动进校园”“口腔健康知识讲座”“暑假爱牙动起来”及“9·20”全国爱牙日等口腔健康讲座、活动。10—11月，开展中小学生体检的口腔科（牙齿、牙周）检查。11月，完成窝沟封闭情况复查督导、回访调查、项目总结评估等工作。全年对104所学校、1.86万名学生实施窝沟封闭，对2万名学生进行口腔状况检查及复查，在42所学校开展口腔健康讲座。

（仲　玥）

卫生健康综合执法

【概况】 2022年，上城区加快推进卫生健康综合行政执法工作，以群众需求为导向，以改革创新为动力，落实常态化新冠疫情防控督查，强化卫生监督工作，严厉查处医疗卫生、公共卫生等领域违法、违规行为。围绕医疗机构、公共场所、控烟、职业病防治、饮用水、杭州第19届亚运会场馆保障等开展专项监督，立案473件，罚没金额515万余元，其中医疗机构查处大案要案80件，罚款244万余元。

【新冠疫情防控巡查督查】2022年，上城区落实常态化新冠疫情防控督查，发现并督促整改存在问题72个。加强医疗机构疫情防控，实行线上督促自查和线下常态巡查同步走，全年检查各级各类医疗机构3000多家次，约谈存在问题的单位160家。

【学校卫生及托育机构卫生监督检测】2022年，上城区开展学校“双随机”检查16所。对教学环境检测不合格的6所学校做出警告的行政处罚，并对其中2所学校教室前排课桌椅设置不符合标准的，且差值在10%范围以内的行为做出轻微违法行为不予处罚的决定。监督采样二次供水学校10所，发现未煮沸直饮水4所，立案3所。学校自查率98.3%。立案查处未按规定办理托育机构备案的托育机构2家。

【医疗美容行业整治】2022年，上城区开展医疗美容行业整治工作，全年巡查医美机构210家次，立案查处105件，罚没款金额269万余元。从防范院感风险的角度委托第三方检测机构开展手术室院感风险评估，试点开展医美全麻手术备案管理和医美手术在线监测。

【数字化卫生监督执法】2022年，上城区推进数字化卫生监督执法工作。3月，由区卫生健康综合行政执法队研发的宾馆二次供水智慧在线检测系统、人脸识别查验系统、学生身高课桌椅匹配智慧监管系统等10个项目获国家版权局颁发的计算机软件著作权登记证书。作为全省试点项目牵头机构，区卫生健康综合行政执法队创新运用科技手段加强婴幼儿沐浴场所的卫生监管，实现“婴浴无忧”。全省试点项目“智能评查行政执法案件法制评查（稽查）系统”实现主办自评、法制评查、所长审批和定期稽查“一键完成”，助推评查（稽查）工作迈入“无人”化和智能化时代。

（仲　玥）

基层卫生和妇幼保健

【概况】2022年，上城区进一步落实基本公共卫生服务项目，推进基层公共卫生服务均等化、普惠化、便捷化。深化医养护家庭医生签约服务内涵，全年完成医养护一体化签约43.63万人，转诊38.9万人次，建立家庭病床1453张。杨柳郡社区卫生服务站作为主城区唯一站点入选全省首批五星级智慧健康站，“两慢病”全周期数智健康管理系统在全市推广。

【基本公共卫生服务项目推进】2022年，上城区规范实施基本公共卫生服务项目。全年全区建立电子健康档案114.37万份，建档率86.4%，档案动态使用率77.5%，规范化电子健康档案覆盖率69.5%，电子健康档案向个人开放率77.3%。预防接种建证建卡率100%，入托和入学预防接种证查验率100%；早孕建册1.06万人，建册率97.9%，产后访视1.07万人，访视率98.1%，系统管理1.06万人，系统管理率97.6%；新生儿访视1.08万人，访视率99.2%。0～6岁儿童系统管理6.8万人，系统管理率97.8%；眼保健和视力检查覆盖率99.1%。65岁及以上老年人城乡社区规范健康管理服务9.74万人，管理服务率62.4%。管理高血压患者10.81万人，规范管理7.58万人，规范管理率70.1%，管理人群血压控制率71.3%；管理糖尿病患者3.69万人，规范管理2.58万人，规范管理率70%，管理人群血糖控制率60.9%。登记在册确诊严重精神障碍患者6309人，规范管理率96.6%，稳定率近100%。管理肺结核患者355人，管理率97%，患者规则服药率95.4%。登记传染病病例数239例，传染病疫情报告率和及时率100%。65岁以上老年人中医药健康管理12.24万人，管理率

78.4%；0～36月龄儿童接受中医药健康管理服务1.83万人，管理率83.6%。

【医养护一体化签约服务】2022年，上城区以提质扩面为核心，持续深化家庭医生签约服务。全区签约43.63万人，65岁以上老年人、高血压患者、糖尿病患者、孕产妇、0～6岁儿童、结核病患者、严重精神障碍患者、残疾人、失独家庭、特困人群10类重点人群签约覆盖率89.5%，建立家庭病床1453张，开具慢性病长处方68.68万张。在2022年杭州市签约服务绩效评价中，上城区签约居民知晓率94.7%、签约服务满意率98.8%。年内，区卫生健康系统获评省“家医党员先锋团队”2个、省“优秀家庭医生”1人；市“家医党员先锋团队”2个、市“优秀家庭医生”3人、市“优秀社区护士”3人、市“优秀中心主任”2人。

【“优质服务基层行”活动】2022年，上城区以“优质服务基层行”活动和社区医院创建为契机，组织各街道社区卫生服务中心对照标准开展自评，针对薄弱环节进行整改提升。笕桥街道社区卫生服务中心接受“优质服务基层行”推荐标准省级现场评审，南星街道社区卫生服务中心接受社区医院和“回头看”省级现场评审，均顺利通过评审。

【“两慢病”医防融合】2022年，上城区制定《上城区高血压糖尿病全周期健康管理推进分级诊疗改革实施方案》，推进慢性病一体化门诊建设。小营、凯旋、四季青、采荷、笕桥5个街道社区卫生服务中心完成一体化门诊提升改造，梳理诊前服务、诊中服务、诊后管理的服务流程，为“两慢病”患者提供“一站式”规范化医防融合服务。“两慢病”全周期数智健康管理应用全市推广，全区浏览健康处方39.2万人次，打印处方33.74万人次。

【未来社区健康场景建设】2022年，杨柳郡社区卫生服务站作为主城区唯一站点入选全省首批五星级智慧健康站。杨柳郡智慧健康站位于杨柳郡社区朗颐养老服务中心内，依托“健康大脑+智慧医疗”，为居民提供便捷、精准、高效的全人群、全生命周期健康服务。服务站设有智能全科诊室、中医诊室、集成化验室、健康自助区等功能分区，在杨柳郡商业街设置未来健康屋，通过“线上+线下”智慧医疗服务模式满足居民“医、康、养、护”的健康需求。该服务站还提供常见病、多发病、慢性病的预防和诊疗服务，精准预约转诊、远程视频会诊、远程心电B超检查、互联网医院诊疗、云药房等。全年服务42.38万人次。

资料

“健康大脑+智慧医疗”：“健康大脑+”体系是省数字化改革的重要成果之一。该体系整合病历数据、影像数据、健康档案数据等，通过大数据、人工智能等前沿技术与健康医学知识的综合运用，形成区域和全民健康管理的“大脑”和“中枢”，让医疗机构、百姓、政府从中获益；智慧医疗是其中一个子领域，通过打通社区居民的临床与公卫实时数据，通过全民健康红黄绿数字化管理平台、高血压智能监测慢病管理系统、居民就医行为监测分析系统等，解决居民“防未病、治小病、管慢病、转大病”的各层次医疗健康需求。

【参保城乡居民健康体检】2022年，上城区按照《关于做好杭州市参保城乡居民健康体检工作的通知》，对参保城乡居民体检频次和经费补助标准进行规范统一。65周岁及以上参保城乡居民健康体检频次从原来的每两年1次增加到每年1次；其他参保城乡居民健康体检每两年1次。将原农民健康体检老年人每人次50元、一般人群每人次30元的经费标准提高到统一的参保城乡居民健康体检基本标准每人次90元每年。对65岁及以上参保城乡居民全覆盖开展体检政策宣传，对各社区卫生服务中心开展体检业务培训，完善体检服务流程、规范体检质控标准，提高体检服务质量。全年全区完成参保城乡居民健康体检12.54万人，完成年度目标的160.8%。

【重点人群健康管理】 2022年，上城区贯彻落实国家、省、市卫生健康委员会关于开展新冠重点人群健康调查的相关工作要求，于12月6日全面启动重点人群健康状况调查工作。基于区域医疗健康大数据库，结合国家基本公共卫生服务项目老年人健康管理服务、家庭医生签约服务等工作，通过电话调查等方式，完成65岁及以上老年人的健康状况调查4.11万人。坚持“早发现、早识别、早干预、早转诊”，发挥基层卫生专业服务作用，按照分类分级原则，规范开展重点人群健康管理3.1万人。

（仲　玥）

人口健康与家庭发展

【概况】 2022年，上城区优化“三孩”生育及配套政策。全面实施“三孩”生育政策及配套措施，清理不合现行法律法规的规范性文件8个，新修订规范性文件1个，清理社会抚养费征收历史积案6件，审核“三孩”购房家庭166户，开展居民生育意愿调查1036人次，进行人口形势分析及“三孩”生育政策实施效果评估。办理生育登记5810例，其中婚育联办371例、“三孩”生育登记163例。完善全员人口信息库，全员人口信息覆盖率96.2%、准确率99.7%，信访答复238件。全年新建公共场所母婴室5个，提升标准5个。至年末，上城区建成公共场所母婴室88个、移动母婴室10个。

【计生特殊家庭生活扶助】 2022年，上城区依据《上城区完善计划生育特殊家庭扶助制度实施办法》，完善计生特殊家庭全方位帮扶保障制度，新增农村双女户父母为奖励扶助享受对象，动态完善特殊家庭电子帮扶档案。全年核定奖励扶助91人（含双女户17人），特别扶助2247人，生活护理补助836人，市、区公益金补助81户，门诊助医补助报销364人、补助5.29万元，慰问计生困难家庭772户，发放扶助资金2952.21万元。与区数据资源局对接，实现公安、民政、人社、残联等部门户籍、出生、死亡、婚姻、社保、独生子女残疾数据信息网上共享。

【3岁以下婴幼儿照护服务】 2022年，上城区制定《上城区支持普惠性婴幼儿照护服务机构发展相关办法》，启动区普惠性婴幼儿照护服务机构认定工作。按照“属地统筹、政社协同、普及普惠”原则，通过资金奖补、场地支持、专业支撑、综合监管等措施，鼓励引导社会资源参与普惠托育服务，促进托育行业健康发展。扩大照护服务机构覆盖，推进多元化服务建设，全年全区新增婴幼儿照护服务托位783个，其中普惠性托位582个；新建婴幼儿成长驿站15个，其中示范型7个；开展托育机构从业人员培训3场。总结上城试点经验，制定《上城区婴幼儿照护服务医育结合工作方案》，召开医育结合部署会并全域推进。指导社区卫生服务中心与托育机构、成长驿站签约合作，14个社区卫生服务中心与59家已备案托育机构、38个婴幼儿成长驿站签订协议，通过建立儿童健康手册，延伸家庭医

2022年，闸弄口街道海贝托育园通过带量食谱分析平台进行配餐，精细化掌控在园婴幼儿营养摄入　　（区卫生健康局 供稿）

生签约服务触角，为辖区婴幼儿照护服务机构开展巡回指导和讲座，为托育机构婴幼儿提供全面可及的健康服务，实现医疗资源和婴幼儿照护服务的“精准匹配”。作为全国婴幼儿营养喂养咨询指导能力提升培训项目的试点区，上城区率先试点开展医育结合信息化管理，通过系统培训提高基层儿童保健人员母乳喂养咨询指导能力，改善婴幼儿营养状况和健康水平。　（仲　玥）

卫生健康信息化

【概况】 2022年，上城区围绕全省数字化改革“1+5+2”和浙江省卫生健康数字化改革“1314”两个重点，强化数字化理念，深化数字化认知，用好数字化手段，将数字化改革贯穿于常态化新冠疫情防控、检验检查互认共享、省智慧医保建设等工作，推进企业退休人员全市域就近体检数字化改革工作项目，提升基层治理水平，坚守新冠疫情防控基层线，实现辖区卫生健康整体智治、高效协同。

资料

全省数字化改革“1+5+2”：“1”是一体化智能公共数据平台，该平台作为智慧化平台的中枢，将支撑各个层次的应用创新。“5”是党政机关综合智力治理、数字政府、数字经济、数字社会、数字法治5个综合应用。“2”是建构理论体系和制度规范体系。

浙江省卫生健康数字化改革“1314”：指建成1朵安全、可靠、高效的浙江“健康云”，推进常态化疫情防控综合集成应用、“互联网+医疗健康”公共服务应用和“一老一小”数字健康新服务三大项目，打造1个全省统一的卫生健康协同工作门户，迭代升级面向卫生健康行政部门、医疗卫生机构、医务人员、群众的4类卫生健康数字化服务应用，夯实卫生健康数字化基础支撑，创新卫生健康“掌上”办公、“掌上”办事、“掌上”治理，持续放大卫生健康数字化改革整体效应。

【“一码报”疫情防控监督平台功能扩展】 2022年，上城区“一码报”疫情防控监督平台升级改造。该平台实现涉疫问题在线举报，发挥群众力量参与疫情防控。该平台在“在线监督”和“自主申报”的基础上，扩展“疫情防控承诺书”功能，在“浙里办”App和“支付宝”App上线应用，实现“监督—整改—监督”管理闭环。全年该平台签署承诺书2301万份。

【医学检查检验结果互认共享】 2022年，上城区区属15家基层医疗机构（14个社区卫生服务中心+1个区妇女儿童健康服务中心）检验检查信息按照杭州市检验检查结果互认共享智控平台要求完成优化升级工作。医疗机构服务端通过调整优化互认流程，增加院内项目“一键互认”，升级支持“预约开单”等功能，完善互认项目内容，提升全市互认共享工作成效。

【国家医疗保障平台启用】2022年，上城区各街道社区卫生服务中心启用国家医疗保障平台——浙江省“智慧医保”。该平台设计重建辖区基层医疗机构区域HIS系统医保功能，破除全国医保标准不统一、信息不互通、安全性不足等问题，统一标准、统一编码，实现全国医保统一编码。参保人可通过医保电子凭证，在身份认证和授权、医保扫码支付、诊间结算、互联网医院慢病续方结算、医保查询等场景中使用，实现看病、买药“一码通行、无卡就医”。

【企业退休人员体检数字化改革】2022年，上城区推进企业退休人员体检数字化改革。升级改造上城区区域体检系统，对接杭州市全民健康信息平台，完成体检数据整合上传，实现体检预约制。参检形式从凭纸质体检单参检，转变为利用社保卡（身份证）无纸化参检。体检报告从打印邮寄纸质件转变为线上生成电子报告单，并建立可查询的历年健康体检档案。全年企业退休人员体检预约19.61万人次，实际到检12.77万人次。

（仲　玥）

爱国卫生与健康促进

【概况】2022年，上城区爱国卫生运动委员会办公室（简称区爱卫办）、“健康上城”建设领导小组办公室（简称区健康办）以“健康中国”行动、“健康浙江”行动为重点，推进实施“健康杭州、健康上城”战略，推动开展“健康上城”行动。围绕区委、区政府中心工作，探索与城市发展相适应的爱国卫生工作机制，高质量推进一流的国际化现代化健康城区建设，改善居住生活环境，提高人民健康水平，提升群众健康素养。

【爱国卫生工作】2022年7月，上城区召开全区爱国卫生暨“健康上城”工作会议，部署推进全年爱国卫生和“健康上城”建设工作。开展爱国卫生运动70周年宣传活动，营造“文明健康，绿色环保”健康宣传氛围，全年开展健康科普宣传活动80多场，发放宣传资料2万余份。发挥小营巷爱国卫生运动教育基地和示范窗口作用，省、市、区联合打造基于全国爱国卫生运动纪念馆为基础的线上“爱卫云展厅项目”。全国爱国卫生运动纪念馆入选杭州市第一批50个社区博物馆名录。开展今冬明春防蚊灭蚊工作，动员各街道、区爱卫会成员单位开展每月月末周五爱国卫生固定日活动，实地检查街道、医疗单位、社区（村）、医疗机构（站点）、农贸市场、学校、八小行业（小餐饮店、小食品加工店、小熟食店、小美发美容店、小旅馆、小歌舞厅、小浴室、小网吧）、企事业单位等850多家单位、1350多个点位，督促整改问题1870多个。加大控烟宣传力度，区卫生健康局联合区委宣传部、区教育局开展“5·31”世界无烟日宣传活动，发放禁烟标识5.58万份，出动工作人员4591人次。

【病媒生物防制】2022年，上城区组织动员全区开展防蚊灭蚊行动，落实常态化消杀，督促各街道组织消杀公司每周至少开展1次社区外环境消杀作业。开展今冬明春、夏秋季节防蚊灭蚊工作，元旦和春节前夕开展2轮越冬蚊杀灭行动。围绕杭州第19届亚运会保障做好病媒生物防制。开展春秋灭鼠行动，分别于3月、10月召开春秋灭鼠部署会，落实全区性灭鼠工作，全年组织各街道开展灭鼠公益宣传活动30多场，下发粘鼠板1.2万张，宣传海报5000多份。开展区内涉亚运场馆（所）病媒生物防制督导检查，从3月开始实施杭州第19届亚运会保障病媒生物防制专项督查，出动人员340多人次，完成对辖区36个涉赛场所（1个比赛场馆、2个训练场馆、25家官方接待饭店和8个非竞赛场馆）督查全覆盖，建立各场馆病媒保障联络群，掌握场馆底数和联系渠道，组织各单位按照“一馆一策”要求建立病媒生物防制措施，督促涉亚运街道开展病媒生物B级街道创建工作，其他街道按照病媒生物C级标准抓好落实。全年对场馆（保障场所）发放问题整改抄告单30多张。

【“健康上城”建设】 2022年，区健康办根据《省委省政府“健康浙江”建设领导小组办公室关于印发2022年“健康浙江”考核评分细则的通知》，协调各“健康上城”建设领导小组成员单位，完成6轮自评。把“健康上城”列入“负面清单”考核，发挥健康考核指挥棒作用，推进部门协同共建“健康上城”。上城区连续4年“在健康浙江”“健康杭州”考核中获得优秀等次。年内，上城区被省委、省政府评为“健康浙江”建设（2018—2020年）先进区，区卫生健康局被评为“健康浙江”建设先进集体。

【“健康细胞工程”建设】 2022年，上城区培育各类“健康细胞”，其中杭州市健康单位44家、健康促进学校28所（金牌2所、银牌12所、铜牌14所）、区级健康促进机关43家、区级健康企业82家，培育健康家庭2000户、示范健康家庭100户、健康达人30人。组建“一对一”督查专班，采用座谈和实地走访相结合的形式，指导单位找准切入点，把健康创建工作与实际业务、单位文化有机结合，健康细胞创建指导覆盖率100%。

【浙江省第六批健康县区创建】 2022年，上城区申报创建浙江省第六批健康县区。对照浙江省健康县区标准，制定部门责任分解方案，成立健康专家委员会，制定《上城区公共政策健康审查制度》，开展公共政策健康影响评价，梳理近3年部门健康相关政策，4次召开工作部署推进会，制作主题宣传片和案例汇编。11月3日，经过市级3轮督导调研后，上城区通过省级评估验收。

【“健康浙江”行动】 2022年，上城区制定《2022年健康上城和健康行动工作要点》，推进26项“健康浙江”行动、25项“健康杭州”行动落实。召开健康知识普及行动推进会，实施居民健康素养监测，2022年居民健康素养水平提升至44.9%，比2021年提高3%。宣传健康行动实施成果，在《健康中国观察》《浙江新闻》等省级以上媒体刊登上城区“健康浙江”建设宣传报道。年内，推进“中小学健康促进”和“全民健身”2项省级示范行动，申报省级健康浙江行动优秀案例7个、国家健康企业建设优秀案例2个。

（仲　玥）

中医中药工作

【概况】 2022年，上城区提升基层中医药服务能力建设，加强中医药监督管理。全年全区有中医门诊部55个、中西医结合门诊部2个，中医诊所60个、中西医结合诊所10个。医疗机构中医类别执业医师（含助理医师）1853人，其中中医类执业医师1483人、中西医结合类执业医师189人、中医全科执业医师153人、中西医结合全科执业医师28人。全年基层医疗机构开展中医诊疗服务240.8万人次。

【中医药监督管理】 2022年，区卫生健康局依托上城区中医药质量控制分中心平台，加强对辖区各街道社区卫生服务中心和社会办医疗机构中医药质量检查工作，保障医疗安全，提高医疗质量。全年对39家医疗机构开展中医药服务与质量控制检查，检查内容为组织架构、管理制度、中医临床科室建设、实践操作4个方面，对疾病中医诊断和处方开具、中药采购、索证、储存及均帖费用控制进行规范和把控。

【中医药文化弘扬与传承】2022年，上城区发扬中医药健康养生文化，提升群众中医药健康素养，营造良好的中医药事业发展氛围。全区有南星街道社区卫生服务中心的中医妇科（由国家级名中医裘笑梅之子王金生创立，后由其嫡系传人罗杏娟引领）、紫阳街道社区卫生服务中心的针灸推拿科、采荷街道社区卫生服务中心的心脏康复中心、四季青街道社区卫生服务中心的肢体康复科和彭埠街道社区卫生服务中心的中医骨伤科5个特色“名中医名诊室”。组织参加杭州第19届亚运会赛时中医护理适宜技术竞赛，获团体二等奖。结合《中华人民共和国中医药法》实施5周年，全区区属各基层医疗卫生服务机构及社会办中医诊所、中医门诊部利用微信公众号、微博、微信群、短信推送，宣传栏张贴海报，电子屏播放，发放宣传折页等形式开展宣传活动，活动期间，开展义诊活动12场，受益群众2.95万人次。发挥中医药优势，做好辖区中医药学术水平和服务能力传承工作，全年参加传统医学师承备案62人，参加传统医学师承考核57人，其中9人通过考核，获传统医学师承出师证书；选送6名医师作为青年中医骨干、6名医师作为“新苗”中医骨干参加2022年杭州市中医骨干跟师项目。

【中医药基层能力建设】2022年10月31日，紫阳街道社区卫生服务中心针灸科、南星街道社区卫生服务中心推拿科、上城区人民医院针灸科接受“杭州市基层医疗机构中医特色专科（专病）建设”验收，专家组通过听取汇报、查阅台账资料等方式，对上城区3家单位的工作开展情况进行全面评审，均顺利通过验收。上城区以该验收工作为契机，提升基层单位中医药服务能力，通过制定上城区中医药三年行动计划，建设名医专病工作室等，形成具有中医药特色的推广模式和长效机制。

【中医药参与新冠疫情防控】2022年，区卫生健康局加大对全体医护人员在中医药应对新冠疫情方面的培训，提升对中医药有效防治新冠疫情的认识。区卫生健康局对居家或集中隔离的医学观察对象使用中药饮片进行新冠病毒预防；对高危岗位医护人员使用中药饮片或中成药进行预防。疫情期间，通过中成药、中药汤剂、中药颗粒剂、中药茶饮、穴位按摩、艾灸等中医药技术，帮助医务人员、隔离观察对象和社区居民开展中医药预防，服务2.74万人次。

（仲　玥）

精神心理卫生

【概况】2022年，上城区精神卫生综合管理工作和社会心理服务体系建设工作稳步推进。强化精神卫生工作组织保障、经费保障、救助保障等工作，落实辖区精神障碍患者精准管理，依托网格力量进行严密排查，及时纳入管理。对接省、市医院，做好转介，确保时效；强化部门协同，畅通信息，形成合力。全面推动社会心理服务体系建设，依托上城区社会心理服务体系区、街道、社区三级平台，完善新冠疫情心理服务网络，做好各类人群的心理健康宣教和重点人群心理干预服务。

【严重精神障碍患者管理】2022年末，全区在册严重精神障碍患者6309人，检出率

4.8‰，规范管理患者人数6306人，规范管理率99.9%。开展部门联合排查4次，排查130万余人，确诊815人，均纳入社区管理。落实严重精神障碍患者发病报告68份，其中发到辖区外51份、落实辖区内17份。开展多部门联动应急处置严重精神障碍患者87人次，所有处置有效及时，未发生严重精神障碍患者肇事肇祸事件。8—9月，区卫生健康局组织辖区精神科医师到14个街道，面向重点患者监护人开展培训14场，参与家属700多人。辖区9家社区卫生服务机构开设精神卫生门诊，开通严重精神障碍患者服药保障“一站式”服务，1024名患者享受服药政策补助，接待门诊7007人次，发放补助经费44.86万元。全年落实监护补助患者89人，落实看护补贴19人，发放奖补金额45.04万元。对“残疾人之家”的526名精神障碍患者及工作人员开展夏日慰问工作，落实慰问经费5.26万元。组织全区性精神障碍患者防治工作人员培训14场，培训人员520多人次。

【社会心理服务体系建设】2022年，上城区社会心理服务体系三级平台规范运行，开展心理科普、咨询、评估、疏导和干预等服务，推进各类人群心理健康教育。开通区级免费心理咨询热线1条，心理咨询服务160多人次。对辖区内集中隔离医学观察点、封控区、管控区的高危人群开展心理危机干预，心理疏导67人次。区卫生健康局联合区教育局，邀请杭州师范大学心理科学研究院共同开展“童心卫明”心理健康公益科普和筛查项目，全年开展讲座14场，学生心理评估1494人，转介学生45人。各街道依托区社会心理服务体系三级平台开展精神心理宣传活动，开展现场宣传活动18场、义诊服务650多人次、开展慰问600多人次、组织讲座10次、发放宣传资料1.5万份。

（仲　玥）

体育

综述

【体育事业发展】 2022年，上城区围绕杭州第19届亚运会、杭州第4届亚残运会以“办好一个会，提升一座城”理念，坚持项目带动、品牌引领、数智赋能，推动全民健身和文体共同富裕典范城区建设。全区有三级以上社会体育指导员6500人，人均体育场地面积2.2平方米。全区每千人有社会体育指导员3.5人，达到2022年“健康浙江”考核每千人2.6人的标准。整合提升体育社会组织，全区有体育社会团体38个，其中AAAAA体育社会团体3个、AAAA体育社会团体4个、AAA体育社会团体6个，AAA以上达标率超过52.6%。5月，杭州李宁体育园作为杭州市亚运体育公园投入运营；4月，上城区全民健身中心完成移交。

【体育产业发展】 2022年，上城区多举措推动区体育产业发展。8月8日，推出“你运动，我补贴”活动，发放上城区体育场地（杭州李宁体育园、九堡体育中心、柒号主场、钱塘健身工场）消费券近100万元。开展体育产业和校外培训机构调查。“双减”推行后，区文广旅体局联合相关部门单位，采取电话调查、实地调查、问卷调查等方式，对全区所有体育企业、校外培训组织、相关体育协会等130多家单位开展调查。通过“浙里体培”数字化改革项目，调查、摸清全区体育产业底数和校外培训机构，了解掌握体育产业和培训行业的现状、规模、特点，建立区体育产业机构名录库，为宏观管理提供决策依据，推进上城体育产业有序发展。上城区体育相关企业占杭州市体育企业总量的17.1%，助力体育产业消费升级。

【“浙里体培”体育数字化管理服务模式】 2022年9月29日，全省体育数字化改革推进会在省体育局召开，上城区作为杭州各县（市、区）中唯一单位做发言汇报。上城区作为数字化改革项目“浙里体培”试点单位，以“强规范、促发展”为基本准则，按照“谋划—开发—攻坚—推广”的步骤推进，以体育数字化推动全民共享亚运成果。推出“浙里体培”体育数字化管理模式，推动“浙里体培”立项和上架政务云。完成一体化智能化公共数据平台及相关数据自查报送工作。

（傅　蝶）

群众体育

【概况】 2022年，上城区坚持品牌引领，以亚运进学校、进社区（村）、进社团、进机关（企业）“亚运四进”活动为载体，开展各类全民健身活动，营造全民健身新气象。举办杭州高塔竞速赛、中国飞盘联赛（杭州赛区）等具有国际、国内影响力的品牌赛事活动10多项。开展“弄潮”系列赛事活动100场以上，群众参与人数10万余人次。坚持数智赋能，推进体育数字化改革，挖掘全民健身新潜能。策划荷花塘、杨柳郡等未来社区文旅体应用场景方案。上城区“浙里体培”数字化应用场景作为省体育局关于校外培训机构的试点项目，多次在省体育局做经验分享。

2022年11月27日至12月8日，“运动活力健康幸福”杭州市上城区首届“城发杯”社区运动节在上城区体育中心举行 （区文广旅体局 供稿）

【体育场馆公益性开放】 2022年，上城区按照省政府《浙江省公共体育设施管理办法》，落实上城区体育中心、九堡阿里体育中心、丁兰文体中心等公共体育场馆（设施）向社会免费及低收费开放，发挥公共体育场馆的社会功能。全年免费及低收费开放公共体育场馆（设施）6处，受益人群180万人次。全年对全区各街道、社区健身设施实施巡检维护1560处。

【“奔跑吧杭州”2022年城市定向挑战赛】 2022年6月25日，以“全民健身，共享亚运”为主题的“奔跑吧杭州”2022年城市定向挑战赛暨上城区奔跑吧·少年亲子定向挑战赛在上城区举行，吸引550多组队伍、1100多名选手参赛。该定向赛分为A、B、C、D、E 5条线，除上城区体育中心为起点、终点外，另设有杭州博物馆、杭州李宁体育园2个终点。上城赛区突出“宋韵风雅”，在河坊街、杭州博物馆等地点设置一系列游戏，融入宋氏投壶、宋词填空、指南针制作等独具古韵的互动体验，使上城赛区的选手在赛事中感受钱塘江文化和南宋风雅生活。

【杭州市全民健身日主题活动（上城赛区）】 2022年8月7日，杭州市全民健身日主题活动（上城赛区）在上城区体育中心综合馆3楼举行，来自上城区14个街道的社区居民代表参加。活动以全民亚运赋能挑战赛的模式开展，结合杭州第19届亚运会项目，设置“平衡挑战”“核心腰腹”“花式篮球”等八大挑战内容。

（傅　蝶）

【上城区首届社区运动节】 2022年11月27日，“运动活力健康幸福”杭州市上城区首届“城发杯”社区运动节开幕式在上城区体育中心举行。社区运动节由上城区全民健身领导小组主办，区文广旅体局和区总工会承办，区住建局和区民政局协办，于12月8日闭幕。该运动节设有9个大项的比赛，吸引1977名运动员参加，展现“运动、活力、健康、幸福”的理念。社区运动节期间，开展拔河、趣味运动大挑战、排舞、飞盘、篮球、足球、乒乓球、羽毛球和气排球等比赛，设置具有上城地域特点和文化特征的“宋潮运动”，开展“动享宋潮”体育运动项目体验，涵盖投壶、捶丸（迷你高尔夫）、打陀螺、蹴鞠、踢毽子、飞盘、旱地冰壶、趣味运动大体验（足球绕杆、重力深蹲、波速球）、智能下棋机器人和FPV无人机足球等。

（傅　蝶 许红霞）

竞技体育

【概况】 2022年末，上城区有区级少儿体育学校分校5所、区体育特色学校30所、区业训基地12个、市队联办项目学校23所。有国家和省级体育后备人才训练基地5个。其中，国家级1个，为上城区羽毛球训练基地；省级3个，为杭州师范大学东城实验学校排球训练基地、杭州市景芳中学女足训练基地、杭州市江城中学射击训练基地。年内，上城区开展各类体育活动，组队参加省市相关赛事，获优秀成绩。

【体育与教育融合深化】 2022年，上城区通过深化体育与教育融合，注重多渠道培养储备体育人才，促进竞技体育发展。依托少儿体育学校分校、区级体育传统项目学校实现“班班有比赛，校校有训练队”，依托青少年业余训练基地布局继续做强优势项目。年内，区文广旅体局组队参加杭州市中小学生田径运动会、游泳、足球、击剑、羽毛球等项目比赛，获优异成绩。在2022年第17届浙江省运动会比赛中，上城区输送的运动员获奖牌160.25块，其中金牌89.5块，在各区县金牌、奖牌数中居全省第1位。落实运动员省、市注册工作，全年完成省、市学生运动员新注册1078人，为田径、游泳、篮球、足球、排球、击剑、乒乓球、羽毛球等20多个竞技项目储备后备人才。

（林　康）

【中国飞盘联赛·“极氪杯”浙江杭州站】 2022年11月12—13日，2022—2023年中国飞盘联赛·“极氪杯”浙江杭州站在上城区体育中心举行。浙江省16支队伍参赛，其中杭州12支、宁波3支、绍兴1支。该比赛项目为七人制混合团体赛，采用分组循环赛和交叉淘汰赛。经过44场对决，宁波甬士飞盘俱乐部夺冠。

（傅　蝶）

体育设施建设

【概况】 2022年，上城区合理布局区、街道、社区（村）三级公共体育场地设施体系，加快普惠性体育场地设施建设，构建群众身边的全民健身设施网络，实现“10分钟健身圈”。全区学校室外体育场设施全部面向社会免费开放。全年新增绿道15万千米，新增体育场地面积51万余平方米。全年改建体育设施50多处，全区有体育设施2800多处，全区社区（村）全民健身路径100%覆盖，“10分钟品质健身圈”初步形成。全年完成省、市二级民生实事项目10个，建成街道、社区级百姓健身房2个、体育公园1座、全民健身中心1个、多功能运动场2个、“金角银边”（城市空间里的“边角余料”空闲资源）工程4个，区级完成新建、改建健身苑（点）50个；全年维修保护和专管员巡查全民健身苑（点）1800多次，维修540多件。区文广旅体局参与新建小区体育场地配套建设审核工作，依据省居民住宅区公共文化设施配套标准，参加建设项目审查24次，完成3处新建小区体育场地配套建设的审核工作，确保新建小区、老旧小区改建中体育场地面积的需求。

上城区全民健身中心亚运水球训练场馆（摄于2022年）

（区文广旅体局 供稿）

【亚运会场馆建成开放】 2022年，上城区体育中心（亚运足球比赛场馆）、上城区全民健身中心（亚运水球训练场馆）通过2022年第19届亚运会组委会赛事功能验收，其中水球馆绿色智能“最美星空顶”获《杭州日报》等媒体宣传报道。亚运场馆验收完成后，进一步免费开放田径跑道、泳池等设施，分批分类承接全市大型赛事活动及训练保障任务。区全民健身中心自7月免费开放后，举办各类单位团建、居民广场舞等活动32场。上城区以《杭州市体育场馆惠民十条》等文件为指引，在亚运场馆免费对外开放基础上，辐射带动全区公共体育场馆加大惠民开放力度，实施工作日4小时免费开放制度。全区“一园五中心”（李宁体育园、上城体育中心、上城区全民健身中心、九堡文体中心、丁兰文体中心、定安路体育中心）接待健身人群180万余人次，其中免费开放受益30多万人次。

（王雨薇）

【嵌入式体育场地建设】 2022年3月，上城区制定《上城区嵌入式体育场地设施建设三年行动计划（2022—2024年）》，旨在盘活城市的“金角银边”，见缝插针地建设可供全年龄段人群运动健身的公共体育设施。按照计划，上城区3年内需新增嵌入式体育场地面积12.6万平方米，其中2022年新增3.6万平方米、2023年新增4.5万平方米、2024年新增4.5万平方米。人均体育场地面积达到2.8平方米以上，形成“10分钟优享健身圈”。至年末，上城区完成各类嵌入式体育场地设施面积4.65万平方米，新增嵌入式体育场地187个，其中足球场4个、篮球场25个、排球场3个、乒乓球场89个、羽毛球场58个、网球场5个、门球场3个，完成年度任务的129.5%。杨柳郡西公园、艮山运河柒号共富球场、西迪港3楼露台篮球场、钱投·钱唐健身工场4个运动场地投入使用。

（傅　蝶）

社会生活

民政事务管理

【概况】 2022年，上城区聚焦文化、创新和服务3个关键，加强民政事务管理。推进婚俗改革工作，启用区婚姻登记处桃花湖公园新址，推进婚育户“一件事”联办。做好各项殡葬事务，推进殡葬移风易俗工作，落实惠民殡葬和生态安葬奖补政策。有序推进行政区划问题整改和地名数据库提升，更新国家库数据3291条、省级库数据44.7万条。做优地名成果转化，编辑整理书籍《跟着地名读上城》，举办地名宋韵文化专场、“地名视频制作”等系列活动，做强“跟着地名读上城”项目品牌。年内，上城区获评首批全省婚俗改革优秀实验区和持续深化重点推进区、全省首批十佳婚姻登记机关等荣誉。

【婚姻登记服务】 2022年，上城区办理结婚登记6417件、离婚申请2061件，离婚登记1482件，补领婚姻登记证3840本，婚姻登记合格率100%。出具无婚姻登记记录证明5件，接待婚姻问题来电来访咨询5.91万人次。全年全区办理跨区域结婚登记3254件、跨区域离婚登记412件、跨区域补领婚姻登记证373本，各类跨区域婚姻登记占总登记量的34.4%。

【婚姻家庭辅导】 2022年，区民政局无偿为婚姻当事人提供包括婚前辅导、婚姻家庭与心理咨询、法律咨询、离婚劝导和调解等婚姻家庭辅导服务。全年为4825对婚姻当事人提供免费婚姻家庭辅导，其中婚前辅导4227

2022年8月4日，上城区婚姻登记服务中心桃花湖新址启用

（区民政局 供稿）

对、婚姻关系辅导157对、家庭关系辅导30对、离婚调适辅导411对，经辅导后选择和好或暂缓离婚有102对，离婚调解成功率24.8%，对辅导服务满意度100%。

【婚俗改革】 2022年，上城区在桃花湖公园打造集婚姻登记、婚姻家庭教育、婚俗文化展陈等全人群、全方位、全过程服务于一体的AAAAA级公园式婚姻登记综合体。8月4日七夕节，该婚姻登记综合体对外运营。推进婚俗改革工作，常态化开展各类移风易俗宣传、婚姻法律法规普及、婚俗文化传播、特色创新颁证活动。8月9日，上城区被确定为全省第一批婚俗改革实验县（市、区）优秀单位，被确立为持续深化婚俗改革试点单位。年内，上城区制定《上城区持续深化婚俗改革工作实施方案》和《上城区街道和社区持续深化婚俗改革实施方案》，将婚俗改革工作向街道和社区延展。 （林　燕）

【殡葬管理】 2022年，上城区围绕市殡葬改革相关要求和考核目标，落实各项殡葬事务，以及惠民殡葬和生态安葬奖补政策。全年投入惠民殡葬经费171.83万元，实施指定陵园生态节地安葬奖补制度，全年奖补金额17.55万元。实施骨灰撒江生态节地安葬79例，奖补金额15.82万元。加大推行殡葬移风易俗与殡葬改革宣传工作力度，倡导文明祭祀新风，公墓无烟率100%。落实清明、冬至期间南山陵园、丁兰元宝山公墓、华侨陵园、龙居寺公墓群众祭扫高峰安全保障工作，区交警、市场监管、综合行政执法、卫健、消防、环保等部门通力合作，保障措施完善，群众祭扫安全顺利、秩序良好。

（沈　懿）

【区划管理】 2022年，上城区根据《行政区划管理条例》和《杭州市部分行政区划完成变更情况报告》起草工作方案，全面报告行政区划调整完成变更情况。根据《浙江省民政厅关于做好2022年行政区域界线联合检查工作的通知》推进平安边界建设，完成上城、临平两区界线的联合检查工作，配合完成上城、西湖两区界线的联合检查工作。根据《行政区划管理条例实施办法》，完成区行政区划标准样图送审。

【地名管理与服务】 2022年，区民政局受理审核地名102处。5月1日后，根据国务院最新修订的《地名管理条例》，宣传、配合做好命名工作职能变更的解释说明，平稳过渡住宅区、楼宇命名、更名工作。开展“迎亚运”地名标牌整治，在全域范围内开展地名标牌整治工作。分头实施、分片推进、分类施策，排摸重点道路51条，排查更新道路门牌6500多块。实施老旧小区楼幢牌、单元牌“微更新”改造，更新楼幢牌576块、单元牌716块。优化地名窗口服务，做好门牌的编制、审批，规范新建住宅区、建筑物的地名标志、楼门牌验收。安装新编门牌1.5万块，打印发放门牌证6300多本，群众满意回访率100%。加快推进地名数字化，完善地名地址数据库，归集地名门牌数据44.29万条，并进行图属关联定位。地名数据上图率、门牌数据上图率均100%。

【地名文化传承保护】 2022年，上城区凝聚多元化文化力量，以多方位视角研究地名文化，提炼宋韵元素，融合上城特色，推进地名文化传承保护工作，推出“跟着地名游上城”系列活动。开展“悠游地名”游学、“优秀地名故事进社区”等活动，设计制作地名文创产品，搭建“地名文化数字平台”，多维度普及地名知识，弘扬地名文化，推动地名文化遗产保护传承。年内，完成《中华人民共和国标准地名志》《浙江省标准地名志》等上城地名词条的采集和编纂。修改完善《中华人民共和国标准地名词典》《浙江省标准地名词典》等要求的核对条目。

（周燕敏）

社区建设

【概况】2022年，上城区在社区建设工作中着眼于社区治理和创新服务建设。坚持党建引领，聚焦社工队伍能力建设，深化协商自治，创新社区、社会组织、社会工作者、社区志愿者、社会慈善资源“五社”联动机制，提升社工专业化水平，加强社区（村）组织服务能力和各类要素保障，更好构建“一肩挑”背景下共建共治共享的基层治理新格局。

【社区治理“金点子”案例评选】2022年11月，区民政局举办上城区2022年度现代社区建设创新“金点子”案例评选活动。来自14个街道的33个案例参评。经过前期街道初评、专家评审和终审评定，评选出10个上城区2022年度现代社区建设最佳创新实践“金点子”案例和10个上城区2022年度现代社区建设优秀案例。

【社工专业化水平提升】2022年，上城区聚焦社工队伍能力建设，通过强化项目督导、先进选树、培训辅导等途径，提升社工专业化水平。至年末，全区有专职社工2983人。其中，大专学历547人，占18.3%；本科学历2332人，占78.2%；硕士研究生学历83人，占2.8%。有持证专职社工1751人，持证率58.7%。开展“社工达人营”项目，有10名社工入选杭州市社会工作督导助理百人名单，入选人数居全市第1位，市社会工作督导助理增至41人。湖滨街道社工朱江伟获评浙江省“最美社区工作者”，笕桥街道社工张叶平获评浙江省社区工作领军人才，丁兰街道社工郑滢、笕桥街道社工沈晓娟、九堡街道社工徐灵利、清波街道社工蔡嵘、望江街道社工俞佳菲、小营街道社工杨萍获评2022年度杭州市“最美社工”，南星街道社工郑涛、笕桥街道社工方波获2022年度杭州市“社工好故事”演讲比赛三等奖。将专职社区工作者培训纳入全区干部教育培训规划，依托区“社工学院”进行轮训，推进社区专职社工的专业能力及实际解决问题能力，打造上城基层铁军队伍。全年开展相关培训3期，培训社工4000多人次。

【首届邻里节活动】2022年9月23日，由区民政局主办、湖滨街道承办的区首届邻里节活动在湖滨街道红色港湾举行。活动以“邻里共富·你我共享——构建现代社区新型邻里关系”为主题，展现新时代上城社区治理成效、社区工作风采和邻里文化建设成果。邻里节通过开展邻里大讲堂、邻里新集市、邻里游园会、邻里伙伴展等活动，促进居民互动、讲好社区邻里故事，探索将邻里节拓展成为新时期推进社区多方力量参与社区建设、助力共同富裕、营造“共建、共

2022年9月23日，上城区首届邻里节活动在湖滨街道红色港湾举行

（区民政局 供稿）

治、共享”新时期社区睦邻文化的重要载体。活动现场，表彰50名上城区“最美邻里坊”坊员，发布“五社联动”提质增效行动倡议，举行“时间银行”设立20周年庆祝仪式。

【“三型社区”建设】 2022年，上城区根据社区建设新要求，着力改善社区软硬件环境，加快基础设施建设，完善服务管理手段，指导街道做好撤村建居工作，做好“三型社区”（示范社区、国际化社区和田园社区）申报工作，以提高社区服务群众、自我管理、民主自治为目标，提升社区治理和服务能力。年内，清波街道定安路社区、紫阳街道海潮社区、笕桥街道天新社区入选杭州市国际化社区示范点，彭埠街道荼亭苑社区、九堡街道格畈社区、丁兰街道建塘苑社区、大唐苑社区入选杭州市撤村建居示范点。

（赵雨静）

【共同富裕基本单元研究】 2022年，中国社区建设展示中心推进共同富裕基本单元研究。编纂《社区居民骨干培育实操课程》，系统总结居民骨干寻找与挖掘、增能与赋权、分工与实践、成效与评估等社会工作介入城市居民骨干队伍培育的实践经验，为社区工作者及广大社会工作者提供实务参考。编纂《浙江省共同富裕基本单元优秀案例》（2022年度），组织开展“现代社区评价指标体系”“共同富裕基本单元评价指标体系”“‘五社联动’机制建设与评价方法的底层逻辑研究——基于上城区‘五社联动’的实践”等课题研究，为全省各地建设共同富裕基本单元提供借鉴。9月，以上城区现代社区为研究对象的课题报告《共同富裕现代化基本单元建设的进展与建议》获省领导批示肯定。

【社区建设支持与社区工作者能力培育】 2022年，中国社区建设展示中心全力支持共同富裕基本单元建设，邀请8位来自高校及研究院的基层社会治理专家，以及浙江大学社会治理研究院专家团队探索、研究共同富裕基本单元建设，为共同富裕基本单元打造指导方向、提供方法。做好培训项目，优化培训模式，提升社区工作者的社区治理能力和工作水平。探索“一引二扶三送”促进就业工作机制，为高校社会工作专业毕业生提供精准就业辅导，吸纳高校学生入职学习，通过实训提高学生技能。建立由大学专家、社区骨干、社会组织带头人、机关干部组成的社区建设专家资源库，推进培训主题多元化，先后承办“居民骨干力量培育”“上城区新任专职社区工作者入职培训”等培训项目5个，培训学员985人次，培训满意率99%。

资料

“一引二扶三送”促进就业工作机制：“一引”即就业辅导引方向。以“送教入校园”链接社会组织、职能单位等提供专题辅导的方式，为高校社会工作毕业生提供实用性和针对性兼具的精准就业辅导，助力其就业第一步“迈得准”。“二扶”即搭建平台扶一段。依托基层社会研究治理联盟和大学生社会实践基地，精心设置实习岗位，为高校学生提供参与社会实践、增强自身能力的平台，通过沉浸式学习、社区调研、指导实务操作等方式，助力高校毕业生在就业过渡阶段“行得稳”。“三送”即技能培训送一程。依托中国社区建设培训基地为新入职专职社区工作者提供职业规划、职业能力体系建设、社区工作实务等培训，帮助其厘清社区工作分类和基础实操技能，助力高校毕业生快速适应社区工作并在岗位上“走得远”。

【社区建设工作宣传】2022年，中国社区建设展示中心助推上城区现代社区建设宣传工作。6—10月，中心打造的“社建课堂”系列原创视频集中展现基层民主实践内涵，分别被“学习强国”浙江学习平台、杭州学习平台录用1个、4个。《做实“幸福邻里坊”：杭州市上城区创新打造社区共富综合体》《未来社区——荷花塘社区可持续发展社区运营模式》《以人为本 建强共同富裕现代化基本单元》等社区治理文章在新华网、《中国社会报》、《中国社区报》、《中国社区治理》杂志等中央及省部级媒体上刊发9篇（次）。专报《中国社区建设展示中心重塑居民自治品牌推进现代社区建设的实践与建议》获区领导批示肯定。

（黄彩凤）

社会组织管理

【概况】2022年，上城区坚持以党建为统领，以健全培育监管体系为抓手，助力全区社会组织稳进提质。至年末，全区注册登记社会组织1092个（社会团体253个、民办非企业单位830家、基金会9个）、备案类社区社会组织4289个，有效期内AAA级以上社会组织142个，省、市社会组织领军人物20人，省、市品牌社会组织16个，市级品牌项目（活动）15个。

【社会组织培育】2022年，上城区创新举措，发展培育优质社会组织，推动社区社会组织提质增效。开展“携手聚力·益起共富”公益创投项目，发布项目91个，投入资金695.5万元，并首次将公益创投项目纳入“云尚益家”社会组织数字化服务平台，通过数字赋能公益创投，实现资源共享，事前、事中、事后全过程监管闭环管理。鼓励有条件的街道成立社区发展基金会，扶持社区社会组织公益创投项目和表彰奖励。引导社区社会组织参与现代社区揭榜挂帅项目“邻里守望”关爱行动，持续优化社会组织发展结构，培育以为民服务、“一老一小”照护、扶弱帮困为重点的社区社会组织，服务18万余人。

【区社会组织服务中心启用】2022年7月29日，杭州市上城区社会组织服务中心启用仪式暨全区社会组织高质量发展推进会举行。该中心位于采荷路34号，建筑面积近2000平方米，共5层，是集社会组织党建指导、品牌建设、资源链接、公益体验、项目孵化、培训教育、技术支持七大服务于一体的综合性社会组织服务平台。仪式现场，市级社会组织服务中心同步落地上城区，打造形成社会组织、救助和慈善三大力量参与共同富裕的综合性服务平台。全年杭州市上城区社会组织服务中心首批入驻萌芽型社会组织5家，承办社会组织党建工作座谈会、社会组织领军人才培训等活动50多场。

【社会组织规范化管理】2022年，上城区通过开展各项专项治理及社会组织年检工作，规范化管理辖区社会组织。开展社会团体分支（代表）机构专项整治行动，推进全区263个社会团体完成自查工作。推进非法社会组织打击整治专项行动，取缔、劝散非法社会组织4个，常态化推动专项行动全流程嵌入社会组织登记管理。开展社会服务机构非营利监管专项行动，部署各业务主管部门和属地街道开展自查，区级层面针对自查情况开展抽查审计，提升全区社会服务机构规范化水平。召开全区“僵尸型”社会组织专项清理整治工作会议，明确清理整治范围，规定完成时限和相关责任，整治“僵尸型”社会组织16个。开展社会组织登记年检工作，全年应检组织1039个，其中年检“合格”809个、“基本合格”17个、“不合格”213个。对于不合格的社会组织，督促其及时整改。

（潘怡君）

民族和宗教工作

【概况】 2022年，区民族宗教事务局强化民族和宗教界人士思想政治引领，推进民族团结进步创建工作，做好新时代宗教工作，引导民族和宗教界人士与党同心同德、同向同行。开展全区宗教领域安全风险普查及平安宗教活动场所创建工作，维护辖区宗教领域安全稳定。推进中国宗教中国化进程，开展宗教场所“五进”活动、“十百千万”普法工程和“崇俭戒奢”教育等活动。以铸牢中华民族共同体意识为主线，推进“之江同心·石榴红”阵地创建，持续开展“双百村结对”帮扶行动，以区民族团结促进会为平台，举办系列民族团结主题活动，促进各民族交流、交往、交融。

【民族乡村振兴“双百村结对”帮扶行动】 2022年，区委统战部推进民族乡村振兴“双百村结对行动”帮扶工作。11月9—11日，区委统战部到丽水景宁畲族自治县东坑镇新和村、松阳县象溪镇象溪圩村开展帮扶工作，为促进当地结对民族村集体经济发展提供帮扶资金40万元。通过系列帮扶举措，新和村集体收入从帮扶前的40万元增至119.06万元，象溪圩村集体收入从35万元增至66万元。

【民族团结进步阵地创建】 2022年，区民族宗教事务局推进民族团结进步阵地创建工作。挖掘、汇聚民族资源优势，推进“之江同心·石榴红”阵地品牌创建。按照第五次中央民族工作会议精神要求，完成辖区浙宝集团石榴红家园、杭州天成教育集团石榴红家园提升改造。笕桥街道以铸牢中华民族共同体意识为主线，坚持民族团结进步创建工作“多点开花、串珠成链、连线扩面”，辖区内有浙宝电气（杭州）集团有限公司、杭州天成教育集团、水墩社区等“之江同心·石榴红”品牌示范阵地，成为区民族团结进步创建“进街道”的示范样本。年内，该街道被评为第五批省民族团结进步创建重点培育单位。5月6日，区民族宗教事务局举行“56路民族团结号”发车揭牌、授牌仪式，“56”寓意56个民族手足相亲、守望相助、团结一致、同心向党，结成牢不可破的命运共同体，使市民在出行中感知中华民族优秀传统文化的精神力量。“56路民族团结号”公交专线是全市首个移动的民族团结进步阵地，被评为杭州市第二批“之江同心·石榴红”引领单位。杭州市逸仙钱币纪念馆是全国唯一一个以货币实物为载体，展现各民族历史文化，弘扬孙中山民族团结思想的孙中山纪念馆，通过“讲故事”“办展览”“传文化”的具体方式，引导各民族群众树立正确的中华民族历史观。该纪念馆自2018年开馆后，累计接待来访领导、嘉宾及各民族群众3万余人次，于年内被评为杭州市第二批“之江同心·石榴红”引领单位。

【宗教中国化示范场所建设】 2022年，区民族宗教事务局严格落实省、市宗教中国化示范场所建设工作部署，推进宗教中国化在上城落地生根。4—6月，召开宗教领域“护航亚运会、喜迎十二大暨安全生产、除险保安”大排查大整治专项行动，为中共二十大召开创造安全稳定的环境。7月，在宗教界组织开展“崇俭戒奢”教育活动，宣读《全国性宗教团体关于崇俭戒奢的共同倡议》《浙江省宗教界关于崇俭戒奢的共同倡议》，支持宗教界全面从严治教。发挥“网格化管理”作用，运用“浙江掌上宗教”“浙里宗教智治”“浙里民宗快响”等数字化应用，开展宗教政策法规普法宣讲活动，推进平安宗教活动场所创建。年内，基督教后珠聚会点被确定为全省法治宣传教育基地，崇一堂被评为全省宗教活动场所消防安全标准化管理“百优争创”活动优秀单位，鼓楼堂、思澄堂被评为省级宗教中国化示范场所，大资福庙、杭州清真寺、崇一堂、鼓楼堂、思澄堂被评为市级宗教中国化示范场所，杭州清真寺、鼓楼堂被评为“各行各业创平安”杭州市平安示范单位。

【全区基层统战（民族宗教）干部培训班】 2022年7月12—15日，区民族宗教事务局在中共杭州市委党校举办全区基层统战（民族宗教）干部培训班，全区宗教工作区、街道、村（社区）三级网络相关责任人80多人参加。培训邀请党校相关专家、讲师讲授“学习贯彻习近平总书记关于加强和改进统一战线工作的重要思想”“构建民族共同体，重塑文化自信”“宗教中国化问题研究”等课程。各街道就如何开展基层民族宗教工作、落实街道属地责任和场所主体责任等方面工作经验进行交流分享。

（王一铭）

养老服务

【概况】 2022年末，上城区有60周岁及以上老年人23.68万人，占全区户籍总人口的26.8%，其中80周岁及以上4.15万人、90周岁及以上8576人、100周岁及以上307人。全区有养老机构33家，养老床位4937张；有街道原居安养（在原居住地安养）中心23个、社区康养驿站168个；有社区食堂31个、助餐点13个。全年为老年人办理、申领老年优待证9726张，为80周岁以上高龄老年人发放高龄津贴2887.88万元，高龄津贴惠及46.89万人次。全年开展家庭照护者培训310人、养老护理员等级培训348人。全年取得救护员证75人。完成省、市民生实事新增持证养老护理员项目169人，超额完成任务。面对人口老龄化程度的持续加深，高龄化、失能化、“空巢”化等突出特点，上城区调整老龄工作委员会组成人员，统筹推进老龄各项工作。部署辖区街道、医疗机构、老年活动中心等力量开展打击整治养老诈骗的宣传教育及全区养老机构内涉医违法行为排查，组织培育老年友好型社区、老年友善医疗机构，开展“老年健康宣传周”“敬老月”活动。深化“健康老龄”工作，加速健全老年健康服务体系，持续提升医养机构能力，探索“互联网+健康管理”和“一中心一特色”模式，启动并超额完成医养结合服务及老年健康服务专项行动两大试点项目。指导浙江老年电视大学上城分校持续推动老年文化教育。落实老年意外险投保工作，受益老人4.57万人。年内，《人民日报》对上城区居家社区养老服务的工作做法予以报道和肯定。

（陶晓洁 仲　玥）

【智慧养老院建设】 2022年，上城区打造全区首个智慧养老院。该养老院建在区属公建民营的杭州市上城区瑞和颐养中心，将该中心进行软件和硬件提升，通过智慧服务、照护、交流、管理、安防“五位一体”应用场景建设和智能设备的配置，链接老年人能力评估、健康管理、生活照料、康复护理等环节，并实行“一人一床一码”服务模式，提升机构管理水平，使入住该智慧养老院的老年人享受高质量生活。瑞和颐养中心面积2853平方米，至年末，接收、服务老人49人。

【认知障碍照护专区】 2022年，上城区建设“幸福忆家”认知障碍照护专区，服务有特殊需求的老年人。按照单元式布局、居家型布置、功能化配套，对现有养老机构进行改造，打造专门针对认知障碍老人的照护专区，提供个性化照护、机能康复训练、心理干预、社会交往等专业性、全方位服务。至年末，在清波、小营、彭埠、丁兰街道的5家（其中小营街道2家）养老机构完成9个专区、180张床位的改建，均投入运营，入住老人109人。

【康养联合体】 2022年，上城区通过提前谋划、整合优势资源，以示范型居家养老服务中心建设为核心载体，以点带面，辐射周边，同步推进街道康养联合体建设。联合周边医疗卫生机构、社会力量等康养资源，按照“有设施、有器材、有队伍、有标准、有数据”的“五有”标准，因地制宜建设不同模式、不同路径的康养联合体，为失能、失智和失能高风险老年人提供康复护理、康复训练和生活照护等服务。至年末，新建成项目3个，全区康养联合体增至7个。全年服务老人6万余人次。

【“上城颐养”智慧养老服务平台】 2022年，上城区通过建设用户端、政务端、服务端三端架构，建设“上城颐养”智慧养老服务平台。该平台满足个人用户、养老机构、政务人员等各领域、各层面的使用需求，内容包括养老数据驾驶舱、物联网管理平台等六大类体系，形成完整的区级养老服务和管理体系，实现养老服务全域全流程监管。年内，结合区养老服务数字化改革进程，将省、市、区三级养老服务民生实事项目、重点工作与“上城颐养”智慧养老服务平台相对接，在原有家庭养老照护床位、智慧养老站点、智能养老管家三大核心模块的基础上，新增智能终端、智慧养老院、“全城通”助餐三大模块，将实事办好、好事办实。通过该平台，全年服务14.2万人次。

（陶晓洁）

【居家养老服务完善】 2022年，上城区推进居家养老服务高质量发展，满足不同老年人、不同家庭的养老需求，提升老年人及其家庭的获得感、幸福感、安全感。全年实施享受高龄普惠电子津贴老人3.5万人，享受失能失智电子津贴老人2299人，充值44.2万人次，重阳分3453.91万分。全年结算6.53万人次，结算资金1777.28万元。开展“上城区90周岁（含）以上老人生日慰问服务”项目。全年享受“智慧养老”服务5.29万人（70周岁及以上的“空巢”、独居、孤寡老人，80周岁及以上的高龄老人，以及享受政府养老服务补贴的老人），享受生活服务2.07万人次，系统平台电话和上门主动关怀15.25万人次。

（童　磊）

【“健康老龄”工作】 2022年，上城区响应辖区老年健康需求，在四季青街道社区卫生服务中心成立区老年健康指导中心，统筹推进全区老年健康指导、健康管理、安宁疗护等工作。南星街道社区卫生服务中心、四季青街道社区卫生服务中心对接社会志愿服务机构开展合作，服务118人。作为省老年心理关爱项目试点，闸弄口街道红梅社区开展老年心理健康评估620例。上城区规范医疗机构和养老机构签约服务，全区34家养老机构、191个日间照料中心100%签约，杭州仁馨老年病医院入选第二批全国老龄健康医养结合远程协同服务试点机构。上城区率先启动并超额完成医养结合服务及老年健康服务专项行动，全年开展专项服务8.73万人次，完成医养结合服务4.73万人。探索“一中心一特色”模式，开设心脏康复中心、首个社区“睡眠障碍门诊”等专病特色门诊。探索“互联网+健康管理”模式，把老年健康服务融入未来社区健康场景，提升老年人的幸福感、获得感。年内，上城区老年健康服务工作成效被省卫生健康委员会作为典型案例报送国家卫生健康委员会；“‘四化联动’推进共同富裕背景下的老年人健康服务”入选2022年度健康浙江行动优秀案例；“居家医养结合服务”课题被纳入市卫健委继续教育培训课程。

【老年友好社会氛围营造】 2022年，上城区常态化开展打击整治养老诈骗专项行动，持续开展老年友好型社区、“最美系列”、“敬老文明号”及“老年友善医疗机构”等培育创建，提升涉老工作部门、公共服务窗口单位为老服务质量。年内，清波街道获评市“最美敬老爱老示范街道”，刘建伟等9人获评市“最美敬老”系列人物，采荷街道青荷苑社区、南星街道白塔岭社区等6个社区获评市老年友好型社区，丁兰街道皋城村获评全国示范性老年友好型社区（村），杭州基督教协会圣爱康复医院、杭州九和医院等4家医疗机构被评为上城区老年友善医疗机构。全区集中开展“老年健康宣传周”“敬老月”宣传活动850场次，惠及老人21.4万人次，并走访慰问全区百岁老人。

【老年文教活动】 2022年，上城区以区老年电视大学教学为载体，实体化办学为方向，推进“老有所教、老有所学、老有所乐、老有所为”工作。全区老年电视大学实体化办学教学点17个，在读老年学员2.3万人次。区老年电视大学开设唱歌、舞蹈、书法、国画、摄影、烘焙、葫芦丝、太极拳、旅游文化、二胡、智能手机运用课程11门、实体化教学班22个，招收老年学员800多人。全年服务老年学员4.97万人次，区老年电视大学课程阅读及观看量3.5万人次。参与2022年省级、市级示范教学点创建工作，丁兰街道老年电视大学直属教学点打造的“兰孝堂”老年文化品牌被评为省级示范教学点。

（仲　玥）

退役军人事务

【概况】 2022年，区退役军人事务局以“让退役军人获得感成色更足”为主线，围绕服务保障能力提升、数字化改革项目推进、“红星”系列品牌打造、全省建档立卡和优待证申领工作试点等重点任务，打造“崇军优抚、军地共建”样板区。创新推出“十时联”机制在区、街道、社区三级退役军人服务中心（站）落地落实，实现全区退役军人常态联系全覆盖，八一、春节走访全覆盖、重点优抚对象慰问全覆盖，相关做法在《中国退役军人》杂志刊登，并全国推广。高标准推进全省建档立卡及优待证申领试点，举行浙江省首张优待证发放仪式，完成试点既定目标，试点经验做法分别在省、市推进会上做交流发言。承担省、市数字化改革试点，开发的“尚武崇军”应用上架“浙里办”App，并入围全省高频优质服务运营应用；开发的“商家管理”“慈善捐赠”模块分别被纳入省、市数字社会应用平台运行。开展“老兵永远跟党走”系列活动80多场次，组建退役军人合唱团创作演唱《浙先行》《退役军人之歌》20多场次，“红星向党”党建品牌被编入《浙江省退役军人事务系统党建工作创新案例汇编》。保障中央广播电视总台拍摄《老兵你好》专题节目片，邀请浙江电视台《茅莹今日秀》专题采访区“最美退役军人”王公荣、清波街道“兵妈妈”志愿服务队志愿者时玉芬，常态组织建军节、春节、新兵入伍等各类欢庆迎仪式。

> 资料
>
> **“十时联”机制：** 在退役军人立功受奖、入伍退伍、重大节日、重病住院、家庭受灾、病故去世、生活困难、权益维护、就业创业受阻、心理情感受挫10个重要时刻主动联络，提供服务保障。

【全省退役军人建档立卡和优待证申领试点工作】 2022年1月13日，浙江省退役军人、其他优抚对象优待证申领工作部署暨培训会召开。上城区作为试点单位，按照“稳慎准”要求，推进退役军人

2022年6月28日，杭州市首届“泰隆银行杯”退役军人志愿服务项目大赛决赛举行，上城区“看笕蓝天”“兵妈妈”2个志愿服务项目分别获金奖、银奖（区退役军人事务局 供稿）

建档立卡和优待证申领试点工作。组建“区—街道”两级联动工作专班，分设综合计划、宣传报道等8个工作小组和14个街道工作专班，制发上城区《工作实施方案》，通过线上组建“浙政钉群”开展网上辅导和动态交流，线下组织机关业务骨干定期下沉街道进行面对面指导，推动工作高效落实。春节前，采取电话邀约方式，先行对功臣模范、优秀退役军人及“三属”（烈士遗属、因公牺牲军人遗属、病故军人遗属）、残疾军人等其他优抚对象进行信息录入。春节期间，以全覆盖走访慰问为契机，发放“优待证申领十问十答”宣传单3万份。将建档立卡和优待证申领与浙江省“优待目录清单”学习宣传相结合，统一印制2500份海报张贴在社区公告栏，通过短信、“上城发布”客户端应用等平台发布信息，扩大宣传广度。至年末，全区建档立卡完成率97.2%。

【“红星之家”志愿服务品牌】2022年，上城区总结推广笕桥街道“红星”志愿服务队做法，发挥示范引领带动作用，进一步打造“红星之家”志愿服务品牌，在全区范围内营造“老兵服务老兵、老兵服务社会”的社会氛围。创建“红星之家”社会组织，建立区—街道—社区三级“红星之家”志愿服务队212支。开展退役军人党员“亮身份、践承诺、作表率”活动，模拟“营连班”建制，统一配发“红星之家”服装和队旗。通过创新“社工+退役军人+志愿者”的运行方式，形成“志愿活动与社区治理互联、志愿队伍与政府力量互动、志愿服务与社会服务互补”的志愿服务模式，在做好走访慰问、助老扶残等常态志愿服务基础上，在笕桥、小营、四季青、丁兰、凯旋、南星等街道招募一批有专业特长的老兵，开展专业化志愿服务，推出“微心愿”认领、就业创业扶持、法律援助、政策咨询等个性化服务。全年发布“红星之家”志愿服务信息2365次，获省、市、区媒体报道179次，被“学习强国”各级学习平台、“上城发布”客户端应用宣传136次。“红星之家”志愿服务队先后参与新冠疫情流调、管控隔离、抢险救灾、人口普查等突击任务及其他各类志愿服务。年内，在由中共中央宣传部、中央文明办等部门和单位共同组织开展的全国学雷锋志愿服务“四个100”先进典型宣传推选活动中，“看笕蓝天”笕桥退役军人社区关爱服务项目入选全国“最佳志愿服务项目”；“金靴齐步走”志愿服务项目获浙江省退役军人志愿服务大赛金奖；“看笕蓝天”“兵妈妈”2个志愿服务项目分别获杭州市“泰隆银行杯”首届退役军人志愿服务大赛金奖、银奖。

【退役军人就业创业服务】2022年，上城区探索“政府主导、企业参与”的退役军人就业创业服务模式。打造“线下+线上”应用场景，线下通过日常走访慰问，及时采集收录全区退役军人就业创业信息；线上依托智慧老兵“就业援助”系统比对社保断缴、失业登记、个人缴费情况，定期摸排退役军人就业信息，形成退役军人“就业需求库”。通过发动机关企事业单位、人力资源服务机构、社会组织等多元社会力量参与，发掘高质量企业和岗位，建立“企业岗位库”。联合区人力社保局，依托街道就业指导站，组建退役军人“职导站”，下设14个街道分站，组织专场招聘会16次，每季度发布就业信息32次，及时掌握企业用工、退役军人求职双向需求，常态开展未就业“清零”，为帮助退役军人实现充分就业提供保证。重点关注返乡退役士兵需求，结合欢迎仪式，推出就业形势分析、政策现场咨询、职业发展讲座及现场招聘等“一站式”培训和服务。根据个人自愿，结合退役军人能力特长、就业意向、创业意愿，与教育培训机构合作，开展“订单式”“定向式”“定岗式”职业技能培训。建立健全“就业+创业”联动机制，发动企业、创业园、教育培训机构、人力资源服务机构、银行、志愿服务队等36家社会力量组建就业创业服务联盟，搭建退役军人就业创业服务联动共建平台。落地上城区退役军人就业创业服务中心，为退役军人提供“就业指导+岗位推介”“项目评估+创业实践”“沙龙分享+帮扶兜底”等服务。年内，“非急救院后转运服务”项目代表浙江省参加第2届全国退役军人创业创新大赛获优胜奖。

【崇军拥军】 2022年，上城区推进崇军拥军工作，组织建军节、春节、新兵入伍等各类欢庆（迎）仪式，全覆盖走访慰问退役军人及优抚对象。开展崇军拥军主题活动256场，36人获评市、区“最美”系列人物。创建太平门直街、“清波崇军一条街”等崇军拥军示范街8条，协调解决军人子女入园、入学问题。年内，杭州师范大学第一附属小学等3所学校获评全国国防教育示范学校，机场社区获评杭州市双拥工作示范点。

（吴诗佳）

志愿服务

【概况】 2022年末，上城区有志愿服务队伍1300多支，注册志愿者26万余人。团区委发挥志愿服务在助推区域发展中的积极作用，组织志愿者投身征地拆迁、平安护航、新冠疫情防控、营商环境打造、文明城市创建、重大赛会保障等服务，指导推报的志愿项目“益起舞动——街舞进校园”“迎亚运益起来——倡导无烟西湖”分别获全国青年志愿服务项目大赛金奖、银奖。全年发起志愿服务项目2588个，志愿服务时数430万余小时。志愿服务品牌持续发挥效应，全年“最美人墙”志愿服务331.8万人次，杭州东站“微笑亭”获评全国春运“情满旅途”活动先进集体。

【《上城区青年志愿服务白皮书》编制】 2022年，团区委编制《上城区青年志愿服务白皮书》，提升志愿服务规范标准建设。该白皮书涵盖上城区青年志愿服务历史沿革、青年志愿服务队伍、其他志愿服务队伍、品牌志愿服务项目、志愿服务队伍类别划分清单、青年志愿服务荣誉榜六大方面。制定应急时处理突发性事件志愿服务团体标准（省级标准），提炼形成“平战一体”志愿体系，即平时开展亲子志愿、民生服务、文明引导等常态志愿服务，扩大后备力量；战时在客流疏导、赛事安保、平安护航等领域快速集结，提升响应速度。全书1.6万字，于11月19日发布。

【省青联志愿服务进社区活动】 2022年3月3日，“我在窗口写青春”省青联志愿服务进

2022年国庆节期间，团区委牵头志愿者921人在上城区延安路和平海路交叉口开展“最美人墙”志愿服务　　（团区委 供稿）

社区活动在小营巷社区举行。团省委、省青联有关领导及由世界美发大赛冠军、著名歌唱家、中医门诊名师、浙江卫视主持人等组成的40多名省青联志愿者参加。活动分为“我在红巷学雷锋”“我在红巷迎亚运”“我在红巷学党史”3个篇章，青联委员开展免费理发、中医问诊、歌唱教学等系列志愿服务，省青联领导以普通志愿者身份，为杭州市回族穆兴小学的学生开展现场体育教学。志愿服务活动结束后，青联委员集体参观毛主席视察小营巷纪念馆和中共杭州小组纪念馆等红色场馆。

【国庆“最美人墙”志愿服务】2022年国庆节期间，团区委牵头志愿者921人在上城区延安路和平海路交叉口开展“最美人墙”志愿服务。其间，路口引导23.7万人次，劝导不文明人员1963人，劝导外卖电动自行车逆行人员801人，分别帮助走失孩子、老人找到家人12人次、7人次，为问路游客提供咨询2.11万人次，帮助残疾人52人，红十字志愿者帮助扭伤游客送医院诊治2人，整理共享单车823辆，服务总时数4605小时。

【优秀志愿者表彰活动】2022年12月5日，团区委、区志愿者工作指导中心在第37个国际志愿者日对年度区优秀志愿服务队伍、志愿品牌项目、志愿者进行通报表彰。获表彰的分别为杭州心巢公益志愿服务队、“爱与家”青年志愿服务队、凤凰公益志愿服务队、浙金爱心使者团、“红领巾”楼道长志愿服务队、阿奎党员志愿服务队、蒋金海爱心车队、“税小尚”志愿服务队8支志愿服务队伍，“Youth湖滨”、巧大姐·共富工坊、“兵妈妈”志愿服务、“最美凉茶摊”、常春藤公益联盟、“海塘小筑手”小小讲解员6个志愿品牌项目，以及翟家晶、王聪、郑融冰、张风旗、柯京志、俞旭云6名志愿者代表。

（华依文）

街道

湖滨街道

【概况】 湖滨街道南起西湖大道，北至庆春路，东及中河，西邻西湖。2022年末，街道面积1.6平方千米，下辖涌金门、青年路、东平巷、岳王路、东坡路、吴山路6个社区；有户籍人口2.82万人、流动人口9995人。区域内大型商超、三甲医院、星级酒店、商务楼宇集聚，呈现出“西面商圈繁荣，东部品质生活”的发展格局，被誉为“杭城会客厅”。全年街道财政总收入23.66亿元，一般公共预算收入11.24亿元。社会消费品零售额224.9亿元，比2021年增长35.8%，总量、增速均居全区第1位。首店经济、总部经济多点发力，品牌能级持续提升，引进杭州宜格宜美化妆品有限公司、杭州茅淋光食品销售有限公司、杭州艺星医疗美容医院有限公司等总部、首店和旗舰店，以及大熵（杭州）数字科技有限公司、杭州广济眼视光科技有限公司、杭州艺星医疗美容医院有限公司、葛兰素史克（中国）投资有限公司杭州分公司等重点企业。完成亿元项目16个，获杭州“双招双引”红榜招商小金人7个。青年路“幸福邻里坊”成为全区首个跨社区的集成式公共服务空间，入选全区首批“涉亚标志性成果暨特色亮点培育项目清单”。全年治理省、市在册危旧房59处，完成23.2万平方米老旧小区改造，惠及居民5250户。

【街道入选省第二批低（零）碳街道试点】 2022年，湖滨街道利用迎亚运环境提升契机，引入低碳产业，展现杭州低碳文化。通过规模展览各类电动汽车品牌，提高游客对电动汽车的认识，并了解各个品牌的特色与品牌间的差异，提高群众对电动汽车的认可度。完成湖滨步行街、中山中路等15条示范、重点、保障类道路立面整治，高标准抓好延安路、平海路等10条通勤道路常态管控和节假日重点区域保障，实施市政设施养护清淤9.8千米。10月27日，湖滨街道入选全省第二批低（零）碳街道试点创建名单。

【东坡路社区获评省无障碍示范社区】 2022年，湖滨街道推进省级无障碍社区创建，重点推进湖滨商圈党群服务中心、杭州市天长小学、小区入口楼道等人流量较大场所的“无碍化”提升，同步为持证残疾人和高龄独居老人的住宅提供免费无障碍、适老化改造。全年增设无障碍设施34处，完成公共场所“无碍改造”42处，提供免费无障碍、适老化改造3户。在湖滨步行街增设无感通行设备2处，可智能识别、自动放行轮椅（残疾车），确保特殊人群“畅享”出行。12月，东坡路社区通过省级无障碍社区创建验收，获评浙江省无障碍示范社区。

【新能源汽车产业发展】 2022年，湖滨街道聚焦新能源汽车产业赛道，积极打造集散式新车展示和发布中心，挖掘“最美试驾路线”，用柔性服务吸引新能源企业区域销售总部公司等造车新势力入驻湖滨商圈。至年末，湖滨商圈借助新能源赛道实现社会消费品零售指标“逆势上扬”，全年完成社会消费品零售总额224.9亿元，比2021年增长35.8%，零售总额、增速实现双“第一”，其中杭州蔚来汽车销售服务有限公司、杭州鹏行汽车销售服务有限公司、杭州极氪汽车销售服务有限公司3家企业销售总额123.6亿元。

【湖滨新就业形态联合工会建设】 2022年7月22日，湖滨新就业形态联合工会被推荐为2022省级“新就业形态劳动者温暖行动”试点。湖滨新就业形态联合工会成立于2021年9月10日，位于上城区仁和路2-12号，致力于吸纳辖区内新业态末端网点及辖区内流动的新就业形态劳动者和爱心服务。该工会以“不求所有，但求所在”为原则，打破传统的组织隶属和行业、产业等界限，推动区域统筹，以强化思想政治引领为重点，以建立、健全职工维权服务机制为途径，以发展和谐劳动关系为目标，履行工会竭诚服务职工、维护职工合法权益的基本职责，团结、动员职工建设“品质湖滨”。全年该工会开展入会咨询、志愿者招募、培训讲座、法律咨询和义诊、理发等服务等活动，服务400多人次。该工会下设服务点，主要为快递员、外卖员、闪送员、配送员、网约车司机、出租车司机等新就业形态劳动者提供服务。服务点围绕打造“思想·家”“品质·家”“服务·家”“风采·家”“智慧·家”的“五个家”工作目标，发挥桥梁纽带作用，围绕职工需求，拓展服务内容，优化服务机制。通过群团资源整合，依托社区党建联建，成立“杭小二驿家”服务团队，制定全年活动服务清单，每天安排2名志愿者，为新就业形态职工开展入会咨询、志愿者招募、培训讲座、法律咨询和义诊、送凉茶等服务。至年末，该站点服务人数800多人次。12月7日，该服务点入选浙江省“最美工会户外劳动者服务站点”名单。

【青年路社区入选市首批“五社联动”试点】 2022年10月24日，青年路社区入选全市首批“五社联动”试点。青年路社区加强服务型社区党组织建设，联合辖区单位党组织成立“青年荟”党建共同体，“社会组织综合党总支+6个独立党支部+7个联合党支部”上下联动，引导社会组织关注社区事务，参与基层治理服务。落实“机制、资金、服务”三方面保障，打造“湖滨公益联盟”，为辖区内社会组织提供项目申报、规范管理等指导，推动实现社会公益信息互通、资源共享、项目共做。成立社工成长关爱营，依托晴雨学堂、大咖分享会、戏剧工作坊等载体，为社会组织良性发展打好人才基础。探索实施“公益合伙人”联建计划，联动浙江省中医院、区晴雨公益服务中心、杭州市上城区益优社区互助中心、湖滨老兵志愿服务团等30多家企业商户和社会组织，引流青年志愿资源，开展“蔚来汽车邻里咖啡”“大华书场文化惠民”等项目，做强银龄关爱服务，激发社区经济活力。

【东平巷社区入选市清廉建设优秀实践案例】 2022年9月26日，东平巷社区入选杭州市清廉建设优秀实践案例。

社区引入上城市政集团“智享物业”，由业主代表、监察联络员、党员骨干组成的物业管理委员会全程监督。上线“清廉物业”小程序，物业收支费用定期公开，实现“阳光管理”。综合运用“晴雨”驻点监察、“清风”举报热线、“监察连连看”二维码等，综合研判民情民意信息并督办落实。全年推动解决电梯加装、老旧房屋日照等民生问题242个，追回居家养老服务损失1865元，清退不符合享受条件人员72人。整合清朝“太平良相”黄机等特有元素，升级焕新廉政文化公园，强化公共空间“廉文化”输出。将老干部、老党员、老兵等人员组建为“清风讲师团”，开展主题宣讲。发布“湖滨亲清政商倡议书”等，助力“清廉商会”建设，提升清廉文化感染力。

东平巷廉政文化公园（摄于2022年）　　（湖滨街道 供稿）

【“五分钟共富圈”建设】 2022年，湖滨街道通过优化居住环境，完善邻里服务，突显文化特色等举措推进街道“五分钟共富圈”建设。街道打破青年路社区、东平巷社区的物理界线，通过新建示范、改腾提升、合署共享3种模式，整租换租2处800平方米房子，整合1170平方米绿化打造活动空间、慢行空间、休憩空间，拆除违建79处、保笼1202个、花架312个，提升空间美感和景观环境。布局塑胶跑道、睦邻公园、屋顶花园等设施，在“幸福邻里坊”嵌入“颐养园”、邻里书房、文化讲堂、社团服务等功能，打造“幸福有感”“健康有约”“和睦有声”“互助有情”四大空间，满足各年龄段群体的需求。挖掘辖区街巷历史底蕴，整合国家级非遗、老字号、“网红”打卡点等文化资源，联合中国美术学院团队进行软装设计和立面提升。强化红色港湾1楼阵地的宣传教育作用，组织艺术培训、作品展陈、美美讲堂等活动，丰富居民精神文化生活。

【民生福祉增进】 2022年3月，湖滨街道引入上城市政集团下属“智享生活”物业服务团队，探索国有企业参与老旧小区物业管理的模式，以数智力量赋能传统物业服务，开发“尚城智享生活服务”微信小程序，业主可在手机端上实现“一站式”报事报修、查阅通知等12项功能，架设居民与物业联系的“空中桥梁”。全年“智享生活”物业服务团队为居民提供服务近150次，惠及居民200多人次。升级“湖滨晴雨”平台软硬件，与上城市政集团合作，通过“尚城智享生活服务”小程序搭建“云上晴雨”民情民意应用模块，实现社情民意填报、办理监督、在线评议的全过程闭环，做到民意表达“零距离”、民情收集“全天候”、反馈评价“真准实”。全年收集民情民意1800多条，参与群众3500人次。升级“时间、爱心、图书、岗位”民生服务四大“银行品牌”，整合40家共建单位资源，推动邻里共绘、青邻咖啡、幸福E车等30多个项目落地见效。

【退役军人志愿服务】 2022年，湖滨街道引入湖滨街道社区社会组织服务中心服务退役军人，申报浙江省“新时代枫桥式退役军人服务站”，致力于为辖区退役军人提供更优质的服务，营造全社会崇军拥军氛围。慰问各类优抚对象，发挥老兵自身源优势，挖掘老兵主流事迹，宣传正能量。深化“映日湖兵别样红”退役军人志愿服务项目，该项目自2019年由湖滨街道社会工作站成立后，采用“社工+志愿者”形式，组建培育湖滨老兵骨干队伍，利用优势视角，挖掘老兵自身资源，定期召开老兵议事会，组织骨干老兵群策群力，共同探讨项目策划、活动开展、志愿服务等内容，并参与街道电梯加装听证会、业委会治理等社区治理活动。年内，湖滨街道社会工作站社工带领老兵骨干成立“老兵志愿服务队”，发挥老兵自身优势，为社区居民提供义剪、磨刀、修理等便民服务，提高社区居民对老兵群体的认可度和老兵对社区的归属感。6月，“映日湖兵别样红”退役军人志愿服务项目获评2022年杭州市首届“泰隆银行杯”退役军人志愿服务项目大赛优胜奖。

【网格治理深化】 2022年，湖滨街道坚持“‘100-1=0’的风险意识”，以工作确定性应对风险不确定性，深化网格治理。落实24小时“小脑+手脚”警网协同机制运行，“141”基层智治体系初步成型，94%网格上报事件在社区或网格层面化解，两轮（31件）信访积案化解率100%。完成风险隐患排查404处，整改销号率超过90%。充实应急处置突发事件力量，完成3个区域性微型消防站升级，街道、社区两级应急队伍体系基本建成。

【垃圾分类工作提质升级】 2022年，湖滨街道通过完善垃圾分类基础设施，创新垃圾分类宣传形式，强化垃圾分类执法查处等举措推进垃圾分类工作提质升级。撤桶并点，把街道159个垃圾投放点整合为52个，购置双色垃圾桶1万只，落实定时、定点、守桶督导，成为全区首个“定时定点”小区全覆盖街道。以进机关、进学校、进家庭等“八进”为载体，开展垃圾分类宣传，通过制作湖滨特色动画、发放宣传制品、组织“小手拉大手共建美好家园”活动等，营造垃圾分类人人知晓、人人参与的氛围。全年发放有分类标识环保袋、鼠标垫、手电筒等宣传制品5000多份、《浙江省生活垃圾管理条例》宣传册1万份。联合区综合行政执法大队湖滨中队全面排查整治辖区内居住区、公共机构、公共场所垃圾分类质量及清运情况，对成效不足、考核排名落后单位，开具整改单并约谈责任人，以执法手段推动垃圾分类提质升级。全年查处一般案件52件，罚款5550元；查处简易案件235件，罚款1355元。

【“晴雨公益合伙人”项目】 2022年9月23日，湖滨街道“晴雨公益合伙人”项目在街道承办的区首届邻里节上启动，聘请首届全国城乡社区建设专家委员会委员、浙江大学社会治理研究院实务导师马丽华担任项目总督导。“晴雨公益合伙人”项目发动辖区社会公益慈善力量，呼吁辖区企业、商家、个人用自己的时间、技能、物资、智慧等加入湖滨街道“时间银行”，运用企业资源参与公益服务，把提供的权益加入到“时间银行”平台，居民通过参与社区志愿服务活动获得公益时长，通过公益时长在“时间银行”平台兑换企业权益，为企业引流的同时，提高企业品牌美誉度，拓展资源边界，实现多方共赢共益，推动商家和居民共融，构建新时期“共建、共治、共享”的新型社区睦邻关系。年内，该项目有浙江省中医院、浙江省妇女儿童基金会等29家单位加入。

（蔡晶晶）

清波街道

【概况】 清波街道东起中河高架，西临南山路，南倚吴山，北抵西湖大道，境内曾设过南宋至清的临安府、杭州府署，元朝的江浙中书省和明清的浙江布政司署。辖区有柳浪闻莺公园、吴山天风、杭州碑林、于谦故居、胡庆余堂中药博物馆、潘天寿纪念馆、浙江省革命烈士纪念馆、凤凰寺、南山路文化艺术特色街区、清河坊历史街区、南宋御街等杭州著名特色景区、博物馆（纪念馆）和街区。2022年末，街道面积2.2平方千米，下辖清河坊、定安路、劳动路、清波门、柳翠井巷5个社区；总人口3.7万人。全年街道财政总收入18.97亿元，一般公共预算收入8.67亿元。街道推进现代社区建设，优化网格治理，建立网格治理队伍，开展“网格走亲、党群融心”大走访，解决群众问题372个。推动辖区经济全面转型升级，吴山智慧商圈作为全区唯一案例获评市级示范智慧商圈。首创全域未来社区建设，推进46.94万平方米老旧小区全域改造，打造“幸福邻里坊”，推动全域“十分优享”圈建设。建立完善隐患清单动态排摸和“日访夜巡、吹哨报到、协同快响、整改销号”闭环问题发现处置机制，整改各类隐患590多处。整合生态环保、卫生健康、司法等10个基层站所的力量，推进“大综合一体化”行政执法改革，推动“多个部门执法”转向治理“一张网”，促进基层执法力量的整合和扁平化管理。深化数字赋能社会治理，“AI小清”数字社工入选市政协十大“民生议事堂”精品协商案例，“清波慧眼”视频在线查询系统等创新做法获新华社、人民网等主流媒体关注。发布六大“宋韵传世行动”项目，打造8家宋韵展示窗口单位，塑造“雅韵清波·美美与共”文化品牌。

【吴山智慧商圈获评市级智慧商圈】 2022年5月7日，吴山智慧商圈获评市级智慧商圈，成为全区唯一获该荣誉的商圈。该商圈建立“智慧街区资源一张图”，三维立体展示景点、商户、停车场等100多处资源分布，安装智慧烟感报警系统及视频监控，引进成套系列智慧灯杆等智慧终端50多处，全域覆盖商户1556家。提升“数字清波”综合驾驶舱，构建社会消费品零售总额、业态分布等“一网统管”资源池，根据“蓝、黄、红”三色预警监控，按需派单至“小清帮帮团”商圈志愿服务队，走访商圈企业2000多家次，解决问题130多个。利用“直播·清河坊”等直播平台，逐步带动100多家非遗老字号数字化转型，与“宋憶”高端旗袍等20多个品牌联动，推动特色文旅产品直播带货销售，吸引1000多万名网民观看消费，初步形成商圈“文化+带货”数字化营销新矩阵。

【中秋假期市场回暖向好】 2022年9月10日，清波街道在中秋假期推出“月满今夕·雅韵御街”中秋游园拜月盛会、“宋韵大秀场2.0”等系列活动，复原再现“宋宴”“瓦子茶肆”等场景，吸引市民游客参与提灯巡游、祈福河灯、国风演艺等现场体验。中秋假期期间，清河坊步行街接待游客27.65万人次，比2021年增长18.7%。街道精准引导辖区企业开展促消费活动，浙江百诚集团有限公司、杭州方回春堂集团有限公司及西湖银泰等社会消费品零售企业相继推出“云团圆”直播、家居中秋大促等满减活动，拉动营业收入和客流双增长。中秋当天，辖区商业综合体营业额超过460万元，上升47.3%。

【“AI小清”系统升级】 2022年，清波街道推进“AI小清”系统升级。建立“清波话坊”居民议事平台，在服务端设置“智慧填”功能，在管理端运用“八步工作法”，通过前端收集、终端分析、高频预警、数字立项、协商讨论、结论反馈、矛盾化解、民主监督模块，赋能“民生议事堂”“请你来协商”，实现群众需求“一键直达”、后台清单“一键收集”，诉求请求“一键答复”的闭环管理机制。5月23日，“AI小清”数字社工为您服务——清波街道推进基层治理数字赋能协商活动案例入选市政协“民生议事堂”精品协商案例。8月15日，升级AI智脑数字防疫系统，新增流调溯源功能，综合AI、物联网、红外感知数字技术“三重”确认，以“语音+后台记录+填报反馈”形式。深化“AI小清”智能场景应用，同步在部分小区入口设置“小清”数字社工，运用“AI测温+智慧防疫咨询”功能，实现居民出入小区快速测温、筛查，新冠疫情防控措施智能答复。8月23日，开通“AI小清”老年人日常需求反馈专线，负责对接楼道（单元）所有老年人生活动态、日常连线，实行信息接收3分钟入库分流，5分钟同步匹配处置团队和信息推送，分类推出老年人疫苗接种“接送专车”和“老中青”街坊守望相助等暖心服务，惠及1920多人次。

【全域共富单元打造】 2022年4月21日，清波街道启动首个全域共富单元建设。完善构建以“宋韵红盟”党建引领为核心，以“幸福邻里坊”“争星晋位、全域建强”为载体，以智治网格为保障的“121”街域治理共同体，初步形成宋韵红盟多元聚力新形态。依托全域入选省级未来社区创建名单为契机，做响现代社区建设清波品牌，构建街域治理共同体。年内，打造完成劳动路社区“幸福邻里坊”。该邻里坊以“宋韵浸润、文化惠民”为特色，以南山路198号1600平方米为核心服务阵地，依托中国美术学院、孔庙等优质资源，以“美育”为品牌，串联起周边成长空间、颐养空间、文化空间和拥军空间，为居民创造邻里互动、议事交流、便民服务等活动场所，提供文化交流、爱心救助、创业发展、健康管理等优质服务，打造清波特色“分散式”社区共富综合体。

【定安路社区获评市国际化社区示范点】 2022年，清波街道定安路社区探索先进持续、共治共享的国际化机制，依托高端商务楼宇、品牌人气商圈，搭建交流平台，提供人才招聘渠道，加强共建单位中外人才引进交流，打造“中外居民共商共治议事厅”，帮助外籍居民实现“场景融入”“生活融入”“文化融入”，推动中外居民睦邻关系。做强友善包容、多元融合的国际化社区文化，成立1支语言文化志愿服务队，引入共建单位提供专业服务，利用留学生、外籍人士资源，组建志愿服务队，参与社区各类活动及各项服务。创建“银杏文化节”品牌，开展系列文娱活动，让外籍居民融入辖区生活，增强归属感、获得感。10月26日，定安路社区获评2022年度杭州市国际化社区示范点。

【敬老爱老助老工作获评市级示范】 2022年，清波街道培育新型邻里关系，探索“老中青”街坊守望相助模式，吸纳社区小管家、养老顾问等志愿群体，提升老年居民生活动态、需求反馈等信息精度，借助“睦邻自治会”“老墙门邻居节”等载体开展助老活动。持续升级“小而优”的养老服务阵地，首创以认知症照护为特色的公建民营敬老院，全面构建老年人家庭、日间照料中心、康养驿站和便民助餐等一体化服务体系，辐射老年群体全员助医、助养等个性化康养服务，打通全域“10分钟社区养老服务圈”。推进“安全云守护”数智化应用场景，深度聚焦行动不便、独居、高龄老人需求，以24小时呼叫中心紧急救助及线下“安全管家”服务团队为支撑，加快智能门磁、心律探测仪等集成设备的定制安装，构筑老年人生活、出行“零延时”的安全屏障。9月1日，清波街道获评2022年度杭州市“最美敬老爱老助老示范街道”。

【5处点位获评市首批宋韵杭式生活体验基地（体验点）】 2022年1月4日，清波街道辖区的南宋御街·清河坊入选全市首批“宋韵杭式生活体验基地”，城隍阁景区、宋代玉器艺术馆、西湖琴社、承香堂入选全市首批“宋韵杭式生活体验点”。街道挖掘辖区各级文物保护点、非遗和文化坊巷等资源，从中梳理出孝子坊、杨皇后宅院园林遗址、三茅观、钱塘第一井等16处宋韵人文历史景观，升级“宋韵文化走读区”。开辟“鼓楼国风音乐角”，并对接宋韵生活馆、承香堂、西湖琴社等文化企业开展合作，合作主打宋韵国风艺术活动，定期招募参与者，利用戏曲快闪、素人妆造、汉服影像、飞花令等活动形式，沉浸式体验“抚琴、焚香、点茶、挂画、插花”等宋代生活方式。

【“宋韵传世行动”六大项目推出】 2022年4月22日，清波街道举办“宋韵传世，雅韵清波”清波街道“宋韵传世行动”项目发布会暨“宋画中的亚运会”主题活动，推出“宋韵传世行动”六大项目和首批宋韵展示窗口单位。仪式上，发布清波街道“魅力双YUN·亚运YING”“美育清波·美美讲堂”“雅韵清波·拾遗课堂”“书香清波·师说宋词”“云尚清波·宋韵云游”“南宋梦华·宋韵书市”2022年度“宋韵传世行动”六大项目。街道以党建共建形式，联同宋韵红盟成员单位中国美术学院中国画与书法艺术学院、杭州西湖国学馆、上城区爱馨互助会、中国美术学院附属小学、南宋书房和“直播·清河坊”等参与其中。项目涵盖诗词、绘画、音乐、运动等宋韵文化各方面的主题内容。杭州孔庙、西湖国学馆、南宋书房、南山书屋、西湖琴社、承香堂、宋代玉器艺术馆、“直播·清河坊”首批8家宋韵展示窗口单位获授牌。

【“茶文化研习体验基地”落户清波】 2022年7月26日，中国国际茶文化研究会、浙江省茶文化研究会、杭州市茶文化研究会、清波街道、上城区茶文化研究会、浙江省茶馆业协会、杭州市茶楼业协会、区文化馆共同举办的“宋韵品茗，茶香满城”茶文化主题活动在上城区文化馆进行。活动在宋代主题茶舞、宋代七汤点茶展演中展开，中国国际茶文化研究会副会长丁世明与中国茶叶博物馆馆长包静共同为清波街道党群服务中心授予“茶文化研习体验基地”牌匾，参会领导共同见证清波街道启动茶文化“五进”（进学校、进社区、进机关、进企业、进家庭）项目。

【“礼赞双拥、品味宋韵”主题活动】 2022年7月26日，清波街道和浙江省军区驻杭某部队共同举办“礼赞双拥、

2022年4月22日，“宋韵传世行动”六大项目和首批宋韵展示窗口单位发布
（清波街道 供稿）

品味宋韵”主题活动。清波街道与该部队正式签署2022年共建协议，共建协议以政策宣传、文明共建、双向服务和技能培训等方面为抓手，双方同心协力，共同谱写“军爱民、民拥军”的新篇章。活动期间，举办第39届“兵妈妈兵儿子（兵女儿）”结对仪式，来自清波街道和驻地部队的10对“兵妈妈”和“兵儿子（兵女儿）”结成“军地母子（女）”。

【“漫步天城，拾宋清波”暑期研学活动】 2022年，清波街道联合杭州市文保中心，基于5月杭州市发布的20条“宋韵精品研学线路”中的“行在临安”线路，策划组织“漫步天城，拾宋清波”暑期研学活动。7月21日，首场研学活动在杭州孔庙（碑林）的文昌阁前启动。在首站杭州碑林，讲解员为学员介绍《南宋太学石经》《浙江两海塘全图》等。随后，区政协文史研究会副会长、宋韵文化专家徐跃峰带领研学队伍经旧仁和署、三衙前等一路向西，走读讲述地名背后的历史故事。最后，研学队伍到达勾山里的西湖琴社，了解古琴构造、浙派古琴发展历程。

【街道庆祝中国共产党成立101周年活动】 2022年6月29日，清波街道党工委在街道党群服务中心举办“党建赋能促发展，红盟聚力奔共富”清波街道庆祝中国共产党成立101周年活动。街道班子成员、党龄50年以上老党员代表、机关党委党员代表和各社区“两委”（社区党委、社区居委会）成员代表、中国美术学院艺术人文学院和浙江财经大学人文与传播学院的党员代表出席。街道领导为老党员代表颁发“光荣在党50年”纪念章。活动中，来自中国美术学院艺术人文学院的4名学生党员通过绘画作品蕴含的艺术创作思路剖析画作背后的故事，呈现出中国共产党的百年奋斗历史。浙江财经大学学生以“不要温和地走向那良夜”为题剖析中国共产党人从思想文化觉醒到逐步“打破铁屋”的历史进程。

（蒋成杰）

小营街道

【概况】 小营街道东临贴沙河，西濒中河，南接望江路，北至庆春路。2022年末，街道总面积2.7平方千米，下辖小营巷、金钱巷、西牌楼、紫金、马市街、大学路、葵巷、老浙大、长明寺巷、茅廊巷、梅花碑、姚园寺巷12个社区；有常住人口7.18万人、流动人口2.81万人。全年街道财政总收入41.71亿元，比2021年增长16.2%；完成地方财政收入19.49亿元，增长16.1%。完成项目招引145个，其中亿元项目15个；在谈重点项目5个。推进辖区企业业务增量回流，14家重点存量企业实现税收增量8.1亿元，增长58.6%。建立协税护税工作机制，挽留重点税源企业14家，保留税收2.03亿元。完成辖区亿元楼宇2幢，华都大厦获评C级楼宇。年内，钱学森故居入选全国首批“科学家精神教育基地”。终身学习品牌“五柳雅扇，宋韵传习”获评浙江省终身学习品牌项目，并被推荐参评全国终身学习品牌项目。街道党工委被授予浙江省“人民满意的公务员集体”称号。中共杭州小组纪念馆、全国爱国卫生运动纪念馆入选第一批50家杭州市乡村（社区）博物馆名单。小营巷社区“微更新”项目获评2022年度杭州市勘察设计行业优秀成果一等奖。

【亲清政商关系构建】 2022年，小营街道推进亲清政商关系构建，通过专员挂包、到人服务、跟踪问效等工作机制，细化为企服务工作举措，开展“一把手连心走企”、“首访企业”、建立为企服务“一企一册”等活动。全年上门走访企业973家，收集问题337个，解决率、满意度均为100%。“立体式”开展招商引资工作，新增税务登记企业995家，入库税收649.6万元，比2021年增长464.3%。运用“上城—淳安飞地政策”，与浙江物产环保能源股份有限公司下属员工持股平台杭州持瑞企业管理合伙企业（有限合伙）、杭州持泰企业管理合伙企业（有限合伙）签订政策扶持协议。针对企业经营过程中遇到的困难，街道主要负责人分别走访浙江泰隆商业银行股份有限公司杭州分行、久祺股份有限公司、杭州久祥进出口有限公司、浙江物产电子商务有限公司4家辖区重点企业，精准服务，纾困解难。年内，该4家企业税收2.14亿元，增幅100%。

【社区工作者素质提升】2022年，小营街道注重社区工作者素质提升，多举措助力提升。举办两期“红巷学堂”2022年度专职社区工作者“雏雁人才”培训班。开展社工廉政第一课《社区廉政建设》，要求各级社工要审慎用权、遵纪守法、廉洁奉公。以社区岗位需求为导向，安排信息写作、纠纷调解、服务规范、应急处置等实训课程，着重提升社区工作者的社区服务能力和抗压能力。建立年轻干部“揭榜挂帅”机制，培养年轻“全能社工”。全面启动“启赋营”社区工作者素质提升行动。组织12名社区书记到丁兰街道开展“加油赋能，扬帆起航”社区走邻访学活动，通过走学参观、分享交流，促进小营街道与丁兰街道两地社区书记间的互比互学、互鉴互促，提升社区“领头雁”的专业素质和履职能力。

【“平安小营”建设】2022年，小营街道健全平安创建工作领导小组，开展平安问题项目化监管工作，助推“平安小营”建设。做好各类重大活动和各级两会期间的重点点位、事件等工作，社会面总体稳定。与辖区138家重点企、事业单位签订社会治安综合治理责任书，与2122家沿街店铺签订消防、安全生产责任书。深化改革“小脑+手脚”警网协同运行机制，成立综合管理指挥中心，落实非警务类警情闭环管理。加强调解队伍建设，提升纠纷排查及调解处置能力，全年调解各类矛盾纠纷500多起，调解成功率100%。

【“蓝鲸行动”】2022年，小营街道开展“蓝鲸行动”，营造辖区良好治安环境。街道分8个检查组对辖区娱乐场所、足浴店、旅馆、地下室、非居住空间等治安隐患突出部位进行清查。清查发现消防隐患部位125处，核查人员669人，发放反诈宣传资料1600多份。对部分店家存在主体责任落实不到位情况开展专项整治，签订相关责任书1000多份，有效整改相关问题55个。全年常态化开展“蓝鲸行动”9次，出动辖区民警、社区干部、网格员、巡检队员等3000多人次，发现并整改各类隐患980多个。

【小营巷社区老旧小区改造】2022年，小营街道推进小营巷社区老旧小区提升改造。成立红巷党建联盟，联合53家共建单位集成45个惠民项目。建立“红巷议事会”协商平台，瞄准群众需求制定改造“菜单”，老旧小区提升改造项目支持率从68%提升到98.7%。聚焦“一老一小”服务需求，引进浙江大学医学院附属第一医院、浙江大学医学院附属第二医院名医资源，开设“共享食堂”“四点半课堂”“儿童空间”等服务。推行“一网通办、红色代办、日日可办”举措，做大“十分优享”公共服务圈层。改造小区垃圾房、旧车库、仓库、闲置浴室等可改空间，腾挪、新增公共空间近3000平方米。全年加装电梯8台，新增车位170个，增设智能安防设施200多处，拆除违建1600平方米。6月8日，小营巷社区老旧小区提升改造案例获评2021年度杭州市老旧小区综合改造提升工作最佳案例。小营巷社区党委在全市基层党建工作会议做交流发言，相关做法被《杭州日报》《杭州新闻联播》报道。

【“老大葵生活区”综合治理】2022年，小营街道深化“老大葵生活区”综合治理。“老大葵生活区”针对居民参与持续不足、群众参与公益价值感与荣誉感不足两大问题，进行研究、探索和实践。“老大葵生活区”居民代表共同商议并制定“生活区”《居民公约》，规定车辆通行停放和环境秩序治理等事宜。通过区域停车泊位整合、车辆动线设计、“黑名单”车辆治理等举措，推动“老大葵生活区”交通问题疏导。通过“红管家”物业收集居民反映问题75个，根据问题确立议题。召开由街道城管科、湖滨交警中队、行政执法、社区、居民代表共同参与的民情恳谈会10多次，完成问题解答全覆盖。治理后，“老大葵生活区”日均临时停车从849辆减少至756辆，80%外来车辆在3小时内驶离，沿街商铺出店经营现象获改善。区域内增加停车泊位50个，建立车辆交汇禁停区5个，实行街面商铺序化“红黑榜”，协调增设小区垃圾桶，全面提升“生活区”环境品质。

【街道宋韵风貌打造提升】2022年，小营街道推进全域宋韵风貌打造提升工作。启动马市街社区、紫金社区、茅廊巷社区老旧小区改造项目，融入宋韵风貌，加入带有宋韵特色的屋脊、廊沿、墙绘等。对接浙江安赛文化产业发展集团有限公司，协商五柳巷历史街区“线下业态重塑”+“线上元宇宙场景建设”的合作模式，使NFT技术（非物质化通行证，是一种可在区块链上记录和处理多维、复杂属性的数据对象）更好展现“宋韵五柳巷”。以南宋德寿宫遗址博物馆开馆为契机，联合杭州市天艺幼儿园设计构思宋韵启蒙八大课程，包含建筑风景、风雅艺术、民俗生活、岁时节日等内容，开拓幼儿的文化视野。联合杭州市第十中学举办“与宋相约，彩绘运动”宋韵主题活动，邀请锦和大厦运营公司、杭州市第十中学师生共同设计，以富有南宋韵味的河坊街为背景，将宋代人物与乒乓球、电子竞技、帆船、轮滑、羽毛球等8个亚运会项目融合。全年街道开展“迎亚运品宋韵”系列活动300多场。

【“红巷·幸福邻里坊”社区共富综合体打造】2022年，小营街道按照全省现代社区建设体系和全市“争星晋位”行动部署，打造“红巷·幸福邻里坊”社区共富综合体，改善辖区人居环境，做优“十分优享”公共服务圈层。街道以党建引领规划实施，坚持把提升居民生活品质作为出发点和落脚点，谋划“两心两街一脉多园”的全景式功能集群，以红巷生活馆、“红巷·幸福邻里坊”、“邻里生活一条街”、“金牌管家一条街”、小营全景文化游线及多个邻里生活园为载体，聚力打造出集“政务服务+公共服务+商业服务”三大功能于一体的“邻距离生活圈”。街道解决老旧小区痛点、难点问题，聚焦“小而美”场景，把“闲置房”腾挪改造为“红书房”，为周边居民提供厚植红色根脉、传承宋韵风雅、享受文化浸润的生活“新地标”。

【“多彩公益圈”项目探索】2022年，小营街道围绕建设“人人有责、人人尽责、人人享有的社会治理共同体”要求，探索党建引领下的社会参与机制和“五社联动”下的多元协同机制，实现社区、社会组织、社会工作者、社区志愿者、社会慈善资源的有效互联互动的场景建设。组建“红色、商圈、公益、义工”四大联盟的“组织链”，创新区域内党建圈、商家圈、生活圈、服务圈、专业圈的机制。开发“多彩公益圈”奉献积分兑换小程序，利用随手公益、即时奖励调动公众参与公益的积极性。至年末，“多彩公益圈”有联盟单位239家，有签订三方协议、承诺每月至少参加3小时公益时长的志愿者947人；举办各类培训活动32场次，提供培训1527人次，获主流媒体、自媒体等报道300多次。9月5日，街道课题“面向共同富裕的社区公益慈善发展新路径：多彩公益圈的探索”入围“全国社会治理创新案例（2022）”。

【“五柳雅扇，宋韵传习”获评省终身学习品牌项目】 2022年，小营街道“五柳雅扇，宋韵传习”项目以宋韵传习为热点，结合南宋绘画、宋画团扇制作，把宋韵文化融入当下生活，体现杭州的人文景观、历史和南宋神韵。该项目实施“单课多品、单品多课、线上共享、风雅品扇”的四维终身教育传习模式，打开非遗传承新路径。以辖区内的平加扇艺店为学习空间，会同市文化广电旅游局非遗办公室、区教育局、区妇联等单位，建成共建共享的终身学习平台。在多所学校设立扇艺工作室，为“五柳雅扇”传人提供新鲜血液。至年末，“五柳雅扇，宋韵传习”项目开设讲座2000多场，学习受益10万余人。9月，“五柳雅扇，宋韵传习”获评浙江省终身学习品牌项目。

2022年4月18日，小营街道在辖区内开展“多彩公益圈”之敬老慈善公益课堂（小营街道 供稿）

【“网格走亲、党群融心”大走访活动】 2022年9—10月，小营街道开展“网格走亲、党群融心”大走访活动。通过多轮动员部署、多方人员编组、多维入楼入户，完成4.01万户家庭、6.33万名居民的走访工作。以“挂包人员+网格社工”为主要力量搭班作业，节前一周重点突破楼宇入网走访，假期全力攻坚居民入户，200多名工作人员深入小区楼宇，“点对点”走、“面对面”访。“红巷老舅妈”、“爱心马大嫂”、陈文英工作室等10多支自治团队120多人组团参与走亲连心，发动群众力量参与网格治理。收集整理群众诉求，“件对件”处置到位。活动收集群众诉求727条，办结反馈718条。

（陶峥勇）

望江街道

【概况】 望江街道位于上城区南部，东临钱塘江、西接贴沙河、南至望江路、北傍清江路。2022年末，街道面积4.1平方千米，下辖大通桥、始版桥、兴隆、莫邪塘、清泰门、婺江、耀华、近江东园、近江西园、在水一方、徐家埠11个社区；总人口10.73万人，其中常住人口6.84万人、在册流动人口3.89万人。全年街道财政总收入2.21亿元，一般公共预算收入1.17亿元。作为市委改革试点项目——杭港高端服务业示范区所在地，街道有序推进各项工作，涉及总投资460亿余元，总建筑面积近150万平方米。推进城市投资建设，全年固定资产投资实际完成97.2亿元，其中新世界项目一期、兴合中心、杭州市崇文未来学校等

8个重点项目完成封顶施工，御潮府、数源科技大厦、钱投新宸中心3个项目完成竣工或竣备。全年街道完成回迁安置540户、1092套；完成区政府布置的2022年区存量房源安置工作，择房18户、24套，存量房消化数量在全区参与的8个街道中居第1位。作为首批浙江日报报业集团融媒共享联盟杭州地区微融站，街道在“上城发布”App开通“潮起望江”子平台，全年获5000多人关注，自制短视频近700个，其中单个短视频最高自然阅读量366万余次。自制视频《浙江上城：以书为媒 将“智慧”融入阅读》《主题活动丨强国在“县”·杭州上城望江街道：“学习强国”知识竞赛，继续学习继续奋斗》等被“学习强国”各级学习平台录用。年内，望江街道获评浙江省首轮新冠疫情防控执行力指数评价优秀乡镇（镇街）；辖区翡翠海岸小区获评省级节水型小区；望江街道“侨胞之家”获评杭州市“侨胞之家”。

【数字时尚产业发展】2022年，望江街道招引数字经济类、文化类企业160家，注册资金25.8亿元。组织辖区企事业机构申报浙江省文艺基金、杭州市文化精品工程，其中，获省文艺基金扶持项目1个、市文艺精品工程扶持项目2个；浙江安正科技股份有限公司、蓝城乐居建设管理集团有限公司、浙江凌迪数字科技有限公司、浙江中浩应用工程技术研究院有限公司、浙江新门海科技有限公司5家公司被认定为浙江省创新型中小企业；辖区企业浙江凌迪数字科技有限公司入围2022年浙江省首版次软件产品应用推广指导目录。指导浙江凌迪数字科技有限公司亮相首届全球数字贸易博览会，展示上城区作为数智时尚消费第一区的硬核实力。培育和排摸宋韵IP产品，确认“毕昇微信表情包”“许仙白娘子裸眼3D”“舌尖上的宋韵系列”等宋韵IP产品46项，其中由辖区企业浙江风盛传媒股份有限公司打造的“许仙白娘子的裸眼3D”作品《情定杭州》获2022年“找广杯”视频案例创意评选特别金奖。开展“云上四季青”行动，组织直播带货等培训15场次，实现15万人次“云逛四季青”，销售额超过1.3亿元，相关做法获中央广播电视总台点赞，获《浙江日报》头版报道。

【信访工作提质增效】2022年，望江街道对90件信访积案全部实行动态“清零”，针对重点积案，落实街道领导班子分案挂包，采取一个信访积案一名责任领导、一个化解工作小组、一套处理方案、一个化解期限的模式，落实包调查、包处理、包化解的“三包”责任制。建立部门内部工作联动机制，由街道党工委召开会议，以主要负责部门为主、其他部门为辅进行协助，共同负责办理，着力推进积案化解，防控群诉群访事件。按照“三到位一处理”原则（群众诉求合理的解决问题到位、诉求无理的思想教育到位、生活困难的帮扶救助到位；行为违法的依法处理），提升初信初访办理成效。全年街道处理群众来信69件次、来访122件次、网件1070件次、来电3531件次。

【“五社联动”推动现代社区建设】2022年，望江街道立足现代社区建设，推动“五社联动”提质攻坚行动，以社会工作服务为主导，发挥社工专业优势，以全市首个社会工作标识启用点——望江街道社会工作站为核心平台，围绕“服务+项目”实现社区治理新发展。投入55万元，推动“五社联动·守望互助日”“小善零距离”“望学堂”等12个特色项目开展活动100多场，服务8000多人次，新增市、区级“最美社工”3人、市AAAA级社会组织1个、市品牌社会组织1个、市社会工作领军人才1人。以睦邻社区基金会为纽带，链接慈善资源177.48万元，开展各类慈善活动100多次，服务8000多人次，社区平均满意度98%。相关工作成效与经验形成专报《“五社联动”打造现代社区幸福共同体实践样本》，获省、市领导批示肯定。

【社区治理新模式探索】2022年，望江街道聚焦社区治理新模式探索，以评星定级标准为指引，查摆问题30个，制定整改举措31条。创新1星社区整转“1315”工作机制，开展专题研究、圆桌会议5次，收集民情民意10多条。聚焦社区书记队伍政治力、领导力、组织力、执行力、影响力“五力”提升，实施“头雁争先”培训班，开设“无疫单元怎么创”“小区党建怎么做”“三方协同怎么推”“治理合力怎么聚”“社区党建怎么抓”五大专题培训班。提升网格智治水平，科学划分82个网格、427个微网格，选优配强1118名网格智治“1+3+N”力量，打造“红色电波”网格员“充电站”，健全网格员队伍“选育管用”全链管理机制。发挥网格党建优势，开展“网格走亲、党群融心”大走访，助力外立面改造民生实事工程、暖心配送小分队服务等，相关做法获《浙江共产党员》杂志、《浙江日报》等媒体报道。聚焦清泰门社区实际，构建“社区党委—小区综合党委+市场联合党支部—楼栋党小组”三级组织体系，以“小区端”“市场端”双线管理，打造流动人口“5分钟活动圈”管理闭环。探索“一市场一小区”结对共建，牵引撬动10家共建单位参与治理，达成共建项目4个，解决关键小事3件。结合老旧小区改造提升、“大综合一体化”改革，着力破解“小门无人管、停车无人管、环境无人管”难题。

2022年9月28日，“小善零距离”项目成员探访关爱辖区困难老人
（望江街道 供稿）

> **资料**
>
> **“1315”工作机制：**以“1”套整转工作方案为指引，健全“3”级组织体系，明确“1”套工作职责，制定“5”大整改举措，构建整转销号工作闭环，推动基层党建全面进步、全面过硬。
>
> **网格智治“1+3+N”力量：**“1”即1名网格长，一般由村（社区）干部担任。“3”即1名专职网格员、1名兼职网格员、1名包联干部担任的网格指导员。“N”即网格内的其他包联干部、专业执法力量、基层党员干部、在职党员、志愿者等。

【基层智慧治理能力提升】2022年，望江街道依托数字化改革，在“除险保安”工作中寻求数字化转型的切入口、突破口，以硬核举措补短板、除隐患、防风险，切实增强基层智慧治理能力。街道进一步融合社会“基层治理四平台”、区“平安建设365”平台、“数字城管”、“城市眼云共治”、“非接触性”平台等系统，在“小脑+手脚”运行机制基础上，完善望江地区综合执法治理体系，打造联勤、联防、联动、联治的基层综合治理执法队伍。以街为“最小作战单元”，着力“微网精治”，重点抓好一线处结、综合执法等关键环节，实现多跨事件高效联动处置、应急事件快速决策调度、风险防范智能研判预警。开展“回头看”专项工作，对统一地址库进行反复排查，实时更新人员结构，正确率95%以上。全年街道社会“基层治理四平台”接件处理网格上报事件4143件，完成处置率100%。

【社会治安智能防控体系建设】2022年，望江街道以“平安护航行动”为抓手，依托“数智化”建设，围绕“智安小区”建设、老旧小区“微更新”，强化小区联网监控、智能门禁、智能道闸等智能基础设施建设，扩大平安小区覆盖面，发挥网格智治“1+3+N”的队伍力量，以“定点、巡线、覆面”的方式开展常态化巡逻，夯实社会治安智能防控体系建设，提升基层治理现代化水平。全年街道建成“智安小区”24个，发现安全隐患2441个，完成隐患整改2389个，隐患整改率97.9%。

【近江东园社区“幸福邻里坊”建设】2022年，望江街道以现代社区建设为契机，聚焦老人、小孩、特殊群体的实际需求，以“‘五在’近邻·幸福东园”为理念，打造以“一街、一园、一坊”为主体的近江东园“幸福邻里坊”共富综合体。“一街”即为老服务街区，在原有服务基础上，增设家政、护理、文体等有针对性的服务项目，以500多平方米的日间照料中心满足辖区老年人活动和服务需求。“一园”即近邻公园，将社区原来的室外小公园重新规划，打造成涵盖室外舞台、健身步道、休闲长廊、儿童游戏区域的小而精的小区公园。“一坊”即“幸福邻里坊”，坊内呈现“一核两翼”空间结构。“一核”划分为百通岗、“匠心坊、鎏金坊、思源坊、名师坊、议事坊”五坊；左翼部分为儿童成长中心，按照年龄段划分为幼托服务、益智娱乐、教室、学习阅读等区域，开设涵盖0～14岁的“为小”服务课程；右翼部分以满足居民行政类办事、参与社区事务、参与文化娱乐活动、老年人就餐等需求为导向，开设各类特色活动室、老年食堂、慈善超市等。在近江东园社区“幸福邻里坊”基础上，探索推出“悠悠托”碎片化托育服务新模式，立足实际创新议事圈、资源圈、共富圈“三圈”机制，打造党建、服务、功能3个“不缺位”的幸福共同体，相关工作获省、市领导批示肯定。

资料

“‘五在’近邻·幸福东园”：以“美在、爱在、悦在、创在、惠在”五大板块为落脚点，以“一老一小”为重点服务对象，让“幸福邻里坊”成为老人、小孩的第二个“家”，为中青年等上班族减少后顾之忧，多层次、全方位提升辖区居民的幸福感、归属感。

【街道回迁安置】2022年，望江街道根据安置房源总量应完成尽完成的要求，完成于2016年启动的征迁项目回迁安置选房工作，重点项目为始版桥直街以西综合整治项目、望江单元SC0402－R21－08地块项目、凯旋路四期项目。工作人员科学谋划、攻坚克难，在开展工作的过程中，与上城城投集团多次协调，完成房源切割，并根据房屋建造、交付等进度，倒排计划，制定相关方案；了解住户需求及家庭情况，匹配相应房源，多次开展模拟选房；组织住户实地看房，全面提升回迁速度，缩短回迁时间，提升住户幸福感。全年回迁安置540户、1092套，回迁安置任务完成率100%；完成区政府布置的2022年区存量房源安置工作，择房18户、24套，存量房消化数量在全区参与的8个街道中居第1位。

【消防安全环境优化】 2022年，望江街道依托街道重点项目建设，解决街道集中充电桩处电动自行车停放较为密集、火灾隐患大的问题，提升辖区火灾防控消防基础。街道结合老旧小区提升改造项目，改造电动自行车集中充电、停放点9个，拓宽消防车道4条，增配单元灭火器277只、应急照明灯332只。结合街道民生实事项目为辖区11个回迁安置小区新增电动自行车集中充电、停放点7个、512口，增配充电桩水基灭火器600只，增设简易喷淋27处。结合隐患闭环整改，经过多次协调，完成近江七园、近江新六园安置小区消防内管网故障的整改。结合《老旧小区整治消防安全配置标准》，依托日常检查和整治，督促老旧小区新增电动自行车集中充电桩331个、电梯阻尼系统45台、联网式烟感器67只，完成17个高层回迁安置小区286台电梯阻尼系统安装全覆盖。结合区政府民生福祉项目，完成莫邪塘区域性微型消防站、近江五园区域性微型消防站、清江路区域性微型消防站的提升改造，补充消防救援设施设备128件（套），增配专职消防员3人、兼职2人，优化辖区消防安全环境。

【"爱心驿家"投入使用】 2022年，望江街道总工会在沙地路52号打造"爱心驿家"。"爱心驿家"场地面积约80平方米，配备电冰箱、微波炉、空调、饮水机等设备，为网约车司机、快递员、外卖员、环卫工人、停车管理员等户外劳动者提供充电、就餐、休息、如厕等便利，并安排专人对"爱心驿家"进行管理和维护。12月，该"爱心驿家"通过市总工会验收。全年"爱心驿家"开展各类暖"新"（新就业形态劳动者）活动13场，服务户外工作者1500多人次。

【"悠悠托"婴幼儿照护服务】 2022年，望江街道以"普惠导向、医育结合、数字托育"为重点，打造望江托育园、成长驿站，创新实行"医育结合"，探索碎片化托育模式。街道对映霞街85号社区配套用房进行提档升级，投入140万元打造街道首个公建民营普惠托育园，园区面积530多平方米，总托位数58个。多方位推行"医育结合"，搭建"悠悠托"婴幼儿照护服务工作室、"医育共同体"、"望江托育联盟"等托育联合平台，开设"四点钟宝贝课堂"，串联普惠托育服务与科学育儿知识，家庭育儿知识普及率超过70%。发展智慧化托育，对已有照护服务再分层、再细化，探索预约式临时托管服务，开发"智汇望江"碎片化托育系统，全方位赋能托育服务能力。《上城望江打造"悠悠托"碎片化托育服务新模式——破解双职工婴幼儿家庭照护大难题》专报获市领导批示肯定。全年望江托育园服务幼儿36人，成长驿站开展亲子活动20场。

（王　颖）

南星街道

【概况】 南星街道东北连万松岭、凤山桥，以飞云江路为中间线与紫阳街道毗邻，东南沿钱塘江中心线与滨江区相望，西北沿玉皇山、凤凰山，与西湖区交接。辖区内有闸口白塔、梵天寺经幢、施家山吴汉月墓、慈云岭石窟造像、老虎洞窑址、天龙寺、千佛洞、南宋皇城遗址8家国家级文物保护单位及于子三墓、宋京郊坛下官窑址、中河南端古桥、古泉群等省市级文物保护点。2022年末，街道总面积4.31平方千米，下辖美政桥、海月桥、馒头山、玉皇山、紫花埠、复兴街、水澄桥、白塔岭8个社区；有常住人口3.48万人、在册流动人口2.09万人。全年街道财政总收入17.79亿元，一般公共预算8.29亿元，招引各类产业项目210多个。年内，南星街道获评2021年度“平安上城”考核优秀单位、杭州市平安建设先进集体。南星街道社会工作站获评杭州市2021年度十佳乡镇（街道）社会工作站。街道微融媒体中心拍摄作品《探店：奇思妙想的文三数字生活街区》获杭州市“共富美好”微融媒体中心采风演练活动一等奖。复兴南苑小区入选2021年度杭州市老旧小区综合改造提升工作典型案例。

【街道综合行政执法能力提升】2022年，南星街道锚定“大综合一体化”“一支队伍管执法”两大目标，制定街道层面《行政处罚自由裁量权实施办法（试行）》，引入“综合查一次”、柔性执法、非接触式执法三大创新举措，确保有法可依、合理有序。聚焦城乡建设、自然资源、市场监管等18个领域，编制“南星街道自由裁量基准表”一张表单，融入代码名称、违法情节、裁量依据等类别，明确165项高频处罚事项不同违法情节的裁量基准，“一表通用”实现高频处罚事项裁量基准细化率100%。建立、健全综合行政执法基础标准动态调整机制，邀请区级部门全程参与、常态指导，定期碰头商讨7次，解决难点、堵点18个。围绕“执法评查结果、社会调查反馈”两大重心，及时调整事项指标5个，提高街道综合行政执法的可操作性和精准度。

【多举措助企复工达产】2022年，南星街道创立为企服务品牌“共创会”，建立需求、资源2张清单，持续策划“线上+线下”金融、外贸等专场，对接匹配产业关联企业。5月，在辖区思美传媒股份有限公司开办首场活动，15家商贸类企业分享案例、推广经验，促进内部大循环大流通。聚焦企业发展、安全生产、新冠疫情防控三大主线，建立“1对1服务专员”制度，举办“外汇金管家下午茶”等活动10多场，落实“保姆+”全链条服务。全年引进中碳未来电力科技、浙江质达新能源、青汐股权投资等亿元项目6个。结合常态化核酸检测，联合辖区内复兴南街“网红”面店、057壹号码头商业街、馒头山等“网红”店推出消费券，发放到街道下属8个社区核酸检测点。年内，发放057壹号码头商业街优惠券1200张，实现单日客流近3000人次，促进消费20多万元。

【社区服务品质发展】2022年，南星街道编纂全市首本街道本土化基层治理工具书《南星街道社区治理实务手册》，帮助社区解决个案20多件，为社会工作专业服务提供借鉴样板。借助社工培训营，开展系列活动73场，挖掘居民骨干80人，提供定向服务40多次。成立首批“社智库”智囊团，巧用社区“金点子”10个，惠及居民1万余人次。围绕“童欣、军暖、民治、社联、博爱”5条主线，优化社会组织服务模式，构建“五社联动”资源环岛。

【“海月南星里”未来社区项目打造】2022年，南星街道对标未来社区“三化九场景”建设要求，跨社区、跨街区打造“海月南星里”未来社区项目。坚持政府主导、社会搭台、群众唱戏，形成“收集问题—研究方案—方案实施—反馈居民”全流程闭环管理，街道纪工委、社区纪委全程跟踪监督。完成3个小区32万平方米老旧小区改造和复兴南街综合整治提升，引入杭州市胜利山南小学优质教育资源，加装电梯39台，新增停车泊位近400个，惠及居民1万余人。盘活街区物业，提升公共服务配套，通过区街联动、物业置换等形式，利用沿街优质物业近6000平方米，打造城市书房、康养驿站等民生项目，同步引入社会力量参与有机更新，保障惠民实事的高质量和可持续。

【平安街区建设】 2022年，南星街道做优街道、社区两级社会纠纷矛盾调处化解中心，深化“组团式”矛盾纠纷多元化解机制，创新引入“1+2+X”团队力量（1个领导团队，“常驻+随驻”2种管理模式，X种行业力量），全年街道、社区两级矛盾调处化解中心受理调解纠纷298起，处置率100%。探索开展以3支队伍强排查、3种检查抓落实、3项机制促整改、3项制度强管理、3项建设保平安、3项宣传造声势的“六个3”基层安全治理工作模式，全年检查单位2200多家次，发现并整改隐患523个，整改率99%。开展平安自查工作，发现问题1880多个，其中重大隐患160多个，均整改到位。“线上+线下”全方位、立体化、高频次、密集式开展平安宣传，营造“人人参与平安建设”良好氛围，全年组织安全生产培训演练活动60多场，发动平安巡防300多次，发动群众参加巡防6600多人次，悬挂平安宣传横幅220多幅，张贴平安宣传海报7000多张，转发推送平安宣传信息3500多次，发送平安宣传短信1万余条，分发反诈宣传资料3万余份、“平安创建一封信”4.5万份。4月，南星街道获全市“平安建设先进集体”称号。

【凤凰新村危房处置工作完成】 2022年5月1—27日，南星街道完成凤凰新村危房处置工作，3幢、56户、127人陆续搬离。街道设置应急处置预案，成立攻坚小组，分成4个小组，每日上门做好群众沟通劝说工作，以法律、案例告知危房风险、处置流程。设置“红黄蓝绿”标识，动态加派人员力量、调整沟通方案，通过宣传告示、横幅等营造好排危氛围，以“时间就是生命”为标准，动员群众尽早搬离。加强危房检测力度，派出专业公司、专业设备持续做好危房监测工作，派出人员24小时开展巡查，动态监测危房情况。做好恶劣天气预警处置工作，联动相关部位落实临时性加固，保障居民生命安全。摸排相关资源，为群众储备一批过渡用房，根据群众需求分类安置，做好安置房屋物业管理工作，解决房屋相关问题。

【道路综合整治工作】 2022年，南星街道聚焦4条迎亚运保障道路立面整治，成立工作专班，细化责任清单，实地测量摸底数，全面排查促整改。全年清洗墙面25.18万平方米，修复墙面1.15万平方米，拆除保笼237个，更换雨棚、空调格栅602个，整治店招1050平方米。启用“政府+社会”双轮驱动模式，开展入户走访，做好宣传解释，发动沿街单位自行出资整治，动员居民主动拆除保笼，汇总民生安全问题10多个，同步纳入整治范围，形成“全民参与大整治、扮靓街区迎亚运”浓厚氛围。自主踩点2条沿街道路，细致摸排临街建筑物外立面，记录相关问题60多个。按照“立面规范、整洁美好、保留特色”原则，谋划完善整治方案，融入属地文化元素，对标销号、全程追溯。

【街区全龄服务矩阵优化】 2022年，南星街道优化街区全龄服务矩阵，通过打造“13321”分散式“南星里·幸福邻里坊”（1个邻里会客厅、3个养老服务场所、3个儿童托育场所、2个文化服务阵地和1个特殊人群服务阵地），形成集托育基地、健康颐养、文化体验、健身娱乐、爱心慈善于一体的5200平方米综合服务集群。建立“坊长工作室”，搭建议事平台，邀请30名居民代表，共商共议功能布局、服务事项、运行管理等六大需求。巧用物业置换，盘活公共空间，采用第三方投建+运维、公建民营、驻点服务和共建联建4种运维模式，激活老街区新业态新场景。聚焦重点人群，链接优质资源，引入南星·有意思书房、幼托机构，迭代升级复兴农贸市场，有机串联沿街商户，多元融合组成“幸福星联盟”，服务触角覆盖辖区内4个社区，惠及居民2.6万人。

【“儿童友好街道”建设】 2022年，南星街道围绕“儿童友好街道”目标，发挥街道社会工作站枢纽型服务平台引擎作用，联动家庭、学校、社区三大主体，立足X个服务机构专业优势，实行“1+3+X”工作模式，开展专题研讨10多场，编纂并发布全市首本《儿童社会工作操作手册汇编》。成立“家庭+学校+社区+专业机构”服务联盟，开展驻校社工服务，介入个案30多个，其中白塔岭社区社工《“漂来伴你成长”隔代教育成长计划》入选杭州市社会工作优秀案例。延伸打造全省首个儿童社会工作站，形成“服务科学、队伍专业、系统联动”家庭、学校、社区联动支持体系，建立儿童服务计划表78张、个案小组计划书15份，举办儿童沙龙16场。成立“和娃娃童读馆”，打造“4区N次方”社区公益教育空间，以七彩活动区、阶梯阅读区、亲子阅读区、阳光心理咨询区为依托，提供童书免费借阅、亲子阅读等N项公益活动。深耕“益星荟·童欣”儿童社会工作品牌，以“幸福邻里坊”建设为契机，紧扣“健康乐享、快乐童玩、成长无忧”三大主题，联合13家共建单位，打造以儿童为服务对象的“十分优享圈”。

【全省首个专业领域社会工作站成立】 2022年7月11日，南星街道成立浙江省首个专业领域社会工作站——儿童社会工作站。该工作站占地面积200平方米，分为上下两层，设有艺术活动室、触觉游戏室、沙盘认知室、益智游戏室等不同功能区域。该工作站通过公建民营方式，为辖区内0～12岁儿童提供以促进健康发展为目的的感觉统合训练和家庭指导，帮助处于成长初期的儿童通过行为训练促进大脑发育和构建，预防和纠正可能面临的好动、注意力不集中、学习困难等发展中的困难问题，助力儿童健康快乐成长。工作站提供以儿童为主要服务对象的家庭教育指导、教养培训、心理咨询、个案服务和儿童保护服务。全年该工作站服务儿童1278人次，开展活动16场。

【“老年友好型街区”打造】 2022年，南星街道通过“老年食堂+阳光助餐车+爱心午餐”的“三位一体”舌尖微养老体系，建成社区康养驿站3个，开设“幸福小屋”长者驿站，完成14户困难老人家庭适老化改造，全面构建多层次、宽领域的“颐养型”老年友好型街区。以“幸福小屋”建设为抓手，紧扣“长者社区照顾安心工程”，联合12家共建单位，推出暖心陪聊、上门看望、生日聚会、长者课堂、幸福热线5项关爱举措。全年举办长者活动62次，服务辖区内老人1500多人次。引入专业服务体系，建立“益齐转”本土化自助互助平台，会聚57名核心成员组成志愿者服务团队，参与新冠疫情防控、环境保护、应急救助、文明倡导等志愿服务3500多次，提高为长者服务的参与率与满意度。为保障老有所养、鼓励老有所为，实施“免费慈善午餐”项目，招募社区低龄老人，以互助结对形式，将爱心午餐送到长者家中。年内，有30名独居孤寡、残障困难、特殊贡献老人成为免费午餐首批服务受益者。

【“时间银行”互助养老模式探索】 2022年，南星街道探索实施“时间银行”互助养老模式，联合上城区汇泉为老社会工作发展中心在白塔岭社区成立“时间银行”实践基地。“时间银行”实践基地汇集专业机构、为老社工、银龄志愿者等服务力量70多人，建立爱心助餐、上门探望、倾听陪伴、暖心热线4支志愿服务小队。服务小队开展日常志愿服务，把志愿服务时长有效转化为“时间银行”积分，通过线下公益超市，用积分兑换服务及相应实物，进一步提升为老服务实效。全年志愿者累计“时间银行”积分1624分，为80岁以上独居特困长者提供送餐服务3900次，进行长者慰问2400人次，专人热线值机1800次。

【退役老兵服务】 2022年，南星街道引进杭州市在水一方养老集团，在水澄桥社区设立“老兵康养驿站”，推出全市首个“安全守护云”3.0项目，辅以首批师资库专家团，以“技术+平台+服务”实现智慧养老“实时护”。以“主动关心、真帮实扶”为准则，以馒头山和白塔岭社区“退役老兵幸福小屋”为圆心，开展生日聚会、健康课堂、幸福热线、暖心陪伴等服务32次。以专业化服务切入老兵需求，形成“街道、社区、社会组织、志愿者、社会慈善资源”五重关怀，全年开展社会融入、拥军拥属等系列活动61场，新增崇军服务点16个。构建“益星荟·军暖”品牌，形成以街道办事处主任牵头、分管领导负责、3名专员跟进的“1+1+3”服务矩阵。发挥属地退役军人服务站优势，营造建档立卡“家庭式”氛围，创新成立申领工作督导小组，

2022年，南星街道探索实施“时间银行”互助养老模式。图为志愿服务小队队员为高龄老年人提供暖心热线服务　（南星街道 供稿）

实行集中办理、上门代办“两步走”交叉方式，确保阵地、资金、人员、制度、服务有保障，提升退役军人的幸福感、荣誉感、归属感。

【扶残助残工作】 2022年5月9日，南星街道“残疾人之家”有序复工，针对31名到站残疾人建立“一人一表”健康档案，包含24小时核酸报告、健康码状态、行程码状况、体温记录等内容。“残疾人之家”工作日每日上午开设空竹、绘画、手工制作、生活知识、咖啡萃取等课程。开展货品管理锻炼，教授残疾人理货、保洁、出售等技能，切实提高残疾人的生活自理能力，培养基础性职业技能。5月12日，南星街道链接起有能力帮助他人的残疾人爱心车主，成立助残爱心服务车队，做到弱势群体互助，解决行动不便的残疾人和老年人3千米之内的出行困难。

【“有意思·南星”宋韵文化体验品牌打造】 2022年，南星街道结合共富单元“南星里”创建，打造“有意思·南星”宋韵文化体验品牌。3月31日，街道首个300平方米置换项目——南星·有意思书房开业。该书房以“一书一品一活动”为主题开展宋韵文化体验打卡，日均人流量500人次。街道精细策划年度宋韵传世活动23场，密切跟踪，逐月推进。联合共建单位，组建“有意思幸福联盟”，打造“有意思幸福邻里坊”，举办“2022年杭州第19届亚运会+宋韵”活动40多场，吸引2000多人参

与。开发“宋伢儿”文创品牌，推出抱枕、钥匙扣、表情包、壁纸等系统周边20多项；杭版“文和友”057壹号码头由闲置地下空间变为杭州记忆、南星记忆沉浸式体验街区。

【“暖南驿站”启用】 2022年8月5日，位于馒头山快递园区内的“暖南驿站”揭牌启用。该驿站由南星街道集结工、青、妇等群团力量，配备空调、冰箱、微波炉、应急药箱等设备，为快递员、外卖员、环卫工人等户外劳动者打造集休息纳凉、手机充电、图书阅览等服务于一体的综合性服务阵地。年内，该驿站服务1.3万人次。

（孙宇博）

紫阳街道

【概况】 紫阳街道位于上城区南部，东临钱塘江，西连紫阳山，南连万松岭、飞云江路，北靠望江路。2022年末，街道面积3.49平方千米，下辖上羊市街、彩霞岭、十五奎巷、太庙、候潮门、北落马营、新工、海潮、木场巷、凤凰、春江、甬江12个社区；有常住户2.97万户，户籍人口8.44万人、流动人口3.13万人。全年街道税收收入19.80亿元，比2021年增长16.5%；财政总收入2.94亿元，增长25.6%。持续推动“3+2”产业体系迭代升级，引进重点亿元项目10个。依托上城区“领雁学苑”力量，挖掘乡贤能人，分类建立上级专家库、离任干部库、乡贤能人库，建成街道“领雁学苑”，增强基层干部培养能力。围绕社区春晚、“书香紫阳”、“小候鸟”夏令营、瓦肆文化节等文化品牌项目，开展各类活动600多场，受益人数10万余人。新增体育场地3万平方米，其中2900平方米为嵌入式体育场地。参与亚运保障行动争先创优，综合排名获全区第二名。年内，街道获省级城市社区议事协商创新试点、2021年度市政务信息工作先进单位等荣誉。

【固定投资类亿元项目招引】 2022年，紫阳街道持续推动以金融服务、消费服务、智能制造为支撑，专业服务、大健康为特色的“3+2”产业体系迭代升级，“双招双引”工作取得突破。街道以“促投资、抓盯引、强沟通、促发展”为招商目标，紧抓重点在谈项目，加大项目对接力度，完善招商工作机制，着力引进重大项目。全年引进注册资金52亿元的融资担保项目杭州市融资担保集团有限公司、注册资金26.5亿元的持股平台杭州东同企业管理合伙企业（有限合伙）、注册资金1亿元的网络安全项目浙江最天使数字安全科技集团有限公司（港澳台投资）、总投资3亿元的杭政储出〔2021〕56号地块商业服务业商务用房项目等重点亿元项目10个，超额完成考核指标，成为全区三季度唯一完成固定投资类亿元项目的单位。

【人力社保服务提升】 2022年，紫阳街道聚焦就业创业、劳动关系、社会保障、企业退休人员管理等方面，提升人力社保服务水平。全年推出就业岗位1000多个，帮助160多家企业开展招聘工作，服务重点失业人员2793次。发放个人创业担保贷款21笔，贷款金额1000多万元。解决劳动纠纷91起，处理“110联动”90多起、“12345”市长热线55起、重大突发事件4起。帮助近100名外来务工人员追回工资99.32万元。办理企业退休人员丧事料理申报452人，发放节日慰问金5.97万人次，合计5568.8万元。完成帮扶救助困难企业退休人员1145人，发放帮扶救助金53.27万元。上门慰问困难高龄企业退休人员71人，组织退休人员参加文娱健身活动近2万人。

【微型消防救援站标准化建设】 2022年，紫阳街道推进区域性微型消防救援站标准化建设。3月，街道根据微型消防救援站改造提升建设方案，落实专项经费，对十五奎巷、候潮门、新工3个街道级微型消防救援站启动标准化建设，提升人、物、设施，确保改造提升建设达到标准。9月，街道完成该3个区域性微型消防救援站的设计、改造和施工。经过标准化建设，街道微型消防救援站补充消防救援设施设备87件，定制标准化制服24套，每个站点配备消防队员4人；消防队员具备“三知、四会、一联通”的能力，能落实“灭火应急处置1分钟响应启动、3分钟到场扑救、5分钟协同作战”的要求。年内，街道微型消防救援站收到来自辖区企业、居民的感谢锦旗3面。

资料

“三知、四会、一联通”：“三知”即知道消防设施和器材的位置，知道安全通道和出口，知道建筑布局和功能。“四会”即会疏散逃生，会扑救初期火灾，会穿戴防护装具，会使用消防器材。“一联通”即公安消防支队或大中队与微型消防站、微型消防站与队员要保持通信联络畅通。

【基层司法体系优化】 2022年，紫阳街道在“程法官工作室”的基础上，成立“共享法庭”服务项目，通过“互联网+综合法律服务”模式，打通司法服务、矛盾纠纷调处的“最后一公里”。发展新时代“枫桥经验”，使居民在家门口就能享受法律服务，有关纠纷获调解。紫阳司法所对接海潮社区挂包单位市中级人民法院，通过数字赋能网格智治，引入基层自治理念，发挥居民群众参与自治的力量；社区“共享法庭”链接挂包单位上城法院资源矛盾调处，使司法服务更专业。海潮社区发挥多元力量、紧抓需求导向、活用数智赋能，全年化解各类矛盾纠纷30多起，涉及金额50多万元，为破解基层治理新问题提供鲜活案例。10月，海潮社区被授予全市首批示范“共享法庭”称号，并被新华社、“浙江新闻”App客户端等媒体报道。

【房屋回迁安置】 2022年，紫阳街道推进房屋回迁安置工作，实现望南地块安置“清零”，涉及望江单元SC0403-R21-01地块、望江单元木场巷路道路工程项目、望江单元SC0403-G2-45地块防护绿地一期工程、望江单元SC0403-R21-02地块4个项目、149户。街道通过“预安置”模式，提前锁定住户安置房源，在节约政府资金成本的同时让征迁住户入住安心。至年末，完成实际安置16户、预安置133户，安置房源412套、安置面积4.02万平方米，化解安置前矛盾问题33户。年内，街道加强与有关部门沟通协调，启动国有土地中山南路部分房屋收购项目，涉及15户。

【鼓楼花园老旧小区改造】 2022年4月，紫阳街道启动上羊市街社区鼓楼花园老旧小区改造工程。鼓楼花园小区位于中河南路78号，建筑面积1.46万平方米，有建筑9幢，为2000年以前建造的小区。街道对接相关部门，以情况说明、承诺书等取代工程规划许可证等资料，打通审批堵点，成功申领杭州市主城区首本旧改项目施工许可证。加大智慧安防、小区服务配套等方面的改造力度，完成屋顶补漏1400多平方米，以改造实现降低物业管理成本，鼓励物业单位出资出力。调动物业公司积极性，拉动社会资金5万余元用于小区改造，并为改造出谋划策。搭建平台邀请业委会、物业管理单位等参与共建，形成良好沟通机制。新增停车泊位10多个，升级绿化，为后期小区共治共享打下基础。参照胡雪岩故居、南宋德寿宫遗址博物馆等周边建筑风貌，更新外立面8500多平方米，还原古巷白墙黛瓦，传承宋韵文化。8

月，街道完成对鼓楼花园老旧小区的改造，总投资约450万元，惠及居民86户。

【南落马营铁路改造】 2022年，紫阳街道推进南落马营铁路“三供一业”（供水、供电、供热和物业管理）物业移交改造。改造项目范围东至海潮路，西临浙赣铁路线，北至木场巷路，涉及住宅12幢，改造建筑面积约5500平方米，总投资约630万元，其中社会资本出资180万元。街道对一处230多平方米的三层危房进行排危，排查无危后用于社区公共服务配套。对卫生死角和脏乱差区域进行集中环境整治，新增景观小品与休闲活动场地。对照杭州市钱学森学校建筑风格美化住区外立面，涉及面积6075.71平方米。通过全域改造，完成屋顶补漏2760.13平方米、地下管网升级904.92米，解决困扰居民的雨天污水满溢、屋顶漏水等问题。根据居民需求，新增电动自行车车棚5个，从根本上解决住户私拉电线、违规充电乱象，消除消防隐患。

【“幸福邻里坊”建设】 2022年，紫阳街道推进“幸福邻里坊”建设。在上羊市街社区开设全市首个智能邻里食堂，破解文保建筑明火油烟限制问题。建立一支由51人组成的红色志愿服务队，帮助运转，提供送餐服务。食堂自开设后，日均接待量120多人次，提供上门送餐服务400多人次。该项工作获中央广播电视总台等主流媒体关注。在新工社区构建新欣颐养园、新苗童乐园、新星爱心港等为老为小及特殊群体服务场景体系，提升服务圈能力，引入第三方运维机构，推动新工社区“幸福邻里坊”场景实际应用，制定年度百场活动清单，以邻里欢聚聚拢人气，全年举办“童心系·乐成长”“新艺·耀夕阳”等系列活动52场，吸引1500多人。依托老旧小区改造项目，拓展为民服务阵地资源，全年新增各类用房面积1500多平方米。

2022年9月27日，紫阳街道举办古韵婚礼体验活动 （紫阳街道 供稿）

【第6届南宋瓦肆文化节】2022年，紫阳街道围绕市委、区委关于全面实施“宋韵文化传世工程”的相关工作要求，挖掘自身宋韵基因，再现宋代瓦肆中“百艺竞先、百姓咸宜”的景象。9—10月，街道在十五奎巷、太庙举办第6届南宋瓦肆文化节，通过古韵婚礼、街头茶艺和曲艺表演、瓦肆市井文化市集体验等活动，还原南宋坊巷瓦肆景象。南宋瓦肆文化节成为紫阳街道的文化名片。

【市百强社区特色社会工作室打造】 2022年3月8日，杭州中学社会工作室入选市首批百强社区特色社会工作室。该工作室于2021年3月成立，设在杭州市杭州中学行政楼7楼，面积70平方米。紫阳街道立足“1+2+X”模式，发挥杭州市杭州中学工作室的引擎作用，派驻两名专职社工进驻校园，发挥X家服务机构专业优势。社工每周驻校1天，融入学生日常生活。引入专业机构3家，由社工和服务机构进行专业引领，学校教师队伍开展同行服务，形成校内外力量优势互补的工作格局。探索司法、家庭、志愿服务等领域联动机制。结合心理活动月、儿童节等契机，开展系列减压活动，公开招募家长志愿者协同参与，形成“家校社”有效联动，助力“双减”政策实施，重塑青少年自我认知、社会适应和健康人格。全年街道驻校社工接受学生咨询个案150人次、在校学生危机介入1次，开展系列大型有效服务活动6场，服务学生3000人次。学生、家长认可度100%。

【流动党员管理】 2022年，紫阳街道动态关注红色根脉平台党员流转情况，做好党员情况核查及纳入管理工作。坚持以自主报与主动查、重关爱与强教育、重参与与树典型“三结合工作法”，推动流动党员在属地加入组织、融入团队、发挥作用。围绕辖区13个党群服务驿站、18个红色教育基地等资源，制定紫阳红色阵地导览图，帮助流动党员落地归“家”。组建货运行业流动党支部，吸纳管理货运行业流动党员，以尚蓝公寓为流动党员活动站点，靶向性解决流动党员生活难题。全年街道吸纳管理省内外流入流动党员近600人。　（殷博达）

闸弄口街道

【概况】 闸弄口街道东接彭埠街道，西接沪杭铁路，南起艮山西路，北接笕桥街道，与拱墅区相邻。2022年末，街道面积约5平方千米，下辖天杭、闸弄口、濮家、万家花园、三里亭、闻皇庙、红梅、春晖、天仙、京惠、董家、兰苑、天运、麦苗、蓝天、机神、天城17个社区，有股份经济合作社2个；有户籍人口6.35万人、在册流动人口4.46万人。全年街道财政总收入6.45亿元，固定资产投资额10.2亿元、建筑业省内产值6.72亿元。社会消费品零售额145.98亿元，总量居全区第2位。年内，街道获浙江省首批未来社区、未来乡村和城乡风貌样板区、浙江首批共同富裕现代化基本单元、第三批省级社区治理与服务创新实验区等荣誉。街道退役军人服务站被评为浙江省百家红色退役军人服务站。

【闸弄口社区入选省级低（零）碳社区（村）试点创建单位名单】 2022年，闸弄口社区与市级权威科研技术咨询单位——杭州市环境保护科学研究设计有限公司签订合作协议，引入浙江省生态环境科学设计研究院、杭州市工程咨询中心有限公司等单位组建的专家团队，帮助社区开展低（零）碳建设相关培训，指导社区开展低（零）碳试点社区创建。街道在现有低（零）碳建设的基础上，系统谋划基础设施和服务设施低碳化建设、生态环境保护项目和低碳文化系列建设，推动节能环保、集约循环经济发展。辖区内“聚落五号”创意园区响应国家双碳政策（实现碳达峰和碳中和），引进屋顶光伏践行低碳园区，创建成为市级节能示范园区。10月，闸弄口社区获评全省第二批低（零）碳村（社区）创建试点单位，为全市42个试点（村）社区之一。

【干部管理“e考核”3.0应用场景建设】 2022年，闸弄口街道推出街道干部管理“e考核”3.0应用场景，汇集整合社区原有基础数据，与城市大脑、“基层治理四平台”等嫁接，承接梳理上级平台业务下沉数据，打破网格、条线壁垒，建立起街道级数据仓，汇集数据信息19.4万条，让数据成为“e考核”基础依据。综合分析街道对社区、干部考核的成绩，建立数字化模型，对17个条线446个传统考核要求和考核成效进行归类，最终集成为四大考核指数、44个数字化考核要求。重点抓实“聚力先锋工程”等载体，将考核的重点工作、重点指标由“固定式、静态式”转变为“匹配式、动态式”，将社区社工、科室科员工作实绩透明化，公示化。运用该场景选拔优秀干部到重要岗位任职，调整正科级干部2人、副科级干部1人、社区正职1人、社区副职6人。

【经济集聚度提高】 2022年，闸弄口街道紧扣发展主线，推动街域经济高质量发展。通过关注存量、提升增量，全方位走访服务68家权重企业，实现业务回流25亿元。制定街道招商引资政策，拓展招商渠道，与9家中介机构建立合作，全年引进企业394家，其中亿元项目13个，新入库增量16.8亿元，超额完成亿元项目招引的年度目标任务。将人才引育方向对准辖区建筑设计特色产业，用最大政策力度、最快兑现速度、最暖服务温度，引进市级及以上领军人才2人，新增市D类以上人才16人，人才工作全年四季度均列区“双招双引”人才引育红榜。通过推进产业人才队伍建设，帮助培育国家高新技术企业22家，认定市级以上研发中心5个。

【“幸福邻里坊”社区共富综合体打造】 2022年，闸弄口街道打造首个“幸福邻里坊”社区共富综合体——红梅“幸福邻里坊”（红梅社区邻里中心），以“幸福邻里坊”1138体系建设为抓手，推进天杭社区、濮家社区、机神社区、蓝天社区等“幸福邻里坊”布局建设，做好高频需求事件梳理，加快场景融合集成，打造“幸福邻里十分优享”公共服务圈层体系。红梅“幸福邻里坊”（红梅社区邻里中心）约4300平方米，布局20个功能区块，满足居民“衣食住行医乐”需求。重点聚焦“一老一小”服务，一体式推出社区邻里会客厅、颐养园、童乐园等配套项目，确保服务“零遗漏”，营造普惠、智慧，便捷一体化的养老护幼环境。5月，红梅未来社区入选全省首批共同富裕现代化基本单元。10月，创建有“春晓书房”“春晖颐养园”及“春芽童乐园”的春晖“幸福邻里坊”投入使用。

闸弄口街道红梅社区改造后社区大门面貌（摄于2022年）

（沈敏熊 摄）

资料

“幸福邻里坊”1138体系：第一个“1”是一个核心，以党建统领为核心，推动资源力量全面整合。第二个“1”是一套体系，涵盖标识标牌、管理运行等六大支撑系统，让韵味彰显、让百姓参与、让数字赋能。“3”是包括“共享厅”“百通岗”“议事坊”在内的3项共性服务场景，起到展示社区文化、提供活动空间、推动社区服务事项综合集成，促进社区协商自治和小区能人骨干培养等作用。“8”是根据社区实际和群众需求，设置“托育、颐养、健身、康复”等八大个性化服务场景，让不同群体都能享受到有质量、有温度的服务。

【老旧小区有机更新】2022年，闸弄口街道聚焦民需导向，拓展老旧小区服务空间1万余平方米，补齐服务空间缺失。通过"空间换服务"，引入优质品牌运营商和专业物业管理，构建长效运维体系，红梅社区创建成为全省首批未来社区，是全省唯一入选的老旧小区类未来社区。街道建立"互学互看、快速响应、考评激励"3项工作机制，提升环境治理水平，获评杭州市城市环境大整治、城市品质大提升"洁美杯"单位。深化"美丽杭州"环境整治，三里亭苑三区获全市第四期"美丽杭州迎亚运"城市环境品质提升"赛马"优秀。针对国有土地征迁扫尾7项"清零"任务，落实"一户一方案"政策，提前实现"清零"。2020—2022年，累计改造老旧小区21个，涉及社区13个、房屋400幢、住户1.9万户，建筑面积112.6万平方米，辖区2000年前老旧小区的房子均完成全域化改造。

【老旧小区环境精细治理】2022年，闸弄口街道将"扮靓家园"暨社区各类宣传设施专项整治行动与未来社区建设有机融合，通过拓展公共空间、增强服务功能、重构治理模式，补齐居民"家门口"的环境资源和设施，形成"更舒适、更有序、更便捷、更智慧"的宜居社区。街道通过聚焦未来社区环境治理需求，引入30名专业物业工作人员服务小区居民。围绕专项行动要求，召开社区、物业、业委会三方联席会议6次，共同商议整治行动中难点、热点问题，发挥红色物业优势，构建三方有机联动、同心服务、共建共享的环境治理局面。坚持按"地域相近、人际相亲、楼道相通、按需设坊"原则，以"网格+邻里坊"方式，组建督查队伍，构建"坊网合一"排查整改机制。自专项行动开展后，28名坊员严格对照现场督查11项清单内容，每日巡查包干楼幢、网格环境卫生，做到日总结、周复盘，确保简单问题即查即办、立行立改，复杂问题上报社区协同处置。创立"13245"精准长效管理机制，深度融合专项行动，即每周一、周三由社区对11项问题清单开展自查自纠，每周二、周四由街道专班实地抽查包干片区，每周五对一周整改情况进行复盘。通过反复抓、抓反复，标明易反弹、易复发问题，加强"回头看"，便于闭环运作。10月，红梅社区三里亭苑三区项目获评全市第四期"美丽杭州迎亚运"城市环境品质提升"赛马"、老旧小区整治、老旧街巷提升类优秀项目。

【社会治理精准度提升】2022年，闸弄口街道坚持夯基础、强治理、促和谐的工作思路，全面提升基层治理体系和治理能力现代化水平。5月，实体化运作1900平方米的综合行政执法中心，迭代升级"小脑+手脚"基层治理体系。坚决打赢"除险保安"攻坚战，完成中共二十大、全国两会等重要时期平安护航任务。强化党管武装责任意识，高标准完成"两兵"及"双拥"工作。推动网格大排查大起底大整治，整改隐患8100多处。平安要情每日通报、每周复盘、每月考核，以整改闭环实现警情、火情、访情"三下降"。打造网格智治新模式，以"网格先锋指数"为抓手，建强最小治理单元，划分网格94个、微网格599个，配齐配强楼道（栋）长1030人，"1+3+N"力量1789人。推动三里亭社区融合型大社区大单元建设，优化网格居民自治和治理单元自转体系，形成"重基础、优服务、强治理、排隐患、享幸福"的网格智治格局。

资料

"1+3+N"力量："1"即指党建引领。"3"即指社区、物业、业委会"三方协同"。"N"即指网格、楼道等多方力量。

【朝夕无忧照护体系打造】2022年，闸弄口街道紧抓“一老一小一特”民生工作，打造朝夕无忧照护体系，推进“一老一小”十大片区民生服务综合体、18个日间照料中心和3家普惠型托育机构布点落地，打响“闸们家”全人群服务品牌知名度。以绿城教育集团为依托，开办绿城彩虹托育园，为区内一线教师、医务人员、社工子女提供0～3岁托育服务。通过评估老年人日常起居行为习惯、居住空间环境、身体状况等方面，同时考虑便捷、安全等因素，为78户老年人家庭进行客厅、厨房、卫浴等个性适老化改造。为解决“悬空老人”出行难题，落地社区加装电梯工作室，并引入第三方机构协助开展居民意见征集、矛盾协调、组织听证等工作，加装电梯通过联审118台，安装使用109台。

【社区智慧化管理水平提升】2022年，闸弄口街道以市社区公共服务数字化建设试点为契机，优化未来社区场景打造，提升社区智慧化管理水平。汇总归集辖区社区基础业务数据，准确匹配统一地址库数据，作为基础的“街道级数据仓”。迭代完善街道“一表通”数字化应用场景子场景建设，依托区一体化智能化公共数据平台，实现信息互联。

【“1+5+N”平安建设队伍组建】2022年，闸弄口街道围绕平安建设目标，组建“1+5+N”平安建设队伍，即建强1支平安督查队，联合属地派出所、城管执法中队、市场监管所、应急管理站、综管队5支监管执法队伍，召集“N”家企事业单位平安管理员、物业工作人员等社会力量为志愿者，聚焦重点场所消防设备、防疫措施、楼道堆积物、拉线充电等存在的风险隐患进行检查，对辖区在建工地、沿街商铺、商业综合体、农贸市场等重点场所，开展综合性隐患大排查专项整治及新冠疫情防控督查。以信息会商、动态晾晒、暗访督查、点评交办、应急处置5项机制，提升平安建设能力水平。探索“积案化解一件事”场景，建立“信访日志”机制，全力推进积案化解，构建多元化矛盾调解体系，形成大调解工作格局。至年末，调解处理矛盾纠纷563起，调处成功率100%，履行率100%，涉及当事人数1530人，涉及金额223.33万元；排查群租房、重点行业企业、自建房、大型综合体、长租公寓等重点场所3.99万家次，整改各类安全隐患8512处。全年辖区刑事、治安警情比2021年分别下降26.6%、34%，电信网络诈骗发案量下降36.3%；火情下降12.5%，成灾火灾下降50%。

【文体基础服务提升】2022年，闸弄口街道把握杭州第19届亚运会的契机，以辖区文体实际需求为出发点，提升文体基础服务，围绕“心心相融，@未来”的亚运主题，挖掘辖区特色文化，开展多元化、多形式的文化体育活动，营造全民健身氛围。围绕全区嵌入式体育场地建设，依托老旧小区改造、运河沿线整体提升改造等，对辖区文体场所进行提升改造。围绕居民所需，充分挖掘空间，新增春晖亚运小广场、红梅乐刻健身房、乒乓球室等体育活动场所。对聚落杭州书房、街道文体中心、会安阁等文体场地开展提升改造，提升环境面貌，更新体育设施，增设便利居民的休闲椅、阅读角等。深挖“闸们”特色文化，突出有“闸们”标签的文化精品，以亚运、宋韵、共富等主流文化为指导，通过点茶、蹴鞠、投壶、射箭、剪纸等“双Yun”文化活动，把亚运和宋韵融入当代生活，深入15个社区的文化活动场所，覆盖居民1000多人。开展燃烧一“夏”、舞动一“夏”、功夫一“夏”、灵活一“夏”等体育健身活动，使太极拳、街舞、火棒舞、手指操等多元化活动走进“闸们”居民身边，全年开展活动60多场。

（罗　欣）

凯旋街道

【概况】 凯旋街道东起钱潮路，西邻贴沙河，南接庆春东路，北至艮山西路，毗邻钱江新城、城东新城。辖区内有浙江大学华家池校区、杭州逸仙钱币纪念馆、浙江省家电市场、杭州华东家电市场等杭州著名的高校、纪念馆和专业市场。2022年末，街道面积约4平方千米，下辖景湖、景华、景苑、景芳、景新、景秀、景昙、华家池、金兰池、南肖埠、金秋花园、凯西、庆春门、庆和、凯华15个社区，有股份经济合作社1个；有户籍人口4.5万人、流动人口3.3万人。全年街道财政总收入12.23亿元，比2021年增长12.7%；地区生产总值54.5亿元，增长7.7%；数字经济增加值1.8亿元，增长20.1%；社会消费品零售总额42.66亿元，增长16.7%；出口总额24.47亿元，增长44.7%；楼宇总税收7.77亿元，增长47.5%。年内，街道综合行政执法改革试点工作、“三美凯旋”环境整治、“凯益荟”激发社会组织动能、老旧小区改造、新冠疫情防控等工作有序推进，获省、市领导批示肯定。街道获杭州市城市环境大整治、城市面貌大提升工作集体嘉奖及高质量推进“大综合一体化”综合行政执法改革工作集体嘉奖。街道景芳老旧小区改造项目作为住建部联络点，两次代表杭州市参加全国老旧小区改造工作经验交流会议。南肖埠社区获评全国先进基层群众性自治组织。景新社区获评浙江省第二批低（零）碳社区，景华社区水湘苑获评浙江省高标准生活垃圾分类示范小区，凯华茂宸金座获评第一批浙江省节水型小区。街道退役军人服务站获评浙江省新时代枫桥式退役军人服务中心（站）。凯旋景芳邻里书房成功创建为杭州书房。15个社区获评市级“绿色社区”。景华、景秀、景湖、景苑、南肖埠、金兰池、凯华等社区获评杭州市民主法治社区。

【金秋花园人大代表联络站人大践行全过程人民民主基层单元建设】 2022年5月7日，凯旋街道金秋花园人大代表联络站入选全省首批人大践行全过程人民民主基层单元培育对象名单。人大凯旋街道工委着力推动数字化改革，深入践行省人大常委会以数字化改革推动代表联络站迭代升级的具体要求，发挥联络站在收集民意方面的一线作用，在承接省市人大立法、监督等工作任务方面听取人大代表和居民群众的意见建议。依托数字化场景，打通群众意见建议征集系统与“基层治理四平台”的数据壁垒，变线下流转为“一键办理”，提升办理绩效。8月8日，“数字化改革推动街道人大工作迭代升级”项目获全省人大数字化改革创新暨第3届“浙江人大工作与时俱进”优秀奖。5月18日，“街道人大工作”数字化场景入选杭州市人大常委会2022年数字化改革工作方案。

【“大公益”体系构建】 2022年，凯旋街道构建“大公益”体系，推动共同富裕。组建“公益党建联盟”，100多家联盟单位协助开展“尚卫健康心驿”“社会组织公益服务”“文旅赋能助力共富”“幸福邻里便民服务”等项目，把社会各方公益力量汇聚到公益活动中。建立“美好凯旋”社区发展基金会，打通社会组织与经济组织的资源流动通道，为特定群体提供针对性服务，开展困难群体立体帮扶、“暑期周周乐”家门口的暑托班、“尚小创”创业指导、残疾人就业创业实训等公益创投项目10多个，全年受益近1800人次。推动“凯益荟”社会组织服务中心提升改造，在现有场地基础上，通过共享街道治理中心、党群服务中心等活动场地，扩大使用空间到4500平方米。围绕问题、需求、效果3个维度打造社会组织共享服务平台“云尚益家”，并在景芳未来社区率先开展居民试用。至年末，该平台入驻社会组织2844个、上线项目165个、在线发布活动748场、收到居民需求信息85条。

【就业创业帮扶】 2022年，凯旋街道以“上选·就创未来”数字化改革试点为牵引，打破数据壁垒对各类人员进行全要素归集和标签化处理，动态掌握重点群体需求情况。全年帮扶1409人，已就业700人；发放高校毕业生就业补贴67人、高校毕业生社保补贴17人、就业困难人员社保补贴57人。成立就业创业指导站，以项目化方式开展就业指导工作，连续3年参与区公益创投，获创投资金24万元。全年通过职业生涯规划团辅、在职人员职业解压讲座、择业心理讲座、失业人员个案辅导等方式开展就业指导活动8场，受益100多人次。选址杭州景芳四区小区31幢建立2.0版街道创业陪跑空间，为失业人员、高校毕业生、退役军人、就业困难人员等重点人群提供场地、培训、导师、融资等全程陪伴式创业孵化服务。全年该创业陪跑空间入驻企业62家，孵化企业45家，创业带动就业212人。

【墨西哥中国中心助力国际交流创新创业发展】 2022年，位于钱江时代广场2号楼41层的墨西哥中国中心以杭州市行政区划调整为契机，成立由15人组成的“新上城项目引荐团队”，对产业用地、品质楼宇进行再排摸、再梳理、再入库，结合人才新政“黄金二十条”及鼓励科技孵化体系建设的扶持政策，精准设计招商引智工作方案。全年联系各类科技人才项目约2000个，邀请创业人才和团队到中心考察50多次，引进落地第三代延展人工智能项目、人工智能营养精准匹配项目等科技项目45个，投资金额5.28亿元。至年末，引进海内外高层次人才11人，储备通信技术、生物科技等方面海内外人才20人。该中心与国内24所科研院所、高校、协会开展产学研交流合作，推动孵化企业与国内高校形成集人才引进、技术合作、项目加速于一体的产学研合作体系。其中，中心与北京大学信息技术高等研究院签订战略合作协议，依托双方资源共同推进中国和拉美地区国家后续在人工智能、物联网等高新科技领域的发展合力；推动墨西哥蒙特雷科技大学与杭州电子科技大学签约建立远程实验中心，实现远程实验室二期项目合作落地，加大科研成果互动交流。

【社区教育服务升级】 2022年8月，凯旋街道挖掘特色优化服务体系搭建“1+3+15+N”的社区教育服务联动体系，以上城区社区学院为中心，以景芳未来社区邻里坊、凯富中心、“凯益荟”三大阵地为三大家庭教育阵地中心，辐射15个社区，挖掘社区达人资源库90多人，充实家庭教育力量，持续扩大教育辐射面。以“凯益荟”社会需求调研为基础，排摸居民课程需求，汇聚辖区教育集团、凯商会、党团共建单位、老干部、社会组织等资源，形成课程匹配，开展各类讲座培训、特色活动100多场。依托上城区社区教育学院优质资源，优化“尚城·老年大学”品牌和“景新书画院”老年大学品牌，全年开设书法、国画、古筝等课程20多门，报名人数658人。

【街道妇儿服务驿站获评省首批三星驿站】 2022年5月，凯旋街道妇儿服务驿站获评浙江省首批三星妇女儿童驿站，系全区首个三星驿站。该驿站占地面积1000平方米，以绿色和橙色为主色调，沿街的便捷地理位置使驿站快速融入妇女儿童日常生活圈。驿站设有巾帼讲堂、姐妹会客厅、女性读书角、维权调解室、就业指导、心理咨询室等十大功能区，多元化服务提升辖区妇女儿童幸福指数。该驿站妇联组织有执委7人，服务团队由“巾帼志愿者”与80个服务妇女儿童类社会组织组成，有100多名专业社工、社工导师及专业资质志愿者参与驿站服务。驿站以“数智”赋能，打造“云尚益家”平台，设置就业信息发布板块，滚动发布空岗信息120多个，加快助力拓宽妇女就业渠道；运用专业队伍策划实施“女性社区参与计划”“全职妈妈社区支持服务项目”“小候鸟之家”“暑期周周乐”“青少年自护能力提升项目”“向阳花开”等服务妇女儿童的特色项目，每年参与者2000人次以上，有效引导辖区妇女儿童提增信心、相互支持、回馈社会。

【景芳未来社区文旅场景打造】2022年，凯旋街道依托景芳未来社区文旅场景助推基层精神共富。推动景芳未来社区和桐庐县深澳古村共同发布“桐上共富”旅游路线，实现双方多元互动，拉动文旅消费。以景芳未来社区为基础，创立“芳邻”系列品牌，结合区社区教育学院“走读新上城”宋韵精品线路资源，形成每月一课的“FUN心游”主题游活动，参与50多人次。依托“i杭州（景芳社区）数智文旅平台”，通过在线阅读功能突破传统阅读模式，免费提供世界名著、儿童读物、青年文学等书籍2000多册。“社区影院”定期更新片单并开通线上“一键报名”功能，播放电影200多部，为社区居民精神领域共富提供新选择。

【省级标准化应急救护培训基地试点打造】2022年，凯旋街道试点打造省级标准化应急救护培训基地。腾挪凯富中心多元空间，创建可同时满足100多人开展应急救护培训的红十字主场景，利用区位优势为居民提供“零距离、易获取”的应急救护培训平台。引入心肺复苏模拟人、气道异物梗阻模拟人、AED训练机等专业设施设备13件（套），提升培训基地专业化水平。将每月9日、19日、29日定为“红十字急救固定培训日”，常态化开展“救在身边”应急救护培训。配备省二级以上师资力量4人，按需制定培训计划。全年开展应急救护持证培训7场、普及培训12场，覆盖960多人次，通过持证考试260多人。针对老旧小区老龄化程度高、突发应急情况多的实际情况，组建“红十字讲师团”“红十字急救侠”2支应急救护核心队伍，延伸组建“红十字遗体捐献服务队”，为多名孤寡独居老人联系签订遗体捐献协议书。9月，凯旋街道红十字会获评2022年浙江省工作成绩突出红十字基层组织，系全区唯一。

【南肖埠社区居委会获评全国先进基层群众性自治组织】2022年10月，凯旋街道南肖埠社区居委会入选全国先进基层群众性自治组织名单，系全市唯一。南肖埠社区居委会坚持开展“居民代表大会、居民议事会、三方联席

景芳未来社区邻里中心（摄于2022年）　　（凯旋街道 供稿）

会”，做好议事协商、联系走访等系列群众工作，解决社区电动自行车停车挡道、口袋公园修复、老旧小区改造、电梯加装等实际民生需求问题58个。居委会创立“姐妹帮扶团”“绿邻聚落部”等社会组织26个，并整合为枢纽型社会组织“南肖埠陆号”。以“南肖埠陆号”为核心组织引导居民参与社区自治，并在新冠疫情防控、环境整治、为老服务等工作中激发志愿服务组织活力，发挥基层自治力量。由居委会牵头，从社区55名居民代表中推选出25名能力强、经验足、肯办事的居民代表组成居民代表工作室。工作室以“邻里坊”为载体，开展“邻居节”“居民说”等活动，总结出版“聚家·南肖埠”丛书，发起建立“民间督查小组”，把关老旧小区改造质量，丰富基层自治内涵。

【街道公共安全维护】 2022年，凯旋街道结合国家安全教育日活动，开展反电信网络诈骗、安全防范、消防安全、扫黑除恶等主题宣传活动，下发国家安全宣传海报、消防安全宣传手册，营造辖区亚运平安宣传氛围。完善“凯旋一张图”应用，规范街道物联设备管理体系，结合“基层治理四平台”系统，全方位赋能街道安全风险工作，完成各类事件流转9714次，处理涉众型风险23条，提前完成396个域内金融重点场所巡查工作。联合街道派出所、消防专职人员、社区、物业等联勤力量对金兰池社区北景南苑、北景西苑等小区开展安全检查，清理床褥6床，发现违规存放煤气罐3瓶，清理楼道杂物一车，全部落实整改，有效杜绝安全隐患。

【景芳社区老旧小区改造】 2022年4月，凯旋街道推动景芳社区老旧小区改造项目。该项目涉及景芳三区和景芳四区2个小区、87幢房屋、4382户居民，房屋始建于1994年，总建筑面积28.22万平方米，小区基础设施陈旧，安全隐患多，环境卫生较差，配套功能不全，是典型的老旧小区，居民改造愿望强烈。该项目启动后，街道聚焦群众关心关切问题，组织居民参加改造内容讨论、方案选型，参与现场管理，从“建幸福邻里示范区，树基层治理新标杆”原则出发，高标准推进景芳片区综合改造提升，项目总投资1.17亿元。按照“能改则改、应改尽改”的要求，完善基础设施，优化基础环境，提升服务功能，打造小区特色，强化长效管理，并以党建为引领，打造“1+N幸福邻里”示范区，引入社区营造理念，再塑邻里公约共识，建立邻里精神标识，打造社区文化及邻里活动品牌，构建“幸福凯旋”基层治理新标杆。该项目新增停车泊位146个，提升绿地3.36万平方米，整治外立面23万平方米。

【景芳邻里书房创建杭州书房】 2022年12月，景芳邻里书房创建成杭州书房。该书房面积800平方米，有座位50个，藏书5000多册，开放时间为周一至周日，以“亲和、开放、低碳、永续”为目标，致力于营造开放包容的公共文化空间。书房在功能布局方面，考虑到不同年龄居民错峰、分区域、多时段使用空间的需求，设有图书借阅区、阅览自习区、亲子阅读区、视听互动区、读者小剧场、培训教室、咖啡吧等，为居民提供文化交流、学习培训、休闲娱乐、亲子共读等空间，满足附近学校中小学生在家门口读书、自习的需求。周一至周五每天开展1场亲子活动，每两周开展1次阅读沙龙或手工制作等主题活动，每月结合特色节日开展1次节庆日主题活动。活动信息通过“上城发布”微信公众号、杭州网等平台发布，全年外宣媒体量200多条。在地下1楼设置嵌入式体育场地——未来健身房，满足居民在学习阅读之余锻炼身体、劳逸结合的需求；书房屋顶设置开放式运动场、雷锋广场和阳光微农场，总活动空间2300多平方米，致力于打造全方位、立体式的公共文化共享空间。

【环境整治工作】 2022年，凯旋街道持续推进环境整治工作。发挥街道、社区、物业的联动作用，依托“街道人大工作”应用、“社区居民代表工作室”等机制，针对绿化裸露、管网堵塞、环境卫生及其他动态问题，通过每两小时拍照“打卡”制度落实整改，并定期“回头看”。创新机制，管控底线，针对宣传设施、园林绿化、地铁口秩序、生态环境等环境整治重点工作，创新做实“三色作战”巡查“打卡”，通过红色、黄色、绿色“亮制”“亮色”“亮牌”机制，处置市、区检查问题495个，以及街道自查问题1217个，召开问题现场联席会11次、专题推进会7次。开展景芳路“综合查一次”专项整治行动，在前期上门告知自查自改的基础上，规范整治景芳路沿线乱摆摊点、占道经营、乱堆乱放、乱停乱摆等乱象，清理堆物等7车、“僵尸车”4辆，开具执法文书8份，教育规范店家29家。

（韩　真）

采荷街道

【概况】 采荷街道北起庆春东路，南至清江路，西邻贴沙河，东自北而南，临新塘路、杭海路和钱江路。2022年末，街道面积5.5平方千米，下辖健风、红菱、洁莲、芙蓉、双菱、人民、新凯苑、荷花塘、青荷苑、绿茗、商教苑、夕照、静怡、江汀、常青苑、钱杭16个社区；有户籍人口8.0万人、流动人口3.22万人。全年街道财政总收入10.62亿元。制造业投资1000万元，增速居全区第2位；数字经济核心产业增加值1.9亿元，增速居全区第2位。新引进企业290家，其中亿元以上产业项目9个。申报、复评国家高新技术企业6家；申报引进海内外优秀高层次创业人才政策的“金靴奔跑计划”项目16个，成功落地项目2个。启动“云上四季青”纾困行动，开展直播500多场，带货220万余件，销售额2亿余元。全年走访、服务重点企业624家次，解决企业问题128个，兑现各类惠企资金1007万元。践行区委“六学六进六争先”活动，宣讲党课32场次；开展“走读上城”“党史学习教育”主题党日活动30多场；开展“迎亚运、美丽采荷”环境大整治行动，处置垃圾分类、“五水共治”、道路序化、广告牌整治等问题1.2万个。辖区河道、小微水体水质稳定保持在Ⅳ类以上。完成17个老旧小区改造，总建筑面积52万平方米；拆除违法建筑72处、2万余平方米。探索社区、物业公司、业委会三方协同治理模式，办理老旧小区改造民生问题600多个，完成民生实事114件。建成全市首座宋韵海塘文化公园。建成“荷湾共富街区”，采荷残疾人综合服务中心和弯湾托管中心数字化应用100%覆盖。中国助残志愿者协会认定弯湾托管中心为助残志愿服务基地。年内，街道被省委组织部、省疫情防控办评为新冠疫情防控执行力指数评价优秀乡镇（街）；街道卫生服务中心获全国2022年首批“国家标准化体外反搏中心”认证；青荷苑社区获评杭州市老年友好型社区。

【时尚美丽产业新高地打造】 2022年，采荷街道梳理街区周边空间资源20多万平方米，制定“1336”时尚产业发展规划，即制定1个产业规划，规划建立3个产业发展先导区，引入3个高能级配套支撑，成立6个时尚产业中心。街道确定发展定位、重点领域与产业布局，孵化原创设计师，培育时尚品牌、时尚产品、时尚企业。建立时尚产业中心、边防大楼和中纺中心3个产业发展先导区，建设产业赋能平台、时尚潮流产业集聚区和市场转型样板。引入区属国有企业参与和管理，支持引导时尚产业发展；引入业内顶级规划、设计、运营、管理团队；在税收奖励、人员培训、入归纳统、研发费用抵扣、房租优惠等方面扶持时尚企业和人才，设立时尚产业发展专项引导基金，鼓励风险资本进入时尚产业。成立时尚设计原创中心、时尚品牌培育中心、数智时尚运营中心、时尚研究教育中心、潮流时尚体验中心、时尚产业服务中心。街道主要领导带队多次到北京、上海、深圳招商，对接北京正东集团、上海东方国际集团、米兰华夏集团、阿里柔性供应链、大川车城数科、浙股集团S基金等优质项目。至年末，在谈数智时尚项目20多个。

【“中国服装第一街”精细化管理】2022年，采荷街道运用“中国服装第一街”数治平台2.0版，监督市场“智慧消控”“智慧用电”“智慧用水”情况，提升市场安全硬实力。重新划分网格片区，运用无线对讲系统，加强指挥中心与市场的联动，实现全天候综合管理，提高突发事件的响应、拉动、处置能力。利用市场聚集区“微法庭”，把法律专业服务带进市场，发挥“中国服装第一街”老李调解工作室作用，全年调解纠纷27起，涉及金额694万余元。协同交警部门整治“摩的”、电动自行车违法行为，处置“摩的”56起、电动自行车违法行为1043起。整编非正规“拉包工”560多人。建设物流集散中心2个、临时停车场1个，缓解街区交通拥挤。改造佳宝女装中心、九天时尚中心、杭州杭派精品服装市场外立面，美化街区面貌。

【未来社区共同体建设】2022年，采荷街道针对共享空间匮乏、公共服务供给不足、居民参与公共事务积极性不高等发展难题，完善未来社区生活共同体、服务共同体和治理共同体建设。制定《关于加强党建统领促进“社区合伙人”助推未来社区治理的指导意见》，完善“统领有力、覆盖全面”的组织体系，建构“群众报告、社区吹哨、大家报到”的共创格局，壮大包括党员骨干合伙人、商企合伙人、公益慈善合伙人、居民志愿合伙人、社区邻里合伙人在内的“社区合伙人”队伍。培育“郭卫芳社会工作室”、“芙蓉红叔红嫂”志愿互助队、老李调解工作室、“映琴加梯工作室”、新凯苑民间护河队，常态化、规模化、体系化参与治理与服务。打造“采尚红邻”党群服务之家、“荷塘悦生活邻里中心”、“城市康养智慧屋”、荷乐颐养园、荷苗童乐园，落实未来养老托育、未来健康、未来就业、未来教育、未来邻里五大场景，提供文娱体育、医疗卫生、“为老为小”、社区管理及便民商业等“一站式”服务。建立“左菱右舍”“和瑞2.0”“邻里E家”等线上平台和社区邻里微信群，链接社区、物业、居民、商企、社会组织参与服务。数字赋能“幸福邻里坊”，建构数字化民生驿站，提供便民惠民服务、志愿服务、金融服务、养老活动等。“金牌管家”物业大综管打造智慧监控、车辆管理、智慧消防、人员管理、智慧物业五大系统，提供居家养老、代购代买、暖心出租等云服务20多项，群众满意率96.3%。

【“荷湾共富街区”建设】2022年，采荷街道把残疾人作为重要服务对象，以“共筑荷湾，共享温暖”为主题，按照“融入社会，社会融入”路径，打造集党建联建示范地、残疾人创业就业实训地、社会公益集散地、助残共富加油站和暖心故事分享站于一体的“荷湾共富街区”。5月20日，“荷湾共富街区”开街。该街区位于凯旋路沿线，南起采荷路，北至庆春东路，全长350米。街区内的“弯湾·爱生活残疾人社会融合共享体”具有共富工坊、项目孵化、志愿服务、就业实训等功能。街道借助党建联建“同心圆”机制，整合上城区“残疾人之家”、弯湾托管中心、金牛坊产业园等20多个阵地资源，壮大助残服务阵地。发挥社区、社会工作者、社区社会组织、社区志愿者、社区公益慈善资源“五社联动”作用，落实“社区合伙人”制度，凝聚党、政、企、社等50多家共建单位帮扶助残力量，孵化落地助残项目。组织创业就业实训点开展手工艺制作、书画创作、咖啡制作、烘焙及手语培训，帮助残疾人掌握相关技能。采取“线上+线下”的方式帮助残疾人，通过“爱在路上”公益直播，展示、销售手工艺品和文创作品。发挥公益义卖集市作用，增加残疾人群体收入。成立采荷街道“阳光天使服务站”，80多名志愿者为残疾人群体提供教育、帮困、帮教等服务。

【老旧小区电梯加装工作推进】 2022年，采荷街道结合老旧小区提升改造工作，加大居民住宅电梯加装力度。街道、社区按网格成立加装电梯工作小组，建立有党员、居民骨干参与的“映琴加梯工作室”，通过召开座谈会、听证会，上门走访，宣传费用分摊、维修保养、保险年检等政策，告知居民电梯加装实施流程，收到并回应意愿问题800多个。会同区住建局优化方案，推出租赁使用和出资购买两种方式，供住户选择。全年采荷街道加装电梯26台。

【三大领域安全管理】 2022年，采荷街道加强出租私房、消防防范、新冠疫情防控安全管理。街道组建联合检查组，出动1237人次检查出租房屋3707套，清查违规出租房63套，核查流动人口1.76万人，完善“一户一档”，做到“底子清、情况明、隐患消”。7—9月，街道结合“大综合一体化”行政执法改革，对辖区内出租房、可留宿场所开展夜间检查。出动人员100多人次，发现安全隐患500多个，整改完成率100%。持续开展小区电动自行车违规停放、“飞线”充电整治行动，搬离违规停放车辆490辆、处置“飞线”充电行为为347起。对47处重点场所电动车集中充电点、集中停放点、商场和超市隐患风险点和高层民用建筑电动自行车上楼情况开展排查。全年在社区和街区开展电动自行车充电消防安全宣传教育12次，发放宣传资料1300多份。组建服装街区专项检查组，对22个市场进行消防检查，发现隐患571处，现场整改537处，限期整改34处。对重点电商直播、快递物流集中的20多幢办公楼宇和22个市场及16家物业企业实施消防突击拉练，提高从业人员应急处突能力。

【社区物业模式优化】 2022年，采荷街道优化社区物业模式，制定公共保洁、公共秩序、公共绿化、公共安全、公共维护、公共服务、垃圾分类、防违控违、生态环境、应急保障十大类基础服务职责。街道总结社会治理实践情况，推出《老旧住宅小区物业服务规范》，被市市场监管局列为杭州市地方标准。以“金牌管家智慧物联平台”为中心，建设“智慧中脑”，接通社区治理数字化平台，把“基层治理四平台”系统接入社区395个微网格，实时提供人、事、房、路等场景信息。推出“荷悦未来”App，设置养老、幼托、医疗、教育等普惠性服务30多项，形成“十分优享”服务。

【青荷苑社区获评杭州市老年友好型社区】 2022年，采荷街道以满足老年人居住环境、日常出行、健康服务、养老服务、精神文化生活需要为重点，开展青荷苑社区老龄工作。街道通过美化墙体、平整道路、提升绿化、改造公园、优化交通、屋顶补漏、完善安防、整修楼道、管线下地等方式重塑小区环境。排查整改非法占用步行道路停放车辆、出店经营、楼道杂物堆放等现象，保证老年人行走顺畅。免费发放智能手机，引导老人学会使用手机“SOS键”呼叫功能。为高龄、独居老人免费安装智能型独立感烟报警器135只。引入荷乐颐养园，打造“互联网+医疗健康+生活养生”全生态智慧数字化服务平台，及时了解老年人居家安全状况。整合相关资源，开展免费更换水阀、照明灯，低价收取管道疏通、房屋出租挂牌费用等基础服务、特色服务。培育墨香人家等社会组织，开展书法、绘画、篆刻等活动。全年评选社区级“孝老爱亲楷模”6人、“优秀养老护理员”3人。7月，青荷苑社区获评杭州市老年友好型社区。

【“晓荷淘乐园”启用】 2022年6月20日，“晓荷淘乐园”启动仪式在采荷街道青荷苑社区举行。“晓荷淘乐园”是未来社区教育场景的落地成果。街道携手杭州采荷第二小学教育集团，依托“晓荷书房”场地，合作探索“家校政社”融通机制，由政府搭台、晓荷家委会联动，建立实体化名师工作室，推动名师走下讲台、走进社区，开设书画、篆刻、剪纸、古诗词兴趣班和青少年心理辅导活动，实现“学校在社区中，社区在学校中”的未来教育新形态，为未来社区建设提供新范本。“晓荷淘乐园”采用双休日固定开放与晚间随机开放相结合的模式开展各类活动。至年末，社区中小学生受益3000多人次。

【宋韵海塘文化公园建成】 2022年4月，宋韵海塘文化公园建成，为全市首座海塘文化公园。该项目总用地面积2.13万平方米，东临秋石高架桥，西临中纺中心，北与杭州孔雀大酒店相望，南至解放东路延伸段，是采荷未来社区双中心（邻里中心、文化中心）的一部分，属于采荷单元JG1104－A2-41、JG1104－R22－25、JG1104－A7-46地块。2016年7月至2017年1月，经考古挖掘，该地区首次发现不同时代石塘的叠压脉络，被称为常青海塘，成为钱塘江海塘遗址的一部分。2020年7月，该项目开工建设。宋韵海塘文化公园通过遗址下沉开挖，建成南北长50米、东西宽10米的展示空间，详述古海塘的历史沿革及常青海塘；通过遗址局部开挖，展示海塘迎水面。公园地面建有劳动人民修海塘雕像群。

2022年9月28日，采荷街道组织名师到青荷苑社区“晓荷淘乐园”，教授杭州采荷第二小学教育集团学生制作宋韵荷风纸陀螺

（采荷街道 供稿）

【街道卫生服务中心获“国家标准化体外反搏中心”认证】 2022年10月19日，采荷街道社区卫生服务中心获全国2022年首批“国家标准化体外反搏中心”认证，是全国第一个入围的社区卫生服务中心，同时是浙江省第一家入围的医疗机构。中心于2017年成立全省首个社区心脏康复中心，开展社区心脏康复项目，经过5年发展，该项目逐步成熟，体外反搏治疗仪增至4台，引入运动评估系统、“六分钟步行试验评估”系统，完善心脏康复

治疗体系，形成由13名医护组成的心脏康复团队。2020年7月，中心获“国家标准化心脏康复中心”认证，成为浙江省首个获认证的社区卫生服务中心。2021年，中心成立浙江省首个浙江大学医学院康复研究中心采荷社区心脏康复培训基地，推广社区心脏康复适宜技术。至年末，中心心脏康复年门诊量1万余人次。

【网格走访】 2022年9—10月，采荷街道开展“网格走亲、党群融心”大走访。街道党工委成员带头入户，党建指导员驻点指导，区“百千万”挂包部门（区财政局、区综合行政执法局）党员干部及社工、楼道长、居民骨干、“金牌管家”物业人员、社区片警200多人包网入户、走亲连心。街道健全“一天一碰头，一周一分析，一问一解答”运行机制，梳理分析收集到的环境卫生、城建旧改、邻里纠纷等方面问题，制定需求清单、问题清单、责任清单；建立问题流转小组、答疑小组，确保闭环管理，限时整改。通过走访，厘清网格基本情况、流动人口动态、驻区单位资源、矛盾诉求隐患，推动资源在网格整合、诉求在网格解决、任务在网格落实、感情在网格升华，打通联系服务群众的“最后一公里”。大走访期间，街道走访群众3.1万户，收集问题192个，解决175个。

（何　冰）

四季青街道

【概况】 四季青街道东以铁路滴水线往南至钱塘江，与彭埠街道相接；西以清江路、钱江路、解放路、新业路、新塘路、庆春东路、秋涛北路、凤起路、景西路与采荷和凯旋街道交界；南以钱塘江与萧山区、滨江区为界；北以秋涛北路一弄、景芳路、钱潮路、严家路、运河东路、盛运街、筑塘路、运河东路、运新路、塘工局路至昙花庵路铁路涵洞，与凯旋街道和彭埠街道相连。2022年末，街道面积9平方千米，下辖三叉、五福、三堡、水湘、钱江苑、钱塘、城星、运新、江锦、钱运、钱景11个社区，有7个股份经济合作社；有户籍人口6.22万人，在册流动人口5.7万人。全年街道地区生产总值178.3亿元，比2021年增长16.7%；服务业增加值161.2亿元，增长18.6%；财政总收入98.7亿元，增长52.9%，其中经常性税收86.8亿元，增长74.6%。全年实现税收亿元楼宇26幢、税收千万元楼宇47幢，完成税收千万元以上企业124家、税收百万元以上企业580家。全年落地亿元项目37个，实际利用外资982万美元。引进首店27家；推进浙江澳世嘉科技有限公司成立中美合资项目，三峡集团省级区域公司、“准独角兽企业”杭州佰里科技有限公司新业务板块、鸿寿金融中心及杭州中国人寿大厦新投资项目落地；引进Cabana全国首个高端家居百货零售综合体等项目。年内，钱江新城获评全省唯一“中国商务区综合竞争力”20强，获全球首批城市可持续发展国际标准认证区授牌。

【“大综合一体化”行政执法改革1310工作体系构建】 2022年，四季青街道结合辖区社会经济民生实际情况，创新构建“大综合一体化”行政执法改革1310工作体系。街道全过程贯彻“七分服务、二分监管、一分执法”三大理念，实施“网格吹哨、执法报到”“三色赋码、分类执法”“云上‘蓝朋友’随时在线”“柔性执法、助力营商”“一次上门、全科体检”“一窗受理、街区统办”“首店告知、贴心服务”“‘1+3’案审、法治为先”“精准普法、前置服务”“一屏全览、一网统管”10项改革举措。年内，街道通过该工作体系实现检查频率比2021年下降30%，企业迎检减少50%，执法投诉量下降25%，环境问题减少48%。相关经验获市领导批示肯定。

【钱塘银座大厦成为“双亿大楼”】 2022年，四季青街道深化“楼宇标准”，力争在楼宇经济效能和楼宇内核活跃度上争创全国领先，打造长三角“楼宇经济发展样本”。年内，一汽奥迪全国销售总部入驻钱江新城钱塘银座大厦，街道率先完成“税收月亿、营收千亿”双亿大楼的打造（2022年度一汽奥迪销售有限责任公司完成营收1978亿元，贡献税收24.4亿元）。9月，在中国国际服务贸易交易会产业载体板块主题论坛——2022年中国楼宇经济北京论坛上，钱江新城获评全省唯一“中国商务区综合竞争力”20强。

【27家首店引进】 2022年，四季青街道以发展“四首”“四美”等消费新业态为目标，锚定杭城品质消费新高地建设，将钱江新城商圈打造成杭州市夜间经济集聚示范区。全年引进新锐“网红”咖啡连锁品牌Manner、运动鞋品牌Allbirds在内的首店27家，其中Manner咖啡年销售额2190万元。

【3个“幸福邻里坊”建成】 2022年，四季青街道发挥党建联建机制优化基层治理基础，建成钱运社区、钱塘社区、水湘社区“幸福邻里坊”，推进共同富裕现代化基本单元建设。其中，钱运社区聚焦“一老一小”、文化教育、涉外服务等居民实际需求，结合“四共四汇”（文化共融汇民情、服务共享汇民生、秩序共建汇民意、价值共美汇民心）治理体系特色，划分汇客厅、汇政厅、汇意厅三大基础功能区块，增设“尚融”移民工作室、国际友邻社、国际人才榜、国际舆论场等特色功能。立足钱塘江文化和运河文化，创建“汇”字品牌，围绕“精彩亚运”“同心共建”“幸福邻里”“宋韵文化”“品质环境”“平安优美”“青春志愿”“共富同行”八大主题，开展“外国人中文课”“国际志愿日”等国际融合活动20多场，服务人数1000多人。钱塘社区“幸福邻里坊”发挥协商驿站作用，开展主题式协商，解决群众身边的小事和社区治理过程中的问题，形成“有事找坊里、没事来坐坐”的氛围。设置综合服务区，以“最多跑一次改革”为牵引，集成党务、群团、助残、为老、就业、物业等服务，实行“一窗受理、全科服务”，实现咨询服务“一岗受理、一通百通”。水湘社区“幸福邻里坊”聚焦居民实际生活需求，将社区“一老一小”纳入服务重点，并在邻里坊内引入党建引领阵地、社区新时代文明实践站、非遗文化阵地、社区为老服务阵地、婴幼儿成长驿站，探索社区居民在邻里坊的新生活。与辖区小学对接，推出面向社区青少年的家校联动实践区，开发“一厅共享、一岗受理、一坊议事”等“一站式”邻里服务功能，并利用分散式邻里坊的优势为全体社区居民提供全地段在线、全龄段可享的优质服务。

【四季青环境整治】 2022年，四季青街道围绕“美丽上城”创建、垃圾分类、“五水共治”、生态环保管理工作，聚焦亚运，推进环境大整治。推进15座楼宇垃圾房改造项目，完成改造15座，提前完成区级下发的12处垃圾投放收集设施改造任务。落实基层防汛体系，督促148个地下空间补齐防水挡板等设备，完成队伍、物资和仓库的标准化建设。全年街道级河长巡河192次，社区级河长巡河288次，常态化开展季度性排水设施检查全覆盖小区楼宇。街道出资近100万元落实河道长效养护，有效推动水湘人家东苑等15个二次供水改造项目，成立街道二次供水专班推动15个项目全面提速。年内，亚运立面整治、垃圾分类、防潮安全等工作获市领导批示肯定7次。

【定海三组区块回迁预安置完成】 2022年，四季青街道推进定海三组区块回迁预安置工作。街道统筹谋划全局，提前一年驻点启动回迁预安置前期准备工作，开展问题梳理3轮、召开商议会20多次。筑牢建设主体、职能部门、街道、经济合作社“四位一体”作战根基，抽调60多名骨干力量进驻指挥部，政策指导组、群众工作组、法律咨询组等8个专项组各司其职、互相配合，深度运转每日问题“收集—研判—处置”四方联动机制，确保问题日结日清。坚持“回迁预安置、改造提升、遗留问题处理”三线并进，实现100天内完成资料收集、查漏补缺、审核打包、人口公示、户主大会召开、看房选房等全部流程，装修3种户型3套房源作为样板房，提升选房直观性。全面梳理各类问题，形成“一户一案”，分类讨论、商议、处置，持续推进回迁安置遗留问题处置。8月，四季青街道完成定海三组区块82户回迁预安置工作。

【景芳东区老旧小区改造】2022年，四季青街道推进钱景社区景芳东区老旧小区改造工作。景芳东区建成于1994年，总建筑面积5.12万平方米，共12幢楼房、48个单元、840户。2020年7月，街道针对景芳东区原有空间老旧局促、公共设施匮乏、有消防安全隐患等问题，启动老旧小区改造工程。面对前期排摸居民不配合、后期以拆促改受阻问题，街道吸纳中央、市、区三级资金1300多万元，重点聚焦“党建+旧改”合力，紧盯守住安全底线、拓展空间布局、提升服务功能三大难题。年内，完成屋顶琉璃瓦翻新、“多网合一”管线整合、违法建筑拆除、1900平方米的钱景公园开园和600平方米的“幸福养老一条街”开张，实现“散乱旧”小区升级转型，助力共富样板工程建设，相关做法获《人民日报》专题报道。

【“135”现代社区消防应急管理体系完善】2022年，四季青街道构建微型消防站“135”管理机制，健全应急救援管理体系。微型消防站打造“一站式”站点，融合社会管理、矛盾调处、应急处置、区域巡防等作用，发挥统筹社区应急管理综合功能，从场景建设、制度规范、队伍提升、装备强化等方面提升应急响应和处置能力，实现消防巡查、救援、宣传等功能服务全覆盖。深化“三张网治理”，建成社区网格智治网，按照党建统领网格智治，优化网格划分，配强网格力量，细化网格人、事、物深度管理；建成数字赋能智慧网，依托“141基层治理体系”迭代升级，完善“基层治理四平台”联勤联动机制，深化数字化赋能和智慧消防平台应用；建成辖区单位共建网，形成“社医校企”联盟，增强共建、共治、共享的平安向心力。实现“五个圈管控”，建成快速处置圈，按照“1分钟响应启动、3分钟到场处置、5分钟增援协同作战”要求，实现“灭早灭小”，落实突发事件现场应急处置；建成“三色管理圈”，评估辖区风险等级，落实分类管理，强化“大综合一体化”执法处置，杜绝安全隐患；建成群防群治圈，联动社工、在职党员、楼道长、居民代表、银龄管家、志愿者等力量，落实平安巡查，实现“小事不出小区，大事不出社区”目标；建成安全宣教圈，打造安全宣教阵地，通过沉浸式宣教，提升居民安全意识；建成联防联控圈，定期开展培训演练，提高应急处置实战能力，强化预防措施，严控管理环节。

【四季青派出所获评省“人民满意的公务员集体”】2022年，四季青派出所护航辖区经济高质量发展，联合10家职能部门严格规范涉企行政执法行为，有效打击侵害企业权益案件23件，追损1200多万元，挽损300多万元。电信诈骗案件比2021年下降36.5%，劝阻45人、止损679万元。四季青派出所以矛盾纠纷化解为突破口，提升源头治理能力，实现从“数治”向“智治”升级，发现并处置风险隐患点76处，辖区百姓安全感和满意度99%以上。开展“两队一室”（执法办案队、社区警务队、综合指挥室）警务体系改革，推行“小脑+手脚”勤务模式。在新冠疫情防控中，以警务机制为支撑，筑起“红色联盟”同心战线，为全国城市楼宇抗疫提供杭州样板。在夏季治安打击整治“百日行动”中，实现重点整治区域治安刑事警情“零发生”，纠纷警情下降37.2%。9月26日，四季青派出所获评浙江省“人民满意的公务员集体”。

【运新社区入选全市首批老年认知障碍友好社区建设试点单位】 2022年，运新社区入选全市首批老年认知障碍友好社区建设试点单位。运新社区有65岁以上老人1500多人，涉及5个小区。7月，社区开展认知评估宣传发动工作。9月，联合第三方开展认知评估工作，筛查出65周岁以上老人858人，高风险老人70人。社区通过鼓励老年居民参加社区活动，强化家庭支持，在经济支持、精神慰藉、生活照料3个方面对老年人提供支持。通过发放老年认知和心理健康方面知识的宣传材料，让居民了解自身存在有哪些对认知和心理健康不利的危险因素，以及产生相关认知与心理问题的风险。多次邀请浙江大学医学院附属邵逸夫医院、杭州市第七人民医院、上城区精神卫生指导中心精神科医生对老年人及其家属进行集中授课、义诊、门诊等形式的心理健康教育。至年末，经过多方面干预，有30多名患者恢复或者好转。

2022年9月，运新社区联合第三方机构开展老年认知障碍知识宣传

（四季青街道 供稿）

【街道获评杭州市绿道建设最佳配合镇街】 2022年，四季青街道以绿道建设工作为重点，统筹辖区行政执法、综合管理、市政、环卫等管理养护单位，在绿道建设实施过程中给予配合，在施工作业、行政审批、日常巡查上给予帮助，出动人员200多人次。配合杭州市园林绿化发展中心实施新塘河绿道建设，配合钱江新城管委会实施之江绿道建设。街道工作人员结合“周四固定活动日”活动，在绿道步行的同时，清理绿道上的垃圾，全年开展绿道清洁20次，巩固绿道建设成果。4月，四季青街道获评杭州市绿道建设最佳配合镇街。

【街道“五水共治”工作考核全省优秀】 2022年，四季青街道坚持提升硬件、改善软件、普惠共建，不断改善辖区水环境提升治水成果。坚持“标本兼治、水岸同治、长效久治、社会共治”，通过“建立组织厘清单、源头治水除污染、巡查处置强监管”等举措，成功创建“污水零直排区”监管提升示范街道，从源头改善水环境。坚持提升整治共建“美丽河湖”，新城港创建为省级“美丽河道”、森林公园及世纪花园池塘创建为市级“美丽池塘”。积极推动民生实事，实施21个小区的二次供水改造，创建19个省级节水型小区、8个省级节水单位。开展省、市、区各级治水活动，获省、市主要媒体报道，整理汇编的治水相关工作信息获市领导批示肯定4次。2月，四季青街道获评2021年度全省“五水共治”工作考核优秀乡镇（街道）。

【基层文艺团队发展】 2022年，四季青街道文化站通过以奖代拨的形式投入资金近10万元扶持发展基层文艺团队建设，通过举办“魅力四季青”优秀文化团队、优秀文化志愿者评选等活动，涌现出更多的优秀文艺团队和文化志愿者。至年末，街道基层文化团队组建有合唱团、朗诵班、西乐演奏队、民乐演奏队、戏曲社团、舞蹈队、时装表演队、书画社、篆刻社、非遗工匠室等种类10多个、团队21个。其中，非遗工匠丁建华、沈秋法共同创作的捏塑微雕作品《十里红妆》获中国（杭州）公益美术精品博览会暨“神工杯”创意设计大赛金奖；江莳丝韵艺术团在2022年杭州市手拉手联盟艺术总团“喜迎二十大，唱响主旋律”文艺展演中获二等奖；街道排舞团队参加上城区首届社区运动会，获排舞比赛一等奖。

（杨　阳）

笕桥街道

【概况】 笕桥街道位于上城区北部，东起备塘路，西邻石桥路，与拱墅区交界，南接天成路、源聚路一带，北至石大线，与临平区交界，毗邻杭州东站。2022年末，街道辖区面积19.7平方千米，下辖枸桔弄、花园、草庄、白石、笕桥、农科院、机场、范家、水墩、笕新、浜河、黄家、同心、横塘、俞章、黎明、天新、东港、明桂、金色黎明20个社区，有经济合作社14个，其中4个完成经社分离（经济管理职能与社会治理职能相对分离）；有常住人口7.13万人、流动人口11.83万人。区域内有杭州笕桥机场、杭州东站、浙江省农业科学院、邮政集团杭州分公司、杭州市疾病预防控制中心等重要单位。全年街道财政总收入13.48亿元，其中经常性财政收入9.65亿元；货物出口总额10.17亿元，比2021年增长15.2%；社会消费品零售总额46.9亿元，增长5.3%。年内，笕桥街道落地全省首个“元宇宙产业基地”。“看笕蓝天”笕桥退役军人社区关爱服务项目获全国学雷锋志愿服务“四个100”先进典型最佳志愿服务、浙江省志愿服务项目大赛金奖、浙江省最佳志愿服务项目。“金靴齐步走”志愿服务项目获2022年浙江省退役军人志愿服务大赛金奖、杭州市退役军人志愿服务大赛一等奖。打造架空层文化客厅3.0升级版——社网联动邻聚力·艺刻空间，惠及居民5万余人。成功试点村社干部全景式管理系统，并在全区推广。

【村社干部全景式管理系统打造】 2022年，笕桥街道对标省委“浙里好干部”场景，以社区档案管理工作为支撑，打造村社干部全景式管理系统。该系统围绕社工进入、发展、晋升、调岗、退出等环节全周期、全方位采集数据，建立班子画像、干部画像、底线管理、能力素质相近干部筛选等功能10多项，实现村社信息“一屏掌握”，业务功能“一键运用”。村社干部全景式管理系统在全区全域推广，覆盖社区干部近4000人，为推动新时代村社干部数字化建设管理探索新路径。11月7日，村社干部全景式管理做法入选省委《浙江信息》“新时代党建高地”专刊典型案例。

【“看笕蓝天”获评全国学雷锋志愿服务“四个100”先进典型最佳志愿服务项目】 2022年1月，“看笕蓝天”获评全国学雷锋志愿服务“四个100”先进典型最佳志愿服务项目。“看笕蓝天”志愿服务项目依托退役军人“改善计划”和退役军人“关爱计划”等服务，为辖区退役军人提供全生命周期服务保障模式。街道深挖退役军人骨干，自主培育社会组织“红星之家”，发挥退役军人志愿服务作用，在全区首创“老兵服务老兵”模式，开展志愿服务活动。自“红星之家”成立后，先后组建“红星老兵志愿服务队”“红星老兵爱心车队”“红星疫情防控突击队”“红星战狼应急救援队”等志愿服务队伍，开展各类志愿项目服务320多场，服务辖区居民和退役军人3万余人次。

【街道残疾人联合会换届选举】 2022年9月23日，笕桥街道完成残疾人联合会第一次代表大会换届选举。此前，街道残疾人联合会依照《中国残疾人联合会章程》规定的原则和程序开展换届工作，制定第一次代表大会实施方案，成立换届领导小组，根据代表产生要求，逐级确立代表名单。加强宣传，宣传社会各界扶残助残感人事迹和先进典型，营造关心支持残疾人事业发展的社会环境。通过换届工作，选举出主席、残联理事长各1人，为基层残疾人事业发展提供组织保障。街道以打造残疾人“幸福康复体系”，实施残疾人“幸福帮扶行动”，开展残疾人“幸福就业计划”，加强残疾人“幸福观建设”，提高残联工作组织建设为重点工作，争创“共富示范、幸福高地”现代笕桥残疾人事业新局面。围绕残疾人“走出家庭、融入社会”“脚步架起连心桥”“迎亚运，垃圾分类我先行”“亚运四进”“科学防疫、科学健身”等主题，举办“残疾人冰雪运动”“健身周”“敬老助残，公益同行”“奋进新征程，喜迎二十大”等线上和线下活动108场，吸引残疾人参与5200人次。

2022年8月4日，首个“浙江元宇宙产业基地”落户笕桥街道

（区科技局 供稿）

【全省首个“浙江元宇宙产业基地”落户笕桥】 2022年8月，电商中国·第9届中国（杭州）国际电子商务博览会——“2022产业区块链数智经济发展论坛”在杭州国际博览中心举行。会上，全省首个“元宇宙产业基地”落户笕桥街道，授牌米果·未来产业社区。“浙江元宇宙产业基地”位于笕桥街道同协路336号，总投资超过2亿元，建筑总规模约6万平方米。该基地着重打造元宇宙产业集聚区，将创建浙江省元宇宙产业协会、院士指导工作站、元宇宙人才驿站、元宇宙国际峰会、大学生元宇宙创新创业基地、元宇宙算力中心等载体，营造产业氛围、聚集产业资源，重点引进元宇宙技术算法、软硬件研发、场景应用等企业，提供VR、AR、MR等沉浸式体验场景，配有元宇宙实验室、元宇宙应用成果展厅等设施，以抢占元宇宙产业战略置高点为目标，为入驻企业打造宜居宜业的高质量共

富元宇宙产业社区。至年末，该基地签约引进杭州原与宙科技有限公司。

【“王水福教育基金”创立】 2022年9月，省人大代表、笕桥商贤王水福计划向上城区教育基金会捐赠3000万元，分10年定期捐赠，创立“王水福教育基金”。该基金致力于为辖区学校学生提供更多教育研学机会，提升学生素质能力，提升笕桥街道整体教育水平。该基金主要包含学校创新发展资助项目、教育科研专项经费资助项目、杰出校（园）长奖励项目、特级教师突出贡献奖励项目、优秀教师奖励项目、优秀班主任奖励项目6个专项奖励、资助项目。年内，该基金投向笕桥街道10个项目，资助300万元。

【架空层文化客厅3.0升级版打造】 2022年，笕桥街道结合数智化改革，创新推出架空层文化客厅3.0升级版——社网联动邻聚力·艺刻空间，形成以街道、新浪浙江和白石等6个社区架空层文化客厅共同运营的“社网联动”新模式社网联动邻聚力·艺刻空间，总面积1万平方米。街道通过开辟“艺刻直播间”，邀请居民“云相聚”，推出“浙里有YUN”宋韵文化系列活动，强化“直播+社交”应用，邀请网络大咖、专家学者等代表人物，带领宋韵文化传承人、传统手艺人等艺刻推荐官入驻“艺刻直播间”，通过实现6名网络大咖同时在线的“6线连麦”技术，使社网联动邻聚力·艺刻空间成为一个极具综合度、趣味性和个性化的互动平台，相关做法获《人民日报》等媒体点赞。至年末，该文化客厅惠及居民5万余人。

【“1681”工程实施】 2022年7月，笕桥街道根据省委、市委、区委对现代社区建设工作部署，制定实施“1681”工程。该工程按照1套区级工作标准，构建6类治理体系，执行8张重点任务清单，实行1个督查机制。街道建强工作架构、夯实基层底座、推进领办任务，全面推进党建统领网格智治、“幸福邻里坊”共富综合体建设、融合型大社区大单元治理等工作。聚焦市“争星晋位、全域建强”行动创评标准，深化“创星”过程，水墩、白石社区获2022年杭州市“争星晋位”社区。突出精细化管理，将原有85个网格调整至159个网格、1208个微网格，配强“1+3+N”网格队伍2570人；创新农村型物业“红管家”模式，同心社区“红色物业”代表上城区在全市现代社区第二次领导小组会议发言。年内，街道现代社区建设工作获《人民日报》客户端报道1次，“西湖先锋”App发布2次。

【街道康养联合体建设】 2022年6月，笕桥街道统筹辖区资源，集聚各类康养资源，构建居家社区养老服务网络，并联合笕桥卫生服务中心基层医疗力量，优化医疗资源配置，依托家庭医生签约定期巡诊工作机制，与社区养老服务机构有效衔接，引入杭州九如城养老服务有限公司等专业化养老机构，为老年人提供生活服务、康复护理服务、托养服务、家庭支持服务、心理疏导服务、康复辅助器具租赁服务及社区特色服务，服务老人800多人，老年人家庭医生签约7363人。引导社会组织、社区居民共同协助参与爱心助老工作，针对社区内行动不便的老人、慢性病患者等特殊人群，开展线上咨询、上门问诊等服务220次。通过开展杭州市老年电视大学实体授课和组织文体活动等形式，提升老年人文化素养和身体素质，开展相关文体活动192场次，参与人数5700多人。利用数字化手段，在笕东嘉苑养老服务中心配置智能服务终端，实现智慧助餐、健康支持、无感监测等三大服务场景，便捷老年人就餐服务、健康管理和参与活动。

【水墩社区未征迁土地整治】 2022年，笕桥街道响应“两路两侧‘三化一平’”专项整治工作要求，聚焦水墩社区未征迁土地开展集中专项整治。1月7—25日，通过提前部署、综合治理、巩固提升、长效管控等方式，基本实现该区块土地“两路两侧”的“洁化、美化、绿化”和道路路面平整。整治期间，街道出动人员3000人次，推平水墩社区未征迁土地5.67万平方米，清运垃圾40多吨，消灭卫生死角40多处，拆除违章建筑物400多平方米，修补不平整路面3处。街道以水墩社区铁路沿线未征迁土地整治工作体系为治理样本，以点带面完成区域内390多条道路小巷及2条铁路高铁线路整治工作。

【横塘社区同协路以西区块征迁完成】 2022年9月23日至11月27日，笕桥街道开展横塘社区同协路以西区块征迁工作。该区块涉及农户154户，是笕桥环机场综合整治、城郊接合部整治的收官之战。街道坚持做深做透前期摸底、做精做优工作方案、做细做实群众引导，其间，召开政策会议14次、完善补偿方案6次、完成逐户会审公示2次、解决问题17个，化解矛盾纠纷22件，创造“60小时完成资料收集、2.5小时完成房屋丈量、3天完成集中签约”的横塘速度，154户农户全部完成签约。

【东港嘉苑老旧小区改造】 2022年11月，笕桥街道东港嘉苑一区、二区、三区老旧小区改造工作完成并通过验收。东港嘉苑为回迁安置小区，涉及3个区块共41幢4036户，建筑面积51.31万平方米。笕桥街道办实“民呼我为”，深化老旧小区“综合改一次”理念，以“改善基础设施、整洁美化环境、创新特色文化、提升配套服务、完善长效管理”为主线，拆除保笼2458个、晾衣杆2197根、花架1980个、雨篷2220个，完成绿化修整1500平方米，雨污分流4000米，规范垃圾分类点7个，增设机动车充电桩12个。

【黎明社区回迁安置工作】 2022年，笕桥街道推进黎明社区回迁安置工作。该项目为2022年全区最大体量安置项目，涉及3个拆迁批次，建设主体为上城城发集团。针对该项目存在“安置体量大、社会关注高、群众诉求多、遗留问题多”等情况，街道以创新工作方式为理念，坚定信心、瞄准目标、强化引导，从9月16日至11月30日，用时76天完成黎明社区1130户（含单边户）回迁工作，总安置人口5790人，安置房屋2317套，选房率100%。

【主题党日系列活动定制】 2022年，笕桥街道党群服务中心整合党建联建红色资源，根据不同领域、不同行业的党组织和党员特点，探索开发“四式”党课套餐，为党支部提供“课堂式、行走式、情景式、体验式”4类党课，涵盖参加读书分享会、挑战“8·14空战”剧本杀、配音迷你党课等11类特色鲜明的内容，为党员搭建开展理论学习、党性锤炼、实践交流的载体平台，增强主题党日的吸引力、参与度和仪式感。12月，该项目入选“杭州市主题党日活动套餐”。

【“流动党员归队码”在线报到小程序开通】 2022年8月，笕桥街道针对流动党员基数大、分布广且流进流出频繁等实际特点，创新开通“流动党员归队码”在线报到小程序。该小程序通过线上填报姓名、性别、联系方式、入党时间、所属党组织、工作单位、现居住地7项信息，掌握流入党员的基本情况，就近党组织获悉后第一时间与党员线下核实情况并将其纳入管理。该小程序为报到党员提供一封“家信”，分享“家门口”的红色资源和活动空间，并在“家信”中为流入党员布置“5+N”家庭作业，即做好“自我介绍、重温入党誓词、佩戴党徽、过政治生日、参加组织生活”5

个常规动作，参与“政策讲解、志愿服务、感悟分享”等N个特色实践活动，引导党员报到后参加党员活动。年内，街道通过线上自主扫码、线下核实报到方式，纳管流动党员78人，其中有23名流动党员参与小区环境整治服务。

（冯慧敏）

彭埠街道

【概况】彭埠街道位于杭州市东部，东毗九堡街道，西邻四季青、凯旋街道，南接钱塘江，北连闸弄口、笕桥街道，京杭大运河穿境而过。区域内有杭州东站、杭州市地铁集团有限责任公司七堡基地、中铁第四勘察设计院集团有限公司杭州分院、杭州通达建筑工程公司等单位。辖区新塘严家弄、杨家桥分别是近代著名文学家、戏剧家夏衍和清代著名学者、藏书家翟灏的出生地。2022年末，街道区域面积14.76平方千米，下辖五堡、六堡、七堡、红五月、普福、建华、兴隆、御道、云峰、皋塘、章家坝、新塘、杨家桥、王家井、明月桥、茶亭苑、普新、建和、杨柳郡、建隆20个社区；有常住人口8.04万人、流动人口9.16万人。全年街道财政总收入44.07亿元，经常性收入14.67亿元，比2021年增长10.4%；落地杭州世珩贸易集团有限公司等亿元以上产业项目32个，完成率168%；落地卢森堡亨玛集团总部、上市公司新大陆数字技术股份有限公司销售总部等优质项目100多个；实际利用外资500万美元。年内，完成兴隆社区过渡房384户100%腾空拆除，以及全区单个体量最大的五堡社区1068户回迁安置。推进御道、彭埠、五堡3个社区留用地项目建设。5条河道与外部水系连通，6条主干道实现开工，14条道路全面竣工，3条地铁线、2条快速路及彭埠互通立交。彭埠大桥顺利通车，交通枢纽区位作用凸显。构建“十分优享”公共服务圈层，完善公共配套设施，推进2个卫生服务站提升改造，艮北农贸市场等生活配套设施相继投用。聚焦“一老一小”服务，新建康养联合体1个、邻里食堂2个。推进宋韵文化传世工程，开设宋韵文化小剧场，做好“宋韵+本土”文化融合。杨柳郡未来社区创建为全省首批未来社区。

【基层干部培养新路径探索】2022年，彭埠街道围绕“整体一个库、分类一张榜、个人一张图”的功能定位，创新“干部一张图”数字化管理系统。通过整合现有4套干部人事系统中的零散数据，以干部个体为对象，将学历经历、考核评价、奖惩情况、管理监督4个维度的数据筛选、导入、集成，形成41名街道科级干部、31名社区正职干部立体式画像库。依托知识水平、任职年限、岗位经历、奖励荣誉、考核评价五维分析及红、橙、黄、绿四色廉洁亮灯，形成对每个干部的微观式、动态型分析研判，并设置年龄、学历、岗位经历等关键标签，实现单标签、多标签搜索，精准确定人选范围，确保干部进退留转等关键流程推进准确高效。街道将该系统运用于队伍日常管理，持续优化队伍总览、干部画像、综合分析3个界面的深化开发，新增日常考核、工资薪酬等子项，根据干部年度考核、民主测评、个人奖惩及个人有关事项等关键性信息的变化，实时更新系统数据，确保数据信息安全保密、分析提取精准有效。依托数字场景绘制干部管理“一张图”，从干部选、育、管、用全周期“一件事”入手，实现提人知事、抓人促事，为干部培养使用提供遵循。4月，“干部一张图”数字化管理系统被认定为市首批公务员日常考核工作联系点。

【街道获评省第三批疫情防控执行力指数评价优秀街道】2022年，彭埠街道建立新冠疫情防控应急处置机制，将下辖小区、楼宇、园区、综合体等细分为92个防疫单元，由21名班子成员、92名街道干部组成红、白、蓝“三色联防”队伍，以党建引领下的居民自治为框架，挖掘支部书记、在职党员、居民骨干等力量，推动57个小区、872名楼道长“持证上岗”，分别包干单元内党员组织、防疫检查及备战杭州第19届亚运会的督导工作。首创《楼道长队伍专项管理办法》（“十五条”），将楼道长队伍变成1支“平时服务治理，战时一体响应”的核心自治力量。该办法在全区推广实施。对标“无疫单元”分类评分标准，要求楼道长及“无疫单元”督导员落实每日检查指导、每周总结评档责任，构建问题快查快办、日清周结管理闭环。针对社区战时力量短缺情况，整合全民战疫队伍，摸排发动1300多名在职党员力量，3天内招募“无疫单元”创建志愿者团队14个、团体和个体志愿者406人，有效激活居民自治力量。5月，彭埠街道获评浙江省第三批疫情防控执行力指数评价优秀乡镇（街道）。

【营商环境优化】 2022年，彭埠街道全方位提升营商环境。街道精准谋划产业定位，致力于将艮北新城打造成为“新消费数字产业高地”，释放新型消费潜能。12月12日，物产天地新消费产业园交付，该项目总投资约20亿元，开园后首批将有100多家“新消费”企业、3000多名各类人才入驻。街道创新服务模式，成立为企服务中心，建立“彭友圈”企业交流群，利用数字化手段架起政企“连心桥”，不定期在群内转发宣讲全区各项利好政策和措施，解读相关扶持企业政策，及时了解和掌握辖区企业的生产经营状况及面临的困难和问题并协调解决，构建“亲”“清”新型政商关系。

【街道征迁“清零”工作】 2022年2月，彭埠街道推进辖区征迁“清零”工作。街道成立征迁“清零”攻坚专班，运用“一办四组”协同作战模式，加强联动、协调配合。创新方法思路，制定完善街道征迁“清零”工作方案，根据征迁项目实际需要，实施分片包干，加快破解企业征收难题。街道完成城东区块历时5年未有实质进展的杭州云鑫实业有限公司、杭州洁翔实业股份有限公司（中汇小商品市场、神州眼镜城）、杭州迪华工贸有限公司（东站化妆品市场）、杭州东站服装市场等25家企业征迁“清零”任务，“清零”总量占全区第一。街道历时60天，实现兴隆社区过渡房384户100%腾空拆除。

【五堡社区回迁安置】 2022年3月，彭埠街道成立五堡社区回迁安置工作指挥部。指挥部克服回迁体量庞大、周边配套不全、户型不匹配、房源紧张等困难，通过反复多层次专题研讨、制定符合群众利益的科学可行操作方案、提前快速处置历史遗留问题、多轮次打包坐位合理搭配房源、调拨异地房源等方式，历时142天完成1068户回迁安置。

【“为小”特色服务项目推出】 2022年，彭埠街道为满足“双减”政策下居民对于近距离、普惠型优质教学及活动资源的需求，推出“为小”特色服务项目——“彭心汇·家门口的青少年宫”。项目结合街道、社区一体的“幸福邻里坊”矩阵打造，以街道综合型党群服务中心为主阵地，依托“红色十二时辰”数字化系统推进资源整合、居民融合，通过博学增“智”、巧手善“制”、多元帮“治”的“三zhi融合”系列课程及活动，助力全龄段儿童健康成长。引入杭州青少年活动中心、上城区社区学院等市、区级教育资源，打造少年宫党群服务中心教学合作点，招收班级100多个、惠及儿童2000多人。根据居民高频需求，订制覆盖0~12周岁儿童的系列特色活动，开展着眼于手、眼、脑“三位一体”开发的各类活动200多场、常规类课程1800多节。“彭心汇·家门口的青少年宫”集聚培育少儿志愿队、公益服务队等特色队伍，引导少年儿童参与社会治理、关爱特殊群体，成为周边10多所中小学校“第二课堂”打卡点。至年末，该项目举办各类课程、活动近2500场，服务儿童1.2万人次。

【2个小区获评省高标准垃圾分类示范小区】2022年，彭埠街道普新社区水岸国际公寓小区、章家坝社区云河西园小区获评浙江省高标准垃圾分类示范小区。水岸国际公寓小区垃圾分类收运实行“源头分类，末端收集”机制，由物业收集易腐垃圾和其他垃圾，有害垃圾由街道统一收运，末端由第三方进一步对低价值回收物进行集中收集、分类。云河西园小区垃圾分类收运实行“分类设施、分类辅导、分类质量、分类清运”四分治理机制，由物业主要做好易腐垃圾与其他垃圾的分类收集，环境清洁直运公司每日清运后由物业再次进行集置点冲洗，末端由合作方进一步对再生资源回收物进行集中收集、分类，特殊垃圾由物业自行与有资质的公司签订合同后定期清运。

【明月桥社区“爱心驿家”建设】2022年，彭埠街道高标准推进“爱心驿家”建设，为新就业形态劳动者提供“冷可取暖、热可纳凉、渴可喝水、累可歇脚、伤可用药、闲可阅读”的服务。明月桥社区“爱心驿家”位于上城区备塘路与元宝塘南巷2号交叉口，使用面积310平方米，分为活动区、休息区、用餐区、洗漱区4个部分。“爱心驿家”分为上下2层，1楼设有换电柜区域，方便快递员、外卖小哥快速充电、换电；2楼设有影音区、电脑区、阅览区、VR体验区，提供免费上网、借书等服务，满足职工群众学习、阅读、休闲的需求。明月桥社区工会利用“爱心驿家”阵地优势，拓宽服务覆盖面，为职工群众提供优质服务，全年开展现场入会、公益法律、心理咨询、公益理发、健康义诊等便民服务25次，服务户外劳动者600多人次。工会以精准化的服务为出租车（网约车）司机、快递（外卖）小哥等新就业形态劳动者，交警、环卫工人、志愿者及其他户外劳动者，解决喝水难、吃饭难、休息难、如厕难等日常工作中的难题。11月，明月桥社区“爱心驿家”被中华全国总工会评为2022年“最美工会户外劳动者服务站点”，为上城区唯一。

【六号港（普福段）河道亮灯提升项目完成】2022年9月，彭埠街道六号港（普福段）河道亮灯提升项目完成。六号港（普福段）河道全长950米，涉及普福家园南区、普福家园北区、普福公寓、保利梧桐语、中铁国际花园、中大普升6个小区，是周边居

六号港（普福段）河道亮灯（摄于2022年）　　（彭埠街道 供稿）

民闲暇散步、夜晚归家的便捷通道。该河道亮灯提升项目是2022年彭埠街道8项民生实事项目之一，整体设计采用现代简约风格，新设庭院灯83套、低空盏明灯60套及跨河桥洞光源灯带120米。

【街道应急消防站成为市首批达标应急消防管理站】 2022年5月，彭埠街道应急消防站作为全区唯一的街道级消防站点入选杭州市首批达标应急消防管理站名单。该应急消防站通过点上设施新建、面上督查覆盖等举措，推动消防领域隐患“清零”，有效遏制重大消防安全事故发生。创新构建多点一体、智慧赋能的“邻聚力”消防圈，打造具有彭埠特色的“社会治理共同体”。工作开展后，出动检查人员3500多人次，检查各类单位、场所8200多家（个），发现各类安全隐患3352个，现场整改3261个，开出整改告知单91张。打造形式新颖的“安全流动课堂”，陆续走进各居住小区、建筑工地，宣传安全生产知识及相关法律法规，受宣教2500多人。

【首届彭埠宋韵民间文化艺术节】 2022年5月19日，彭埠街道“‘宋’你来彭埠，亚运最潮范”首届彭埠宋韵民间文化艺术节在彭埠老街举行。现场，成立彭埠街道民间艺术团，并揭晓彭埠街道文化吉祥物“小白菜”。艺术节分为静态展示区、动态展示区、游戏体验区3个区域，通过宋韵文化知识展览、宋韵民间艺术表演、宋代民间游戏体验、宋韵民间集市等形式，传播宋韵历史文化，展示宋韵彭埠文化生活。该活动吸引1000多人参与，获中央、省、市媒体报道20多次，活动被《中国日报》（英文版）报道。

【《小白菜》刊物获全省群众文化报刊银奖】 2022年，彭埠街道编发《小白菜》宋韵文化专刊2期，并于10月获全省群众文化报刊银奖。《小白菜》刊物由彭埠小白菜文学社编辑出版，创办于1989年，该刊物以倾诉老百姓自己的故事，编写新故事为主，辅以其他文学形式。自创办后，《小白菜》刊物累计出刊59期。

（王　冠）

九堡街道

【概况】 九堡街道地处上城区东部，东连钱塘区下沙街道，西接笕桥、彭埠街道，南濒钱塘江与萧山区隔江相望，北依临平区乔司街道。辖区内有杭州海塘遗址博物馆、阿里体育中心等标志性文化名片。2022年末，街道总面积15.8平方千米，下辖杨公、八堡、牛田、蚕桑、格畈、九塘、新江花园、金海、红苹果、魅力城、九华、兴安、蓝桥、丽红、和华、金雅苑、江涛、九堡、三卫、湘江、景蓝21个社区，以及宣家埠、三村2个行政村；有总人口24.15万人。年内，九堡街道获评杭州市“消防安全三年翻身仗”工作成绩突出集体、杭州市首批落实“小脑+手脚”警网协同机制推进治理工作体系建设示范乡镇（街道）、杭州市“党的二十大”安保工作突出贡献集体。街道公共服务中心获评全省工作突出基层劳动人事争议调解组织，街道公共服务办公室（社工站）被评为浙江省品牌社会组织，街道公共服务办公室（“残联人之家”）被评为浙江省四星级“残疾人之家”。江涛社区获评全国综合减灾示范社区，三卫社区获评浙江省第二批省级未来社区和省级无障碍社区，九华社区获评浙江省民主法治社区。辖区内丰收湖—九沙河水系获评2022年省级“美丽河湖”。

【“小脑+手脚”基层治理体系升级】 2022年，九堡街道推进“小脑+手脚”基层治理体系升级，在“一队、一手册、一平台”基础上，提质扩能形成“一队、一盟、一街、一站、一手册、一平台”工作格局。通过构建党建联盟，实施综合管理大队队员“三级九等”晋衔制，建立监察工作联络站，升级1.0版工作手册为2.0版。开发“跳江自杀干预”应用场景，建成一支由6人组成的钱塘江边专项巡查队，运用“小脑”实时监控空巡，当有人员上桥后通过手机信号检测，信号在桥上超过10分钟系统就会预警，巡查队队员即可上桥查看情况。全年救援跳江事件16起，挽救13人性命。年内，街道因“小脑+手脚”治理体系接待中央、省、市、区领导调研100多次。全年运用该体系处理应急处突、非警务类警情、自然灾害等事件6500多件。9月19日，九堡街道获评杭州市首批落实“小脑+手脚”警网协同机制推进治理工作体系建设示范乡镇（街道）。

资料

“三级九等”晋衔制：将综合管理大队队员分为3个等级，分别是初级、中级、高级，3个等级又划分三级，分别是初级一级、初级二级、初级三级，中级一级、中级二级、中级三级，高级一级、高级二级、高级三级。街道根据综合管理大队队员工作年限、履职情况、考核评价等方面进行晋级。

【项目招引】 2022年，九堡街道立足“培育‘网红’经济、提升楼宇经济、打造特色产业”，谋深谋细业态布局，开展项目招引工作，加快谋求经济工作成果。推动引进龙湖杭州国芳天街，东尚城项目成功竣工备案，三卫留用地提前招商挂牌，9意法女装中心开业。全年储备重点项目11个，完成注册亿元项目3个，新引进年税收5000万元以上数字经济总部项目1个，新注册落地外资项目3个。

【“杭罗织造技艺”亮相第5届中国国际进口博览会】 2022年11月5—10日，第5届中国国际进口博览会在上海国家会展中心举行。杭罗是罗类丝绸的代表品种，具有鲜明的杭州特色。2009年，“杭罗织造技艺”成功获联合国教科文组织批准，列入世界非物质文化遗产名录。杭州福兴丝绸有限公司位于九堡街道九昌路，是经国务院批准列入国家级非物质文化遗产名录“杭罗织造技艺”的唯一指定传承单位，注册商标“福兴杭罗”，已有380多年历史。“杭罗织造技艺”第5次参展中国国际进口博览会，多角度呈现浙江文化特征。

【社区治理举措创新】 2022年，九堡街道创新社区治理举措，凝聚社会力量助力社区治理。实体化运作社会工作站，按照市、区有关文件要求完善阵地建设，配齐专职工作人员。开展第4届公益创投活动，与15个社会组织签约项目17个，扶持资金53万元，全年开展服务活动63场。优化“九哥九姐”志愿服务平台，招募志愿者1918人，深度参与街道新冠疫情防控、特殊人群关爱等志愿服务。开设“九哥九姐”直播间，举办隔离人员心理减压、“艺”起抗疫和社会组织参与社会治理等线上直播活动37场，收看量7.5万人次。街道社会治理做法获浙江新闻、中国蓝新闻等媒体报道。

【基层劳动人事争议调解】 2022年，九堡街道多举措推进基层劳动人事争议调解工作。瞄准“一窗受理、联合办公、快速解决”目标，构建“1+23+3N”调解体系。在街道综合治理中心专门设立1个和谐劳动关系工作站，在23个村（社）设立和谐劳动关系工作室，发挥村社劳动争议调解组织“前哨”作用。针对辖区实际，在园区、市场、重点企业、重点项目工地建立N个劳动关系监测点。探索“一站式”调解模式，用好街道综合治理中心城管执法、市场监管等基层执法队所力量，打造无缝对

九堡街道牛田社区回迁房（摄于2022年）（九堡街道 供稿）

接的“一站式”服务阵地，探索“仲裁审查确认+司法确认”“融调解”工作新模式。全年调处各类矛盾纠纷1663件，涉及金额782万元。

【牛田、蚕桑社区回迁安置完成】 2022年，九堡街道推进牛田、蚕桑社区回迁安置工作。自2月11日召开动员大会后，街道指挥部历时165天，有序推进资料收集、四方会审、人口公示、房源打包等工作。7月23—26日，指挥部开展选房工作，完成回迁户安置855户、1607套。其中，蚕桑社区372户、610套，完成率100%；牛田社区483户、997套，完成率99%。

【丰收湖—九沙河水系创建为省级“美丽河湖”】 2022年10月，杭州市城市水设施和河道保护管理中心组织省、市专家对九堡街道丰收湖—九沙河水系省级“美丽河湖”创建工作进行现场验收和交流评审，市、区相关部门和属地街道负责人到场观摩。专家组一行实地查看丰收湖—九沙河生态体系、景观节点、河长公示牌、岸线植被及亲水平台等水利工程设施和标识标牌，认为丰收湖—九沙河水系管护责任体系健全、基础工作扎实、工程面貌整洁、亮点突出、各类资料翔实，符合省级“美丽河湖”创建标准。丰收湖通过地面、水面、空中多维游线交织交错，沿湖打造“水漾临风”“童趣乐园”“杉堤傲月”“恋人之岛”等生态景观。九沙河采取框架式、限制性、小范围种植凤眼蓝的方式，限制凤眼蓝的繁殖速度，快速改善水质。引进睡莲和荷花进行框架式种植，打造“白鹭掠荷叶”的沿河生态景观观赏带。（赵心怡）

丁兰街道

【概况】 丁兰街道位于上城区东北部，东临临平区，西接拱墅区，南连沪杭高铁和笕桥机场，北靠皋亭山，距市中心约10千米，是由市委、市政府定位的城北新城核心区。丁兰街道原名丁桥镇，于2014年撤镇建街。2022年末，街道面积16.97平方千米，下辖同协苑、赵家苑、丁兰、后珠苑、丁桥苑、长睦苑、大唐苑、蕙兰、明珠、美辰、勤丰、白马庄、三义苑、长虹、枫景园、东林桥、河西、华鹤、华亭、建塘苑、五会港、华睦、兰茵、桃花湖24个社区及皋城、沿山2个行政村，有经济合作社8个；有户籍人口8.8万人，流动人口9.18万人。全年街道财政总收入10.95亿元，其中，房地产税收4.65亿元，占总收入的42.5%；经常性税收6.3亿元，占总收入的57.5%。主要行业增加值52.2亿元，规模以上工业增加值11.9亿元，固定资产投资39.5亿元，出口总额7亿元，社会消费品零售总额55.95亿元。新引进亿元以上产业项目14个，启迪（杭州·丁兰）国际创新港项目落地，中国科学院资本莫比斯加速器启用。新增地铁口非机动车停车位322个，完成信号灯路口排查优化93个，开通丁兰路、天鹤路等绿波带5条，完工5个多层安置房小区172台电梯加装工作。推出丁兰惠民电影活动，举办观桃节、登皋节、宋韵音乐节、国风运动会等双“YUN”活动，评选上城区首届“小孝星”和第7届“丁兰十大孝星”。年内，丁兰街道入选省、市两级数字生活新服务特色镇（街）创建名单。丁兰街道老年电视大学创建省级示范教学点。皋城村创建国家级老年友好型社区（村）。西子智慧产业园入选2022年省级数字化示范小微企业园。龙湖名景台北苑小区获评2022年度杭州市“美好家园”住宅示范小区。建塘苑社区、大唐苑社区获评杭州市“三型社区”撤村建居示范社区。辖区企业西子清洁能源装备制造股份有限公司获评2022年度省级绿色低碳工厂、市级“链主工厂”；杭州安誉生物科技有限公司获评杭州市“准独角兽企业”。

丁兰街道龙湖名景台北苑小区局部风貌（摄于2022年）　（江　奇 摄）

【区政协同心共富委员工作室成立】 2022年9月16日，上城区政协同心共富委员工作室在丁兰街道皋城村农村文化礼堂揭牌成立。揭牌仪式后，工作室根据前期调研摸底情况，邀请浙江省旅游协会旅游教育分会副会长、浙江省旅行社协会监事、导游分会会长钱钧为“农家乐”经营户安排“提升‘农家乐’品质服务”培训课程，旨在提升“农家乐”品质服务，促进“农家乐”旅游产品升级换代。培训会现场，工作人员视频连线上城区东西部协作结对的四川甘孜藏族自治州雅江县，带领参会人员了解“上·雅”乡村旅游培训基地活动情况。该工作室由致公党省委会委员、区政协委员、浙江中弘国际旅行社有限公司总经理吴韵领衔发起，区侨联副主席、区政协委员、杭州丁兰君尚云郦酒店董事长郦政为和区政协委员、国网浙江综合能源公司双碳分公司副总经理聂建波共同参与创建，致力于突出委员界别特色，发挥委员资源优势，提出实用管用的好点子、好办法助力乡村振兴、皋城共富。

【街道入选省数字生活新服务特色镇名单】 2022年，丁兰街道加快推进丁兰广场、新城广场等传统商业设施智慧化改造，助力入驻品牌获商业数字化、智慧化运营所需的数据、软硬件支持，提升消费便利，逐步打造一批个性化、场景化的“智慧门店”。以皋城村为着力点，打造一批多元化亮点项目，注册“皋亭观桃”等特色系列乡村品牌，创新以村集体为主题的“1+N”联合运营管理模式，鼓励村集体、村民、景区管委会、外部资本等进行项目投资。建立数字驾驶舱，打通“云共治”“清流平台”等数字化运用场景，运作高空探头、“和对讲”等数字化设备，实现由“单一依靠人力”到“多场景数智运用”的转变，进一步提升数智化水平。8月17日，丁兰街道入选第二批浙江省数字生活新服务特色镇名单。

【全市首个政府与银行合作网点打造】2022年9月27日，丁兰街道启用全市首个政银合作网点，在街道级的公共服务中心、片区级的邻里中心、社区三级便民服务网点的基础上，依托政银合作契机，与杭州银行合作打造杭州银行网点服务专区，合作制定减费让利、延期宽限、保障服务等6个方面、15条金融支持政策，推出“人才贷”“创业担保贷款”等特色优惠贷款，打通人社、市场监管等51项个人及企业高频事项，为企业、群众提供信息互连互通和“一站式”办理服务。全年通过政银合作办件251件。

【启迪（杭州·丁兰）国际创新港揭牌】2022年9月8日，启迪（杭州·丁兰）国际创新港揭牌仪式在君尚云郦酒店举行。会上，启迪（杭州·丁兰）国际创新港、启迪科服集团长三角创新中心、启迪之星中国·杭州190区孵化基地正式揭牌，包括启迪厚德基金、比利时鲁汶大学医疗技术创新中心中国中心、上海仙途智能科技有限公司、上海启迪睿视智能科技有限公司等30家企业和科研机构签订意向入驻协议。启迪（杭州·丁兰）国际创新港将依托启迪科技服务集团全球创新网络，加速全球科创资源布局上城区。

【跨境电商服务】2022年，丁兰街道以服务企业发展为重点，依托辖区商务楼宇和跨境电商资源，为企业开展多方位全流程服务，让电商企业安心进驻，全力助推企业发展。9月14—15日，丁兰街道联合区商务局及SHOPLINE（跨境电商独立站SAAS建站平台）在西子音乐厅共同举办“DTC独立站出海培训——FACEBOOK实操专场”活动。活动旨在助力开辟跨境电商产业发展新路径，吸引70家跨境电商企业的100多名学员参加。丁兰街道架好助企发展桥梁，支持对外开放平台建设，优化营商环境，促进跨境电商、市场采购等外贸新业态发展，为辖区外贸企业提供资金兑现、海外货物新冠疫情防控检查、协助申请海运费用补贴等服务。

【丁兰消费节暨丁兰智慧小镇IP首发】2022年8月5日，丁兰消费节暨丁兰智慧小镇IP首发仪式在桃花湖公园举行。该消费节以“ONE Night In丁兰，消费一‘夏’”为主题，以宋韵文化助力消费新时尚，打造宋韵消费新场景，实现多元消费模式，全方位满足居民吃、喝、玩、乐、购需求。活动现场，丁兰智慧小镇商会倡议发起成立“桃花湖商圈联盟”。联盟以自愿参与、平等协商、行业自律、共有共享为原则，力争把丁兰街道打造成为具有特色消费活力和广泛传播影响力的城北消费中心。以“青创”为主题的AI机器人“丁乐乐”首发亮相。“丁乐乐”作为丁兰智慧小镇的首席体验官和小镇量身定制的品牌IP，代表小镇“创新、创业、创造、创想”的品牌属性。该系列活动持续至9月末，消费节期间，丁兰大型综合体实现销售额1.8亿元，吸引消费者200万余人次。

【“西子智慧产业园”主题沙龙活动】2022年3月1日，丁兰街道联合西子智慧产业园及中国民生银行举办“中国民生银行园区万里行——走进西子智慧产业园”（第二期）的主题沙龙活动，丁兰街道区域发展办公室相关业务负责人和辖区重点企业负责人等80人参加。邀请资深税务顾问徐可做题为“新监管环境下的税务风险应对”的主题演讲，邀请资深知识产权规划师黄乐真分享对商标、专利等知识产权相关领域的心得感悟。

【基层治理工作体系升级】2022年，丁兰街道推进“141基层治理体系”迭代升级，将原来的“综治工作、监管执法、应急管理、公共服务”4个平台统一迭代为“党建引领、经济生态、平安法治、公共服务”4个平台，实现“一网统管”。设立网格174个、微网格1163个，专职网格员174人、网格长117人，配置其他力量1612人，通过任务分解、通报晾晒及督查督办等方式，加快数字治理中网格事件的流转，把矛盾隐患解决在网格里。全年社区自行处置问题流转信息3万余条，上报街道处理4596条，办结率98.7%。升级“小脑+手脚”基层治理体系，提高街道智治水平。在6个综合管理片区基础上，布置3个社会治安防控区、7个防控点，组建“公安+综管”的28人快警队伍，配置专用车辆和装备，佩戴5G和对讲仪（实时影音记录出警、管理、辅助执法全过程的工具），设计专门的出警工作单，做到“一警一单一机”，实现全过程留痕，打造一支“网格布警、扁平指挥、屯警街面、快速反应”的快警队伍。全年联动警情6025起，其中通过“丁兰双脑联动”微信群从丁兰派出所流转至街道警情3462起。

【皋城村创建国家级老年友好型社区（村）】2022年，丁兰街道皋城村以创建全国示范性老年友好型社区为契机，围绕满足老年人安全需求、健康需求、照料需求和精神慰藉需求，实施改善村居环境、加强出行便利设施建设、优化为老服务水平、营造尊老敬老氛围、引导老年人社会参与等举措，整合公共服务资源，发扬志愿服务精神，激发村民参与热情，共建适老宜居环境。运用“云上皋城”基层综合平台，织密村内智慧养老体系网络。针对老年人常出现血压、心跳不稳的慢性病问题，利用“云上皋城”专家坐诊服务模块，结合健康小屋健康服务功能，为村内246名老人提供日常监测、线上问诊服务。针对村里老人理发困难问题，村委会增设“青春小屋”免费理发服务站，招募志愿者为老人理发，全年服务老人286人次。完成36名80岁以上高龄老人家庭适老化改造服务，206户家庭安装净水器和智能监控，348名中老年人配备智能手环。制定村级补贴政策提高村民保障，其中对60岁以上老人、军属、困难群体、特殊病人提供慰问或补贴等福利保障20多项。10月，丁兰街道皋城村创建为国家级老年友好型社区（村）。

【公交服务优化】2022年7月，杭州市交通运输局、上城区治堵办、丁兰街道、杭州公交集团等单位共同组成工作专班，进驻丁兰街道，除在既有205路推行“响应式停靠”外，在85路、99路、125路、285路、335路等6条线路上实行“响应式停靠”，把“乘客按线路走”的传统模式转变为“公交按乘客需求走”的新模式。7月30日，杭州公交集团对区块公交服务优化升级，延长205路公交运营时间；制定小区专属公交导乘指南，并将该指南放置于小区各个单元楼的电梯、前台、告示栏，吸引更多人乘坐，节省乘车时间，提升行车效率。

【“时间银行”互助养老模式试运营】2022年，丁兰街道探索“时间银行”互助养老服务模式。10月，该模式试点运营。该模式建立“时间银行”平台，以低龄老人为主的志愿者可利用闲暇时间提供养老服务，获取时间货币，以高龄老人为主的需求方可通过支付时间货币获取养老服务，低龄老人成为高龄老人后可形成闭环，实现互助养老的跨时空交换。在试运营前，丁兰街道排摸登记各村社有特长、有奉献精神的低龄老人志愿者203人，以及具备医养专业背景的绿康丁兰家园志愿者132人。志愿者根据服务情况，综合形成“三级九段”等级体系，即志愿新人Ⅰ、Ⅱ、Ⅲ，志愿骨干Ⅰ、Ⅱ、Ⅲ，志愿达人Ⅰ、Ⅱ、Ⅲ，通过不断升级，激励低龄老人持续参与志愿服务活动。全年提供服务42次，服务360多人。

【桃花湖公园一期（南区）开园】 2022年5月20日，丁兰街道桃花湖公园一期（南区）开园。桃花湖公园位于上城区丁城路与大农港路交叉口东北角。公园北倚半山国家森林公园、皋亭山风景区，由环丁路划分为南北2个区块，开放的公园一期（南区）占地面积14.3万平方米。丁兰街道以POD（Park Oriented Development的首字母缩写，即以城市公园为导向，结合自然生态资源进行开发）的创新商业模式，打造桃花湖商圈，突破传统商业模式壁垒，重新定义消费新观念，引领城北商业运营发展新趋势。开园期间，举办“星空露营”主题交友活动，开设一条可吃、可玩、可逛的新型爱情主题公园商业街——花桃街，吸引512人报名，213人参加。

【桃花湖获评市级“美丽河湖”】 2022年12月5日，丁兰街道桃花湖获2022年度杭州市“美丽河湖”称号。桃花湖位于丁兰街道核心区段，南临大农港路，北接环丁路，水域面积4.5万平方米，湖水由大农港北向支流汇聚而成，湖水由南向北、先宽后窄，后经施家桥湾，流入上塘河，串联起半山国家森林公园、皋亭山景区等景点。丁兰街道结合桃花湖水景公园建设，以“标本兼治、水岸同治、统筹推进、综合治理”为总体思路，深化桃花湖水环境治理，推动桃花湖水环境质量总体向上、水生态环境改善，并打造杭州大城北地区最大中央水景公园项目——桃花湖公园。

【皋亭山景区入选“i杭州文旅示范咨询点”】 2022年11月18日，在“读城杭州·五色行”闭幕式暨“i杭州文旅赋能结对共富”成果展活动上，皋亭山景区获“i杭州文旅示范咨询点”荣誉。皋亭山景区通过挖掘文化和旅游资源，整合文化历史碎片，设计开发围绕爱国主义精神、家国情怀、孝廉文化等主题的旅游产品，把多元化的宋韵生活体验融入到景区游览线路中，推出“宋风孝廉·抗论皋亭”主题旅游线路，梳理形成皋亭山特色文化旅游品牌，促进文旅消费，推动文旅融合高质量发展。年内，该景区先后获评上城区职工疗休养基地、上城区宋韵杭式生活体验点、上城十大宋韵文化消费地。

【零碳中国杭州峰会在上城召开】 2022年11月19日，2022年零碳中国杭州峰会在上城区丁兰智慧小镇西子智慧产业园召开。大会以“零碳迎亚运”为主题，旨在通过新能源领域多方交流对话，共同探讨“‘30·60’双碳”目标下能源创新发展路径。大会由市发展和改革委员会主办，浙江大学、中国投资协会能源投资专委会联合主办，浙江省能源集团有限公司、西子清洁能源装备制造股份有限公司承办。大会汇聚政府部门、专家学者、企业等力量，以高规格、高层次的交流研讨、思想碰撞，共商绿色低碳发展之路。会上，西子清洁能源装备制造股份有限公司及旗下子公司签订一系列战略合作协议，将与战略合作伙伴聚焦“双碳”目标，在技术与产业上实现优势互补，共同推动能源发展走上绿色、低碳、智能的道路，助力经济、环境、社会可持续发展。

（张　晗）

人物

杭州市劳动模范

费华成 男，1962年7月出生，中共党员，上城区清波街道区域发展与治理中心职工。40多年来，费华成围绕中心大局，以高度的政治站位、强烈的责任担当，奋斗在提升民生福祉第一线。在老旧小区加装电梯工作中，他勇担使命，克难攻坚，助推全市首台老旧小区加装电梯在劳动路社区新民村2号1单元成功落户，并持续助力辖区居民成功加装电梯46台，为800多户居民的出行提供便利，受到居民群众的肯定和赞许。2022年4月，费华成被市委、市政府授予“杭州市劳动模范”称号。

裘云龙 男，1964年8月出生，群众，上城区紫阳街道办事处职工。裘云龙在工作中始终坚守初心、勤恳敬业，立足本职。在中山南路美食街整治改造、望南地区征收安置等难点工作中发挥骨干作用，获干部职工和辖区企事业单位的好评。新冠疫情防控期间，他舍小家为大家，连续3年在杭州索菲亚大酒店隔离点过春节，还主动请缨到辖区集中隔离医学观察点负责现场事务，克服人员众多、情况复杂等困难，使该点位工作制度、工作流程日益完善，并在省、市交叉检查中获第二名的成绩，获省、市、区各级领导的肯定和被隔离人员的认可。2022年4月，裘云龙被市委、市政府授予“杭州市劳动模范”称号。

李　剑 男，1968年11月出生，中共党员，上城区卫生健康局疾病预防控制科科长。作为区首席流行病学调查员，李剑注重学习，勤于钻研，拥有多项科研成果，发表多篇期刊论文。2020年初，面对突如其来的新冠疫情，他坚决执行“疫情就是命令，防控就是责任”的指示，深入现场调查分析疫情，部署防控工作，及时处置辖区家庭聚集性疫情及散发输入病例；带队对辖区重点单位、高风险场所进行现场防控指导服务，并通宵加班，高效协调抓好入境人员和重点风险人员隔离转运等常态化疫情防控工作，为取得“疫情防控、复工复产”两战双赢作出贡献。2022年4月，李剑被市委、市政府授予“杭州市劳动模范”称号。

周良英 女，1970年3月出生，中共党员，上城区望江街道办事处平安办消防安全和安全生产负责人。在10多年的社区工作中，周良英以

“一切为了群众，为了群众的一切”为己任，深入居民家中，主动征询意见和建议，不断推出服务新举措。由她创新推出和组建的“异乡姐妹心灵港湾”“365义工服务社”“新市民大讲堂”“老兵帮帮团”等组织解决群众实际困难，使居民拥有获得感和幸福感。相关创新举措获国家、省、市媒体的关注和宣传，其中“异乡姐妹心灵港湾”被中央广播电视总台《新闻联播》栏目宣传报道。2022年4月，周良英被市委、市政府授予“杭州市劳动模范”称号。

徐荣培 男，1970年8月出生，中国民主促进会会员，杭州特美刻实业有限公司董事长。作为企业创始人，徐荣培兢兢业业，善于钻研，创新研发，打造优秀产品。作为员工的领路人，他坚持以人为本，以职工为中心，为职工的职业生涯做好规划。作为区人大代表，他关心民生经济、参政议政，多年来个人或联名撰写提交多篇提案。他具有强烈的爱国主义情怀和高度的社会责任感，坚守企业的社会责任，捐资助学、扶贫救困，年累计公益事业支出100万余元。在新冠疫情防控期间，他主动承担起民营企业应有的社会责任和担当，积极为疫情防控点捐款捐物。2022年4月，徐荣培被市委、市政府授予“杭州市劳动模范”称号。

陆　玫 女，1971年11月出生，中共党员，上城区凯旋街道社会组织服务中心党委副书记。作为长期奋战在基层一线的工作者，陆玫于2011年牵头打造全市首个街道级社会组织服务中心——“凯益荟”，探索实施党建引领和双孵化、双管理、双服务、双促进的“一领四双”社会组织党建工作模式。2013年5月，成立凯益荟孵化器党委。2017年，“凯益荟”被中共中央组织部确定为社会组织党建工作直接联系点。2021年，她负责起草的《杭州市社区社会组织双孵化服务规范》成为社会组织服务地方性标准，同时响应数字化改革号召，带领团队研发“云尚益家”社会组织公益慈善平台，争取社会组织工作更上台阶。2022年4月，陆玫被市委、市政府授予“杭州市劳动模范”称号。

来立敏 男，1971年11月出生，中共党员，上城区四季青街道五福社区党委书记、居委会主任。来立敏从事社区工作30多年，始终牢记职责使命，勇于奉献担当，敢于改革创新，成为社区发展的领路人。他直面矛盾和困难，密切联系群众，为居民解难事，为征地拆迁建言献策，发扬“5+2”“白加黑”的征迁精神，开展“先腾空后签约”征迁工作法，顺利完成“清零”任务。新冠疫情发生后，他放弃休假，第一时间布置疫情防控线，把好社区入口关，并主动投入流调、企业复工复产、减租惠企等疫情防控有关工作。2022年4月，来立敏被市委、市政府授予“杭州市劳动模范”称号。

黄升昊 男，1971年11月出生，中共党员，杭州采荷第三小学教育集团党总支书记、校长。黄升昊潜心教学，一直活跃在一线课堂，积极探索智慧教育背景下的数学教学新模式，撰写的多篇论文获奖，并出版发行多本编著、合著。他注重人才培育，多年来培养多名优秀教师。为让更多孩子享受“美好教育”，他成立黄升昊乡村名师工作室，深入探究新时代学校共同治理新模式。他多次带领骨干教师团队到青海、贵州三穗县、湖北恩施土家族苗族自治州等贫困地区支教、送教，推进实现学习共融、资源共享、教育共建的共富之梦。2022年4月，黄升昊被市委、市政府授予“杭州市劳动模范”称号。

江华平 男，1972年10月出生，中共党员，浙江波普环境服务有限公司董事长。江华平坚持深化企业布局，加强创新驱动顶层设计，在智慧环卫、垃圾分类、环境卫生等领域主持多个创新项目。他坚持打造“互联网+”时代的环卫精细化管理新模式，攻坚克难，研发“清道夫互联网系统”，打造再生资源一体化运营新模式。他坚持产品自主研发，研制具备自主巡逻、精准分拣、智能避障、实时监控的“智能视觉环卫机器人”，为智慧环卫提供实践素材。他坚持加强人才队伍建设，成立波普学院，传授环卫技能和管理知识，同时精准吸纳优秀退伍军人，解决再就业难题，推进城市应急保障建设。2022年4月，江华平被市委、市政府授予“杭州市劳动模范”称号。

余小钦 男，1978年4月出生，中共党员，九堡派出所民警。2020年3月，余小钦以党建为引领，组建杭州市上城区九堡街道九堡社区九安义警队，开展平安巡防，消防安全检查、反诈骗宣传、矛盾纠纷调解和日常志愿服务等群防群治工作。至2022年末，义警队队伍扩展至400多人，排摸消防安全隐患300多个、出租房22000多间，配合民警开具责令整改通知书400多份，保障九堡社区重特大事故“零”发案。为迎接杭州第19届亚运会，余小钦对辖区流动人口、危险物资、矛盾纠纷等进行排查，创新“在线社区警务”模式，提升网上收集民意、防范宣传、服务群众、化解矛盾等能力。至2022年末，通过线上排查化解矛盾纠纷1100多起，成功帮助辖区群众追回损失40多万元，救助轻生人员16人。2022年4月，余小钦被市委、市政府授予“杭州市劳动模范”称号。

连　斌 男，1979年7月出生，中共党员，湖滨街道综合信息指挥部（公共管理办公室）主任。连斌在推进湖滨街道建设管理和经济社会发展中，发挥作用、彰显作为。2020年初，面对突如其来的新冠疫情，他毫不畏惧，冲在最前。在他的帮助下，挂包社区吴山路社区有效完成多个小区的封闭式管理，为社区居民的安全增添有力保障。2021年台风“烟花”期间，作为党员应急小分队队长，他带头闻“汛”出动，冒雨爬上4楼屋顶，徒手清理屋顶天沟，顺利解决3户顶楼居民屋顶漏水问题，守护辖区百姓的生命财产安全。2022年4月，连斌被市委、市政府授予“杭州市劳动模范”称号。

倪永钧 男，1979年10月出生，中共党员，浙江杰立建设集团有限公司项目经理。倪永钧在工作中注重新技术的创新和研究，参与编制省级工法，多项施工工法获省级工法荣誉，并拥有多项专利。他参与的多个建设项目获评杭州市“西湖杯”和浙江省“钱江杯”优质工程奖。他注重“传帮带”，在各项目部实行一系列的人才战略和“点工生产责任制”，提高工人生产积极性和责任心。他在工人队伍中成立生产监管小组、技术创新小组，让他们参与到日常管理中，为公司提出更好的建议和方法，提高工程效益。2022年4月，倪永钧被市委、市政府授予“杭州市劳动模范”称号。

沈小华 女，1981年10月出生，中共党员，万事利集团有限公司工会主席。新冠疫情发生后，沈小华第一时间冲在一线，组织成立防疫工作组，建立面向所有员工及其家属的健康档案，严密监测，做好疫情排查和持续日报工作。同时，为集团旗下各产业园区安排好值班轮岗人员和防疫物资，确保产业园区及时复工复产。日常工作中，她加强职工劳动保障、打造安全生产环境、关注职工精神文明、打通职工晋升通道，做好职工维权和服务工作的同时，加深劳、资双方的信任关系，营造充满“家文化”的和谐企业文化氛围。2022年4月，沈小华被市委、市政府授予“杭州市劳动模范”称号。

凌建鸿 男，1982年9月出生，群众，杭州安誉科技有限公司研发工程师。凌建鸿爱岗敬业，脚踏实地，甘于奉献，专业从事分子诊断、基因检测设备的研发工作，拥有多项发明专利和实用新型专利。受新冠疫情持续影响，作为核酸检测设备的核心进口部件光电倍增管的进口及产能受限，成为制约相关行业产能的“卡脖子”难题。他积极探索，集中精力进行技术攻关，最终找到光电倍增管的替代方法，有效打破产能限制，同时实现关键元器件国产化，降低对进口部件依赖，有效控制成本，提高产能，为国家疫情防控工作作出贡献。2022年4月，凌建鸿被市委、市政府授予“杭州市劳动模范”称号。

兰艳霞 女，1983年6月出生，中共党员，浙江五联律师事务所专职律师。兰艳霞自执业后，坚持“律师服务社会”宗旨，长期参与“律师进社区”活动，担任杭州市多个社区的“社区律师”，同时是杭州市总工会法律志愿者服务队的志愿者，为社区居民、劳动者等提供公益法律服务。2015—2020年，她年均值班100多次（半天为1次），提供法律咨询200多人次，服务内容涉及居民日常生活相关的各方面法律事务。新冠疫情防控期间，她组织团队成立“企业复工劳动法律公益服务群”，全年无休在线值守，助力企业复工复产，保障职工合法权益。2022年4月，兰艳霞被市委、市政府授予“杭州市劳动模范”称号。

徐彩娟 女，1984年6月出生，中共党员，上城区采荷街道社区服务中心社工。在街道工作的16年中，徐彩娟一直秉持“真诚为民服务，实在谋求福祉”的理念，始终把人民群众利益放在第一位，起到模范带头作用。作为采荷街道新冠疫情防控指挥专班工作人员，自开展防控工作后，她带领小组处理各类防疫信息5万余条。她把街道当成“家”，把辖区群众当成“家人”，把防控工作当作“家事”，把群众诉求当成“家言”，始终坚持在抗击疫情的第一线。2022年4月，徐彩娟被市委、市政府授予“杭州市劳动模范”称号。

耿　丽 女，1984年9月出生，中共党员，中共上城区委巡察办巡察督查科科长。耿丽立足自身职责定位，勤勉务实、敢于担当，发挥组织实施巡察工作参谋助手和桥梁纽带作用，为巩固深化区委巡察工作成效贡献智慧力量。她聚焦精准脱贫攻坚战，探索东西部扶贫协作领域联合专项巡察新模式，获得良好成效。她聚焦“解决群众‘急难愁盼’问题、夯实区域治理根基”，围绕新冠疫情防控、扶贫帮困、清廉社区建设等重点内容，参与协调组织区“抗疫+扶贫攻坚”专项巡察监督，为“清廉上城”建设作出贡献。2022年4月，耿丽被市委、市政府授予“杭州市劳动模范”称号。

徐玮栋 男，1984年10月出生，中共党员，上城区小营市容环境卫生管理所垃圾分类专班负责人。徐玮栋以“用心干事、激情奉献”作为党员的承诺，并在工作中努力实践。为提升垃圾分类检查督查工作效率和数据准确性，他以数智管理为抓手，联合第三方企业创新研发数字化巡检系统，形成问题上报、整改销号、复查评估全流程闭环，精准定位、实时反馈小区垃圾分类情况，压实基层垃圾分类责任。新冠疫情防控期间，他主动担当，在自身肋骨骨折的情况下坚持带病上班，协助街道做好四季青服装市场的核酸检测等任务。2022年4月，徐玮栋被市委、市政府授予“杭州市劳动模范”称号。

俞海峰　男，1987年8月出生，中共党员，上城区九堡街道三村村党委书记、村委会主任。俞海峰任劳任怨，做实、做细群众工作。新冠疫情防控期间，白天参与巡防，晚上给卡口送补给，并开会研判当天人口流入情况、部署管控措施。他还负责每天4次的村广播播报工作，团结带领村民阻击疫情。他倾听民声，为民纾困，入户走访摸排，坚持“管治结合”，从源头上解决辖区电动自行车乱停放、乱充电问题，赢得村民好评。他创新思路，雷厉风行，对原有的环境脏乱差现象开展治理，同时腾出空间用于规划建设菜场、文化礼堂等民生公益类设施。2022年4月，俞海峰被市委、市政府授予“杭州市劳动模范”称号。

（戴　菁）

工匠人物

李晓东　男，1970年5月7日出生，浙江紫檀王家居有限公司董事长。出身五代传承木作世家，是一级木材检验师、一级商务策划师。打造浙江省大运河紫檀博物馆和西湖游船等市重点项目，弘扬传统历史文化。承建多项杭州第19届亚运会、杭州第4届亚残运会相关工程，为亚运会、亚残运会添砖加瓦。曾获第13届中国（东阳）木雕竹编工艺美术博览会创作大赛特等奖、第14届中国木雕竹编工艺美术博览会创作大赛银奖。2022年9月，李晓东被市政府办公厅认定为“杭州工匠”。

陈何胜　男，1970年9月20日出生，杭州饮食服务集团有限公司杭州知味观行政总厨。从事餐饮服务23年，致力于菜品研发，为杭帮菜传承贡献力量。参与杭帮菜传承人计划，参与“一带一路”对接南非实习生项目、国家精准扶贫劳务协作帮扶项目，为南非地区及国内湖北恩施土家族苗族自治州、贵州黔东南苗族侗族自治州等地培养中式烹调技能人才300多人。曾获全国饭店业职业技能竞赛中式烹调师项目金奖，获全国技术能手、杭州市“五一劳动奖章”、“上城工匠”称号，入选浙江省百千万高技能领军人才培养工程第三层次优秀技能人才培养项目。2022年9月，陈何胜被市政府办公厅认定为“杭州工匠”。

钱晓良　男，1981年6月22日出生，浙江江能建设有限公司高级工程师，从事水利工作22年。先后参与国内外水利水电机电安装工程达30多个，总装机容量600兆瓦以上；负责的水电工程10多个，总装机容量200兆瓦以上。他牵头制定的《宁波市皎口水库大坝底孔弧形闸门应急启闭预案》通过市水利局专家组论证后并实施，解决水利工程项目的重大技术难题，保障水库大坝安全，维护民众安全。曾获评全国水利技术能手、浙江省技术能手、“浙江金蓝领”、杭州D类高层次人才。2022年9月，钱晓良被市政府办公厅认定为“杭州工匠”。

毛　权　男，1963年3月20日出生，杭州富春中医骨伤医院主任医师、教授，国家非物质遗产“富阳张氏骨伤疗法”第六代传人。他凭借30多年从医经历，探索出独特的手法整复技术，擅长手法整复、杉树皮固定治疗四肢骨折，以及中西医结合治疗颈椎病、腰腿痛、股骨头坏死、外伤性截瘫、骨关节炎、骨不愈等疾病。参与完成多项科研课题，在国家级杂志上发表论著1篇、论文20多篇。2022年9月，毛权被上城工匠认定领导小组认定为“上城工匠”。

张能忠　男，1968年8月7日出生，上城区南星街道社区卫生服务中心针灸推拿科主任中医师。他提出“背部腧穴三焦分区”理念，并推出盘龙灸、归元灸、三焦调和灸等特色灸，解决老寒腿、四肢厥冷、冬季恶寒、胞宫畏寒等疑难问题。他梳理出的“一指禅推拿流派的传承与特色手法应用”成为杭州市民间发展促进会申报杭州市继续教育项目的主要内容之一。曾获评杭州市名中医。2022年9月，张能忠被上城工匠认定领导小组认定为“上城工匠”。

俞富康　男，1969年10月10日出生，杭州西湖美术院国家一级美术师。中国教育电视台《水墨丹青、名家讲堂》栏目组签约艺术家。其作品将南北艺术巧妙结合，形成刚中带柔、雄中有秀的艺术风格。为G20杭州峰会题写“杭州味道”，先后5次出版个人专集，其作品《正大气象》被人民大会堂收藏。2022年9月，俞富康被上城工匠认定领导小组认定为“上城工匠”。

汪正红　男，1972年9月24日出生，杭州象外教育科技有限公司技师。从事美发行业34年，突出课题研究和导师带徒，努力打造创新成果的展示窗口、绝技绝活的传承纽带和技能人才的成长平台。通过产学研和传帮带的有机结合，提升技术创新成果向生产力高效转化，为行业提供技术保障，输送高素质技能人才，每年开展技能培训600多人次。2022年9月，汪正红被上城工匠认定领导小组认定为“上城工匠”。

杨克全　男，1972年10月10日出生，杭州通达集团有限公司技师。从事建筑砌筑工作31年，兢兢业业，脚踏实地，追求卓越的建筑技艺，参建的多个工程项目获评“国优奖”“华东杯”“钱江杯”“西湖杯”等，树立行业标杆。曾获评杭州市技术能手，获杭州市砌筑工职业技能竞赛第二名。2022年9月，杨克全被上城工匠认定领导小组认定为“上城工匠”。

梅丽峰　男，1972年10月30日出生，杭州云鼎文化创意有限公司高级工艺美术师。出身浙江龙泉青瓷世家，作品多取材中国传统元素，蕴含浓厚的生活气息，造型简洁古朴、典雅大气，技艺上精益求精，将作品的艺术性和实用性完美融合，形成独特的艺术风格。曾获评杭州市工艺美术大师；作品青瓷《西湖瓶》获中国（杭州）工艺美术精品博览会金奖，青瓷《龙洗》获中国国际轻工消费品展览会金奖。2022年9月，梅丽峰被上城工匠认定领导小组认定为“上城工匠”。

潘晓颖　女，1975年2月1日出生，杭州陈水琴工艺美术大师工作室工艺美术师。致力于杭绣的保护传承和创新发扬，不断创作佳品，其作品在省、市及全国性展览上多次获奖。推进非遗文化传承弘扬，组织“非遗进校园”“非遗进社区”等体验及授课活动。曾获评杭州市工艺美术大师；作品《怡然》获中国（浙江）工艺美术精品博览会金奖，《暖巢》获中国工艺美术大师作品暨国际艺术精品博览会铜奖。2022年9月，潘晓颖被上城工匠认定领导小组认定为“上城工匠”。

钟　玲　女，1975年10月26日出生，杭州市上城区教育学院教师发展研究中心高级教师。从教27年来，在“中国杭州名师名校长论坛·课堂教学风采展”“浙江省百人千场名师送教下乡”“浙江省领雁工程”“农村义务教育学校教师国家级远程培训”等各级各类研讨活动中上公开课及做观点报告100多次，其研究成果在省内外具有创新成效和教育影响力。曾获评浙江省特级教师、浙江省师德楷模。2022年9月，钟玲被上城工匠认定领导小组认定为“上城工匠”。

李仁先　男，1978年5月25日出生，杭州小拇指汽车科技服务有限公司高级技师、高级机械工程师。是中国汽车事故车维修协会专家；浙江省汽车服务行业协会专家委员会汽车维修技术类专家组成员。他致力于技术改造和创新，通过技术帮扶，培训技师、汽车服务工程师4000多人次。在机油配方研究方面，参与研讨机油有效配方300多个，优化升级TOPZOOMM机油，产品通过ISO 16949汽车行业质量管理认证。2022年9月，李仁先被上城工匠认定领导小组认定为“上城工匠”。

金　泽　男，1978年11月20日出生，浙江省三建建设集团有限公司正高级工程师。在绿色施工、绿色建筑、工程质量管理、工程创优实施、施工工法及工艺改进等方面具有特长，他主持主导的工程获鲁班奖1项、詹天佑奖1项、国家优质工程奖3项、钱江杯优质工程奖10多项。个人主导编制省级工法2项、专利4项；参与国内领先课题研究并结题3项；主参编地方、团体标准3项；参与浙江省科学技术成果1项。2022年9月，金泽被上城工匠认定领导小组认定为“上城工匠”。

谢同花　女，1979年2月10日出生，杭州茶厂有限公司高级技师。从业20年，致力于龙井茶的生产、加工、拼配、研发。心系“三农”（农业、农村和农民），通过“企业+合作社+农民”的经营模式，搭建起茶农和市场的桥梁。通过大师工作室，发挥“传帮带”的优良传统，手把手传授识茶、辨茶、品茶技巧，弘扬龙井茶文化。曾获第5届全国茶业职业技能竞赛·茶叶加工（绿茶）竞赛铜奖。2022年9月，谢同花被上城工匠认定领导小组认定为“上城工匠”。

王冲华　男，1979年4月3日出生，奥的斯机电电梯有限公司高级技师。严格把牢安全关，从业19年，始终坚持“三天一检”，确保“零”事故。曾获评全国电梯维修大赛比武季军，入选浙江省“百千万”高技能领军人才培养工程第三层次“优秀技能人才”培养项目。2022年9月，王冲华被上城工匠认定领导小组认定为“上城工匠”。

金小明　男，1980年3月14日出生，杭州市上城区市政工程集团有限公司高级工程师。多年来奋战在城市市政设施养护管理工作和防汛减灾工作中，工作期间参与完成省级地方标准3个，主持完成浙江省建设科研课题1个、市建设科研课题1个，授权发明4个，被浙江省长三角城市基础设施科学研究院聘为基础设施领域特聘专家，作为项目负责人2次获全国城镇市政设施养护示范设施“扁鹊杯”。2022年9月，金小明被上城工匠认定领导小组认定为“上城工匠”。

陈超俊　男，1981年9月5日出生，浙江华日实业投资有限公司工程师、高级技师。对冰箱前处理喷涂线技术进行改进，通过技术升级，推进生产线环保指数大幅提升。做专、做精创新主体，有创新发明成果2项、国家级专利2项、国家软件著作权2项。2022年9月，陈超俊被上城工匠认定领导小组认定为“上城工匠”。

孟李洁　女，1981年12月12日出生，杭州孟礼文化创意有限公司高级时装设计师。从业18年，不忘初心，传承传统工匠技艺，弘扬中华文化。创立以杭州文化为基础，结合非遗文化为特色的服饰品牌“馥蝶”。曾获海南时装周时尚品牌最具影响力人物奖、“卧龙湖杯”苏派旗袍形象大使总决赛金奖、首届“草桥亭杯”南宋文化创意大赛麒麟奖；“孟礼定制”获海南时装周原创国风服饰品牌奖。2022年9月，孟李洁被上城工匠认定领导小组认定为“上城工匠”。

徐湘丽　女，1982年6月11日出生，亚宸（杭州）科技有限公司服装制版师，高级技师。从事服装结构设计制版师统筹工作多年，有扎实的工艺基础，熟悉服装各式流程。致力于工艺创新，先后申请并部分已授权发明专利5项、实用新型专利10项。通过技能帮带，指导多名学员参加省、市级大赛获奖，多名学员获评全国技术能手、浙江省技术能手、杭州市首席技师。2022年9月，徐湘丽被上城工匠认定领导小组认定为“上城工匠”。

林罗胜　男，1983年1月10日出生，杭州金星铜工程有限公司工程师。长期从事铜建筑工程设计深化、技术标准控制、新工艺技术研发。开发仿唐铜瓦、铜制小青瓦、钛锌板筒瓦、钛板筒瓦等实用新型材料的应用，获实用新型专利授权3项。热衷于传统古建筑的学习和研究，推广新材料在仿古建筑上的应用，发表论文1篇。主持完成江苏园博园紫东阁铜装饰项目和新郑黄帝故里扩建项目等。2022年9月，林罗胜被上城工匠认定领导小组认定为“上城工匠”。

林　旭　女，1984年4月9日出生，万事利集团有限公司工程师。从业16年，加速科技成果转化，从传统印花到数码印花，加强印染品控，几乎“零”瑕丝。曾获评杭州市先进科技工作者；其高品质喷墨印花面料关键技术及产业化曾获中国纺织工业联合会科技进步一等奖，丝绸冷堆印花技术获浙江省科学技术进步三等奖。2022年9月，林旭被上城工匠认定领导小组认定为“上城工匠”。

田春伟　男，1986年5月27日出生，杭州娃哈哈集团有限公司叉车技师。着力核心技术攻坚，于3个月内工作技能提升100%，使最大日工作量高达400吨。曾获评“浙江金蓝领”、杭州市技术能手，获2022年杭州市“9・26工匠日杯”起重装卸机操作工职业技能竞赛第一名，入选新时代浙江工匠培育工程第四层次“浙江青年工匠”培养项目。2022年9月，田春伟被上城工匠认定领导小组认定为“上城工匠”。

范建军　男，1994年11月7日出生，西子联合控股有限公司钳工技师。多次参加省、市、区级技能比武大赛，并获优异成绩，掌握重要航空技能技术。曾获评杭州市技术能手，入选浙江省“百千万”高技能领军人才培养工程第三层次“优秀技能人才”培养项目。2022年9月，范建军被上城工匠认定领导小组认定为“上城工匠”。

（戴　菁）

道德模范选介

丁光明　男，1949年3月出生，中国民主同盟盟员，杭州胡庆余堂国药号非遗传承人。1966年进入杭州胡庆余堂药业有限公司工作。几十年里，他开展泛丸制作、炒丹、散剂、熬膏方等中药领域工作，始终坚持不以次充好、不偷工减料，以药效和顾客的健康为准绳。他从事手工泛丸制作50多年，恪守胡庆余堂“戒欺”祖训，始终将用料精准、工艺精湛视为本分，坚持良心制丸，用足用好材料。将工作创新与诚信挂钩，经过摸索和总结，改进工艺，在保证药丸质量和药效基础上，将泛丸制作时间由1小时缩短至45分钟。2018年，丁光明被认定为国家级非物质文化代表性项目胡庆余堂中药文化省级代表性传承人。2022年1月，丁光明获评第17届杭州市道德模范（平民英雄）、2021年度上城区道德模范（“最美上城人”）。

陈志飞　男，1981年6月出生，中共党员，浙江省杭州市大众出租汽车股份有限公司出租车司机。2018年2月起，陈志飞连续两年每周2天停止载客，利用该时间，驱车30千米，免费接送80多岁的孙奶奶和她患有偏瘫症的儿子往返医院。平时，路上遇到老人或者残疾人打车，他都会下车搀扶他们，并免费接送。他连续10年爱心助力高考，加入“95128”爱心车队，完成爱心接送2000多单。2022年12月，陈志飞获评第18届杭州市道德模范（平民英雄）。

上城区东哥东姐义警队 是2020年3月5日成立的区级志愿服务组织。该义警队由社会各界青年、公益人及高校大学生等人员组成，主要在杭州东站开展新冠疫情防控、平安巡逻、警务宣传、纠纷调解、信息咨询等志愿服务，并向东站之外延伸，参与高考执勤、马拉松护航等志愿服务。曾获浙江省公安派出所“百个好故事”、“最美杭州人”候选人、杭州市优秀平安类社会组织、杭州好人等荣誉，受到中央广播电视总台、《浙江日报》等主流媒体宣传报道。至2021年末，有成员1968人，参与志愿服务8600多次、2.7万小时，帮助数百万名往来旅客。2022年1月，上城区东哥东姐义警队获评第9届“最美杭州人”、2021年度上城区道德模范（“最美上城人”）。

顾雅娟 女，1957年10月出生，中共党员，杭州市志愿者协会铁路志愿服务队队长。她先后加入中国西部国际博览会、春运抗击雨雪冰冻灾害等志愿服务团队。在担任杭州市铁路志愿服务队队长期间，她打造“春运暖冬”品牌志愿服务项目。2008年至今，她培训志愿者1万余人次。2015年，她带领志愿者创建“帮帮盲”“关爱抗战老兵”等志愿服务项目。2022年1月，顾雅娟获评2021年度上城区道德模范（“最美上城人”）。

刘海有 男，1963年1月出生，杭州市公安局交警支队上城大队采荷中队辅警。2012年，刘海有应聘成为采荷中队的一员，随后在拥堵的秋涛路新业路口工作10年。其间，他不惧风霜雨雪，不畏严寒酷暑，履行纠正违章驾乘、指挥车流、消除安全隐患等职责。他把责任与担当牢记心间，把人民的生命安全放在首位，不放过一起交通违法行为、不漏管一个堵点（乱点），改善路口的交通秩序。工作期间，他都会提前15分钟到岗，主动延后1小时直至晚高峰结束下班。2022年1月，刘海有获评2021年度上城区道德模范（“最美上城人”）。

江　亮 男，1963年9月出生，中国民主建国会会员，杭州宋酒酒业有限公司总经理兼技术总监，中国红曲酒保护与传承人。40多年来，他推广宋韵文化，专注宋酒“蓝桥风月”酿造。他经过近10年时间的挖掘和研究，成功复原宋酒“蓝桥风月”。他从基层工人成长为宋酒酿造技能大师，设立江亮工作室，培养出多名工程师，他发明的“花香黄酒酿造方法”获国家发明创新专利。他奉献社会，在杭州师范大学设立“江亮优秀学生奖学金”19年，资助学生200多人。2022年1月，江亮获评2021年度上城区道德模范（“最美上城人”）。

俞亚军 女，1969年7月出生，丁兰街道巧大姐手工编织站站长。她在发现同村妇女因没有田地可种、要照顾家庭，无法去距离远的地方工作，导致闲暇时无事可做的现象后，联系某服装厂带回材料给同村妇女做加工，并成立巧大姐手工坊，承接服装来料加工及手工艺品、集成电路制作等。该手工坊累计帮助近400名妇女实现就业增收，创造经济效益400多万元。该手工坊曾被授予“杭州市女红示范基地”“上城区巾帼文明岗”称号。2022年1月，俞亚军获评2021年度上城区道德模范（“最美上城人”）。

季建操　男，1975年11月出生，中共党员，杭州市大学路小学教师。2019年10月，他代表上城区到淳安县里商乡鱼泉村担任市派第一书记。2020年7月7日，淳安县里商乡连日暴雨，河道内河水暴涨，多段道路塌方。在得知有人落水的消息后，季建操冒着大雨，带领村干部齐心协力，在最短的时间内，合力将掉入河里的七旬老人救起，并将老人送到县医院使其接受治疗，因救助及时，老人身体无大碍。作为教师，他深耕课堂27年，先后到贵州雷山县、杭州淳安县参加扶贫支教等活动。2022年1月，季建操获评2021年度上城区道德模范（“最美上城人”）。

王荣栋　男，1977年11月出生，中共党员，杭州娃哈哈集团有限公司铣工技师。20多年来，他从基层技术工人成长为技能大师，将手工镗加工误差控制在0.02毫米。他领衔的工作室培养出技师7人、高级工25人，节约生产成本近1000万元。他曾获评全国劳动模范等荣誉，参与的“高位高速机器人码垛机”项目获中国轻工业联合会科技进步二等奖，“卧式果奶装箱机”项目获中国乳制品工业协会创新二等奖。他积极参加社会服务，曾被聘为民间河长，宣传城市河道环境保护的意义，监督河道治理过程。2022年1月，王荣栋获评2021年度上城区道德模范（“最美上城人”）。

邓永东　男，1985年5月出生，笕桥街道社区卫生服务中心医生。从业后，他以守护居民健康为己任，关心特殊患者，利用休息时间为卧床、残疾患者提供上门服务。2021年12月9日，东港嘉苑报告1例核酸检测阳性病例，他第一时间协助专班组调派50名采样人员分10组开展大规模核酸采样，全程负责质控，并多次到中小学、建筑工地、海鲜市场等场所进行核酸采样。抗击新冠疫情期间，他关注居民医疗需求，提供入户治疗58人次，转运血透病人等外出就诊22人次，协助对接孕妇生产2人。2022年1月，邓永东获评2021年度上城区道德模范（“最美上城人”）。

罗　骁　男，1990年7月出生，中共党员，浙江大学医学院附属第二医院主治医师，科普创作人。他将阿尔茨海默病预防关口前移，主攻阿尔茨海默病视频科普，以网名“罗夕夕博士”在互联网上发布关于阿尔茨海默病的科普视频100多个，播放次数约2500万次。他还编排一段能预防阿尔茨海默病的舞蹈，加入手指的精细训练，并模拟散步、迈腿等动作，帮助老人增强平衡能力。该项科普工作被《中国青年报》《中国新闻周刊》《人民日报》（健康版）等主流媒体报道。2022年1月，罗骁获评2021年度上城区道德模范（“最美上城人”）。

（郭　佳）

杭州市“最美医师”

陈建龙　男，1975年8月出生，闸弄口街道社区卫生服务中心副主任中医师，毕业于浙江中医药大学中西医结合专业，从事全科工作19年。曾到浙江省中医院、浙江省中山医院、杭州市红会医院、宁波市中医院学习进修，对常见病、慢性病积累有一定经验，擅长急性和慢性胃炎，消化性溃疡、高血压、糖尿病等疾病的中西医诊治管理。2022年8月19日，陈建龙获评杭州市“最美医师”。

李晓强　男，1977年7月出生，中国民主同盟盟员，南星街道社区卫生服务中心副主任医师。1999年8月参加工作，2020年取得浙江省全科医师师资资格，是南星街道社区卫生服务中心呼吸科首席医师。他从事临床工作20多年，受到辖区居民的认可。2022年，签约居民1771

人次，签约人数及各项考核均为南星街道社区卫生服务中心前列。新冠疫情防控期间，他投身防控一线和发热门诊。2022年8月19日，李晓强获评杭州市“最美医师”。

施明翔　男，1979年7月出生，采荷街道社区卫生服务中心主治医师。每年家庭医生签约服务人数1000人以上，且续签率高。为更好地服务签约居民和辖区居民，他主动要求不脱产进修皮肤科、五官科等专科，做到全科与专科结合，日门诊人次70人次以上。他敢于创新，开展干眼症治疗，获居民肯定。新冠疫情防控期间，他24小时待命，面对紧急任务，冲在一线。2022年8月19日，施明翔获评杭州市“最美医师”。

胡小卫　男，1980年7月出生，彭埠街道社区卫生服务中心副主任中医师。毕业于浙江中医药大学中医骨伤专业，获硕士学位，从事中医骨伤科工作17年。先后在北京大学附属第三医院、浙江省立同德医院张氏骨科、浙江省人民医院康复科、杭州市红十字会医院儿科进修学习。擅长运用中药、传统骨伤整复手法、小夹板固定技术、小针刀、运动康复技术等方法，治疗各类骨折、运动损伤、颈肩腰腿痛等骨伤科常见病，对青少年生长发育骨龄检测有一定研究。自2020年新冠疫情突发后，他主动请战第一批入驻隔离酒店，并主动延长服务期，多次参与大规模或上门核酸采样工作。2022年8月19日，胡小卫获评杭州市“最美医师”。

俞　乐　男，1982年1月出生，紫阳街道社区卫生服务中心全科主治中医师副主任医师。2018年，他被援派至贵州黔东南苗族侗族自治州雷山县东西部扶贫协作对口支援，挂职担任雷山县人民医院中医科副主任职位，协助建立康复治疗科，开展康复理疗服务，获村医、村民的欢迎和好评。自新冠疫情突发后，他发挥党员先锋模范作用，参加集中采样、上门核酸检测、进驻隔离点、支援兄弟单位等工作，始终投身在抗疫一线。在签约服务中，他从点滴做起、用心服务，积极为老年患者提供中医药手段治疗，曾获评2015年度杭州市“我感激的签约医生”荣誉。2022年8月19日，俞乐获评杭州市“最美医师”。

黄旭云　女，1993年3月出生，杭州市上城区疾病预防控制中心医师。在新冠疫情防控工作中，她担任应急小组组长，24小时待命，无条件响应一切指令，与队员共同完成应急任务；率先承担驻公安联合流调，通宵达旦开展联合流调；克服自身困难，在寒冷的天气下，参与高速卡口人员排查与处置，杜绝风险溢入杭州。在慢性病防制工作中，她参加省、市举办的比武竞赛提升业务水平，获佳绩。近3年曾获由中国疾控中心授予的“儿童青少年健康发展调查工作先进个人”、浙江省肿瘤防治办公室授予的“2020—2021年度浙江省重点人群结直肠癌筛查项目工作先进个人”等称号。2022年8月19日，黄旭云获评杭州市“最美医师”。

（仲　玥）

上城区“最美退役军人”

俞浙文　男，1937年1月出生，1961年8月退役，中共党员，浙江省二轻供销总公司总经理（退休）。2021年，俞浙文申请登记遗体捐赠，志愿将自己的遗体无条件奉献给医学科学事业，成为茶亭苑社区首例签订捐献遗体协议的志愿者。谈起遗体捐赠，他说：“在平时的生活中党和政府给予了我们很多关心和照顾，作为一名退役军人及老党员，希望自己可以通过这种方式为国家做贡献，奉献自己的力量与热忱。”

2022年7月，俞浙文被评为上城区“最美退役军人”。

吕洪波　男，1975年6月出生，2017年11月退役，中共党员，中共上城区委编办四级调研员。他多次在抗击新冠疫情一线工作，团结带领专班工作人员，按时完成隔离点各项工作，确保隔离点的安全稳定。他讲政治顾大局，克服家庭困难（母亲生病卧床，女儿处于中考冲刺期，儿子上幼儿园无人接送），坚决服从组织决定，按时到指定隔离点报到。他善组织、抓落实，在停止营业时间3个多月的隔离点酒店，各项准备工作从“零”开始，组织专班和酒店工作人员，抢抓时间，精心施工，在48小时内，较好地完成机构设置、制度建立和物资准备等工作，确保该隔离点按时启用。2022年4月9日晚，1名隔离人员在外就医回酒店后拒绝隔离，针对该情况，他及时带领医疗、公安条线人员耐心细致做好隔离人员的心理疏导和解释工作，在经过2个多小时的劝说后，该隔离人员进入酒店。2022年7月，吕洪波被评为上城区“最美退役军人”。

王公荣　男，1976年9月出生，2008年4月退役，中共党员，丁兰街道蕙兰社区工作人员。他拥军意识浓厚，积极参与军民共建，支持拥护国防建设、自觉维护社会稳定，经常了解国防知识，支持街道基层民兵建设工作，每年参加民兵训练，积极配合街道人武部做好各项应急工作。他以高度的责任感和工作热情做好双拥工作。工作中，他帮助身边的军属，以自己实际行动帮助身边困难军属，为退役军人、军属、老复员军人、伤残军人等做好事、办实事。生活上，他对年纪大的退役军人、军属嘘寒问暖，逢年过节开展走访慰问，为他们送上日常生活用品，关心他们的身体健康情况，还通过“微心愿”平台帮助有困难的军属，并将情况反映给街道及居住社区，争取社会救助，解决其基本生活保障问题。2022年7月，王公荣被评为上城区“最美退役军人”。

宣建平　男，1976年11月出生，2016年11月退役，中共党员，上城区信访局信访督查专员。他服役23年转业至区信访局工作，从事过接访、办信、督查、复查复核和工会等工作。他围绕中心大局做信访，参与“最多跑一次”改革；面对杭州区划调整后信访体量、积案总量跃居省、市第1位的挑战，借势借力“党建+信访”推动信访攻坚决战决胜。他参与全国、省、市、区两会，庆祝中国共产党成立100周年、中共十九届历次全会等重要会议期间接待群众来访值班，深入一线督导，以“严、细、实”标准做好迎接中央、省委巡视和省、市督查工作。他紧盯形势，面对宏观经济下行、网贷平台清退和新冠疫情形势，坚持“五加二”“白加黑”等工作模式，确保疫情防控、经济社会发展和信访协调发展。多年来参与接待信访人600批次、4500多人次，受到杭州市人民政府嘉奖。他聚焦重点、难点做信访，取得国家、省、市交办的首批1876件重复信访动态“清零”，信访总量大幅下降，工作做法被省、市推广。以“信访攻坚年”为契机，推进信访积案攻坚化解行动，协调落实省、市、区领导接访群众交办事项200多项，指导事权单位把矛盾纠纷化解在源头。2022年7月，宣建平被评为上城区“最美退役军人”。

郝　冬　男，1977年10月出生，2009年3月退役，中共党员，笕桥街道党工委委员、人武部部长。2020—2022年，他化解重点信访积案31件，成功化解陆某某等长达10年以上的历史积案，获评“区信访攻坚行动积案化解成果奖”。他指导工作团队受理办结省平台交办信访件和人民调解件，办结率、成功率

100%。他重视社区民兵连部“评星挂牌”创建工作，对创建社区进行库室场地装修改造，营造室内外宣传氛围，配齐应急装备物资和文体健身器材，成功创建五星社区7个、四星社区13个；高标准抓好基层规范化建设，加大部队慰问力度，协助做好安置复转退役军人、随军家属工作。高标准完成军事训练，于2019年在杭州市警备区组织的手枪射击比武中获第一名；圆满完成相关演练任务和人员防护疏散掩蔽演练。做好征兵工作，无任何责任退兵事件发生，所在单位被评为区年度征兵先进单位及党管武装先进单位。2022年，他全面推进平安主题宣传，坚持固定宣传日机制建设，牵头开展各类平安宣传主题活动140多场次，发放宣传资料5万余份；推进线上线下反诈宣传工作，指导社区高质量完成反诈场景建设，成立20支社区预警反诈宣传志愿者队伍，开展反制预警工作，推送中低危预警信息1275人次，预警反馈率100%，其中见面劝阻1008人次；加大吸毒人员专业化心理辅导力度，聘请专业服务团队开展禁毒人员心理咨询11次，辖区范围内59名社区矫正对象、359名吸毒人员无脱管、漏管情形发生；开展元旦、春节、两会等重要时期的安全生产大排查大整治活动，清退范家公寓违规住人储藏室64家，清退违规住人商铺254家次，开展集中整治21次，夜间“回头看”复查整改6次；开展消防安全宣传活动30多次、企业安全培训2次，指导社区、企业应急救援演练15次；加强微型消防站建设，组织不定期拉练72次、防汛防台手抬泵操练1次，微型消防站出警44次，有效扑救火情28起。2022年7月，郝冬被评为上城区“最美退役军人”。

许　建　男，1979年5月出生，2000年12月退役，中共党员，南星街道办事处区域发展与治理中心主任。他坚持扎根于基层、锻炼于基层、奉献于基层的工作理念，在实践中不断锻炼提升自己，形成爱岗敬业、扎实肯干、求真务实、团结协作、为民服务的良好工作作风。他重视群众协调工作，他常说：“没有老百姓的支持，城建工作就很难开展。有时候老百姓不理解，但只要将我们党的政策和精神讲清楚、宣传好，真心沟通，多从百姓的角度来思考、解决问题，就能获得群众最大程度的支持。”在新冠疫情防控期间，他在核酸检测采样工作中发挥先锋模范作用，制定街道大规模核酸检测方案、组建应急队伍、做好采样点人员安排等相关工作。作为区域发展与治理中心主任，他关注危旧房解危、“微更新”、老旧小区电梯加装、“三供一业”（企业的供水、供电、供热和物业管理）等重点任务。2017—2022年，完成危旧房解危12处。2018—2022年，完成老旧小区电梯加装40多台。2019—2022年，完成“微更新”项目5个。2022年7月，许建被评为上城区“最美退役军人”。

吴晓华　男，1979年5月出生，2009年12月退役，中共党员，上城区纪委区监委第四纪检监察室二级主任科员。1998年，他积极参加抗洪抢险，不畏艰险困苦，维护群众生命财产安全。他刻苦训练，多次为国内外军警展示中国特警风采，汇报表演100多场，从事高风险战术项目。在一次汇报表演训练，从五层攀登楼滑落摔下受伤，而后转岗教员，将全身技艺毫无保留传授给学员。转业进入区检察院工作后，他选择最具有挑战性的岗位——反贪局，利用业余时间，学习通过司法考试，3年内锻炼成长为业务骨干。在反贪局工作期间，参与办理国家发展和改革委员会、省发展和改革委员会领域贿赂案件，主办多起重大贪污贿赂案件，为国家挽回经济损失数千万元。调入区纪委区监委工作后，他参与查办多起中共十八大后不收手不收敛的腐败案件，以实际行动和工作业绩捍卫“两个维护”。2020年1月，新冠疫情突袭，他在挂包社区主动承担夜班执勤，喊响“我是退役军人，艰难困苦我先上”口号。2022年春节，响应组织号召，通过社区党组织，参与小区志愿者活动，落实疫情防控措施。2022年7月，吴晓华被评为上城区“最美退役军人”。

江　峰　男，1980年6月出生，2020年11月退役，中共党员，杭州市上城区财政局会计科二级主任科员。他服役期间多次获嘉奖并记三等功1次。转业后，保持和发扬部队优良传统，从点滴做起，快速适应新工作岗位，较好地完成领导交办的各项任务。2021年杭州市区划调整后，他被分配到会计科，主要负责代理记账审批工作。面对新业务领域，他加班加点学习研究业务，提升业务技能，全面梳理业务法律法规，完善业务工作流程，全面夯实自身业务素能，迅速成为科室业务骨干。2021年9月，他接手高级会计师评审资料审核工作，在资料审核中，他总结出一套行之有效的办法，有效提升工作效率。新冠疫情防控期间，他投入到抗疫志愿服务中，主动承担集中转运、高速卡口值守等繁重任务，还总结出“两个防护”“两个正规”的工作经验，为防疫志愿工作提供参谋。他的事迹被“上城发布”报道。2022年7月，江峰被评为上城区“最美退役军人”。

陈之余　男，1986年3月出生，2017年10月退役，中共党员，上城区人力社保局劳动保障监察大队三级主任科员。退役后，他发扬军人作风，以干促学，夯实业务能力。2019年初到劳动保障监察大队后，他迅速进入角色，自觉增强根治欠薪工作的责任感、使命感、紧迫感，学习劳动保障相关法律法规，迅速成长为业务骨干。2020年末，国务院欠薪线索平台上线，他负责把关全区平台线索件的回复，加班加点钻研，逐字逐句修改回复报告，保证全区线索交办件的回复质量和办结率。他立足本职办实事、为民服务解民忧。2021年7月，他收到一条特殊的投诉信息:我是听障人士，有沟通障碍，是咖啡学徒，老板欠我工资……收件后，他立即介入调查，反映人只能靠写字慢慢沟通，他静下心来与反映人慢慢“交流”，弄清事情原委后立即到单位工作，及时为反映人讨回被拖欠的近2000元工资。2019—2022年，他办理案件500多件，为劳动者追回劳动报酬300多万元。2022年7月，陈之余被评为上城区“最美退役军人”。

郁　淇　男，1988年11月出生，2012年12月退役，中共党员，紫阳街道上羊市街社区居委会副主任。他参加社区工作后，具备较强的协调和组织能力，勤勉自励、兢兢业业，自2016年开始负责社区整体卫生环境保障和准物业及物业管理工作，助力于辖区范围内的文明城市迎检、国家卫生县(市)复评、小区“微更新”改造、垃圾分类、二次供水、雨污分流等民生实事项目的运作，解决一直困扰居民的气味扰民问题，通过“微更新”改造和引入新物业解决历史遗留问题。新冠疫情防控期间，他负责防控物资运转、人员协调外围工作，承担隔离人员夜间转运、垃圾处置、隔离户上门修补、困难户协商、重点场所管控等事宜，为社区整体防疫工作的衔接安排起到重要作用。2022年疫情防控期间，他承担援助兄弟街道任务，在凌晨到望江、丁兰街道等封控区，开展扫楼排摸及核酸测试。2022年7月，郁淇被评为上城区

"最美退役军人"。

（吴诗佳）

其他先进人物选介

陆建忠　男，1956年10月出生，中共党员，杭州市关工委"阳光护苗"五老关爱工作室成员、中共上城区委老干部局红色讲师、上城区关工委红巷宣讲团团长。退休7年来，他参加各类社会志愿者活动130多场，服务700多小时；制作30多个课件，深入市、区、街道、社区、机关、学校、企业，传承红色基因，开展各类演讲300多场，面对面授课2万余人，授课800多课时，行程10万余千米。2022年10月，陆建忠被全国关心下一代工作委员会评为"全国关心下一代最美五老"。

（宋晓莺）

郑洪鑫　男，1968年2月出生，中国民主建国会会员，杭州米果控股集团有限公司董事长。他领导公司专注城市更新，促进产业转型升级，创造就业机会，赋能区域经济。公司成立至今成功运营20多个项目，累计服务企业1万余家，服务创业青年10万余人。他热心社会公益事业，积极参与共同富裕建设，被民建浙江省委员会评为全面建设小康社会作贡献成绩突出个人，米果集团·同心公园被民建浙江省委员会评为"助力共同富裕实践基地"。他曾参加2016年G20杭州峰会、B20峰会等重大国际经贸交流活动，展现中国民营经济风采。2022年11月，郑洪鑫被民建中央办公厅评为民建中央定点帮扶工作先进个人。

（严　琰）

许美群　女，1975年10月出生，中共党员，南星街道社区卫生服务中心玉皇山社区卫生服务站站长、副主任医师。她扎根社区20多年里，在日常医疗门诊基础上，利用业余时间创立"健康微信""健康书屋""娃娃健康学校"等好办法宣传健康生活的理念，先后有1500多名辖区居民主动要求与她签订"家庭医生服务协议"。她坚守学医初心，始终把签约居民放在心上，为居民及时进行答疑解惑、定期开展健康宣教，针对重点特殊人群，以上门入户形式开展免费测血糖、健康查体评估、疾病筛查等健康服务。2019年4月，她被省委、省政府评为"浙江省劳动模范"。2022年12月，许美群被国家卫生健康委能力建设和继续教育中心评为2022年度"中国家庭健康守门人"。

（仲　玥）

朱舒文　女，1989年6月出生，中共党员，四季青街道团工委书记。她在共青团岗位上完成学生团干到学校、街道团干的转变，将青年活力、创造力和洞察力转换为团的工作智慧，植根杭州钱江新城中央商务区共青团工作。她立足岗位，以擦亮"青"字品牌为抓手，壮大共青团的伙伴圈力量，将青年、青少年、志愿者工作与城市美丽、城市发展、城市平安、城市文化、城市幸福融合在一起，以钱江新城杭州城市封面为圆心，打造具有代表性、典型性的新时代青年工作先进范例。2022年4月13日，朱舒文被授予"全国优秀共青团干部"称号。

（华依文）

附　录

2022年区级主要机构及负责人

中国共产党杭州市上城区第一届委员会

书　记：章　燕（女）
副书记：惠海涛
王文硕（女）（至2022年8月）
范朝辉（2022年9月起，1—9月为常委）
常　委：黄利文
范卫东
李　军
何亦星
毛素云（女）
牟　剑
包亚斌（2022年6月起）
委　员：（以姓氏笔画为序）
丁炜锋
马志清（女）
孔德君（女）
石荣祥
占仁义
田国刚
冯　磊
江波均（女）
孙　锦
杨盛强
沈　斌
张哲明
陆忠明
陈天武
陈永权
陈春晓（女）
陈敏雅（女）
周红星
周骆斌
郑冬雅（女）
练　敏（女）
赵丹晨（女）
洪梦君（女）
姚洪华
徐文明
黄爱芳（女）
蒋晓斌
候补委员：（以姓氏笔画为序）
王红兵
朱　红（女）
沈　瑛（女）
张建文
张海华

陈凌军
赵　鹏

中国共产党杭州市上城区第一届纪律检查委员会

书　记：黄利文
副书记：毛明秀（女）
　　　　王早晖
常　委：刘　佳（女）
　　　　田　涛
　　　　朱　虹（女）
　　　　诸葛蓓（女）

杭州市上城区监察委员会

主　任：黄利文（2022年1—2月候选人）
副主任：毛明秀（女）
　　　　王早晖

区委工作部门

区委办公室

主　任：陈永权

区委巡察办

主　任：刘　佳（女）

区委组织部

部　长：李　军

区委宣传部

部　长：范卫东

区委统战部

部　长：牟　剑

区委政法委

书　记：王文硕（女）（至2022年11月）
　　　　范朝辉（2022年11月起）

区委改革办

主　任：余向平

区委编办

主　任：赵　阳（女）

区委直属机关工委

书　记：李　军

区信访局

局　长：张建文（至2022年3月）
　　　　陈国清（2022年3月起）

区委老干部局

局　长：陈慧芳（女）

区档案馆

馆　长：李顺华

区党群服务中心

主　任：陈海红（女）

区社会纠纷矛盾调处化解中心

主　任：虞海宏（2022年3—12月）

区社会治理中心

主　任：范朝辉（2022年12月起）

区委党史研究室

主　任：钟　黎（女）（至2022年3月）
　　　　许联辉（2022年3月起）

杭州市上城区第一届人民代表大会常务委员会

党组书记：占仁义
主　任：占仁义
副主任：来剑波
　　　　韦　云（女）
　　　　顾敏达
　　　　朱荷芳（女）
　　　　干海和（女）
　　　　施红星

区人大常委会工作部门

区人大常委会办公室

主　任：龚军成

区人大常委会代表工委

主　任：王　弘（女）（至2022年12月）
　　　　赵海霞（女）（2022年12月起）

区人大常委会监察法司工委

主　任：吴正航

区人大常委会教科文卫和民宗侨工委

主　任：朱　吉（女）

区人大常委会财经工委

主　任：许联辉（至2022年3月）
周红星（2022年3月起）

区人大常委会城建环保工委

主　任：金炜竑（至2022年12月）
徐　芳（女）（2022年12月起）

区人大常委会社会建设工委

主　任：蔡伟利（女）

杭州市上城区人民政府

党组书记：惠海涛
区　长：惠海涛（2022年1—2月代区长）
副区长：范朝辉（至2022年9月）
何亦星
毛素云（女）（至2022年2月）
薛鸿翔（至2022年5月）
田国刚
孔德君（女）
裘华君（至2022年2月）
陈　安（2022年9月起）
周骆斌
姚洪华（2022年4月起）

区政府工作部门

区政府办公室

主　任：杨盛强（至2022年12月）
徐争光（2022年12月起）

区发改经信局

党委书记：孙　锦
局　长：贾元元（女）（至2022年3月）
孙　锦（2022年3月起）

区教育局

党委书记、局长：项海刚

区科技局

党委书记、局长：洪东斌

区公安分局

党委书记、局长：田国刚

区民政局

党委书记、局长：赵海霞（女）
（至2022年12月）
薛迓冰（女）
（2022年12月起）

区司法局

党委书记：戴敏珠（女）
局　长：戴敏珠（女）（至2022年12月）
胡　晓（2022年12月起）

区财政局

党委书记：石荣祥
局　长：石荣祥（2022年1—3月，2022年12月起）
蔡　瑾（女）（2022年3—11月）

区人社局

党委书记、局长：朱　红（女）

区住建局

党委书记、局长：赵　鹏

区商务局

党委书记、局长：沈　瑛（女）
（至2022年12月）
洪梦君（女）
（2022年12月起）

区文广旅体局

党组书记、局长：薛迓冰（女）
（至2022年12月）
周　莹（女）
（2022年12月起）

区卫健局

党委书记、局长：周志纯（2022年3月起）

区退役军人事务局

党组书记、局长：王永斌

区应急管理局

党委书记、局长：徐争光（至2022年12月）
韩　剑（2022年12月起）

区审计局

党组书记、局长：林文杰（至2022年4月）
余　焱（女）（2022年4月起）

区市场监管局

党委书记、局长：吕红娟（女）

区金融办

党组书记：王红兵（至2022年5月）
　　　　　倪受南（2022年12月起）
主　任：欧阳杰

区统计局

党组书记：魏敏琦（女）（2022年3—12月）
　　　　　吴国庆（2022年12月起）
局　长：蔡　瑾（女）（至2022年3月）
　　　　魏敏琦（女）（2022年3—12月）
　　　　吴国庆（2022年12月起）

区综合行政执法局

党委书记、局长：许　铭

区数据资源局

党组书记、局长：余照萍（女）
　　　　　　　　（至2022年3月）
　　　　　　　　徐　晔（2022年12月起）

区投资促进局

党组书记、局长：冯　磊（至2022年5月）
　　　　　　　　王红兵（2022年5月起）

区审管办

党组书记：范朝辉（至2022年11月）
　　　　　何亦星（2022年11月起）
主　任：陈一春

政协第一届杭州市上城区委员会

党组书记：黄爱芳（女）
主　席：黄爱芳（女）
副主席：叶　榕
　　　　楼玉宇（女）
　　　　洪　明
　　　　步汉英（女）
　　　　于广滨
　　　　范国良
秘书长：王良约

区政协机关

区政协办公室

主　任：苗丹丹（女）

区政协提案委

主　任：张淦华

区政协经科委

主　任：汪孟华（至2022年12月）
　　　　潘丽华（女）（2022年12月起）

区政协城建委

主　任：陈　军

区政协社法委

主　任：王　雁（女）

区政协教文卫体委

主　任：陆　峰（女）

区政协委员工委

主　任：瞿　伟（女）

区法院

党组书记、院长：陆忠明

区检察院

党组书记、检察长：江波均（女）

区群团机关

区总工会

主　席：干海和（女）
党组书记：陈春晓（女）（至2022年3月）
　　　　　吕朝阳（2022年3月起）

团区委

书　记：赵丹晨（女）

区妇联

党组书记、主　席：练　敏（女）

区工商联

党组书记：毛学庆
主　席：严　莺（女）

区科协

党组书记、主席：（空缺）

区残联

党组书记、理事长：邹　倩（女）

区红十字会

会　长：毛素云（女）（至2022年3月）

孔德君（女）（2022年3月起）
党组书记：张愉珍（女）

街　道

湖滨街道

党工委书记：芮佳南（2022年3月起）
办事处主任：周邱忆（女）
人大工委主任：严民强

清波街道

党工委书记：蒋晓斌
办事处主任：芮佳南（至2022年3月）
胡文进（2022年3月起）
人大工委主任：邬晓华（至2022年12月）
王　弘（女）（2022年12月起）

小营街道

党工委书记：余照萍（女）（2022年3月起）
办事处主任：方　金（至2022年3月）
饶　磊（2022年3月起）
人大工委主任：陆建华

望江街道

党工委书记：丁炜锋
办事处主任：俞洪峰（2022年3月起）
人大工委主任：周焕泽（至2022年12月）
刘志清（2022年12月起）

南星街道

党工委书记：洪梦君（女）（至2022年12月）
沈　瑛（女）（2022年12月起）
办事处主任：杨凯量（至2022年3月）
项　波（2022年3月起）
人大工委主任：陈　钢

紫阳街道

党工委书记：周骆斌（至2022年3月）
张建文（2022年3月起）
办事处主任：徐　斌（2022年3月起）
人大工委主任：李晋楠（女）

闸弄口街道

党工委书记：郑冬雅（女）（至2022年3月）
倪学英（2022年3—12月）
杨凯量（2022年12月起）
办事处主任：倪学英（至2022年3月）
刘婷婷（女）（2022年3月起）
人大工委主任：徐　晖

凯旋街道

党工委书记：周红星（至2022年3月）
方　金（2022年3月起）
办事处主任：孙维维（女）
人大工委主任：胡春久（女）

采荷街道

党工委书记：马志清（女）
办事处主任：徐振航
人大工委主任：陈德钢

四季青街道

党工委书记：沈　斌（至2022年12月）
陈敏雅（女）（2022年12月起）
办事处主任：孙　强（至2022年3月）
杨凯量（2022年3至12月）
宋进军（2022年12月起）
人大工委主任：娄　政

笕桥街道

党工委书记：张哲明
办事处主任：万志勇
人大工委主任：干黎生

彭埠街道

党工委书记：孙　强（2022年3月起）
办事处主任：陈汇锋
人大工委主任：陈　尧

九堡街道

党工委书记：姚洪华（至2022年5月）
冯　磊（2022年5月起）
办事处主任：陈国清（至2022年3月）
费晓杰（2022年3月起）
人大工委主任：袁继港

丁兰街道

党工委书记：徐文明
办事处主任：徐振玮
人大工委主任：成建国（至2022年12月）
陈　宏（2022年12月起）

区其他直属机构

城站广场

党组书记、管委会主任：吕朝阳（至2022年3月）

王　剑（2022年5月起）

钱塘智慧城

党工委书记：倪受南（至2022年12月）

冯　磊（2022年12月起）

管委会主任：倪受南（至2022年3月）

贾元元（女）（2022年3月起）

东站枢纽

党工委书记、管委会主任：王　剑

南宋皇城小镇

联合党委书记、管委会主任：蒋晓斌

社区建设展示中心

主　任：李　敏（女）

山南基金小镇

联合党委书记：（空缺）

管委会主任：杨　东

望江新城

联合党委书记：丁炜锋

区政府建设投资项目管理服务中心

党组书记：范朝辉（至2022年11月）

何亦星（2022年11月起）

主　任：鲁　军

区医疗保障管理服务中心

主　任：胡　颖（女）（2022年3月起）

上城资本集团

董事长：游文程

上城国投集团

党委书记、董事长：陈凌军

上城城投集团

党委书记、董事长：王　勇

上城城发集团

党委书记、董事长：朱　波

上城市政集团

党委书记、董事长：俞友武

（谢迪沁）

市直属单位

上城区税务局

党委书记、局长：吴莹子（女）

上城规划资源分局

党组书记、局长：戴志芳

上城生态环境分局

党组书记、局长：邵煜琦

上城交警大队

党委书记、大队长：徐小军

上城消防救援大队

党委书记：费春林

大队长：姜洪尔（至2022年3月，原上城）

李　征（至2022年3月，原江干）

陈　剑（2022年4—7月，原江干）

姜舜尧（2022年7月起）

上城交通执法大队

党组书记、大队长：朱勇源（至2022年3月，原上城）

赵立军（至2022年3月，原江干）

丁理斌（2022年4月起）

（市直属单位）

2022年上城区国民经济和社会发展统计公报

2022年，上城区坚持以习近平新时代中国特色社会主义思想为指导，深入学习贯彻党的十九大、十九届历次全会和党的二十大精神，围绕加快建设独具韵味的国际化现代化共同富裕典范城区战略目标，统筹疫情防控和经济社会发展，持续推进“八大行动”，全力以赴战疫情、促发展、抓改革、保安全、优民生，经济社会发展取得新进展。

一、综合

（一）经济增长

初步核算，2022年上城区实现地区生产总值2560.53亿元，按可比价格计算，比上年增长3.8%。分产业看，第二、三产业增加值分别为671.04亿元和1889.49亿元，比上年增长2.6%和4.2%。三次产业结构为0：26.2：73.8。按常住人口计算，人均地区生产总值为189248元（按年平均汇率折算为28136美元），按可比价计算，比上年增长2.0%。

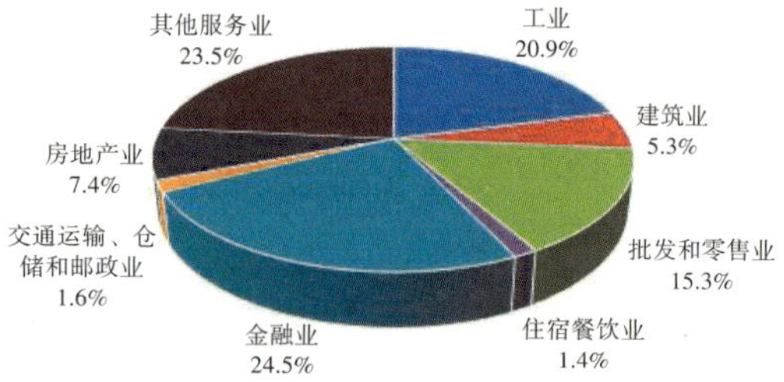

图1　2022年上城区生产总值分行业占比情况

（二）财政收支

全年财政总收入405.63亿元，比上年增长7.4%；一般公共预算收入210.56亿元，增长4.6%，其中税收收入199.21亿元，增长4.5%，占一般公共预算收入的94.6%。全年一般公共预算支出152.21亿元，增长8.1%，其中民生支出127.34亿元，占一般公共预算支出的83.7%。

（三）人口就业

据2022年全区5‰人口变动抽样调查推算，年末全区常住人口137.1万人，比上年末增加3.6万人。公安部门登记户籍人口88.28万人，比上年末增加1.67万人，其中男性人口43.19万人，女性人口45.09万人。按户籍人口分的男女性别比为95.78：100（男/女）。全年出生人口6731人，死亡人口6034人，按户籍人口计算的出生率7.70‰，死亡率6.90‰，人口自然增长率0.80‰。

社区数量及户籍人口按街道分布情况

表1

街道	社区、村个数（个）	人口数（人）
清波街道	5	30395
湖滨街道	6	28206
小营街道	12	71814
南星街道	8	34765
紫阳街道	12	84436
望江街道	11	68404
凯旋街道	15	44665
采荷街道	16	79928
闸弄口街道	17	63513
四季青街道	11	62272
彭埠街道	21	80356
笕桥街道	20	71341
丁兰街道	26	88005
九堡街道	23	74697
合计	203	882797

户籍人口按年龄段分布情况

表2

年龄段	人数（人）	占比（%）
0～17岁	162427	18.4
18～34岁	158560	18.0
35～59岁	325037	36.8
60岁以上	236773	26.8
合计	882797	100

全年新增城镇就业岗位3.38万个，成功创建市级高质量就业社区14个。实现失业人员再就业9298人，帮扶就业困难人员就业2951人。

二、人民生活、社会保障

（一）人民生活

全年全区居民人均可支配收入79105元，比上年增长3.2%。全区居民人均消费支出52626元，比上年增长3.7%。

（二）社会保障

年末职工基本养老保险参保人数、城镇职工基本医疗保险户籍人口参保人数分别为65.1万人和69.0万人；年末职工工伤保险参保人数71.6万人。养老保险和户籍人口医疗保险参保率达到99%以上。设立全省首个慈善信托，区“残疾人社会融合共享体”获评首批全国阳光助残志愿服务基地。残疾人护理补贴率100%。

（三）社会福利

年末全区拥有居家养老服务照料中心191个，其中当年新增1个，每百人拥有养老床位数3张。全年发放各类社会救助金8061.73万元。落地全省退役军人优待证试点。创新推出“幸福邻里坊”品牌，青荷苑、青年路等17个社区项目建成运行，入选全省高质量发展建设共同富裕示范区最佳实践。建成原居安养中心23家、社区康养驿站169家，新增认知障碍照护专区床位180张。创新“悠悠托”品牌，全域推进托幼一体化，开设幼儿园托位1156个。

三、行业发展

（一）工业和建筑业

全年工业增加值535.21亿元，比上年增长2.3%，其中规模以上工业增加值479.84亿元，增长3.0%。规模以上工业中：高新技术产业增加值84.42亿元，增长3.0%；战略性新兴产业增加值55.70亿元，增长21.1%；高端装备制造业增加值68.62亿元，增长11.6%。规模以上工业销售产值1044.16亿元，增长9.2%，其中，出口交货值84.14亿元，增长90.8%。全区规模以上工业实现利润总额120.60亿元，增长36.3%；实现利税总额426.07亿元，增长13.1%。

全年建筑业增加值136.01亿元，比上年增长3.5%，占GDP比重为5.3%。

（二）金融业

全年金融业增加值626.08亿元，比上年增长5.3%。新增省级以上持牌金融机构12家，集聚私募机构632家，资产管理总规模达1.2万亿元。

（三）固定资产投资

全年固定资产投资比上年增长5.5%，其中项目投资增长21.5%。项目投资中：交通投资下降26.7%，高新技术产业投资增长21.0%，民间项目投资下降2.6%，工业投资增长41.4%，制造业投资增长47.6%，生态环保、城市更新和水利设施投资增长85.9%。

（四）房地产业

全年房地产业增加值190.49亿元，比上年下降5.6%。房地产开发投资增长1.2%。年末房屋施工面积1638.98万平方米，下降3.8%；完成竣工面积190.23万平方米，下降34.1%。商品房销售面积186.37万平方米，下降10.5%；商品房销售额904.26亿元，增长5.1%。

2022年房地产开发和销售主要指标

表3

指标	实绩数	比上年增长（%）
房地产开发施工面积（万平方米）	1638.98	-3.8
房地产开发竣工面积（万平方米）	190.23	-34.1
商品房销售面积（万平方米）	186.37	-10.5
其中：住宅（万平方米）	144.93	-17.9
商品房销售额（亿元）	904.26	5.1
其中：住宅（亿元）	744.62	-1.5

（五）国内贸易

全年批发和零售业增加值392.80亿元，比上年增长8.1%；住宿餐饮业增加值36.04亿元，下降6.1%。限额以上批发和零售业单位实现商品销售额11580.62亿元，增长18.4%；限额以上住宿餐饮业单位实现营业额98.16亿元，下降6.2%。

全年社会消费品零售总额1073.09亿元，比上年增长8.8%。在限额以上批发和零售业单位商品零售额中，中西药品、日用品，以及家用电器零售额分别增长8.9%、5.5%和29.9%；新能源汽车、可穿戴智能设备等数字商品零售额分别增长266.0%、46.3%。限额以上批发和零售业单位通过公共网络实现的商品零售额增长72.2%。

（六）对外贸易

全年货物进出口总额639.49亿元，比上年增长4.2%，其中出口额407.24亿元，增长17.8%；进口额232.25亿元，下降13.2%。服务贸易出口21.99亿美元，增长8.4%。

（七）招商引资

全年实际利用外资10.90亿美元。成功引进葛兰素史克、美国强生等世界500强浙江区域总部和三峡能源投资总部等一批优质项目，落地亿元以上产业项目191个、10亿元以上产业项目11个。总部经济、楼宇经济集聚发展，实现税收亿元楼宇62幢、税收10亿元楼宇11幢，获评中国楼宇经济（总部经济）标杆城区。

四、城市建设、环境保护和安全生产

（一）城市建设

科学谋划调整“三区三线”，新增城市可开发面积9.9平方公里，再开发低效用地2613亩。征迁扫尾历史遗留点位609个，收储地块16宗457亩，出让地块22宗562亩。三堡、五堡留用地项目顺利开工。

全面改造完成亚运保障项目124个，宣家埠入城口、彭埠互通全新亮相。新建重建道路36条，打通断头路3条。新增公共泊位12251个、公共充电桩589个，电网供电可靠率达99.9%以上，开发完成连堡丰城一期等地下空间196万平方米。开工安置房47.6万平方米、竣工41万平方米，回迁安置3720户，海潮雅园、坤塘悦府等9个项目获评全市首批最美安置房。

实施老旧小区改造提升项目180个、538.5万平方米，改造工作获评全省优秀。完成既有住宅加装电梯127台、二次供水改造小区12个，治理危房19处。杨柳郡、红梅2个社区获评全省首批未来社区，彩霞岭、三卫等27个社区列入省级未来社区创建名单，数量居全省第一。

（二）环境保护

全年空气优良天数295天，优良率80.8%。细颗粒物（$PM_{2.5}$）年均浓度29.1微克/立方米。二氧化氮年均浓度31微克/立方米，二氧化硫年均浓度6微克/立方米。市控以上断面水质优良率100%、功能区达标率100%，县级以上集中式饮用水水源地水质达标率100%。

“美丽上城”环境整治深入开展，丰收湖、桃花湖分别获评省、市级“美丽河湖”，运河上城段成为省级最美绿道。创建省级垃圾分类示范小区22个，拆除违法建筑54.4万平方米，新增公共绿地70.1万平方米、城市公园8座，整治工地围挡209个，改造国际化标识标牌7850块。成功创建省级生态文明建设示范区，捧回全市主城区首个“大禹银鼎”。

（三）安全生产

全年发生各类生产安全事故3起，死亡2人，事故数同比减少3起，下降50.0%；死亡人数同比减少2人，下降50.0%。社会治安大局平稳，刑事、治安警情分别下降18.4%和18.1%，群众反映强烈的电信网络诈骗发案、案损分别下降29.2%和30.9%。防汛防台抢险救灾体系进一步健全，有效防御“轩岚诺”“梅花”台风。成功创建省食品安全示范区。实现省级平安区接续连创。

五、社会事业

（一）科学技术

全年财政一般公共预算支出中科技支出

11.85亿元，占一般公共预算支出的7.8%。成功举办首届“金靴奔跑”创新创业大赛，新增国家高新技术企业142家、省级科技型中小企业455家。全年发明专利授权量5524件，其中高价值发明专利1981件。5家企业新认定为国家级知识产权示范、优势企业，2家企业通过国家级复核认定，创历年来斩获国家级荣誉新高；13家企业新认定为省级知识产权示范企业。全区累计科技企业孵化器21家，其中国家级6家，省级3家。拥有众创空间19家，其中国家级9家，省级7家。

（二）教育

年末全区共有各级各类学校（幼儿园）206所，其中小学55所，初级中学21所，九年一贯制学校16所，十二年一贯制学校2所，普通高中1所，职业高中1所，特殊教育学校2所，幼儿园108所。全区在校学生（幼儿）159789人，其中义务教育段中小学生113069人、高中生2341人、特殊教育326人、在园幼儿44053人，在编教职工10100人。全年实施学校建设项目32个，新开办中小学（幼儿园）14所，新增省一级幼儿园2所。公共教育支出占财政支出比重24.9%。

（三）文化旅游

年末全区文化馆（含省、市）1个，公共图书馆（含省、市）3个，剧场（含省、市）6个，区属博物馆、纪念馆15个，全国重点文物保护单位9处。人类非物质文化遗产代表作名录1项，国家级非物质文化遗产代表性项目名录5项。打造品质文化生活圈，建成杭州书房21家、架空层文化客厅31个、邻里图书馆13家，南宋书房入选首届浙江最美公共文化空间。精心打造《华灯夜宴》《钱塘今朝更繁华》等文艺佳作235件，荣获省级奖项12项、市级9项。

全年旅游总收入184.61亿元，比上年下降31.5%；旅游总人数1143.68万人次，下降32.4%。年末各类旅行社177家，星级酒店25家。南宋德寿宫遗址博物馆精彩亮相，“宋韵最杭州”传统风貌区成为省级样板，南宋临安城址入选新时代浙江考古十大发现，古海塘遗址入选杭州市申遗备选名录。

（四）卫生健康

年末，全区拥有各类医疗卫生机构669个，其中综合医院22个，专科医院22个，区属疾病预防控制中心和卫生监督所各1个，门诊部226个，诊所185个，卫生站40个，医务室20个，社区卫生服务中心14个，社区卫生服务站110个。拥有各类专业卫生技术人员40721人，其中执业（助理）医师15005人，注册护士19244人。拥有床位22465张，其中医院床位22009张。全区医疗机构完成诊疗人数3887万人次。改造提升社区卫生服务站5个，“暖心助孕”工作入选全市唯一试点，“两慢病”全周期管理系统全市推广，获评省级健康县区。

（五）体育

全年运动员获得全国性奖牌21枚，其中金牌6枚，银牌9枚。国家级体育后备人才基地1个，省级体育后备人才基地4个。新改建体育健身设施299处，新增体育场地设施面积达39.2万平方米，开展群众文体活动3098场，荣获首批省体育现代化区称号。

公报注释：

1.本公报数据为初步统计数。

2.本公报中生产总值和各产业增加值绝对数按现行价格计算，增长速度按不变价格计算；三次产业划分执行国家统计局2018年修定的《三次产业划分规定》。

3.本公报中的“增长（减少、下降）”除特别说明外，均指与2021年比较。

4.本公报中的数据来源除区统计局外，还来自区发改经信局、区教育局、区科技局、区公安分局、区民政局、区财政局、区人力社保局、区住建局、区商务局、区文广旅体局、区卫生健康局、区退役军人事务局、区应急管理局、区市场监管局、区金融办、区综合行政执法局、区投资促进局等相关部门。

先进集体

2022年度上城区各部门（单位）获国家和部级先进集体荣誉一览表

表17

获奖单位	先进荣誉（称号）	颁奖单位	颁奖时间
上城区	中国楼宇经济（总部经济）标杆城区30强（前10强）	中国楼宇经济北京论坛	2022年9月
杭州钱江新城中央商务区	“中国商务区综合竞争力”20强	中国楼宇经济北京论坛	2022年9月
区人力社保局	2021—2022年度劳动保障新闻宣传工作先进单位	人力资源和社会保障部	2022年11月
区税务局	全国节约型机关	国家机关事务管理局、中共中央直属机关事务管理局、国家发展和改革委员会、财政部	2022年11月
凯旋街道南肖埠社区	全国先进基层群众性自治组织	民政部	2022年11月
湖滨商圈	首批全国示范智慧商圈	商务部	2022年12月
清河坊历史街区	国家级旅游休闲街区	文化和旅游部办公厅	2022年1月
采荷街道社区卫生服务中心	2021年“优质服务基层行”活动中表现突出、服务优质机构	国家卫生健康委员会办公厅	2022年1月
小营街道社区卫生服务中心	2021“优质服务基层行”活动 国家推荐标准创建机构	国家卫生健康委员会、国家中医药管理局	2022年2月
笕桥街道社区卫生服务中心	通过2022年“优质服务基层行”推荐指标	国家卫生健康委员会办公厅	2022年11月
丁兰街道皋城村	全国示范性老年友好型社区	国家卫生健康委员会、全国老龄工作委员会办公室	2022年10月
彭埠街道明月桥社区工会爱心驿家	全国“最美工会户外劳动者服务站点”	中华全国总工会	2022年11月
“益起舞动——街舞进校园”志愿服务项目	第6届中国青年志愿服务项目大赛金奖	共青团中央委员会	2022年11月
“迎亚运益起来——倡导无烟西湖（景区）”志愿服务项目	第6届中国青年志愿服务项目大赛银奖	共青团中央委员会	2022年11月
彭埠街道杨柳郡社区	2021—2022年度社区青春行动全国优秀	共青团中央委员会社会联络部	2022年9月
“小营·江南红巷”景区	第一批全国科普教育基地	中国科学技术协会	2022年3月
区科协	2022年全国科普日活动优秀组织单位	中国科学技术协会	2022年12月
区红十字会	2022年度中国红十字总会报刊宣传先进集体二等奖	中国红十字会总会办公室	2022年9月
区红十字会	2022年红十字生命教育防灾避险知识竞赛活动单位组织一等奖	中国红十字会总会办公室	2022年11月
望江街道“残疾人之家”	可乐球自编套路集体优秀奖	中国老年人体育协会	2022年8月
杭州市景华小学	国家防震减灾科普教育基地	中国地震局	2022年5月

续表 17

获奖单位	先进荣誉（称号）	颁奖单位	颁奖时间
杭州湖滨步行街商业发展有限公司	2021年度杭州亚运会、亚残运会筹办工作突出贡献集体奖	2022年第19届亚运会组委会	2022年5月
玉皇山南基金小镇	最受欢迎基金小镇	《中国基金报》	2022年11月
万事利集团有限公司	全国和谐劳动关系创建示范企业	人力资源和社会保障部、中华全国总工会、中国企业联合会（中国企业家协会）、中华全国工商业联合会	2022年9月
杭州娃哈哈集团有限公司	企业集团数字档案馆（室）建设第一批试点单位	国家档案局	2022年5月
清河坊高品质步行街景观提升改造工程（二期）夜景照明工程	工程设计奖三等奖	中国照明学会	2022年8月

2022年度上城区各部门（单位）获省级和省属部门先进集体荣誉一览表

表 18

获奖单位	先进荣誉（称号）	颁奖单位	颁奖时间
上城区	省级生态文明建设示范区	浙江省人民政府	2022年11月
上城区	全省征兵工作成绩突出单位	浙江省人民政府、浙江省军区	2022年1月
上城区	2021年落实有关重大政策措施真抓实干成效明显地方	浙江省人民政府办公厅	2022年6月
上城区	第一批全省婚俗改革实验县（市、区）	浙江省民政厅	2022年8月
上城区	县域共青团基层组织改革试点全国优秀	共青团浙江省委员会	2022年10月
上城区	丰收湖—九沙河水系获评浙江省2022年“美丽河湖”	浙江省水利厅、省美丽浙江建设领导小组河长制办公室	2022年12月
区委政法委	2021年度平安创建工作先进集体	中共浙江省委、浙江省人民政府	2022年3月
区公安分局湖滨派出所	全省模范公安基层单位	中共浙江省委、浙江省人民政府	2022年12月
小营街道	浙江省“人民满意的公务员集体”	中共浙江省委、浙江省人民政府	2022年9月
区人大机关	2021年全省人大信息工作成绩突出的单位	浙江省人大常委会办公厅、浙江省人大常委会研究室	2022年1月
区人大常委会	全省人大数字化改革创新暨第3届“浙江人大工作与时俱进”优秀奖	浙江省人大常委会办公厅	2022年8月
区人武部	战备训练先进单位	浙江省军区	2022年1月
彭埠街道武装部	先进基层武装部	浙江省军区	2022年1月
区公安分局刑侦大队党总支、区疾病预防控制中心	抗击新冠疫情先进集体	中共浙江省委组织部	2022年1月
丁兰街道	浙江省第二轮疫情防控执行力指数评价优秀街镇	中共浙江省委组织部	2022年5月

续表18

获奖单位	先进荣誉（称号）	颁奖单位	颁奖时间
区委宣传部	2021年度全省宣传信息工作先进单位	中共浙江省委宣传部	2022年5月
区委宣传部“杨柳郡未来社区邻里文化建设”项目	2021年浙江省宣传思想文化工作创新项目	中共浙江省委宣传部	2022年1月
区委宣传部	《宣传半月刊》2021年度优秀组织奖	中共浙江省委宣传部宣传半月刊杂志社	2022年1月
区社科联	县社科联测评优秀单位	浙江省社会科学界联合会	2022年1月
区检察院	全省检察文化品牌建设成果展评活动潜力品牌（银奖）	浙江省人民检察院	2022年9月
民进上城区基层委员会	民进浙江省委会2017—2021年度先进基层组织	民进浙江省委员会	2022年5月
区委党史研究室（区地方志编纂研究室）	全省党史和文献部门先进集体	中共浙江省委党史和文献研究室、浙江省人力资源和社会保障厅	2022年6月
闸弄口街道闸弄口社区	浙江省第二批低碳试点单位	浙江省发展和改革委员会	2022年10月
彭埠街道王家井社区	浙江省学习型社区	浙江省教育厅办公室	2022年12月
杭州市崇文实验学校语文教研组、杭州市艮山路学校“智·爱”教育康复组	2022年全省教育系统浙江省“巾帼文明岗”	浙江省教育厅、浙江省妇女联合会	2022年10月
区教育局关工委	浙江省教育系统关心下一代工作先进集体	浙江省教育厅关心下一代工作委员会	2022年11月
杭州市钱学森学校	浙江省关心下一代教育基地	浙江省教育厅关心下一代工作委员会	2022年12月
浙江师范大学附属丁蕙实验小学	浙江省“清廉学校”建设示范校	中共浙江省委教育工作委员会办公室	2022年1月
杭州上城安保服务集团有限公司	全省保安服务行业“党的二十大”安保成绩突出集体奖	浙江省公安厅	2022年12月
区民政局	2021年度全省民政工作先进单位	浙江省民政厅	2022年2月
区民政局	首届浙江省十佳婚姻登记机关	浙江省民政厅	2022年10月
紫阳街道	省级城市社区议事协商创新试点	浙江省民政厅	2022年10月
九堡街道社会组织服务中心	2022年浙江省品牌社会组织	浙江省民政厅	2022年10月
区司法局	2021年度全省司法行政系统政务信息工作优秀单位	浙江省司法厅	2022年1月
区司法局	全省司法行政系统法治建设工作成绩突出集体	浙江省司法厅	2022年12月
普福社区、沿山村	浙江省2021年度省级“民主法治村（社区）”	浙江省司法厅、浙江省民政厅、浙江省普法办公室	2022年1月

续表18

获奖单位	先进荣誉（称号）	颁奖单位	颁奖时间
清波门社区、梅花碑社区、徐家埠社区、美政桥社区、红梅社区、南肖埠社区、钱运社区、省农科院社区、杨柳郡社区、九华社区	浙江省2022年度省级“民主法治村（社区）”	浙江省司法厅、浙江省民政厅、浙江省普法办公室	2022年12月
区财政局	《浙江财政年鉴（2022卷）》组稿工作先进单位	浙江省财政厅	2022年12月
区人力社保局	浙江省劳动人事争议案件处理工作成绩突出单位	浙江省人力资源和社会保障厅	2022年4月
中国杭州人力资源产业园上城园区	浙江省2022年人力资源服务产业园优秀园区	浙江省人力资源和社会保障厅	2022年12月
区机关事务中心	全省机关事务工作先进集体	浙江省人力资源和社会保障厅、浙江省机关事务管理局	2022年9月
笕桥街道黎明社区	2021年度浙江省高标准生活垃圾分类示范小区	浙江省住房和城乡建设厅	2022年1月
凯旋街道凯华茂宸金座、彭埠街道章家坝社区	2022年度第一批浙江省节水型小区	浙江省住房和城乡建设厅	2022年7月
上城城发集团	2022年度浙江省建设工程钱江杯（优质工程）	浙江省住房和城乡建设厅	2022年7月
湖滨商业步行街区、清河坊宋韵文化历史街区、富春路亚运“最后一公里”品质街区、平海路（湖滨路—中河中路）	2022年度浙江省高品质示范街区、街容示范街	浙江省住房和城乡建设厅	2022年12月
凯旋街道景湖社区	第六批旧改类未来社区	浙江省住房和城乡建设厅、浙江省城乡风貌整治提升工作专班办公室	2022年11月
玉皇山南基金小镇	城市风貌样板区（特色产业区类）	浙江省城乡风貌整治提升工作专班办公室	2022年12月
上城宋韵最杭州传统风貌样板区	浙江省2022年度第二批城乡风貌样板区	浙江省城乡风貌整治提升工作专班	2022年10月
小营巷社区、红梅社区、杨柳郡社区	浙江省首批共同富裕现代化基本单元“一老一小”服务场景	浙江省城乡风貌整治提升工作专班	2022年10月
红梅社区、杨柳郡社区	浙江省首批未来社区、未来乡村和城乡风貌样板区	浙江省城乡风貌整治提升工作专班	2022年5月
小营街道	浙江省2022年度第二批未来社区	浙江省城乡风貌整治提升工作专班	2022年12月
玉皇山南基金小镇创投股权与私募基金份额报价转让平台	2022年中国（浙江）自由贸易试验区联动创新区优秀案例	浙江省商务厅	2022年12月
南宋书房	浙江省最美公共文化空间	浙江省文化和旅游厅、浙江日报传媒有限公司	2022年9月

续表18

获奖单位	先进荣誉（称号）	颁奖单位	颁奖时间
南宋德寿宫遗址博物馆	浙江省首批文化基因解码成果转化利用示范项目	浙江省文化和旅游厅	2022年11月
区疾病预防控制中心	浙江省卫生健康系统先锋党支部	浙江省卫生健康委员会	2022年9月
彭埠街道杨柳郡社区	浙江省五星级智慧医疗站	浙江省卫生健康委员会办公室	2022年9月
区疾病预防控制中心	2021年度浙江省重点人群口腔健康状况监测项目先进单位	浙江省口腔卫生指导中心	2022年9月
区疾病预防控制中心	新冠疫情下创新免疫规划优秀案例集体案例奖	浙江省疾病预防控制中心	2022年12月
湖滨街道退役军人服务站、清波街道退役军人服务站、紫阳街道退役军人服务站、望江街道退役军人服务站、凯旋街道退役军人服务站、九堡街道退役军人服务站、丁兰街道丁兰社区退役军人服务站、后珠苑社区退役军人服务站	2022年浙江省“新时代枫桥式退役军人服务中心（站）”	中共浙江省委退役军人事务工作领导小组办公室	2022年12月
区市场监管局	浙江省市场监管系统重大案件查处集体三等功	浙江省市场监督管理局	2022年1月
区市场监管局	浙江省“农信杯”放心消费宣传“三优”比赛平面类、视频类优胜奖	浙江省市场监督管理局	2022年4月
区市场监管局	浙江省药品安全治理与技术赋能成绩突出集体	浙江省药品监督管理局	2022年12月
湖滨市场监管所	2022年度“双百”示范所	浙江省市场监督管理局	2022年11月
丁兰市场监管所	四星级规范化市场监管所	浙江省市场监督管理局	2022年11月
市市场监管综合行政执法队上城大队	2021年全省药品稽查执法工作成绩突出集体	浙江省药品监督管理局	2022年1月
区市场监管局	浙江省知识产权保护工作成绩突出集体	浙江省知识产权强省建设联席会议办公室	2022年2月
湖滨街道“探索把新就业形态工会建在‘爱心驿家’上”项目	浙江省第2届工会改革创新十佳成果	浙江省总工会	2022年9月
湖滨街道总工会	浙江省“新就业形态劳动者温暖行动试点”单位	浙江省总工会	2022年7月
杭州东站枢纽旅客咨询服务中心，上城交警大队婺江路钱江路口岗组，区税务局建国南路办税服务厅、太平门直街办税服务厅，移动上城分公司江城片区（秋涛网格）	2020—2021年度浙江省“青年文明号”	浙江省“青年文明号、青年岗位能手”活动组委会	2022年4月

续表18

获奖单位	先进荣誉（称号）	颁奖单位	颁奖时间
小营巷社区	第三批浙江省青少年红色基因传承基地	浙江省革命老区开发建设促进会、共青团浙江省委员会、浙江省退役军人事务厅	2022年8月
望江街道	“红船向未来，百年正青春”浙江省第9届长者情声乐（戏曲）、舞蹈大赛舞蹈金奖	浙江省老年事业发展基金会	2022年1月
四季青街道五福社区团总支	2022年浙江省五四红旗团支部	共青团浙江省委员会	2022年7月
少先队杭州师范大学东城小学大队	2021—2022年浙江省“红领巾奖章”集体四星章	共青团浙江省委员会、浙江省教育厅、浙江省少工委	2022年7月
杭州市东城第二实验学校四（7）闪亮星中队	2022年浙江省成绩突出少先队	共青团浙江省委员会、浙江省教育厅、浙江省少工委	2022年7月
区妇女联合会	浙江省县域社区（村）家庭教育指导服务体系标准化建设试点区	浙江省妇女联合会	2022年2月
钱江新城中央商务区妇联	浙江省示范街道新领域妇联组织	浙江省妇女联合会	2022年2月
小营街道江南红巷景区管理办公室（党史基地）、杭州市天长小学数学教研组、区科技发展中心、区融媒体中心新闻报道组、凯旋街道社会组织服务中心、杭州市景华小学综合教研组、夏衍旧居文物岗	浙江省“巾帼文明岗”	浙江省妇女联合会	2022年3月
红梅社区	浙江省示范儿童之家	浙江省妇女联合会办公室	2022年12月
区工商联	2022年度民营企业调查点工作先进单位	浙江省工商业联合会	2022年12月
钱学森故居	第一批浙江省科学家精神教育基地	浙江省科学技术协会、浙江省教育厅、浙江省科学技术厅、浙江省文化和旅游厅、共青团浙江省委员会	2022年5月
小营街道“残疾人之家”	浙江省五星级“残疾人之家”	浙江省残疾人联合会办公室	2022年12月
凯旋街道红十字会	2022年浙江省工作成绩突出红十字基层组织	浙江省红十字会	2022年9月
区税务局	全省出口退税风险管理优秀案例一等奖	国家税务总局浙江省税务局出口退税服务和管理局	2022年9月
区教育学院	浙江省2019—2021年度师干训先进集体	浙江省中小学教师培训中心、浙江省教育行政干部培训中心	2022年5月
四季青街道	浙江省治违控违示范街道	浙江省“三改一拆”（违建别墅清查整治）行动领导小组办公室	2022年10月
四季青街道	浙江省“五水共治”工作考核优秀乡镇（街道）	浙江省美丽浙江建设领导小组“五水共治”办公室	2022年2月
丁兰街道	浙江老年电视大学省级示范教学点	浙江省老年活动中心	2022年9月

续表18

获奖单位	先进荣誉（称号）	颁奖单位	颁奖时间
九塘社区、景秀社区、建和社区、花园社区、草庄社区、太庙社区、御道社区、夕照社区、馒头山社区、新塘社区、董家社区、清泰门社区、华家池社区、横塘社区、黄家社区、闸弄口社区、明珠社区、丁兰社区、金兰池社区、丽江社区、相江社区、建华社区、红五月社区、普新社区、云峰社区、钱景社区、闻皇庙社区、明桂社区、黎明社区、白石社区、普福社区、水墩社区、笕桥社区、笕新社区、同心社区、机场社区、俞章社区、钱杭社区、庆春门社区、后珠苑社区、三义苑社区、建塘苑社区、大唐苑社区、凤凰社区、彩霞岭社区、婺江社区、涌金门社区	2021年气象防灾减灾标准化村（社区）	浙江省气象局	2022年1月
清波街道后市街小区	浙江省高标准分类示范小区	浙江省生活垃圾分类工作领导小组	2022年12月
清波街道西湖名苑	浙江省垃圾分类示范预备小区	浙江省生活垃圾分类工作领导小组	2022年12月
彭埠街道章家坝社区	浙江省垃圾分类示范小区	浙江省生活垃圾分类工作领导小组办公室	2022年1月
彭埠街道杨柳郡社区	全省第二批低（零）碳社区试点	浙江省碳达峰碳中和工作领导小组办公室	2022年11月
九堡街道公共服务中心	2021年度全省工作突出基层劳动人事争议调解组织	浙江省协调劳动关系第三方会议办公室	2022年9月
湖滨街道社区卫生服务中心岳王团队	2022年浙江省百姓信赖的家庭医生党员先锋团队	浙江省基层卫生协会	2022年5月
彭埠街道御道社区	全省消防宣传“五进”工作试点单位	浙江省消防安全委员会	2022年11月
上城城发集团	2022年度浙江智慧工地示范项目	浙江省建筑行业协会	2022年10月
杭州路通环境科技有限公司	浙江省城市建设管理成绩突出集体	浙江省住房和城乡建设厅、浙江省总工会	2022年1月
浙江波普环境服务有限公司钱江新城项目部	浙江省城市市容环境卫生工作成绩突出集体	浙江省住房和城乡建设厅、浙江省总工会	2022年10月
移动上城分公司	浙江省优秀QC成果二等奖	浙江省质量协会、浙江省科学技术协会、浙江省妇女联合会、浙江省总工会	2022年9月

续表18

获奖单位	先进荣誉（称号）	颁奖单位	颁奖时间
笕桥邮政支局、尊信快递有限公司	全省首批邮政快递业“扫黄打非”示范标兵	浙江省邮政管理局、浙江省“扫黄打非”工作领导小组办公室	2022年12月
杭州望海潮建设有限公司工程一部	浙江省“工人先锋号”	浙江省总工会	2022年4月
杭州东站枢纽管委会环站东路爱心驿家	浙江省“最美工会户外劳动者服务站点”	浙江省总工会	2022年7月
四季青街道钱江新城中央商务区工会委员会职工书屋	浙江省省级职工书屋	浙江省总工会	2022年8月
杭州娃哈哈集团有限公司	浙江省关爱职工公益伙伴纽带计划试点单位	浙江省总工会	2022年7月
杭州娃哈哈集团有限公司工会	浙江省2022年“幸福共同体企业领头雁行动”企业	浙江省总工会、中共浙江省委宣传部、浙江省经济和信息化厅、浙江省人民政府国有资产监督管理委员会、浙江省工商业联合会	2022年8月
杭州娃哈哈集团有限公司	首批省级“企业文化建设中心”	中共浙江省委宣传部、中共浙江省委组织部、新经济与新社会组委会、浙江省国有资产监督管委会、浙江省总工会、浙江省工商业联合会	2022年12月
杭州娃哈哈集团有限公司	2022年第一批浙江省级科技型中小企业	浙江省科学技术厅	2022年4月
杭州娃哈哈集团有限公司	浙江省高新技术企业	浙江省科学技术厅、浙江省财政厅、国家税务总局浙江省税务局	2022年12月
杭州娃哈哈集团有限公司	浙江省AAA级“守合同重信用”企业	浙江省市场监督管理局	2022年8月
杭州娃哈哈集团有限公司	2022浙江省民营企业100强第29位	浙江省市场监督管理局、浙江省工商业联合会	2022年9月
杭州娃哈哈集团有限公司	助力共同富裕“民企样本”	浙江省工商业联合会	2022年1月
杭州娃哈哈集团有限公司	浙江同心共富榜样企业	浙江省工商业联合会	2022年8月

2022年度上城区各部门（单位）获市级先进集体荣誉一览表

表19

获奖单位	先进荣誉（称号）	颁奖单位	颁奖时间
区委宣传部	杭州市创建“文明城市”工作突出贡献集体	中共杭州市委、杭州市人民政府	2022年3月
区委宣传部、区教育局、区司法局、区商务局、区应急管理局、区妇女联合会、小营街道	“平安杭州”创建先进集体	中共杭州市委、杭州市人民政府	2022年4月
区公安分局治安大队	“党的二十大”安保工作集体嘉奖	中共杭州市委、杭州市人民政府	2022年12月

续表19

获奖单位	先进荣誉（称号）	颁奖单位	颁奖时间
区除险保安专班	“党的二十大”安保工作集体三等功	中共杭州市委、杭州市人民政府	2022年12月
区司法局	政法队伍教育整顿工作突出给予集体嘉奖	中共杭州市委、杭州市人民政府	2022年3月
区住建局、四季青街道	2021年度杭州市扩大有效投资推进重点项目建设突出贡献集体	杭州市人民政府办公厅	2022年4月
区住建局	2021年度综合交通治理与公共交通优先发展工作成绩突出集体	杭州市人民政府办公厅	2022年9月
区卫生健康局	2021年全面深化改革工作突出贡献集体	中共杭州市委、杭州市人民政府	2022年4月
区综合行政执法局	杭州市创建“文明城市”工作突出贡献集体	中共杭州市委、杭州市人民政府	2022年3月
区综合行政执法局	城市环境大整治、城市面貌大提升专项行动行政嘉奖	杭州市人民政府办公厅	2022年6月
区行政审批服务管理办公室	杭州市国际一流营商环境建设工作成绩突出集体嘉奖	杭州市人民政府	2022年8月
紫阳街道社区卫生服务中心、杭州市胜利小学、奥的斯机电电梯有限公司、杭州远大生物制药有限公司工艺技术开发组、区政府信访局接访科、杭州东站枢纽管委会数字化改革专班、西子联合控股有限公司健康办	2022年杭州市模范集体	中共杭州市委、杭州市人民政府	2022年4月
杭州东站枢纽管委会、上城交警大队彭埠中队	2021年综合交通治理与公共交通优先发展突出的集体行政嘉奖	杭州市人民政府办公厅	2022年9月
南星街道“火柴制作技艺”	第七批杭州市非物质文化遗产代表性项目	杭州市人民政府	2022年9月
南星街道、凯旋街道	高质量推进“大综合一体化”综合行政执法改革工作集体嘉奖	杭州市人民政府办公厅	2022年5月
望江街道、南星街道、紫阳街道、闸弄口街道	2021年度杭州市政务信息工作先进单位	杭州市人民政府办公厅	2022年4月
四季青街道、区建设工程质量安全监督站	城市环境大整治城市面貌大提升专项行动成绩突出集体	杭州市人民政府办公厅	2022年6月
上城交警大队吴山中队	杭州市质量强市推进工作集体嘉奖	杭州市人民政府	2022年1月
上城国投集团	城乡基础设施综合能级提升工作行政奖励名单中集体嘉奖	杭州市人民政府办公厅	2022年10月
杭州娃哈哈集团有限公司	2021年“春风行动”爱心奖	中共杭州市委、杭州市人民政府	2022年1月

【2021年度上城区优秀企业】

经济贡献突出企业

杭州联合农村商业银行股份有限公司、永安国富资产管理有限公司、浙江省国际贸易集团有限公司、浙江东方金融控股集团股份有限公司、奥的斯机电电梯有限公司、浙江省交通投资集团财务有限责任公司、浙江物产环保能源股份有限公司、财通证券资产管理有限公司、敦和资产管理有限公司、国新国同（杭州）投资管理有限公司、杭州市金融投资集团有限公司、杭州滨江投资控股有限公司、沪昆客专浙江公司（杭甬客专公司、杭州铁路枢纽公司）、中国移动通信集团浙江有限公司、思科（中国）有限公司、杭州老爸评测科技有限公司、杭州巨星科技股份有限公司、浙江省送变电工程有限公司、浙江浙农爱普贸易有限公司、毛戈平化妆品股份有限公司、杭州通达集团有限公司、杭州市钱江新城投资集团有限公司、浙江省三建建设集团有限公司、浙江外企德科人力资源服务有限公司、浙江华威建材集团有限公司、物产中大化工集团有限公司、中天控股集团有限公司、西子清洁能源装备制造股份有限公司、杭州新湖滨商业发展有限公司、浙江通诚格力电器有限公司、西子联合控股有限公司、四季青服装集团有限公司、杭州娃哈哈集团有限公司

行业领军企业

浙江省冶金物资有限公司、浙江中烟工业有限责任公司杭州卷烟厂、中航国际矿产资源有限公司、杭实国贸投资（杭州）有限公司、浙江物产道富有限公司、中国能源建设集团浙江火电建设有限公司、浙江省工业设备安装集团有限公司、浙江省对外服务有限公司、华润万家生活超市（浙江）有限公司、浙江中豪建设集团有限公司、浙江杰立建设集团有限公司、杭州捞派餐饮有限公司、浙江杭州湾建筑集团有限公司、中铁二十四局集团浙江工程有限公司、杭州海兴电力科技股份有限公司、浙江省水利水电勘测设计院有限责任公司、杭州海王星辰健康药房有限公司、杭州安旭生物科技股份有限公司、杭州腾飞汽车服务有限公司、浙江之信汽车有限公司、浙江省机电设计研究院有限公司、杭州市水务集团有限公司、杭州市电力设计院有限公司、寰唐（杭州）国际贸易有限公司、杭州银西百货有限公司、浙江省商业集团有限公司、杭州市城乡建设设计院股份有限公司、杭州远大生物制药有限公司、浙江省文化产业投资集团有限公司、杭州胡庆余堂国药号有限公司

优秀成长企业

杭州安誉科技有限公司、浙江浙盐控股有限公司、贝壳找房（杭州）科技有限公司、浙江浙商资本管理有限公司、杭州遂玖资产管理有限公司、浙江浙能燃气股份有限公司、浙江江能建设有限公司、浙江烟草投资管理有限责任公司、中汇会计师事务所（特殊普通合伙）、深圳市维也纳国际酒店管理有限公司杭州东宁路分公司、浙江铁道建设工程有限公司、卡乐比（杭州）食品有限公司、万事利集团有限公司

专精特新企业

杭州捷尔思阻燃化工有限公司、浙江威星智能仪表股份有限公司、浙江高泰昊能科技有限公司、杭州安旭生物科技股份有限公司、杭州义益钛迪信息技术有限公司、杭州华塑科技股份有限公司、杭州博达伟业公共安全技术股份有限公司、杭州柯林电气股份有限公司、浙江双元科技股份有限公司、杭州水表有限公司、杭州东城电子有限公司、浙江有数数智科技有限公司、杭州泽大仪器有限公司、杭州喜马拉雅信息科技有限公司、浙江航天润博测控技术有限公司、杭州千石科技有限公司

重大招商引资企业

一汽奥迪销售有限责任公司、杭州鹏行汽车销售服务有限公司、高优逸（杭州）商贸有限公司、浙江农商信银科技有限责任公司、特

雷西能源科技（杭州）有限公司、国网浙江电力投资运营有限公司、杭州地铁运营有限公司、传尚科技（杭州）有限公司、杭州龙悦有限公司、浙文影业集团股份有限公司、中国移动（浙江）创新研究院有限公司、世邦魏理仕（上海）管理咨询有限公司杭州分公司、野村东方国际证券有限公司浙江分公司、浙江爱普恒和贸易有限公司、浙江云阶月地科技有限公司

优秀人才科技企业（平台）

杭州群核信息技术有限公司、杭州佰里科技有限公司、浙江禹贡信息科技有限公司、杭州微宏科技有限公司、杭州博达伟业公共安全技术股份有限公司、浙江安诚数盈投资管理有限公司、浙江浩期资产管理有限公司、浙江清华长三角研究院杭州分院、中科院资本数字经济创新中心、上城国际医疗创新中心

【上城区担当作为先进集体】

上城区区长公开电话受理中心、区公安分局刑事侦查大队技术中队、区住建局老旧小区综合改造提升协调小组、区卫生健康局、区综合行政执法大队九堡中队、区数据资源局、杭州东站枢纽管委会、区残疾人联合会、区集体土地房屋征收补偿事务中心、彭埠街道党工委

（各单位 年鉴编辑部）

先进个人

2022年度上城区各部门（单位）获国家和部级先进个人荣誉一览表

表20

获奖单位	获奖人姓名	先进荣誉（称号）	颁奖单位	颁奖时间
区纪委区监委	田　晶	2022年度宣传工作优秀个人	中央纪委国家监委新闻传播中心	2022年11月
区委宣传部	余思聪 王中杰	2021年世界互联网大会乌镇峰会组织工作突出贡献个人	国家互联网信息办公室、浙江省人民政府	2022年1月
民盟上城区基层委员会	沈　玲	民盟中央2021年度反映社情民意信息工作先进个人	中国民主同盟中央委员会	2022年5月
民建上城区基层委员会	郑洪鑫	民建中央定点帮扶工作先进个人	中国民主建国会中央委员会办公厅	2022年11月
杭州师范大学东城第二小学	郑君辉	中国致公党社会服务工作先进个人	中国致公党中央委员会	2022年11月
紫阳街道	张建文	优秀信访局局长	国家信访局	2022年3月
区公安分局	罗万甘	全国公安机关爱民模范	公安部	2022年5月
区卫生健康行政执法队	张大帆	全国行政执法先进个人	司法部	2022年12月
区检察院	张　雯 潘颖颖	2022年度全国检察宣传先进个人	检察日报社	2022年11月
区教育局	吴树超	全国最美家庭	中华全国妇女联合会	2022年5月
四季青街道	朱舒文	全国优秀团干部	共青团中央委员会	2022年5月
四季青街道社区卫生服务中心	胡　芳	2022年度吴阶平全科医生奖	中华医学会全科医学分会	2022年7月
南星街道社区卫生服务中心	许美群	2022年度“中国家庭健康守门人”	国家卫生健康委能力建设和继续教育中心	2022年12月

续表20

获奖单位	获奖人姓　名	先进荣誉（称号）	颁奖单位	颁奖时间
区关心下一代工作委员会	陆建忠	全国关心下一代“最美五老”	中国关心下一代工作委员会	2022年10月
区红十字会	王　晨	2022年度中国红十字会总会报刊宣传先进个人三等奖	中国红十字会总会办公室	2022年9月
区红十字会	王　晨	2022年红十字生命教育防灾避险知识竞赛活动个人组织奖三等奖	中国红十字会总会办公室	2022年11月
区审管办	罗　欢	2022年度全国公共资源交易业务标兵	中国开发区协会公共资源交易专业委员会	2022年12月
杭州娃哈哈集团有限公司	宗庆后	第12届全国质量奖（2022——2023）——中国杰出质量人	中国质量协会、中华全国总工会	2022年11月
杭州娃哈哈集团有限公司	田芳容	全国档案工匠型人才	国家档案局	2022年12月
杭州娃哈哈集团有限公司	冯玉红 姜胡兵 许丹虹 胡君荣 李言郡 薛玉清 吴伟都	2022年中国乳制品工业协会技术进步奖二等奖	中国乳制品工业协会、国际乳品联合会中国国家委员会	2022年11月
浙江华日实业投资有限公司	陈励君	卓越功勋奖	2022中国家电家居融合智创峰会组委会	2022年

2022年度上城区各部门（单位）获省级和省属部门先进个人荣誉一览表

表21

获奖单位	获奖人姓　名	先进荣誉（称号）	颁奖单位	颁奖时间
区委政法委	钱旭立	浙江省“平安护航中共共产党成立100周年”成绩突出个人	中共浙江省委、浙江省人民政府	2022年3月
区公安分局刑侦大队	吴　艇	全省优秀人民警察	中共浙江省委、浙江省人民政府	2022年12月
区应急管理局	袁长福	全省防汛防台先进个人	中共浙江省委办公厅、浙江省人民政府办公厅	2022年1月
民盟上城区基层委员会	戚亦平	浙江省教学成果奖二等奖	浙江省人民政府	2022年1月
民盟上城区基层委员会	张　艳	浙江省基础教育成果特等奖	浙江省人民政府	2022年1月
区人大常委会	占仁义	浙江省人大工作研究会第九次理论研讨会优秀论文二等奖	浙江省人大常委会办公厅、浙江省人大工作研究会	2022年11月
区人大常委会办公室	蔡　静	浙江省第30届人大新闻奖三等奖	浙江省人大常委会办公厅、浙江省人大常委会研究室	2022年9月
区纪委区监委	袁　洪	全省纪检监察系统先进工作者	中共浙江省纪委机关、浙江省监察委员会、浙江省人力资源和社会保障厅	2022年9月

续表21

获奖单位	获奖人姓　名	先进荣誉（称号）	颁奖单位	颁奖时间
区检察院	王　瑛	2021年度法律监督成绩突出个人	浙江省人民检察院	2022年3月
区检察院	周　浩	全省检察理论研究人才	浙江省人民检察院	2022年7月
区检察院	周　浩	2022年度全省检察机关优秀专题调研成果一等奖、2022年度全省理论研究年会优秀论文篇目一等奖	浙江省人民检察院	2022年12月
区检察院	卫　东 朱梦雷 虞红平 叶斌宇	2022年度全省检察机关优秀专题调研成果三等奖	浙江省人民检察院	2022年12月
区检察院	施景新 丁海英	全省刑事检察专业人才	浙江省人民检察院	2022年7月
区检察院	郭丽萍	全省民事检察专业人才	浙江省人民检察院	2022年7月
区检察院	罗悦来	全省公益诉讼检察专业人才	浙江省人民检察院	2022年7月
区检察院	陈　洁	全省未成年人检察专业人才	浙江省人民检察院	2022年7月
区检察院	邵日强	全省信息化专业人才	浙江省人民检察院	2022年7月
区检察院	王灵敏	第12届浙江省优秀公诉人	浙江省人民检察院	2022年11月
区疾病预防控制中心	倪志敏	抗击新冠疫情先进个人	中共浙江省委组织部	2022年1月
杭州东站枢纽管委会	倪　骏	抗击新冠疫情先进个人	中共浙江省委组织部	2022年1月
区委宣传部	何嘉成	2021年度全省宣传信息工作先进个人	中共浙江省委宣传部	2022年5月
清波街道	俞涤萍	浙江省“最美拥军人物”	中共浙江省委宣传部、浙江省双拥工作办公室、浙江省军区政治工作局	2022年2月
杭州市丁兰中学	王杨军	2022年浙江省基层理论宣讲成绩突出个人	中共浙江省委宣传部	2022年12月
民革上城区基层委员会	金　晓 汪　政 陈绍红	民革浙江省2017—2021年度先进个人	民革浙江省委员会	2022年5月
民盟上城区基层委员会	曾甜甜	2021年度思想政治建设工作先进个人	民萌浙江省委员会	2022年7月
民盟上城区基层委员会	胡丹丹	2021年度思想政治建设工作先进	民盟浙江省委员会	2022年7月
九堡街道	程　微	2021年度民盟浙江省委员会反映社情民意信息工作先进个人	民盟浙江省委员会	2022年6月
民建上城区基层委员会	何　奇 罗仕星	2022年度省民建工作社会服务工作先进个人	民建浙江省委员会	2022年12月
民建上城区基层委员会	王　吉	2022年度省民建工作优秀信息员	民建浙江省委员会	2022年12月
民建上城区基层委员会	卢恩伟	2022年度民建省委会优秀宣传员	民建浙江省委员会	2022年12月

续表21

获奖单位	获奖人姓　名	先进荣誉（称号）	颁奖单位	颁奖时间
区税务局	俞　琦	全省老干部工作系统宣讲大赛二等奖	中共浙江省委老干部局	2022年6月
区发改经信局	徐海波	浙江省特色小镇规划建设工作成绩突出个人	浙江省发展和改革委员会	2022年11月
区教育局	王　书	浙江省教育系统关心下一代工作先进工作者	浙江省教育厅关心下一代工作委员会	2022年11月
笕桥街道	吴关荣	浙江省“百姓学习之星”	浙江省教育厅	2022年9月
区教育学院	潘红娟	浙江省特级教师	浙江省教育厅	2022年9月
杭州市景荷中学	高　凌	浙江省特级教师	浙江省教育厅	2022年9月
杭州市胜利山南小学	罗永军	浙江省特级教师	浙江省教育厅	2022年9月
杭州市天长小学	王林慧 张　麟	浙江省特级教师	浙江省教育厅	2022年9月
杭州市东城幼儿园	邱红燕	浙江省特级教师	浙江省教育厅	2022年9月
杭州师范大学第一附属小学	俞富根	浙江省“春蚕奖”	浙江省人民教育基金会	2022年9月
杭州市南肖埠小学	林　霞	浙江省“春蚕奖”	浙江省人民教育基金会	2022年9月
杭州市夏衍幼儿园	上官晓军	浙江省“春蚕奖”	浙江省人民教育基金会	2022年9月
杭州市建兰中学	饶美红	浙江省“春蚕奖”	浙江省人民教育基金会	2022年9月
杭州市杨绫子学校	姚郑芳	浙江省特教园丁奖	浙江省残疾人教育就业协会、浙江省残疾人福利基金会、浙江省人民教育基金会	2022年9月
杭州市大学路小学	高　燕	2022年浙江省成绩突出少先队辅导员	共青团浙江省委员会、浙江省教育厅、少先队浙江省工作委员会	2022年8月
杭州采荷第二小学教育集团	余骏浩	2022年浙江省成绩突出少先队员	共青团浙江省委员会、浙江省教育厅、少先队浙江省工作委员会	2022年8月
杭州市崇文实验学校	蒋可纳	2021—2022年浙江省“红领巾奖章”个人四星章	少先队浙江省工作委员会	2022年7月
杭州天地实验小学	周奕杨	2021—2022年浙江省“红领巾奖章”个人四星章	少先队浙江省工作委员会	2022年7月
杭州濮家小学教育集团	余霁辰	2021—2022年浙江省“红领巾奖章”个人四星章	少先队浙江省工作委员会	2022年7月
杭州师范大学第一附属小学	范聿轩	2021—2022年浙江省“红领巾奖章”个人四星章	少先队浙江省工作委员会	2022年7月
杭州师范大学东城实验学校	吴心蕾	2021—2022年浙江省“红领巾奖章”个人四星章	少先队浙江省工作委员会	2022年7月
杭州市澎博小学	陈禹彤	2021—2022年浙江省“红领巾奖章”个人四星章	少先队浙江省工作委员会	2022年7月

续表21

获奖单位	获奖人姓　名	先进荣誉（称号）	颁奖单位	颁奖时间
杭州天成教育集团	汪雯婷	2021—2022年浙江省“红领巾奖章”个人四星章	少先队浙江省工作委员会	2022年7月
杭州市胜利小学	郑琳妍	2021—2022年浙江省“红领巾奖章”个人四星章	少先队浙江省工作委员会	2022年7月
杭州市四季青小学	陆泓霖	2021-2022年浙江省“红领巾奖章”个人四星章	少先队浙江省工作委员会	2022年7月
杭州市娃哈哈小学	余思涵	2021—2022年浙江省“红领巾奖章”个人四星章	少先队浙江省工作委员会	2022年7月
杭州采荷第三小学教育集团	汪曼妮	2021—2022年浙江省“红领巾奖章”个人四星章	少先队浙江省工作委员会	2022年7月
杭州市开元中学	陈高莜	2022年度浙江省“新时代好少年”	浙江省文明办、浙江省教育厅、共青团浙江省委、少先队浙江省工作委员会、浙江广电集团	2022年6月
区司法局	刘燕青	2021年度全省司法行政系统政务信息工作先进个人	浙江省司法厅	2022年1月
区司法局	沈东权	全省社区矫正工作成绩突出个人	浙江省司法厅	2022年11月
区司法局	李　莉	全省司法行政系统法治建设工作成绩突出个人	浙江省司法厅	2022年12月
民革上城区基层委员会	陈　薇	全省司法行政系统法治建设工作成绩突出个人	浙江省司法厅	2022年12月
区知联会	李　莉	2022年度全省民主法治社区创建成绩突出个人	浙江省司法厅	2022年11月
区公安分局	罗万甘 余小钦	安保工作个人二等功	浙江省公安厅	2022年8月
区公安分局	林世航	安保工作个人二等功	浙江省公安厅	2022年12月
区人力社保局	陈仁忠	2021年度全省劳动人事争议案件处理工作成绩突出仲裁员	浙江省人力资源和社会保障厅	2022年4月
区机关事务中心	周　丽	全省机关事务工作先进个人	浙江省人力资源和社会保障厅、浙江省机关事务管理局	2022年9月
区知联会	聂建波	2022年度“浙江工匠”	浙江省人力资源和社会保障厅、浙江省总工会	2022年11月
区红十字会（系统）	唐　弢	红十字奉献服务奖先进个人	浙江省人力资源和社会保障厅、浙江省红十字会	2022年7月
闸弄口街道	王若桢	浙江省人社系统窗口单位业务技能练兵比武竞赛“岗位练兵明星”	浙江省人力资源和社会保障厅	2022年9月
四季青街道社区卫生服务中心	卢晓燕	浙江省免疫规划技能竞赛个人一等奖	浙江省卫生健康委	2022年11月

续表21

获奖单位	获奖人姓　名	先进荣誉（称号）	颁奖单位	颁奖时间
区卫生健康行政执法队	姚利颖	卫生监督员执法办案监测全省第一名	浙江省卫生健康委办公室	2022年3月
区卫生健康行政执法队	王　伟	卫生监督员执法办案监测全省第九名	浙江省卫生健康委办公室	2022年3月
区疾病预防控制中心	詹芬颖	2021年度浙江省重点人群口腔健康状况监测项目先进个人	浙江省口腔卫生指导中心	2022年9月
区疾病预防控制中心	李　娜	2021年度浙江省性病防治工作先进个人	浙江省皮肤病防治研究所	2022年1月
区疾病预防控制中心	黄旭云	2020—2021年度浙江省重点人群结直肠癌筛查项目工作先进个人	浙江省肿瘤防治办公室	2022年4月
南星街道社区卫生服务中心	曾红萍	2021年度浙江省精神卫生工作先进个人	浙江省精神卫生工作办公室	2022年1月
闸弄口街道社区卫生服务中心	韩　珏	浙江省优秀家庭医生	浙江省基层卫生协会	2022年5月
凯旋街道社区卫生服务中心	朱佩君	2021年浙江省优秀基层“抗疫卫士”	浙江省基层卫生协会	2022年1月
凯旋街道社区卫生服务中心	杨　辉	浙江省公共卫生机构健康教育能力培训（桐庐站）“健康好声音”PK赛二等奖	浙江省健康促进与教育协会	2022年9月
四季青街道社区卫生服务中心	陈瑜瑜 周丽娟	浙江省基层肺功能操作挑战赛三等奖	浙江省慢性呼吸系统疾病防治办公室	2022年6月
四季青街道社区卫生服务中心	闻成聪	第2届仁和康复论坛暨“西溪”杯康复技能大赛获个人优胜奖	浙江康复医院	2022年1月
小营街道	华益栋	浙江省优秀团干部	共青团浙江省委	2022年7月
杭州市清泰实验学校	王雪薇	浙江省优秀共青团员	共青团浙江省委	2022年7月
区非遗中心	许柳雅	2021年度协会工作先进个人	浙江省民间文艺家协会	2022年3月
区非遗中心	许柳雅	“海宁杯”浙江省传统工艺短视频大赛“三等奖”	浙江省非物质文化遗产保护中心	2022年12月
区市场监管局	田耀华	2021年度浙江省市场监管安全保障工作成绩突出个人	浙江省市场监督管理局	2022年1月
区市场监管局	沈　芳	2021年全省药品安全治理与技术赋能成绩突出个人	浙江省市场监督管理局	2022年1月
区市场监管局	蒋琦纬	2021年全省药品稽查执法工作成绩突出个人	浙江省市场监督管理局	2022年1月
区市场监管局	刘夕萌	2022年全省药品稽查执法工作成绩突出个人	浙江省药品监督管理局	2022年12月
区市场监管局	赵　青 陈　梅	2021年浙江省疫情防控冷链食品物防工作先进个人	浙江省疫情防控冷链食品物防专班、浙江省市场监督管理局	2022年3月

续表21

获奖单位	获奖人姓名	先进荣誉（称号）	颁奖单位	颁奖时间
区市场监管局	陆　蕾	2021年度全省市场监管系统服务标兵	浙江省市场监督管理局、浙江省药品监督管理局	2022年2月
区市场监管局	杨海晟	浙江省食品安全工作先进个人	浙江省食品药品安全委员会	2022年10月
区综合行政执法局	胡　弘 刘晶娜	2021年度浙江省“五水共治”信息工作优秀个人	浙江省治水办	2022年3月
区综合行政执法局	张建峰	2021年度浙江省普速铁路沿线外部环境安全隐患治理工作成绩突出个人	浙江省铁路沿线外部环境安全隐患综合治理领导小组办公室	2022年6月
区工商联	魏朝清	全省工商联系统先进个人	浙江省工商业联合会	2022年7月
区人力社保局	金　珊	浙江省第14届“红十字公益之星”	浙江省红十字会	2022年9月
区红十字会（系统）	周　勤 蒋菁菁	红十字基层组织建设与志愿服务工作成绩突出个人	浙江省红十字会	2022年9月
区红十字会（系统）	廖　斌 王志林 徐珈瑜 宋益梅 王秀琴 盛　敏 王丽娜 徐锡华 郑方燕 占玉华 张　军 陈　敏 巨　蓓 罗　原 金英华 邬冬梅	2022年度浙江省红十字系统五星级红十字志愿者	浙江省红十字会	2022年12月
区红十字会	鄢柏林	2022年浙江省“最美救护人”、红十字应急救护工作成绩突出个人	浙江省红十字会、健康浙江领导小组办公室、浙江省委宣传部、浙江省卫健委、共青团浙江省委员会、浙江广电集团	2022年12月
区税务局	蒋碧云 钱　昀 庞　莹 汪雪晴 赖小华 丁　瑜 徐欣赏	2021年度税收科研青年课题优秀等级	国家税务总局浙江省税务局	2022年3月
区税务局	朱李芸	全省税务系统业务大比武“资环税”项目单项个人第二名	国家税务总局浙江省税务局、浙江省总工会、共青团浙江省委员会、浙江省妇女联合会	2022年9月

续表21

获奖单位	获奖人姓名	先进荣誉（称号）	颁奖单位	颁奖时间
区税务局	陈锦洒	全省税务系统业务大比武“纳税服务”项目单项个人第六名	国家税务总局浙江省税务局、浙江省总工会、共青团浙江省委员会、浙江省妇女联合会	2022年9月
区税务局	申雯	2022年全省出口退税工作表现突出个人	国家税务总局浙江省税务局出口退税服务和管理局	2022年12月
区税务局	张珂	浙江省税务局党委第八轮巡察优秀巡察干部	国家税务总局浙江省税务局委员会巡察工作领导小组	2022年9月
区税务局	陈洪辉	国家税务总局“智税·2021”大数据竞赛优秀人员	国家税务总局浙江省税务局第四税务分局	2022年1月
区税务局	陈淑君	2021年度浙江省税务师行业优秀党建工作指导员	中共浙江省注册税务师行业委员会	2022年11月
上城规划资源分局	王杨军	浙江省湿地保护修复工作成绩突出个人	浙江省林业局	2022年11月
杭州东站枢纽管委会	吴凌伟	2022年对省春运工作成绩突出个人	浙江省春运工作领导小组办公室	2022年8月
移动上城分公司	王莎	2020—2021年度浙江省“青年岗位能手”	浙江省“青年文明号、青年岗位能手”活动组委会	2022年4月

2022年度上城区各部门（单位）获市级先进个人荣誉一览表

表22

获奖单位	获奖人姓名	先进荣誉（称号）	颁奖单位	颁奖时间
区委政法委	陈鹏程	“平安杭州”创建先进个人	中共杭州市委、杭州市人民政府	2022年4月
湖滨街道	沈益涛	“平安杭州”创建先进个人	中共杭州市委、杭州市人民政府	2022年4月
区委政法委	郑梅珊子	全市政法队伍教育整顿工作中做出较大贡献，记三等功	中共杭州市委、杭州市人民政府	2022年2月
区法院	刘平原	全市政法队伍教育整顿工作个人嘉奖	中共杭州市委、杭州市人民政府	2022年2月
区检察院	李惠建	全市政法队伍教育整顿工作中做出较大贡献，记三等功	中共杭州市委、杭州市人民政府	2022年2月
区检察院	吴敏	全市政法队伍教育整顿工作成绩突出，给予嘉奖	中共杭州市委、杭州市人民政府	2022年2月
区公安分局	全其力 孔冬宁	全市政法队伍教育整顿工作成绩突出，给予嘉奖	中共杭州市委、杭州市人民政府	2022年2月
区委政法委	钱旭立	“党的二十大”安保工作个人二等功	中共杭州市委、杭州市人民政府	2022年12月

续表22

获奖单位	获奖人姓名	先进荣誉（称号）	颁奖单位	颁奖时间
区信访局	王　琼	“党的二十大”安保工作个人嘉奖	中共杭州市委、杭州市人民政府	2022年12月
区公安分局	潘联忠	“党的二十大”安保工作个人嘉奖	中共杭州市委、杭州市人民政府	2022年12月
湖滨街道	沈益涛	“党的二十大”安保工作个人嘉奖	中共杭州市委、杭州市人民政府	2022年12月
望江街道	毛静波	“党的二十大”安保工作个人嘉奖	中共杭州市委、杭州市人民政府	2022年12月
区委巡察办	耿　丽	2022年杭州市劳动模范	中共杭州市委、杭州市人民政府	2022年4月
区公安分局	余小钦	2022年杭州市劳动模范	中共杭州市委、杭州市人民政府	2022年4月
区卫生健康局（区疾病预防控制中心）	李　剑	2022年杭州市劳动模范	中共杭州市委、杭州市人民政府	2022年4月
区综合行政执法局	徐玮栋	2022年杭州市劳动模范	中共杭州市委、杭州市人民政府	2022年4月
湖滨街道	连　斌	2022年杭州市劳动模范	中共杭州市委、杭州市人民政府	2022年4月
清波街道	费华成	2022年杭州市劳动模范	中共杭州市委、杭州市人民政府	2022年4月
望江街道	周良英	2022年杭州市劳动模范	中共杭州市委、杭州市人民政府	2022年4月
紫阳街道	裘云龙	2022年杭州市劳动模范	中共杭州市委、杭州市人民政府	2022年4月
凯旋街道	陆　玫	2022年杭州市劳动模范	中共杭州市委、杭州市人民政府	2022年4月
采荷街道	徐彩娟	2022年杭州市劳动模范	中共杭州市委、杭州市人民政府	2022年4月
四季青街道	来立敏	2022年杭州市劳动模范	中共杭州市委、杭州市人民政府	2022年4月
九堡街道	俞海峰	2022年杭州市劳动模范	中共杭州市委、杭州市人民政府	2022年4月
杭州采荷第三小学教育集团	黄升昊	2022年杭州市劳动模范	中共杭州市委、杭州市人民政府	2022年4月
浙江五联律师事务所	兰艳霞	2022年杭州市劳动模范	中共杭州市委、杭州市人民政府	2022年4月
浙江杰立建设集团有限公司	倪永钧	2022年杭州市劳动模范	中共杭州市委、杭州市人民政府	2022年4月

续表22

获奖单位	获奖人姓名	先进荣誉（称号）	颁奖单位	颁奖时间
杭州安誉科技有限公司	凌建鸿	2022年杭州市劳动模范	中共杭州市委、杭州市人民政府	2022年4月
杭州万事利丝绸文化股份有限公司	沈小华	2022年杭州市劳动模范	中共杭州市委、杭州市人民政府	2022年4月
杭州特美刻实业有限公司	徐荣培	2022年杭州市劳动模范	中共杭州市委、杭州市人民政府	2022年4月
浙江波普环境服务有限公司	江华平	2022年杭州市劳动模范	中共杭州市委、杭州市人民政府	2022年4月
区委改革办	郭亦非	2021年度全面杭州市深化改革工作突出贡献个人	中共杭州市委、杭州市人民政府	2022年4月
小营街道	何元渊	2021年度杭州市全面深化改革工作突出贡献个人	中共杭州市委、杭州市人民政府	2022年4月
小营街道	缪志军	杭州市“十佳优秀公务员”并记二等功	中共杭州市委、杭州市人民政府	2022年4月
小营街道	郭红琴	杭州市创建“文明城市”工作突出贡献奖	中共杭州市委、杭州市人民政府	2022年3月
四季青街道	魏　婷	杭州市创建“文明城市”工作突出贡献个人	中共杭州市委、杭州市人民政府	2022年3月
笕桥街道	刘　红	杭州市新时代好党员	中共杭州市委	2022年7月
笕桥街道	赵铁萍 王水福	杭州市“担当有为”好支书	中共杭州市委	2022年7月
区知联会	胡　琦	2022年度享受市政府特殊津贴专业技术人才	杭州市人民政府	2022年11月
区财政局	孔沁铭	杭州市国际一流营商环境建设工作个人嘉奖	杭州市人民政府	2022年8月
区市场监督局	徐　佳	杭州市质量强市推进工作行政奖励个人嘉奖	杭州市人民政府	2022年1月
区综合行政执法局	许　晋	综合交通治理与公共交通优先发展工作突出贡献，给予嘉奖	杭州市人民政府	2022年8月
区综合行政执法局	陆永国	高质量推进“大综合一体化”综合行政执法改革工作个人三等功	杭州市人民政府办公厅	2022年5月
区司法局	胡　晓	高质量推进“大综合一体化”综合行政执法改革工作先进个人	杭州市人民政府办公厅	2022年5月
区财政局	王奕星	住宅小区物业综合管理提升工作中成绩突出的个人行政奖励	杭州市人民政府办公厅	2022年4月
区综合行政执法局	侯将泉	“碧水”攻坚战行政奖励个人嘉奖	杭州市人民政府办公厅	2022年3月

续表22

获奖单位	获奖人姓 名	先进荣誉（称号）	颁奖单位	颁奖时间
区综合行政执法局	刘克贞	“碧水”攻坚战行政奖励三等功	杭州市人民政府办公厅	2022年3月
区综合行政执法局	徐　晨 童高峰	城市环境大整治、城市面貌大提升专项行动个人行政奖励	杭州市人民政府办公厅	2022年6月
区园林绿化发展中心	胡　帆	城市环境大整治、城市面貌大提升专项行动个人行政奖励	杭州市人民政府办公厅	2022年6月
清波街道	俞　凯	城市环境大整治、城市面貌大提升专项行动个人行政奖励	杭州市人民政府办公厅	2022年6月
采荷街道	徐晓钧	城市环境大整治、城市面貌大提升专项行动个人行政奖励	杭州市人民政府办公厅	2022年6月
上城生态环境分局	谷　丰	城市环境大整治、城市面貌大提升专项行动个人行政奖励	杭州市人民政府办公厅	2022年6月
清波街道	王磊明	消防安全三年翻身仗工作个人嘉奖	杭州市人民政府办公厅	2022年4月
四季青街道	沈　琦	杭州市扩大有效投资推进重点项目建设突出贡献个人	杭州市人民政府办公厅	2022年4月
上城交警大队	张　迅	2021年综合交通治理与公共交通优先发展突出个人行政奖励	杭州市人民政府办公厅	2022年9月
区城市发展研究中心	徐　敏	2021年度综合交通治理与公共交通优先发展工作成绩突出个人	杭州市人民政府办公厅	2022年9月

【上城区担当作为好干部】

杜伟民　钱旭立　杨　艳　曹天艳　项海刚
沈　瑛　王厚琦　高国强　吕红娟　徐丽娟
倪受南　姚春宇　俞友武　黄晓明　沈　琪
祝　玮　韩　剑　沈　鹏　俞来法　徐文明

【2019—2021年年度考核优秀公务员记三等功人员】

陈永权　王　弘　金炜竑　陈敏雅　肖茶仙
鲁　彬　黄崇超　周　洁　段旭凌　刘　进
彭　伟　薛杨东　朱　滨　周金虎　张　健
潘罗定　曾唯潇　余向平　赵　阳　韩少英
裴剑勇　梁梓铭　项　剑　姚　鸣　王自力
刘　琦　卢　军　葛　峰　俞　康　余小钦
毕　玮　王备战　郭笑男　全其力　缪治洲
凌和平　金　佳　潘小燕　赵洪波　钟　敏
孟　杰　朱龙雷　严晓瑾　景　晓　王　强
平荣昌　杜汉德　高逸伦　李冠霖　王晓光
黄　渊　施洁立　梁维正　孔令涛　江　俊
胡颐滨　储德兵　胡佳杰　倪　健　严莉凡
崔资砚　司马杭军　董恒志　李卿　俞振江
肖　奇　朱　巍　陈　宽　翟宏才　贾　赟
俞　俊　孙邦军　周国宏　黄春晖　陈晓璐
朱晓泉　朱凤荣　黄　超　沈全钢　李冬梅
斯　晔　周佳君　温佩华　曹苡琼　赵　鹏
杨文科　叶　帆　王　任　薛迓冰　姚忠平
杨会群　姚　敏　何喆颖　姜永晓　严　峻
葛海萍　居化冰　王　玮　许勇强　谢传子
杭丽萍　陆永华　王晓杭　武星文　金小马
叶　斌　许永安　魏敏琦　刘奎富　项光旗
王碧琳　吴银辉　王铭祥　徐　聪　沈　韬
唐　灵　方宵鸳　鲁　瑛　刘梅春　李框建
孙金平　瞿燕青　王　勇　张建峰　廖根清
汤金芬　吴　慧　李乃峰　王玮琳　石琼艳

汪金勇　　黄观保　　傅宇伟　　朱　剑　　刘　军
许　泉　　包尔串　　宋胜华　　陈阳滨　　李月江
吴　巍　　沈彬彬　　王　潞　　何　静　　王春霞
俞　烨　　徐　枫　　宣立波　　季玲骅　　陈甜甜
王　阳　　刘丰帆　　毛学庆　　夏　芳　　徐士澄
范　丹　　张小拉　　蒋晓斌　　陈卫国、段　东
余照萍　　梁冬之　　潘杰军　　周　旻　　汪　菁
骆志坚　　许　涛　　沈　斌　　余丽丽　　张　英
葛　祥　　叶　勤　　仇　军　　徐文明

【2021年年度考核优秀公务员予以嘉奖人员】

孙　斌　　郑　倩　　吴正航　　蔡伟利　　朱春锋
张晓强　　蔡　静　　姚洪华　　宋进军　　何力强
杨文博　　潘建强　　周　燕　　苗丹丹　　汪孟华
瞿　伟　　曾　芳　　顾颖颖　　姚　杰　　王　芳
徐恺吉　　李　明　　谢　岚　　骆永良　　杜伟民
巴新华　　李晟曙　　张　锋　　张松贵　　周伟国
罗　雍　　周　军　　徐　桓　　雷　震　　翟小颖
杨　琦　　史吉敏　　胡海强　　陈国英　　丁　莹
籍婉平　　王　英　　叶云海　　汪光旺　　张柳英
朱　斌　　盛越豪　　丁春早　　杨欣蔚　　朱鹏君
华　琦　　赵韵红　　朱乐娟　　葛　鑫　　魏天真
马　红　　程荣峰　　翁家琦　　杨文毅　　陶金忠
钱旭立　　施利君　　许康波　　陈志君　　余飞占
虞华兴　　王锦其　　鲁　明　　耿　丽　　戚福水
王　琼　　陈慧芳　　侯超纪　　周红霞　　温泮婧
孙　锦　　蒋　敏　　卢慧俏　　董方铭　　曹天艳
叶芳明　　高　艳　　项海刚　　余黎明　　季丽萍
张　锋　　吴洁莹　　王官林　　程　艳　　洪东斌
施海燕　　陈　峰　　章　群　　胡天俊　　周野烽
刘玲玲　　鲍海华　　孙　永　　李修斌　　徐　超
潘珊珊　　王杰峰　　武　峰　　郑荣华　　浦如庆
游乾坤　　朱梦玲　　方镇杰　　丁　浩　　张　欢
鲍婷婷　　董键航　　傅婷婷　　刘　剑　　王　涛
金林尧　　孙红枫　　吴　环　　王路加　　陆志武
陈　鑫　　周佳楠　　陈启宏　　江厚旭　　汤骆建
楼更生　　徐建强　　夏晓岚　　陈　彬　　胡　俊
项东阳　　杨烜宇　　王　臻　　陈永俊　　沈颖君
毛达立　　马良良　　曹　婷　　袁　兴　　上官华康
李多懿　　郑　哲　　李建国　　张　超　　赵春明
倪城康　　王　政　　赵　昺　　陈　勇　　徐智敏
何文君　　马天瑞　　郭　青　　陈　刚　　张旭恒
刘家良　　余伟平　　张基武　　李　力　　陈维庆
何勇涛　　刘海强　　王浩琦　　戴　轶　　於　铭
傅国华　　程亚群　　沈莉霞　　胡啸鹏　　吴国杰
陆　鑫　　项赵楚　　唐伟国　　徐　佳　　顾栋波
朱广峰　　董　蕾　　陈佳立　　刘湘忠　　韦性军
叶晓楠　　吴堪豪　　王　艳　　刘子民　　张卫红
陈旭松　　罗万甘　　沈　毅　　朱　良　　赵　俊
孙忠儒　　马利民　　韩敬超　　郑仁涛　　章燕飞
许　钢　　张　泓　　万　涛　　叶胡明　　徐　樑
王建耀　　许佳悦　　李　凯　　傅彭飞　　陈国好
望星空　　许　光　　戴　超　　唐中杰　　姚狄威
戚明华　　许国淼　　金杨斌　　钱　骋　　林　轩
许　兵　　周建春　　胡智夫　　王英杰　　赵　禹
魏　力　　沈　坚　　汤洪浩　　陶建平　　楼林炜
孙　令　　周米娜　　傅卫光　　缪成浩　　黄益烽
陈国刚　　徐　威　　朱炯明　　陆　中　　张弘蔚
高敏骏　　李秀珅　　张利权　　叶启幸　　裘赵炜
沈飞燕　　谢建坤　　郑旭鹰　　金爱军　　潘志宏
蒋　磊　　陈润东　　余成刚　　许　冲　　王幼良
吴伟民　　李瑞雪　　潘　戟　　陈朝健　　高晨晨
陈相建　　陈　栋　　陆　庆　　冯丽明　　沈月萍
施林松　　李洪岗　　于晓峰　　李晓龙　　晋　涛
张金兴　　沈国翔　　王　军　　陈　飞　　郑金龙
蒋如明　　孙云军　　廖　锟　　来成伟　　张力文
李景坤　　娄观兴　　吴炜达　　王　熹　　邹丰凡
丰宝辉　　王皓玄　　诸铁林　　江　伟　　成宁根
沈田静　　徐　渊　　杜　磊　　葛候英　　徐　涛
张豪贤　　王　凯　　张永天　　岳征广　　余　霄
傅　怡　　许雷阳　　苏晓敏　　王　威　　朱志林
胡迪炜　　林圣鸟　　陶　铭　　杜美洁　　黄国宝
陈益青　　方文明　　沈　铭　　沈雁平　　毛钱伟
楼　潇　　张品华　　杨　森　　吴函青　　裘晓鸣
宗益忠　　陈　笠　　施黎丽　　陈　明　　沈敏慧
赵海霞　　李　敏　　袁正国　　卢忠明　　周　剑
何　瑶　　尚　虎　　郭肖肖　　耿俊霞　　沈　鑫
应林燕　　孔建平　　金　兰　　石荣祥　　王皆兵
蔡　瑾　　张剑飞　　袁　璐　　朱雯娴　　黄颖敏
王　征　　琚马玲　　叶慧菲　　黄怡雯　　周　强

刘卿淼　孔沁铭　方　萃　桑　丽　何　平
顾　铁　王　旻　徐　斌　李　晋　张吉明
凌华銮　张　铭　田间清　张彬晨　俞润来
吴超军　潘晓雯　周　亮　岳志永　叶正东
刘晓青　肖　波　金　晔　胡　颖　俞　蕾
罗亨斌　周卫华　丁　勇　李中文　沈　瑛
钱成锋　黄逸真　余中伟　潘守卫　颜　瑾
朱玲玲　张　伟　陶党其　吴家平　胡森水
李世宏　张愉珍　郑建林　唐水林　朱雄文
孟　萌　姚利颖　邵子怡　王　伟　戴宏海
项娉娉　叶君丽　黄天宇　李　刚　傅　萍
徐争光　章洪波　贺小罗　高国强　张丽君
吴璐莹　陈晓明　麻晓敏　吕红娟　俞　宁
贾纯玮　罗凌霄　魏　静　许洁人　刘　炜
郑　勇　王　生　张　晔　陈如春　王国庆
黄　海　崔　达　许向阳　朱柏勋　程　刚
朱　加　常树星　严蔚青　张建华　董厚彬
朱志群　俞　凡　肖燕勋　杨　晓　孙　国
徐国权　倪敏婕　何敏华　李爱然　张立胜
赵青川　徐烽良　侯　翔　曹春华　沈　芳
袁　峰　俞　辉　曹　琴　陈　梅　杨　舫
陈鑑寅　戎霞敏　杨　利　陈　奇　王迎春
雷　亮　杨海晟　朱逸舫　杨宇飞　胡丹丹
陆奇枫　王宝谕　刘　伟　曹　建　应弘梅
刘光华　陈　帅　冯浩浩　刘志华　刘　卫
周雯君　莫　晨　周友财　杨　珂　袁洲航
李克强　孟建敏　薛海青　林　蔚　许　铭
陈　宏　孙永红　王国林　韩春莺　李　燕
方佳雯　何　彬　段志成　潘刘进　吴　寅
胡立章　孙雯婧　石彩霞　王银龙　曾亦青
陈爱平　李青青　陈　红　吴　健　周来春
陈　泓　杨玉明　钱生泉　赵凌燕　曹　虎
任古城　卫晓烨　邓　堰　徐云飞　余博俊
王智刚　张志阳　张崇威　周其山　叶涛涛
何　瑾　徐　苹　周雅仙　蒋龙飞　朱海丽
公维嘉　范晓薇　张冰静　潘孙彪　李彬彬
王　哲　黄相锋　胡　弘　方晓昀　彭永刚
彭永新　徐　盈　俞　城　卢铁群　周晨静
葛锡锋　陈海平　李　一　丁　斐　郭明华
吴林佳　孙军伟　袁浩波　吴俊宏　马胜利
张　阳　沈毅平　蒋喜建　汪建兵　袁　圆
许　晋　王　礼　张　末　毕振强　江立华
王迎军　郑国亮　何丹炯　陈爱忠　金瑾君
吴　艳　王国飞　严培良　钱建生　王兆波
陈　峰　罗荣军　王红兵　王佳平　宋宏忠
薛仁亮　高　健　倪受南　陈　刚　王　剑
鲍一鹏　张妍妍　魏　航　刘平原　谢高勇
高建强　姚　璐　石　娜　杨文婕　王　志
梁　晓　郭卓君　陶舒雯　仲　翀　刘佩文
李小丹　唐丹青　余淑男　刘筱文　李　敏
朱旭东　汪骏华　程煜峰　王伟琴　葛　伟
阮　颖　何　亮　卫　东　周　浩　王明华
朱品艳　周龙俊　郭丽萍　何刚杰　王　沁
虞红平　戴　丽　宋一翔　赖之初　赵天予
张　雯　刘少蓉　袁　旎　曹永胜　赵丹晨
练　敏　张哲持　邹　倩　查红喜　来小萍
魏朝清　王　晨　褚友良　乐　音　张　婧
牟律云　沈　梁　宋卫福　芮佳南　周邱忆
黄晓明　叶慧明　陈　希　金志伟　沈益涛
吾　莺　胡文进　裘　是　戚晓峰　李　云
陈　巍　饶　磊　缪志军　李艳鹏　沈　琪
徐松江　徐晓峰　王　芹　丁炜锋　刘志清
施君君　毛静波　潘路易　汤超群　周南京
孙志刚　洪梦君　童邵恩　周荣生　张　帆
袁世超　方　凯　刘大公　张建文　李秀荣
王鹏飞　祝　玮　陈　亮　夏　衍　刘婷婷
倪学英　胡秋腾　李爱军　陈海红　洪卫第
邵　炜　沈　黎　方　金　孙维维　黄旭霞
张琴娟　刘幼杭　吴雪明　高　宇　徐晓钧
马　岚　白朝东　吕竺人　付高俊　杨凯量
韩　剑　李　岗　方建春　张瑞婷　倪　骏
汤清朝　张哲明　吴国庆　吴莉英　方小华
阮　骏　孙　强　陈汇锋　陈　尧　莫　骏
曹国富　周　俊　范亦婧　方　英　徐海明
费晓杰　戴文祥　俞来法　张国强　鲍　颖
冯　磊　胡晨辉　倪勇卿　黄卫荣　张　喆
陈朗安

（各单位　年鉴编辑部）

索　引

·说　明·

一、本类目设条目索引、表格索引两个分目。

二、条目索引中文标目按第一字汉语拼音顺序排列，同音字按笔画数从少到多排列。第一字相同，按第二字汉语拼音顺序排列，依次类推。数字开头的标目按数字0～9顺序排列。

类目、分目用黑体字标示。标引词后的阿拉伯数字表示内容所在页码。数字后的拉丁字母a、b、c分别表示从左到右第一、二、三栏。

本年鉴的“特载”“大事记”“人物”“附录”中的内容均未做索引。

三、表格索引按序号排列。

条目索引

0～9

A

B

C

K

L

M

N

P

Q

X

Y

表格索引